Pechkoff,
le manchot magnifique

Du même auteur

Les Françaises face au chômage, Denoël, 1974.

L'Islamisme, Seghers, 1977.

L'Aventure du Livre de poche, LGF, 1983.

Tous les dragons de notre vie… Chroniques du bord du gouffre, Fayard, 1993, et Le Livre de poche, n° 13582.

Retrouvailles. Quand le passé se conjugue au présent, Fayard, 1995.

Mon illustre inconnu. Enquête sur un père de légende, Fayard, 1998.

La Beauté en plus, Fayard, 2004.

Mille pardons, Robert Laffont, 2006.

La Circassienne, Robert Laffont, 2011 et Points, n° 3153.

Guillemette de Sairigné

Pechkoff, le manchot magnifique

ALLARY ÉDITIONS
RUE D'HAUTEVILLE, PARIS X^e^

À Gérard,
l'infiniment patient.

«Tu dois savoir qu'un morceau de mon cœur est entrelacé au tien.»

Maxime Gorki,
lettre à Zinovi Pechkoff, 15 décembre 1923.

«L'une des plus étranges biographies de ce siècle insensé.»

«Tout, pensait-il, devait nous séparer de lui, Elsa comme moi : et cela est vrai, sur un certain terrain. Mais il y a un au-delà à ces choses : une vue humaine sur l'inhumanité d'être gens d'un temps cruel. Ce temps, acteur et témoin, Zinovi Alexeïevitch Pechkoff y avait mené une des parties les plus singulières qui soit, et j'imagine qu'il faudra bien de la patience avant qu'on sache, d'un côté comme de l'autre, en parler justement, comme il se doit.»

Louis Aragon, «Mort d'un soldat»,
Les Lettres françaises, 1er décembre 1966

«C'est ici, à côté de Gorki et des membres de sa famille, qu'apparaît un homme au destin peu ordinaire et à la vie étonnante, comme il s'en rencontre rarement au monde : le fils adoptif de Gorki, Zinovi Alexeïevitch Pechkoff.»

Nina Berberova, *Histoire de la baronne Budberg*,
Actes Sud, 1988

«Plus jamais, l'Armée ne verra soldat au pareil destin.»

Edmonde Charles-Roux,
Paris Match, 17 décembre 1966

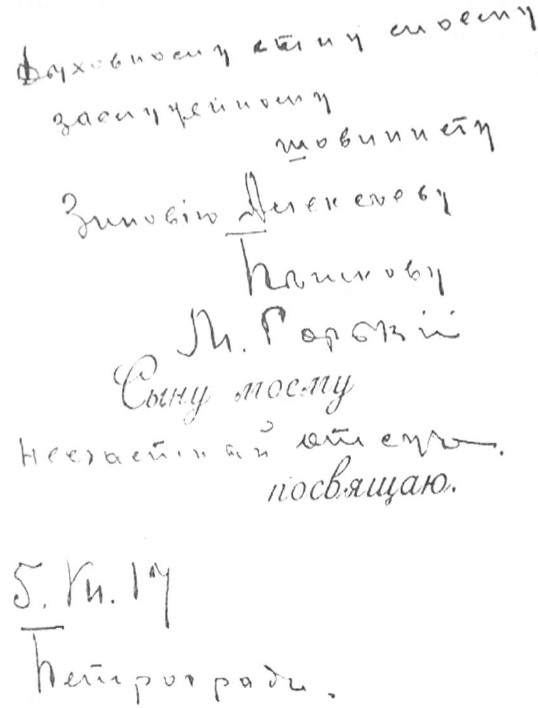
Духовному детищу моему
заслуженному
шовинисту
Зиновию Алексеевичу
Пешкову
М. Горький
Сыну моему
несчастный отец его.
посвящаю.

5.VII.17
Петроград.

Maxime Gorki dédicace *Enfance* au lieutenant
de l'armée française Zinovi Pechkoff
de passage à Petrograd à l'été 1917.

À mon fils spirituel
chauviniste émérite!
Zinovi Alexeïevitch Pechkoff
M. Gorki
père infortuné
5.VII.17

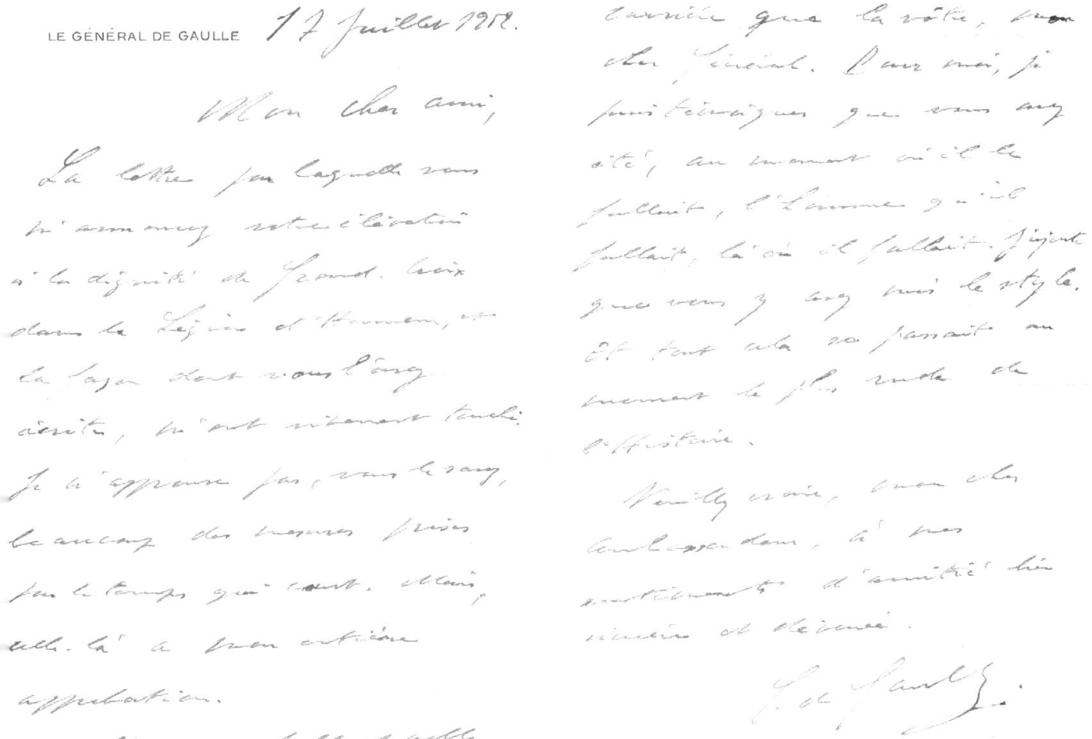

Lettre du général de Gaulle
à Pechkoff, 17 juillet 1952.

Mon cher ami,

La lettre par laquelle vous m'annoncez votre élévation à la dignité de grand-croix dans la Légion d'honneur, et la façon dont vous l'avez écrite, m'ont vivement touché. Je n'approuve pas, vous le savez, beaucoup des mesures prises par les temps qui courent. Mais, celle-là a mon entière approbation.

C'est une belle et noble carrière que la vôtre, mon cher Général. Pour moi, je puis témoigner que vous avez été, au moment où il le fallait, l'homme qu'il fallait, là où il fallait. J'ajoute que vous y avez mis le style. Et tout cela se passait au moment le plus rude de l'Histoire.

Veuillez croire, mon cher ambassadeur, à mes sentiments d'amitiés bien sincères et dévoués.

C. de Gaulle

PREMIÈRE PARTIE

DANS L'OMBRE DU MAÎTRE

CHAPITRE 1

L'enfant de la Volga

Nijni-Novgorod

En ce début de printemps, il y a grosse affluence sur la Bolchaïa Pokrovskaïa Oulitsa, la « Grande rue de l'Intercession » de Nijni-Novgorod. La « Pokrovka », comme on l'appelle communément, qui part de l'immense place de Minine où s'élevait autrefois la cathédrale de l'Annonciation, s'étire au cœur de la ville sur deux kilomètres réservés aux piétons. Dans les boutiques de souvenirs, les touristes achètent des matriochkas, ces poupées russes produites à Semenov, et des pains d'épices au lait concentré ou aux noix venus de Gorodets, deux gros bourgs de l'« oblast » – de la région – de Nijni à quatre cents kilomètres à l'est de Moscou. Des statues de bronze ponctuent le parcours : outre la très populaire « Chèvre joyeuse » – du nom du festival de saynètes satiriques qui se déroule chaque année dans la ville –, un cireur de chaussures, un couple d'amoureux, un photographe et son petit chien, un violoniste qui se voit régulièrement dérober son archet… Pour saluer la fin de l'hiver et la disparition du manteau neigeux qui a recouvert la ville pendant cinq mois, nombre d'étudiants de l'université d'État toute proche ont séché leurs cours et peuplent les terrasses des cafés. Seuls à presser l'allure à l'approche de la soirée, les spectateurs ayant réservé leur place au charmant théâtre d'art dramatique Maxime-Gorki, le seul à avoir programmé depuis plus d'un siècle l'intégrale des pièces du célèbre écrivain, natif de Nijni, ou les adaptations scéniques de ses romans. Parmi les curiosités de la rue Pokrovka, le palais de la Banque d'État, les belles maisons des grands marchands qui, au XIXe siècle, occupaient le haut du pavé et, au numéro 8 de la rue, doté d'une grande vitrine et d'une vieille enseigne, l'atelier de gravure de Mikhaïl Sverdlov. Quand, sous le régime soviétique, Nijni fut rebaptisée Gorki en hommage au plus célèbre de ses enfants, la Pokrovka prit, elle, le nom de rue Sverdlovka. Un étonnant coup de chapeau à un modeste imprimeur de quartier.

Pour le comprendre, il faut remonter bien des années en arrière. Dans les années 1880, Mikhaïl Israïlevitch Sverdlov s'est établi avec sa jeune femme Elizaveta Solomonovna dans cette maison de pierre à un seul étage ouvrant sur une avant-cour pavée. La maison Boubnov, du nom de son propriétaire, n'a rien d'une demeure patricienne – Sverdlov n'en occupe d'ailleurs qu'une partie –, elle détonne malgré tout à côté des maisons de bois qui l'entourent, même pas des maisons, plutôt des cabanes aux ais dentelés, peintes de couleurs pâles, menthe claire ou bleu passé. L'imprimeur a fait le choix d'un quartier très passant – c'est toujours bon pour les affaires –, situé entre la ville haute et son majestueux Kremlin flanqué de treize tours, et la ville basse reliée à la première par une série de chemins creux : autant de voies non pavées sur lesquelles on progresse l'été en soulevant des nuages de poussière quand, à la fonte des neiges, elles se transforment en ruisseaux boueux. Ces inconvénients mis à part, comment ne pas se réjouir de vivre à Nijni-Novgorod, la glorieuse cité née au XIIIe siècle de la volonté du petit-fils du fondateur de Moscou, le prince Vladimir, séduit par cette région dont les vastes espaces couverts de forêts de tilleuls et de pins alternant avec des marécages font naître des idées de liberté et de splendeur, une terre proche des cieux avec ses quarante-trois églises aux bulbes dorés, non comptées celles des vieux-croyants, des catholiques, des Arméniens, des protestants, plus deux mosquées et une synagogue ? Comment ne pas aimer cette cité qui, du haut de ses collines, voit l'Oka se jeter dans les bras de la Volga, les deux fleuves mêlant leurs eaux couleur de thé foncé ? Comment ne pas tirer quelque fierté de la puissance de cette capitale des affaires, la troisième ville de Russie ? Si Saint-Pétersbourg en est la tête, Moscou, le cœur, Nijni en est, dit-on, le porte-monnaie. Nijni-Novgorod pouvait bien être considérée comme provinciale par les gens de Saint-Pétersbourg, elle avait quelque chose de magique lorsque, l'été venu sa célèbre foire, la plus vaste d'Europe, la « Makarievskaïa », venait enfiévrer toute la contrée.

C'était bien là l'un des éléments de la magie de Nijni-Novgorod que l'étonnant mélange de populations qu'elle attirait, et pas seulement au moment de la foire : Tatars de Kazan aux yeux bridés et aux pommettes hautes, Ostiaks et Tchouvaches en longs caftans et bottes en maroquin, Bachkirs aux carrures de solides montagnards, Kalmouks à la tête rasée, Sibériens présentant leurs peaux de bêtes gisant sur des nattes, le poil en dedans, de sorte que le profane pouvait prendre pour des peaux de lapins ce qui était précieux renards bleus, castors ou zibelines ; et puis, venus de l'au-delà de l'Empire, des Persans à la barbe teinte, fumant le narguilé, des Turcs coiffés de leur fez, des Indiens et même des Chinois vêtus de soie luisante et coiffés d'une calotte dont s'échappait une queue de cheveux noirs.

En s'installant ici, les Sverdlov avaient fait le bon choix, ils s'en félicitaient tous les jours. Lors de leur arrivée dans la maison Boubnov en 1881, le couple, tout réservé et peu loquace ou fût-il, avait reçu un accueil aimable de leurs voisins proches. Bel homme de vingt-cinq ans, Mikhaïl portait une courte barbe noire, taillée au carré, et avait un regard grave. De quelques années plus jeune, Elizaveta était une femme aux traits délicats et au charmant sourire. Tous deux venaient de Saratov où ils s'étaient récemment mariés. À ceux qui demandaient à Mikhaïl pourquoi ils avaient choisi Nijni-Novgorod, il répondait que c'était là la ville la plus libérale de Russie, celle qui permettait à chacun de trouver sa place. Il parlait en connaissance de cause : dans le temps, ses ancêtres vivaient à Polotsk en Biélorussie dans le gouvernement de Vitebsk, l'une des zones de résidence imparties aux Juifs aux confins occidentaux de l'Empire. Pour fuir des conditions de vie misérables et la constante menace des pogroms lancés contre sa communauté, Izraïl Sverdlov, le père de Mikhaïl, aurait pu faire le choix de se convertir à l'orthodoxie. Mais en homme pieux, jamais il ne manquait de respecter le sabbat, et sa vie était scandée par toutes les fêtes juives. À la mi-temps du siècle, un souffle de liberté lui avait cependant permis de quitter la zone de résidence, de passer à travers les mailles du filet, les fonctionnaires impériaux étaient moins regardants pour les Juifs instruits ou détenteurs d'un savoir particulier comme les artisans. C'est ainsi que Mikhaïl avait vu le jour à Saratov sur le cours inférieur de la Volga. Là, dans le petit atelier de cachets en caoutchouc et de tampons de son père, il s'était familiarisé avec les techniques de l'imprimerie et de la gravure. L'heure était venue de tenter sa chance ailleurs. Dès son arrivée à Nijni-Novgorod par le bateau à vapeur après trois jours de voyage, il s'était empressé de déposer chez des clients potentiels un modèle de cartes de visite en caractères « américains ». C'était du dernier chic à Saratov. Nul doute qu'à Nijni, cela plaise aussi.

« Jamais personne comme elle... »

Les affaires de Mikhaïl se développaient, en même temps que sa famille. Un an à peine après leur arrivée, Elizaveta avait donné naissance à leur premier enfant, une fille prénommée Sofia. En 1884 – le 16 octobre précisément si l'on s'en tient au calendrier julien alors en vigueur en Russie, en retard de treize jours sur le calendrier grégorien –, Yeshua Solomon Movchev, alias Zinovi, notre futur héros, un nouveau-né au teint clair et aux cheveux châtains, fait son apparition. L'année d'après, Iakov, un petit noiraud aux cheveux ébouriffés qu'il ne parviendra jamais à discipliner. Suivront Veniamin en 1887 et Sara en 1890. Dans la famille, les surnoms fleurissent, en tout cas pour les garçons : Yeshua est « Zolotoï » (celui qui brille), Iakov est « Malych » (le petit), Veniamin est « Souslik » (petit écureuil). Au fil des naissances, on monte une cloison supplémentaire dans la vaste chambre du premier étage qui ouvre par trois fenêtres sur la rue, reliée par un escalier très raide, presque une échelle, à l'atelier-magasin-pièce à vivre du rez-de-chaussée. Plus tard, de pieux hagiographes noirciront l'enfance de Iakov, devenu le bras droit de Lénine et, en 1918, président du comité exécutif central panrusse, en clair le premier chef du nouvel État soviétique. Il convient d'éveiller l'admiration des masses laborieuses pour celui que Lénine qualifiait de « modèle le plus accompli de révolutionnaire professionnel » (c'est au seul Iakov Sverdlov que l'atelier de son père doit d'être signalé aux touristes). Rien de tel au 8 de la rue Pokrovka : pas de gosses dépenaillés, pas de petits visages marqués par la faim et les coups, pas de rats courant partout, pas même de ces tapages et de ces bagarres qui, l'abus d'alcool aidant, sont le quotidien des maisons voisines. Non que la vie soit toujours facile pour les Sverdlov, les enfants y grandissent plutôt à l'étroit, et même les garçons – pour les filles, on ne s'est pas trop posé de questions – ne resteront pas longtemps sur les bancs de l'école. Mais l'atelier est surchargé de commandes, les Russes sont toujours à la recherche d'un petit cadeau, on grave sur des babioles des dates anniversaires. En plus des cartes de visite, on imprime des cartes de vœux, des cartons d'invitation. Mikhaïl a embauché deux ouvriers et, malgré cela, il ouvre les volets de l'atelier dès l'aube pour ne les refermer que tard dans la nuit. Grâce à Dieu, Elizaveta est toujours là pour donner un coup de main au magasin, surtout pendant la durée de la foire.

Elizaveta, sa force, sa douceur, sa patience. L'âme du foyer. À elle incombe le soin de gérer la tribu, de consoler les petits, de s'interposer parfois quand l'exigeant Mikhaïl rudoie un peu trop ses aînés. Elizaveta n'a pas fait de longues études mais elle adore les livres, elle a communiqué cet amour à Sofia et à Zinovi bien que Mikhaïl trouve cette passion excessive. Quand ils étaient petits, elle attendait que son mari soit couché pour leur lire à voix basse les fables de Krylov ou l'une de ces histoires de bateau fantôme qui naviguait la nuit sur la Volga. Plus tard, Zinovi laverait les carreaux ou bien ferait le garçon de courses chez des commerçants de Nijni rien que pour s'acheter des livres. Le fils aîné a une passion pour sa mère, elle le lui rend bien. Ce n'est pas elle qui déclarerait avoir une préférence pour quelque enfant que ce soit, mais il est vrai qu'elle ne parle jamais à cœur aussi ouvert qu'avec ce fils à la sensibilité extrême, aux multiples curiosités. En 1893, elle est enceinte de nouveau. Cette fois, c'est un petit Lev, dit « Liova », qui voit le jour, un enfant chétif, à la respiration sifflante, qu'on ne tarde pas à diagnostiquer comme phtisique. En auscultant les autres membres de la famille pour s'assurer qu'il n'y a pas eu contagion, le médecin découvre chez Elizaveta aussi une faiblesse des poumons. Depuis longtemps déjà, Mikhaïl la pressait de consulter, il la voyait amaigrie, fatiguée.

1900. La tuberculose a gagné la partie. À la mort de sa mère, Zinovi a quinze ans. Son chagrin est immense, un chagrin sans cris, sans larmes, mais profond comme la nuit. Rien ne pourra le consoler de cette perte. Même pas ces mots que tous deux aimaient tant, ces mots qui, toutes ces années, avaient tissé leur complicité. Alors, il enfouit pour de bon ces mots tendres et doux, jamais plus il ne parlera de l'Absente, elle restera désormais, elle, la plus que vive, tapie tout au fond de lui. Plus tard, bien plus tard, Zinovi, séparé par un fossé idéologique de Iakov et, partant, de sa famille, effacera toute trace du lien maternel. Nulle mention d'Elizaveta sur ses documents d'état civil, ses passeports, rien qu'un affreux blanc à la rubrique « nom de la mère », à croire qu'il est né de mère inconnue. Une amnésie apparente pour cacher une blessure d'amour jamais guérie, comme en témoigne cette scène survenue quelque trente années plus tard à Rome, au palais Taverna. Un déjeuner réunit quelques intimes autour de l'écrivain Malaparte, récemment sorti de sa résidence surveillée aux îles Lipari. Une assemblée de beaux esprits se livre à une conversation animée. Va savoir pourquoi, elle tourne autour du souvenir que chacun garde de sa mère : une image fidèle ? un portrait recomposé ? Les yeux mi-clos, impassible, Zinovi se contente d'écouter quand, sortant de son silence, tel un dormeur qui émergerait à moitié de son rêve, il laisse échapper dans un murmure : « Jamais personne comme elle... » Fasciné par l'histoire récente de la Russie et ses destins troublés, Malaparte insiste, veut savoir de qui il parle : il n'en saura pas plus.

Si les livres ne parviennent pas à le distraire de sa peine, Zinovi inaugure à l'occasion une thérapie toute personnelle qui l'accompagnera sa vie durant : il se replonge dans la Nature, se dilue dans l'œuvre du Créateur. À ses heures de liberté, il gagne les hauteurs sablonneuses de sa chère Volga, le plus long fleuve d'Europe, dévalant sur près de quatre mille kilomètres la Russie occidentale, depuis le sud de Saint-Pétersbourg jusqu'à la mer Caspienne. L'hiver, lorsqu'elle est prise par les glaces, Zinovi y voit le reflet de son propre cœur, transi d'effroi devant le mystère de ce départ. La surface gelée est émaillée de petits points noirs, autant de trous pratiqués à la hache par les pêcheurs : l'enfant orphelin rêve lui aussi d'accéder à ce royaume des ondes où Elizaveta l'attend peut-être. Au printemps, le spectacle s'anime. Une brise tiède peigne en rides fines les flots jaunâtres. Dérangeant cette belle ordonnance, des bateaux gorgés de fret s'annoncent. Certains descendent paresseusement en veillant à contourner les bancs de sable, portés par le courant plus que par leurs voiles constamment déventées. Plus nombreux que les avalants, les bateaux montants sont tirés par des brigades de haleurs, des « bourlaki » – une profession menacée par la multiplication des bateaux à vapeur –, et les chants caverneux de cette horde de gueux résonnent comme en écho à sa propre mélancolie. D'autres barcasses, souvent chargées de sel ou bien de thé, sont, elles, remorquées par deux petites barques ancrées au milieu du fleuve auxquelles les relie un long câble, les bourlaki massés cette fois sur le pont du bateau à remorquer tirent sur la corde jusqu'à ce que le lourd navire ait rejoint l'ancre, après quoi les barques partent jeter l'ancre plus loin et on recommence la manœuvre.

Dès la mort d'Elizaveta, Sofia a pris le relais. C'est à elle désormais, la fille aînée, qu'il incombe d'assurer la bonne marche de la maison. L'une de ses obsessions est de pérenniser les bruits de la vie, il importe de les entendre comme autrefois, aux mêmes jours, aux mêmes heures, le bruit des volets qu'on ouvre ou qu'on ferme, le bruit des portes, le bruit de la sonnette annonçant la visite d'un client. C'est aussi « pour le bruit », dit-elle, qu'elle tient à ce que ses frères continuent à chanter comme à l'ordinaire, « pour le bruit » qu'elle invite leurs amis à se retrouver les jours de fête dans la maison de pierre. C'est toujours par fidélité à Elizaveta, si impliquée dans la bonne marche de l'affaire, que Mikhaïl va décider, quelques mois après la mort de sa femme, de retenir un stand à la foire. Les clients sont chaque saison plus nombreux mais il en faut plus encore maintenant que Zinovi et Iakov travaillent à ses côtés. Le travail est le meilleur des dérivatifs. Il réserve parfois quelques surprises.

Un jour, à la foire justement, on avait vu débarquer un drôle de personnage qu'on n'avait jamais encore croisé à la boutique, un gaillard moustachu aux cheveux en bataille et au nez camus, en blouse noire de paysan russe mais portant de belles bottes souples. Tout en lui frappait l'imagination, cette angoisse surtout dans le regard et cette bouche qui ne souriait pas. Il avait demandé si l'imprimerie pouvait se charger de travaux urgents, des tracts à tirer, des circulaires. Lorsqu'il avait quitté le stand, le « maltchik », le grouillot de Mikhaïl, lui avait lancé : « Eh, patron, vous l'avez reconnu ? » Mais Mikhaïl n'avait rien reconnu du tout. En recevant Alexeï Maximovitch Pechkov*, il n'avait pas imaginé un seul instant qu'il s'agissait là de ce même Maxime Gorki dont on parlait tant ces temps-ci. Un écrivain qui, loin de l'aristocrate Tolstoï, du bourgeois Tchekhov, venait, lui, du bas de l'échelle sociale, qui

* Nous avons orthographié le nom de Zinovi Pechkoff avec deux f, comme il était d'usage dans l'émigration russe en France dans la première moitié du XXe siècle et réservé la terminaison courante en « ov » à la famille de Maxime Gorki, né Alexeï Maximovitch Pechkov – le nom patronymique qui s'intercale entre le prénom et le nom indique en Russie la filiation, Alexeï fils de Maxime Pechkov, N.D.A.

avait fait de la prison, parcouru la Russie à pied et qui, depuis la publication de son premier livre (il s'agissait de *Esquisses et récits*, un recueil de textes courts qui avaient déjà été publiés dans la presse), rencontrait un extraordinaire succès en Russie et à l'étranger, le consacrant comme le grand auteur populaire que tout le monde attendait, l'écrivain des « bossiaki », des gens de peu, celui qui, mieux que personne, savait décrire leur misère et leurs attentes.

Amour et révolution, un double apprentissage

Zinovi et Sofia avaient toujours été inséparables. À la mort de leur mère, leur intimité s'était encore renforcée. C'est d'un même mouvement qu'ils partirent à la découverte de l'amour, comme si un fantôme venu des profondeurs de la maison s'était emparé d'eux pour les aider à retrouver le goût de vivre et d'espérer. Sofia s'était éprise d'un jeune homme fortuné, Leonid Isaakovitch Averbach, issu de l'intelligentsia juive de Saratov, elle venait d'avoir dix-huit ans, c'était le bon âge pour se marier. Et Leonid était un bon parti. Malgré tout, l'annonce de ces fiançailles fit l'effet d'une bombe : c'est largement sur elle que reposait le nouvel équilibre de la maison, pour ses frères et sœurs elle était comme une petite mère, et puis Mikhaïl avait toujours compté sur la main-d'œuvre familiale pour rentabiliser son entreprise. Après les félicitations d'usage, cuvant sa déception, il s'était enfermé pour la journée dans son atelier.

De deux ans le cadet de Sofia, Zinovi souffrait, lui, d'être parfois traité en gamin, il pestait contre sa courte taille et sa constitution gracile. Malgré cela, malgré sa connaissance plus que sommaire des poètes russes et son usage timide de l'orthographe – il n'avait fait que de brèves apparitions sur les bancs de l'école et tenait de sa mère l'essentiel de son savoir –, il avait toujours plu aux filles. Et voilà qu'il s'était installé en maître dans le cœur d'une étudiante de dix-huit ans aux cheveux coupés court et brossés en arrière « à la garçonne », une jeune fille brillante née dans une famille de fonctionnaires de la ville. À la faculté, ses maîtres donnaient en exemple pour son assiduité la jolie Lidia Ivanovna Sokolova, ils étaient loin de se douter que, le soir venu, elle se muait en apprentie révolutionnaire.

La décision prise par Mikhaïl Sverdlov allait précipiter les choses. Puisque Sofia avait décidé de se marier – grand bien lui fasse ! –, que Zinovi et Iakov prennent eux aussi leur indépendance dans la foulée, après tout, ils avaient l'âge de subvenir à leurs propres besoins. Le coup était sévère. Par chance, les jeunes sociaux-démocrates que, gagnés par la fièvre ambiante, les deux garçons fréquentaient, ne tardèrent pas à leur trouver un hébergement. Pas en centre-ville mais dans le faubourg ouvrier de Sormovo, qui abritait les chantiers de construction navale les plus vastes de l'Empire. Là, ils trouveraient à s'embaucher. Les conditions de travail étaient rudes, mais la surveillance policière moins oppressante que dans les beaux quartiers. De son côté, Lidia avait fait le choix de quitter le domicile familial pour s'installer dans un petit studio. Zinovi ne tarda pas à l'y rejoindre, la police tsariste nous signale même le jour de son installation, le 12 mars 1901.

À seize ans et demi, voilà Zinovi, fou d'amour pour sa belle, en situation de concubinage notoire. Les voisins, aimables mouchards, inondent les autorités d'informations dénuées de tout intérêt, on apprend que le jeune surveillé est apparu sur le pas de sa porte vêtu de sa seule chemise, qu'il a été vu le torse nu ou encore que le surveillé ne ferme jamais ses rideaux si bien qu'on aperçoit parfois l'intérieur de la chambre. On imagine quels délits pourraient se greffer là-dessus, outrage aux bonnes mœurs, exhibitionnisme... Sa compagne est, elle, signalée comme « la plus dangereuse propagandiste parmi la jeunesse étudiante ». Au rang des personnes aux activités louches avec lesquelles elle est particulièrement liée et qui justifient une surveillance constante sont cités les membres de la famille Sverdlov. De fréquentes perquisitions, est-il précisé, ont été effectuées à son domicile sans le moindre résultat. La demoiselle se charge de faire le guet pendant les réunions clandestines et «participe à toutes les réjouissances publiques, à tous les concerts, les conférences, les représentations de théâtre et autres rassemblements. Elle se déplace toujours en compagnie de jeunes agités que nous ne perdons jamais de vue. Elle se montre grossière et insolente. Elle ne peut en aucun cas être tenue pour politiquement sûre». Une ultime mention qui pourrait bien accréditer l'idée que l'Okhrana, la police politique du tsar, a un temps imaginé de faire de Lidia un agent double…

Peine perdue : ni Lidia ni Zinovi ne semblent prêts à trahir leur idéal révolutionnaire. Des convictions qui les habitent depuis un moment, comme en atteste ce document émis par la gendarmerie du gouvernement de Nijni-Novgorod : «Parmi les tentatives d'actions illégales entreprises par des élèves du secondaire, on note au début de l'année dernière la création d'un groupe chargé d'imprimer par hectographie une revue tendancieuse destinée à être distribuée dans des établissements scolaires. Les principaux membres de ce groupe sont les lycéens L. Israïlevitch et L. Sokolova ainsi que le fils d'un marchand local, le juif Zinovi Sverdlov, qui a quitté la maison de son père et partage un appartement avec ladite Sokolova. Leur appartement sert de lieu de réunions et d'imprimerie.»

Renvoyé de son lycée pour cause de lectures illégales, Iakov, de son côté, prendra bientôt à Sormovo un emploi d'apprenti chimiste. Lui aussi se mettra précocement en ménage avec une pasionaria de la révolution, Ekaterina Schmidt, qui, accusée d'avoir perturbé les cours de l'université de Moscou en distribuant des tracts séditieux, a été incarcérée un temps à la prison de la Boutyrka avant d'être envoyée en résidence surveillée à Nijni-Novgorod, sa ville natale. Mystère de l'histoire sainte soviétique, la figure d'Ekaterina, pourtant bolchevik convaincue, sera effacée de la vie de Iakov dans les nombreuses biographies consacrées à ce dernier. On comprendra par contre aisément la disparition de Zinovi, futur suppôt de l'Occident capitaliste : aucun des ouvrages publiés en URSS sur l'agitation étudiante à Nijni-Novgorod autour des années 1900 ou sur l'entourage de Gorki à la même époque n'en parleront quand Lidia et surtout Iakov sont érigés en figures de proue.

La poudrière russe

En ces dernières années du XIXe siècle, la Russie amorçait la traversée de son « âge d'argent », une période de fort développement économique doublé d'une extraordinaire floraison intellectuelle et artistique. Des boutiquiers, de simples paysans s'enrichissaient, certains, tel l'industriel Ivan Morozov, devenaient de fastueux mécènes. Mais, sous cette apparente opulence qui concernait surtout la frange la plus élevée de la population, le feu couvait depuis des années. Un vent de libéralisation avait soufflé sous le règne d'Alexandre II, illustré par l'abolition du servage. Après l'assassinat du souverain, son fils Alexandre III avait repris fermement les rênes du pouvoir. Et, malgré les appels à une certaine démocratisation émanant du sein même de la famille impériale, la dérive autocratique se poursuivait avec Nicolas II. L'exaspération se généralisait. S'ajoutait à cela le poids de certaines histoires personnelles comme celle de ce Vladimir Ilitch Oulianov, qui, sous le nom de Lénine, était l'un des leaders de la contestation : cet étudiant brillant qui se destinait au métier d'avocat, issu de la petite noblesse de Simbirsk, s'était fait exclure l'année de ses dix-sept ans de l'université impériale de Kazan sans un mot d'explication, son principal tort étant d'avoir vu son frère aîné condamné pour menées révolutionnaires puis pendu. On crée un révolté pour moins que cela.

Impuissante à juguler l'opposition qui s'étendait dans les grandes villes, l'administration tsariste espérait qu'en éloignant les contestataires, ils seraient gagnés par la torpeur provinciale. C'est le contraire qui s'était produit. Une centaine d'intellectuels chassés de Saint-Pétersbourg, de Moscou, de Kazan ou de Bakou, renvoyés de l'enseignement public, sans espoir d'être réintégrés, avaient ainsi retrouvé des activistes chevronnés, habitués des bagnes de Sibérie, en résidence surveillée à Nijni-Novgorod. Dans les cercles clandestins issus de ce compagnonnage, on rencontrait au début du siècle des gens de toutes tendances, des bolcheviks bon teint à l'intransigeance extrême, des mencheviks plus tempérés, et encore des sociaux-démocrates, des socialistes révolutionnaires, des disciples de Léon Trotski, autre leader de la contestation. Parmi ces opposants au régime, il y avait nombre de Juifs – comme Trotski –, les premiers concernés par cette quête de liberté et d'égalité : à quand la disparition des zones de résidence, à quand la fin des quotas dans les administrations et les universités ? Lycéens et ouvriers n'avaient pas tardé à se joindre au mouvement. De nouveaux mots d'ordre apparaissaient. On n'hésitait plus à clamer haut et fort qu'aucun changement ne pourrait avoir lieu aussi longtemps que Nicolas II occuperait le trône des Romanov. De plus en plus inquiet, le chef de la gendarmerie de Nijni-Novgorod multipliait les mises en garde au gouvernement : « Selon les renseignements que je possède dans le département qui m'est confié, il se prépare parmi les ouvriers de Sormovo des désordres de caractère antigouvernemental. Ces ouvriers sont excités par les entreprises de certains agitateurs parmi lesquels on trouve des personnalités de l'intelligentsia de Nijni-Novgorod. » Pas même besoin de citer nommément celui qui en était l'incarnation, cet enfant du pays de retour chez lui, cet autodidacte fou de littérature qu'était Alexeï Pechkov, alias Maxime Gorki.

Mikhaïl Sverdlov était-il au courant des activités subversives de ses fils ? Les premiers temps après la mort de sa femme, tout le monde s'accordait à dire qu'il n'était plus le même homme. Mais le vieil imprimeur reprenait goût à la vie et au combat d'idées. On avait bien dit que, s'il avait chassé ses enfants, c'était pour marquer sa désapprobation de leur engagement, on n'en était plus trop sûr. La vérité, c'est que Zinovi et Iakov le rejoignaient de plus en plus souvent à l'atelier, et il eût fallu qu'il soit tout à fait aveugle pour ne pas détecter la couleur des travaux qui leur étaient demandés, tracts, proclamations, articles engagés à destination des quotidiens locaux... Lorsque les textes étaient par trop violents, ils étaient imprimés de nuit, dans l'atelier soigneusement claquemuré entre ses volets. Ces jours-là, les garçons choisissaient de dormir sur place, veillant à repartir au petit matin avant que la rue Pokrovskaïa ne s'anime. Ces astreintes nocturnes auraient dû creuser leur complicité, nouée autour d'une fervente détestation du régime en place. Pourtant, entre Zinovi, jeune homme d'allure posée aux cheveux châtains soigneusement lissés et Iakov à l'étrange tignasse noire d'encre et au regard perçant, presque inquiétant, la tension était souvent vive. Déjà, quelques années plus tôt, lorsque l'étudiant Herman Liven s'était immolé par le feu, Zinovi avait fait son héros de ce courageux protestataire, quand Iakov avait dénoncé ce geste désespéré comme un aveu de faiblesse. Il n'était pas rare qu'entre les deux frères la discussion tourne à l'orage.

La nuit du destin

L'écrivain n'était, selon Gorki, pas venu sur terre pour distraire ses semblables mais pour leur servir de guide. C'était là la grande tradition russe. Dévoué à l'idée d'améliorer les conditions de vie des hommes du peuple (accessoirement d'œuvrer à la naissance d'un nouveau type d'homme cultivé, n'appelait-il pas de ses vœux « des ouvriers qui liraient Shelley dans le texte » ?), Gorki déployait une activité folle qui faisait de lui le point de mire de la contestation. Bien que désormais marié et père de deux jeunes enfants, il avait fait de sa maison le lieu de rencontre par excellence de tous ceux qui, artistes, enseignants, religieux, ouvriers ou paysans, aspiraient à un changement. Il s'agissait tout autant d'un bureau d'action sociale, d'un centre de lutte contre l'analphabétisme que d'un forum de discussions entre personnes de bon sens qui partageaient en gros les idéaux des radicaux européens. De vieilles personnes querelleuses avaient très vite jugé Iakov, exaspéré par leurs réserves et leurs tergiversations, quand Zinovi se sentait proche de ces modérés.

Une nuit, ayant appris qu'une réunion de lycéens devait se tenir à Sormovo, Maxime Gorki avait résolu de s'y rendre par surprise. Il avait pour seule adresse celle d'un coche d'eau ancré le long de la Volga, un vieux rafiot abandonné depuis longtemps. Pour y pénétrer cette nuit-là, encore fallait-il connaître le code, trois grands coups frappés contre la coque, puis deux coups brefs. La péniche était plongée dans la pénombre, une trentaine de personnes s'y pressaient, le plus vieux de ces implacables adversaires du tsarisme ne devait pas avoir plus de vingt ans. Gorki avait le cœur serré. Ces jeunes risquaient à tout moment d'être dénoncés, jetés en prison, déportés, pour certains la mort pouvait être au bout du chemin. Mais ils n'en avaient cure. Et ce petit couple qui s'avançait vers lui ressemblait moins à un duo de conspirateurs qu'à de tout jeunes mariés. Zinovi n'avait jamais oublié la stupéfaction qui s'était inscrite sur le visage de l'écrivain lorsqu'il l'avait reconnu aux côtés de Lidia, lui, le fils de l'imprimeur, le jeune homme courtois, toujours empressé à lui livrer les documents qu'il avait commandés. Lorsqu'il évoquait ce moment, cette brusque irruption d'une affection qui allait être un des piliers de sa vie, la même émotion étreignait Zinovi : «Je n'étais rien pour lui, il ne me connaissait pas mais déjà, à travers chacune de ses phrases, il exerçait le droit d'un père.»

Aux petites heures du matin, alors qu'épuisés par une nuit de discussions enflammées, les lycéens quittaient le rafiot qui, le temps d'une nuit, avait vogué vers le cap de Bonne-Espérance, Maxime Gorki avait de sa voix rauque glissé tout bas à l'adresse de Lidia et de Zinovi une invitation à se rendre chez lui le lendemain : «Je dois, disait-il, m'occuper de votre avenir.» Zinovi était resté interloqué. La fatigue avait-elle troublé son esprit? Se pouvait-il que ce glorieux aîné l'ait repéré, lui, l'inconnu, l'enfant jeté à la rue, perdu au carrefour des chemins ? Qu'il l'invite sous son toit, propose de lui servir de guide ?

Le mystère Gorki

« J'écris ceci pour me remémorer ce que Maxime Gorki avait représenté pour nous, jeunes révolutionnaires de seize ans : ce que nous savions de son passé et ce que nous ne savions pas... J'écris ceci pour retrouver la soif du renouveau, ce besoin de changer le monde qui nous habitait au temps de notre jeunesse. » Le manuscrit, non daté, s'intitulait « Notes pour rien ». On l'a retrouvé juste après la mort de Zinovi dans son appartement parisien, au fond d'une grosse malle d'ordonnance qui lui tenait lieu de bibliothèque. Les mots étaient tracés d'une écriture encore juvénile.

« En apparence, un va-nu-pieds, écrit aussi Tchekhov de son ami Gorki, mais intérieurement un personnage fort élégant. » À son retour en octobre 1892 à Nijni après des années d'errance, Maxime Gorki avait retrouvé sa ville natale sous un jour nouveau. Longtemps, elle était restée associée dans son esprit à des jours cruels, la mort prématurée de son père, le rude accueil qu'avait reçu sa mère veuve sous le toit de ses parents avant qu'elle-même ne meure l'année de ses onze ans, le manque chronique d'argent, les coups du grand-père qui un jour avaient bien failli le tuer, les larmes de la grand-mère, ses rêves vite anéantis d'être admis dans une université, les années de galère, la balle qu'il s'était tirée en pleine poitrine en décembre 1887, ne réussissant qu'à se perforer un poumon. Ces épreuves lui avaient permis de grandir, le rendant, disait-il, « extraordinairement sensible à la moindre offense, à la moindre souffrance, que ce soit la mienne ou celle des autres ». Et voilà que le vagabond, successivement garçon de courses, chiffonnier, marmiton, oiseleur, vendeur, maçon, peintre d'icônes, débardeur, boulanger, gardien, cheminot, scribouillard dans un canard local, était redevenu un fils du fleuve, « un incorrigible Volgar ». Il était désormais fêté à Nijni-Novgorod, suscitant même l'intérêt des nantis de tous poils, des fonctionnaires qui alertaient le gouvernement sur les signes d'un mécontentement grandissant, des banquiers et des gros marchands inquiets de la marche de leurs affaires.

L'ironie de l'affaire était que cette métamorphose d'un obscur jeune homme sans instruction en incarnation du génie populaire et héros de la jeunesse russe se soit déroulée dans une région du monde où sévissaient la censure et l'illettrisme, où la mainmise de l'Église sur les libertés quotidiennes allait de pair avec l'oppression policière : l'empire croulant des Romanov avait été le cadre de cette rédemption. Tout avait commencé de l'autre côté des monts du Caucase, en Géorgie, au contact d'un certain Alexandre Kalioujny, farouche opposant au régime, qui, après avoir été déporté de longues années, vivait en résidence surveillée à Tiflis. Il avait réussi à faire publier dans *Kavkaz* (*Le Caucase*), l'un des journaux locaux, un manuscrit d'Alexeï, « Makar Tchoudra », une histoire des Tziganes des steppes de la mer Noire. La rédaction en chef du journal l'avait pressé de lui confier de nouveaux écrits. Et, en septembre 1892, adoubé par l'écriture, Alexeï Maximovitch Pechkov s'était vu réincarné en Maxime Gorki, « Maxime l'Amer », un nom de plume qu'il n'avait pas choisi par hasard.

Depuis la parution d'*Esquisses et récits*, constamment réédité, c'était de la folie. Tolstoï l'accueillait dans sa maison d'Iasnaïa Poliana. Lors de leur première rencontre, il lui avait lancé : « Vous êtes un vrai moujik ! », ce qui, venant de lui, avait valeur de consécration. Quant à Tchekhov, conscient du malaise des intellectuels et de l'impatience de la jeunesse ouvrière qui avaient soif de « quelque chose d'acide et d'amer », il avait compris avant tout le monde que ce « quelque chose » pourrait leur être apporté par Gorki. C'est aussi à la poésie que Gorki devait l'incroyable engouement qu'il suscitait. Bien qu'ils soient parfois naïfs et un rien grandiloquents, le lyrisme de ses poèmes enthousiasmait les foules. Gorki était reconnu dans la rue, applaudi dans les trains, acclamé dans les salles de spectacles. On s'arrachait *Le chant du faucon*. *L'annonciateur de la tempête* qui célébrait le pétrel, un oiseau de haute mer se jouant du danger et appelant de ses vœux des orages libérateurs, était vu comme un cri prophétique d'invitation à changer le monde. Copiés à la main sur des centaines de feuilles volantes, dactylographiés, hectographiés, diffusés par les imprimeries clandestines, ces deux poèmes allégoriques en prose étaient devenus les hymnes de la contestation. On reprenait le refrain «*Nous chantons la folie des braves*» dans les manifestations et jusque dans les bagnes et les prisons. Certains le chantaient encore en marchant vers la potence. On ne s'étonnera pas que Maxime Gorki soit vite devenu la bête noire de la police du tsar.

Gorki ne s'épargnait rien, il était une provocation vivante. De jour comme de nuit, il sillonnait les quartiers de Nijni-Novgorod pour visiter dans leur planque des hommes et des femmes recherchés pour activités subversives, dénonçait dans des articles dévastateurs les injustices dont ils étaient victimes, il engageait à ses frais des avocats pour assurer leur défense lorsqu'ils se retrouvaient en prison, il aidait les jeunes inquiétés par la police à partir pour l'étranger. Tout cela avec un art si consommé que la police, impuissante, se contentait de noter son adresse à associer les entreprises légales à l'action clandestine, transformant toute activité licite en révolutionnaire. Pour tout cela, Zinovi vouait une admiration éperdue à Maxime Gorki. C'est cet homme-là, ce mythe sur pied, qui venait de leur tendre la main. Lidia et Zinovi n'en croyaient pas leurs oreilles. Le ciel soudain devenait bleu. Encore sous le choc de cette proposition, ils avaient entendu dire qu'Alexeï Maximovitch n'utilisait qu'un tiers de ses droits d'auteur et mettait tout le reste au service de sa lutte contre l'illettrisme et la misère. Qu'il entretenait à Nijni une bonne douzaine d'étudiants, dont on parlait comme des «boursiers de Gorki». Allait-il leur proposer de rejoindre la cohorte de ces bienheureux ?

Assistant de Gorki !

Zinovi et Lidia s'attendaient à rencontrer leur bienfaiteur dans un lieu taillé à la mesure de son talent. Mais rue Martinovskaïa, il ne disposait pour travailler que d'une pièce d'angle donnant sur une ruelle, tapissée d'étagères croulant sous les livres qui montaient jusqu'au plafond. L'accueil de Gorki avait été chaleureux, il était sensible à la rayonnante jeunesse de ce couple, à son intrépidité, il n'avait pas tardé à leur dévoiler ce qu'il avait imaginé pour eux. À Lidia qui, fille de fonctionnaire, avait reçu une éducation soignée, il proposait une bourse mensuelle et se faisait fort de lui obtenir un passeport lui permettant de poursuivre ses études à l'étranger. Elle craignait de quitter Zinovi et de voir la révolution se faire sans elle, mais elle savait bien que son avenir lui commandait de s'exiler un temps. Quant à la bourse, disait-elle, elle serait plus utile à sa mère qui élevait ses nombreux enfants avec une pension misérable. Cette pension lui sera versée avec ponctualité pendant quatre ans.

Zinovi n'ayant que passagèrement fréquenté les bancs de l'école n'avait rien à attendre d'une université à laquelle, en tant que juif, il n'aurait eu de toute façon que très difficilement accès. L'écrivain lui proposait donc de l'aider à classer les livres de sa bibliothèque, à gérer les contacts avec ses lecteurs, à relancer ses éditeurs, à organiser ses réunions, secrètes ou non, bref à lui servir d'assistant. Il avait même précisé qu'il lui laisserait le temps de parfaire son instruction. Quand il sortit de chez Alexeï Maximovitch, Zinovi était comme étourdi par ce coup de baguette magique : « "Assistant" ?, répétait-il à Lidia, il a bien dit "assistant" ? » À la fin de sa vie, tentant de décrire à une proche amie ce moment fondateur de son existence, Zinovi concluait : « Je suis né de cette rencontre. »

CHAPITRE 2

Naissance de Zinovi Pechkoff

Portrait de famille

Tchekhov aimait à dire que la découverte de l'écriture à l'âge adulte par son ami Gorki avait été pour lui comme une seconde naissance. C'est de la seconde naissance de Zinovi Sverdlov qu'il faut parler maintenant. Du bouleversement introduit dans sa vie par cette voix d'un écrivain prophétique qui s'amenuisait devant lui pour devenir chaleureuse et tendre, l'appelant généralement Zina, son diminutif préféré, quand ce n'était pas Zinka ou Zinotchka. Malgré leurs seize ans d'écart, tant de choses les réunissent : le souvenir d'une enfance douloureuse pour l'un, fiévreuse à tout le moins pour l'autre, éclairée dans les deux cas par la bonté et la compréhension d'une femme, la grand-mère d'Alexeï, la mère de Zinovi ; le manque de goût pour l'école compensé par un amour effréné des livres ; la passion de l'aventure même si elle ne s'est jusque-là concrétisée pour Zinovi que par les fugues qu'il faisait enfant, déambulant des jours entiers le long des quais au milieu des pêcheurs, des bateliers et des truands ; le départ de la maison familiale avec ses corollaires, la tentation de la marginalité, le sentiment de l'échec qui avait poussé Alexeï au suicide ; un questionnement incessant sur le sens de la vie (« A-t-on besoin de Dieu, qu'en pensez-vous, Anton Pavlovitch ? », demandait Gorki à Tchekhov) ; et, bien sûr, ce désir ardent qui les habite tous deux d'instaurer un monde nouveau où les injustices et les inégalités ne seraient plus de saison.

Ekaterina Pavlovna, encore jeune mariée puisque son union avec Alexeï a été célébrée à Samara en août 1896, pourrait s'irriter de cette complicité nouvelle. Or ce « petit être très simple et très gentil » (ainsi la décrit son mari dans une lettre à Tchekhov), la seule des compagnes successives de Gorki à avoir jamais porté son nom et à lui avoir donné des enfants, a pris Zinovi en amitié. Lui-même trouve mille charmes à cette jeune femme fluette, intelligente et cultivée mais toujours d'une réserve pleine de grâce en public. À elle aussi, il a vite su se rendre indispensable. Même aidée par sa mère, Ekaterina a fort à faire entre les soins à donner aux petits – Maxime est né en 1897, Katia en 1901 –, la défense du bien-être du maître de céans qui met une dernière main à son *Thomas Gordeïev* et le souci constant de faire régner l'harmonie entre les nombreux visiteurs, souvent des inconnus, qui chaque soir participent sous leur toit à des « cercles d'études », refaisant le monde autour du samovar, un verre de thé – ou de vodka – à la main. Sur cette intelligentsia de la rue, Zinovi, malgré son jeune âge, a pris de l'ascendant. Il faut dire qu'il détonne quelque peu, par un certain dandysme, jamais en blouse, toujours en veston : « Il pose à l'Anglais », note dans son rapport quotidien Rataïev, l'un des agents de l'Okhrana.

Peu de chances d'échapper au regard de cette dernière quand on vit au centre de la poudrière : l'activité subversive à Nijni-Novgorod bat de nouveau son plein et tout ce qui a un caractère révolutionnaire ici ne respire et ne vit qu'à travers Gorki. Histoire de compliquer encore la tâche de Rataïev et de ses semblables, cette nouvelle génération d'opposants, reprenant une vieille tradition révolutionnaire, s'abrite volontiers derrière les personnages de théâtre de ses auteurs culte, Tchekhov ou Gorki. Étant tombée, lors d'une perquisition, sur la liste de ces dangereux éléments, la police tsariste quadrille Sormovo, la banlieue rouge. « Connaissez-vous Pertchikhine, le marchand d'oiseaux ? » demande-t-elle aux voisins. « Et Nil ? – Il est mécanicien. » « Auriez-vous croisé le lieutenant-colonel Verchinine, il commande un régiment ? » Et qui diable peut bien être cette Arkadina ? Mais les héros des *Petits Bourgeois*, des *Trois Sœurs* ou de *La Mouette* se dérobent, n'ayant jamais eu qu'une existence de papier.

Zinovi poursuivait sa formation continue. Il ne manquait pas d'être parfois désarçonné par la personnalité bouillonnante d'Alexeï Maximovitch, par son attitude face à l'élite pensante du pays. Tout en reconnaissant qu'elle avait contribué à faire de lui une incarnation du génie populaire, il était parfois à son égard d'une violence extrême. Ainsi les propos tenus par Ejov dans *Thomas Gordeïev*, crachant sa colère à la gueule des intellectuels : « Le fait que vous existiez a été payé du sang et des larmes de dizaines de générations de Russes. Ce que vous lui coûtez cher à votre pays, morpions que vous êtes ! Et que faites-vous pour lui ? Vous raisonnez trop. Vos cœurs sont remplis de morale et de bonnes intentions mais ils sont mous et tièdes comme des édredons... » La douce Ekaterina s'efforçait de donner à Zinovi la clé de ces outrances contre ceux que Gorki appelait les barbares de la haute culture. Elles trouvaient, disait-elle, leur source dans les humiliations que lui avaient fait subir certains étudiants, moquant son manque d'éducation et de culture. Pour lui, c'est par les travailleurs eux-mêmes que devait se faire l'éveil des consciences.

Mais les interrogations de Zinovi étaient vite balayées par l'immense admiration qu'il avait pour Alexeï Maximovitch. Un forçat de travail qui, à l'heure où il publiait *Thomas Gordeïev* et annonçait la sortie prochaine d'un autre livre, menait de front l'écriture de deux pièces, *Les Petits Bourgeois* et *Les Bas-fonds*, attelé à son bureau une bonne partie de la nuit « tel un cordonnier, décrivait l'un de ses proches, le front ceint d'un foulard afin d'éviter que ses cheveux ne tombent sur ses papiers ». Sans avoir jamais sacrifié son travail d'écriture, il continuait à mener sa vie de protestataire, à visiter les miséreux des bas quartiers, à récolter des fonds pour permettre aux familles indigentes d'envoyer leurs enfants à l'école.

Pas une œuvre de bienfaisance où il ne soit impliqué, les sociétés de secours aux filles-mères et aux femmes battues, les centres de réinsertion des prostituées, les groupes de soutien aux Juifs... La vie culturelle n'était pas négligée, depuis la multiplication des bibliothèques gratuites jusqu'à de brillantes soirées organisées autour d'amis de longue date comme Leonid Andreïev, un auteur à succès, le peintre Ilia Repine, une des figures du réalisme russe, ou le chanteur Chaliapine. Des foules immenses accouraient pour les voir et les écouter.

Confronté quotidiennement au malheur russe, cet intolérable fossé entre les fastes impériaux et la misère d'un peuple ligoté par l'analphabétisme, Zinovi vivait sa nouvelle existence comme un cadeau tombé du ciel. Il cumulait les rôles. Précieux acolyte pour Alexeï Maximovitch en même temps que son disciple reconnaissant, il bénéficiait, outre d'une formation sur le tas, des conseils de lecture du maître et d'une dictée quotidienne. Il se retrouvait aussi confident d'Ekaterina et, à ses heures perdues, une efficace bonne d'enfants pour l'aider dans l'éducation de Maxime Junior à qui son père passait tout. La solide affection née entre les deux garçons allait les accompagner leur vie durant. Sur une photo qu'à ses risques et périls Ekaterina gardera toute sa vie sur son bureau, on voit un tout jeune homme, à peine sorti de l'adolescence, qui serre contre lui deux bambins. Zinovi Sverdlov arbore une pelisse bien taillée qui lui bat les talons, un bonnet fourré et des bottes rutilantes. Peut-être a-t-il tout simplement loué pour l'occasion ces beaux vêtements. Dans les bras de Zinovi trône le bébé Katioucha, visage pâlot encapuchonné dans une douillette en agneau de Mongolie. Maxime a six ans tout au plus, mais il prend déjà la pose en pelisse à double boutonnage comme les beaux messieurs de « Piter »*, comme disent les initiés. Dans le regard de Zinovi qui porte la petite fille comme un processionnaire sa bannière, il y a de la fierté, de la gravité aussi.

---

* Saint-Pétersbourg, N.D.A.

Le voilà soudain propulsé dans le tout premier cercle des intimes qui naviguent depuis longtemps aux côtés de Gorki. Stepan Gavrilovitch Petrov est l'un de ses plus fidèles disciples, il s'est rebaptisé « Skitalets », « le vagabond », en hommage à son maître à penser. Ses premiers écrits, empreints de réalisme social comme ceux de son grand homme, seront publiés chez Znanie, la maison d'édition que Gorki vient de monter à Saint-Pétersbourg avec Konstantin Piatnitski – de cette forge incandescente sortent les écrits les plus tendancieux du moment, diffusés à des milliers d'exemplaires. Écrivain doué, Skitalets est aussi un amoureux fou de la musique. Il chante et joue admirablement du « gousli », cette sorte de cithare à cordes pincées sans laquelle il n'est pas de musique russe. Salué comme la basse la plus célèbre du monde slave, Fiodor Chaliapine est un autre incontournable dans la nébuleuse Gorki. Il ne se cache pas d'avoir été un être fruste, et raconte volontiers que, prié à dîner à l'heure où sa carrière démarrait enfin, il s'était étonné, lorsqu'on avait servi la salade, de voir les convives mâchonner de l'herbe, telles les vaches dans un pré. Tout autre est le profil d'Ivan Bounine : né à Voronej dans une célèbre famille d'hommes de lettres issue de l'ancienne noblesse, élevé par des précepteurs, il a toujours su où était sa vocation, publiant son premier poème à dix-sept ans dans un magazine littéraire de Saint-Pétersbourg. En cette année 1903, cet auteur qui appartient lui aussi à l'écurie Znanie vient de décrocher le prix Pouchkine – en 1933, il sera lauréat du prix Nobel de littérature.

L'avaleur de secrets

Auprès de Gorki, Zinovi a pris du galon. Par voie de conséquence, il est plus que jamais dans le viseur de l'Okhrana. Depuis vingt ans qu'elle existe sous ce nom, la police politique du tsar n'a jamais été aussi active. État dans l'État, elle emploie une myriade de fonctionnaires qui montent régulièrement en grade comme l'ordonne la Table des Rangs. Assurés de leur immunité en l'absence d'une presse libre et de dirigeants élus, ils peuvent donner libre cours à l'arbitraire, décréter la déportation d'un accusé sans jugement, par simple voie administrative. On retrouve des agents de l'Okhrana cachés partout, dans l'armée, la justice, les affaires. Dans les grands restaurants comme dans les plus modestes tavernes, mieux vaut veiller à ne pas faire profiter de sa conversation le client de la table d'à côté. L'Okhrana a des relais partout. Il faudra attendre que s'annonce la Grande Guerre pour qu'un quotidien progressiste, le *Golos Moskvy*, la *Voix de Moscou*, ose écrire : « Le jour où la Russie secouera les chaînes de l'Okhrana sera celui d'une seconde émancipation du servage. »

En attendant, la police de Nijni-Novgorod s'interrogeait sur les moyens de jeter Gorki en prison. Les collègues de Saint-Pétersbourg venaient de l'avertir du prochain déplacement de l'écrivain dans la ville impériale pour y participer à une manifestation d'étudiants en faveur de Tolstoï. Le prétexte était tout trouvé. Le socialisme sans frein du maître d'Iasnaïa Poliana était de plus en plus mal vu en haut lieu, ses déclarations contre la peine de mort avaient scandalisé une presse ultraréactionnaire. On jugeait ses prises de position immorales, ce n'est pas pour rien que La *Sonate à Kreutzer*, véritable diatribe contre le mariage, avait été publiée dans sa traduction française avant d'être autorisée en Russie, et encore, grâce à une intervention personnelle du tsar. Et voici que, ce 24 février 1901, le saint synode venait de l'excommunier, stigmatisant cet esprit orgueilleux, en révolte contre son Dieu. En soutenant Tolstoï, Gorki se rangeait ouvertement parmi les ennemis du régime. Le général major Chemanine, chef du corps des gendarmes de Nijni, ordonna une perquisition chez Maxime Gorki.

Le 16 avril, rentrant tard chez lui, l'écrivain trouva grande ouverte la porte de son domicile. Les voisins se pressaient sur le palier. À l'intérieur de l'appartement, le procureur et deux officiers de la gendarmerie surveillaient le travail de leurs sbires, occupés à fouiller les lieux, jetant par terre le contenu des tiroirs, ouvrant un à un les livres de la bibliothèque, tandis qu'assise dans la cuisine, Ekaterina restait d'un calme olympien. On ne trouva rien chez Gorki, pas un tract, aucun matériel d'impression, ni hectographe, ni miméographe, pas même une goutte de ces liquides visqueux que ces appareils utilisaient, à base de colle et de glycérine. Et pour cause : la veille au soir, Gorki avait fini le travail et confié à Zinovi les documents qu'il destinait à Lénine, des pamphlets à paraître dans l'*Iskra* (*L'Étincelle*), le tout nouveau journal du POSDR, le parti ouvrier social-démocrate de Russie. Sitôt de retour chez lui, Zinovi avait miniaturisé ces documents. D'une plume fine, il avait transcrit en langage chiffré les textes originaux sur des bandelettes de papier mesurant moins de deux centimètres de large, qui, une fois enroulées sur elles-mêmes et enrobées dans une gouttelette de cire, ressemblaient à un mégot ou à une petite bille.

Furieux d'avoir fait chou blanc, les policiers avaient dans la foulée débarqué à la petite aube chez le Juif Sverdlov, l'affidé de Gorki. Ils avaient trouvé Zinovi et Lidia au lit, mais tout habillés, précaution élémentaire en ces temps troublés où il fallait être prêt à toute éventualité. Les hommes de l'Okhrana se frottaient déjà les mains, la fouille leur avait permis de trouver des restes de manuscrits à moitié brûlés, plusieurs livres interdits – dont une *Histoire de la Révolution française* de Michelet – et du matériel de reproduction, toutes prises qui à elles seules justifiaient une mise en accusation. Autrement plus grave, se dit Zinovi, serait la découverte des documents rangés là, sur l'étagère. Un moment d'inattention lui suffit pour attraper au vol les petits cylindres et pour les avaler. Le dernier eut un peu de mal à passer.

Dès les perquisitions achevées, tous avaient été embarqués par la police. Une quinzaine de suspects de tous âges avaient été extraits de chez eux pour être conduits à la citadelle de Nijni. Glaciale en hiver, l'été une fournaise, d'une saleté crasse en toutes saisons, elle était réputée comme l'une des prisons les plus arriérées de l'Empire. À leur arrivée, les prévenus avaient été rassemblés dans une salle voûtée pour être identifiés avant d'être mis au secret dans des cachots où toute lecture était interdite, à l'exception des livres de piété. Par d'anciennes meurtrières, si étroites qu'elles ne laissaient filtrer qu'un filet de lumière, on apercevait la cour, immense et vide, pas un arbre, pas un banc. C'est là que, lors de la promenade matinale, Zinovi, réussissant à s'approcher de Gorki bien que le silence soit exigé, l'avait rassuré sur le sort des courriers destinés à Lénine. « Mangés, tu les as vraiment mangés ? », Gorki était parti d'un grand rire, stupéfiant ses camarades et provoquant l'inquiétude des gardiens sur son état mental. Mais déjà, il s'interrogeait sur le sobriquet – il les affectionnait – dont il allait bien pouvoir affubler Zinovi : « Croque-notes » ? « Mangeur de mots » ? « Mâche papier » ?

Derrière le mur de pierres

Deux jours à peine après ce coup de filet, une rumeur se répandit selon laquelle on avait attribué à Alexeï Maximovitch le cachot le plus insalubre de l'établissement. Situé en sous-sol, froid, mal aéré, d'une redoutable humidité, il était si bas de plafond qu'un homme de taille moyenne pouvait à peine s'y tenir debout. Son mètre quatre-vingt-trois y était plié en deux. Entre geôliers, on l'appelait « la cellule du condamné ». De fait, Gorki s'était mis à cracher le sang. La nouvelle fit grand bruit, le médecin convoqué parlait d'hémoptysie, le mal pouvait être fatal. Zinovi demanda audience au gouverneur de la prison. Ce n'était pas dans les habitudes des hauts fonctionnaires impériaux de recevoir un détenu. La chance voulut que le gouverneur de la prison soit un libéral nommé là à titre provisoire. Ses deux visiteurs n'eurent pas trop de mal à le convaincre qu'une aggravation de l'état de l'illustre prisonnier serait déplorable pour sa carrière, il lui fallait imaginer la réprobation suscitée par cette arrestation, la floraison des motions de soutien : « Libérez Gorki ! »

Gorki fut tiré de son cul-de-basse-fosse. Sa nouvelle cellule était dotée d'un lit, d'une table et d'une chaise. On l'autorisa à recevoir brièvement chaque jour dans sa cellule Zinovi et Skitalets, à se promener aux mêmes heures que ses compagnons d'infortune. On l'autorisa même à écrire : les jours de visite, Ekaterina apportait des plumes, du papier, et quelques adoucissements, une couverture, un bon oreiller... Alexeï Maximovitch renaissait à la vie. Il retrouvait sa force de création, son tempérament de chef de clan. Zinovi et Skitalets lui prêtaient main-forte pour soutenir le moral des plus fragiles, ces étudiants, ces lycéens, que l'on aurait pris, au vu de leur uniforme, pour des enfants de troupe, ces gamins des rues qui restaient effarés de ce qui leur arrivait. À leur entrée dans la prison, aucun avocat ne les attendait, ils n'avaient toujours pas été interrogés, ils ne savaient pas trop pourquoi on les avait arrêtés, la plupart s'étaient contentés de brailler des slogans lors d'une manifestation.

Plus tard, de ces temps étranges et cruels, Zinovi garderait surtout le sentiment d'avoir creusé encore sa complicité avec Alexeï Maximovitch. Seule sa tendresse bourrue avait le pouvoir de combattre les dragons qui l'attendaient lorsqu'à la nuit tombée, prostré dans sa cellule, il se désespérait de n'avoir aucune nouvelle de Lidia depuis le jour de la perquisition. Un jour que Gorki et Zinovi s'étaient retrouvés dans la cour pour leur quart d'heure quotidien, ils avaient aperçu de loin une silhouette menue qui portait un petit baluchon, escortée par deux gendarmes dont l'un la tenait par le poignet. Zinovi s'élançait déjà vers elle quand Gorki l'avait supplié de n'en rien faire, inutile de la compromettre davantage.

Pour tenir le coup, mieux valait brider son imagination, ne pas trop s'interroger sur ce dont l'avenir serait fait. L'important était qu'un jour se passe sans provocation de la part des gardiens, sans prise de bec entre détenus, sans crise d'angoisse terrassant l'un des jeunes. Entre eux, Gorki et Skitalets s'avouaient étonnés devant l'évolution de Zinovi, l'autorité naturelle qui se dégageait de lui. Voilà qu'il assurait seul l'ensemble des relations avec l'administration pénitentiaire. On lui trouvait « un genre nouveau » avec ses bonnes manières, son refus du laisser-aller, sa volonté de réserver à tous, quel que soit leur niveau, les mêmes égards, les mêmes attentions. Il tenait les gens sous son charme. Chaque matin, il allait saluer la sentinelle et restait un moment à parler avec elle, assis sans façon par terre. Un des geôliers les rejoignait parfois, ou des détenus de droit commun, purgeant de longues peines, bien qu'ils soient d'ordinaire confinés à l'autre bout de la cour.

Toute initiative était bienvenue pour faire paraître le temps moins long. Skitalets avait plus d'une fois sorti son gousli pour divertir la compagnie. Il chantait aussi de sa belle voix de baryton et ses codétenus reprenaient en chœur derrière lui les airs anciens et les chansons populaires avec un tel entrain que la musique franchissait les hauts murs de la citadelle, réjouissant un public d'amateurs qui manifestaient leur soutien par des salves d'applaudissements. Skitalets imagina de créer une opérette dont le thème serait la vie en prison, il travaillait à son écriture jusque tard dans la nuit. Quand on annonça le début des répétitions des « Joyeux criminels », tout le monde voulait en être. À chanter « le quatuor des sentinelles » ou « Le chœur des détenus », les morceaux de bravoure de cette opérette dans la veine d'Offenbach, on renouait avec la vie d'avant. Gorki était le premier à s'esclaffer lorsqu'on se trompait dans la mesure. Zinovi lui-même en oubliait un temps l'incessant tourment que lui causait le sort de Lidia. De ces rares moments de grâce témoigne une photo de Gorki portant cette dédicace, tracée d'une écriture fine et régulière : « En souvenir de notre vie commune – et joyeuse – derrière le mur de pierres. 6 novembre 1901. »

La « glu » de Nijni

La lettre, adressée au vice-ministre de l'Intérieur, était datée de début mai 1901. Elle était signée de Léon Tolstoï et réclamait la libération de Gorki. Il y avait urgence si l'on voulait éviter que « cet homme malade et phtisique ne meure avant son jugement ou sans jugement, du fait de sa détention au fort de Nijni-Novgorod, dans des conditions d'hygiène que l'on dit épouvantables ». « Je connais personnellement Gorki, ajoutait le maître d'Iasnaïa Poliana, que j'aime non seulement en tant qu'écrivain de talent, estimé dans toute l'Europe, mais comme un homme d'esprit et de cœur. » Le 17 mai, une commission de sept médecins confirmait dans son rapport que la détention de Gorki était dangereuse pour sa santé et pour sa vie. Une semaine plus tard, l'écrivain était libéré en même temps que ses quatorze compagnons. Il se retrouvait chez lui, assigné à résidence.

Depuis des années, Tchekhov pressait Gorki de quitter Nijni-Novgorod. Dans un courrier de février 1900, après avoir remercié son ami de ses appréciations élogieuses sur *Oncle Vania*, il l'apostrophe : « Qu'avez-vous à y faire ? Quelle glu vous y a collé ? En vivant à Nijni, vous n'irez jamais plus loin que Vassilsoursk*... Vous êtes jeune, fort, endurant, à votre place je filerais en Inde ou le diable sait où. » Cinq mois d'attente furent nécessaires pour qu'en novembre 1901, à l'arrivée des premiers frimas, le vice-gouverneur de la ville autorise enfin Gorki à partir passer l'hiver en Crimée.

Le départ était prévu pour le 7 du mois. Dans les hautes sphères, nul n'avait imaginé que cet éloignement serait vu comme une tentative pour chasser Gorki de sa ville natale. Toute la bourgeoisie libérale et intellectuelle du coin avait tenu à lui organiser un banquet d'adieu. Gorki s'y rendit en bougonnant. Dans son

* Une bourgade située à une centaine de verstes, soit à peu près autant de kilomètres, N.D.A.

discours, il s'en prit brutalement à l'existence paisible et confortable des intellectuels russes, il appelait de ses vœux l'arrivée prochaine d'hommes différents, hardis, honnêtes et forts. Un silence de mort avait accompagné le début de cette diatribe. Mais bientôt, une véritable tempête se déchaîna, il y eut des acclamations, des protestations indignées, les gens s'injuriaient, en venaient aux mains. Les intimes de Gorki qui assistaient au banquet – Zinovi, Skitalets, Bounine, Chaliapine… – étaient atrocement gênés par la violence des propos tenus. « Nous n'étions encore que des jeunes gens, trop sensibles et trop bien élevés, dira Chaliapine à Zinovi des années plus tard ; je n'avais pas trente ans et toi, tu en avais dix-sept. [...] Souviens-toi !, insistait le chanteur. Ah ! si seulement nous avions pu, l'un et l'autre, disparaître sous la table. »

Le lendemain, une centaine d'étudiants avaient fait le projet d'accompagner Gorki au train de Moscou où il était autorisé à faire étape une semaine pour y discuter avec les directeurs du Théâtre d'art où devaient se produire *Les Bas-fonds*. Il y eut des chants, des slogans, on diffusa à grand renfort de porte-voix un manifeste où il était question de l'amour unanime porté à Gorki, de l'indignation ressentie à le voir frappé d'exil, du silence auquel était astreint le peuple, du matraquage des étudiants. La place de la gare fut bientôt noire de monde. La cérémonie des adieux se transformait en une manifestation politique. Porté sur les épaules des étudiants, Gorki cherchait vainement à calmer le jeu. La foule entonnait maintenant la *Marseillaise des travailleurs* – « Dénonçons le Vieux Monde… » –, la version russe de *La Marseillaise*, devenue ces derniers temps le plus populaire des chants révolutionnaires. La Révolution française était un modèle de référence.

Le jour suivant, les journaux évoquèrent le discours lancé d'une voix forte et bien timbrée par l'un des disciples de Gorki qui avait réussi à se faire entendre malgré les hourras de la foule et le boucan d'enfer que faisaient les locomotives entrant en gare. « On l'a banni, disait la voix, évoquant la relégation de Gorki, pour les mêmes raisons qui, depuis quarante ans, ont fait mourir en prison, au bagne ou en exil, nos meilleurs camarades. Sachez-le, ils ont été bannis parce qu'ils disaient la vérité. » « Qui parle ? Qui parle ? » s'interrogeaient les gens. Quand, à la fin de la harangue, Gorki remercia l'orateur en le pressant sur son cœur – Dieu sait pourtant s'il ne goûtait pas les effusions –, les premiers rangs de l'assistance découvrirent stupéfaits que la voix puissante émanait d'un frêle jeune homme, presque un adolescent, certains reconnurent en lui le fils aîné de l'imprimeur Sverdlov. Il se disait aussi que « ce jeune démocrate sans parti » avait été le principal organisateur de cette journée d'adieux, que c'est lui qui avait rédigé le manifeste. La police diligenta une enquête sur l'aîné des fils Sverdlov. On y lisait ceci : « Typiquement juif, ce Zinovi Mikhaïlovitch Sverdlov. C'est cela son trait le plus évident : il est juif. Son cœur ne bat pas comme le nôtre. D'une certaine façon il n'est pas des nôtres… »

Dans *L'Iskra*, Lénine, qui n'avait encore jamais rencontré Gorki, salua les manifestations qui l'avaient accompagné comme un signe de réveil du mouvement révolutionnaire en Russie.

L'angoisse d'Arzamas

L'escale à Moscou a été supprimée par crainte d'autres troubles à l'ordre public. Ultime vexation, on interdit à Gorki de résider à Yalta, la villégiature élégante de la côte : passant outre, il va demeurer une semaine chez Tchekhov, dans cette « Datcha blanche » que son ami vient de se faire construire sur les hauteurs de la ville, avant de gagner, à une dizaine de kilomètres de là, Gaspra, un petit village qui compte quelques belles villas, dont celle – un vrai château – de la comtesse Panine où il retrouve Léon Tolstoï qui y soigne son paludisme. L'hiver s'annonce clément sur les bords de la mer Noire.

Mais, pour Gorki, les douceurs de la Tauride n'auront qu'un temps. Tout comme le bonheur de se sentir enfin membre à part entière du panthéon littéraire russe. À la fin février 1902, il est élu à l'Académie des sciences de Saint-Pétersbourg aux côtés de Tchekhov, Bounine et Korolenko. Un mois plus tard, l'Empereur fait annuler son élection. Avec la fin de l'hiver se referme la parenthèse enchantée. Voilà Gorki assigné à résidence à Arzamas, à une centaine de kilomètres au sud de Nijni-Novgorod. Faisant halte dans ce trou perdu en 1869, Tolstoï y avait vécu une sorte de nuit de l'esprit, habité par une folle terreur face à la révélation de la mort. Cette « angoisse d'Arzamas », comme il la nommait, était devenue une sorte de leitmotiv dans les conversations familiales, lorsque le soir tombait sur Iasnaïa Poliana. On disait même qu'au moment de souhaiter bonne nuit à son époux, Sofia Andreïeva formulait le vœu que lui soit épargnée « l'angoisse d'Arzamas ».

Lorsque Gorki y débarque avec sa famille le 26 avril 1902, c'est une petite ville endormie de dix mille habitants, peu perméable aux idées révolutionnaires, un endroit rassurant où l'administration se plaît à envoyer nombre de ses opposants. « Dans les rues, on voit des porcs, des policiers et des petits-bourgeois, écrit Gorki à l'éditeur Piatnitski. Ils marchent lentement, comme des créatures privées de toute intention. La vie de la rue est très développée ici : les petits-bourgeois battent leur femme sur le trottoir... C'est calme et agréable. » Ou encore, à l'intention cette fois de Tchekhov : « J'ai une envie folle de voir enfin quelqu'un qui marche vite et parle d'autre chose que de salaisons. » Avec ses trente-trois églises et ses trois couvents de femmes, Arzamas est une place forte de la piété orthodoxe, grouillant de popes, de moines et de religieuses aux longues robes noires serrées à la taille, et aux capuches pointues. Plusieurs icônes dont certaines sont réputées miraculeuses y attirent le dévot va-et-vient d'une foule de pèlerins. Tous victimes, pense Gorki, d'un abrutissement généralisé entretenu à dessein par l'Église officielle, auquel seule l'éducation des masses réussira à mettre fin.

« Tu peux quitter Nijni si tu veux et vivre ici avec nous aussi longtemps que nous y serons retenus... » Zinovi ne se l'est pas fait dire deux fois. Dès cette invite lancée par Gorki, il a rejoint

Arzamas. Changement de statut : le fils aîné des Sverdlov n'était déjà plus un «boursier de Gorki» comme les autres, le voilà promu membre à part entière de la famille. Chez les Pechkov, on goûte sa droiture de pensée et son sérieux, mais aussi son éternelle belle humeur quelque difficulté qu'il rencontre, émaillée parfois de longs silences. C'est à se demander s'il n'abrite pas deux hommes à la fois, «l'homme de marbre entre deux fous rires», note Alexeï Maximovitch. L'affection que lui porte Ekaterina Pavlovna est presque maternelle. Jamais Zinovi n'oubliera la sollicitude avec laquelle cette femme a entouré ses premiers temps sous le toit familial, le faisant asseoir près d'elle à table, l'encourageant à prendre la parole, à se raconter, lui insufflant une confiance nouvelle en lui. Dans la foulée, Skitalets s'est lui aussi installé à Arzamas. D'autres amis et sympathisants suivront, célèbres ou inconnus, venus de très loin ou originaires de la région, en si grand nombre qu'il faut bientôt louer une autre maison à deux étages, aux poêles noirs de suie et aux murs rongés par le salpêtre. Pour une fois, l'Okhrana ne cherche pas à décourager ce constant va-et-vient des visiteurs, le moyen sans doute de mettre à jour le fichier des opposants au régime.

Les lectures publiques sont heureusement là pour égayer la vie morne des exilés d'Arzamas. Annoncé à l'avance, l'événement attire un public d'admirateurs de Gorki ou de simples curieux. Mais l'émotivité de l'écrivain à la lecture de ses œuvres décontenance souvent le public. Impossible pour lui de dominer l'hilarité qui le submerge en lisant telle ou telle joyeuse absurdité de son invention – il s'esclaffe, hoquette de rire comme un enfant devant ses propres bêtises. À l'inverse, lorsqu'il raconte les malheurs du peuple russe, il est là, le souffle court, le visage défait, des larmes labourant ses joues, incapable de cacher la tristesse qui l'étreint. Du coup, Zinovi prend parfois le relais, il excelle dans cet exercice. Un jour, devant une délégation du Théâtre d'art de Moscou, venue à Arzamas dans l'espoir que Gorki se laisse arracher les dernières pages des *Bas-fonds*, on l'appelle à lire un texte de son cru – le récit des amours tumultueuses du peintre Sorine. Ce récit,

Zinovi, si pudique d'ordinaire, va le porter comme s'il en avait été lui-même le héros, plongeant son auditoire dans un silence religieux suivi d'une salve d'applaudissements. Sans avoir suivi un seul cours, il venait de délivrer devant des professionnels une véritable performance.

Un homme de Dieu

Pas plus qu'elle ne pouvait empêcher d'indiscrets policiers de plonger le regard dans le bastion des exilés – exaspéré, Gorki avait cédé la chambre nuptiale à Zinovi, se réfugiant à l'arrière de la maison –, la police du tsar ne pouvait interdire à une bande de violoneux et de saltimbanques de se réunir. Mais interdiction formelle était faite aux élites d'Arzamas et autres serviteurs de l'État d'entrer en contact avec Gorki et sa clique. Personne ne se serait risqué à sonner à sa porte. Personne, sauf l'archiprêtre de la paroisse de La Trinité, le père Fiodor Vladimirski.

Un étonnant personnage que ce pope au visage dévoré par une barbe fournie. Non seulement il était, semble-t-il, acquis aux idées nouvelles – son fils était émigré politique, l'une de ses filles végétait en prison et une autre se préparait à la rejoindre –, mais lui-même consacrait toutes ses forces et ses maigres ressources à l'amélioration du sort de ses semblables, et plus spécifiquement à la recherche de sources d'eau potable. On disait qu'il vivait aussi pauvrement qu'un mendiant dans sa maison hypothéquée pour les besoins de la cause. Le père sourcier avait engagé la municipalité à construire un aqueduc, mais les riches commerçants et les fonctionnaires faisaient venir depuis des sources lointaines par tonneaux entiers l'eau qu'ils consommaient. Alors, un aqueduc… Et pendant ce temps, les petites gens, condamnés à l'inertie qu'engendre la misère, continuaient à boire l'eau fétide des mares et des étangs, s'empoisonnant à petit feu.

Zinovi avait assisté à la première visite du pope chez Gorki. Ce jour-là, il pleuvait à verse. Vêtu d'une longue soutane grise, coiffé d'un chapeau informe et chaussé de lourdes bottes de paysan, le père Fiodor était apparu trempé de la tête aux pieds, maculé d'argile, on eût dit une motte de boue. Il avait serré chaleureusement la longue main de l'écrivain dans sa paume dure et calleuse de terrassier : « C'est vous, l'incorrigible pécheur que l'on nous a expédié pour que nous le remettions sur le droit chemin ? », avait-il lancé. « Eh bien, on va vous corriger ça ! » Il avait demandé du thé, des effets pour se changer. Tout cela sur un ton simple et familier qui, d'emblée, lui avait acquis la sympathie de tous. Il était souvent revenu.

Les colères du père Fiodor étaient proverbiales. Il fulminait contre les petits voyous qui l'avaient délesté de son sac de voyage et de son parapluie, il foudroyait le gouverneur de la province qui jugeait plus urgent l'établissement d'une société de crédit que la construction d'un aqueduc, il clamait haut et fort sa détestation des gnostiques qu'il accusait d'avoir rendu la doctrine théologique inaccessible à l'intelligence du peuple. Plus tard, le père Fiodor Vladimirski sera délégué à la seconde Douma – celle qui fit suite, en 1907, à la première assemblée élue et prestement dissoute. C'est là que, devant l'élite culturelle de la Russie, il prononcera un discours qui fit date, un réquisitoire implacable contre les « Cent Noirs », cette milice contre-révolutionnaire qui, animée contre les Juifs d'une haine infernale, multipliait les pogroms. Les sanctions ne se firent pas attendre. Le saint synode intervint. On ôta au père Fiodor sa charge ecclésiale. Chassé, puni, destitué, cet homme d'exception n'en continua pas moins à exercer son influence bienfaisante. Jusque dans les années vingt, il restera en contact épistolaire avec Gorki, qui ne cachait pas, lui écrivit-il un jour, « tout ce que m'a procuré de véritablement extraordinaire ma rencontre avec vous ». Zinovi restera à jamais marqué par l'archiprêtre. Comment oublier ces moments où, dans la maison d'Arzamas, poussant Gorki du coude et clignant de l'œil à son jeune assistant, le saint homme se frottait le front des deux mains en répétant : « L'homme, qu'en dites-vous ? Y a-t-il quelque chose de mieux que l'homme ? » Un postulat de base que l'on ne tarderait pas à retrouver dans la bouche de Satine, l'un des personnages des *Bas-fonds* : « L'homme, quel mot magnifique ! Comme cela sonne fier ! Il faut respecter l'homme ! Pas le plaindre, pas l'humilier par la pitié, mais le respecter ! Buvons à l'homme, baron ! »

Une nouvelle naissance

Sous peu de temps, il ferait nuit. Au retour d'une de ses tournées, le père Fiodor l'avait trouvé qui l'attendait sur le pas de sa porte. Zinovi souhaitait être baptisé et comptait demander à Gorki d'être son parrain. Le père Fiodor n'avait pas caché son étonnement : qu'est-ce qui pouvait bien pousser le jeune homme à quitter la foi de ses ancêtres ? Était-ce le désir de se soustraire aux vexations qui poursuivaient ses frères juifs ? De consacrer ainsi toutes ses forces à l'action révolutionnaire ? Le père Vladimirski était un exemple de bonté évangélique, mais il était étranger à toute idée de prosélytisme et il n'avait pas le souvenir que Zinovi soit taraudé par de lourdes interrogations spirituelles. Peut-être le garçon était-il tout simplement sensible aux fastes de la liturgie russe ? Quant à Gorki, ardent défenseur de la cause juive, on imaginait mal qu'il ait poussé le jeune Sverdlov à entreprendre pareille démarche. On ne pouvait tout à la fois se dire comme lui « émerveillé par la force morale du peuple juif, son idéalisme courageux, sa foi inébranlable en la victoire du bien sur le mal », on ne pouvait comme lui dénoncer « le joug honteux, socialement nuisible » qui pesait sur les Juifs et prendre le risque de faire de Zinovi un renégat aux yeux de sa communauté.

Pour recevoir le baptême, Zinovi devait soumettre à l'épiscopat de Nijni-Novgorod une requête attestant de l'authenticité de ses intentions de rejoindre l'Église orthodoxe et justifier d'une instruction suffisante concernant les vérités de la foi du Christ.

L'acceptation de la requête tardait à venir. Quand elle arriva enfin, Gorki, dont l'assignation à résidence venait d'être levée, avait déjà regagné Nijni-Novgorod, tout comme Vera Nikolaïevna Kohlberg, une militante de la première heure à qui Zinovi avait demandé d'être sa marraine. Le baptême aurait lieu en leur absence comme le montre la lettre adressée par Gorki à Alexandre Mikhaïlovitch Khrabrov, l'inspecteur des écoles publiques d'Arzamas : « Soyez gentil, si nécessaire remplacez-moi dans le rôle de parrain de Zinovi Mikhaïlovitch et prenez comme marraine, à la place de Vera Nikolaïevna Kohlberg, soit la fille du père Fiodor, soit votre épouse. »

C'est en l'église de La Trinité d'Arzamas, une belle église décorée de fresques, que le baptême est célébré le 30 octobre 1902, les registres en font foi : « Selon le rite de l'Église orthodoxe d'Orient, par le sacrement de baptême et de la confirmation, est entré dans l'orthodoxie le bourgeois de Polotsk*, Yeshua Solomon Movchev Sverdlov, dix-neuf ans**, on lui donnera désormais le patronyme et le nom de son père adoptif Alexeï Maximovitch. » Exit Zinovi Mikhaëlovitch Sverdlov. Bienvenue à Zinovi Alexeïevitch Pechkoff. Une nouvelle naissance vécue comme une incompréhensible désertion par l'imprimeur qui aurait à cette occasion prononcé contre son fils aîné la malédiction contenue dans le psaume 137, celui qui rappelle l'exil à Babylone : « Si je t'oublie, Jérusalem, que ma main droite se dessèche... »

Nombre de gens se plairont plus tard à imaginer en Zinovi un enfant naturel de Maxime Gorki, seule explication plausible de l'intimité qui les lie. L'hypothèse ne tient guère entre le trop faible écart d'âge – il eût fallu qu'Alexeï Maximovitch devienne père au sortir de l'adolescence –, l'harmonie qui règne alors dans le couple Sverdlov, ostensiblement ouvert à l'idée d'une famille nombreuse, et l'absence totale de la moindre ressemblance physique entre Alexeï

---

* Le lieu d'origine de sa famille, N.D.A.

** Il n'en a en fait que dix-huit, et encore pas tout à fait, N.D.A.

et Zinovi, l'un de haute taille, bâti en force, visage taillé à la serpe, l'autre, traits fins et format réduit. Mais s'il n'existe pas de liens du sang entre les deux hommes, les liens du cœur, officialisés en quelque sorte par cette paternité spirituelle, ne cesseront de se renforcer au fil des années. On pourrait s'étonner qu'un simple parrainage prenne ainsi valeur d'adoption – combien essentielle dans la vie de Zinovi. C'est oublier le flou artistique qui règne alors dans les registres d'état civil tenus par les autorités religieuses. Beaucoup de Russes n'ont pas encore de nom de famille.

Un an plus tard, en octobre 1903, le consistoire de Nijni-Novgorod recevait ordre de « Sa Majesté l'Empereur, autocrate de toutes les Russies » de corriger au plus tôt l'inscription n° 7 portée sur le registre de l'église de La Trinité d'Arzamas concernant le baptême du Juif Yeshua Solomon Movchev Sverdlov et d'y supprimer le nom de Pechkov qui lui avait été attribué. L'oukase n'eut pas de suite. Le jeune homme était d'ailleurs déjà inscrit sous son nouveau nom sur les registres de l'école du Théâtre d'art de Moscou.

Une turbulente fratrie

L'éloignement de Gorki n'avait pas changé grand-chose à l'agitation qui régnait à Nijni. En février 1902, une soirée d'hommage était prévue dans le grand théâtre de la ville à l'occasion du cinquantenaire de la mort de Gogol. Vigilante, la police avait farci la salle de faux ouvreurs et de fausses ouvreuses en vareuse à boutons dorés et casquette ornée d'une petite lyre, avec mission d'accepter les pourboires pour que l'illusion soit parfaite. Le rideau se leva sur la scène où trônait en majesté un buste de Gogol. Des acteurs incarnant les personnages de son théâtre venaient le rejoindre un à un, tandis que s'allumaient les ampoules d'un tableau lumineux annonçant « 50 ans de N.V. Gogol », et que le chœur entonnait à pleins poumons le « Gloire à toi », extrait de l'opéra de Glinka, *Une vie pour le tsar*. C'est à ce moment qu'une pluie de tracts se déversa soudain des balcons, tandis que des voix juvéniles hurlaient : « Vive la liberté politique ! », bientôt saluées par des applaudissements et de vibrants « Bravo ! ». Sommé d'augmenter le volume sonore, le chœur força du même coup l'allure. Ce n'étaient plus les accents graves et majestueux d'un chant d'exaltation patriotique, mais une tempête, un ouragan, une chevauchée fantastique.

Il y avait urgence à dénicher l'organisateur de ces incidents qui, notait le rapport de police, « avaient si désagréablement surpris d'honnêtes spectateurs venus en nombre rendre hommage à notre grand Gogol ». Ces tracts portaient, c'était clair, la patte de Maxime Gorki. Du coup, l'enquête ne tarda pas à pointer du doigt le rôle central de Zinovi Sverdlov. Arrêté pour activités illégales, interrogé sans ménagements, Zinovi fut maintenu plusieurs jours en prison, en même temps que Lidia. En ce même printemps 1902, ce fut au tour des cadets Sverdlov d'être poursuivis pour troubles à l'ordre public, Gorki réagissant à l'événement avec une ironie mordante : « Il se passe des choses terrifiantes à Nijni-Novgorod ! Une histoire horrible. On a capturé et mis en prison de vils criminels, agitateurs politiques, révolutionnaires, au nombre de deux. Ce sont les fils du graveur Sverdlov ! Il était grand temps ! Enfin l'ordre va être rétabli et la Russie sauvée… Les criminels ont été pris le 6 mai lors d'une manifestation de rue. Ils se sont repentis. Ils ont pleuré ! Le plus âgé (Iakov) a déjà quinze ans, le cadet (Veniamin) en a treize. Leur troisième frère qui a six ans n'a pas encore été emprisonné. Le quatrième (Zinovi) se trouve actuellement chez moi et il ose rire, ce pécheur invétéré. C'est l'aîné. Il a dix-huit ans… Non, mais que pensez-vous de cette respectueuse société russe assistant en toute quiétude au nouveau massacre des innocents ? »

D'ici quelques courtes années, c'est ce même Iakov qui, pour avoir participé à la révolution de 1905 au sein de la fraction bolchevik, va devenir, bien plus encore que son frère aîné, un gibier de choix pour l'Okhrana. C'est lui qui, arrêté en 1906, emprisonné pendant trois ans, reprend, sitôt libéré, son activité d'agitateur, ce qui lui vaut une nouvelle arrestation et la déportation en Sibérie. Lorsque, après plusieurs tentatives ratées, il parvient enfin à s'évader, la police promettra une forte récompense à qui aidera à la capture de ce danger public. Il sera dès lors difficile de parler de « massacres des innocents ». Sinon de ceux que Iakov, arrivé à la tête de l'exécutif, ne tardera pas à perpétrer.

CHAPITRE 3

Vagabondages

La mauvaise réputation

On aurait dit un conseil de famille. Assis autour d'une table, Gorki et sa femme discutaient avec quelques intimes de l'avenir de Zinovi. Pour Alexeï Maximovitch, l'affaire était entendue, il lui fallait qu'il reprenne d'urgence ses études. Alexeï se faisait fort d'offrir à l'aîné des Sverdlov cette chance que lui-même n'avait pas eue. Avec sa petite taille, son côté propret, il avait tellement l'air d'un galopin ! Bachelier, on le prendrait enfin au sérieux. Et puis, il était juif : dans le climat actuel, rien de plus précieux qu'un diplôme en cas de départ précipité pour l'étranger si les persécutions s'aggravaient.

Zinovi s'était inscrit à l'examen d'entrée à l'université, avait travaillé dur pour le préparer, s'en était apparemment bien tiré. D'où la déception de Gorki quand, à la mi-septembre 1902, il fut informé par Alexandre Khrabrov (l'inspecteur des écoles publiques d'Arzamas) que Zinovi était recalé. Le choc était rude. Gorki insista auprès des autorités pour qu'on lui transmette les notes de son protégé. Cette fois, étrangement, elles étaient incommunicables. Était-ce là le résultat de pressions antisémites ? On disait que nombre d'enseignants chargés des inscriptions avaient reçu des lettres anonymes porteuses du message : « Assez de bacheliers juifs ! » On atteignait Gorki en s'en prenant à Zinovi.

C'était là un arriviste, un paresseux qui ne méritait pas la protection dont il bénéficiait.

La spectaculaire montée en puissance de Iakov Sverdlov au sein du parti bolchevik allait bientôt rendre encore plus acerbes les critiques à l'encontre de son frère aîné. Une détestation dont Gorki sera pleinement conscient : «J'aurai bientôt quarante ans, écrivait-il quelques années plus tard à Ekaterina. Dans ma vie, j'ai vu quantité de gens et j'ai aujourd'hui le sentiment que le plus proche de moi est Zinovi, ce petit bonhomme rude et franc, ce qui lui vaut d'être haï partout…» Difficile pour cette nouvelle génération de croyants de tolérer un électron libre. Lors de son incarcération en 1902, à la section «liens familiaux», Iakov inscrit le nom de Zinovi dans le protocole d'interrogatoire. En avril 1903, soumis au même questionnaire, il laisse la case vide. La brouille entre les deux frères est consommée.

Zinovi monte sur scène

À toute chose cependant, malheur est bon. Privé d'accès à l'université, Zinovi voit une autre porte s'ouvrir devant lui. À la rentrée 1902, il rejoint l'école du Théâtre d'art de Moscou, le très célèbre MKhAT, qui propose, après examen d'entrée, un cycle d'études de trois ans. «Je vous présente mon fils spirituel, Zinovi Alexeïevitch Pechkov, écrit Gorki à un administrateur du théâtre, Joasaph Tikhomirov, je vous prie de l'aimer et d'en prendre soin.» Zinovi est aux anges, il a trouvé son chemin, il se sent une âme de comédien. Chaliapine ne lui a-t-il pas dit qu'il était «merveilleusement doué»? N'a-t-il pas reçu des encouragements de Vladimir Nemirovitch-Dantchenko, qui codirige le MKhAT avec Konstantin Stanislavski, le célèbre metteur en scène et professeur d'art dramatique, pour la connaissance «tout en profondeur» qu'il avait des *Bas-fonds*?

Il faut dire que, dans le milieu du théâtre, la recommandation de Gorki vaut de l'or. Il est devenu l'un des auteurs fétiches du Théâtre d'art, un lieu qui l'a constamment encouragé sur la voie de l'écriture dramatique. *Les Petits Bourgeois*, sa première pièce, avait été fraîchement accueillie malgré la présence au parterre d'une société brillante et politiquement influente. Du coup, les fonctionnaires de la censure tsariste ont relâché la pression : à quoi bon tailler dans *Les Bas-fonds*, la nouvelle pièce annoncée, puisqu'elle est vouée à l'échec ?

La première de la pièce a lieu le 18 décembre 1902. Un succès immense. Olga Knipper qui tient le rôle de Nastia décrit à Tchekhov qu'elle a épousé un an plus tôt, « un public déchaîné, des gens qui grimpent jusqu'à la rampe ». « On rappelait sans fin les metteurs en scène, les acteurs et l'auteur lui-même », raconte dans ses mémoires Stanislavski, qui évoque un Gorki hébété de bonheur et d'émotion, une cigarette qu'il avait oublié d'éteindre pendant à ses lèvres, ne sachant qui il devait saluer : « Mes enfants, lançait-il, souriant et confus à ses admirateurs, c'est tellement gênant ! Je ne suis pas une cantatrice. Ni une danseuse. » Pour saluer l'événement, on organisa une fête mémorable. Zinovi et ses camarades s'étaient dépassés en matière de farces et attrapes, Skitalets joua du gousli, d'autres de l'harmonica et de la balalaïka, « tous ceux qui le voulaient ont dansé à la russe », raconte Olga à son mari.

Dans la foulée, *Les Bas-fonds* fut un succès de librairie comme on en avait rarement vu en Russie. La musique et le roman avaient longtemps assuré le rayonnement de la culture russe : l'art dramatique prenait le relais. Maxime Gorki, qui avait jusque-là surtout fréquenté les milieux les plus progressistes, devenait l'auteur à recevoir. Les cercles littéraires tel le célèbre « Mercredi » (Sreda) se l'arrachaient. Les salons huppés de Moscou ou de Saint-Pétersbourg avaient le délicieux sentiment de s'encanailler quelque peu en sa compagnie. Le héros du jour arrivait volontiers flanqué de sa suite, Zinovi ne boudait pas son plaisir de découvrir ainsi du pays et de faire de nouvelles rencontres, son charme et sa gaieté lui valaient tous les suffrages dans ce genre d'exercices.

La troupe du Théâtre d'art comptait trente-neuf acteurs, Zinovi y a fait son trou. Il a même gagné l'amitié d'une de ses figures centrales du Théâtre d'art, le surprenant Leopold Soulerjitski, autodidacte féru de philosophie orientale qui, pour avoir refusé de faire son service militaire, a été jeté en prison et fini enfermé chez les fous. Disciple de Tolstoï, il a, à sa demande, organisé quelques années plus tôt le départ pour le Canada d'un groupe de pacifistes, les « Doukhobors », ou « Combattants de l'esprit ». Zinovi ne cache pas son admiration pour cet homme qui, au nom de sa morale chrétienne, a accepté d'affronter le fouet, le bagne, le dénuement extrême, pour lutter contre toute forme de guerre injuste. Auprès de cet aîné respecté, il s'initie à des techniques de concentration qui lui permettent de mieux aborder un rôle : des techniques auxquelles, dans son grand âge, le général Zinovi Pechkoff, ambassadeur de France, avouera avoir eu souvent recours pour éclairer ses opinions et imposer ses convictions.

Zinovi aimait évoquer ces saisons passées à l'école du Théâtre d'art, partageant un modeste deux pièces avec trois autres étudiants originaires de la Volga. Il arrivait que son étroite chambre se mue en espace de répétition. Les comédiens en herbe s'y donnaient la réplique, des acteurs confirmés venaient les assister pour filer avec eux une scène du prochain spectacle. Gorki y débarquait dès qu'arrivé à Moscou. Pour saluer sa venue, les colocataires entonnaient certains des chants populaires qui scandent le dernier acte des *Bas-fonds*, Gorki faisant chorus de sa voix grave, avec cet accent rocailleux et ces « o » accentués qui signaient un natif de Nijni. L'ambiance montait encore d'un cran quand Chaliapine se joignait à la bande : « Diable ! Viens ici, mon petit pigeon Fiodor Ivanovitch ! », l'exhorte Gorki sur une carte collective datée d'octobre 1903. « Même tard. Dépêchez-vous de vous hâter ! », ajoute Zinovi.

La vie sourit enfin à Zinovi. En sus de son cursus au Théâtre d'art, Nemirovitch-Dantchenko l'a inscrit au cours qu'il donne au Conservatoire philharmonique impérial. Lors d'une représentation des *Bas-fonds*, Stanislavski l'a poussé sans le prévenir sur le plateau pour incarner Vassili Pepel, un petit voleur, la casquette enfoncée au ras des sourcils. Le metteur en scène est coutumier du fait, histoire de tester la capacité des débutants à donner une vie propre à un personnage. C'est bien là la méthode Stanislavski, celle qui fait l'originalité du MKhAT. Là-bas, pas de programme fixe. Les étudiants participent à toutes les répétitions depuis les premières lectures, ils sont figurants, jouent parfois de petits rôles. Ils apprennent surtout à percer la psychologie des personnages et à étudier le milieu dans lequel ces derniers évoluent par un travail sur le terrain. Théorisée par Stanislavski dans plusieurs ouvrages, cette méthode va, quelque quarante ans plus tard, inspirer directement l'Actors Studio monté à New York par Elia Kazan et Lee Strasberg, marquant profondément nombre de stars du cinéma et de la scène, de Marlon Brando à Montgomery Clift, de Paul Newman et Jack Nicholson à Meryl Streep ou Julia Roberts.

Fouille à corps

Qui donc les avait mis au parfum ? Comment avaient-ils appris que le jeune homme avait joué un bon tour à la police de Nijni-Novgorod en avalant à sa barbe des documents compromettants ? Il est vrai que Gorki adorait raconter cette histoire, trop content que l'Okhrana ait été ainsi ridiculisée. Le chef de la police de Moscou était en tout cas décidé à agir. Dans la nuit du 8 mai 1903, il organisa une nouvelle perquisition au domicile du dénommé « Zinovi Alexeïevitch Mosaïevitch Sverdlov, alias Pechkov », lequel « faisait l'acteur dans la troupe du Théâtre d'art ». Il avait bien recommandé à ses agents de présenter cette opération comme une « visite domiciliaire » plutôt que comme une perquisition. Les fonctionnaires de l'Okhrana avaient beau s'excuser platement, Zinovi était saisi par le découragement. En changeant de nom, de religion, de ville, en devenant élève du plus prestigieux théâtre de Russie, il espérait fuir ces vexations policières qui lui rendaient la vie impossible à Nijni. Or ils remettaient ça, passaient l'appartement au peigne fin, fourrant dans de grands sacs toutes les notes prises pendant ses cours, toutes les photos de plateau. Le jour se levait. L'officier de police semblait sur le point de partir quand on vit débarquer deux assistants aux allures de nervis. Le colocataire présent fut prié de vider les lieux, il allait être procédé à une fouille à corps. Une fouille à corps ! Zinovi était indigné. On avait beau lui dire qu'en cas de refus, il était bon pour les camps de redressement, il ne voulait rien entendre.

Quand le colocataire regagna l'appartement, il trouva Zinovi étendu sur le sol, inconscient, nu, le corps marbré de coups. Il avait dû se défendre comme un beau diable pour que la fouille à corps ait ainsi tourné en une sévère raclée. C'est là un épisode que Zinovi tint des années secret, jusqu'à ce que l'un de ses tortionnaires, réfugié politique dans le Maroc des années trente, n'en fasse la confidence à l'une des belles amies de celui qui était désormais un officier français. Lui-même n'en avait jamais parlé qu'à Ekaterina Pavlovna, lors de son retour à Nijni. Mais il savait désormais qu'il était temps pour lui de quitter la Russie.

Avant la fin de l'année, un autre événement vint le conforter dans cette idée. Gorki, ployant sous le travail et les engagements, n'avait toujours pas bougé de sa ville natale lorsque la police – ou ses affidés de l'extrême droite –, lasse du magistère moral qu'il exerçait, décida de passer à l'action. Le 20 décembre 1903, alors que Ekaterina et leurs deux enfants ainsi que Zinovi l'attendaient chez leurs amis Grinevitski, on vit débarquer Alexeï sur le coup de onze heures du soir, le manteau déchiré, le visage en sang. Attaqué dans le quartier des Berges, il n'avait eu la vie sauve que grâce au porte-cigarettes en métal glissé dans une poche de poitrine, qui avait arrêté le couteau de l'assassin. Quant à porter plainte… « Il va de soi, confiait-il quelques jours plus tard à Piatnitski, que je n'ai pas essayé et n'ai nulle intention de me placer sous la protection de lois que je ne respecte pas et d'une police avec laquelle j'ai des relations particulières. »

Désormais, que ce soit à Nijni-Novgorod ou à Moscou, Alexeï ne mettrait plus le nez dehors sans être encadré par sa garde rapprochée, au premier rang de laquelle Skitalets, long échalas d'une simplicité presque ostentatoire avec ses cheveux courts et son pince-nez, et Zinovi, immanquablement en veste de tweed et non dans cette tenue « à la russe » que prisait fort l'intelligentsia et que détestait Tchekhov (« Il n'y a qu'une chose qui cloche en lui ou plus exactement sur lui, disait-il à Olga à propos de Gorki, c'est sa blouse de paysan. Je ne peux pas plus m'y habituer qu'à un uniforme de chambellan. ») Pour évoquer la nébuleuse protégeant le chef de la contestation, on parlerait désormais des « gars de Maxime ». Et pour qualifier l'étrange troïka formée par Gorki, Skitalets et Zinovi, on ne dirait plus, quand on les verrait déambuler dans les rues de Nijni, que « l'Écrivain », « le Musicien » et « l'Étudiant ».

Quand donc reverrai-je Nijni ?

Il était temps pour Zinovi, il le savait bien, de quitter son cocon protecteur. Cette famille qu'il considérait désormais comme la sienne. Mais il retardait son départ. Depuis quelques mois déjà, il avait vu la tristesse voiler le regard d'Ekaterina Pavlovna, il se devait de l'aider. Devant elle, les inconditionnels de Gorki comme les inévitables flatteurs glosaient sur le bonheur à être l'épouse d'un auteur aussi unanimement fêté. Mais lui, Zinovi, savait. L'un des premiers, il avait assisté dans les coulisses du Théâtre d'art à la passion naissante entre Gorki et Maria Fiodorovna Andreïeva, l'une des gloires de la troupe, une très belle femme rousse qui, après avoir été une merveilleuse Irina dans *Les Trois Sœurs* de Tchekhov, incarnait Natacha, la jeune héroïne des *Bas-fonds*. Zinovi avait su Alexeï amoureux avant qu'il ne le sache lui-même. Désormais, l'écrivain et la comédienne, artiste de talent et social-démocrate convaincue, vivaient leur amour au grand jour. Après sept ans d'une union heureuse, de combats partagés, alors que Maxime et Katioucha étaient encore petits, Alexeï Maximovitch et Ekaterina se séparaient. Ekaterina, ce n'était pas pour étonner Zinovi, était en la circonstance d'une dignité exemplaire. « Ma femme est ma femme, la femme de Maxime Gorki, précisera plus tard ce dernier à l'intention de la presse. Elle comme moi considérons indigne de nous en expliquer. Certes, chacun est libre de dire ou de penser ce qui lui plaît à propos de nous : il ne nous reste que le droit humain d'ignorer les ragots. » « Ma femme est ma femme », écrivait Gorki. Elle le restera à jamais. Pas plus qu'il n'y aura de divorce prononcé, il n'y aura entre eux de rupture consommée. Toute leur vie, Alexeï et Ekaterina continueront à se voir, à s'écrire. Au plus fort de la terreur stalinienne, même Gorki disparu, Ekaterina restera intouchable, protégée par le célèbre patronyme jusqu'à son décès sous l'ère Brejnev, en 1965. Dans cette entente préservée, Zinovi a eu son rôle. Combien de fois a-t-il rempli des missions délicates auprès d'Ekaterina, concernant entre autres Maxime, le petit garçon cher au cœur d'Alexeï que celui-ci craignait tant de décevoir, ou encore les relations avec Maria Andreïeva ? Jamais Gorki n'oubliera que Zinovi a été un artisan de paix entre les deux femmes qui ont le plus compté pour lui. Ce don inné, le futur général Pechkoff le cultivera toute sa vie.

Zinovi avait réussi, sans trahir Ekaterina, à conserver l'amitié de Maria Andreïva, acquise dès leur rencontre au Théâtre d'art. Pour la première, il était un ami fraternel, toujours prêt à lui apporter son aide, le compagnon de jeu de ses enfants ; pour la seconde, il serait un admirateur, un chevalier servant, l'indispensable maillon entre le monde du théâtre et le milieu littéraire. Lui-même songeait d'ailleurs à quitter l'école du Théâtre d'art pour intégrer l'équipe du « Nouveau Théâtre », une filiale du Théâtre Maly créée par Alexandre Lenski. Passant une audition devant ce dernier, il lui avait expliqué son envie de changement par son souci de recevoir une éducation artistique supérieure et livré sa crainte de devoir bientôt accomplir son service militaire et passer quatre ans sous les drapeaux (c'était alors la durée légale pour les conscrits ayant achevé l'école primaire) : « Dieu sait où ils m'enverront et je perdrai le bénéfice de mon éducation alors que je veux me développer, travailler et m'accomplir. » Comment le jeune homme adopterait-il une autre attitude quand, pour son père adoptif, rien ne justifie qu'il prenne les armes pour secourir son pays ? « Je considère que transformer les étudiants en soldats est une bassesse, un crime insolent contre la liberté individuelle et une mesure idiote de canailles rassasiées de pouvoir, écrit Gorki. Cela me fait bouillir le cœur, dit-il encore, et je serais ravi de cracher à la gueule éhontée de ces ennemis de l'homme. » Le débat est d'autant plus d'actualité que, en février 1904, la guerre a éclaté avec le Japon.

Zinovi a tenté de parer le coup, sans fuir pour autant ses devoirs. Dans les premiers mois de 1904, il a préparé à Saint-Pétersbourg « l'examen des volontaires » pour accéder à une école militaire et devenir officier, ce qui permettrait de réduire son service à un an. « Il étudie très bien », écrit Gorki début mars pour rassurer Ekaterina, avant de qualifier Zinovi de « gamin malchanceux » lorsqu'il échoue à l'examen. C'est le coup de gong. Quatre ans à servir les intérêts d'une monarchie qu'il exècre, quatre ans à marcher au pas de l'oie, sourire aux lèvres, ce n'était tout simplement pas possible. Entre la crainte d'un nouvel interrogatoire musclé et le risque d'une incorporation forcée, le départ de Russie s'imposait.

Encore fallait-il franchir la frontière. C'était la première fois que Zinovi quittait son pays, il n'avait aucune expérience des voyages en solitaire, ne possédait aucune langue étrangère. On lui avait bien fabriqué de faux papiers, un passeport garni de beaux visas sur lequel il apparaissait sous une nouvelle identité, mais mieux valait ne pas les produire à la frontière, ils ne feraient pas illusion longtemps. En août 1904, après avoir pris des vacances sur la Volga, Zinovi gagna Kuokkala, sur le golfe de Finlande, où se trouvait la demeure familiale de Maria Andreïeva. Ce fut là, au pays des mille lacs, des forêts immenses et des cascades bouillonnantes, qu'il dit adieu à la Russie. Maria Andreïeva avait auprès d'elle ses enfants nés d'une première union, Alexeï avait les siens, tout ce petit monde formait une joyeuse bande. Mais quand arriva l'heure du départ, après que la vieille « niania » de Maria eut supplié que, dans le respect de la tradition, ils prennent tous le temps de s'asseoir, d'observer une minute de silence et de se lever avec un bel ensemble pour prononcer les paroles rituelles : « V dobri tchass » (« Bonne chance ») puis « S Bogom » (« Que Dieu vous accompagne »), l'émotion se saisit de tous. Maria était au bord des larmes, Katioucha ne voulait plus quitter les bras de Zinovi, Max, pour se donner une contenance, grondait sa sœur de retarder ainsi le voyageur.

Il avait été recommandé aux exilés clandestins, arrivés à bon port, de ne pas en avertir trop vite leur famille au risque de stimuler la curiosité de l'Okhrana. Il était plus sage de se faire oublier. Mais, privé de nouvelles, Gorki avouait à Maria Andreïeva « étouffer d'angoisse ». À la mi-septembre enfin, un cri de Maria à réveiller toute la maison annonça la nouvelle : Zinovi avait télégraphié que tout allait bien, qu'il était en bonne santé, le message semblait venir de Suisse. On fêta dignement l'événement en soupant au jardin, il faisait inhabituellement doux. Sur la table, on avait déployé la grande nappe à fleurs et les belles assiettes bleues venues de Hollande, les flacons de vodka, les cornichons, les harengs et deux pleins paniers d'écrevisses achetées à un marchand ambulant. Skitalets était là, ivre et heureux, pour enchanter la nuit avec sa musique. Quelques jours plus tard, Gorki reçut une carte postale signée de Zinovi, annonçant qu'il quittait Stockholm pour Londres – peut-être le facteur avait-il confondu la Suisse et la Suède, il ne devait pas être un as de la géographie. De Londres, Zinovi comptait gagner l'Amérique.

Quelques lettres adressées à Piatnitski témoignent de sa nouvelle vie. De sa stupéfaction de ne plus vivre constamment sous l'œil de la police. Du choc qu'il y a à se retrouver dans un pays dont on ignore tout, la langue, les coutumes, où l'on ne connaît personne. Ou presque. Car, dès son arrivée au Canada, Zinovi a pris contact avec les Doukhobors, cette secte de non-violents fermement opposée à tout usage des armes dont il connaît bien l'histoire par son ami du Théâtre d'art, Leopold Soulerjitski, l'organisateur de leur exode en 1898. Avec eux, au moins, il peut parler russe. Une entreprise d'emballage l'embauche pour un temps, puis une vitrerie. Chez un maître boucher, il aiguise les couteaux, assure l'entretien des locaux. Il est ouvrier dans une plomberie puis dans une briqueterie – accidenté, il passera un temps à l'hôpital. « Zinovi travaille dans une pelleterie à Toronto », écrit en novembre Alexeï à Ekaterina, en lui recommandant d'adresser le courrier au nom de M. Zavoljski – littéralement, « celui qui est au-delà de la Volga » –, toujours le souci de ne pas faciliter le travail de l'Okhrana. Zinovi a fait la rencontre de Nikolaï, un Russe émigré qui, après des années, parle un anglais improbable, mi-poète, mi-homme des bois, jamais aussi heureux que réfugié dans une cabane construite de ses mains, à pêcher du poisson, à collectionner les herbes et les fleurs, et à écouter le chant des oiseaux et des arbres aussi.

Six mois après son départ de Russie, le petit provincial qui n'a jamais décollé de Nijni, le protégé de la tribu Gorki, l'élève choyé du Théâtre d'art, a découvert la vie. Elle ne lui avait pas toujours été tendre, mais il n'avait encore jamais connu la faim, l'absence de toit, la plate misère. Il a été ouvrier parmi les ouvriers, chômeur parmi les chômeurs. Dans Sans travail, l'un des récits autobiographiques qu'il adresse à Piatnitski dans l'espoir d'être publié, il raconte les jours « cruels et difficiles » vécus à Toronto avec Nikolaï : « Nous arpentions la ville à la recherche de lieux où l'on aurait besoin de nos bras. La nuit, nous faisions le guet devant la rédaction des grands quotidiens pour être les premiers à nous en saisir. Elle semblait fantastique, invraisemblable, la vie nocturne de ces dizaines d'hommes tous noirs d'encre, leur hâte, leur agitation, leurs mouvements réguliers et répétitifs... » Jusque tard dans la nuit, il s'acharne à apprendre l'anglais et le français en plongeant dans les manuels que Piatnitski lui envoie, dans les grands textes aussi que l'éditeur lui adresse en double exemplaire, la version russe et sa traduction. Il est fier de se découvrir doué pour les langues, alors il se met à l'italien en prime.

Reste que cet affectif supporte difficilement d'être tenu éloigné de ceux qu'il aime. En partant pour Moscou, il avait pris le risque de perdre Lidia mais elle le hante de nouveau, il y a si longtemps qu'il n'a eu de ses nouvelles. Alexeï Maximovitch, c'est différent, il ne le sent jamais très loin de lui, et puis il y a ses livres qui ne le quittent pas. Mais il souffre de la séparation d'avec Ekaterina Pavlovna, sa tendresse inquiète lui manque, il attend toujours ses lettres avec une folle impatience. Le soir de Noël 1904, il ne cherche pas à faire bonne figure quand il lui écrit depuis Toronto : « Je ne puis plus taire ma tristesse ni mon envie de vous revoir. Elle est si forte aujourd'hui. Je me suis souvenu de l'an dernier à Nijni-Novgorod, le sapin de Noël et cette flopée de gamins qui s'était réunie, le bruit, les cris, la gaieté, la musique [...] À présent, poursuit-il, tout a changé. J'ai une envie folle de passer ne serait-ce qu'une heure avec quelqu'un qui me serait proche. Quand donc reverrai-je Nijni ? »

Dimanche rouge

Cap sur les États-Unis. À New York, Zinovi a enfin trouvé un emploi stable de typographe. Les émoluments sont modestes, les conditions de vie spartiates – les employés couchent à trois dans le même réduit. Son employeur, Gaylord Wilshire, passe pour être non seulement fort riche mais encore sensible à la cause socialiste, on l'aurait entendu murmurer : « Quand on est homme de cœur, on ne laisse pas le fils de Gorki à la rue. » Assuré de sa subsistance, Zinovi a immédiatement renoué avec ses activités de propagandiste – pour autant qu'il les ait un temps laissées de côté. Dès sa journée de travail terminée, il participe à des réunions d'information organisées par ses compatriotes émigrés, stimule les énergies, distribue des documents. Dans une lettre à Piatnitski, il demande ainsi l'envoi « de revues pour tout le groupe », un achat d'un montant de douze dollars et cinquante cents qu'il lui réglera par retour du courrier. Il lui avoue aussi le trac qui le paralyse lorsqu'il doit prendre la parole en public. Et Dieu sait s'il y a matière à annonces, tant les événements se bousculent en cette année 1905.

Il y a d'abord eu le 9 janvier (dans le calendrier julien) le « Dimanche rouge » à Saint-Pétersbourg, au cours duquel l'armée a réprimé dans le sang le cortège mené par le moine Gapone. Devant le Palais d'Hiver, on a ramassé officiellement une centaine de morts et trois fois plus de blessés, sans doute beaucoup plus. Présent dans la capitale, Gorki s'était rendu avec une délégation de personnalités politiques et littéraires chez Serge Witte, le président du Conseil, pour le persuader de retirer les troupes concentrées autour du Palais d'Hiver. La procession des ouvriers, il l'assure, est inoffensive. Il n'a pas été entendu. Témoin de ce massacre imbécile, Gorki est rentré chez lui, bouleversé. Séance tenante, il a rédigé un appel à l'opinion publique qui devait être signé par les membres de la délégation, affirmant que Nicolas II, alors dans son palais de Tsarskoïe Selo, avait bien été averti du caractère pacifique de la manifestation et qu'il avait malgré tout autorisé la tuerie de ses sujets. Le soir même, lors d'une réunion publique, Gorki déclarait que la révolution avait commencé. Le lendemain matin, il était arrêté et incarcéré dans la forteresse Pierre-et-Paul. Par bonheur, les articles indignés publiés par la presse du monde entier seront suivis d'effet : après un mois de détention, Gorki est remis en liberté sous caution. Zinovi s'est mis en tête de le rejoindre : « Tant pis, lui écrit-il le 30 mars depuis Detroit, dans le Michigan, j'ai décidé définitivement de rentrer en Russie quoi qu'il advienne de moi. Peu importe, je suis prêt à tout. Aidez-moi, mon cher père. »

En mars 1905, la défaite à Moukden de l'armée impériale contre les Japonais va accentuer encore la défiance contre le gouvernement : c'est un véritable traumatisme pour les Russes, battus par une petite nation asiatique pour la première fois de leur histoire. En juin, la révolte des marins du cuirassé *Potemkine* en mer Noire est un encouragement pour les révolutionnaires à intensifier leur propagande dans les armées. Les mutineries, les désertions se succèdent, les grèves se multiplient, l'agitation gagne les campagnes, des paysans révoltés occupent les grands domaines et massacrent leurs propriétaires. En octobre, c'est le point d'orgue de la contestation avec le déclenchement d'une grève générale qui paralyse bientôt tout le pays. Pour jeter du lest, le tsar octroie enfin la Constitution tant espérée et promet la convocation d'une assemblée véritablement représentative – ce sera, en avril 1906, la première Douma. Ce « Manifeste d'Octobre » entraîne une extraordinaire euphorie, la population pavoise les rues et chante *La Marseillaise des Travailleurs*. L'autocratie est vaincue, on marche sourire aux lèvres, toutes classes confondues, vers une monarchie constitutionnelle. Quand, en décembre, l'insurrection gagne Moscou, Gorki est en première ligne, il participe à la distribution d'armes aux émeutiers, il fait de son appartement un centre opérationnel de l'insurrection. Même la terrible répression qui y met fin, au prix cette fois de plus d'un millier de morts, ne parviendra pas à tuer l'espoir qui s'est levé dans le pays.

1905 s'achève, la fièvre s'apaise. Zinovi et Alexeï reprennent leurs échanges. La censure est moins pesante. L'exilé fait part à son père adoptif de son désir de faire du journalisme. Il propose à Alexeï de lui adresser régulièrement de brefs récits, des sortes d'instantanés. Il se trouve que l'essayiste Alexandre Valentinovitch Amfiteatrov, qui a eu lui aussi maille à partir avec la justice pour avoir commis un article satirique sur la famille impériale, a pris connaissance de ces esquisses et en a dit grand bien. Gorki donne son accord : il publiera les textes de Zinovi chez Znanie (la maison d'édition qu'il dirige avec Piatnitski) et l'encourage : « Zinka, ne te laisse pas abattre ! La vie est belle, riche, apprends à l'observer, à la pénétrer. Ne m'en veux pas, fiston, de t'écrire rarement, j'ai très peu de temps. On ne me laisse pas une minute. Écris plus. Dès que tu as une heure devant toi, vas-y, fonce ! Tu apprendras à écrire sans t'en apercevoir. Moi aussi, j'ai débuté en écrivant des lettres aux amis. » Et comme à son ordinaire, il conclut par un message de tendresse : « Tu m'es très proche, tu sais. »

Scandale aux Amériques

Débordé ou pas, Gorki, moins d'un an plus tard, embarque pour l'Amérique. Le 10 avril 1906, un formidable coup de sirène annonçait l'entrée du *Kaiser Wilhelm der Grosse* dans le port de New York. À peine lancé, ce paquebot de la Lloyd allemande, hérissé de quatre cheminées, avait dérobé le « Ruban bleu » à la Cunard britannique qui détenait jusque-là cette prestigieuse distinction destinée à consacrer le transatlantique le plus rapide du monde. Chacune de ses arrivées était saluée par une foule nombreuse, mais cette fois, toute la ville de New York s'était mise en frais pour accueillir le héros du jour, un écrivain prolétaire au succès mondial : Maxime Gorki.

Pour lui, l'opération n'était pas sans risque. Un an plus tôt, en mai 1905, lorsque Gorki avait émis l'idée de se rendre à Paris, l'ambassade russe de la rue de Grenelle s'en était émue et avait envoyé à Saint-Pétersbourg un rapport sur l'effet potentiellement déplorable de la présence en France du « peintre puissant des réfractaires », du « Jules Vallès de Nijni-Novgorod ». Le préfet de police de Saint-Pétersbourg avait officiellement averti l'écrivain qu'un tel départ pourrait bien en haut lieu déboucher sur un ordre d'exil en bonne et due forme. Et voilà que, non seulement il avait fait le voyage de Paris – l'occasion d'un beau charivari lorsqu'il s'était mis à vitupérer contre le régime impérial –, mais qu'il débarquait aux États-Unis dans l'idée, disait-on, de lancer un appel aux représentants du monde politique américain pour qu'ils se refusent au lancement d'un emprunt qui bénéficierait au tsar. Une autre rumeur courait. Gorki allait retrouver à New York son fils, un jeune militant révolutionnaire avec lequel il avait été incarcéré à Nijni-Novgorod, lequel aurait quitté clandestinement la Russie pour échapper aux poursuites : il arrivait du Canada en compagnie d'un autre Russe rencontré au hasard de ses tribulations. Imaginez ! Ils avaient fait le trajet à pied ! Tout cela attisait encore la curiosité.

Lorsque le *Kaiser Wilhelm* arriva à quai, ce fut la ruée. Les photographes, les journalistes, les fonctionnaires de la ville, des personnalités politiques, des chasseurs d'autographes, des artistes, des émigrés russes escortés de leurs enfants – parmi eux, nombre de Juifs ayant fui l'antisémitisme qui sévissait dans leur pays –, tous s'élancèrent à bord, bloquant Gorki et ses compagnons de voyage dans leur cabine. La foule était telle dans le fumoir des premières qu'on ne pouvait plus s'asseoir ni même rester debout. Par chance, Zinovi avait réussi à prendre place sur la vedette qui emmenait un comité d'accueil jusqu'au paquebot avant son entrée au port, ce privilège lui épargnait des retrouvailles par trop médiatisées. Mais, dès le lendemain, alors que l'accueil enthousiaste réservé au visiteur russe faisait la une des journaux, la presse ne le lâcha plus. On voulait tout savoir sur le grand homme, depuis sa taille jusqu'à la pointure de ses souliers ou ses habitudes alimentaires du petit déjeuner. Zinovi était accablé de questions, ébloui par les flashes des photographes : surgissant du néant où il vivotait depuis des mois, voilà qu'il était devenu un personnage.

À l'origine de ce voyage, il y avait Lénine. Depuis la Suisse, il ne cessait de se plaindre de l'état de ses finances. «J'ai besoin d'un salaire, écrivait-il à l'un de ses agents de confiance, le jeune Alexandre Chliapnikov. Nous n'avons rien pour vivre. Je suis obligé de soutirer de force de l'argent à l'éditeur de *Letopis**. Il a en main deux de mes brochures. Il devrait me les payer maintenant et me verser un peu plus. Si ça n'arrive pas, nous n'en sortirons pas et je suis vraiment, vraiment sérieux.» Pour Lénine, Gorki est l'ultime recours, son principal bailleur de fonds ! Un disciple zélé est même allé jusqu'à adresser à l'écrivain une lettre

* *La Chronique*, dont Gorki est l'un des fondateurs, N.D.A.

dans laquelle il lui suggérait de faire don au Parti à titre définitif de la totalité de ses droits d'auteur ! C'est Zinovi lui-même qui, recevant ce courrier avant son départ, avait d'une main rageuse apposé en marge le mot *NIET*. S'il revendique l'aide de Gorki, Lénine est plus discret sur d'autres soutiens plus inattendus. Ainsi de ces familles aristocratiques ou de ces grands industriels dont il escompte « la compréhension et les largesses » puisque eux aussi sont en lutte contre l'autocratisme du tsar. Ainsi de ces communautés religieuses, telle celle des « vieux-croyants », pourchassés par le pouvoir depuis des siècles, pacifistes exaltés refusant tout usage de l'argent ou des papiers d'identité portant le blason impérial, dont certains voient dans le tsar la figure de l'Antéchrist. Zinovi n'avait sans doute pas perdu son temps en se réfugiant un temps sous l'aile des Doukhobors.

C'est donc Lénine qui le premier avait suggéré à Gorki d'utiliser sa renommée mondiale pour partir à l'étranger collecter des fonds. Avant d'accepter, Gorki avait consulté Maria Andreïeva. L'accompagnerait-elle ? Leur liaison était encore récente. On lui fit valoir qu'elle aurait, elle aussi, son rôle, sa voix était belle, son don de persuasion évident, elle parlait à la perfection plusieurs langues étrangères quand Gorki n'en maîtrisait aucune. Elle accepta. Ils avaient tous deux quitté Moscou nuitamment. Depuis la Finlande, ils avaient gagné la Suède, l'Allemagne et la Suisse avant d'arriver à Paris d'où ils avaient pris le train pour Cherbourg, leur port d'embarquement. À Paris, le couple avait été rejoint par Nikolaï Evguenievitch Bourenine. Étonnant personnage que ce spécialiste des questions militaires, bolchevik bon teint, doté d'une passion pour la musique et excellent pianiste. Lénine devait bien avoir une petite idée derrière la tête en demandant à Bourenine de jouer les chaperons. Il servirait certes de secrétaire à Gorki, mais il aurait surtout la charge de consigner chaque jour par écrit le récit circonstancié du voyage.

Le voyage avait bien commencé. Les frais étaient pris en charge par ce même Gaylord Wilshire qui avait offert son premier emploi fixe à Zinovi. L'homme, dans la quarantaine, était le patron du *Wilshire's Magazine*. Si certains journaux conservateurs se livraient à un véritable lynchage médiatique contre Gorki, le *Wilshire*, qui se targuait d'être « the greatest socialist magazine in the world », faisait du voyage un compte rendu triomphal. D'autres supports avaient fini par lui emboîter le pas, ainsi le *New York World* qui publiait des « cartoons » représentant Mark Twain boutant le tsar hors de son trône à coups de pique, et Gorki arrachant la lumière des mains de la statue de la Liberté. Au soir du banquet organisé en son honneur au Club A, au n° 3 de la Cinquième Avenue, les dîneurs new-yorkais étaient tous en habit quand Gorki, Zinovi et Bourenine étaient en veston. La tenue de Zinovi avait de quoi surprendre. Tout de noir vêtu, il portait, à la façon de Romain Rolland, un col très haut d'une rigueur tout ecclésiastique et arborait un pince-nez accroché à l'oreille par un bout de lacet noir. Avait-il voulu se faire la tête du parfait révolutionnaire ?

Assis aux côtés de Mark Twain et de Gorki, Zinovi leur servit de traducteur toute la soirée. Ses soirées studieuses avaient payé, il parlait désormais très bien l'anglais. Lorsque, au nom du Comité des écrivains américains et en celui de Mark Twain, il annonça la création d'un comité de soutien américain pour aider les Russes dans leur lutte pour la liberté, celui que la presse locale appelait « le jeune Pechkoff » souleva l'enthousiasme. Sensible à son drôle d'accent et à ses « r » entortillés sur eux-mêmes, l'establishment local initiait avec lui un flirt qui allait subsister sa vie durant. Le 12 avril, à l'occasion d'un meeting organisé par les Juifs de New York, c'est Gorki qui prit la parole pour dénoncer l'antisémitisme. Ses propos prononcés d'une voix puissante devant une foule de curieux étaient aussitôt traduits par une autre voix, plus juvénile, une voix claire, ardente : « Durant tout le difficile chemin de l'humanité vers le progrès et la lumière, disait la voix, à toutes les étapes de ce voyage fatigant, le Juif a été le phare qui, fièrement, fait briller sur le monde entier la protestation incessante contre tout ce qu'il y a de plus bas et de sale dans la vie des hommes, contre les vils actes de violence de l'homme contre l'homme, contre la vulgarité répugnante et l'ignorance spirituelle... » Ce jour-là, le vieux Sverdlov aurait eu de quoi être fier de son fils.

Le scandale éclata le lendemain en fin de journée, alors qu'Alexeï et les siens regagnaient leur hôtel, ignorant qu'à la une des quotidiens du soir s'étalait un affreux secret sur « Les mœurs dissolues de Maxime Gorki ». Selon une source autorisée, la femme qui accompagnait l'écrivain n'était pas son épouse légitime. Le *New York World* et le *New York Times* entrèrent dans la danse. On publia des articles annonçant que Gorki voyageait avec sa maîtresse, une théâtreuse. On l'accusait d'avoir quitté le domicile conjugal en laissant femme et enfants sans argent. Cette révélation fit l'effet d'une bombe. Les héros du jour étaient devenus des pestiférés. Ces accusations n'avaient pas été lancées au hasard, elles prenaient leur source dans les confidences soigneusement relayées du baron de Rosen, l'ambassadeur de Russie à Washington. Dès le voyage de Gorki annoncé, Rosen avait demandé que lui soit appliquée la loi américaine interdisant aux anarchistes l'accès au territoire national. Il n'avait pas été entendu. À peine débarqué, l'écrivain avait même eu le front de lui faire indirectement réponse : « Je ne suis pas un anarchiste, avait-il déclaré, je suis un socialiste. Je respecte la loi et l'ordre. C'est même pour cela que je me trouve en opposition avec le gouvernement russe qui, à l'heure actuelle, représente l'anarchie organisée. » Dans un courrier rédigé dans un anglais parfait et remis aux journaux sous pli confidentiel, Rosen avait craché le morceau sur « l'odieux mystificateur ». Bourenine donnait une autre explication à ce mauvais coup : quelques jours plus tôt, Gorki aurait rencontré Nicolas Tchaïkovski, l'un des leaders des « SR », les sociaux-révolutionnaires, ennemis des bolcheviks, qui lui aurait demandé s'il comptait partager avec les SR les fonds recueillis en Amérique. Sa réponse négative aurait entraîné toute l'affaire.

Quand les quatre Russes se présentèrent à l'hôtel Belleclaire, on leur en refusa l'entrée. Décision fut prise de se replier sur le Club des écrivains où Gorki avait fait une conférence quelques jours plus tôt, reçu par le romancier Leroy Scott qui y résidait, un homme dont le cœur était à gauche, et l'épouse, une Juive russe. Mais la gestionnaire du club ne voulait rien entendre. La nuit était déjà avancée quand le groupe atterrit dans un petit hôtel de banlieue pour y passer la nuit. Dans son journal de bord, Bourenine affirmait que ses souliers vernis et le col de clergyman de Zinovi avaient été du meilleur effet sur le taulier. Le lendemain matin, les quotidiens new-yorkais annonçaient que le couple scandaleux était parti on ne savait trop où. Gorki était bien décidé à ne refaire surface qu'une fois les esprits calmés. En attendant, on lui annonça que la réception prévue à la Maison-Blanche, où le président Theodore Roosevelt se faisait, avait-il dit, une joie de l'accueillir, ne pourrait avoir lieu pour une question de calendrier.

Lénine allait être furieux. L'esclandre provoqué par la présence de Maria auprès de Gorki compromettait sa tournée de propagande. Au lieu des millions de dollars escomptés, on n'en collecterait plus que quelques milliers. Chez Gorki, l'aventure new-yorkaise allait laisser des traces d'un tout autre genre. Non seulement le sentiment d'une perte de temps, mais une terrible blessure d'amour-propre. Ces dernières années avaient été bénies pour lui, ses livres partaient comme des petits pains, ses pièces de théâtre étaient jouées partout dans le monde, chaque représentation des *Bas-fonds* faisait événement, tous ces cris, ces fleurs, ces pleurs, le public debout l'ovationnant… Et là, ce rejet, ces articles haineux. Mais c'est sans nul doute pour Maria Andreïeva que le coup avait été le plus rude, Maria, livrée à la vindicte populaire, Maria la pécheresse, la femme de mauvaise vie. Pour suivre Alexeï, elle avait gravement compromis sa carrière de comédienne ; il y avait peu de chances que le Théâtre d'art, qui exigeait de ses acteurs un engagement total, accepte de la réintégrer jamais, et elle avait déjà refusé plus d'une offre séduisante de la part des théâtres concurrents. Elle avait apporté une contribution essentielle aux finances du parti en convainquant entre autres le richissime Savva Morozov d'apporter son soutien à la révolution. Il était grand temps pour Maria comme pour Alexeï de prendre quelque repos après ces orages.

Les voyageurs en étaient là de leurs réflexions lorsque Maria Andreïeva reçut la lettre d'une admiratrice inconnue. Prestonia Mann Martin lui offrait son hospitalité : « Je ne peux permettre, écrivait-elle, qu'un pays entier puisse s'en prendre à une jeune femme sans défense. » Fille et petite-fille d'ardents abolitionnistes, épouse d'un Anglais naturalisé américain issu d'une famille pauvre qui, fortune faite, s'était lancé dans les œuvres caritatives, elle militait avec lui au sein de la Société des amis de la Russie. Après avoir ouvert aux amants malmenés les portes de leur demeure de Staten Island, John et Prestonia Martin leur proposèrent, l'été venu, de s'installer à Summerbrook, la maison qu'ils possédaient dans la région des monts Adirondacks, tout près de la frontière canadienne… « Je vis dans une forêt et dans une région extrêmement isolée à dix-huit miles de la ville la plus proche qui est Elizabethtown, écrit Gorki à Ekaterina. Nous sommes cinq ici, moi, Zina, un Russe qui m'accompagne en qualité de secrétaire et le professeur de physique miss Brooks, une charmante vieille fille d'une trentaine d'années. Nous n'avons pas de domestiques : nous faisons tout nous-mêmes. Je fais la vaisselle, Zina va chercher les provisions à cheval. Parfois, je cuisine un peu : des oreillettes à la viande, de la soupe aux choux et d'autres choses. Le professeur de physique prépare le thé et le café. » Le professeur de physique ? Rien moins que la physicienne Harriet Brooks dont on parle comme de « la Marie Curie canadienne » ! Zinovi ne se contente pas de faire les courses, c'est lui qui assure les relations avec la presse clandestine russe en poste dans les capitales européennes, à Paris, Londres, Genève et surtout Berlin ; lui qui est chargé de tranquilliser les éditeurs de Gorki, ses traducteurs ; lui aussi qui gère le considérable courrier reçu des lecteurs que l'éloignement de Gorki ne semble pas décourager. « Ce jeune homme vivant et souriant nous communiquait son courage, sa spontanéité », note Bourenine dans son journal à propos de Zinovi. Il insiste aussi sur l'affection que lui témoigne Gorki, sur les liens étroits qui unissent ces deux hommes jeunes – l'un a trente-huit ans, l'autre en a vingt-deux.

Gorki a entrepris la rédaction de *La Mère*, livre dans lequel il décrit magnifiquement l'évolution de Pelaguia Nilovna Vlassova, une paysanne analphabète qui prie devant les icônes et vit dans la crainte d'être battue par son mari alcoolique jusqu'au jour où, au contact de son fils, l'ouvrier Pavel Vlassov, porté par l'idéal révolutionnaire, elle s'engage à ses côtés dans la lutte au risque de sa liberté et de sa vie. « Nous nous levons à sept heures, écrit-il à Ekaterina, et à huit heures, je suis déjà au travail jusqu'à midi. À une heure, nous prenons le déjeuner, à quatre heures le thé, à huit heures nous dînons et je travaille jusqu'à minuit. » Bourenine, en plus de la rédaction de son journal de bord, fait le bonheur de tous en jouant admirablement du piano. Après le dîner, il arrive que l'on se mette à danser. L'insouciance et la fantaisie russes reprennent le dessus. Soirée mémorable entre toutes à Summerbrook, celle où le groupe apprend de l'ingénieur Leonid Krassine, l'un des bras droits de Lénine, que le parti bolchevik vient de gagner une très forte somme d'argent. La nouvelle déclenche des cris de joie et des hourras sans fin tandis que Bourenine improvise au piano un cake-walk endiablé.

Il y avait eu ces heures de joie. Il y eut aussi des heures de tristesse. Au mois d'août, un message d'Ekaterina annonçait la mort à cinq ans de la petite Katia, emportée par la tuberculose. Zinovi avait vu Alexeï brisé de chagrin. Muré dans le silence, il était resté terré dans son bureau trois jours entiers. « Je plains ma petite fille, avait-il enfin trouvé la force d'écrire à Ekaterina, mais je te plains toi, plus encore, ma chère amie. Je sais que tu es terrassée par la douleur et je vois la frayeur et l'incompréhension peintes sur ton visage. » Chacun avait fait de son mieux pour tirer Gorki de sa sidération. Bourenine avait foncé à New York pour en rapporter des partitions de Grieg et de Ole Olsen, un autre compositeur norvégien que Gorki aimait. Zinovi avait tenté de l'entraîner à travers les collines comme assoupies dans l'attente de l'embrasement magique de l'été indien, il était le seul avec lui à avoir vraiment connu Katioucha, il se rappelait les temps heureux de la photo avec la petite fille enveloppée dans son paletot, le sourire de fierté d'Ekaterina, l'amour qui la liait à Alexeï. C'était il y a trois ans, un siècle avait passé depuis.

Fin septembre 1906, par un jour brumeux d'automne, Gorki et Maria Andreïeva quittèrent enfin la maison des Adirondacks pour reprendre le 13 octobre à New York le bateau vers l'Europe en compagnie de Bourenine, de Harriet Brooks qui rejoignait l'Institut du radium (le laboratoire de Marie Curie) et de son fiancé. Zinovi les laissait partir, résolu à poursuivre la découverte du monde.

Le Grand Tour

Le Grand Tour… La tournure valait aussi bien en anglais qu'en français pour qualifier depuis le XVIIIe siècle ce voyage fait par les enfants des élites européennes ou américaines pour compléter leur formation. À Ekaterina, au milieu de l'été, Gorki chantait les louanges de Zinovi : « Zinka est devenu très intéressant. Il n'écrit pas mal du tout. Je pense qu'il parviendra même à bien écrire. L'une des choses qu'il a rédigées sera bientôt publiée ici et je l'ai aussi envoyée en Russie. Il a souffert bien des désagréments aux États-Unis et il a développé une intelligence pleine de malice. Cet automne, il ira en Australie, en Guinée et dans d'autres pays de langue anglaise. »

Ce ne sera pas l'Australie mais la Nouvelle-Zélande. Zinovi s'attarde quelque temps à New York, traverse en train le continent en compagnie de Nikolaï et de Grace, sa petite amie américaine. À la fin octobre, arrivé à Oakland dans la baie de San Francisco, il envoie à Alexeï un rapport détaillé sur les maisons de correction et cette nouvelle forme d'exécution des condamnés qu'est la chaise électrique. Il lui raconte début novembre les campagnes électorales des députés et sénateurs au Congrès. Grace a dû les quitter mais Nikolaï est toujours à ses côtés. Plus que deux jours avant le départ ! Est-ce le contrecoup du terrible tremblement de terre qui a ravagé San Francisco le 18 avril précédent, faisant des milliers de morts et bien plus de sans-abri ? « Ici, les gens sont fous. L'occasion s'est présentée après le tremblement de terre d'amasser des dollars, et tous s'efforcent d'en empocher, les riches comme les ouvriers. Le peuple travaille de bon cœur, tôt le matin jusqu'à tard le soir. Crois-tu qu'ils vivent mieux pour autant ? Mais non, ils vivent comme des cochons... Tu devrais voir ce qui se passe dans ces rues le samedi. La jeunesse s'amuse. Des jeunes garçons d'à peine quatorze ou quinze ans. Ils ont les moyens, ils gagnent jusqu'à deux dollars par jour. » Zinovi décrit l'intérieur des maisons de tolérance, toutes sur le même modèle, une petite salle basse couverte de papier peint en rouge, rouge comme les rideaux pendus aux portes, avec un lustre au milieu de la pièce, un phonographe qui tourne, trois lampes à huile qui éclairent la pièce d'une curieuse lueur jaune, des chaises le long du mur. Il fait chaud, on étouffe, on fume, on grogne, on parle fort, on rit aux éclats. Régulièrement retentit le mot « Next ! » (« Au suivant », traduit Zinovi pour Alexeï). Tout cela est rapide, brutal, « mercantile », en un mot, « répugnant ». « Adieu, conclut-il, ne m'oublie pas. Ton Zina. » La prochaine lettre sera à envoyer poste restante, à Auckland, cette fois en Nouvelle-Zélande.

Que peut bien chercher Zinovi en ce bout du monde ? D'escale en escale, par Hawaï puis les îles Samoa, il y en a pour trois bonnes semaines de voyage. Trois semaines à partager la vie des « passagers du pont » qui, faute de cabine, dorment sur une paillasse en plein air, se réfugiant par gros temps dans les cales puantes de cet ancien bateau marchand à la coque aussi ravaudée qu'un vieux bas. Trois semaines à suffoquer les jours de beau temps à l'approche de l'été austral. Partir là-bas, c'est aussi prolonger cet arrachement familial qui semble tant lui peser. Alors, pourquoi ? C'est tout simple, il a besoin à vingt-deux ans de voler de ses propres ailes. Chaliapine s'est entremis pour faire savoir que Zinovi financerait lui-même son voyage en travaillant à chaque étape. Piatnitski qui, depuis le départ de Zinovi, a été l'un de ses plus fidèles soutiens, lui fait confiance. Qui sait ? C'est peut-être l'occasion pour ce garçon de démarrer une carrière d'écrivain-voyageur. Et puis, il n'a pas choisi par hasard de se rendre en Nouvelle-Zélande. Ces deux îles posées sur l'immensité du Pacifique occupent dans l'Empire colonial britannique une place à part, les Anglais y appliquent, dit-on, des mesures sociales avancées, des leçons sont à tirer de cette expérience. Piatnitski est aussi séduit par l'idée de Zinovi de faire de son voyage un récit à deux voix avec Nikolaï, cet énergumène. Avec leur *Dingley, l'illustre écrivain*, les frères Tharaud viennent en France de remporter le prix Goncourt. En éditeur avisé, Piatnitski se dit peut-être qu'un récit de voyage écrit à quatre mains et portant la signature du fils de Gorki aura de bonnes chances de succès…

De là-bas, Zinovi rapportera un récit intitulé « Le pays des espérances » qui sera publié en 1911 dans *Sovremennik* (*Le Contemporain*), un journal de Saint-Pétersbourg : « Les rives apparaissent. C'est la fin du voyage. Au point du jour, les matelots se hissent sur le pont comme des taupes sortent de leur trou, ils y ont si longtemps dormi, bâillé, se sont chamaillés, ont joué aux cartes, bu du whisky… » À Auckland, le grand port du Nord, il peine à trouver de l'embauche, coltine des ballots sur les quais, un travail épuisant qu'on ne peut faire que trois ou quatre heures par jour. Mais les dockers sont devenus ses amis. Le combat qu'ils mènent est le sien. En témoignent cinq longues pages écrites de sa main, parues dans le journal de l'union ouvrière d'Auckland, *Le Travailleur*. Chaque mot choisi par Zinovi est fait pour stimuler l'énergie de ses compagnons de galère. « Regardez, écrit-il, les maisons où vous habitez. Sont-ce vraiment des maisons correctes ? Est-ce que les bourgeois ne prennent pas vos esprits, vos âmes, vos forces, votre sang ? Est-ce qu'à l'école, ils ne réservent pas une éducation de seconde zone à vos enfants ? » La harangue finale semble directement inspirée du slogan qui conclut le *Manifeste du parti communiste*. « Prolétaires de tous les pays, unissez-vous ! », écrivait Karl Marx en 1848. « Réveillez-vous, camarades, lance Zinovi Pechkoff un demi-siècle plus tard, étudiez, observez les ouvriers des autres pays, vous n'êtes pas seuls. En Europe, en Amérique, partout, le travailleur se lève et sa conscience grandit chaque jour, chaque heure, chaque minute. » Il lance un vigoureux appel à la lutte des classes : « Les capitalistes veulent vous voir obéissants, exécuter leurs volontés, ce qui contribuera à augmenter leurs richesses. Après quoi, ils finiront par vous chasser. » Il arrive à Zinka de ressembler étrangement à l'homme au couteau entre les dents.

À Wellington, plus au sud, la situation n'est pas meilleure qu'à Auckland, il fait chaud, les vents sont déchaînés, son portefeuille est vide. Il réussit à acheter un petit tambour aborigène qu'il destine à Alexeï. Il sillonne aussi le pays. Ses jugements sont à l'emporte-pièce : « Que de lieux magnifiques j'ai visités ! Des lieux sauvages, inhabités. De hautes montagnes, des lacs bouillonnants, des geysers, des volcans. Mais pas un seul homme nulle part. Là où il y en a, c'est triste et misérable. Quand on rencontre un habitant, on a envie de le toucher pour s'assurer que ce n'est pas un épouvantail empaillé, qu'il est bien vivant. On vit dans la crasse, c'en est dégoûtant. Quant au respect de la personne humaine, il faut l'oublier. Ici, on ne sait pas ce que c'est. » L'aventure a été féconde mais il n'a plus un sou en poche. Il est temps qu'Alexeï lui adresse son billet de retour.

CHAPITRE 4

Les délices de Capri

Une cage dorée

Alexeï et Maria faisaient route vers Naples, laissant derrière eux cette Amérique dont ils gardaient des souvenirs amers. Au moment de monter sur le bateau, des journalistes les attendaient, « le faux ménage » avait été une fois encore pressé de questions, d'où venaient-ils, où diable avaient-ils passé tout ce temps, leur fils n'était-il plus avec eux ? Gorki leur avait répondu du bout des lèvres, il avait pris les États-Unis en horreur, toute sa vie, il y verrait le symbole du triomphe de la morale puritaine et de l'asservissement au dieu dollar – New York, « La ville du diable jaune ». Mais où trouver asile ? Retourner en Russie eût été une folie. Il était indésirable à Moscou comme à Saint-Pétersbourg. L'aggravation de sa tuberculose, ses hémoptysies de plus en plus fréquentes affolaient ses proches. Ekaterina, Zinovi, Chaliapine, tous insistaient pour qu'il aille sur les rives de la Méditerranée dont le climat lui serait salutaire. Mais à force de vitupérer contre les puissances occidentales, le militarisme allemand, la cupidité française, il s'était mis beaucoup de gens à dos. L'Italie était à peu près le seul pays européen qu'il n'ait pas injurié. Le 26 octobre 1906, Gorki et Maria Andreïeva débarquaient en baie de Naples.

Après la douche glaciale new-yorkaise, ils ne s'attendaient pas à cet accueil triomphal. Devant l'hôtel Vesuvio, le palace en front de mer où ils avaient prévu de descendre, les attendaient de pied ferme deux à trois cents personnes, membres des nombreux cercles progressistes que comptait la ville, mais aussi quantité de curieux, de ces oisifs qui faisaient des rues de Naples leur théâtre quotidien. « Vive Gorki !, clamaient-ils, Longue vie au grand écrivain ! » ; ou encore « Viva l'Italia ! » et même « Vive la révolution russe ! ». Leur enthousiasme était tel qu'il fallut user d'un stratagème pour permettre aux voyageurs de sortir prendre l'air, le directeur du Vesuvio annonçant d'une voix forte aux gens massés devant l'hôtel que le héros du jour n'allait pas tarder à se montrer quand le portier principal en frac noir les exfiltrait au même moment par les cuisines. Maria avait vécu à New York des moments intenses avant que les fleurs et les cotillons ne cèdent la place aux pierres et aux jurons, mais elle prenait soudain conscience de ce que serait sa vie quotidienne auprès d'un écrivain à la célébrité mondiale. Il lui fallait impérativement dénicher un refuge à l'abri des curieux, un lieu où ils pourraient se retrouver en paix.

Un comité d'entraide avait été créé par les dames de la meilleure société napolitaine pour accueillir les exilés russes. Opposants politiques mais aussi intellectuels, étudiants, membres des professions libérales, parmi eux nombre de Juifs, arrivaient par petits groupes, soucieux de fuir les rigueurs du régime impérial ou simplement de se soustraire à la conscription. L'une des bonnes âmes du comité s'offrit à guider le couple dans ses recherches, mission délicate, Gorki ne parlant que le russe mais ayant une idée sur tout. Ensemble, ils explorèrent le golfe de Naples jusqu'à Sorrente. Ils poussèrent jusqu'à Positano puis jusqu'à Ravello sur la côte amalfitaine, avec ses petits ports hospitaliers, ses grottes aux eaux diaprées, ses vergers suspendus entre ciel et mer, ses pergolas porteuses d'ombre et de parfums. Mais aucune demeure ne trouvait grâce aux yeux de Gorki. Se choisir un point de chute, c'était d'une certaine façon reconnaître sa condition d'exilé.

Le 2 novembre, Gorki et Maria, toujours accompagnés de Bourenine, décidaient de gagner Capri. Ils s'installèrent à l'hôtel

Quisisana, le plus luxueux de l'île, accompagnés par une foule joyeuse. Au quotidien *Il Mattino*, Gorki avait déclaré son projet de rester dans l'île jusqu'après Noël. Quelques jours plus tard, il parlait d'y passer l'hiver, attiré par sa beauté poétique et sa tranquillité. Il y restera sept ans. « Capri, écrit-il, est une merveilleuse miniature… On en est comme grisé… On ne cesse de regarder autour de soi, le sourire aux lèvres… Le golfe est plus beau et plus profond que l'amour des femmes… » Ou encore : « J'ai dans la tête un diablotin joyeux qui danse la tarentelle. À Capri, je me sens ivre sans avoir bu de vin. » Et puis, l'île n'est qu'à une heure de bateau de Naples, un vapeur assure le va-et-vient, on y croise aussi bien des bourgeois en élégants chapeaux de paille et robes à tournure, écartelés entre leur résidence citadine et leur villa avec vue sur la mer, que de braves paysans chargés de lourds paniers, allant vendre leurs richesses sur le continent.

La décision de l'écrivain en choquait certains : on croise rarement dans les paradis touristiques les faiseurs de révolution. Qui plus est, l'austérité bolchevik semblait mal s'accorder avec la réputation sulfureuse de l'île, récemment relancée par « l'affaire Krupp » qui avait aiguisé la curiosité des gazettes du monde entier. Grand bienfaiteur de l'île, Friedrich Alfred Krupp, le richissime marchand de canons allemand, passait le plus clair de ses hivers dans une somptueuse villa portant son nom, officiellement pour suivre les travaux d'une équipe spécialisée en biologie marine dont il finançait les recherches. L'affaire avait éclaté lorsqu'on avait accusé cet homme marié, père de deux filles, mais notoirement homosexuel, de corrompre les jeunes de l'île ; il aurait organisé des orgies sur ses deux yachts, le *Maja* et le *Puritan*, ainsi que dans les grottes qui perçaient les falaises. Pour calmer les esprits, le Kaiser Guillaume, dont Krupp était l'ami, avait fait enfermer ce dernier et sa mort brutale d'une attaque d'apoplexie en novembre 1902 laissait planer le doute d'un suicide déguisé. Pour effacer l'image d'une nouvelle Sodome, les îliens ne pouvaient que se réjouir qu'un homme nouveau, un homme respectable, quelques dérangeantes que soient ses idées, ait choisi de vivre à Capri.

Sept mois plus tard, il n'y avait personne sur les quais de la Marina Grande. Rien qu'un jeune visiteur, ostensiblement très pressé, sautant depuis le bateau sur une barque, empoignant les rames pour gagner la rive au plus vite, avant de se diriger en courant vers la route, un maigre bagage à la main. Zinovi Pechkoff revenait à la maison du Père.

Le retour du fils prodigue

La villa Blaesus où Gorki avait choisi de s'installer – à en croire Maria Andreïeva, « rien qu'une petite maison très simple avec trois petites fenêtres surplombant la Marina Piccola » – était campée dans la partie méridionale de l'île. Elle offrait une vue majestueuse non seulement sur la mer, mais aussi sur les jardins d'Auguste, ainsi nommés en souvenir de l'empereur Tibère Auguste, le deuxième empereur de Rome, qui, conquis par la beauté de l'île et encouragé par un heureux présage – un vieux chêne tout sec qui avait reverdi en plein hiver –, s'y était retiré pour ne plus jamais retourner à Rome qu'il exécrait. De cette demeure un peu austère, un ancien monastère, Maria avait su faire un foyer agréable, décoré avec goût. Dans la cuisine régnait un imposant personnage aux cheveux noir de jais du nom de Cataldi, qui réussissait mieux que personne la friture de poulpe et la « torta caprese », un merveilleux gâteau au chocolat et aux amandes, la spécialité de l'île. La demeure élue par Gorki n'avait à ses yeux qu'un défaut : son nom, hérité de quelque obscur poète latin, un nom que l'écrivain jugeait pédant et difficile à retenir. Mais tout cela n'était pas bien grave puisqu'il lui arrivait de recevoir du fin fond de la Russie, signées de manants comme de savants, des missives adressées à : « Maxime Gorki, Capri », ou à « Maxime Gorki, Italie ». D'autres grands personnages avaient connu avant lui ces libellés fantaisistes, tel ce « Monsieur Victor Hugo, Océan », arrivé malgré tout à destination à l'exilé de Guernesey.

Zinovi n'avait prévenu personne de son arrivée. À défaut de tuer le veau gras, on fêta le retour du fils prodigue avec force champagne et langoustes grillées. Mais seulement, racontait volontiers Maria Andreïeva, après que les deux hommes furent restés enfermés deux jours entiers dans le cabinet de travail d'Alexeï pour renouer le fil d'une conversation trop longtemps suspendue. À ses correspondants habituels, Gorki ne cache pas sa joie d'avoir retrouvé l'oiseau migrateur : « Ici, il y a Zinovi, le Néo-Zélandais. Il joue admirablement du tambour maori », écrit-il à Bourenine. Et à Ladyjnikov : « Mon fils prodigue est rentré. Il raconte des choses passionnantes sur la Nouvelle-Zélande et ses sauvages. »

À Capri, Zinovi va connaître les plus belles années de sa vie. Lui-même est dans la fleur de l'âge. Il vit aux côtés d'un homme qu'il admire et aime de toute son âme, dans l'un des sites les plus prodigieux d'Europe. Ici, les dieux semblent s'être accordés pour parer de toutes les grâces cette île enchantée. Les jardins d'Auguste sont baignés de lumière, il y règne en ce début d'été une fraîcheur délicieuse. Depuis la terrasse de la maison, cernée par une colonnade où grimpe une imposante bougainvillée aux fleurs violettes, on aperçoit les montagnes d'Anacapri, toutes rouges dans le soleil couchant. Avec Alexeï, Zinovi emprunte les sentiers étroits qui se tortillent entre les murets des jardins peuplés de chênes verts et d'oliviers, de figuiers de Barbarie, d'agaves et de lentisques. Depuis les jardins d'Auguste, ils gagnent la Certosa di San Giacomo, l'imposante chartreuse Saint-Jacques, par les élégants lacets en épingle à cheveux de la via Krupp, pavée de bout en bout, une œuvre d'art à elle seule. Ou bien ils marchent par les chemins déserts où les cailloux roulent sous les pieds jusqu'au-delà de Punta Tragara, traversant des pâturages couverts d'une herbe jaune, courte et sèche, d'où l'on aperçoit les Faraglioni, sentinelles rocheuses égarées dans la mer Tyrrhénienne. Lorsque la nuit tombe, Zinovi reste longtemps à regarder le ciel piqueté d'étoiles, et les lumières vacillantes des bateaux qui regagnent le port. Comment ne serait-il pas comblé par cette réserve naturelle de beauté, lui qui a toujours trouvé dans la Nature une puissante alliée ?

Comme à son habitude, Gorki multiplie les blagues, tourne en dérision les péripéties de l'exil. Avec lui tout est prétexte à plaisanterie, y compris sa mauvaise santé. Il se dit prêt à se mettre en prières devant ce « saint patron des enrhumés » dont on lui a certifié ici l'existence, doté du pouvoir de guérir les bronches poussives et les poumons en capilotade : peut-être le débarrassera-t-il de sa phtisie ? Pourtant le cœur n'y est pas toujours. Zinovi est là, c'est déjà ça. « Zinovi a oublié de me rappeler la date de l'anniversaire de Maxime, se plaint Gorki à Ekaterina, une de ses connaissances est venue le voir d'Amérique », d'où sa distraction. La « connaissance » en question n'est autre que Grace Latimore Jones, le coup de cœur américain de Zinovi. À Summerbrook, Gorki la trouvait pourtant charmante. Mais, une fois transplantée en Italie, elle lui apparaît « excentrique » (en clair, trop américaine). Elle présente surtout le grave défaut de mobiliser l'attention de Zinovi, qui la présente à tous comme sa fiancée. Retoquée par le beau-père putatif, Grace retraversera l'océan sans que l'affaire soit conclue. Gorki ne peut pourtant se plaindre d'être abandonné. Pour éviter qu'il ne s'ennuie, Maria a ouvert toutes grandes les portes de la maison. À l'instar d'Iasnaïa Poliana, le domaine de Tolstoï, les intimes de Gorki affluent à Capri. Chaliapine, Piatnitski, Andreïev, bien sûr. Le peintre Repine. L'écrivain et éditeur Alexandre Tikhonov, dit Serebrov, et sa femme Varvara. Le critique et journaliste Anatoli Lounatcharski, fils de famille gagné aux idées marxistes, élevé à Nijni-Novgorod lui aussi, très apprécié pour ses articles sur l'esthétique ou la morale. Felix Dzerjinski, le futur patron de la Tcheka, la police politique bolchevik, qui, à trente ans, a déjà connu la prison, l'exil en Sibérie et plusieurs évasions réussies. Ivan Bounine accompagné de sa maîtresse, Varvara Mouromtseva – ils décideront bientôt de passer les mois d'hiver à Capri. Et l'auteur dramatique Modeste Tchaïkovski, le frère cadet du compositeur, venu de la petite ville de Kline près de Moscou où il réside d'ordinaire : à la différence de son célèbre frère, Modeste ne cache pas son homosexualité. L'été, on voit arriver les enfants de Maria Andreïeva, Iouri et Katia Jeliaboujski. Toute cette jeune classe forme avec Zinovi une joyeuse tribu qui se baigne, fait de la barque, des parties de pêche, crapahute dans les collines, compose en italien des petites chansons pour rire. Le soir, la compagnie se retrouve au complet autour de joyeuses tablées où l'on refait le monde.

Outre ces proches, nombre de touristes russes, croisant en Italie, font le détour par Capri pour saluer l'écrivain en sa thébaïde. Tous ne sont pas marxistes, loin de là, il se pourrait même qu'il y ait parmi eux quelques agents du tsar. Gorki accueille tout le monde avec bienveillance. À la surprise générale, il a finalement renoncé à ses blouses de moujik qui désespéraient tant Tchekhov. Sur les conseils de Maria, il a adopté l'uniforme des résidents de Capri, pantalon de toile et panama en été, complet veston et feutre noir à large bord en hiver. Les échotiers russes installés en Italie s'interrogent sur ce nouveau look, certains lui trouveraient presque mauvais genre, un air « non pas d'artiste mais de mafieux ou de bandit de grand chemin ». Gorki aurait-il sombré dans l'extravagance ? L'arrivée à la villa d'un nouveau pensionnaire pourrait en accréditer l'idée. Des admirateurs brésiliens lui ont fait cadeau d'un perroquet. L'oiseau est bavard, Maria affirme qu'il a l'accent portugais. Est-ce par goût de la provocation, pour choquer le bourgeois ? Gorki se promène volontiers le perroquet sur l'épaule.

Lorsqu'il s'échappe de Capri par nécessité professionnelle, pour les besoins de la Cause ou par pur plaisir de prendre l'air, il laisse Pepito le perroquet mais emmène Zinovi. Naples, Rome, Florence, Gênes… Celui dont les seuls voyages en terre inconnue l'avaient jusqu'ici mené vers le Nouveau Monde part à la découverte de la vieille Europe. L'Italie est une boîte à trésors. « Florence a stupéfié Zinovi, écrit Gorki à Piatnitski, il n'arrête pas de faire des "Ah !"et des "Oh !" d'admiration. » Au-delà d'un aimable compagnon de voyage et d'un précieux interprète, Gorki trouve aussi en son fils adoptif un commode prête-nom. Lassé du rôle public qu'il est contraint d'endosser à Capri, il tient à préserver son anonymat. À Amfiteatrov, dans l'urgence de le joindre, Maria Andreïeva indique qu'Alexeï est en ce moment à l'hôtel Helvetia, quelque part près du Palais Sforza : « Vous pouvez écrire à cette adresse mais, sachez-le, il vaudrait mieux le faire au nom de Zinovi Pechkoff car ils font tout là-bas pour qu'Alexeï reste incognito dans cette ville. » Mais le plus souvent, « Zina » voyage seul. C'est à lui, armé de sa convivialité et de sa bonne pratique des langues, que revient la charge de maintenir le contact entre l'exilé de Capri et le reste du monde. On ne sait jamais trop où il se trouve quand, à la villa Blaesus, on reçoit soudain des courriers postés de Zurich ou de Genève, de Londres, de Berlin ou de Paris.

Une partie d'échecs

Parmi les visites reçues par Gorki à Capri, celle que lui rend Lénine au mois d'avril 1908 marquera les esprits. Jusque-là, ils ne se sont guère vus qu'une fois à Saint-Pétersbourg, à l'issue de la révolution de 1905, une deuxième fois à Londres au printemps 1907 lors du Ve Congrès du parti ouvrier social-démocrate de Russie. Désireux de s'approprier sa gloire, les dirigeants du POSDR ont invité Gorki à leurs débats en qualité d'hôte d'honneur avec voix consultative. Accompagné de Maria Andreïeva, l'écrivain se retrouve un peu effaré au milieu d'une foule de trois cent délégués. Jamais il n'a assisté à pareil congrès, il observe l'assistance, tente de percer le secret de ces intellectuels, de ces ouvriers, de tous ces hommes épris de la révolution naissante.

Lénine l'a tout d'abord surpris, il a trouvé l'homme presque trop simple, il s'est dit qu'on ne sentait pas en lui le chef. Et puis, il l'a vu à la manœuvre. À l'arrivée à Londres, les deux groupes, mencheviks et bolcheviks, étaient à peu près à égalité. Mais, fermement tenus en main par Lénine, les bolcheviks ont très vite eu le vent en poupe. Lorsqu'il s'est retrouvé en tête-à-tête avec Gorki, Lénine a évoqué *La Mère* qui venait de sortir, insistant sur ses défauts plus que sur ses qualités. L'auteur s'est cru obligé de défendre son œuvre, de dire qu'il avait dû se presser pour l'écrire : « Vous avez bien fait, a répondu Lénine, c'est un livre qui arrive à son heure. » « Ce fut là son seul compliment, ajoutait Gorki, mais il me fut précieux. » Dès lors, différents soient les deux hommes, Vladimir Ilitch et Alexeï Maximovitch sont dans les meilleurs termes. « Gorki doit être utilisé avec ménagement, précise Lénine à ses troupes, c'est un écrivain de grand talent qui peut être extrêmement utile au Parti mais le Parti ne doit pas lui demander ce qu'il demande à d'autres. On doit lui pardonner des écarts que l'on ne pourrait passer à d'autres militants. » Lénine a bien conscience qu'il ne fera jamais de ce visionnaire un animal politique, que ce n'est pas à lui qu'il faut demander de mettre en œuvre la révolution.

Zinovi, alors aux antipodes, n'avait pas assisté à ces premiers contacts. Mais il est bien présent lorsque, depuis Genève, Lénine se rend en avril 1908 à Capri. Alexandre Bogdanov l'y a précédé. Médecin d'origine, cet esprit brillant rompu aux subtilités de l'économie et de la philosophie jouit parmi les bolcheviks d'une certaine popularité. Entre les deux hommes qui se connaissent bien, il existe un désaccord de fond sur la stratégie d'accession au pouvoir, mais aussi de profondes divergences philosophiques. Bogdanov prône l'édification d'une religion de l'humanité socialiste quand Lénine fait du parti un absolu qui ne tolère aucune concurrence. Gorki veut en finir avec ces querelles, engendrées selon lui par l'oisiveté de l'exil. À la bien connue « molle du lac » qui grignote pernicieusement l'énergie des riverains du Léman, il veut substituer le vent du large et l'air printanier qui règnent à Capri. « Nous devons nous mettre au travail, il n'y a pas de temps à perdre », lance-t-il à Bogdanov. Lénine craint l'alliance objective qui se noue entre Bogdanov et Gorki, il sent bien que la colonie de Capri est en train d'attirer non seulement la sympathie, mais aussi l'argent du mouvement révolutionnaire en exil. C'est un homme en colère qui débarque à la villa Blaesus : « Lénine, écrit Gorki, fume comme un samovar en ébullition... Je l'aime profondément, sincèrement, mais je ne comprends pas pourquoi il est à ce point enragé ni quelle hérésie il croit avoir dénichée. »

Sur la terrasse, Maria Andreïeva a dressé une table. Lénine et Bogdanov se font face autour d'un jeu d'échecs. Autour d'eux se pressent Gorki, chapeau sur la tête, Pepito sur l'épaule, Zinovi un peu en retrait, l'économiste Vladimir Bazarov – un ami intime de Bogdanov –, l'éditeur Ivan Ladyjnikov, Alexandre Ignatiev, réputé dans le mouvement révolutionnaire pour son esprit inventif et sa science d'artificier, ainsi que Maria et la femme de Bogdanov, Natalia. Les spectateurs n'ont sans doute pas conscience de ce que représentera plus tard, dans l'imaginaire collectif, cette partie d'échecs emblématique de l'affrontement entre deux hommes qui tous deux ambitionnent de devenir le guide de la révolution bolchevik. Mais la tension est palpable, l'énervement de Lénine manifeste. Sur certains clichés, il serre les dents, sur d'autres, il ouvre la bouche toute grande comme pour dévorer son adversaire ; le regard perçant, lui ne quitte pas un seul instant le damier. Vladimir Ilitch ne joue pas à un jeu de société, il joue son destin. Certains disent d'ailleurs qu'il est capable, lorsqu'il perd aux échecs, de fondre en larmes comme un enfant. Il ne pleurera pas ce jour-là.

Pourtant, Bogdanov a gagné la partie. Lénine a bien conscience d'être minoritaire parmi les hôtes de la villa Blaesus. Gorki a perdu son pari de réconcilier les frères ennemis. Lénine va quitter Capri, l'air mauvais. Il n'est pas prêt pour autant à jeter aux orties une aussi précieuse relation avec un écrivain non seulement adulé par les foules, mais aussi la coqueluche de toute une élite culturelle et même de certaines puissances d'argent. Sitôt de retour en Suisse, il sollicite l'aide de Gorki : pourrait-il écrire une lettre ouverte aux journaux russes leur demandant de soutenir la bibliothèque Koukline, la bibliothèque russe de Genève, par l'envoi de documents ayant trait aux événements de 1905 et à l'histoire russe ? La lettre en question, suggère-t-il, pourrait être hectographiée par Zinovi puis adressée par lui aux différents journaux et gazettes russes sympathisants, à quelque bord qu'ils appartiennent : « J'espère que Zinovi Alexeïevitch ne refusera pas d'apporter son aide », ajoute-t-il, comme s'il craignait que ce dernier ne traîne les pieds.

Lénine propose même à Gorki de collaborer aux revues légales que les sociaux-démocrates publient à Saint-Pétersbourg en rusant avec la vigilance de la censure, et entretient avec lui une correspondance nourrie. Ses lettres sont parfois joyeuses, parfois empreintes de gravité, toujours intéressantes. Il arrive qu'on les juge, à la villa Blaesus, dignes de faire l'objet d'une lecture maison. Maria et Zinovi sont généralement préposés à cet office. Justement, voilà qu'une missive arrive de Cracovie, elle a traversé l'Europe tel un éclair pour atteindre Capri ; Vladimir Ilitch s'y inquiète de la santé du grand homme. À Zinka de jouer. Alors que le repas s'achève, Alexeï lui a tendu la lettre décachetée : « Cher Alexeï Maximovitch, comment se fait-il, mon vieil ami, que vous vous conduisiez si mal ? Vous voilà surmené, fatigué, les nerfs malades. C'est l'anarchie la plus complète. Il conviendrait de mener une vie normale. Vous vous êtes laissé aller parce qu'on ne vous surveille pas. Vraiment, vraiment, ce n'est pas bien. Ressaisissez-vous et imposez-vous une règle de vie, un régime plus sévère vraiment ! Être malade par les temps qui courent, c'est tout à fait inadmissible. Vous seriez-vous remis à travailler la nuit ? Pourtant, lorsque j'étais à Capri, vous disiez que tout le désordre venait de moi, et qu'avant mon arrivée, vous vous couchiez à l'heure. » Zinovi en rajoute, en fait des tonnes, transformant l'auteur de ces lignes en un précepteur verbeux qui gourmande l'élève Gorki, voilà qu'il éclate même d'une feinte colère devant un auditoire familial qui pouffe de rire. À la villa Blaesus, nul n'aurait l'idée de considérer Lénine comme une icône, une idole intouchable. La révolution russe n'en a pas encore fait un monument national.

Reste que cette touchante sollicitude n'est pas toujours de mise. Le chef bolchevik, surtout à l'approche du Grand Jour, est d'un naturel inquiet et d'une susceptibilité maladive. Cette fois, c'est un article de Gorki publié dans un journal moscovite qui a mis le feu aux poudres : « Quant à la recherche de Dieu, a-t-il écrit, il faut temporairement la mettre de côté... » Temporairement ! Le mot reste en travers de la gorge de Lénine, toujours à l'affût de possibles déviations et persistant dans la détestation du courant spiritualiste que défendait Bogdanov : « Comment, fulmine-t-il, vous n'êtes contre la recherche de Dieu que "temporairement" !!! N'est-il pas abominable qu'une telle conséquence puisse découler de votre article ? La recherche de Dieu ne se distingue pas plus de l'édification, de la création ou de l'invention d'un dieu qu'un diable jaune ne se distingue d'un diable bleu... » L'algarade se poursuit, les mots furieux se bousculent : « En lisant votre article de plus près et en cherchant d'où vous vient ce lapsus, je reste perplexe. Est-ce le résidu d'*Une Confession*, votre dernier roman, que vous-même avez fini par désapprouver ? » Et Lénine de conclure sur une aimable invite à l'autocritique : « Maintenant, vous vous dites "dépité", vous écrivez que vous ne pouvez vous expliquer comment le mot "temporairement" a pu se glisser dans votre article, mais en même temps vous continuez à défendre l'idée d'un Dieu et de l'édification de Dieu. »

Par bonheur, Gorki est un tempérament fort, il ne se laissera pas corroder par ces intimidations. Quoi qu'en dise Lénine, il n'a jamais renié *Une Confession*, cette longue nouvelle dédiée à Chaliapine, qu'il a publiée en 1908, dont certains personnages, tout en étant attirés par le marxisme, sont embrasés par la foi. Sa vie durant, il continuera à rêver de la problématique synthèse entre Dieu et le socialisme.

Ouvrier à la chaîne

Il y a à Capri un peu d'électricité dans l'air. Alexeï et surtout Maria n'ont pas caché à Zinovi qu'ils avaient quelques soucis d'argent. Le message est clair : il serait temps qu'à vingt-quatre ans, il acquière son indépendance, ils n'ont pas vocation à jouer indéfiniment les mécènes. Ravalant ses ambitions, Zinovi demande en décembre 1908 à une certaine « Tante Sacha » de le pistonner auprès de l'usine Brown Boveri de Milan qui, dans le quartier de l'Isola, fabrique des moteurs électriques pour les trains et les tramways. À Nijni, on parlait de « l'Étudiant » : sa nouvelle vocation serait plutôt « ouvrier à la chaîne » ! Et il ne s'agit pas cette fois d'un emploi éphémère destiné à financer ses voyages, ni d'une étude sur le terrain de la condition ouvrière pour se mettre, comme au MKhAT, dans la peau d'un rôle : il s'agit tout bonnement de gagner sa vie à la sueur de son front. Comme l'immense majorité des gens.

En mars 1909, on retrouve Zinovi à Milan. En Lombardie, il fait humide et gris, il peine à dénicher une chambre où dormir. Quant à trouver du travail, c'est mission impossible quand on n'a pas de carte d'identité et qu'on ne comprend pas un traître mot du dialecte milanais. Pour meubler ses journées, Zinovi joue les touristes, visite les églises, les musées, tombe en arrêt à Santa Maria delle Grazie, devant *La dernière Cène*, la fresque monumentale de Léonard de Vinci. Il aurait dû prendre plus de bouquins avec lui. Une semaine plus tard, le moral s'est amélioré. Il a trouvé du travail à l'usine de construction mécanique Miani e Silvestri. À son père, il raconte son premier entretien avec le propriétaire de l'usine qui, en apprenant qu'il était russe, lui a répondu : « *Affare brutto assai* » – « Sale affaire ! » : « Il m'a expliqué que les Russes faisaient mauvais ménage avec les Italiens. Enfin, on verra bien ! »

Le certificat de bonne conduite émis par Miani e Silvestri atteste que « l'usine a employé Zinovi Pechkoff en qualité d'ouvrier sidérurgiste du 23 mars au 26 juin 1909 » – le vieux général gardera toujours le papier dans ses dossiers. Mais il est une vérité dont le document ne parle pas, une vérité première qu'a éprouvée Zinovi en trois mois de travail à la chaîne : « Le travailleur européen nous est étranger », confie-t-il à Maria. Les ouvriers milanais peuvent bien se plaindre comme ceux de Sormovo des cadences infernales, des trop longues journées de travail, de la dureté des patrons, ils ne seront jamais vraiment frères. L'Internationale du genre humain n'est pas pour demain...

Le travail recule quand l'heure des vacances approche. Un comble, c'est Alexeï lui-même qui joue les démons tentateurs. En juin, il suggère à Zinovi qu'ils se retrouvent chez Ekaterina à Alassio avant la fin du mois. L'occasion d'une réunion de famille puisque Maxime, ses examens finis, devrait s'y trouver aussi. Il faudrait vraiment être un saint pour résister à cet appel ! Alors, fuyant le vacarme de l'usine et la touffeur qui y règne, dénouant son tablier de cuir protecteur pour enfiler un costume de lin blanc, Zinovi file sans demander son reste vers la Riviera ligure et ses plages de sable fin, avant de regagner Capri au côté d'Alexeï.

À Milan, ses amis le pleurent. Zinovi reçoit des déclarations en rafale d'une certaine Alessandrina Ravizza. 30 juin : « J'ai beaucoup pensé à vous, votre souvenir ne m'abandonne pas... Même si je ne vous voyais plus, je ne vous oublierai jamais. Quelle belle soirée, quel ciel magnifique ! Et je pensais avec tristesse que vous alliez vous éloigner de moi. » 13 juillet : « C'est vous qui portez dans votre âme de la lumière, et votre juvénile enthousiasme fait que vous me jugez d'une façon que je ne mérite pas... Vous avez laissé un sillon lumineux dans ma pensée. » 17 juillet : « *Lei voglio bene* », « Je vous aime », risque Alessandrina en utilisant pour bien marquer la déférence la troisième personne du singulier. 15 août : « J'ai lu *La Mère**, c'est un livre d'une profonde beauté, comme un moderne évangile. » L'Alessandrina en question, d'ascendance russe par sa mère, est non pas un aimable tendron mais l'une des personnalités les plus en vue de la vie culturelle milanaise, une mécène protectrice des arts et des lettres. Au milieu de l'été, c'est Ferrarini, un syndicaliste boulanger, qui envoie des – vraies – fleurs à Zinovi : « Vous avez tellement d'expérience de la vie,

* Gorki lui a adressé à la demande de Zinovi un exemplaire en français dédicacé, N.D.A.

d'intelligence, de gentillesse d'âme... » Si seulement son père pouvait penser aussi cela de lui !

L'École des propagandistes

Début août 1910, une photo montre Zinovi en costume blanc très chic, cravate et chapeau, dans les rues de Capri en compagnie de Gorki, casquette sur la tête, et de Roberto Bracco en costume sombre et canotier, l'une des figures de la vie intellectuelle napolitaine, écrivain et dramaturge dont le nom sera plus d'une fois évoqué pour le Nobel de littérature. En novembre encore, le jeune homme apparaît, toujours à Capri, aux côtés de Herman Lopatine, un vétéran de la Première Internationale qui a été le premier traducteur de Karl Marx en russe : c'est à croire qu'après trois mois en usine, il a mis promptement un terme à ses velléités de vie autonome.

La vérité, c'est que Gorki a de nouveau besoin de lui. Au début de 1909, l'écrivain a quitté la villa Blaesus pour la villa Spinola, une belle demeure dont les murs ocre s'accrochent aux pentes du Monte San Michele. En s'agrandissant, Gorki avait-il déjà quelque idée derrière la tête ? Depuis son installation à Capri, sa maison n'a pas désempli. La manne de ses droits d'auteur n'a pas bénéficié qu'au parti : elle lui a permis d'assurer une vie large à son entourage, un véritable phalanstère. Il convient maintenant d'aller plus loin, de permettre l'éclosion de nouvelles têtes pensantes. Il faut former les élites futures du mouvement révolutionnaire. Et cela ne peut se faire librement qu'en dehors des frontières de la Russie.

Autant Lénine considérait les intellectuels comme la force motrice du parti, autant Gorki et Bogdanov étaient résolus à trouver cette force au sein même de la classe ouvrière. Décision est prise de fonder une « École supérieure des propagandistes » qui sera basée à Capri. La première promotion de treize ouvriers, soigneusement sélectionnés, va quitter la Russie dans le plus grand secret : il est prévu qu'ils passent trois ou quatre mois à Capri, hébergés à la villa Spinola, un projet principalement financé par Gorki et Chaliapine. Le coup d'envoi est donné le 13 août 1909. On trouve dans le corps enseignant les intellectuels les plus brillants et les plus originaux du mouvement révolutionnaire : Gorki enseigne bien sûr la littérature, Bogdanov, l'économie politique, Bazarov, l'étude des mouvements sociaux, Lounatcharski – le beau-frère de Bogdanov –, l'histoire de l'art. À côté des cours théoriques, d'histoire, de science politique, de philosophie, l'école offre aussi des exercices pratiques d'agitation et de propagande révolutionnaires, on y étudie les méthodes de la lutte clandestine. Gorki ne cache pas son bonheur de voir réalisé son vieux rêve de l'accession au savoir des gens de peu. « En leur compagnie, écrit-il un mois après le début des cours, mon âme se repose des morsures et des piques de la "Culture". » Pour compléter leur formation, il les emmène visiter les musées de Naples, les temples antiques de Pompéi et Rome, la « Ville éternelle ».

Zinovi se glisse volontiers dans les salles de classe. Il est une des chevilles ouvrières de l'école de Capri, il assure le suivi du projet, la médiation avec les autorités locales. Le soutien des insulaires est acquis. Entre pêcheurs de la Marina Grande, on appelait déjà Gorki « notre père » et on en attendait des miracles. Cette école est bienvenue pour animer la morte-saison. La permissivité des autorités locales aurait même de quoi étonner. Si le gouvernement italien ne semble pas s'alarmer de cette fermentation de l'idéal marxiste sous le soleil de Capri, les services secrets du tsar sont sur les dents : « Je vis en état de siège, écrit Gorki à Ekaterina Malinovskaïa, une amie de Nijni-Novgorod, il y a autour de moi plus d'espions que de moustiques. Je reçois de Russie des condamnations à mort envoyées par des groupes antirévolutionnaires et d'autres organisations saugrenues. » Mais ni lui ni ses amis n'ont conscience que le vrai risque est ailleurs. Le conflit avec Lénine s'est durci. Ce dernier voit dans l'école de Capri une tentative d'avilissement bourgeois de la doctrine de Marx. Le moment est venu pour lui de bouger ses pièces. En Russie, des articles ont paru pour dénoncer le grand train mené par Gorki à Capri, le flot de célébrités qui ne cessait de se déverser chez lui, la vie frivole que l'on menait là-bas. Lénine enfonce le clou. Il franchira encore un pas en créant une école concurrente à Longjumeau, en banlieue parisienne. Peu à peu, les enseignants et les élèves vont quitter Capri. En décembre 1909, c'est la fin de l'école des propagandistes. Bogdanov regagne Paris, laissant Gorki derrière lui.

« Sans Zinovi, je me sens mal »

Alexeï marque le coup. Il avait tant misé sur le projet, cette expérience qui restera unique dans l'histoire du marxisme, d'une spontanéité joyeuse, loin de tout esprit bureaucratique. Certains esprits grinçants se plaisent à clamer qu'il a désormais pour seuls amis son perroquet et Zinovi. Lequel est reparti chercher du travail dans le Nord. Heureusement, Noël approche : « Si tu veux faire plaisir à ton vieux père sans dents, rapporte de Lombardie du gruau de sarrasin et des pois, pas des verts, des jaunes, comme les pois qu'on trouve en Russie, écrit Alexeï avant de conclure : Porte-toi bien. Ne t'embarrasse pas de pensées sur la destinée humaine. C'est tout à fait inutile. »

À Amfiteatrov, qui lui adressait ses derniers écrits pleins d'humour intitulés *Cannibalisme*, Gorki a demandé d'effacer avant publication le nom de Zinovi, son filleul, qui a quelques raisons de cacher son nom et l'endroit où il se trouve puisqu'il est « un émigrant et un déserteur ». On comprend mieux dès lors les galères vécues par Zinovi : les employeurs ne se bousculent pas pour l'accueillir. Il a dû trouver malgré tout un point de chute puisque, en avril suivant, c'est une fois de plus Gorki qui le presse de revenir. Un véritable appel au secours qui révèle des relations de nouveau tendues avec Maria Andreïeva. Plus d'une fois, elle a agité la menace de s'en aller. Alexeï croyait avoir calmé le jeu. Et voilà qu'en ce mois d'avril 1910 elle remet ça ! À Zinovi, elle demande de la remplacer dans les tâches qui étaient les siennes.

Tout à la fois secrétaire, traducteur, majordome, confident, Zinovi est plus présent que jamais dans la vie de l'écrivain. À la mi-juillet, on voit le tandem père-fils attablé devant une coupe de champagne dans un restaurant de Capri avec Modeste Tchaïkovski, melon sur la tête. Le 29 août, dans une lettre à Soulerjitski, du Théâtre d'art, Gorki ne cache pas le bonheur que lui procure la compagnie de son fils adoptif : « Tu le sais probablement, Zinovi vit avec moi. C'est un homme formidable, intelligent, et je l'aime beaucoup. Il part parfois dans une usine travailler un peu avant de revenir, plein de nouvelles impressions. C'est un personnage merveilleux. » Lorsque, au mois de septembre, Zinovi passe quelques jours à Naples où sévit une épidémie de choléra, Alexeï, en père inquiet, se réjouit auprès de ses amis qu'à son retour sur l'île il ait été obligé sous peine d'amende de se rendre pas moins de cinq fois chez le médecin.

Avec Lénine à bicyclette

Depuis le premier séjour de Lénine à Capri, la situation a évolué. Un bel héritage, celui des sœurs Schmidt, est tombé dans l'escarcelle de Lénine à l'issue de manœuvres frauduleuses. Il va bientôt écarter Bogdanov des instances de direction bolcheviks. La brouille intervenue entre Gorki et Bogdanov à la suite d'une querelle entre Maria Andreïeva et l'épouse de Lounatcharski, sœur de Bogdanov, précipite les choses. Il y a un moment déjà que Lénine formait le projet de refaire le voyage à Capri. La voie est libre désormais.

Moins de sept mois se sont écoulés depuis le naufrage de l'École des propagandistes, qu'il annonce son arrivée, venant de Paris où il s'est installé à la fin de 1908. « C'est un autre Lénine qui a débarqué à Capri, s'étonne Gorki, un compagnon gai, d'une curiosité sans bornes pour les choses de la vie, d'une tendresse extraordinaire avec les gens. » Lénine part à l'assaut des merveilles de l'île, fait de longues promenades en barque, apprend à poser des lignes depuis un bateau. Il séjournera du 18 juin au 1er juillet 1910 à la villa Spinola. À compter de là, Lénine et Gorki vivront en bonne entente, encore qu'à éclipses. La marginalisation de Bogdanov y aura été pour beaucoup. Cette fois, Lénine a mis son adversaire échec et mat. Bogdanov aurait-il gagné une nouvelle fois la partie que, peut-être, la face du monde en aurait été changée.

Zinovi vient de vivre une dizaine de jours dans l'intimité de Lénine. Il va passer une autre semaine en sa compagnie, cette fois en tête-à-tête et à Paris. La première fois qu'il y est allé, c'était en décembre 1907, il avait abandonné Gorki à Rome pour partir à l'assaut de la capitale française ; depuis des années il en rêvait. « Je n'en attends rien de bon », avait maugréé Gorki à l'adresse de Piatnitski, tout en priant Ladyjnikov de faire parvenir la somme de deux cents francs par mois (« des francs, insiste Gorki, pas des marks ») au 24 rue Berthollet, dans le 5e arrondissement, où Zinovi a trouvé refuge à l'ombre du Val-de-Grâce. Maria n'a pas l'air plus convaincue qu'Alexeï de l'utilité de ce séjour : « Zinovi est à Paris, écrit-elle en janvier 1908 à Bourenine, il ne fait rien, comme d'habitude. Il prétend étudier les arts. De nouveau, je suis furieuse mais je ne peux pas m'empêcher d'aimer ce garçon. » Le sybarite présumé n'a, quant à lui, pas l'impression de ne rien faire, il a tout au contraire un programme chargé : améliorer son français, lire les grands auteurs, se plonger dans l'histoire de France, explorer les méandres de la politique hexagonale... Et puis, à Paris, il n'est pas perdu. Les Russes en délicatesse avec la police tsariste sont nombreux à avoir élu la France pour terre d'asile. Ils se regroupent volontiers dans le quartier Montparnasse, pas dans ses grands immeubles bourgeois, mais dans les passages, les courettes, les jardinets. À la Ruche, au numéro 2 du passage Dantzig, une cité d'artistes récemment édifiée avec des matériaux de récupération provenant des pavillons de la dernière Exposition universelle, Zinovi a rendu visite à son ami Saveli Sorine, un joyeux drille dans le temps, dorénavant portraitiste renommé de la bonne société. Plusieurs de ses compatriotes vivent aussi à la Ruche, mais Zinovi n'est pas trop à l'aise au milieu des artistes, il n'a pas encore rompu avec une forme de raideur de mise dans les cercles révolutionnaires.

Cette fois, Alexeï a pris les devants. Avant de rejoindre Capri, il a abreuvé le jeune homme de recommandations : vivre discrètement, éviter les lieux à la mode, ne jamais se montrer dans les restaurants et les cabarets russes de Paris, se tenir éloigné des salons de l'émigration, ne prendre aucune part à la vie associative de la communauté russe exilée pas plus qu'aux disputes entre marxistes. N'en rien attendre non plus… De son côté, Zinovi, conscient que la police du tsar est plus que jamais sur les dents à l'approche des célébrations du tricentenaire de la dynastie Romanov – et mettant en pratique les cours ès-vie clandestine reçus à l'École des propagandistes –, se glisse volontiers dans la peau d'un agent secret : « Toujours s'assurer, note-t-il dans son petit carnet, qu'une habitation clandestine ait deux issues… Se méfier de ses amis les plus fidèles… Toujours tenir plusieurs pseudonymes prêts à servir… Pour se soustraire à une demande de rendez-vous inopportune, utiliser cette imparable formule de refus : “C'est pour vous protéger que je renonce à vous voir”. »

Vladimir Ilitch a insisté pour abriter Zinovi. Sa femme, Nadejda Kroupskaïa, et sa belle-mère, Elizaveta Vassilievna, sont parties prendre l'air dans les Yvelines, il y a place pour lui dans l'appartement qu'il occupe au 4 de la rue Marie-Rose dans le 14e arrondissement. Le petit 48 m^2 comprend deux chambres, dont l'une, au bout d'un étroit corridor, lui sert de bureau. Il y travaille sur une planche couverte d'une toile cirée, deux caisses posées à même le sol servant de bibliothèque. Lorsque Nadejda et Elizaveta sont là et qu'un visiteur s'annonce, on installe un matelas dans la cuisine.

En tournant le coin de la rue, Zinovi a vu de loin un homme qui, sur le trottoir, s'affairait manches retroussées devant la carcasse désossée d'une bicyclette. Il graissait l'engin, le frottait, le nettoyait avec amour, vérifiait les écrous, les chambres à air, regonflait les pneus. Il prenait son temps. La rue était calme, peu passante, il ne risquait pas d'être dérangé par les voitures. Les enfants regardaient l'homme qui, tel un prestidigitateur, transformait en bicyclette ce qui n'était au départ qu'un tas de pièces détachées. Zinovi avait eu un peu de mal à reconnaître en ce mécano le visiteur cravaté de Capri. Mais c'était bien Lénine. Ses voisins ignoraient tout de lui. Ni le boucher, ni le facteur, ni la concierge, ni la blanchisseuse de la rue Marie-Rose n'avaient idée des activités de cet homme ni grand ni petit ni beau ni laid, pas très élégant, peut-être un peu myope. C'était « le Russe du 4 », un point c'est tout, M. Oulianov, un homme discret, sérieux, qui faisait l'unanimité dans le quartier. Chaque dimanche, il emmenait sa femme en promenade à vélo. Certains jours, il s'installait au Chant du coq, le café le plus proche, pour y faire une partie de cartes avec sa belle-mère. Imaginez qu'un soir, alors qu'Elizaveta quittait le café un peu avant son gendre, celui-ci lui avait baisé la main, on en parlait encore entre voisins. En tout cas, M. Oulianov était un bon époux, un gendre idéal. Nul ne savait qu'il avait installé au n° 2 bis de la rue – sans que son épouse légitime semble s'en offusquer – sa maîtresse, la belle Inès Armand, l'épouse française d'un riche commerçant russe dont elle avait eu cinq enfants avant de se convertir à la cause de la révolution et, plus intimement, à celle de son chef.

Aux côtés de Lénine, homme de culture, Zinovi aurait pu visiter les musées de Paris, courir les concerts, fréquenter – malgré les avertissements paternels – les cercles intellectuels ou artistiques de l'émigration russe d'alors, tous fervents contempteurs de l'autocratisme impérial. Il aurait pu s'enfermer avec son hôte dans le petit bureau et, autour de la toile cirée, parler avec lui des lendemains qui chantent, de l'accueil des premiers élèves à Longjumeau. Mais non, à quarante-deux ans, Vladimir Ilitch a besoin de se dépenser physiquement et puis sa bicyclette relookée est si belle ! Il faut bien la tester. Alors, Zinovi à peine arrivé, le prophète de la révolution s'est écrié : « Vacances ! » en riant à gorge déployée. Et il a entraîné son cadet pour acheter un plan de Paris et de sa région, avant de partir avec lui en balade.

Ce souvenir-là, Zinovi l'évoquait volontiers dans son grand âge, ces longues randonnées qu'ils avaient faites ensemble, le nez au vent, à travers les rues de Paris mais aussi loin de leurs bases, dans la vallée de la Bièvre, le long de la Seine ou de la Marne. Lénine était passionné par les paysages industriels, les abattoirs, les fortifs, mais aussi par tous les types humains qu'ils croisaient dans la rue – éboueurs, forts des halles, marchands de marrons, péripatéticiennes – quand lui, Zinovi, préférait le spectacle de la nature ou la vue des villages et de leurs petites mairies, plantées comme au garde-à-vous, drapeau au vent. Ils rentraient à la tombée de la nuit, heureux, poussiéreux et fourbus, pour, une fois le repas avalé, entamer une partie d'échecs qui les mènerait tard dans la nuit. Lorsque viendra pour Zinovi le moment de quitter Paris, il réalisera que, pas une fois en six jours, ils n'ont fait allusion à la vie politique russe. Et lui qui avait tant redouté que Lénine ne l'ait invité pour l'enrégimenter puisqu'il n'a toujours pas pris sa carte du parti ! Alors qu'il franchissait la porte, après lui avoir donné l'accolade, Lénine lui a seulement glissé : « Dommage que tu ne sois pas des nôtres ! »

Certains proches de Vladimir Ilitch s'émurent de cette réserve : n'était-ce pas l'occasion ou jamais de convertir à ses idées le fils de Gorki ? On s'étonnait de la sorte de tendresse avec laquelle ce tempérament plutôt froid et dominateur parlait désormais de Zinovi. Sans doute reportait-il sur lui un peu de l'affection qu'il avait pour Gorki : « On sentait qu'il aimait Gorki, lui qui n'aimait personne », laissera tomber un jour une autre des belles amies de Lénine, la troublante Lise de K.

CHAPITRE 5

Tentative d'évasion

Noces cosaques

« Maria et Alexeï Pechkoff ont l'honneur de vous informer du mariage de leur fils Zinovi avec la signorina Lidia Bourago, et seront heureux de votre présence à la cérémonie du mariage qui se tiendra le… 1910 à la villa Spinola à Capri. » Sur le carton imprimé, seule la date est encore en blanc. Il faut dire que l'affaire a été rondement menée.

Jusqu'ici, les tentatives d'émancipation de Zinovi ont tourné court. Lidia, son bel amour de jeunesse, la première femme de sa vie, il l'a d'une certaine manière sacrifiée pour suivre Gorki. Ses projets d'avenir avec Grace Latimore Jones n'ont pas résisté à l'air bougon d'Alexeï. D'autres coups de cœur ont suivi. Certains couronnés de succès. Pas tous. Lors d'un de ses séjours à Capri, Piatnitski évoque la mine déconfite de Zinovi au déjeuner : « Quelque chose s'est produit avec "L". » Le lendemain, au petit déjeuner, les nouvelles du front ne sont pas meilleures : « Zinovi aurait promis à quelqu'un qu'il allait mourir le jour même. » Le soir venu, on ne retrouvera pas de cadavre au bas des falaises, rien qu'un chevalier à la triste figure : « J'ai appris que Zinovi avait essuyé un refus. "L" est polie avec Zinovi mais c'est tout. »

Du 18 septembre au 9 octobre 1910, Alexeï et Zinovi se sont organisé trois pleines semaines d'imprégnation culturelle. Ils retrouvent Florence, découvrent Pise, Lucques et quantité de petits villages pittoresques. L'éblouissement est permanent. Mais « Zina » semble parfois distrait. Alexeï ne mettra pas longtemps à comprendre pourquoi. Son fils rêve d'une beauté plus incarnée que celles représentées par le Pérugin, Pinturicchio ou le Sodoma. Il sera bientôt exaucé. Les deux voyageurs vont passer par Fezzano, le quartier de Porto Venere, près de Gênes, où Alexandre Amfiteatrov a établi ses pénates. Une jeune fille lui sert de dactylographe, une belle plante comme Zinovi les aime, la fille d'un colonel cosaque. Lidia vient d'avoir vingt ans. Cette fois, Zinovi ne perd pas de temps pour monter à l'assaut de la belle. Cinq jours après leur rencontre, il la demande en mariage au colonel Pierre Bourago, son père.

Le mariage a lieu à Naples le 30 octobre. « Nos jeunes empressés sont dans une situation d'étonnement perpétuel l'un vis à vis de l'autre, commente Gorki à l'attention d'Amfiteatrov, que peut-on dire de plus ? La réception est prévue pour dimanche. Ce sera grandiose. Il y aura trois cents personnes, peut-être plus. » Le 6 novembre, le décompte final fait état de six cent trente-sept personnes. Le seul regret d'Alexeï est que l'événement ait été relayé par la presse. « Ce qui s'est produit hier entre 2 heures et 9 heures était plus qu'une fête : une véritable démonstration émouvante d'amour », s'enflamme le 7 novembre *Il Mattino*, le plus grand journal de Naples. « Tous les habitants de Capri se sont rendus à la maison de Maxime Gorki pour féliciter la belle et aimable fiancée de son fils Zinovi, qui venait pour la première fois à Capri. Des centaines d'habitants vivant sur l'île, le peuple et les messieurs ainsi que les pêcheurs sont venus hier dans les vastes salles de la villa Spinola, afin de signifier le respect et l'amour des habitants de Capri. Le peuple s'est même glissé dans le Saint des Saints, le cabinet du grand écrivain étranger. La foule enthousiaste des marchands avec leurs familles, des marins dans leur costume typique, des petits garçons et filles habillés en blanc et des Russes qui vivent ici ont apporté des masses de fleurs comme autant de preuves des grands sentiments et comme symbole de l'amour porté à toutes les personnes présentes. La jolie mariée était dans une magnifique robe blanche confectionnée par un atelier de mode local. Elle a reçu les invités avec une grande dignité.»

À l'annonce du mariage, Ekaterina avait surtout conseillé à Alexeï de ne pas s'en mêler. Mais bon, il cohabite avec le jeune couple et ne peut s'empêcher d'être parfois étonné par son attitude. Zina et Lidia «se couvrent de toile imperméable en forme de sac et se promènent sous la pluie avec une fierté diabolique, raconte-t-il à Amfiteatrov, "Nous nous promenons", clament-ils sans honte. Je fais mon tendre visage paternel et leur réponds tout haut : "Promenez-vous, les enfants, promenez-vous, c'est votre affaire." Mais au fond de mon cœur, je hurle avec une envie mauvaise et bouillante : "Qu'abcès et rages de dents les saisissent et les rongent !"». Difficile quand on se sent soudain vieux et souffrant de ne pas s'irriter devant la force de vie de ces amoureux inconscients.

La brouille

Il y avait peut-être une raison à ce mariage précipité : Lidia est enceinte, elle devrait accoucher avant l'été. Dès février 1911, le jeune couple a manifesté son intention de prendre le large. Maria rend la vie impossible aux nouveaux époux, les accablant de perpétuelles réprimandes. Il n'est pas exclu non plus que Gorki, chez qui la prodigalité fait bon ménage avec un solide égoïsme, supporte mal que son emprise sur Zinovi ne soit forcément plus la même. En mars, Zinovi et Lidia s'installent chez les Amfiteatrov au 66 de la rue Provinciale à Fezzano, dans la banlieue de Gênes. Ils ne reviendront plus à Capri, en tout cas pas tout de suite. «Zinovi n'est pas là et je me sens très seul», avoue Gorki à Ekaterina. Peut-être en veut-il un peu à Amfiteatrov de jouer les familles d'accueil : «Ils sont gentils et plaisants, lui écrit ce dernier le 31 mars à propos des "Lidozina". J'ai eu pour la première fois l'occasion d'avoir une conversation sérieuse avec Zinovi. Il me plaît beaucoup, c'est un garçon intelligent, qui connaît beaucoup de choses. Je l'incite à travailler dans le journalisme. » Ensemble, ils ont pensé à une série d'articles illustrés sur la condition agraire et ouvrière en Italie. Zinovi a décidé d'aller faire un tour à Milan pour prospecter le marché. Fin mai, il est de retour pour parler de ses travaux à son nouveau mentor : « Il est très doux et touchant dans son rôle de jeune époux, et semble travailleur », assure Amfiteatrov à Gorki. Il lui parle aussi des récits américains de Zinovi durement critiqués par Viktor Mirolioubov, l'un des directeurs éditoriaux de Znanie : « Je les ai lus hier avec Herman*. Nous avons tous deux trouvé que, malgré quelques naïvetés et simplifications, ils contiennent plus de vie et sont une tête au-dessus de la confusion pessimiste d'un Tarakanov ou du bavardage d'un Vinnichenko (qui viennent d'être édités par Mirolioubov). Je vais les envoyer à quelqu'un d'autre. Il faut publier ce jeune homme. Et bien sûr, les honoraires ne seront pas de trop. » La réponse d'Alexeï est implacable : « J'ai lu moi aussi le récit de Zinovi et, comme Mirolioubov, je n'ai pas apprécié son contenu. »

Entre les deux protecteurs de Zinovi, le désaccord ne porte pas que sur la qualité de son écriture. La question d'argent est de nouveau évoquée : « Zina ferait bien de ne pas se plaindre de l'insuffisance des fonds à sa disposition. Pour trois cents lires par mois**, on peut vivre très bien à deux, beaucoup de gens vivent ici avec moins de la moitié et vivent bien. » « Vous avez tort de penser que Zinovi s'est plaint de l'insuffisance d'argent, rétorque aussi sec Amfiteatrov, avec trois cents lires, on peut certes vivre à trois – et non à deux comme vous le dites –, mais je ne dirai pas qu'on peut vivre bien. Le couple essaie sincèrement de gagner indépendamment sa vie, ce à quoi il faut les aider. » « Hier était un jour rempli d'événements, écrit-il le 23 juin à Gorki ; Mirolioubov nous a rendu visite. Dès qu'elle l'a vu, Lidia est restée pétrifiée d'effroi et, quelques heures plus tard, a donné naissance à une magnifique

* Lopatine, le traducteur russe du *Capital*, N.D.A.

** La somme que lui alloue Gorki, N.D.A.

petite fille. La mère et l'enfant se portent bien. » Zinovi a choisi de lui donner le nom de sa mère, la petite fille s'appellera Elizaveta.

La nouvelle n'a pas suffi à attendrir le cœur de Gorki. Décidé à partir pour le Canada sans sa famille, Zinovi lui écrit le 7 juillet que vivre à ses crochets après qu'il a cessé de le traiter comme un proche lui est insupportable mais, ultime requête, lui demande d'envoyer encore un petit peu d'argent à Lidia et sa fille, sans quoi il lui sera impossible de partir, en attendant qu'il ait la possibilité de subvenir à leurs besoins. Le 12 juillet, le ton monte encore d'un cran : « Tu es un grand garçon, Alexeï, un adulte, lance Zinovi. Et tu écris de ces lettres ! » Il lui reproche de traiter les gens avec grossièreté, de proférer des insultes – « Brutal ! », « Idiot ! », « Absurde ! » – qui ne le rabaissent pas mais lui font honte pour lui. « Naturellement », il n'a que faire de son argent et le prie de ne plus lui en envoyer. Des problèmes personnels enveniment encore le conflit. Zinovi refuse, dit-il, de se laisser accuser par Alexeï d'avoir mis le nez dans ses problèmes avec Maria. À l'issue de ce sermon rageur adressé à celui qui, pour certains, fait figure de Dieu vivant, pas même une anodine formule de politesse, un simple paraphe : « Zinovi Pechkoff ».

C'est triste, c'est la vie. Deux personnes qui s'aiment et s'étripent pour des questions d'argent. Une vieille histoire à laquelle la baisse des droits d'auteur perçus par Gorki donne un regain d'actualité. Chaliapine et Stanislavski ont bien conseillé aux exilés de Capri de réduire leur train de vie, mais Maria n'a rien voulu entendre, affirmant qu'il était vital de faire prospérer ce cocon russe autour d'Alexeï coupé de ses racines. Le temps presse. Amfiteatrov n'a pas de quoi employer Zinovi à plein temps. Il lui faut partir. Gorki lui-même semble impatient de le voir prendre le large : « Il aurait dû être déjà parti en Amérique. Ce joli garçon a été ces derniers temps d'une rare grossièreté avec moi, et notre amitié est finie », assure-t-il. S'il est sûr de son bon droit face à Zinovi – « ses larmes sont des larmes de coupable » –, Gorki ne craint pas d'avouer qu'il est lui-même « très triste et affecté ». Juste avant de partir, Zinovi a rendu visite à Ekaterina Pavlovna à Alassio. Elle n'a pu s'empêcher dès le lendemain de parler de cette visite à Alexeï : « Zinovi a maigri, il est pâle et dit qu'il est très peiné par ton changement à son égard et que, à cause de cela, il préfère quitter l'Europe… En parlant de toi, il était ému aux larmes et je pense qu'il souffre sincèrement de ton attitude. Tu sais que je n'ai pas toujours confiance en Zinovi mais là, il est sincère, je te l'assure. »

Les castors canadiens

C'est pour le Canada que Zinovi a appareillé le 6 août. Il connaît le pays, il y a gardé des amis, il le croit en tout cas. Il part en éclaireur en laissant Lidia et Liza à la garde des Amfiteatrov. Dans un an tout au plus, ils seront réunis. Cinq ans après sa première équipée, il se retrouve au point mort. Loin de sa femme et de sa petite fille, loin de ses amis, loin de cette Italie qu'il avait élue pour seconde patrie. Il avait espéré renouer avec ses connaissances sur place. Mais c'est la police canadienne qui l'accueille à son arrivée à Toronto. Il n'a pas sur lui la somme requise pour être admis dans le pays. Aurait-il été travailleur manuel qu'on aurait été moins regardant, mais l'accueil d'intellectuels, contestataires par définition, a provoqué ces derniers temps de violentes réactions dans l'opposition. Le 10 septembre, Amfiteatrov annonce à Gorki qu'après dix jours, Zinovi a été libéré de la « prison de l'émigration ». Selon Ekaterina, « c'est un professeur qui l'a sorti de là pour le faire travailler comme traducteur », en l'occurrence un certain Meyvor qui occupe la chaire d'économie politique de l'université de Toronto, déjà rencontré en 1904 par Zinovi grâce à Piotr Veriguine, le guide des Doukhobors.

Une fois de plus, Zinovi, ses traductions achevées, galère pour trouver un emploi. Début mars 1912, Gorki prévient Amfiteatrov, désormais son seul lien avec Zinovi, que ce dernier est « sous la menace d'un héritage ». Son père serait mort. S'il l'avait maudit, « ce vieil homme, curieux et mémorable », comme le qualifie Alexeï n'avait sans doute pas déshérité son aîné. « Concernant Zinovi, répond Amfiteatrov, s'il reçoit un héritage de ses parents, alors il pourra s'épanouir définitivement et tenir sur ses jambes tout seul. À présent, il a trouvé un poste aux chemins de fer pour vingt dollars la semaine. » La nouvelle de la mort du père se révélera fausse. La situation de Zinovi est plus problématique que jamais, d'autant qu'il a demandé à Lidia de le rejoindre, n'en pouvant plus qu'ils soient ainsi séparés. Une folie. À la mi-décembre, ravalant sa fierté, il s'est résigné à lancer à son père un appel au secours depuis Fernie, en Colombie-Britannique, au beau milieu des montagnes rocheuses. Silence.

Le 10 janvier 1913, c'est Amfiteatrov qui relance Alexeï : « Zinovi et Lidia vivent dans des conditions terribles en Amérique et, pour vous parler franchement, il serait bon de les faire revenir, de leur trouver une place d'une manière ou d'une autre en Europe. C'est par pur hasard, poursuit Amfiteatrov, que j'ai été informé de leur situation car Lidia n'est pas de ces femmes qui aiment se plaindre. Dans les lettres qu'elle nous écrit, elle fait de l'esprit et feint la bonne humeur. Mais Ilaria Vladimirovna (la femme d'Amfiteatrov) a lu une lettre de Lidia à sa sœur Jenia qui l'a terrifiée. Lidia vit à Toronto avec sa petite fille, elle travaille dans une usine. Quant à Zina, il est en Colombie-Britannique, de l'autre côté du Canada. Il galère là-bas, tant dans ses conditions de vie que contre les éléments. Se rejoindre leur coûterait plus cher que, pour Lidia, de rentrer en Europe ; ce sont des distances monstrueuses. Vous le savez mieux que moi, ils n'ont pas un sou. La petite Liza a été longtemps malade. Lidia, elle-même souffrante, peine à se rétablir pour la bonne raison qu'elle se nourrit mal. J'ai dit à Jenia que si Lidia voulait revenir en Europe, je l'y aiderais volontiers. Mais elle refuse en disant qu'elle ne peut accepter de retourner en Italie tandis que son mari risque sa vie dans une hutte perdue sous la neige. C'est très noble, très touchant, mais il me semble que dans ce cas, ils feraient mieux de revenir tous les deux. » Dans la même lettre, Amfiteatrov exprime le regret que Gorki n'ait pas eu le temps de mieux connaître Lidia : « C'est une fille formidable comme toutes les sœurs Bourago, courageuse, gaie, travailleuse, et je voudrais tant qu'une créature aussi exceptionnelle ne se laisse par écraser. Car coudre des pantalons pour un dollar par jour, ce n'est évidemment pas une carrière brillante et moins encore un but dans la vie.» À l'issue de cette longue lettre, le bon Amfiteatrov suggère que tous deux s'emploient à sortir le trio de là-bas. Qu'importent les «petites frictions» intervenues entre Zinovi et Alexeï avant le départ, à coup sûr, il leur suffirait de se retrouver pour que tout soit réglé : «Car au fond, de ces tensions, ni lui ni vous n'êtes responsables. Les seules responsables en sont le laconisme de la plume et du papier sur fond de mésentente féminine... Je pourrais proposer à Zina ou à Lidia quand ils seront rentrés quelques travaux de traduction. Avec l'importante correspondance que vous recevez du monde entier, Zina et sa maîtrise des langues pourraient vous être utiles. Bref, ce serait très bien, et je crois même nécessaire, d'entreprendre quelque chose pour rapatrier nos castors canadiens.»

La réponse, peu encourageante, parvient à Amfiteatrov par retour du courrier. «J'ai reçu il y a quelques jours une lettre de Zinovi dans laquelle il me demande de lui envoyer de l'argent et raconte son achat absurde, inutile, d'un terrain. Certes, c'est un bon garçon mais il est grand temps qu'il devienne un homme responsable.» Gorki serait prêt à envoyer cinq cents roubles au Canada, si toutefois Amfiteatrov lui en fait l'avance deux ou trois mois car il se trouve dans une situation financièrement difficile : «Il faudra, précise-t-il, envoyer cet argent à Lidia et non à Zinovi, sinon il serait capable d'acheter la mer, de s'asseoir sur les rivages de sa nouvelle propriété et d'attendre le beau temps.» «Pourquoi suivre une procédure si compliquée ? lui répond avec réalisme Amfiteatrov. Obliger Lidia à gérer l'argent indépendamment de Zinovi serait vexant pour les deux et surtout pour Zinovi, et pourrait créer des problèmes entre les époux.»

Dans sa lettre, Gorki affirmait aussi n'avoir de travail «ni pour Zinovi ni pour quiconque». Il dit sentir autour de lui comme une conspiration, il se méfierait même des secrétaires et préfère encore tout faire lui-même. Développerait-il un léger syndrome de persécution ? Ou serait-ce tout simplement que la disparition de son fils adoptif a laissé dans sa vie un trou béant ? Il n'est pas en mal d'inspiration pourtant, il vient de mettre une dernière main, pressé par ses amis, Lénine en tête, à *Enfance*, le récit autobiographique de ses jeunes années qui permet de mieux comprendre la genèse de son engagement. Les bonnes feuilles ont déjà fait grand bruit, on loue la force de ce livre qui décrit une violence parfois insoutenable dans laquelle se retrouvent tous les enfants maltraités du monde, Gorki est acclamé partout où il passe. Avec Amfiteatrov, une solution de compromis a été trouvée pour faire revenir les castors. Le voyage sera financé sur les règlements attendus par Gorki pour ses articles parus dans *Il Giorno*, le quotidien milanais, Amfiteatrov avançant les fonds.

Au paradis des Cinque Terre

Au retour du Canada, Zinovi a donc trouvé refuge auprès des Amfiteatrov qui ont élu domicile à Levanto, une trentaine de kilomètres au nord de Fezzano. Il peut compter sur son amitié. Avec cet homme à la stature massive mais à l'esprit délié, il a d'une certaine façon renoué avec le rôle qui était le sien à Capri, tout à la fois secrétaire, gestionnaire, factotum, d'autant que la vue d'un Amfiteatrov quinquagénaire baisse dans des proportions alarmantes. Sans aide, comment gérer son énorme bibliothèque, comment venir à bout de la monumentale biographie de l'empereur Néron qu'il a entreprise ? « Je suis très content de lui, glisse Amfiteatrov à Gorki, Zinovi est un excellent travailleur, attentif et zélé. » À son retour, il a bien essayé de vendre quelques-uns des écrits qu'il avait rapportés du Canada. Sans beaucoup de succès. Il a fait paraître deux feuilletons dans *La Pensée de Kiev*, qui n'ont toujours pas été payés. À *La Nouvelle Parole*, un magazine littéraire, il a adressé un autre récit intitulé « De passage » mais, deux mois plus tard, personne n'en a encore accusé réception.

Auprès des Amfiteatrov, Zinovi a trouvé une nouvelle famille d'adoption. Ilaria, la femme d'Alexandre, chanteuse et pianiste de talent, a été élève de Rimski-Korsakov au conservatoire de Saint-Pétersbourg. Lorsque Amfiteatrov, au début de 1902, a payé la publication de libelles hostiles à la politique de Nicolas II par un exil en Sibérie puis à Vologda au nord-est de Moscou, elle a tenu à le suivre avec leurs deux enfants, le dernier n'étant encore qu'un nourrisson. Une fois le condamné gracié, c'est en famille qu'Alexandre a pris le chemin de la France puis de l'Italie, la famille comptant désormais quatre garçons, Vladimir, Daniele et les jumeaux, Maxime et Roman. En fin de semaine, la tribu Amfiteatrov explore avec les Pechkoff ce pays béni des Cinque Terre que tant de poètes ont chanté, avec ses villages perchés sur des collines tombant à pic dans la Méditerranée, ses vignes qui poussent en restanques, ses champs de citronniers, ses oliviers centenaires, ses innombrables petites îles et ses criques aux eaux turquoise percées de grottes – dans l'une d'elles, sous-marine, on dit que Lord Byron se rendait à la nage. Pour Liza, Maxime et Roman font office de frères aînés.

La relation peine à se rétablir avec Alexeï. Ce dernier est en grandes manœuvres sentimentales, ce qui n'arrange rien. La rupture avec Maria semble inévitable. « Ma vie privée est détestable », confesse-t-il, le 12 février 1912, à Ekaterina. À l'approche de l'été, fuyant Capri, il passe un long mois avec elle à Alassio où les a rejoints Maxime. En novembre, c'est à Ekaterina qu'il raconte le départ de Maria : « Nos adieux ont été affectueux. Elle a emporté toutes ses affaires et ne reviendra plus. » La place est libre ! Ekaterina va rejoindre Capri, elle y est toujours à l'été 1913. Mais bientôt, c'est à Maria qu'Alexeï suggère de le retrouver à Naples ; c'est en sa compagnie qu'il va effectuer, avec un couple d'amis, tout un périple à travers la Botte, de Bologne à Rimini, de Padoue à Venise, pour finir par Vérone et Naples.

Serait-ce un premier geste d'apaisement ? Alexeï avait demandé à Zinovi d'acheter pour Lidia au Canada un très beau châle, dont elle l'a remercié avec effusion. Mais la lettre qu'il adresse à Zinovi le 21 avril depuis Capri n'a rien de très chaleureux : « Cher Zina, que t'écrirais-je ? J'ai une bronchite carabinée. Nous attendons la guerre. De Russie nous viennent des nouvelles répugnantes sur la répression sauvage qui s'abat sur la jeunesse étudiante. Porte-toi bien. Salutations à Lidia. » Suit le lendemain une autre lettre où il lui dit en gros de se débrouiller pour obtenir des journaux qui lui doivent de l'argent le règlement des sommes avancées par Amfiteatrov pour financer son retour du Canada. Hier encore, ils étaient si proches. Et leurs échanges se limiteraient à la politique ou à des problèmes de gros sous ? Zinovi lui adresse une lettre qui renoue avec les tendres bavardages d'avant la brouille, une lettre d'un fils aimant à son père : « Mon cher et doux Alexeï, voici deux semaines que je n'ai aucune nouvelle de ta part et je suis très inquiet. Es-tu en bonne santé ? Quelque chose t'est-il arrivé ? A.V. (Amfiteatrov) m'a dit qu'il t'avait informé de sa venue et n'avait pas reçu de réponse. Ce serait bien si tu venais passer quelque temps ici. Nous avons un temps magnifique. Il y a deux jours, Lopatine est parti et il y a donc une bonne petite chambre où tu pourrais travailler. Ici, il y a une atmosphère de travail. Dès qu'A.V. arrive, il se met immédiatement à son bureau. Et moi, je passe la journée à m'occuper de la bibliothèque. J'écris un peu, j'aimerais écrire plus mais je n'ai pas assez de temps libre. Dès que j'en aurai fini avec la bibliothèque, je me mettrai sérieusement à écrire. »

Pour toucher le cœur d'Alexeï, Zinovi dispose encore d'une botte secrète, le charme ravageur de Liza : « Ma petite fille a pris du poids, elle est devenue incroyablement drôle et joyeuse. Tous à la maison sont en extase devant elle. C'est un petit être très doux. Lidia se sent également beaucoup mieux et a repris beaucoup de poids : elle ne reste pas non plus à ne rien faire, elle coud pour les enfants des petites chemises, des petits pantalons. » « Écris-moi deux lignes », implore en conclusion Zinovi. On est loin des mots durs, des anathèmes hier encore prononcés. Malgré tout, les blessures d'amour mettent du temps à cicatriser. L'été ne sera pas encore celui des retrouvailles. « J'étais triste, écrit Alexeï fin septembre, de lire dans ta lettre : "Te sera-t-il agréable de me rencontrer ?" Pourquoi écris-tu cela, Zina ? C'est inutile. Je t'aime beaucoup et t'apprécie. Ce sera bien si tu viens me voir. » Qu'il attende cependant son retour à Capri d'ici deux ou trois semaines car, pour le moment, il subit à Naples des séances de rayons pour soigner ses poumons malades. « Je t'écrirai et t'enverrai de l'argent », assure-t-il aussi.

La politique va se charger d'apporter une diversion bienfaisante dans la vie malmenée de Gorki. Jamais il n'a abandonné l'idée de revenir en Russie. Depuis longtemps, il rêve de mettre fin à son splendide isolement. Toute lettre reçue de là-bas est une nouvelle invite à franchir le pas, ainsi de ces courriers de Modeste Tchaïkovski décrivant depuis Kline l'éclat du soleil sur son jardin recouvert de neige ou vantant « l'un des principaux enchantements du printemps russe, ses arômes enivrants ». En cette année 1913, le tricentenaire de la dynastie des Romanov a été l'occasion d'une amnistie générale pour toutes les personnes convaincues d'activités subversives par voie de presse. « Pour les écrivains, l'amnistie paraît être totale, lui dit Lénine. Il faut que vous essayiez de retourner en Russie. Errer un peu à travers la Russie, une Russie nouvelle, c'est pour un écrivain révolutionnaire se préparer à porter aux Romanov et compagnie un coup cent fois plus fort. » Depuis lors, les journaux de Saint-Pétersbourg et de Moscou supputent les chances de revoir l'auteur des *Bas-fonds*. Chaliapine l'assure que tout se passera bien, il l'aidera. En attendant, Gorki fait des séjours de plus en plus fréquents en Allemagne, comme pour se rapprocher de la Mère Patrie. Maria Andreïeva est de nouveau à ses côtés.

Le 9 janvier 1914, il quitte enfin Capri. Il y était arrivé en héros. Il en repart presque en voleur, s'en excuse à la fin du mois auprès du maire de l'île : « Lorsque j'ai quitté Capri la dernière fois, je ne savais pas encore que je serais dans l'incapacité de revenir rapidement... Le temps passé parmi vous, ajoute-t-il, restera toujours une page merveilleuse de ma vie. » C'est à Zinovi qu'il laisse la charge de fermer la villa Pierina, sa dernière résidence, et de veiller sur sa bibliothèque. Il a rédigé pour lui toute une série de recommandations, comme il l'avait fait lors de son dernier séjour à Paris : ne se laisser enfermer dans aucun groupe politique, se rapprocher encore de ses amis les plus proches, des hommes comme Bounine ou Chaliapine, ou encore Romain Rolland s'il vient à passer par Paris. Continuer à « beaucoup écrire » mais sans jamais oublier de suivre ce qui se passe dans le monde. Si Alexeï s'inquiète de ceux qu'il laisse derrière lui, ses proches s'inquiètent surtout pour lui. Quel sort va-t-on réserver à l'exilé ? La réponse sera vite donnée. À peine le wagon de Gorki a-t-il franchi la frontière entre l'Allemagne et la Pologne que l'écrivain est pris en filature par la police. Rien n'a changé dans l'Empire des tsars. Suivant les recommandations de Chaliapine, Gorki aura la prudence de ne pas paraître aux manifestations publiques que la jeunesse a prévu d'organiser en son honneur et de vivre un temps sur le golfe de Finlande, en retrait de Saint-Pétersbourg.

Chez Amfiteatrov, Zinovi a fait du bon travail. Une fois la bibliothèque rangée à la perfection, il l'a aidé à rassembler les documents nécessaires à sa biographie, le premier siècle de notre ère et la dynastie julio-claudienne n'ont bientôt plus de secrets pour lui. Mais le soir venu, c'est du temps présent que l'on se met à parler. Des changements en cours en Russie, de l'espoir de renouveau apporté par les convulsions de 1905 puis par l'heureuse nomination du rugueux Stolypine à la tête du gouvernement, un véritable homme d'État capable d'imposer ses convictions libérales. Pourquoi a-t-il fallu que son malheureux assassinat, en septembre 1911, sonne la fin de l'expérience ? L'élection en novembre 1912 de la quatrième Douma n'a pas laissé plus de place que la précédente aux éléments progressistes, la multiplication des grèves inquiète aussi, tout comme l'atmosphère empoisonnée régnant à la Cour où l'impératrice est sous l'emprise du moine Raspoutine. Auprès d'Amfiteatrov, homme de bon sens et de vaste expérience, convaincu que l'internationalisme prolétarien n'exclut pas l'absolue nécessité de défendre sa patrie, Zinovi remet en question ses accointances avec la sphère bolchevik et les idées pacifistes glanées auprès de Maxime Gorki.

Une nouvelle guerre se rapproche à grands pas ! Lorsque, en 1908, Vienne, en décidant l'annexion pure et simple de la Bosnie-Herzégovine, a provoqué la fureur des Russes, les systèmes d'alliance avaient joué. La France, à la demande de la Grande-Bretagne, était intervenue auprès des Russes pour sauver la paix, on avait évité qu'une crise balkanique ne se transforme en guerre européenne. Mais les événements s'enchaînent. Le 28 juin, l'archiduc héritier d'Autriche-Hongrie, François-Ferdinand, est assassiné à Sarajevo. Dans son bras-de-fer avec le petit État de Serbie, l'Allemagne soutient l'Autriche-Hongrie sans réserve. À l'inverse, la Russie se fait le champion de la Serbie. Membres de la Triple-Entente, France et Angleterre lui emboîtent le pas. Les chancelleries s'affolent, mais toute l'habileté des diplomates, cette fois, n'y peut rien. À Levanto, les nouvelles sont accueillies avec une impatience fiévreuse, il y a toujours foule à la gare pour attendre le train express qui apporte les journaux, on interroge les passagers qui débarquent des wagons, on tente d'y voir clair dans la profusion des commentaires. Bientôt, les décrets de mobilisation se multiplient. Le 1er août 1914, l'Allemagne déclare la guerre à la Russie, le 3 août à la France et à la Serbie. Le 4 août, les Allemands pénètrent en Belgique et cette invasion entraîne, le lendemain, l'entrée en guerre des Anglais. « Nous abordons le premier acte d'une tragédie universelle », déclare Maxime Gorki depuis la Russie. Lénine, lui, porte sur la situation un regard tout différent : « Une guerre entre la Russie et l'Autriche serait très bénéfique pour la révolution, a-t-il écrit quelque temps plus tôt à Alexeï. Mais il y a peu de chances que François Joseph et Niki (Nicolas II) nous fassent ce plaisir. »

Que va décider Zinovi, lui qui jusqu'ici, plutôt que d'enfourcher la crête de la vague, s'est plutôt laissé porter par elle ? Les récents éclats de voix qui l'ont opposé à Gorki ont révélé une autre facette du personnage. L'adolescent rebelle s'est métamorphosé, il a pris de l'assurance, c'est un homme fait et non plus l'ombre portée de ce glorieux père qu'il a osé affronter pour la première fois de sa vie. « J'ai envie de quelque chose d'extraordinaire », écrivait Zinovi à Ekaterina depuis le Canada, quelques années plus tôt.

DEUXIÈME PARTIE

L’ÉCLAT DES ARMES

CHAPITRE 1

Ceux de 14

L'heure du choix

Dans plusieurs journaux italiens, Amfiteatrov a lancé des appels passionnés à s'engager. Partir à la guerre ! Dieu sait que, moins de dix ans plus tôt, une fois avéré son échec à l'examen des volontaires, Zinovi a tout fait pour échapper au service militaire. Cette idée d'aller croupir quatre ans sous les drapeaux quand la vie s'ouvrait devant lui ! Il n'a pas oublié les mots très durs que prononçait Gorki pour le renforcer dans sa résolution, dénonçant en cette tentative de transformer des étudiants en soldats une « mesure idiote qui lui faisait bouillir le cœur ». Mais, depuis, il lui arrive de penser que ce père tant admiré est égaré par sa haine du tsarisme, son mépris de l'armée, sa foi en l'homme, son amour de la paix, qu'il devrait logiquement prêcher la résistance à l'Allemagne belliciste. Sans doute ses positions sont-elles moins tranchées que celles de son ami Lénine et des fidèles lieutenants de ce dernier qui misent carrément sur la victoire de l'Allemagne, d'où découlerait la révolution en Russie.

Dans moins de trois mois, Zinovi aura trente ans. Il est marié, père de famille. Il a fait l'apprentissage d'émotions jamais explorées. Il est des matins où l'éternel vagabond se prend à penser que la vie de famille, un foyer bien à soi, tout cela a du bon. Mais c'est aussi peut-être la première fois de sa vie qu'il est seul à décider de son avenir. L'heure du choix ! Le voici confronté à l'un de ces instants très rares dans une vie où l'on se retrouve sur la ligne de crête, et où il faut décider d'emprunter l'un ou l'autre versant sans savoir – seul l'avenir le dira – lequel est le bon. Moment terrible et exaltant où l'on voit s'entrechoquer la liberté de l'homme et ses déterminismes. Zinovi pourrait faire profil bas, nul n'irait le débusquer dans sa crique italienne, savourant la promesse d'une vie tranquille, Lidia comme un havre après quelques amours bâclées, et Liza qui à trois ans parle déjà comme un livre, à elle seule un monde à découvrir. Mais l'âme exaltée de Zinovi a retrouvé l'envie d'en découdre, et pour une cause noble entre toutes. À seize ans, il avait franchi le seuil de l'atelier de son père pour œuvrer à une fraternité universelle. À près du double de cet âge, il n'imagine pas possible de se voir imposer un nouvel impérialisme, aussi lourd soit le sacrifice de vie personnelle auquel il lui faut consentir.

Déjà, l'armée russe, commandée par le grand-duc Nicolas, fait mouvement vers la frontière de la Prusse, l'armée française, commandée par le général Joffre, vers l'Alsace et la Lorraine. Déjà, le vieux roi Pierre de Serbie, ne pouvant résister devant le déferlement des Allemands, a amorcé sa retraite, soutenu par le prince héritier Alexandre de Yougoslavie. Bien que membre de la Triple Alliance aux côtés de l'Allemagne et de l'Autriche-Hongrie, l'Italie, minée par la question coloniale et l'agitation sociale, se réfugie dans une neutralité bienveillante à l'égard de la France. L'ambassadeur de France, Camille Barrère, aimable sexagénaire qui, en poste depuis plus de quinze ans, n'a cessé d'œuvrer au rapprochement de deux peuples soudés par la culture latine et une frontière commune, n'est pas étranger à cette décision. Mais que vaut encore la neutralité, s'interroge Zinovi, quand, à l'aube du 4 août, au mépris de tous les traités internationaux, de toutes les lois humaines et naturelles, les troupes allemandes ont déferlé sur la Belgique, et investi Liège à l'issue d'âpres combats ? « Toute l'Europe, écrira-t-il bientôt, était en flammes et je sentais mon cœur battre à l'unisson avec ces millions d'hommes impliqués par la force des choses dans cette catastrophe. Je sentais que je ne pouvais pas rester un simple spectateur, à attendre d'être appelé à faire mon devoir. »

Rejoindre la Russie ? Des Russes par milliers séjournant en Italie ou y voyageant cherchent à gagner leur pays en passant soit par le Bosphore, soit à travers la Serbie et la Roumanie. Il n'y a plus une place dans les trains ou les bateaux. Et, de toute façon, le voyage dure au bas mot six semaines. Six semaines quand tout le monde pense que la guerre sera courte, deux ou trois mois tout au plus ! Zinovi craint par-dessus tout d'arriver après la bataille. Et puis, comment imaginer combattre dans les rangs de l'armée du tsar ? S'il comprend mal le pacifisme de Gorki, il n'est pas loin de penser, comme lui, qu'il y a quelque ridicule dans l'incroyable ferveur populaire qui entoure Nicolas II depuis le début des hostilités, cette communion dans la ferveur – paysans, ouvriers, bourgeois, réunis toutes classes sociales confondues autour du drapeau et des icônes saintes devant la menace d'une invasion ennemie. Lui refuse de se fondre dans la foule de ces nouveaux convertis.

Volontaire !

L'Empereur vient de décider que tous les Russes qui se trouvaient dans l'impossibilité de regagner leur pays pouvaient s'engager dans les armées alliées. Les dés en sont jetés. Zinovi se portera volontaire pour servir dans l'armée française. La France, il la connaît un peu pour y avoir fait plusieurs séjours, et il l'aime de tout son cœur. Comme beaucoup de Russes. Encore critiquée il y a peu par la Russie impériale pour ses élites républicaines, son régime « révolutionnaire », sa volonté de revanche contre l'Allemagne après la guerre de 1870, la France est revenue en grâce depuis vingt ans, les nécessités de la défense et les intérêts économiques aidant. En 1896, la visite triomphale à Paris de Nicolas II et de l'impératrice Alexandra a cimenté l'Alliance franco-russe conclue deux ans plus tôt. Pour Zinovi comme pour beaucoup d'autres, la France apparaît en ce début de siècle comme le modèle de toutes les vertus, la seule vraie démocratie en Europe, un pays dont l'histoire, la culture, le rayonnement sont des modèles pour ceux qui luttent pour leur liberté et leur indépendance. On ne peut qu'être heureux d'offrir ses services au pays qui a toujours soutenu les causes nobles de l'humanité.

Sept heures viennent de sonner à l'église toute proche. La journée promet d'être chaude. Dans l'aube encore pâlotte, devant Lidia plus furieuse qu'éplorée, Zinovi a préparé à la hâte un petit sac, y a empilé quelques chemises et une paire de chaussures neuves. Il ira se présenter au consul général de France à Gênes. La ville est à une petite heure de La Spezia, en empruntant le train qui longe la côte. D'un pas vif, une fois dépassées la loggia dei Mercanti et la cathédrale San Lorenzo, il se dirige vers la via della Moscova – le nom de la rue sonne comme un heureux présage – où se dresse le consulat. Il sonne au portail, est reçu par un jeune conseiller. Déception, celui-ci semble tout étonné par cette demande d'engagement, quelle drôle d'idée, vous êtes russe et vous voulez vous battre à nos côtés ? C'est à croire qu'il n'a jamais entendu parler de la Triple-Entente, des accords de défense qui lient la Russie à la France. Encore un long regard insistant vers son visiteur et voici qu'il disparaît derrière la porte. Zinovi ne sait plus que penser, il s'attendait à un tout autre accueil. Mais la porte s'ouvre à nouveau. Un geste du conseiller et Zinovi se retrouve introduit dans le bureau du consul général.

La suite, Zinovi lui-même la rapporte dans un petit récit au français parfois malhabile, à l'orthographe approximative : « Il était là devant moi, debout. Il m'a regardé en souriant et il me tendait la main. Il me plaisait. Il m'a demandé mon nom, mon âge et d'où je venais. Il n'a pas dit quelle drôle d'idée. Il m'a dit ceci : "Écoutez, jeune homme, jusqu'à maintenant je n'ai aucune instruction à ce sujet. Attendez quelque temps peut-être, je recevrai quelque chose dans une semaine ou deux, attendez." Moi, attendre. Ce n'était pas mon idée, puisqu'on se battait et que les soldats français et russes étaient au champ de bataille, ma place était là, et puis tout le monde disait déjà que la guerre ne sera pas longue. Je me souviens avoir dit au Consul presque en pleurant, mais Monsieur le Consul, je ne peux pas attendre. Nous sommes en guerre. Il a souri encore, et encore il m'était sympathique. Il m'a prié de m'asseoir. Il s'était assis aussi. Il a sorti un porte-cigarettes et il m'a offri une cigarette – Je ne fume pas, merci. "écouté, m'a-t-il dit après un moment de silence, je vous conseille, si vraiment vous êtes tellement pressé a vous battre – il a posé son regard très humain sur moi –, si vraiment vous voulez vous battre, vous n'avez que vous rendre en France, à Nice par exemple, et là vous n'aurez pas de difficulté a partir sur le front avec les troupes qui seront envoyés dans cette région." C'était vague, et précis quant au conseil d'aller directement en France… Il se leva, il m'a pris ma main droite, la tenant un peu plus longtemps et d'une voix très douce, il m'a dit : "Allez, bonne chance. Vous savez ce que vous voulez et vous avez de la volonté. C'est bien." Il est sorti avec moi de son bureau, et traversant la chancellerie, il m'a conduit dans le corridor. Avant que je commençais à descendre les escaliers, il m'a retenu et il m'a dit : "Avez-vous besoin d'argent, je m'excuse de vous le demander, mais votre décision me semble tellement hâtive que peut-être vous n'avez pas pu vous procurer des fonds ?" J'ai remercier cet homme si aimable en lui disant que j'avais tout ce qu'il m'est nécessaire. Comme parfois des rencontres courtes et qui semblent à première vue impersonnelles ont souvent une signification profonde qui laisse des traces pour toute la vie. Je crois que le nom du consul général était Marcilly. »

Des traces pour la vie… Dans cet homme bienveillant, admiratif de la fougue de la jeunesse, qu'est Henri Chassain de Marcilly, lui qui, à quarante-sept ans, ne pourra plus servir sa patrie qu'à l'arrière, Zinovi a eu le sentiment de trouver celui qui lui ouvrait les portes d'une autre existence. Qui lui permettait d'accéder au premier jour du reste de sa vie.

Nice en camp militaire

« Zina parti en France pour s'engager comme volontaire dans l'armée régulière. Trois fois bravo ! », écrit Amfiteatrov à Gorki le 11 août 1914. Quatre jours plus tôt, dans la soirée du 7 août, Zinovi a débarqué à Nice. Il n'en revient pas de voir cette ville balnéaire où, en temps normal, les gens viennent pour faire la fête, transformée en un vaste camp militaire. Pour un peu, on se croirait à Saint-Pétersbourg, une cité où les uniformes sont légion, ceux des élèves des écoles militaires, des officiers de la garde impériale, des grenadiers montant la garde aux portes du Palais d'Hiver, où la vie est rythmée par le tintement des éperons, les échos des fanfares, le pas réglé des sentinelles. À la gare Thiers, les quais sont noirs de soldats pressés d'embarquer avec leurs fusils, leurs havresacs, ils arborent un air martial, on les sent prêts à se lancer dans l'inconnu. Zinovi les regarde, planté là avec son petit sac, ses yeux sont humides, il donnerait tout pour être l'un d'entre eux. Sa seule consolation est de se dire qu'il se battra bientôt à leurs côtés. Des femmes sont là, tenues à distance des soldats alignés, elles aussi ont les yeux humides mais rien de plus, elles serrent seulement la main de leurs petits un peu plus fort que d'ordinaire. Certains d'entre eux, se dit Zinovi, voient là leur père pour la dernière fois et il s'émerveille de ne lire aucune peur dans leurs yeux, rien que la même résolution ferme que les adultes, la même volonté de défendre la patrie en danger. Il est ainsi des moments où les enfants grandissent d'un seul coup.

Habitué à l'exubérance brouillonne de ses compatriotes, Zinovi est frappé par le sens de l'organisation des Français : il a suffi d'un coup de sifflet pour que les soldats montent dans le train qui vient d'arriver, chacun, l'air grave, gagne la place qui lui a été assignée, d'autres, restés à quai, les aident à charger leur équipement. Pas de désordre, pas d'affolement. C'est seulement le train une fois rempli que sera donnée, à tous ceux qui avaient accompagné à la gare les conscrits, femmes, enfants, parents âgés, l'autorisation d'approcher des wagons pour saluer une fois encore celui qui va partir, entonner de vieux chants patriotiques, jeter dans le train des brassées de fleurs, et même peindre sur les wagons des inscriptions du style : « Train direct pour la victoire, à bas les barbares ! » Ou encore une caricature de l'empereur d'Allemagne ainsi légendée : « À bas William ! À bas la guerre, longue vie à la guerre contre la guerre ! » Certains lui avaient décrit ces dernières années la France comme un pays pétrifié, corrompu, maladif. Il la retrouve telle qu'il l'avait toujours rêvée, riche de ressources insoupçonnées. Elle mérite qu'on s'engage à ses côtés.

À l'issue d'une bonne nuit passée dans un petit hôtel situé dans une ruelle près de la gare, il entreprend d'explorer la ville avec une seule idée en tête : aborder le premier officier qu'il rencontrera et lui demander de l'enrôler dans l'armée française ! Son raisonnement est simple : nos armées se battent pour la même cause contre le même ennemi, il sait tenir un fusil, que demander de plus ? Au-dessus de sa tête, le ciel est d'un bleu magnifique, pas un nuage à l'horizon. Zinovi descend vers la mer caressée par les rayons du soleil, des vagues légères jouent avec les cailloux, ceux-ci roulent en faisant un bruit mat qui résonne agréablement à ses oreilles. Toujours personne à qui présenter sa requête. Il remonte vers une grande place et, de loin, aperçoit enfin un groupe d'officiers qui vient vers lui. Un grand blond en tunique noire et pantalon rouge a une allure joviale, c'est à lui que Zinovi choisit de s'adresser. « Pardon, Monsieur, je suis russe et je veux partir me battre avec l'armée française, que dois-je faire ? » Le grand blond le regarde avec curiosité, lui demande d'où il vient, ses compagnons prêtent l'oreille. Ce sont des réservistes, en attente de départ pour le front. « Venez avec nous, dit le lieutenant blond, nous vous présenterons à notre capitaine. » Zinovi éclate de bonheur, il savait bien qu'il n'y aurait pas de problème. Le petit groupe pousse la porte du premier café pour y boire du vin blanc à l'armée française et à l'armée russe. Attirés par le bruit, d'autres clients se joignent à eux. Vive la France et vive la Russie ! À bas les Boches !

Le capitaine ? Lui aussi est d'accord pour enrôler Zinovi. Le capitaine Dominique Laulhe du 363e d'infanterie, un petit homme maigre au long visage orné de grandes moustaches qu'il n'arrête pas d'enrouler entre ses doigts, lui réserve même le plus chaleureux des accueils. Un sujet russe ? Désireux de rejoindre le front ? Mais c'est chic, c'est admirable, comment donc, vous partirez avec nous. Pour les formalités, on verra plus tard. Le capitaine donne ordre au lieutenant blond de trouver une tenue pour Zinovi, de l'emmener au tir, aux autres exercices. Et en plus vous parlez notre langue, vous pouvez même lire et écrire le français ! Le soir même, Zinovi est invité à dîner dans la famille Laulhe avec le capitaine, sa femme, leurs deux filles aînées, d'autres enfants encore jouent dans la pièce à côté. Il est heureux comme un roi, touché aux larmes par cette hospitalité exquise. Le capitaine lui pose mille questions, sur sa profession, sa connaissance des langues : en plus du russe et du français, Zinovi parle l'anglais, l'italien, un peu d'allemand. Ses papiers d'identité portent l'inscription « homme de lettres ». Désireux d'exploiter les talents de sa nouvelle recrue, le capitaine, s'il l'envoie à l'instruction le matin, lui confie le soin, l'après-midi, d'organiser des loisirs pour ses réservistes qui ont tendance à traîner le soir, désœuvrés. Qu'à cela ne tienne : dans la presse locale, Zinovi fait paraître un entrefilet demandant à la population de donner des livres. Dès le lendemain, ceux-ci affluent : plus de neuf-cents en trois jours, qu'il faut trier, ranger. Dans un entrepôt voisin du cantonnement de la compagnie, il a fait construire des rayonnages, il a emprunté à un magasin de meubles des tables et des chaises pour aménager un coin lecture. Les réservistes se passent vite le mot, ils prennent l'habitude de se retrouver là.

Matricule 20881

Le correspondant à Nice du journal italien *Secolo* a vendu la mèche, écrit que le fils de Gorki s'était engagé comme volontaire dans l'armée française, l'information a même été reprise dans deux journaux russes, Alexeï Maximovitch a transmis l'information à Maxime. Quelques jours plus tard, un rectificatif attestera de la fausseté de l'information : le fils de Gorki, y est-il dit, n'a pas bougé de Moscou : il y vit avec sa mère, est étudiant à l'institut Fidler et n'a aucune intention d'être envoyé en première ligne.

Qu'importe cet apparent désaveu : pour une fois, Zinovi ne se sent plus le besoin de s'abriter derrière la grande aile protectrice. Il déploie tous ses talents d'organisateur. Il a fait rentrer des livres, mais aussi des magazines, des disques, des phonographes. Et du papier, de l'encre, des enveloppes, pour permettre aux soldats d'écrire à leur famille. La salle de lecture de la compagnie Laulhe est maintenant le lieu de rencontre de tout le bataillon. Pierre Moitessier, le lieutenant blond, chante les louanges de Zinovi. Avant d'être mobilisé, il était le chef de cabinet du préfet des Alpes-Maritimes ; il tient absolument à présenter son ami russe à son chef, André de Joly. Un notable respecté qui, depuis déjà dix ans, règne sur la ville dont il a fait, dit-on, le « Salon de l'Europe », accueillant sous les ors de la préfecture nombre de célébrités françaises et étrangères, des peintres connus, de grands compositeurs, des intellectuels de haut vol. Un large sourire accueille Zinovi lorsque, escorté par Moitessier, il est introduit dans le bureau du préfet. La conversation va bon train quand, se tournant vers le lieutenant, le préfet lui demande comment sa hiérarchie compte régulariser la situation du jeune Russe. Zinovi pâlit : d'entrée de jeu, servi par l'intuition foudroyante qui est l'une de ses marques de fabrique, il a compris que tout n'était pas si simple. Ce jeune Russe porte notre uniforme, poursuit le préfet, mais où est-il inscrit, qui va payer sa solde ? Vous touchez une solde quelconque ? insiste-t-il à l'adresse de Zinovi. La question ne lui a jamais traversé l'esprit. De l'argent, il en assez pour vivre quelque temps, et, une fois sur le front, il n'en aura plus besoin. Mais la régularisation pose, elle, un vrai problème, il en est conscient. L'entrevue se termine sur la mission confiée à Moitessier de s'enquérir des règlements en vigueur et d'éventuelles mesures nouvelles concernant l'engagement des étrangers dans l'armée française.

Le lendemain dans l'après-midi, le capitaine Laulhe a rejoint Zinovi dans la salle de lecture. « Il m'a pris la main, me regarda avec ses yeux tristes et pensifs et me dit : "Pechkoff, mon ami, vous nous quittez. Ce sont les règlements. Il faut que vous alliez demain au bureau de la Place et que vous signiez l'engagement à la Légion étrangère, on accepte maintenant des engagements pour la durée de la guerre." » La Légion étrangère ? Zinovi n'en a jamais entendu parler. Le capitaine lui explique que c'est là un corps à l'intérieur de l'armée française, un corps à la longue histoire, déployé d'ordinaire dans les colonies, au Maroc, en Algérie, en Indochine, à Madagascar… Qu'il est formé d'étrangers – et aussi d'un solide contingent de « Gaulois », des Français se présentant comme belges ou suisses. Des gens au passé souvent chargé mais de rudes soldats, des gaillards qui ne craignent rien et sont rompus aux combats. À tout coup, ils seront envoyés sur le front avant les réservistes du 363e d'infanterie, ajoute le capitaine, c'est une consolation, non ?

Piètre consolation, Laulhe l'a bien senti. Pour réconforter Zinovi, il promet de l'accompagner au bureau de la Légion. Le lendemain, 31 août 1914, à 10 heures du matin, après que le commandant Chabot, en charge du recrutement pour Nice, eut déclaré « qu'il n'est atteint d'aucune infirmité et qu'il a la taille et les autres qualités requises pour le service de la Légion étrangère » (aurait-il échappé grâce à la recommandation de Laulhe, au peu plaisant défilé des engagés nus comme des vers devant la « chambre du conseil » ?), Zinovi signe son engagement de « servir avec fidélité et honneur pendant la durée de la guerre ». Il portera le matricule 20881. Sur son signalement, sont portées les mentions suivantes : cheveux noirs, yeux marron foncé, front découvert, nez rectiligne, visage rond, périmètre thoracique 91 centimètres, poids 61 kg, taille 1 mètre 62. Le légionnaire de deuxième classe Pechkoff est affecté au 1er régiment de Légion étrangère, il se voit remettre sa feuille de route, des vivres pour la journée et la nuit, dix centimes et un paquet de tabac. Direction Avignon où sont regroupés les volontaires étrangers venant du midi de la

France puisque la Légion ne dispose d'aucun cantonnement sur le sol national.

C'est flanqué du capitaine Laulhe et de ses trois lieutenants que Zinovi part prendre son train. Au buffet de la gare, ils boivent du vin blanc, comme au jour de leur première rencontre. Les gens regardent ce petit soldat entouré d'officiers qui trinquent avec lui. On leur explique que c'est là un Russe venu se battre avec les Français contre les Boches, et, comme au jour de leur première rencontre, les gens crient : « Vive la Russie ! » – les journaux sont alors pleins de récits de l'avance russe en Prusse orientale. Le train arrive. Zinovi grimpe un peu vite dans son wagon après avoir étreint ses amis.

Le Palais des Papes

Zinovi n'est pas le seul à avoir rejoint la Légion. Dès le 29 juillet est paru dans la presse parisienne un vibrant « Appel » à tous les « étrangers amis de la France... nés ailleurs, domiciliés ici » à « lui offrir leurs bras », lancé par l'Italien Ricciotto Canudo, fils spirituel de Gabriele d'Annunzio, le chantre du nationalisme italien, et par le Suisse Frédéric Sauser qui publie des poèmes sous le nom de Blaise Cendrars, tous deux membres de l'association Les Amitiés françaises, fondée cinq ans plus tôt en Belgique. Dès le lendemain, de longues files de volontaires s'étirent devant le 36 boulevard Hausmann où siège l'association, l'affluence est telle qu'on installe des guichets jusque sur le trottoir. Toutefois les engagements signés aux Amitiés françaises par ces volontaires n'ont aucun caractère officiel et se heurtent au statut des étrangers en France comme à la stricte neutralité de certains pays, difficilement compatible avec l'engagement de leurs citoyens au profit de l'un des belligérants – ainsi des Italiens et des Américains qui pourtant mènent le branle. Pour canaliser ce flot de volontaires, le gouvernement français trouve enfin la parade : à compter du 21 août, ils pourront s'engager sous identité d'emprunt à la Légion étrangère.

À la Légion, d'ordinaire, on signe pour cinq ans ; là, ce sera pour la durée de la guerre. Ce 21 août, des milliers de volontaires se rassemblent devant les Invalides où se fait la sélection ; les chétifs bombent le torse, les myopes quittent leurs bésicles, les poumons faiblards masquent leur toux. En sortant des cours pavées des Invalides, les bons pour le service se reforment en groupes, tels qu'ils étaient venus, drapeaux nationaux en tête, et repartent en chantant, acclamés par la population. Il était prévu au départ de clore l'enrôlement quatre jours plus tard. Non seulement il faudra allonger les délais mais créer des bureaux permanents d'inscription. À la fin de l'année, la Légion étrangère aura officiellement enrôlé quelque dix-huit mille « Engagés volontaires pour la durée de la guerre » (EVDG), parmi eux, trois mille quatre cents Russes, la deuxième nationalité la plus représentée après les Italiens.

À Avignon, Zinovi a gagné le Palais des Papes, qui sert de dépôt à la Légion. Arrivé d'Algérie dans le courant du mois d'août avec quelques caporaux et sous-officiers, le capitaine Boutin y a mission d'encadrer les engagés volontaires qui affluent et de préparer l'arrivée des « légionnaires d'Afrique », comme on appelle ici la vieille Légion. Zinovi a déjà été déclaré apte, mais une nouvelle barrière s'interpose : dans un premier temps, seuls ceux qui ont déjà servi dans leur pays rejoindront les unités combattantes. Or le deuxième classe Pechkoff n'a de sa vie été sous les drapeaux, sa seule science des armes lui vient de la pratique de la chasse. Qu'à cela ne tienne : il affirme haut et fort avoir été officier de l'armée impériale.

Reste que six jours plus tard, dans une lettre à Amfiteatrov, il laisse percer sa déception. Autant le premier contact avec l'armée régulière avait été un enchantement, autant l'intégration se passe mal à la Légion : « Les fusils, nous ne les avons reçus qu'hier. Il règne ici une pagaille et une désorganisation inimaginables. L'instruction devait démarrer à dix heures du matin, elle a été reportée à douze puis à quatorze heures et a démarré en fin de compte à seize heures. Je dois vous dire que j'ai été versé dans une unité d'élite ! À ce qu'il paraît, les autres volontaires, dont trois ou quatre cents Russes et Juifs, se trouvent à Paris dans des conditions pires encore que les nôtres. » Dans les hauts murs du Palais des Papes, Zinovi ne voit que des ruines, à l'image des visages défaits des nouveaux engagés qui ont envahi ses salles. Ces hommes-là, s'étonne-t-il, ont tout quitté, leur pays, leur famille, leur travail, ils sont arrivés ici pleins d'enthousiasme pour défendre une juste cause. Comment ne perdraient-ils pas courage en se retrouvant dans cet état, maigres, pâles, sales, dépenaillés, souvent malades car la dysenterie fait des ravages ? Du haut de ses trente ans, le légionnaire Pechkoff tente de réconforter les plus jeunes dont Craig, un Écossais arrivé de Calcutta, ou bien Ignace, le neveu d'un des grands banquiers israélites de Saint-Pétersbourg, qui, déjà titulaire d'un doctorat en philosophie et en droit, faisait sa médecine à Paris. Les Italiens ont le sentiment de s'être fait rouler, eux qui voulaient rejoindre une « Légion Garibaldi » qui n'existe tout simplement pas. Ou pas encore. L'un d'entre eux, un homme déjà âgé, s'insurge devant l'attitude d'un caporal qui s'est mis à insulter les volontaires qu'il conduisait à l'exercice, sous prétexte que l'un d'eux marchait très mal au pas. La révolte gronde. Si les Espagnols ne se formalisent pas que certains sergents les aient traités d'« engagés pour la gamelle », les Russes, eux, se sont sentis blessés dans leur honneur – qu'ils soient tailleurs ou étudiants en droit, mécaniciens ou élèves des Beaux-Arts, enfants de la noblesse ou fils de moujiks, libres penseurs ou croyants fervents.

Parmi les volontaires rencontrés en Avignon, Zinovi s'est fait un ami, Albert Brandenburg, un Britannique de trente-sept ans, homme de lettres lui aussi, qui, bien que né à Marseille, époux d'une Française lui ayant donné trois enfants français, n'a eu d'autre ressource pour se battre que de s'engager à la Légion. Dans les souvenirs qu'il publiera après la guerre sous le nom d'Albert Erlande, il s'étonne de l'absence d'uniformes, de l'aspect peu reluisant de la plupart des engagés – « on dirait la sortie d'une usine ou d'un dépôt de mendicité » –, de la rusticité de leur installation : sous les hautes voûtes de la chapelle gothique affectée comme local à sa compagnie, rien que des bottes de paille et une mince couverture pour se protéger du froid des dalles et du vent qui s'engouffre par les vitraux cassés. Pas facile de supporter la proximité avec des êtres parfois frustes, exhalant des parfums canaille, parlant fort, jurant, rotant, et ronflant assez fort la nuit après l'extinction des bougies pour vous tenir jusqu'à l'aube les yeux ouverts. Pas facile non plus, quand on s'est voué jusque-là aux choses de l'esprit, d'enchaîner les corvées et de supporter les blagues oiseuses de certains sous-officiers. Mais Albert a le génie de tourner tout en positif. Il parle de l'« extraordinaire spectacle » que présente à l'heure de la soupe la cour du Palais des Papes : « Chaque escouade, écrit-il, a sa salle à manger. Des fragments de chapiteaux, des blocs de marbre leur servent de tables et de chaises. Toutes vont se fournir à la cantine en vin rouge ou blanc, en fromages, en charcuteries, on pioche aussi sur les étals de fruits, où melons, pastèques, grenades et raisins forment de belles taches de couleur sur les pierres blanches. » Quelle foule pittoresque !

Le débarquement le 3 septembre en gare d'Avignon d'un demi-bataillon du 1er régiment étranger en provenance de Sidi Bel Abbès la maison mère de la Légion en Algérie, soit dix officiers et quatre cents sous-officiers et légionnaires, des lascars de la vieille Légion avec leurs histoires d'Afrique et de moukhères, va rétablir le moral de Zinovi. Dès cette arrivée annoncée, il rejoint l'école de la rue Thiers où le bataillon a installé son cantonnement, sous le commandement du capitaine Collet qui fait fonction de chef de bataillon. Le deuxième classe Pechkoff sera au nombre des sept cent cinquante-quatre engagés volontaires affectés au bataillon B du 2e régiment de marche du 1er régiment étranger.

Tout s'accélère. On est loin de la gabegie des premiers jours. La Légion a repris les choses en main avec sa précision et son efficacité coutumières. Une vraie machine de guerre. Dès le 5 septembre, le peloton de commandement et les quatre compagnies qui constituent le bataillon B commencent l'instruction préparatoire au combat dans les collines qui embaument le thym et la menthe sauvage. Le même jour, le train de combat et le train régimentaire qui assurent la logistique du bataillon sont formés après la réception de mulets et de fourgons attelés pour l'ambulance (l'hôpital de campagne), le transport des munitions et des vivres. Sur les sept cent cinquante-quatre « bleus » admis au bataillon B, presque une centaine vont être refoulés, on ne badine pas avec la sélection. Zinovi a passé le cap. Il se sent désormais chez lui à la Légion. À la mi-septembre, tout son être a vibré à l'annonce de la victoire de la Marne ; à l'issue de la retraite aux flambeaux organisée pour saluer l'événement, il a même entonné l'hymne impérial, *Boje Tsaria Khrani*, « Dieu protège le tsar », avec les autres Russes du régiment. Au soir du 19 septembre, quand la nouvelle s'est répandue du bombardement de la cathédrale de Reims, joyau de l'art gothique, lieu du couronnement des rois de France, il a été horrifié par cette agression barbare. La haine de l'ennemi a balayé tout état d'âme. Adieu les cas de conscience, adieu les inquiétudes qui pouvaient le traverser avant. L'esprit de corps lui tient lieu d'uniforme. Désormais il pense en soldat. Il fait ce qu'il doit, avec la certitude absolue de ne pouvoir faire davantage.

CHAPITRE 2

En première ligne

Baptême du feu en Champagne

Le 24 septembre, le bataillon B est jugé prêt à entrer en campagne. Ordre lui est donné de rejoindre le camp de Mailly au sud-ouest de Châlons-en-Champagne. Là le rcjoindront les mitrailleuses et les équipements nécessaires au montage des campements. Le lendemain, sous un ciel gris et bas, c'est « l'âme légère et le cœur vaillant » – ainsi le veut le chant du 1er Étranger –, que Zinovi part pour le front, défilant comme à la parade à travers Avignon pour rejoindre la gare. Tambours, clairons et fifres attirent la population aux fenêtres malgré l'heure matinale. Les hommes d'une vingtaine de nationalités qui composent la troupe marchent sous les applaudissements et les acclamations, en capote bleue et pantalon rouge, ils se distinguent des autres fantassins par la grenade à sept flammes sur le képi, les écussons verts sur la manche et la ceinture bleue autour de la taille, en prenant garde à ce que le dernier tour habilement renversé dans le dos vienne se terminer sur le côté droit par un pli en diagonale du meilleur effet. Un groupe de jeunes contadines suivent le bataillon, bientôt elles enverront au soldat de leur cœur douceurs et vêtements de laine tricotés par leurs soins. Pour embarquer toute la troupe, il faudra deux heures. Enfin, le convoi se met en route. Dans les wagons à bestiaux où sont montés les légionnaires, pas de paille pour amortir les cahots ; entre les planches mal jointes du sol monte un air glacé. Pour passer le temps, les hommes boivent, chantent et fument tant et si bien que Zinovi supplie qu'on ouvre un panneau du wagon pour éviter l'asphyxie.

En fin d'après-midi, le bataillon B retrouve à Mailly son frère jumeau, le bataillon A, venu lui de Lyon, et le PC du régiment, sous les ordres du colonel Louis-Théodore Pein, surnommé depuis le Sud-oranais « le Conquérant des oasis », un seigneur. Chacun s'installe pour la nuit comme il le peut. Mieux vaut prendre quelque repos car l'annonce a déjà été faite d'une énergique reprise de l'instruction. De jour comme de nuit, les exercices préparatoires au combat se succèdent, avec tirs aux armes individuelles, manœuvres à tir réel : un corps d'élite ne se construit pas en un jour.

Le 17 octobre enfin, ordre est donné au 1er Étranger de rejoindre le front. Dès la petite aube, le bataillon B s'ébranle de Mailly à pied en direction du nord avec ses onze officiers, ses neuf cent soixante-six sous-officiers et légionnaires – des Espagnols pour la plupart, des Suisses, un petit contingent de Russes aussi –, ses soixante et un chevaux et mulets. La pluie est glaciale, les bonnes vieilles capotes bleu foncé qui se ferment à double épaisseur sur la poitrine sont transpercées. On patauge dans la boue. Les étapes se succèdent, Vitry-le-François, Fère-Champenoise, Vertus, Épernay, Verzy, le bataillon traverse des villes et des villages désertés par leurs habitants et à moitié détruits. Le terrain lui-même porte les cicatrices des batailles qui s'y sont déroulées quelques semaines plus tôt. Tout au long de la route, des tombes et encore des tombes, parfois surmontées d'une croix, parfois non, des tombes de soldats français et allemands, unis dans un éternel silence.

Chaque jour, à l'issue d'une marche de vingt ou trente kilomètres, on cantonne dans une petite ville ou un gros bourg, quelques vieillards y traînent encore ou des femmes alourdies d'enfants, dont le regard triste suit le passage des troupes. Un soir que Zinovi, dont la compagnie s'abrite dans une grange au toit crevé, cherche un meilleur hébergement dans la maison d'à côté, vide à coup sûr avec ses volets fermés et sa porte aux vantaux éclatés, il aperçoit à la lueur d'une allumette un corps recroquevillé dans l'angle de la pièce commune : un vieil homme terrifié. Zinovi le rassure, il n'a rien à craindre de soldats français. Ce sur quoi le vieil homme lui raconte les bombardements qui ont jeté la population dans les caves, et l'arrivée des Allemands, une douzaine de cavaliers d'abord puis des camions chargés de soldats, le pillage systématique des maisons, le maire emmené les mains liées, qu'on n'a jamais revu, les cadavres de civils jonchant les rues, et ce chien qui, blessé aux pattes, hurlait à la mort; puis, en pleine nuit, les femmes entraînées là où cantonnaient les soldats, et la fille des voisins, une petite blonde de dix-sept ans, qui s'est pendue deux jours après. L'affreuse litanie des horreurs de la guerre. « Que n'a reçu ce petit village qui est juste derrière nos tranchées !, s'exclame Zinovi début 1915 dans une lettre à Amfiteatrov. Pour sûr, son bombardement a coûté plus cher que les pauvres maisons qu'il a écrasées et tout ce qu'elles contenaient. » Il n'est pas le fils de Gorki pour rien.

C'est au bout du compte à Verzenay, au cœur du vignoble, célèbre pour son pinot noir, que le bataillon B vient relever un bataillon de Sénégalais. Depuis le village perché sur sa colline, on aperçoit Reims sur la gauche. En contrebas s'étend la plaine champenoise, là où se déroulent les combats, une plaine striée d'étranges lignes blanches. Le lendemain de l'arrivée, sur le coup de minuit, la section de Pechkoff est appelée à faire mouvement. La nuit est froide, ventée, il pleut sans discontinuer. La petite troupe passe à travers bois, franchit une route, des champs, puis, au sortir d'un second bois, débouche sur des fossés : les lignes blanches que l'on apercevait au loin…

Zinovi n'oubliera jamais ce premier contact avec les tranchées, cette marche vers l'inconnu dans une nuit d'encre, une marche « qui durait des heures, des jours, peut-être toute une vie », qui sait, il avait perdu la notion du temps. Et cette impression étrange d'être comme entraîné dans un tourbillon, à travers cette succession de fossés zigzaguant. Les tranchées : un monde en soi. À un moment, le gradé qui les conduisait s'est arrêté : « L'ennemi est devant vous, a-t-il dit, à vos postes ! Baïonnette au canon ! » Sur le parapet qui bordait la tranchée, un simple muret de terre, les légionnaires ont posé leurs fusils et se sont mis en position de tir, toujours sous une pluie battante. Ils resteront postés là trois jours et trois nuits. Lors des pauses, on peut tout juste s'asseoir, impossible de s'allonger dans l'étroit boyau. Il faut attendre la nuit pour voir arriver une soupe chaude – chaude, elle l'était en tout cas en sortant des cuisines –, pour entrer aussi en contact avec l'arrière du front. Dans la journée, aucune communication avec les autres lignes de combat n'est possible.

Car l'ennemi est là, tout près, jour après jour, il tire sans relâche sur les Français qui ne répondent presque jamais. Zinovi s'offusque au début de cette passivité obligée. Avant de soupçonner les Allemands de disposer d'un armement bien supérieur au nôtre : « Chez nous, pas un seul canon et deux mitrailleuses pour tout le bataillon quand les Allemands en ont deux par compagnie. » En réalité, l'absence de réponse aux tirs allemands ne tient pas aux moyens insuffisants de l'artillerie française car, en ces premiers mois de la guerre, si les Français manquent de canons lourds, à longue portée, ils sont plutôt bien pourvus en pièces plus légères permettant de bombarder les lignes ennemies. Le problème, c'est que la plupart des munitions ont été tirées pendant la bataille de la Marne – on prévoyait une guerre intense mais courte – et qu'on est bien forcé d'économiser balles et obus, le temps que l'industrie de guerre reconstitue les stocks. Une pénurie qu'on tait aux soldats de crainte que l'ennemi ne l'apprenne.

Dans les tranchées

Dans les tranchées, Pechkoff passera huit mois. Depuis son départ d'Italie, il avait rêvé d'en découdre, sinon sabre au clair, du moins son fusil bien en main. Comment imaginer qu'il se retrouverait équipé d'une pelle et d'une pioche, à soulever des pelletées de terre ? Car il est vital d'étendre le réseau des tranchées, d'établir entre elles des communications, ce travail va occuper tout l'automne et tout l'hiver. Au bataillon B, la section de mitrailleuses est isolée, nul ne pourrait lui venir en aide si elle se fait attaquer, sinon en passant à découvert, ce qui n'est pas recommandé. Zinovi et ses camarades vont inaugurer leur travail de terrassiers en creusant trois cent soixante-cinq mètres en deux nuits.

Quelques semaines plus tard, à la mi-novembre 1914, il est une nuit que Pechkoff n'oubliera jamais, une nuit dont il retirera la conviction définitive que tout est possible à un homme animé d'une ardente volonté. Le 2e régiment de marche a reçu mission de prendre deux lignes de tranchées allemandes, ce qui suppose de pousser ses propres lignes de six cents mètres en avant. Le bataillon B en entier est envoyé au travail. À sept heures du soir, à la nuit tombée, les légionnaires sortent des tranchées sur deux rangs, à découvert. Le premier rang n'a pas d'outils, rien que la baïonnette au canon, il se portera une centaine de mètres en avant pour protéger le second rang (Craig, l'ami écossais de Zinovi, qui, à mieux le connaître, s'est révélé un bon vivant, a enfilé par précaution un gros morceau de pain sur sa baïonnette malgré les remontrances du lieutenant). Les hommes du second rang ont, eux, leurs fusils chargés, plus une pelle et une pioche par équipe de deux. Ils creusent tandis que les hommes du premier rang restent étendus sans bouger. Toutes les deux heures, on échange les rôles, le premier rang repart vers l'arrière, le second se poste à l'avant. À cinq heures du matin, tout le monde se replie. Et ainsi pendant huit nuits d'affilée. La huitième nuit, la troupe est conduite en avant de la tranchée principale ainsi achevée, à deux cents mètres seulement des lignes ennemies.

La nuit est noire, les étoiles brillent dans le ciel comme autant de diamants. Pas un grondement de canon, pas un souffle de vent, la nature elle-même semble retenir son souffle. Les caporaux ont murmuré à leurs hommes : « Au coup de sifflet, formez un seul rang, à quatre pas de l'autre, pelle et pioche. » Avant l'aube, une tranchée doit être creusée encore plus près si l'on veut, lors de l'attaque du lendemain, pouvoir s'abriter des balles ennemies. Les Allemands ont enfin repéré le mouvement, ils arrosent le terrain au canon et à la mitrailleuse, illuminent avec des fusées de magnésium toute la plaine, « un spectacle merveilleux et saisissant », note Zinovi, sans oublier, comme exigé, de se jeter par terre dès qu'une fusée s'élève dans le ciel. Par bonheur, il y aura très peu de blessés. Mais les hommes sortiront de cet exploit épuisés : tandis qu'il regagne l'arrière-front, Zinovi doit se mordre les mains et les lèvres pour ne pas s'endormir en marchant.

Une autre nuit, toujours avec Craig, en faction dans une tranchée à ciel ouvert, ils décident, entre deux gardes, de se creuser un abri pour se protéger du vent et de la pluie. Au matin, hébétés de fatigue, ils ont l'air de mendiants dans leurs capotes et leurs godillots détrempés, mais, allongés dans leurs havresacs sous la voûte argileuse, ils s'estiment « les hommes les plus heureux du monde ». « Du beau travail ! », s'exclame Pechkoff qui avoue même « s'être mis à aimer » ce patient et obscur travail de creusement des tranchées, un travail utile qu'il revendique presque comme un titre de fierté. Car ce sont bien eux, les engagés du tout début de la guerre, « les hommes de la première année », écrit Zinovi, « ceux de 14 », les appellera plus tard Maurice Genevoix, qui, à la force de leurs poignets, au péril de leur santé et parfois de leur vie, vont réussir au cours de l'hiver à transformer des boyaux larges de moins d'un mètre et profonds d'un mètre et demi en des fosses plus larges, plus spacieuses, mieux connectées, un « confort » – il hésite à employer ce terme, conscient de la relativité de ce bien-être, même si Blaise Cendrars vante, lui, leurs « somptueuses cagnas » – dont bénéficieront les combattants des années suivantes. Certaines tranchées, en seconde et même parfois en première ligne, sont de véritables forteresses médiévales, offrant des abris profonds de trois ou quatre mètres, assez grands pour recevoir toute une escouade et protégés des bombardements par une toiture improvisée à partir de poutrelles et de rails arrachés à une voie ferrée désaffectée, et recouverts de paille et d'un bon mètre de terre.

Entre les équipes est née une véritable émulation. Ce n'est pas comme à Noël le trophée de la plus belle crèche – un incontournable à la Légion –, mais celui de la plus belle tranchée. Certaines ont reçu un nom de baptême. L'une s'appelle « La Croix du soldat », juste à côté de la tombe du légionnaire – presque un gamin – tué d'une balle en pleine tête au premier jour des travaux. Une autre, « Le pont des soupirs ». Il y a aussi « Les Champs-Élysées », « L'avenue de Longchamp », ou encore, plus prosaïquement, « Aux Haricots », l'un des Espagnols de la compagnie, très amateur de fayots, ayant décrété qu'il pleuvait plus de balles dans le secteur qu'il n'y aurait jamais de fèves à écosser dans le panier de sa mère. Dans un coin particulièrement exposé, un Italien a inscrit sur un panneau de bois, en écho à *La Divine Comédie* : « *Lasciate ogni speranza, voi ch'entrate* », « Vous qui entrez ici, abandonnez toute espérance. »

Dans les coins plus calmes du front, les soldats restent huit jours postés en première ligne, huit jours en deuxième ligne à creuser les tranchées, huit jours en troisième ligne à couper du bois, préparer des barbelés et toutes sortes de défenses destinées aux tranchées, huit jours en quatrième ligne, en principe au repos. Dans les secteurs les plus exposés, le rythme est différent : trois jours de garde pendant lesquels les sentinelles se relaient toutes les deux heures, de jour comme de nuit, puis trois jours à l'arrière, en quatrième ligne, avant de remonter progressivement jusqu'à la première. L'ennemi ne désarme jamais, cherche par tous les moyens à bloquer l'avancée des travaux par des bombardements, ils tirent des nuits entières au canon, à la mitrailleuse. On entend le bourdonnement incessant des aéroplanes français comme allemands, ils envoient des signaux rouges, bleus ou blancs qui sont le prélude au déchaînement de l'artillerie. «Les balles ennemies chantent leur chant ennuyeux, elles volent autour de nous comme des mouches éperdues», écrit Zinovi. Dans le poste de garde, il se sent comme cerné par une nature en furie : «On ne voit plus ni ciel ni terre, et le corps n'a plus de poids. Le cœur est nu, le cerveau vide, l'âme s'apeure dans les ténèbres.»

Au début en tout cas. Car, si dans les premiers jours, chaque obus qui explose, chaque shrapnel qui éclate, chaque «tac-tac-tac» émis par les mitrailleuses fait instinctivement baisser la tête et chercher un refuge, quelques semaines plus tard, plus personne n'y fait attention, tout le monde étant arrivé à la conclusion qu'être blessé ou tué était une affaire de pur hasard. Un jour qu'on porte la soupe à son escouade placée en seconde ligne, un obus explose si près de Zinovi qu'un éclat arrache un morceau de sa capote et remplit de poussière sa gamelle : il se contentera d'aller vérifier que ce cataclysme a épargné les marmites. Un autre jour qu'il rend visite à la cuisine du bataillon dans le village situé à deux kilomètres de la première ligne – de la graine de planqués, ces cuisiniers, pense-t-on souvent au bataillon –, il arrive juste après que les Allemands ont canonné les lieux, découvrant l'un des gâte-sauce démembré sous le choc, et, affalé sur ses fourneaux, le maître-queux hurlant à la mort, les tripes à l'air. Parfois, c'est un proche camarade qui tombe, malgré le parapet protecteur, malgré les pare-éclats qui parsèment les tranchées. On le ramène à l'arrière et on l'enterre entre deux lignes. Lorsqu'il y a une accalmie, on aménage ces tombes aussi bien que possible.

Les jours de repos sont employés à dormir, à se laver, à nettoyer les armes et les vêtements couverts de poussière et de boue – dans le courant de l'hiver, les soldats ont touché un système de nettoyage à la vapeur efficace contre les risques d'infection.

C'est une fête de pouvoir enlever ses souliers quand, dans les tranchées – Zinovi a fait le compte – il les a gardées parfois vingt-quatre jours d'affilée. Quant à se dévêtir pour dormir, il ne faut pas y penser : lorsque l'on est en première ligne, on reste équipé de pied en cap même de nuit, et ce, huit jours de suite. Une hygiène de vie déplorable qui explique le nombre d'évacuations pour pieds gelés, bronchites, pneumonies, rhumatismes, conjonctivites, maux de dents et autres séquelles dues aux misères de la guerre. Et pourtant, dans cet enfer quotidien, il y a des notes gaies. « Tous ces hommes accomplissaient leur mission de bon gré, ils ne se plaignaient pas », écrira quelques mois plus tard Zinovi à un ami. Entre deux coups durs, les soldats rient et se racontent des blagues, comme si rien ne pouvait altérer leur belle humeur, ni le médiocre équipement, ni l'armement déficient, ni le froid et la pluie qui règnent au plus fort de l'hiver, ni la boue dans laquelle on patauge jusqu'aux genoux – encore heureux quand des mottes gluantes ne se détachent pas des lèvres de ces fosses de malheur pour se glisser dans le cou –, ni les rats qui vous mordillent les oreilles la nuit, ni les poux de corps qui font planer la menace de typhus, ni les relents de merde exhalés par les diarrhéiques, ni l'odeur atroce des corps en décomposition quand la mitraille incessante interdit de récupérer les morts. Entre deux tours de garde, les soldats se distraient en jouant aux cartes, en chantant et même en dansant : un Espagnol de la compagnie est passé maître dans l'art de danser le flamenco sur une planche disposée sur le sol, tout en s'accompagnant à l'harmonica. Ceux qui ont un peu d'instruction écrivent leurs lettres jusque dans la nuit, à la lueur des bougies. Ils lisent aussi. Depuis La Spezia où il dirige la revue de poésie *L'Eroica*, Ettore Cozzani envoie régulièrement des journaux à son ami Zinovi, « peut-être trop, lui écrit-il, mais un journal tout seul ne serait qu'une goutte d'eau pour un assoiffé comme toi ». La quatrième ligne est située derrière un petit bois, hors de la vue des Allemands. Là, même de jour, on peut sortir des tranchées, organiser des parties de football, des courses et autres exercices sportifs. On chante en chœur de vieilles chansons populaires, chacun dans sa langue. «Jamais le moral n'est plus haut qu'au moment d'entrer en contact avec l'ennemi», assure le légionnaire Pechkoff.

Zin-Ovide

Il lui arrive bien sûr de pester contre ce fusil Lebel dont tous les hommes sont équipés et qui, excellent d'ordinaire, ne vaut rien dans les tranchées : trop fragile – un grain de sable l'enraye –, trop encombrant. Ou contre ce ridicule fourreau de la baïonnette qui vous bat dans les jambes au moindre mouvement. Mais, plongé dans le maelstrom de la guerre, Pechkoff reste un caractère heureux. Il réussit même à trouver «hilarante» cette manie qu'ont les Allemands de tirer toujours au même endroit : «C'est à croire qu'après avoir repéré, par les pelletées de terre que nous rejetons, le secteur où l'on creuse une nouvelle tranchée, ils postent des soldats avec l'ordre de tirer une salve toutes les dix minutes. Et ce manège peut durer deux, trois jours, voire un mois ou deux.» Diable d'homme qui sue comme un forçat pour creuser les tranchées et dit aimer ça. Qui s'amuse à voir une marque de la rigidité prussienne dans la façon qu'a l'ennemi de diriger ses tirs et, plus prosaïquement, d'une certaine imbécillité soldatesque lorsqu'il constate que, par les nuits de pleine lune, les Allemands visent non pas les hommes qui acheminent le matériel jusqu'à la ligne de front, mais leurs ombres projetées sur le sol. Diable d'homme qui ne manque jamais de débusquer les trop rares moments de grâce. Ainsi de cette nuit où, débarquant avec une vingtaine de camarades dans un village en ruines dont tous les habitants ont fui, Pechkoff entend soudain, dans le silence ponctué de tirs sporadiques, s'élever la musique d'un orgue. Sur la place, il y a bien une église, mais démolie elle aussi : de son clocher arasé ne dépassent que quelques pierres, comme un doigt pointé vers le ciel, surmonté par Sirius, la plus brillante des étoiles. La musique joue toujours. «Jésus, que ma joie demeure…», murmure Zinovi.

L'homme, un artilleur, musicien à ses heures, a repéré que le buffet de l'orgue était intact.

Derrière le guerrier se cache un poète. Sensible aux malheurs des hommes, Pechkoff l'est aussi aux dégâts infligés à la Nature « qui souffre tout autant », aux arbres brisés par les obus : « Ce qui, au début de la guerre, était un bois, écrit Zin-Ovide, est devenu au bout d'une année un terrain bouleversé avec des monceaux de troncs entassés l'un sur l'autre dans la plus horrible des confusions : quelque chose comme des cadavres après une grande bataille. » Au lendemain d'une longue garde « où la vie se réduit à attendre un ennemi qui vous tuera peut-être mais qu'on ne verra jamais », il raconte l'émerveillement de trouver, une fois descendu dans l'abri, un petit paquet sur son sac, miracle du courrier : « Le cœur bat fort, entrent dans le cerveau des souvenirs, des images, un tableau, des fleurs, un visage chéri... J'attrape la cordelette avec les dents, j'arrache le papier. Ce sont deux petits livres. Quel bonheur de sentir le cuir souple de la reliure ! » L'un des volumes est de Shelley, l'autre de Keats, ses poètes préférés. « Je me mets à genoux près de la pauvre lumière jaune et je les feuillette. Mais les lettres noires restent dénuées de sens, j'ânonne des mots inconnus. Et puis, peu à peu, les phrases prennent leur envol, les lettres se transforment en images chaudes et belles. » Pechkoff s'évade sur les ailes de la poésie romantique, guidé par son ami Keats : « Beauté est vérité et vérité, beauté. Voilà tout ce que l'on sait sur terre et tout ce qu'il faut savoir. » Il ne se laissera pas enliser vivant.

On ne sort pas indemne de la vie primitive des tranchées. Sa compagnie ayant été envoyée au repos une fois – une seule – au cours de l'hiver, à dix-sept kilomètres du front, Zinovi se fait l'effet d'être un vrai sauvage. Tout lui semble étrange : ces maisons intactes, ces femmes qui font leur marché, ces enfants sur la route de l'école... L'un de ses amis connaît justement une famille, les voilà invités à dîner. Ce qui touche d'abord Zinovi – « Comme nous étions heureux ce soir-là ! » –, c'est le spectacle de la vie domestique, les enfants qui, installés à une autre table, tirent la langue sur leurs devoirs, le chat gros et gras qui fait sa toilette, la machine à coudre abandonnée dans un coin, érigée en symbole d'une vie civile et civilisée qui lui semble désormais inaccessible. Autre pause bienvenue à Noël 1914. Comme le veut la tradition, les officiers n'ont pas quitté leurs hommes ce soir-là : « Nous nourrissions les sentiments les plus tendres pour notre capitaine », confesse Zinovi. L'amour du chef, l'exemplarité du chef : un des ciments de la famille Légion. Un autre de ses principes fondateurs, l'amalgame, qui fond dans une même unité des soldats de toutes origines, a fonctionné à plein. Le feu affronté des mois durant a fait le reste, effaçant la distinction de départ entre volontaires étrangers et légionnaires d'Afrique, la fraternité des armes n'est pas un vain mot.

Des amis, maintenant, Zinovi en compte dans tout le bataillon. François Faber, par exemple, un coureur cycliste qui a remporté le Tour de France en 1909, un grand costaud de trois ans son cadet qui le dépasse d'une tête – on le surnomme « le Géant de Colombes ». Différente est l'amitié, ancrée dans leur amour commun de la littérature, qui lie Zinovi à Paul Pavelka et Kiffin Rockwell, au second surtout qui, à vingt et un ans, frais émoulu de l'Académie militaire de Virginie, s'est présenté dès le 3 août au consul de France à la Nouvelle Orléans pour solliciter son engagement par admiration forcenée de la France. Une belle rencontre aussi que celle de Frédéric Sauser avec qui Zinovi parle inlassablement de poésie. Au premier soir de leur rencontre, Sauser lui a expliqué le choix de son nom de plume, Blaise Cendrars, évocateur des braises et des cendres qui permettent la renaissance cyclique du phénix. Zinovi lui a confié sa filiation intellectuelle et affective avec Maxime Gorki, Maxime l'Amer. Tous deux ont vibré à cette coïncidence, cette même volonté exprimée par le romancier russe et le poète suisse d'intégrer jusque dans leur nom ce qui constituait la nature profonde de leur œuvre. Cette confidence partagée les a encore rapprochés.

Les Ouvrages blancs

Pechkoff a participé jusqu'ici à trois courtes attaques localisées. Il s'y est fait repérer par sa bravoure. Le 21 octobre, deux mois après son incorporation, on l'a nommé première classe. Le 1er avril 1915, Zinovi Pechkoff reçoit ses galons de caporal. On se dit parmi ses camarades qu'il ne s'arrêtera pas là. À la Légion, on repère vite les futurs cadres de l'institution. Dès que la situation sur le front le permet, un peloton est organisé. Et l'on parle déjà de lui pour le grade de sergent. Une promotion foudroyante.

Au matin du 22 avril 1915, le 2e régiment de marche du 1er Étranger est informé confidentiellement d'un départ imminent. Le commandement a décidé d'enfoncer les défenses allemandes au nord d'Arras, la première grande offensive de l'armée française depuis le début des hostilités. Six corps d'armée participeront à la bataille de l'Artois. Le 33e corps d'armée du général Philippe Pétain se voit confier une ligne d'attaque de vingt kilomètres. La division marocaine en est le fer de lance. Le « 2e marche » où sert Pechkoff, l'un des plus beaux fleurons de cette division.

Le bataillon B a reçu l'ordre d'aménager des positions de deuxième ligne à la lisière est de Mont-Saint-Éloi, aisément repérable avec ses deux tours à moitié détruites. Puis de construire des boyaux d'attaque et d'évacuation sur la ligne même de front. Il faut faire partir l'attaque au plus près des lignes ennemies. Et agir vite pour éviter que les Allemands ne renforcent de leur côté leurs tranchées. C'est donc une fois de plus le bataillon au complet qui est engagé, soit un millier d'hommes. Tout caporal qu'il est, Zinovi y va de bon cœur avec ses légionnaires. À trois heures du matin comme prévu, l'assaut sera donné avec succès aux positions allemandes. Un jour de repos mérité pour le bataillon B avant de partir relayer sur la ligne de front le bataillon A dans le secteur de la ferme de Berthonval, régulièrement bombardé par l'artillerie ennemie. Les 7 et 8 mai, derniers préparatifs avant l'attaque, il pleut sans discontinuer, une boue rouge épaisse recouvre tout, bataillon, bêtes, fourgons, et jusqu'aux arbres et aux maisons. Le 2e marche doit attaquer le premier au centre du dispositif, soutenu par des tirailleurs et des zouaves. Chaque légionnaire reçoit un matériel spécifique, des revolvers, souvent pris à l'ennemi, de longs couteaux à cran d'arrêt – l'eustache des assassins –, des grenades. Des cisailles aussi et des crochets que l'on fixe au canon du fusil pour couper les fils de fer. Et puis, enfermée dans un sachet en toile caoutchoutée, de l'étoupe qui, une fois trempée dans l'eau et fourrée dans la bouche et les narines, prémunira contre les gaz et les obus asphyxiants. On distribue des drapeaux rouges pour faire des signaux à l'artillerie et des carrés de toile blanche qu'on se coud dans le dos pour que les artilleurs ne se trompent pas de cibles. Les hommes partent sans leur sac, avec seulement une toile de tente en bandoulière contenant trois jours de vivres, car l'ordre est de traverser les lignes ennemies sans s'arrêter et de marcher le plus loin possible. La préparation d'artillerie, ininterrompue depuis quarante-huit heures, aura fait son effet, Joffre l'a affirmé. On ne trouvera plus rien devant soi, tous les obstacles seront écrasés. On avancera, l'arme à la bretelle. Quasiment une promenade de santé.

Le dimanche 9 mai à cinq heures du matin, la mise en place de toutes les unités du régiment est achevée. Le ciel est découvert, une belle journée s'annonce. Dans chaque compagnie, on a lu au matin l'ordre du jour du général Pétain : « Demain soir à Douai ! Il y a près de huit mois, l'Allemand a été arrêté en ces lieux. Maintenant, on va le balayer de la terre de France. Affranchie de la menace qui a pesé sur elle pendant toute une génération, l'humanité pourra enfin respirer. Ce jour est l'aube du monde. » À six heures commence le bombardement méthodique des tranchées ennemies par les quatre cents canons de l'artillerie française : un déluge de feu. Depuis leurs abris, les hommes du bataillon B regardent les geysers de terre qui jaillissent, ressentent jusque dans leurs corps les ébranlements du sol. On voit filer les torpilles, elles montent presque lentement et disparaissent au bout de leur trajectoire, leur éclatement se distingue de celui des obus. Sur le champ plane un brouillard rouge qui voile le soleil. « C'est beau, non, Pechkoff ? » laisse tomber le capitaine Boutin. « On croirait une éruption du Vésuve », sourit le caporal. Ce sera leur dernier échange.

À dix heures précises, les clairons sonnent la charge. Le képi à la visière cassée rejetée en arrière, la jugulaire tressée leur frappant le visage à chaque mouvement, les légionnaires bondissent de leurs abris à l'assaut des positions ennemies, des « Ouvrages blancs » dont la crête crayeuse se profile au loin, à moins qu'ils n'aient tiré leur nom des draps utilisés pour coudre les sacs de sable qui renforcent les fortifications. Il faut gagner la cote 140, à proximité de Neuville-Saint-Vaast. Ils y vont comme des damnés, un ouragan semblable aux folles ruées des soldats de la Première République. De la main droite, ils tiennent leur fusil, de l'autre, leur barda. Les bretelles des musettes leur coupent les épaules, le fourreau de la baïonnette et le manche de la pioche ou de la pelle leur battent les jambes à chaque pas. Le caporal Pechkoff a pris la tête de son escouade. Il y a six bons mois qu'il est plongé dans la guerre, par trois fois déjà, il a marché sur l'ennemi. Pourtant, il le sent, ce jour-là ne ressemble à aucun autre, cette nuit sans sommeil, il l'a vécue comme une veillée d'armes, le voilà comme emporté par cette gigantesque manœuvre qui mobilise des milliers d'hommes.

La première et la deuxième lignes de tranchées ont été enfoncées sans trop de pertes. Mais l'adversaire, tapi dans des abris solides pendant le bombardement, est revenu à ses postes et se défend maintenant avec l'énergie du désespoir. Le claquement des fusils se joint au moulin des mitrailleuses. Les parapets effondrés des tranchées allemandes donnent une impression d'abandon mais le réseau mortel reste tissé, les nids de résistance s'organisent. Les barbelés sont loin d'être tous écrasés comme on l'espérait, il faut les cisailler. Plusieurs hommes de l'escouade sont déjà tombés. Plongé dans cette incroyable pagaille, Zinovi a le sentiment qu'une porte s'est refermée derrière lui, l'introduisant dans un autre univers, dans l'antichambre de la mort. Tout ce qui faisait sa vie d'avant s'est effacé. Il n'est plus rattaché à rien, seul compte le moment qu'il est en train de vivre. Il va tomber selon toute probabilité. Mais non, il est toujours debout, trempé, glorieux, comme un mendiant au seuil du monde. Et à partir de là, c'est comme s'il était un autre homme, libéré de toute barrière, de toute peur, il n'a plus d'autre but que de courir, entraînant ses hommes, de foncer avec eux à travers les lignes allemandes. Un état presque un peu fou, une forme d'extase mystique. La troisième ligne a été franchie non sans mal. On compte déjà plusieurs centaines de prisonniers. La quatrième ligne est en vue lorsque Pechkoff aperçoit à sa gauche un poste de mitrailleuses braqué sur sa section. Il faut l'enlever coûte que coûte. Mais, à peine a-t-il le temps de crier à ses hommes de le suivre qu'il entend le crépitement de la mitrailleuse et s'effondre, le bras droit fracassé par une balle explosive.

Impossible de se relever avec son attirail, son sac, ses cartouchières bien garnies, sa gourde, ses jumelles. Seul le légionnaire Lebedev l'a vu tomber, ce Russe natif de Toula voue une admiration sans bornes au fils adoptif de Gorki. Il veut relever son chef, Pechkoff lui ordonne de continuer son chemin. Il se débrouillera tout seul. De la main gauche, il attrape son couteau, tranche sa ceinture pour se débarrasser au moins de ses munitions. Il regarde son bras qui pisse le sang, ses muscles arrachés, s'aide de ses dents pour faire avec sa ceinture un garrot de fortune au niveau de l'épaule, réussit enfin à se mettre sur pied. Reste à gagner le poste médical, un kilomètre à l'arrière. Tenant son bras ensanglanté, Zinovi s'arrête tous les quarts d'heure, à bout de forces, croisant en chemin des prisonniers allemands qui lui sourient « d'un air, dit-il, tout à la fois amical et interrogateur ». Il n'y a plus soudain ni vainqueurs ni vaincus, rien que des hommes que le destin a frappés. Étrangement pourtant, Zinovi n'a pas perdu ce sentiment d'invulnérabilité qui l'habitait. Il sait seulement qu'une autre bataille a commencé.

Si, pour Pechkoff, la campagne d'Artois est terminée, sur le terrain, la bataille fait toujours rage. La quatrième ligne a été emportée en quarante-sept minutes, un record. Les Ouvrages blancs sont enlevés, puis, dans la foulée, le hameau de la Targette et Neuville-Saint-Vaast où les Allemands s'étaient retranchés. À trois heures de l'après-midi, la cote 140 une fois atteinte, il faut suivre les ordres et aller encore devant soi, le plus loin possible. Les hommes procèdent par bonds, en utilisant les trous d'obus et tous les accidents de terrain. Dans le brouillard puis la nuit qui tombe, les unités ont beaucoup de mal à rester groupées. La charge a été foudroyante, huit à dix kilomètres de terrain ont été gagnés, mais l'avance a été si rapide que les renforts ne peuvent suivre, retardés par le terrain défoncé et les tirs de mitrailleuses ennemies. C'est aux bataillons d'assaut qu'il revient de contenir les contre-attaques allemandes, ils le paieront très cher.

Au soir du 9 mai, quatre kilomètres seulement resteront acquis, et à quel prix ! Le 2e régiment de marche du 1er Étranger a perdu cinquante officiers et près de deux mille sous-officiers, gradés et légionnaires, tués, blessés ou disparus : le tiers de son effectif. Son tout nouveau chef de corps, le lieutenant-colonel Jean Cot, à la tête de ses hommes, a été blessé par éclat d'obus. Son prédécesseur, le colonel Pein, devenu le patron de la 1re brigade de la division marocaine, a été touché gravement sur la route de Béthune, il mourra le lendemain des suites de ses blessures. Mort lui aussi, le très aimé capitaine Boutin, touché d'une balle au ventre. Mort François Faber, l'ami cycliste, qui venait de passer caporal et d'avoir une petite fille, il s'est volatilisé entre Carency et Mont-Saint-Éloi, plusieurs camarades affirment l'avoir vu tomber, son corps ne sera jamais retrouvé. « Aucun de nous n'est immortel, écrivait-il à la veille de sa disparition, de son écriture trapue, à sa femme Eugénie ; tout t'appartient au cas où, faut bien l'envisager, je serais buté. » On disait « le Géant de Colombes » imbattable : la mort a réussi à le doubler.

9 mai 1915. « 279e jour de guerre », annonce *Le Figaro* en première page, poursuivant, comme il le fait chaque jour, son

décompte macabre. Dans ce jour, Pétain voyait « l'aube du monde ». De fait, pour la première fois de la guerre, le front allemand est crevé. Magnifique fait d'armes, l'attaque des Ouvrages blancs vaudra au régiment sa première citation à l'ordre de l'armée : « Chargé d'enlever à la baïonnette une position allemande très fortement retranchée, s'est élancé à l'attaque, officiers en tête, avec un entrain superbe, gagnant d'un seul bond plusieurs kilomètres de terrain, malgré une très vive résistance de l'ennemi et le feu violent de ses mitrailleuses. »

9 mai 1915. L'aube du monde aussi pour un Pechkoff pourtant meurtri dans sa chair ? À la fin de sa vie, il confiera à son ami, l'ambassadeur Francis Huré : « C'est à cause de ma blessure que je suis devenu quelqu'un. – Quelqu'un d'autre, rectifie la femme de l'ambassadeur. – Non, insiste Zinovi, quelqu'un. »

CHAPITRE 3

L'Ambulance américaine

« Choisis donc la vie ! »

Sommairement « rafistolé », comme il dit, au poste médical, voici Zinovi renvoyé vers une formation sanitaire mieux équipée, « l'Ambulance 9/9 », implantée la veille dans le village d'Acq. Un parcours de quatre kilomètres cette fois, quatre kilomètres à trébucher sur la terre meuble, labourée par les shrapnels et les obus, hérissée d'armes abandonnées, quatre kilomètres à souffrir le martyre. Le premier pansement avait été fait trois heures après la blessure : à l'ambulance d'Acq, débordée par l'afflux de blessés, Zinovi devra encore attendre un long moment avant qu'on refasse son pansement après désinfection à la teinture d'iode. Rien de plus. Aucun débridage de la plaie au bistouri ou au thermocautère, aucune injection d'oxygène gazeux au-dessus de la plaie, pas de radioscopie, alors que, depuis le début de l'année, des voitures radiologiques circulent d'un poste à l'autre. Bien sûr, son bras est dans un sale état, mais Zinovi le sait pour avoir visité plusieurs de ses hommes blessés, même un terrible fracas osseux, même des muscles déchiquetés n'exigent pas toujours l'amputation. Rien qu'en isolant le blessé, en recouvrant sa plaie d'une feuille de gaze humectée régulièrement d'eau salée, on peut faire des miracles. Il est encore possible de sauver son bras. Et ce bras, Dieu sait qu'il en a besoin, pour repartir faire la guerre, pour écrire, pour faire l'amour aussi.

Les heures s'étirent, Zinovi a été blessé dimanche. Dans la nuit, l'hémorragie a repris, son lit au matin est trempé de sang. La journée de lundi lui semble interminable, il a de plus en plus mal, la tête lui tourne. Il appelle à l'aide. Personne ne vient. Son bras enfle, il a pris une étrange couleur jaune orangé avec de fortes marbrures bleuâtres. Il en émane une odeur douceâtre, un peu écœurante, comme une odeur de souris morte. Un infirmier surgit enfin, il blêmit : la gangrène gazeuse ! « La plaie des plaies de guerre », comme on l'appelle ; pour un blessé, la plus redoutable de toutes les infections ! Due le plus souvent à des éclats d'obus souillés par la terre. Mais une rafale de mitrailleuse venant frapper un uniforme loqueteux et entraînant dans les chairs des débris d'étoffe sale a le même effet. Des muscles en bouillie sont un excellent milieu de culture qui accélère le travail. Zinovi a compris : il n'est même plus question de sauver son bras, mais de sauver sa vie. La mort rôde, il sent son souffle. Sur sa poitrine, on a accroché un ruban rouge : « À évacuer ». Traduction : on ne peut plus rien pour lui. Il a froid maintenant, terriblement froid, il est agité de frissons violents, sa langue est sèche. En appuyant sur son bras malade, il sent la peau qui crépite, on dirait des bruits de pas dans une neige un peu tôlée. Son sort est scellé s'il reste dans cette ambulance de malheur avec son bras qui pourrit sur place.

Un capitaine plus légèrement blessé s'est penché sur lui : « Vous pourriez vous lever ? » Pechkoff l'interroge du regard. « Il n'y a pas de civière disponible, mais si vous pouvez marcher jusqu'au fourgon qui doit m'emmener, je vous trouverai une petite place. Et nous rejoindrons un vrai hôpital. » Une histoire de fous pour un homme dans son état. C'est Lazare qui se lève de sa civière, se débarrasse lui-même de ses bandelettes. Mobilisant ses dernières forces, Pechkoff va ainsi gagner, soutenu par le capitaine, la gare d'Aubigny-en-Artois, à six kilomètres d'Acq, celle-là même où il était arrivé avec son bataillon deux semaines plus tôt. Sur le quai de la gare, il y a foule, des soldats blessés ou en permission, des civils aussi qui quittent leurs maisons détruites, leurs vies ravagées pour des horizons espérés plus tranquilles. Un train est prêt à partir mais les wagons sont complets, les deux blessés ne sont pas en règle, ils n'ont aucun des papiers nécessaires. Pechkoff a dégainé son pistolet. Le chef de train a compris que cet homme-là était prêt à tout pour embarquer. Il le laisse monter, résigné. À l'arrivée à Paris, le 11 mai au soir, à la gare de la Chapelle qui accueille les blessés venus du Nord et de l'Est, Zinovi, exténué, laisse au capitaine la direction des opérations. C'est une estafette de l'Hôpital Américain de Neuilly qui va les prendre en charge et les conduire à l'annexe que ce dernier a ouverte pour les blessés dans le lycée Pasteur voisin, « l'hôpital bénévole n° 2 bis » : « L'Ambulance américaine », comme on l'appelle couramment, Zinovi la connaît bien pour avoir, depuis le début des hostilités, croisé ses équipes, elles se rendent sur le front par sections d'une vingtaine de voitures affichant des deux côtés une grande croix rouge avec la légende « American Ambulance ». De jeunes volontaires les conduisent, qu'on dit sortis des meilleures universités américaines, plusieurs d'entre eux ont déjà été décorés de la croix de guerre nouvellement créée.

« Plaies du bras en séton par balle* et section des tissus musculaires ; paralysie radiale ; plaie très hémorragique à l'entrée avec phlyctènes** et gonflement noirâtre, grisâtre du membre dont l'extrémité est violacée. Odeur infectée caractéristique » : au-delà de ces termes obscurs, le tableau clinique dressé à l'arrivée de Pechkoff n'est pas brillant si l'on en juge par les observations portées sur le registre de l'Ambulance par son médecin-major, le docteur Charles Winchester DuBouchet, un éminent praticien de Philadelphie, qui dirige depuis sa création le service de chirurgie de l'Hôpital Américain.

La gangrène gazeuse a progressé. Il ne reste au caporal que très peu de temps à vivre. « *This one won't last long* », a murmuré une grande infirmière blonde, n'imaginant pas que le patient

* Une blessure tranchant la peau comme un coup de couteau, à la différence de la plaie transfixiante qui comporte une entrée et une sortie, N.D.A.

** Cloques noirâtres apparaissant sur la peau lésée, N.D.A.

comprenait l'anglais. Des mots à peine audibles qui ont fait leur chemin jusqu'au cerveau de Zinovi, l'extrayant de l'inconscience où il était en train de plonger. Il se redresse, la regarde : « C'est ce qu'on va voir ! » La confusion de la jeune femme est telle que si pénible soit sa situation Zinovi la prendrait presque en pitié. Il demande un miroir, se force à regarder son bras, « un moment difficile ». Voici justement le chirurgien qui sort du bloc, il a enchaîné dans la journée les opérations, il n'en peut plus. Zinovi le supplie de l'opérer sur-le-champ. L'éprouvant parcours qu'il a accompli dans la journée n'est-il pas l'éclatante démonstration que la vie ne veut pas le lâcher ? Sa force de persuasion a joué. Le chirurgien a accepté. « Amputation par désarticulation du bras droit », indique le compte rendu opératoire. La gangrène est tellement avancée qu'il n'y a eu d'autre choix que de remonter jusqu'aux tissus sains pour éviter tout risque de septicémie, en ne réservant que quelques lambeaux de peau pour recouvrir le moignon. Malgré cela, rien ne dit que le blessé survivra.

Au sortir de l'opération, isolé des autres malades pour éviter tout risque de contagion au cas où la gangrène gazeuse réattaquerait, Zinovi est resté plusieurs jours entre la vie et la mort, brûlant de fièvre, prononçant des mots incohérents. La douleur est intense, les terminaisons nerveuses sont à vif, on lui donne sans doute du palfium ou l'équivalent, la morphine reste encore une affaire de toxicomanes. Le chirurgien a choisi de laisser sa plaie à l'air, exposée à la lumière, pour laisser s'écouler la suppuration, aucun pansement serré, rien que des lavages des chairs à vif à l'eau oxygénée. Au quatrième jour, le blessé est sorti de la torpeur dans laquelle il était plongé. La plaie semble saine, tout danger de gangrène est écarté. Pour amorcer le travail de cicatrisation, on a commencé à poser des bandelettes adhésives pour rapprocher les surfaces. Quand DuBouchet, lors de sa visite quotidienne, est arrivé au chevet de Zinovi, il l'a salué d'un sourire heureux. Enfin une bonne nouvelle après tant de tragédies quotidiennes, tant de désillusions, la veille encore, la mort du petit Paul, touché au bas-ventre, un engagé de dix-sept ans qui avait triché sur son âge. Et ces blessés d'un type nouveau qu'on voit affluer depuis quelques semaines, les poumons détruits, victimes d'un gaz jaunâtre expérimenté pour la première fois par les Allemands à Ypres...

« J'ai mis devant toi la vie et la mort, dit le Deutéronome. Choisis donc la vie pour que vous viviez, toi et ta descendance. » Le caporal Pechkoff a choisi la vie. Mais le compagnonnage qu'il aura entretenu de longues heures avec la mort ne sera pas sans laisser de traces. Zinovi a toujours été gourmand de la vie, mais il en sait désormais tout le prix. Le 19 mai, il fait ses adieux à Charles de Drossnere, un sous-lieutenant arrivé à l'Ambulance le même soir que lui, lequel, à peine relevé de sa blessure à l'aine, repart – l'heureux homme ! – directement pour le front avec le 115e régiment d'infanterie de ligne. Plutôt que d'envier ce camarade plus chanceux que lui, voilà que Zinovi demande une machine à écrire pour taper de l'index de la main gauche une page et demie en anglais : « Mercredi, il y a une semaine, écrit-il, j'ai été amputé du bras droit mais, en comparaison des terribles mutilations causées par la guerre tout autour de moi, "*my hurt seems an easy one and almost of no consequence*", "mon mal semble léger et pratiquement sans conséquence". » De quel droit se plaindrait-il quand, dans la même salle, se trouve un soldat anglais blessé en septembre 1914 sur la Marne dont la bouche n'est plus qu'un trou béant et qui, malgré cela, se force à parler et réussit même à ingurgiter des bouillies, car il refuse de se laisser dépérir ? « Lui est toujours un homme à part entière ! », constate Zinovi, admiratif. Blessé le même mois, un autre soldat, amputé de la jambe droite, se laisse, lui, complètement aller. Triste aussi le spectacle de ce paysan de l'Aveyron privé de ses quatre membres : « Qui demain labourera mes champs ? » se lamente-t-il. À certains blessés, on a évité l'amputation, mais la belle affaire quand ils le paient d'indicibles souffrances. De ce bras droit qui l'entraînait vers une mort certaine, Zinovi a fait spontanément le deuil.

Peut-être après tout, s'il n'était aussi mal en point, aurait-il ressenti la même peur que ce sergent de son unité qui, parti acheter des chevaux en retrait du front à des paysans champenois, avait préféré aller dormir dans la grange sur la paille, ne se sentant pas en sécurité dans le bon lit qu'on lui avait préparé : la peur, avait-il expliqué, d'être aspiré par le vide chaque fois qu'il se retournait. Rien de tout cela chez Zinovi : il a choisi de refuser la plainte, de savourer les menus plaisirs de l'existence. Quand il s'est réveillé de l'opération, son premier geste a été de lisser de la main gauche les beaux draps blancs qui l'enveloppaient, une drôle de sensation, plutôt plaisante. Comme la certitude d'être désormais à l'abri, sans le risque d'un obus qui éclate au-dessus de la tête, ou d'une simple balle perdue. Autre motif d'émerveillement, le dévouement des infirmières, en long tablier blanc frôlant les chevilles et coiffe stricte dont s'échappent parfois quelques boucles en un condensé de féminité : « La pitié humaine ne connaît pas de limites, écrit Zinovi, toujours appliqué à taper son texte d'un seul doigt, les femmes qui nous soignent sont tout simplement admirables, tout à la fois des mères et des sœurs pour les blessés. »

À bras-le-corps

Entré à l'Ambulance américaine le 11 mai, Zinovi n'en sortira que le 4 septembre, près de quatre mois plus tard. C'est dire la gravité de son état. Sans doute a-t-il dès le départ accepté la perte de son bras. En s'engageant dans l'armée, il avait assumé les risques du métier. La mort comme hypothèse de travail… Mais être handicapé à vie, il n'y avait jamais pensé. D'autres que lui, tout aussi jeunes, fringants, avides de plaire, vivraient cette mutilation comme la fin des années de bonheur. Pas Zinovi. Question de caractère. Question d'époque aussi. Avant même la reconnaissance de la nation qui ne tardera pas à venir (et, en bon Russe, le caporal Pechkoff est friand de médailles), les blessés de la Grande Guerre ont droit à la reconnaissance du peuple français. Il suffit de voir le regard que l'on porte sur eux. Un regard d'admiration. De pitié peut-être aussi, et d'effroi dans les yeux des petits lorsqu'ils croisent une gueule cassée. Mais d'admiration surtout, d'infini respect. Certains amputés pourraient se faire appareiller, rendant leur blessure plus discrète, les prothèses de jambe en particulier ont été grandement améliorées ces dernières années. Mais le poilu tient à son pilon, à ses béquilles, à sa jambe de pantalon retenue par une épingle à nourrice, c'est là sa carte de visite, un élément constitutif de sa personnalité. Alors, que dire d'un bras absent, dont l'évidence saute aux yeux ! La plupart des amputés d'un membre supérieur portent leur manche vide pliée ou glissée dans la poche comme la plus belle décoration. Et puis, ils savent bien que la prothèse de la main est infiniment plus compliquée que celle de la jambe, surtout si l'amputation a été réalisée au-dessus du coude. La main, c'est une merveille de technique, elle ne se laisse pas remplacer facilement, la plus sophistiquée des prothèses sera toujours d'une piètre efficacité à côté. Pour Zinovi, l'affaire a tout de suite été entendue. Porter une prothèse en l'absence totale de moignon reviendrait à se charger d'un corset complet en cuir armé, un poids mort d'au moins deux kilos et demi. Et tout cela, dans un simple souci esthétique, avec un bras inerte, sans aucune amélioration des fonctions motrices.

L'essentiel est ailleurs. Dans la récupération d'un organisme considérablement affaibli par le sang qu'il a perdu comme par l'infection qu'il a dû combattre. Dans la guérison de sa blessure ensuite, grâce à des pansements quotidiens, à la pose de bonnets compressifs sur le moignon pour éviter tout œdème et accélérer la cicatrisation. Celle-ci est en bonne voie. Malgré tout, la douleur persiste, elle résiste même parfois aux cachets de véronal qu'on n'appelle pas encore gardénal, elle est devenue pour Pechkoff une compagne qui ne le quittera jamais tout à fait. Volage, elle prend des formes diverses. Parfois, ce sont des douleurs sourdes, parfois de sévères décharges électriques. Mais le plus étrange, c'est cette impression que le bras disparu est toujours bel et bien présent. Le membre fantôme ! Zinovi en avait souvent entendu parler. Quelle surprise pourtant quand, voulant attraper un biscuit, il fait un mouvement avec son moignon. Quand, dans ses nuits traversées d'insomnies, il étreint de son bras valide, pour tenter de calmer ses douleurs, une manche vide. Le chirurgien a parlé de «repousse valérienne», lui a expliqué que les nerfs sectionnés repoussaient d'un millimètre par jour dans les premiers temps après l'opération, qu'ils ne savaient pas, eux, que la main avait disparu et s'évertuaient toujours à la faire fonctionner. Qu'ils finiraient par comprendre à force de se heurter aux chairs une fois cicatrisées.

L'autre défi est de faire prendre le relais à la main gauche. En 1915, il n'y a ni kinésithérapeutes, ni ergothérapeutes, ni psychomotriciens, ni psychologues, aucune de ces spécialités paramédicales qui, associées dans un service de rééducation fonctionnelle, permettent aujourd'hui à la personne amputée non seulement de s'approprier son «nouveau schéma corporel», comme on dit, mais de compenser autant que faire se peut la perte du membre disparu. Dès qu'il s'est senti plus vaillant, on a vu Zinovi gagner la salle de gymnastique : des heures durant, jusque parfois à la limite de l'épuisement, il cherche à renforcer son bras valide par des massages, des exercices, il soulève des haltères, bourre de coups un sac de sable, scie sur un billot des bûchettes, mobilise ses doigts pour accroître leur musculature, il a entendu dire que Frédéric Chopin s'astreignait à de véritables contorsions à l'aide de planchettes pour les rendre plus agiles. Il ne veut rien laisser de côté – ne lui a-t-on pas raconté les incroyables performances que les Asiatiques étaient capables d'accomplir avec leurs doigts de pied, il devrait bien pouvoir en faire autant avec ceux de sa main gauche.

Son inventivité naturelle va lui permettre en quelques mois d'accéder de nouveau à une autonomie presque complète. Et son autonomie, Dieu sait s'il y tient ! Le voilà de nouveau capable de faire seul sa toilette, de se raser, de s'habiller, de fermer ses boutons de chemise, de faire son nœud de cravate, de mettre même ses chaussures en coinçant habilement la boucle d'un lacet avec l'autre pied. Un couteau-fourchette, un cercle en bois arrimé à l'assiette, autant d'astuces utiles pour ne pas avoir à quémander en permanence l'assistance de son voisin de table. Bientôt il s'essaiera à remonter sur une bicyclette en tenant le guidon par le milieu ; faute de crawl, il pratiquera sur le côté la nage indienne ; dès que possible, il s'est promis de remonter à cheval.

L'essentiel, c'est aussi de pouvoir reprendre la pratique de l'écriture puisque le métier des armes lui est désormais fermé. Mais les lettres se dérobent, s'esquivent, dérapent sous la plume, il faut réapprendre tout à zéro quand on n'a pas la chance d'être ambidextre, commencer par dessiner de grands cercles, des boucles. Zinovi, appliqué, fait des lignes.

La perle des ambulances

Dans cette lutte triomphale pour la vie, la personnalité de Zinovi a joué. L'excellence de l'hôpital qui l'a accueilli aussi. Nulle part, il n'aurait pu être mieux soigné qu'à l'Ambulance américaine. Dès août 1914, le docteur Magnin, le directeur de l'Hôpital Américain de Neuilly, créé quatre ans plus tôt pour soigner les seuls citoyens américains résidant à Paris, a proposé de monter des tentes dans le jardin à destination des blessés. À l'initiative du ministère de la Guerre et avec l'accord de l'Éducation nationale, c'est en fin de compte dans les magnifiques bâtiments en brique et pierre du lycée Pasteur, sur le boulevard d'Inkermann, que s'installera l'Ambulance.

Gérée par un comité formé d'hommes d'affaires américains résidant à Paris, l'Ambulance, exclusivement financée sur fonds américains, si lourd que soit son coût de fonctionnement, environ mille dollars par jour –, apporte une aide précieuse aux services de santé français totalement débordés. Des facultés médicales de tout premier plan, la Western Reserve de Cleveland, Harvard ou l'université de Pennsylvanie, y envoient pour trois mois leurs plus éminents praticiens, et nombreux sont ceux qui prolongent leur séjour bien au-delà. Issues elles aussi des meilleures écoles, les infirmières, presque toutes américaines ou canadiennes, acceptent de gagner de vingt à cinquante dollars, quand elles seraient payées le double dans leur pays. Comme tous les membres du personnel, elles ont pris l'engagement de rester à leur poste auprès de leurs blessés, même si Paris devait être assiégé.

L'Ambulance est unanimement célébrée comme l'un des quatre cents hôpitaux militaires les mieux équipés, qui ont fleuri sur le sol français, avec son approvisionnement régulier en médicaments par ailleurs introuvables comme les sérums antitétaniques, des blocs opératoires parfaitement stériles, des appareils à rayons X ou ultraviolets et même cet électro-aimant géant inventé par le professeur Jean Bergonié, de Bordeaux, qui permet de détecter par vibration les petits morceaux d'obus restés incrustés dans les chairs. Le service de chirurgie et de dentisterie du docteur Hays s'est spécialisé dans la reconstruction des visages atrocement mutilés. Depuis le début de l'année, pour parer aux effets dramatiques des nouvelles armes chimiques utilisées par les Allemands, le bactériologiste Kenneth Taylor a testé sur des animaux le chlorhydrate de quinine dans un des laboratoires de l'Ambulance. Une infirmière anglaise, Mary Davis, en s'injectant elle-même le produit sans conséquence pour sa santé, va permettre à Taylor d'étendre l'expérience aux soldats gazés, avec succès pour autant qu'ils soient traités dans les premières quarante-huit heures. Début avril, le docteur Harvey Cushing, un pionnier de la chirurgie du cerveau, a pris en charge un officier d'artillerie sonné par des obus qui avaient éclaté à quelques mètres de lui sans le toucher : ce sera le premier cas de stress post-traumatique répertorié.

Le petit roi de la salle 149

En quelques semaines, Zinovi est devenu le petit roi de l'Ambulance américaine. Dans la salle 149 à laquelle il a été affecté, il ne compte plus ses amis. Sa notoriété s'est vite étendue à l'Ambulance tout entière. Tout y contribue. Ses beaux états de service. Son prestigieux pedigree, même si peu nombreux sont ceux qui avaient jusqu'ici entendu parler de Maxime Gorki. Sa jovialité naturelle. Il n'a pas son pareil pour rendre service, aider à la rédaction d'une lettre, servir de traducteur avec le corps médical puisqu'il est l'un des seuls à parler anglais.

Utile compensation. Car, avec Lidia, les ponts sont coupés : ne l'avait-elle pas instamment prié de rester au foyer ? D'attendre au moins quelque temps pour voir la tournure que prenaient les événements ? Pas un moment, elle n'émet l'idée de se rendre à son chevet. Mais ce qui tourmente Zinovi est l'attitude d'Alexeï. Dans la carte postale à l'en-tête des armées de la République qu'il lui a adressée en décembre pour lui souhaiter une bonne année, il ne cachait pas les risques encourus. Tapi dans les tranchées à quelques centaines de mètres de l'ennemi, il formulait l'espoir que les troupes françaises et russes victorieuses se rencontrent à Berlin. Signé « Ton Zina ». Mais aucune réponse ne lui est parvenue. Seule Ekaterina s'est manifestée en lui envoyant un colis de livres et de confiseries. Dès son arrivée à l'Ambulance, le blessé a chargé Grigori Alexinski, l'un des cofondateurs du *Priziv* (*L'Appel*), le journal social-patriote publié à Paris, de prévenir Alexeï Maximovitch : « Ne me présentez pas sous un jour trop pathétique », lui a-t-il même conseillé, soucieux d'épargner son père. La déception sera cruelle. « Gorki, raconte Alexinski, me répondit qu'il regrettait d'apprendre que son fils adoptif avait perdu un bras "dans une guerre impérialiste" sans me poser aucune question sur l'état de santé du blessé. "N'étant pas militaire, ajoutait-il, je ne puis avoir de compassion pour les héros de guerre." Sa lettre était si dure et si sèche que je préférai ne pas la communiquer à son fils. » Le départ de Zinovi pour la guerre consacrant la perte d'influence de Gorki au profit d'Amfiteatrov aurait-il rallumé les braises de leur récente discorde ? Ou, ce faisant, Gorki se sent-il l'âme romaine : il subordonnerait son affection paternelle à ses principes révolutionnaires ? Le 3 juin, dans une lettre adressée à Ekaterina, il promet d'écrire bientôt à ce dernier mais craint que cela ne soit inutile à cause de la censure. En attendant, il lui annonce avoir envoyé deux cents roubles au blessé.

Une somme certes, qui vaut à Alexeï une lettre de remerciements de Zinovi, péniblement écrite de la main gauche. La rapidité, ajoute-t-il confiant, n'est qu'une question de temps. Sa santé s'améliore. Il imagine quitter l'hôpital d'ici un mois, après quoi il ira en Italie. Il va être réformé, cela ne fait pas de doute, à quoi peut-il servir avec son seul bras gauche ? Soucieux de conquérir enfin l'estime de son père adoptif, il ne résiste pas à lui transmettre les commentaires flatteurs de ses officiers sur son compte. Il propose même à Alexeï de lui décrire la dernière bataille à laquelle il a eu la chance de participer – on doute que Gorki s'enflamme à ce récit. Le blessé n'aura pas connaissance de la missive ironique envoyée à cette occasion à Ekaterina : « Je pense que je devrais moi aussi apprendre à écrire de la main gauche, comme cela, je pourrais écrire des deux mains. » Combien plus précieux que ces roubles transmis par un tiers seraient pour Zinovi quelques mots de réconfort personnel ! Lors de son admission à l'Hôpital Américain, interrogé dans un questionnaire sur sa filiation, il a pour la première fois porté la seule mention : « fils d'Alexis ». Rien qu'un blanc sous le nom de la mère. Désormais, il en fera toujours de même par nécessité de couper court avec une famille biologique par trop pesante. À son départ de l'Ambulance américaine en septembre, à la question « nom et dernier domicile des parents », il fera inscrire : « Gorki, Moscou ». Au-delà des chemins qui s'écartent, au-delà des incompréhensions, Maxime Gorki est la terre d'attache de Zinovi Pechkoff. Elle le restera à jamais.

Nul n'ignore qu'un bon moral est un facteur essentiel dans toute guérison. Heureusement, les amis ont pris le relais de la famille. Dès sa blessure connue, Amfiteatrov et sa femme Ilaria prodiguent à Zinovi de tendres encouragements, Alexandre retient aussitôt son billet pour Paris. Depuis La Spezia, Ettore Cozzani, l'éditeur de *L'Eroica*, avoue que si désolé soit-il de cette nouvelle, il est pour ainsi dire soulagé, craignant chaque jour l'arrivée d'une nouvelle plus grave encore : «Tu es un homme qui ne se décourage pas, écrit-il, tu sauras avec un seul bras redevenir le jeune homme ardent et plein de promesses que tu étais... Que veux-tu ? Des journaux, des livres, des gâteaux ?» Tous les amis italiens l'abreuvent de mots affectueux, le dramaturge Sem Benelli, l'illustrateur Emilio Mantelli, la communauté russe émigrée fait cercle, elle aussi, autour du lit de Zinovi. Konstantin Piatnitski, l'éditeur, est arrivé dans les tout premiers.

Début juin, c'est Anatoli Lounatcharski, futur grand ministre de l'Éducation et de la Culture soviétiques, alors correspondant parisien de plusieurs journaux russes, qui débarque au chevet du convalescent. Ensemble, ils passeront la journée, assis sur un banc dans le parc à évoquer des souvenirs, leur enfance à Nijni-Novgorod, la fièvre militante de leur jeunesse, les jours heureux à Capri. Le récit de cette rencontre paraîtra dans *La Pensée de Kiev* du 7 juin, sous le titre : «Chez Zinovi Alexeïevitch Pechkoff». «Pechkoff, malgré la perte de son bras, a très peu changé, écrit Lounatcharski. On lui donnerait vingt ans si bien que la jeune femme qui lui rendait visite en même temps que moi était très surprise en apprenant qu'il en avait déjà trente. Il est toujours aussi habile, fort, joyeux et direct.» En digne champion de la cause prolétarienne, le journaliste conclut son récit par ces mots : «Cette Ambulance américaine n'a peut-être qu'un défaut, son luxe. Ici, on veille non seulement à la propreté mais aussi au confort (qui atteint des sommets) et à l'élégance. Des jeunes gens et des jeunes filles de grande classe portent avec raffinement des blouses immaculées, trahissant leurs origines, prouvant à chacun de leurs mouvements qu'ils ne sont pas des professionnels mais des bénévoles, des intellectuels volontaires, peut-être même des représentants de la haute société.»

Il a vu juste. Parmi les dames patronnesses de l'hôpital bénévole n° 2 bis avec lesquelles Zinovi entretient les meilleurs rapports, il y a d'abord Mrs Vanderbilt, l'infatigable «Granny» qui s'affaire à longueur de journée à l'Ambulance dans l'uniforme d'infirmière en piqué blanc taillé pour elle par Worth, son couturier fétiche. Fille du banquier Oliver Harriman, épouse de William Kissam Vanderbilt, héritier de la célèbre dynastie des chemins de fer, elle a choisi avec son mari de demeurer en France pour aider de leur immense fortune ce pays ami. Comme elle l'avait déjà fait à Manhattan en créant des logements sociaux pour les tuberculeux et les déshérités, elle a dès l'origine aidé à la création de l'Ambulance américaine, où elle siège au comité directeur. Quand on lui a parlé du nouvel arrivé, le fils d'un des chantres de la révolution russe, elle s'est préparée à défendre devant lui sa version d'un capitalisme social capable de produire du bonheur à la ronde. Au lieu de quoi, elle s'est trouvée face à un être ultra sensible, amoureux de la littérature, féru de musique tout comme elle, l'amie des artistes. Quelle capacité d'adaptation, quels trésors de sensibilité recèle cet homme pour conquérir ce monde qui n'est pas le sien ?

Lui-même a découvert dans la nuée de belles visiteuses qui lui apportent les rumeurs du monde des qualités insoupçonnées. À l'Ambulance, ces femmes gâtées par la vie aident aux soins, servent les repas, changent les draps et écoutent sans jamais se lasser ces hommes souffrant dans leur chair qui sont autant d'âmes blessées. À la charmante Madame Yves-Charles Refoulé, sa contemporaine, Zinovi, laissant un temps tomber l'armure, confie ses inquiétudes sur le métier que, privé d'un bras, il va pouvoir exercer ; sur l'état critique de sa chère Russie dont l'armée est en pleine déroute dans la région de Varsovie et de Riga ; sur le vent de révolte qui souffle du coup sur les volontaires russes en France, dont certains ont été condamnés à mort et exécutés dans les douze heures suivant la sentence. On dit qu'ils se sont comportés devant le poteau comme devant l'ennemi : en braves. Dans le petit salon où trône un Steinway, Zinovi resterait des heures à écouter la jeune femme jouer du Bach et du Beethoven, pas de musique plus haute, plus passionnée que la *8e Sonate* ou la 3e, sa préférée, dont il ne peut entendre le *largo* en *ré* majeur sans frémir. Autre ambiance chez les Philippe de Vilmorin dans leur maison de Verrières où la belle Mélanie reçoit savants et botanistes comme ministres et têtes couronnées, en pimentant cette brillante compagnie de quelques héros patentés – Louise, dit Loulou, sa fille de treize ans, se souviendra longtemps d'un jeune mutilé à qui sa mère tendra étourdiment son livre d'or à signer. Marguerite Refoulé est partie avec son mari pour l'été à la campagne. Dans le soir qui tombe, au cours de ses promenades solitaires sur le petit sentier qui longe le Loiret, la jeune femme avoue oublier quelques minutes les tristesses de la guerre : « J'aimerais tant, my dear, que vous soyez là avec moi. Il me tarde de vous savoir parti de cet hôpital où vous vivez parmi la souffrance humaine et qui est pour vous maintenant une prison. »

L'évasion

Juste après le terrible assaut des Ouvrages blancs, le 2e régiment de marche du 1er Étranger a été retiré du front pour un repos bien gagné. En quinze jours, les renforts venus des différents dépôts de la Légion, où les volontaires étrangers continuent à affluer, lui ont permis de se reconstituer. Dès le 16 juin, voilà qu'il remonte en ligne pour une nouvelle et folle tentative de percer le front. Une semaine plus tard, le haut commandement proclamera fièrement que la bataille de l'Artois se termine sur une victoire française : les deux kilomètres gagnés auront coûté plus de cent mille morts pour l'ensemble des troupes engagées... À la mi-septembre, le régiment débarque en Champagne en prévision d'une nouvelle offensive.

De ces nouvelles aventures, le caporal Pechkoff ne sera pas. Le 28 août, ce « sujet russe engagé volontaire » a reçu du Grand Quartier général la médaille militaire assortie de la citation suivante : « A fait preuve, le 9 mai 1915, d'un entrain et d'une bravoure admirables. Grièvement blessé à l'assaut des lignes allemandes en s'élançant à la tête de son escouade sur des mitrailleuses ennemies. » Le 4 septembre 1915, en face du nom de Pechkoff, le registre de l'Ambulance porte la mention : « Parti pour l'Italie ». Zinovi se refuse à prolonger cette vie entre parenthèses. Il lui faut aller de l'avant. Mais jamais il n'oubliera ses premiers mois à la Légion, ce premier hiver de la guerre. Ni ses compagnons tombés au champ d'honneur. Ni son régiment dont le drapeau a été décoré de la croix de guerre avec palme pour ses actions d'éclat aux « Ouvrages blancs ».

Toute sa vie, Zinovi conservera, bien plié dans son portefeuille, sur un petit papier tout jauni, le poème de l'Américain Alan Seeger, légionnaire au régiment de marche de la Légion étrangère, intitulé : « I have a rendez vous with death » :

« J'ai un rendez-vous avec la mort,
Sur le versant déchiqueté de quelque colline délabrée,
Quand le printemps reviendra faire son tour cette année,
Et qu'apparaîtront les premières fleurs des prés. »

Zinovi en connaît les couplets par cœur. Il sait aussi que Alan Seeger est tombé en juin 1916 à Belloy-en-Santerre, comme dit le poème, « fidèle à la parole donnée ».

Le caporal Pechkoff était prêt à mourir au combat. La mort n'a pas voulu de lui. Dès lors, plus que jamais, il est urgent de vivre.

CHAPITRE 4

Retour vers l'Italie

Une autre convalescence

Malgré le silence opposé par Lidia à toutes les tentatives de conciliation émanant des amis, Zinovi était plein d'espoir en poussant la porte de la maison de Levanto, désertée par la tribu Amfiteatrov dorénavant installée à Rome. La déception a été à la mesure de son attente : immense. Aucune émotion dans les yeux de sa femme, aucune compassion devant sa manche vide, mais un visage impénétrable. Même la petite Liza l'a regardé comme un étranger, plus d'une année qu'il ne l'avait vue, une année, c'est long à quatre ans. Il aurait tant voulu la prendre dans ses bras, la hisser très haut au-dessus de sa tête pour provoquer ses rires comme il le faisait autrefois. Il n'a pu que se pencher vers elle pour lui caresser le visage. Là, pour la première fois peut-être depuis l'amputation, il s'est vraiment senti manchot. Un papa manchot. Quand l'enfant a réalisé qu'il lui manquait un bras, elle s'est mise à pleurer. Le soir, dans leur chambre, au lieu de ces tendres retrouvailles auxquelles il aspirait, Lidia lui a une fois de plus asséné la litanie de ses frustrations, dénoncé sa fuite des responsabilités dont son départ pour la guerre n'était que l'ultime illustration, son incapacité à se comporter en mari et en père responsable. Elle a ajouté à cela le soupçon qu'il l'ait trompée avec sa sœur Jenia. Elle lui annonce son intention de divorcer. Le lendemain matin, sans attendre le réveil de la petite Liza, Zinovi a pris le train pour Rome.

Là, heureusement, l'attendent des amis dont les Amfiteatrov qui délaissent de plus en plus la côte ligure pour la capitale. Une autre convalescence s'amorce. Il ne faudra pas longtemps avant que Pechkoff trouve de nouveau «captivante» sa chère Italie. À Rome, le voici maintenant comme un poisson dans l'eau. La gloire toujours croissante de Gorki flatte l'Italie qui l'a si longtemps accueilli, Zinovi en bénéficie. D'ailleurs, il n'est plus seulement «le fils de...», lui aussi a une histoire, la gloire militaire s'est attachée à ses pas. Est-ce la douceur de l'automne dans le Latium? Il ressent moins ce membre fantôme qui ne lui laissait pas de repos. Le 10 décembre, dans une lettre au vieil Herman Lopatine, il se réjouit de se servir de mieux en mieux de sa main gauche, même s'il n'écrit à la main que ses lettres personnelles et tape le reste à la machine. «Dès le premier jour, j'ai décidé, dit-il, d'avoir recours le moins possible à l'aide d'autrui.» Le voilà de nouveau au travail aux côtés d'Amfiteatrov. Mais la majeure partie de son temps, Zinovi l'occupe à coucher sur le papier – en anglais – son expérience de la guerre. On lui a d'ailleurs demandé de faire une conférence sur ce thème, il en est resté stupéfait. Dans la salle de presse de l'ambassade de France, quatre cents personnes étaient là pour l'entendre, des diplomates, des écrivains, des gens du monde. Sanglé dans une tenue militaire bleu horizon taillée sur mesure (le pantalon garance des débuts de la guerre a vite été abandonné), ornée de ses modestes galons de caporal et de ses glorieuses médailles pendantes, la manche droite glissée dans la poche, Zinovi a séduit tout le monde par son naturel, ses bonnes manières et le bel enthousiasme qui le porte.

Dans sa lettre à Lopatine, Pechkoff ne cache pas sa joie de contribuer à lutter contre le militarisme prussien. «Parfois, je suis triste d'avoir dû quitter le champ de bataille trop tôt car je sens que, dans la vie civile, les gens ne ressentent pas sérieusement et profondément l'instant important que l'humanité est en train de vivre.» Une critique qui vaut tout spécialement pour l'Italie. Vue de l'autre côté des Alpes, la guerre semble loin. Sans doute, après que son gouvernement a longuement tergiversé, l'Italie a-t-elle quitté en mai 1915 le confortable statut de pays neutre pour rallier la Triple-Entente, une intervention militaire a même été décidée contre l'Autriche. Mais elle s'est bien gardée de déclarer la guerre à l'Allemagne. «Nostra Guerra», comme titrent les journaux italiens, est le fruit moins d'un engagement passionnel que d'une politique réaliste dont le but est d'obtenir des Alliés le maximum de bénéfices moral, territorial, matériel, dans le futur concert européen.

Semeur de courage

Rien de tel qu'un récit vécu pour faire éprouver à ces exonérés la réalité exaltante et affreuse de la guerre. À Rome, devant son auditoire choisi, Pechkoff a connu un beau succès dont la presse s'est fait l'écho. On lui demande déjà de donner courant décembre une autre conférence à Bologne. Il compte, il est vrai, de précieux soutiens. L'ambassadeur de France à Rome (depuis 1897 !) est ce même Camille Barrère dont, cinq ans plus tôt, la fille était intervenue pour sortir Zinovi de l'ornière canadienne : fils d'instituteur, pur produit de la méritocratie républicaine, violoniste de talent, Barrère s'est entiché du caporal. Ce petit bonhomme, il en est sûr, est promis à un bel avenir. Il n'a pas fait d'études ? Et alors ? Sa vive intelligence, son intuition, son expérience de la vie, tout cela tient lieu de grande école. Le voilà déjà nanti d'un nouveau métier. Quelques mois plus tôt, qui l'aurait imaginé réincarné en conférencier ? Mais, Barrère est payé pour le savoir, on ne s'élève pas tout seul dans l'échelle sociale. Il va présenter Zinovi à deux hommes qui lui offriront un inestimable parrainage. Le premier est l'homme-clé de la propagande française dans la Péninsule, l'historien Julien Luchaire, grand spécialiste de la renaissance italienne et président de l'Institut français de Florence. Le second,

Henri Gonse, est le délégué général pour l'Italie du tout nouveau « Comité du livre » créé par le Quai d'Orsay. Son ambition, son obsession, est de renforcer l'influence intellectuelle de la France dans la Botte. Dans ce but, tout est bon : promouvoir la littérature et diffuser la presse françaises (*Le Petit Parisien* sera vendu à perte cinq centimes sur le pavé de Rome), multiplier ses correspondants permanents en Italie, faire d'utiles pressions sur la presse locale... Que les pensionnaires de la Villa Médicis – musiciens, peintres, sculpteurs, architectes – sortent enfin de leur magnifique isolement pour se mêler à la vie artistique romaine ! Il faut redresser nos nonchalances, clame Henri Gonse, tout à la fois esthète et agent secret, aussi lié avec le monde intellectuel et politique qu'avec les artistes. Il connaît assez le pays pour savoir, comme il l'écrit dans l'un de ses rapports au Quai où il dénonce l'attentisme de la classe politique italienne, qu'« on fait ici beaucoup en montant sur une borne ou en se penchant à un balcon... En quelques mots, on ramène la flamme dans l'œil de l'Italien et la bonne humeur dans ses réflexions. Les semeurs de découragement ont bon terrain. Il faudrait inventer, trouver des semeurs de courage ». En Pechkoff, il a trouvé son homme : il sera un semeur de courage.

Sur-le-champ, Henri Gonse lui organise une tournée de conférences à travers le pays. Après la prestigieuse université de Bologne, la plus ancienne université européenne, celle de Thomas Becket de Pic de la Mirandole et d'Albrecht Dürer, Pechkoff se rend le 31 décembre à l'Université populaire de Vérone. En six mois, il va parcourir des centaines de kilomètres. Dans un tout autre costume que celui de jeune littérateur impécunieux qui était le sien avant guerre, il revisite des lieux lourds de souvenirs. Il en est d'amers, d'autres qui sont très doux. À Milan, il revoit ses longs mois à galérer comme ouvrier, c'était il y a sept ans seulement. Et voici qu'aujourd'hui, le professeur Luchaire le présente avec flamme comme « le symbole de cette union entre les peuples latins et les peuples slaves qui est la nécessité essentielle de demain pour une Europe pacifique et libre ». À Gênes, Henri Chassain de Marcilly, le consul de France, est dans la salle : avec des larmes dans les yeux, Zinovi lui apprend comment il lui a, sans le savoir, ouvert les portes d'une nouvelle vie. Avec ses richesses. Ses souffrances et ses désillusions aussi : tout en parlant, il surveille du regard le fond de la salle, dans le vague espoir d'une apparition de Lidia, il aurait tant aimé passer par Fezzano pour retrouver la petite Liza. Le ciel s'éclaire lorsqu'il met le cap vers le sud. C'est avec bonheur qu'il retrouve ces terres familières.

Mais – serait-ce la présence d'Henri Gonse à ses côtés ? – il porte sur elles un regard nouveau, plus critique. Leur pauvreté lui saute aux yeux. Sur un millier de kilomètres, les voyageurs ne verront que deux charrues traînées par un petit cheval, des sortes d'araires en bois à un seul manche, à soc presque horizontal. Pour le reste, pas d'animaux de trait mais de longues lignes d'hommes et de femmes qui, armés de petites houes à lame courte, remuent la terre sous la houlette d'un chef d'équipe. Zinovi a souri en retrouvant les femmes des environs de Naples, parées selon leur habitude comme des châsses. Gonse l'a vite déniaisé. L'or dit « de Naples », l'or très fin à six ou huit carats qui recouvre ces magnifiques parures, devrait selon lui s'appeler plutôt l'or du Rhin, puisqu'on l'importe directement du coin de Pforzheim. Quant au secteur du tourisme, appelé à un bel avenir, il est lui aussi sous la botte allemande : dans Naples, pas un hôtel qui soit tenu par un Français quand les établissements teutons sont légion.

Après Naples, Palerme, Reggio de Calabre et Bari dans les Pouilles accueillent le caporal Pechkoff. Puis Vérone, Florence, Parme et « autres petites cités d'Italie ». Chaque fois, il fait salle comble, s'exprimant dans un italien mâtiné d'accent russe qui enchante les foules. Il raconte l'enfer : la vie dans les tranchées, le malheur des populations civiles, le sursaut qu'a représenté la bataille de la Marne quand la France risquait d'être anéantie, la percée du front aux « Ouvrages blancs ». En digne fils du prophète de Capri, il proclame le rêve à venir d'un monde nouveau d'où la haine serait bannie, en se gardant bien d'en préciser la couleur politique. Il séduit par son naturel, il fait rire, pleurer, c'est un conteur-né. Du grand art. Et cette manche vide qui incarne à elle seule toute la souffrance et le courage du monde. L'émotion envahit la salle, la presse encense le semeur de courage.

L'ami des princes

Zinovi n'a pas son pareil pour adapter son discours à son auditoire, à l'aise dans les salons des comtesses et les amphithéâtres universitaires comme dans les salles municipales et les préaux d'école. Il s'est lié avec le prince Jacques de Broglie par exemple, attelé lui aussi à restaurer en Italie l'image de la France, à grand renfort de tournées musicales, de représentations théâtrales, de soirées mondaines pour financer l'aide aux blessés. Il a surtout marqué les esprits avec une belle exposition de quinze cents tableaux ayant trait à la guerre qui, inaugurée à Turin, a voyagé dans tout le pays. Avec sa femme née princesse de Wagram qui l'accompagne dans sa tournée italienne, il forme un couple élégant, très lancé, fortuné (même si la mère de Jacques de Broglie, Constance Say, richissime héritière de la dynastie sucrière, est en train de ruiner sa famille en excentricités). En 1905, leur mariage fastueux au château de Grosbois a fait les gros titres de la presse, tout comme le « Bal des Pierreries » donné par les jeunes époux le 20 juin 1914, le dernier grand événement mondain parisien avant l'entrée en guerre. De Jacques de Broglie, un petit homme sec un peu plus âgé que lui, Pechkoff admire l'énergie infatigable, l'esprit précis, volontaire, le sens de l'organisation. De son épouse Marguerite, il goûte l'élégance des manières et l'âme délicate. La révolution, il doit en convenir, n'a pas le monopole du cœur. En Italie, Zinovi poursuit sa mue. Sensible à un raffinement, à un art de vivre qu'il cultivait spontanément, à le voir tiré à quatre épingles même à la plage sur les photos d'avant-guerre, il est ébloui d'avoir accès non plus au monde des hommes de lettres et des artistes comme à l'époque Gorki, mais aux cercles de la haute société. Il est de beaux et de bons esprits chez les êtres épris d'ordre et de tradition, à l'instar de ses chers officiers de Légion. L'idéal humaniste que lui a transmis Alexeï Maximovitch n'est pas à mettre à l'encan pour autant. À Milan, Zinovi a déchaîné l'enthousiasme en concluant sa conférence par ces mots : « J'étais parti pour offrir ma vie à la cause de la liberté. Je n'ai pas eu l'honneur de mourir, mais je continuerai à combattre tout ce qui constitue un outrage au droit des gens. » Cette envolée-là, publiée à la une de *L'Homme enchaîné*, le magazine de Georges Clemenceau, son père adoptif lui-même ne l'aurait-il pas signée ?

Autre rencontre importante, celle du comte Joseph Primoli – « Gégé » pour ses amis –, le plus charmant des grands seigneurs romains, le plus fin et le plus narquois des Parisiens d'adoption, l'apôtre le plus fervent de l'amitié franco-italienne. Sa mère, la princesse Charlotte, est la petite-fille à la fois de Joseph et de Lucien Bonaparte, une fille de Joseph ayant épousé un fils de Lucien. Il confesse que le jour où l'Italie est entrée en guerre aux côtés de la France a été le plus beau jour de sa vie. Zinovi se rend régulièrement à l'invitation de Primoli dans son palais de la via Zanardelli non loin du Tibre, il aime ce lieu étrange où règne un incroyable bric-à-brac de meubles, de porcelaines, de statues, de bibelots et de médailles, où les choses les plus précieuses – ainsi du contrat de mariage entre Napoléon et Marie-Louise – voisinent avec des babioles. Il resterait à écouter des heures la conversation fleurie d'anecdotes de ce bel esprit, son ton légèrement nasillard, tout à la fois nonchalant et railleur, son libéralisme teinté de scepticisme et nourri d'une culture encyclopédique. Dans sa jeunesse, dit-on, Primoli se destinait à une carrière littéraire : avec Zinovi, il partage cet amour de la poésie, dont Abel Bonnard, le fils naturel qu'il a eu d'une Française, a entrepris de faire son métier.

Après quelques conférences remarquées, voici Pechkoff devenu à Rome une véritable mascotte, on ne jure plus que par le fils adoptif de Gorki, icône d'une guerre dont le souffle ne cesse de se rapprocher. C'est une apothéose lorsque, au mois de mai 1916, il est invité par la reine mère à donner une causerie chez elle, au palais

Marguerite sur la via Veneto, devant la fine fleur de la noblesse romaine. Il y gagnera accessoirement la réputation d'un séducteur de haut vol lorsque les réseaux sociaux du temps entreprendront de compter au nombre de ses conquêtes... la reine d'Italie elle-même, confondant l'épouse de Victor Emmanuel III avec sa belle-mère, la très digne veuve du roi Umberto Ier, assassiné par un anarchiste quinze ans plus tôt. « Simpaticissimo ! », tel est en tout cas le souvenir que la reine mère conserve de Zinovi, à en croire une lettre reçue quelques mois plus tard de son maître de cérémonies : « Notre pauvre princesse ne va guère bien : elle a gardé le lit pendant un mois et ne sort pas de sa chambre. Nous parlons souvent de vous. » Que la vieille reine ait été charmée par le petit caporal, qu'elle lui ait même offert son portrait dédicacé, est une chose. De là à imaginer une passion qui aurait lié Zinovi à la reine en titre, la très belle Hélène de Montenegro, qui, toujours éclatante à l'aube de ses quarante ans, a mis au monde un an plus tôt une petite fille, son cinquième enfant... On ne prête qu'aux riches.

Qu'aux riches en amour en tout cas. Et de ce côté-là... Zinovi a commencé tôt sa carrière amoureuse. À seize ans tout juste, il avait déjà trouvé refuge entre les bras de Lidia Sokolova. Ce joli cœur n'a pas désarmé depuis, entre les Russes, les Italiennes, égéries ou non de la révolution. Et Grace Latimore Jones, la fiancée américaine. Et l'autre Lidia bien sûr, en qui il rêvait d'avoir trouvé l'âme-sœur. Les belles Romaines n'ont pas tardé à le consoler, si brûlante que reste la fêlure de ce mariage raté, si lourde la tristesse d'être privé d'une enfant qu'il aime profondément.

Officier interprète

En cette fin mai 1916, avec l'offensive du Trentin où Venise a été menacée par les troupes austro-hongroises, il y a du nouveau au royaume d'Italie. « Quelque chose s'est rompu, écrit à cette date Henri Gonse, la certitude qu'avait l'Italie de mener la guerre à sa guise, de ne courir aucun dangereux hasard, de pouvoir faire exactement la somme d'efforts, et les sacrifices qui lui conviendraient. Elle a senti tout à coup qu'elle était vulnérable… » Dans cette perspective, Pechkoff n'a pas ménagé ses efforts. L'heure est venue pour lui de regagner la France. Justement, la demande de réforme qu'il avait déposée dès sa blessure à l'administration militaire vient d'aboutir. Le 3 avril 1916, le tribunal des pensions de la Seine lui a accordé une pension d'un montant de 660 francs. Le même jour, le caporal Pechkoff est rayé des contrôles de l'armée. Surprise, deux mois plus tard, il rempile ! Le 22 juin 1916, il contracte un nouvel engagement à la Légion pour la durée de la guerre. Il a appris entre-temps que l'armée française recrutait des officiers interprètes. Ne parle-t-il pas cinq langues, le russe bien sûr, mais aussi l'italien, l'anglais, le français, plus une bonne maîtrise de l'allemand ?

Au même moment, le ministère des Affaires étrangères annonce la création de la Maison de la presse, un vaste réseau de communication et de propagande destiné en priorité aux pays neutres. Basée rue François-Ier, presque face au Quai d'Orsay, de l'autre côté de la Seine, elle élabore des tracts, des brochures, des articles, organise à l'intention des journalistes en poste à Paris des visites guidées des champs de bataille, alimente la presse et le cinéma en images fortes. Mais, pour toucher le cœur des gens, rien de mieux qu'un témoin direct. La Maison de la presse va donc envoyer des correspondants sur place à l'étranger. Profil du candidat idéal : un type solide, pas un intrigant, un militaire, de préférence. Si le recrutement se fait en lien avec le ministère de la Guerre, il reste sous la responsabilité du secrétaire général du Quai d'Orsay, Philippe Berthelot. Le patron direct d'Henri Gonse.

Parmi les pays cibles, les États-Unis sont en première ligne. Le 1er janvier 1916, en guise de bons vœux, Berthelot a reçu une sorte d'appel au secours de l'ambassadeur de France à Washington, Jules Jusserand : « Les Allemands ont dépensé ici des millions à la douzaine. Pour lutter contre eux, j'ai demandé, au lieu de m'envoyer soit des millions de francs, soit ces cartes postales illustrées de portraits d'un ministre qui n'est plus ministre quand son image arrive, qu'on m'accorde ce qui peut servir : du bon vouloir aimable vis-à-vis de qui en a pour nous. » En clair, contre-carrer une fois encore l'influence allemande et donner de nouveaux arguments à la communauté francophile américaine plutôt que de la décourager comme c'est trop souvent le cas. Averti de ce projet, Henri Gonse n'a pas hésité une seconde. Il a eu tout loisir d'observer Pechkoff, l'homme connaît bien l'Amérique, il en parle la langue, il représente à merveille ce « bon vouloir aimable » que Jusserand appelle de ses vœux. Gonse soumettra l'idée à son patron, la France ne peut faire meilleur choix.

Le seigneur du Quai

Berthelot est, nul ne l'ignore, amateur de personnalités rares qui tranchent avec le commun des mortels. Seuls quelques êtres d'élite trouvent grâce ses yeux. Si atypique soit Pechkoff – la Russie, Gorki, la Légion… –, il n'était pas écrit qu'un petit caporal éveille l'intérêt du personnage considérable qu'est alors Philippe Berthelot, l'homme fort des Affaires étrangères françaises, le Seigneur du Quai d'Orsay. Dès leur première rencontre, il est séduit par le candidat d'Henri Gonse qui, à peine remis d'une terrible blessure, a rempli brillamment sa mission en Italie. De son côté, Pechkoff est fasciné par cet héritier d'une famille prestigieuse, fils du grand chimiste Marcellin Berthelot, par ce gentleman à l'intelligence crépitante, sûr de ses dons et de ses chances, qui affiche des opinions libérales, cet homme politique qui parle d'égal à égal avec les souverains européens, cet athlète complet qui, après ses douze heures de bureau quotidiennes, trouve encore le soir l'énergie de courir les générales de théâtre et les dîners mondains, ne s'autorisant que quatre heures de sommeil par nuit, portant en lui un besoin de tout vivre jusqu'à l'épuisement. Mais Berthelot est aussi un homme qui, comme Zinovi, a cherché sa voie jusqu'à l'âge de trente ans, désespérant son glorieux père par la vie oisive qu'il menait, partagée entre les cafés, les salons littéraires, les maisons de plaisir, les hippodromes et les chahuts nocturnes pour épater le bourgeois. Un homme que Paul Claudel décrit en ces termes : « Indépendant jusqu'à l'anarchie, stature imposante, front en forme de donjon, regard impassible, moustaches de guerrier féodal, voix de stentor, reparties impérieuses et abruptes. » Pechkoff a déjà prouvé son aptitude à conquérir l'esprit et le cœur d'êtres d'exception. Il y a eu Gorki. Il y aura Philippe Berthelot. Plus tard, Damien de Martel sera un autre de ses mentors, avant que Charles de Gaulle ne l'aspire à son tour dans son sillage.

Car c'est bien lui que Berthelot, écartant la candidature de Romain Rolland, jugé trop pacifiste, a choisi pour être l'émissaire de la Maison de la presse aux États-Unis. Mais son envoyé ne peut décemment se présenter comme simple troupier. Il faut montrer que la France honore ses braves. En signant en juin son nouvel engagement, Zinovi était déjà passé sous-lieutenant. Le 20 août, le voici lieutenant « à titre temporaire ». Les Russes auraient tenté de récupérer à leur profit ce jeune homme doué, comme en témoigne un certificat daté de 1918. Émanant du consulat impérial de Russie à Rome, il atteste « l'identité de M. Zinovi Alexeïevitch Pechkoff, sujet russe de naissance, afin de permettre le rapatriement de ce dernier en Russie ». Il se rendra auparavant, est-il même précisé, « en France, en Angleterre, en Norvège et en Suède ». Trop tard. Les dés en sont jetés.

CHAPITRE 5

L'odyssée américaine

Devenir quelqu'un

Le 23 août 1916, Philippe Berthelot annonce à l'ambassadeur de France à Washington et au consul de France à New York l'arrivée du lieutenant Zinovi Pechkoff, « Russe, fils de l'écrivain Gorki », pour une tournée de quatre mois pendant lesquels il fera une série de conférences. Il précise qu'« il a beaucoup voyagé dans l'armée française, s'y est glorieusement comporté, a été amputé d'un bras, et est particulièrement doué pour intéresser le public américain. Je vous le recommande tout spécialement (il souligne ces derniers mots) et vous prie de l'aider de toutes manières ». Le 27 août, Jean-Jules Jusserand, l'inamovible ambassadeur de France à Washington, semble plus circonspect dans le télégramme confidentiel qu'il renvoie à Berthelot. Ce petit homme brun et vif, très populaire aux États-Unis pour avoir dans le temps relevé le défi du président Théodore Roosevelt de traverser avec lui le Potomac à la nage, se méfie des amateurs. Cette idée d'envoyer un étranger incarner la France… « Il serait important, écrit-il, que je fusse renseigné au moins d'une manière générale sur le sujet et la portée des conférences que le fils de Gorki se propose de faire aux États-Unis. Agira-t-il avec l'approbation du gouvernement russe ? Le représentant de ce gouvernement aux États-Unis appartient au parti conservateur le plus prononcé. Je n'ai pas besoin de signaler les inconvénients qu'il y aurait à ce que l'ambassadeur de France montrât vis-à-vis de cette tournée un empressement qui se trouverait contraster avec l'attitude de l'ambassade russe. »

Berthelot s'impatiente, tressant par retour du courrier des couronnes à son poulain : « Le lieutenant Pechkoff s'est conduit en héros à l'armée française. Il a séjourné pendant sa convalescence à Rome où il a été reçu et fêté partout, aussi bien par les Russes de la société que par les Italiens. À Paris, il a de même été accueilli et reçu partout, aussi bien par les membres de l'ambassade russe que par la société française la plus choisie. Il a autant de délicatesse et de modestie que d'enthousiasme et d'intelligence. Il serait difficile de trouver un meilleur avocat de la cause française et je suis persuadé que vous l'accueillerez comme je vous le demande, avec la plus grande bienveillance et l'aiderez discrètement de toutes manières. »

Autrement dit, c'est un ordre. Les recommandations dont Pechkoff est porteur devraient lui faciliter la tâche. Berthelot a sonné le rappel de ses relations américaines, diplomates et hommes politiques, universitaires et artistes, philanthropes et femmes du monde, tous ont eu droit à l'éloge du lieutenant. « C'est ma blessure qui m'a permis de devenir quelqu'un », avait dit Zinovi au couple Huré. À peine plus d'un an s'est écoulé depuis l'attaque des Ouvrages blancs, et le constat vaut déjà. L'étiquette de « fils de Gorki » lui assurait la sortie de l'anonymat : sa belle guerre, son bras en moins, ses décorations en plus lui donnent une nouvelle stature. « Devenir quelqu'un... » L'affaire semble bien engagée à lire ce portrait qu'en trace *Le Monde illustré* du 4 juin 1916 sous le titre : « Jours de guerre » : « De grands yeux noirs, ce teint bis de soleil que donnaient la vie du large et celle des camps. L'air martial et froid, la tranquillité de certaines âmes qui ont su regarder en face ce qui mérite d'être affronté... Un uniforme bien sombre, la médaille militaire et la croix de guerre, et cette manche vide, ce bras qu'aucune main ne saurait plus étreindre sous l'étoffe, qui demeure inerte, plissée... mais tant de flamme couve dans cette noire et ronde prunelle que le mutilé ne semble point diminué, mais grandi… Je ne crois pas avoir rencontré encore un mutilé qui paraisse aussi peu atteint que celui-ci, tant il y a de flamme et de vie, d'activité dans son regard. »

Cinquante mille Américains contre cent millions

Bien sûr, le pays a compté des volontaires de la première heure, au nom du tribut à payer à La Fayette, héros de la guerre d'indépendance américaine. Et pas seulement chez les Américains de Paris, mais à New York, à Washington et jusqu'à San Francisco. La plupart de ces volontaires se sont engagés à la Légion étrangère. D'autres, élèves pour la plupart des grandes universités américaines, ont rejoint comme ambulanciers l'« American Ambulance Field Service » (AAFS), le service automobile de l'Ambulance américaine. Pour ces jeunes gens, habités par le mythe romantique des chevaliers et des croisés, il s'agit ni plus ni moins de sauver la civilisation française des mains des Allemands, ces nouveaux Huns qui déferlent sur l'Europe. Depuis leur guerre victorieuse de 1898 contre l'Espagne, les États-Unis ont pris place dans le cercle des grandes puissances. Ce n'est plus à l'Ouest mais à l'Est que se situe la Nouvelle Frontière, sur le front de la Grande Guerre. Même si la tâche est rude – cent vingt-sept ambulanciers de l'AAFS y laisseront la vie –, certains veulent s'engager plus avant. Ils ont réussi, en déjouant de multiples embûches administratives – toujours ce maudit principe de neutralité –, à former en mars 1916 un escadron de pilotes américains aux côtés de la toute jeune aviation française. C'est cette escadrille bientôt baptisée « La Fayette », célèbre pour son insigne à tête de sioux, qu'ont rejointe avec enthousiasme, dès leur formation achevée, les amis de Zinovi, Paul Pavelka et Kiffin Rockwell.

Quelques Américains ont mis généreusement la main au portefeuille. Mais il faut aller plus loin. En cet automne 1916 où le conflit s'enlise, seule l'entrée en guerre des États-Unis peut faire basculer le sort en faveur des Alliés. Certains éléments pèsent lourd dans le procès fait aux Allemands. Il y a eu les exactions commises dès août 1914 en Belgique au mépris des lois de la guerre. Il y a eu le 7 mai 1915, au large des côtes d'Irlande, le torpillage par un sous-marin allemand du *Lusitania*, un paquebot de la Cunard anglaise, près de deux mille victimes dont cent vingt-quatre Américains. Mais il faut être réaliste. Comme l'a dit un jour à Pechkoff Robert Bacon, ancien ambassadeur des États-Unis en France, qui préside le comité directeur de l'Ambulance américaine : « S'il y a cinquante mille Américains qui comprennent la nécessité pour leur pays de s'engager aux côtés des Alliés, il en reste cent millions qui n'ont jamais envisagé cette éventualité. »

À bord du *Lafayette*

C'est à Bordeaux que Pechkoff a embarqué sur le *Lafayette*, en même temps que quatre cents passagers. Le jeune officier passera pourtant le plus clair de ces huit jours dans une relative solitude, comme imprégné des devoirs que lui confère sa mission. « N'être d'aucune coterie », lui avait conseillé Berthelot.

Cette discrétion est d'autant mieux respectée par les autres passagers qu'ils ne manquent pas de distractions : le Ballet russe a lui aussi embarqué sur le *Lafayette* ! Soit une quarantaine de personnes, des Pétersbourgeois, des Moscovites, des Caucasiens, des Polonais, depuis les étoiles jusqu'aux machinistes. Ancrés pour certains depuis des années à Paris, d'autres arrivés il y a peu de Russie. Chaque matin, la troupe envahit le pont supérieur pour les séances d'échauffement et d'assouplissement à la barre avant l'heure des répétitions : devant ces corps qui s'enlacent, se désenlacent, bondissent comme d'admirables animaux sauvages, les dames dont les robes frôlent les chevilles prennent un petit air effrayé, tandis que leurs époux caressent du regard ces effleurements impudiques. C'est pourtant une étiquette inflexible qui régit l'illustre compagnie sous la férule de Serge Grigoriev, son régisseur, une étiquette plus exigeante que celle d'aucune cour européenne. Même en son absence, la grande ombre de Serge de Diaghilev, le « deus ex machina » de la troupe, plane sur elle : voilà plus de dix ans que ce tyran paternaliste, qui a porté le Ballet russe au sommet de son art, règne sur Paris. Malgré tout, pour le fils de Gorki, la danse reste un art de salon, il ne jouera pas les idolâtres devant les ballerines stars qui lui décochent des sourires enjôleurs. Mais quand, se promenant à la fraîche sur le pont désert, il a trouvé un petit coryphée, qui, assise sur un tas de cordages, sanglotait, saisie par le mal du pays, ses bas de laine tire-bouchonnant sur les mollets, le petit lieutenant a trouvé les mots qui ont calmé sa peine.

Sitôt le *Lafayette* à quai, des journalistes grimpent à son bord, le *New York Herald*, le *Sun*, le *Times*, pour qui Pechkoff est « l'un des plus intéressants des passagers ». « Mais, comme j'avais eu la bonne ou la mauvaise fortune de faire la traversée avec le Ballet russe, ils lui ont accordé beaucoup plus d'importance qu'à mon humble personne », raconte-t-il le 3 octobre à André Verney, le chef adjoint du cabinet d'Aristide Briand. Dans cette longue missive, l'émissaire russe du gouvernement français s'exprime pour l'occasion en anglais à son « dear friend ». « Je pense, poursuit-il, qu'en général tout le monde ici est favorable aux Alliés ». L'officier des douanes, apprenant qu'il avait perdu son bras à la guerre, l'a laissé passer sans contrôler ses bagages. « Ce fut fort heureux, ajoute Zinovi, car j'avais très peur qu'on ne voulût me faire payer pour mes plaques de lanterne magique et mes albums photos. » Il faut dire qu'au moment de passer devant les autorités portuaires qui lui demandaient de préciser sa taille, peu lisible sur le passeport, celui qui reste un comédien dans l'âme a mis les rieurs de son côté en précisant avoir « six centimètres de moins que Napoléon » (Dieu sait pourtant si sa courte taille restera toute sa vie un sujet tabou). À André Verney, il tait aussi l'étrange hommage reçu de Kamychov, le préposé aux formalités douanières du Ballet russe – un géant débonnaire qui réussit à faire voyager à travers une Europe en feu costumes féeriques et éléments de décor inouïs. Repérant Pechkoff parmi les passagers qui débarquent, il est venu s'incliner devant lui pour clamer avec une voix de stentor la vénération qu'il porte à son célèbre père avant de le gratifier d'un « Do svidania, barine », « Au revoir, Maître ». Dans ces mots qui, durant des siècles furent ceux des moujiks face à leur seigneur, Zinovi confessera avoir vu « les marques résiduelles d'un atavisme de servitude ». On ne devient pas un homme libre du jour au lendemain.

Le lieutenant et le président

Le premier jour de son arrivée, raconte encore Zinovi à Verney, le voici invité au restaurant par deux Américains qui se révéleront des contacts utiles. L'un d'eux dînant le soir même avec « le colonel Roosevelt »* promet de signaler à ce dernier l'arrivée de Pechkoff, porteur d'une lettre d'introduction signée de Berthelot. Ni une ni deux ! Le lendemain matin, sur le coup de 11 heures, le colonel en personne décroche son téléphone pour le convier à déjeuner… Une invitation libre de tout formalisme, bien dans la manière de ce personnage haut en couleur, encensé par les uns, détesté par les autres. Rien d'étonnant cependant dans cette main tendue par l'ex-président à un jeune lieutenant de retour du front français. Car, contempteur de la politique de neutralité menée par le président en titre, il y a longtemps qu'il y serait allé lui, sur le front, et pas pour faire des ronds de jambe. Pour l'homme qui, en 1898, ardent défenseur de la libération de Cuba, mena au feu ses « Rough Riders » (ses « dresseurs de chevaux sauvages ») dans des combats si rudes qu'il y perdra les trois quarts des effectifs du régiment, morts, blessés ou anéantis par la malaria, recevoir

* Théodore Roosevelt, président des États-Unis de 1901 à 1909, le plus jeune de l'histoire américaine, Prix Nobel de la paix en 1906 pour sa médiation dans la guerre russo-japonaise, N.D.A.

Pechkoff est un « must », dans la droite ligne de l'action qu'il mène pour convaincre son pays de rejoindre le camp des Alliés.

Quinze jours se sont écoulés et Pechkoff a déjà parlé dans nombre de clubs new-yorkais, au Knickerbocker entre autres, le célèbre « Knick », un repaire de milliardaires, dont le siège de brique rouge s'élève au coin de la 5e Avenue et de la 62e Rue. Ses lettres d'introduction sont d'utiles sésames, sa force de conviction, son charme et son culot font le reste. On le présente à Walter Waterman, « l'homme des stylographes » ? Grâce à son entremise, Zinovi se retrouve quelques jours plus tard l'invité d'honneur du dîner mensuel du Rotary Club, « une organisation bizarre composée en majeure partie d'industriels et d'exportateurs ». Tout juste a-t-il réussi à s'échapper quelques jours pour se rendre à Washington à l'invitation de l'ambassadeur Jusserand qui, ses réticences oubliées, a organisé pour lui un déjeuner qui réunissait tous ses conseillers ainsi que sa femme américaine, « intelligente et ouverte », juge Zinovi. Diplomate-né, le lieutenant achève de gagner les bonnes grâces de l'ambassadeur en lui demandant son avis sur la conduite à tenir aux États-Unis.

« En attendant, conclut Pechkoff dans sa lettre à Verney, je vois quantité de gens et je reçois plus d'invitations que je ne voudrais. Heureusement, la vie des tranchées m'a enseigné l'endurance. Ce qui me fatigue le plus, ce sont les heures et les heures passées à parler et à répondre à des questions qui nous paraissent oiseuses, mais auxquelles on semble attacher ici une extrême importance. » La vérité, c'est que le peuple américain porte attention aux conséquences économiques de la guerre plus qu'il n'est atteint par le drame humain qu'elle représente. Même sa grande générosité est plus une marque d'intelligence qu'un mouvement du cœur. Difficile à vivre pour un être comme Pechkoff, blessé par le spectacle de toute souffrance humaine. Et fragilisé récemment par la nouvelle de la mort héroïque de son ami Kiffin Rockwell qui, ayant rejoint la prestigieuse escadrille « La Fayette », a été abattu en plein ciel le 23 septembre 1916. Quatre mois plus tard, c'est

Pavelka qui tombera à son tour. Son nom et celui de Rockwell sont gravés dans la pierre du Panthéon comme ceux des cinq cent soixante écrivains morts pour la France en 14-18, comme ceux d'Alain-Fournier, d'Apollinaire ou de Charles Péguy.

Le ministère des Affaires étrangères n'a pas lésiné sur les moyens alloués à Pechkoff. Dès son arrivée il s'est installé dans une confortable suite de l'hôtel Biltmore sur la 42e Rue où le rejoint chaque matin Alissa Franc, une jeune Britannique rémunérée dix-huit dollars par jour pour assurer son secrétariat (Zinovi en touche, lui, quarante). Reste à organiser les tournées de conférences à une plus grande échelle avec le bureau new-yorkais de l'Ambulance américaine.

Pechkoff aurait-il encore quelque crainte de partir à l'assaut d'un monde qui lui reste étranger ? Ce viatique empreint d'une affection toute paternelle que lui adresse en réponse le 17 octobre André Verney devrait suffire à le rassurer : «Vous n'avez qu'à leur parler, mon cher ami, comme vous savez le faire et je suis bien sûr que vous saurez les toucher. Vous êtes un exemple vivant de ce que peut faire la force de l'idée pour déterminer au sacrifice. Vous n'avez donc qu'à paraître, vous qui avez au surplus partagé les sentiments des Américains qui ont combattu à côté de vous.»

«Vous n'avez qu'à paraître...»

En ce début octobre 1916, Manhattan est encore relativement calme, nombre de gens, profitant de l'été indien, prolongent leur séjour à la campagne. L'émissaire de la Maison de la presse en profite pour mettre sa stratégie au point. Le lobby français joue à plein. Dès son arrivée, Pechkoff a reçu un accueil chaleureux de Louis Delamarre, le directeur local de l'Alliance française, comme de Melchior de Polignac, chargé par les Affaires étrangères de coordonner les actions de propagande aux États-Unis. Le courant est bien passé avec ce grand sportif, futur membre du comité olympique, qui a remporté au printemps précédent un remarquable succès en organisant à New York un grand « Bazaar » où l'on vendait au profit d'œuvres charitables toutes sortes d'objets militaires, depuis des collections d'uniformes et des objets fabriqués dans les tranchées jusqu'à un aéroplane criblé par la mitraille.

Peu à peu, tout se met en place. Les très *select* clubs new-yorkais ont servi d'utile mise en jambes, avec leurs membres acquis pour la plupart à la cause de la France. D'autres rendez-vous sont prévus, tout autour de New York. On attend le lieutenant à Tuxedo Park, dans le comté d'Orange, un havre de luxe. Plusieurs universités de l'Ivy League, traditionnellement francophiles, se sont manifestées aussi : après Columbia, dont le président s'est fendu d'un dîner avec vingt de ses professeurs, c'est Harvard qui a ouvert à Pechkoff les portes de son « Cercle français », quelques jours après que René Doumic de l'Académie française y eut évoqué le « Soldat de 14 ». À Hobart comme à William Smith College, les prestigieux établissements de Geneva, au nord de New York, on compte à chaque fois plus de mille personnes dans la salle. Et c'est un tonnerre d'applaudissements qui salue son entrée dans le grand amphithéâtre de l'Académie militaire de West Point. Dieu sait si les cadets sont biberonnés aux hauts faits militaires, mais là, tout à coup, ce lieutenant de quelques années leur aîné vient leur apporter ce qu'aucun d'eux n'a encore vécu, il leur parle de cette force intérieure qui l'a conduit à s'engager, et de la dureté des combats, et du sens de l'honneur, et du courage qui manque parfois, et de camaraderie virile, et de sacrifice consenti, celui de son bras pour lui, pour d'autres celui de la vie. « Il vous suffit de paraître… » : André Verney avait vu juste. Ces succès ne passent pas inaperçus. Avant la fin novembre, Zinovi doit retourner à Washington pour y parler devant la National Geographic Society et, le lendemain, à l'American Press Club. L'American Historical Association le reçoit aussi, elle décide même de l'élire pour membre. Une consécration.

Le Canada est un autre terrain familier à arpenter, Zinovi connaît le pays, et l'atmosphère y est tout acquise aux Alliés. « *My impressions of the french front* » fait un malheur au Canadian Club de Toronto où quatre cents représentants de l'élite financière, industrielle et intellectuelle de la ville assistent à la conférence. À Ottawa, pour écouter « *The call to arms* », l'appel aux armes, ce même Canadian Club a fait présider la séance par le Premier ministre canadien lui-même, Sir Robert Borden. Enchanté par ce qu'il vient d'entendre, il proposera à la salle de se lever, avant l'hymne national, pour faire à l'orateur une ovation selon les règles : « *Give three cheers and a tiger for France and Russia* ! » À Montréal, les communautés canadiennes anglaise et française se disputent les faveurs du lieutenant : « Le fils adoptif du célèbre Gorki est arrivé à Montréal », titre la presse. Après l'inévitable passage au Canadian Club, puis à l'université McGill, Pechkoff fait salle comble malgré la pluie au Ritz-Carlton devant l'Alliance française. « L'entrée du lieutenant fut l'occasion d'une enthousiaste ovation, quelque chose de très grand, de très beau, de très glorieux chantait, vibrait dans l'âme de l'auditoire qui remplissait absolument la vaste salle du Ritz », peut-on lire dans *La Patrie*. Le président de l'Alliance française, Gonzalve Desaulniers, conclut la séance : « En écoutant le lieutenant Pechkoff dans son langage imagé où la note douce se mariait à la note grave, j'ai saisi sur le vif cette âme slave qui ne m'avait été révélée jusqu'ici que par Tourgueniev, Tolstoï et Gorki, cette âme faite de poésie, de mélancolie et de tendresse, d'un peu de rudesse quelquefois, mais de courage et d'ardeur toujours. »

À la conquête de l'Ouest

La mission était prévue jusqu'en décembre, à l'évidence, on a taillé trop juste. Dès octobre, Pechkoff a tiré la sonnette d'alarme. Un délai supplémentaire lui a été imparti. Il lui faut maintenant porter la bonne parole à l'ouest du pays. Le lieutenant sait bien que ces régions sont moins sensibilisées que la côte Est à la cause des Alliés car plus éloignées encore du théâtre des opérations. Mais il n'imaginait pas qu'existât un tel gouffre. Dès qu'il met le pied dans les vastes plaines de la « Corn Belt », le constat est clair : « La population du Middle West ne considère pas l'Amérique comme une partie du monde, confie-t-il à Jusserand, elle considère les États-Unis comme le monde entier. Ce qui se passe chez nous est vu comme des événements d'un autre monde, ayant un intérêt secondaire. On se dit qu'il y a eu beaucoup de guerres en Europe avant cette guerre et on s'est habitué à regarder l'Europe comme un monde qui se querelle toujours. » Pour tenter de contrer cette inertie, il accomplit un marathon de la mi-janvier à la mi-février 1917, avec cinq conférences à Chicago, trois à Omaha, la « Porte d'entrée de l'Ouest américain », cinq à Kansas City, trois à Denver. Suivront Salt Lake City, Portland, San Francisco, Santa Barbara, Los Angeles, Colorado Springs, Chicago de nouveau, et pour finir, Minneapolis et Saint Paul, Cleveland, Youngstown et Pittsburgh. Arrivée prévue le 20 février. Et pas un malheureux jour de libre pour retourner, entre deux étapes, aux chutes du Niagara.

Dans cette course épuisante, rien n'arrête Zinovi, ni la fatigue ni son bras qui le torture parfois. Alors que, le 24 janvier 1917, il est dans le train qui le conduit de Kansas City à Denver, il trouve enfin le temps de faire au Quai d'Orsay son rapport habituel : trois pages serrées tapées sur sa petite Underwood avec les doigts qui dérapent à chaque cahot du wagon, à se croire passager d'un navire ballotté en plein océan. Il y raconte l'ambiance un peu électrique qui règne à Omaha et à Kansas City du fait de la germanophilie des journaux locaux, soucieux de ne pas se priver de la manne publicitaire des industriels du coin largement financés par l'Allemagne, sinon allemands eux-mêmes. Zinovi ironise : il lui faudrait « deux têtes et quatre mains » pour mener ce travail de conquête à bien. Vivement en tout cas l'arrivée à Denver, où, à en croire les journaux locaux qu'il a pu acheter à la dernière gare, il est attendu de pied ferme.

Il y lèvera plus de sept mille dollars, sans compter les promesses de dons. Le Mile High Club, un club haut de gamme réunissant des fous d'aviation, qui a l'habitude de recevoir des sommités, fait salle pleine. Au Brown Palace, plus de sept cents personnes se pressent à l'invitation du Club universitaire de la ville – et encore, on a dû refuser du monde –, dont nombre de femmes qui ont clairement fait savoir au lieutenant leur désir qu'on leur parle dans les mêmes termes qu'à ces messieurs du Mile High, puisqu'elles aussi votent (depuis plus de vingt ans dans le Colorado !) et s'intéressent de près à l'actualité. « Quand l'orateur s'est tu, un moment de silence presque religieux a précédé des applaudissements prolongés », raconte le journal local. « Pour un peu, commente de son côté Zinovi, je me serais senti dans la peau de Billy Sunday* annonçant aux gens la Bonne Nouvelle. » « Vous avez réveillé notre sang », lui a écrit un banquier d'Omaha.

De telles ovations, de si belles lettres ne valent-elles pas de couvrir des milliers et des milliers de kilomètres ? Encore faut-il enfourcher le bon destrier. Le 26 janvier au matin, Pechkoff, parti de Denver, est sur le chemin de Salt Lake City quand le train s'arrête, bloqué par des congères en plein Wyoming, sur un plateau désolé à deux mille mètres d'altitude. Trente heures plus tard, après avoir hoqueté quelques kilomètres, les wagons sont toujours à l'arrêt, même plus de gare à proximité. C'est toute la ligne de l'Union Pacific qui est immobilisée par le blizzard, le pire depuis cinquante ans, la température est tombée à 47 degrés en dessous de zéro. Dans le train, la situation est critique, on craint pour les prochaines heures une pénurie d'eau, de nourriture et aussi de chauffage si les moteurs viennent à geler. On a bien fait fondre un peu de neige pour boire, mais il est impossible de se laver. Les passagers râlent, les enfants qui trouvent le temps long s'époumonent, les portiers noirs y vont de leurs prédictions pessimistes et cela ajoute à la confusion générale. Zinovi s'échappe

* Un fameux joueur de base-ball devenu l'évangéliste le plus célèbre d'Amérique, N.D.A.

par la fenêtre. Il contemple les légers nuages qui filent dans un ciel redevenu clair, tordus par le vent qui souffle en rafales, à croire qu'ils sont devenus fous, et il se prend à rêver qu'il enfourche ces nuages pour échapper aux râleurs qui colonisent les wagons mal ventilés.

Quelques jours ont suffi pour que Pechkoff prenne le pouls de l'Amérique profonde. «*I have a dream*», semble dire le doux rêveur de Nijni : le rêve de déverser son enthousiasme dans le cœur de ces Américains de l'Ouest à qui l'on ne s'est jamais donné la peine de venir parler, que même leurs compatriotes de la côte Est ont d'une certaine manière abandonnés. Conscient qu'il n'obtiendra jamais les moyens de son ambition, Zinovi demande au moins à ses correspondants du Quai d'adresser à plusieurs notables de l'Ouest américain les derniers écrits d'Alan Seeger. À elle seule, la poésie aura peut-être le pouvoir de convertir les cœurs.

«Les épanchements de Zinovi»

À San Francisco, c'est du délire. «Zinovi a un succès fou; les vieilles dames l'adorent, le cajolent et l'entourent; les jeunes essuient une larme naissante d'un mouchoir très parfumé et tremblent d'émotion aux passages pathétiques. La conférence terminée, l'orateur est emmené en triomphe par les hommes jusqu'au bar où il absorbe des boissons banales à des heures étranges. Il a dû sucer du vodka (sic) au biberon. Il sait raconter avec un talent tout italien les anecdotes les plus banales, ne met pas trop d'idées dans ses conférences, a beaucoup de facilités en anglais, sait merveilleusement se présenter et toute la salle éclate en applaudissements et en pleurs dès qu'il paraît.» Dans cette lettre de février 1917 adressée à Philippe Berthelot, le jeune consul général de France à San Francisco, Gilbert Chinard, un natif de Châtellerault, n'en revient pas de la performance du lieutenant Pechkoff. Il doutait fort que l'on puisse parvenir «à remuer des gens endormis dans la douceur de leur climat », il constate, non sans surprise, que « beaucoup d'entre eux ne demandaient qu'à être renseignés, pour autant que quelqu'un ose le faire ». Lui-même, malgré ses réticences initiales, a finalement accepté de parler en public mais « sans l'éloquence et les épanchements de Zinovi – c'est vous, précise-t-il à Berthelot, qui l'avez dit le premier et je vous le ressers ! ».

Dans ses lettres au Quai, Pechkoff ne joue pas les faux modestes. Il aligne les sollicitations à la chaîne, les audiences record, les articles enflammés, les belles sommes récoltées. Il est fier de ses succès. Tous ceux qui l'écoutent célèbrent cependant son naturel et son absence totale de prétention, de « self-consciousness ». Ce n'est pas qu'une posture. Car Zinovi, cet écorché vif, sait bien que le message qu'il porte d'une certaine manière le dépasse, si lourde est la tâche de faire irruption, avec ses histoires de boue et de sang, chez ces Heureux du monde.

Une nuit avec Nijinski

C'était après son retour d'Amérique. Peut-être au mois de mai 1917. Introduit pour son plus grand bonheur dans le cercle des intimes du couple formé par Berthelot et sa femme Hélène, Pechkoff passait l'après-midi du dimanche dans leur appartement du boulevard du Montparnasse en compagnie de Misia Sert, des Claudel, de Jean Giraudoux et de Pierre Reverdy, quand il leur raconta le plus joli souvenir qu'il gardait de son passage à San Francisco. En cette veille du Nouvel An, le théâtre municipal fait relâche. Devant y donner une conférence, et sachant qu'une représentation du Ballet russe est prévue pour le lendemain, Zinovi décide de repérer la loge qu'on lui a attribuée. Quand il entend soudain une porte qui claque. Le gardien a fermé le théâtre. Une seconde encore et l'électricité est coupée, le bâtiment plongé dans le noir, seules subsistent quelques tremblantes veilleuses pour signaler des portes sans issue, des escaliers interdits. Alors qu'il sort de sa loge à tâtons, Pechkoff entend crier en russe : «Y a quelqu'un ?» Pas de réponse. La voix se fait inquiète : «Y a quelqu'un ?» Zinovi respire, il n'est pas le seul à s'être laissé piéger.

Et voici que, sortant de la scène plongée dans l'ombre, il voit émerger un garçon de petite taille, plutôt râblé, un jeune athlète au physique étrange. Un danseur à coup sûr, si l'on en juge par sa tenue, celle-là même qu'avaient les artistes du Ballet russe pour répéter sur le pont du *Lafayette*, pantalon moulant et chemise à col ouvert. L'air d'un gamin mais comme un défi dans le regard. «Vous êtes russe ?» l'interroge Pechkoff. «Mon nom est Vaslav Nijinski», répond le jeune homme. Nijinski ! Dans la pénombre, Pechkoff ne l'avait pas reconnu. Nijinski, l'étoile du Ballet russe, écarté un temps de la troupe pour avoir osé danser devant la famille impériale sans les hauts-de-chausse obligatoires, le talentueux chorégraphe de *L'Après-midi d'un faune*. À ce qu'on dit, il se serait attelé en Californie à la création de *Till l'Espiègle* sur une partition de Richard Strauss. Quelle étrange affaire de le retrouver en ces lieux ! Pechkoff sait que, ce soir, personne ne s'inquiétera de lui. Et Nijinski ? Sans doute le ballet, arrivé seulement la veille à San Francisco, est-il en train de faire la fête, les Polonais surtout, que les familles catholiques de la ville accueillent comme des princes. Mais celui qui fut l'amant de Diaghilev est désormais un homme marié, sa femme, Romola, le suit pas à pas dans ses tournées, la petite Kira accrochée à ses basques. Le problème, c'est qu'habituée aux retours tardifs de Vaslav, elle ne devrait se soucier de son absence qu'aux petites heures de l'aube.

Zinovi et Vaslav sont de la même génération, vite ils se tutoient, s'appellent par leurs prénoms. Ce travail de reconnaissance, explique Nijinski, il l'effectue chaque fois qu'il arrive dans une ville inconnue. Il a besoin d'arpenter longuement la scène sur laquelle il dansera, d'en connaître les moindres recoins, il ne cache pas la fascination qu'il éprouve pour cette «beauté aveugle», ce «lac sans eau» comme il dit, qu'est un théâtre sans lumières. Mais les minutes, les heures s'égrènent. Vaslav s'impatiente. Dans le théâtre devenu prison, le danseur discourt maintenant sans s'arrêter, comme pour conjurer le mauvais sort. Pour avoir côtoyé à Capri nombre d'artistes, poètes et écrivains, comédiens, peintres et musiciens, Zinovi sait d'expérience que ce sont souvent des personnalités fragiles, surtout préoccupées d'elles-mêmes. Il sait les écouter sans jamais les brusquer. Pour lui qui a expérimenté dans la forteresse de Nijni la privation de liberté, il y a presque une griserie à se retrouver comme derrière des barreaux, mis au secret, coupé du monde, rien qu'une oreille attentive dans laquelle Vaslav déverse son histoire. À son compagnon d'un soir, il raconte les artistes qu'étaient ses parents polonais, des gens pauvres, créateurs d'une compagnie de danseurs ambulants, avant que le père, saisi par le démon du jeu, ne plante là sa femme et ses trois enfants, dont un frère aîné fou à lier, lui, Vaslav, et la petite dernière, Bronia, qui vit elle aussi pour la danse. Il lui confie ses années noires à l'École impériale du ballet de Saint-Pétersbourg quand, admis à dix ans, honneur insigne, bien avant l'âge requis, il était moqué par ses camarades pour son accent, sa mère mal fagotée, mis à l'écart parce qu'« un Polonais, ça sent mauvais », d'autant plus détesté que le meilleur de la classe, donné en exemple à ses condisciples par Nicolas Legat, son maître bien-aimé.

Pechkoff ne pose pas de questions. Mais il s'émeut au récit de ces années de malheur dans une école bénéficiant de la haute protection du tsar, lui aussi a les larmes aux yeux. Il frémit à l'idée qu'en janvier 1905, entraîné par Tola, son seul ami, dans le cortège du pope Gapone alors qu'ils sortaient en uniforme de l'École impériale, Vaslav aurait pu se retrouver au rang des victimes chargées par les Cosaques devant le Palais d'Hiver. Il est à l'écoute lorsque le danseur lui parle des années de folle dissipation et d'intense vie mondaine qu'il a passées auprès de Diaghilev, et de l'apaisement que lui apporte depuis trois ans l'amour de Romola. De l'ultime épreuve qu'il a subie en 1914, quand, surpris par le début de la guerre à Budapest, donc en terre ennemie pour un ressortissant russe, soupçonné d'être un espion à la solde de l'Angleterre, il a été interné plusieurs mois par les autorités hongroises.

De Nijinski, Zinovi connaissait jusqu'ici le bel esclave de *Schéhérazade*, le prince divinisé des *Orientales*, ce héros de légende dont les portraits d'une étonnante beauté paraissent sur le papier glacé des magazines. Et voilà qu'au cours de cette longue nuit, il découvre un garçon rageur, buté, au cou massif, au regard inquiétant sous ses paupières bridées. Un homme blessé par les critiques que l'on porte, sinon sur son talent, du moins sur son physique. Nijinski n'est pas beau, il déçoit ceux qui l'approchent hors des lumières de la scène. Cocteau l'a traité de « petit singe aux cheveux rares ». Dans *Les Nouvelles littéraires*, Germaine Beaumont, la très chère amie de Colette, a encore récemment parlé de lui comme d'un « butor aux cuisses lourdes, à l'épaisse bouche resserrée et boudeuse. Quoi, ce gars de ferme, tout en torse tassé par l'anomalie des muscles, ce fut lui, le *Spectre de la Rose* ? Il volait, dit-on. Où sont ses ailes ? ». De cette longue confession, Zinovi se souviendra toute sa vie, touché par ce génie fragile. Une fois encore, par son don d'empathie, il a réussi à traquer la vérité d'un homme derrière son image publique, au-delà de son étonnant pouvoir de métamorphose.

Au matin, le gardien du théâtre trouva, étendus sur le sol, recouverts de leur seul manteau, les deux hommes profondément endormis. On ne pouvait lui reprocher d'avoir si vite fermé boutique : sa femme avait accouché d'un beau garçon dans la nuit. La nouvelle mit Nijinski au bord de l'exaltation, lui qui gardait un souvenir ébloui de la naissance de Kira, il bondissait de joie, tenait à ce que l'enfant eût pour parrains les deux emmurés ! À propos, quel était le nom de son compagnon d'une nuit ? « Zinovi Pechkoff ! Le fils adoptif de Maxime Gorki ! Il fallait le dire, il fallait... », bredouillait Vaslav. La séquence se termina par des adieux à la russe, des serments éternels. On était liés à la vie, à la mort, on se reverrait vite. Quelques mois plus tard, hanté par ses vieux démons, Vaslav Nijinski sombrait dans la folie pour les trente ans qui lui restaient à vivre.

« De grands hommes viendront qui en feront de la poésie »

À peine le temps de faire étape au Biltmore et Pechkoff est déjà reparti pour Ottawa, où il doit prendre la parole dans un grand meeting patronné par le nouveau gouverneur général du Canada. Et à Montréal. Et de nouveau à Chicago. À New York bien sûr. Dans le New Jersey, le Massachusetts, l'Ohio, l'Illinois, le Michigan, le Wisconsin, l'Indiana, le Wyoming – le 1er avril, en espérant que la neige ne jouera pas cette fois les invités surprise. À la mi-avril, juste avant son retour vers la France, il s'évade pour dix jours vers le sud, se rend à Richmond, à Memphis, à Nashville, à Charlotte. Et, une fois encore, les gens accourent. Les dons privés destinés à l'Ambulance américaine affluent. D'autres associations bénéficient de cet élan de générosité, la Croix-Rouge, le Fonds américain pour les blessés français, celui lancé par la romancière Edith Wharton contre la tuberculose qui fait des ravages dans les tranchées, ou pour les enfants de réfugiés. À la mi-février 1917, c'est la Société des amis des prisonniers de guerre russes, récemment fondée à Paris, qui vient solliciter l'aide de Zinovi pour tenter d'améliorer les conditions de détention infligées par les Allemands aux soldats pris sur le front de l'Est, ces « barbares » comme ils disent, sales, dépenaillés et crevant de faim, faute de recevoir aucun colis de leurs familles, elles-mêmes prises à la gorge.

« Notre tâche à nous, humbles soldats, dit Pechkoff, est uniquement de raconter ce que nous avons vu, ce que nous avons vécu, ce que nous avons fait. De grands hommes viendront ensuite qui en feront de la poésie, qui écriront des choses magnifiques sur la Grande Guerre, sur l'endurance, les sacrifices, le courage et la vaillance de nos soldats. » Zinovi pourtant ne se contente pas de parler, il écrit des pages très belles qui lui fourniront la matière de ses conférences. Dans un *Tour de la France combattante*, il invite ses amis américains à le suivre : « Vous qui ne connaissez guère que

Paris, je vous emmènerai dans l'Oise, où les hostilités ont laissé leur marque. Puis vers la tranquille Bretagne. Vers le Val de Loire tant aimé des touristes. Nous descendrons ensuite depuis l'Auvergne jusqu'à Marseille, remonterons vers l'industrieuse Lyon puis, franchissant les montagnes de Haute-Savoie, conclurons notre périple à Verdun, dont l'héroïque résistance vient de sauver la France et les Alliés avec elle. » Il dit la cruauté des Boches, le courage des petits gars qui chaque jour montent vers le front pour relayer ceux qui sont tombés, la vaillance des femmes françaises qui occupent le poste des absents dans les industries de guerre et les services publics, la générosité des régions moins exposées qui participent, elles aussi, à l'effort de guerre, envoient des hommes au front mais déposent également des millions de francs or à la Banque de France (« quatre millions en un an et demi pour le seul département d'Ille-et-Vilaine ! »), accueillent des hordes de réfugiés (dix-huit mille sont toujours à Orléans qui en a vu passer beaucoup plus), poussent les industries d'armement, comme en Auvergne ou à Marseille.

Même si l'université de l'Iowa le présente avec quelque exaltation comme « probablement l'une des plus importantes autorités morales aux États-Unis pour parler de la guerre telle qu'elle est », Zinovi se situe à sa juste place : celle de témoin. Il parle de cette Légion étrangère à laquelle il est fier d'appartenir, rappelle l'histoire d'un corps vieux d'un siècle dont les hommes, auréolés du mystère de l'anonymat, ont conquis un empire à la République par le fusil et par l'outil, et qui, depuis le début de la guerre, a définitivement gagné en France ses lettres de noblesse. Droit comme un I dans son bel uniforme sombre brodé d'une grenade, le lieutenant manchot est une publicité vivante pour la Légion étrangère, porteuse d'une mystique guerrière. L'émotion est assurée lorsqu'il cite en conclusion ces mots que Kiffin Rockwell envoyait peu de temps avant sa mort à sa mère qui vit en Caroline du Sud : « Maman, si je meurs, je veux que tu saches que je suis mort, comme tout homme devrait mourir, en me battant pour ce qui est juste. Je n'ai pas l'impression de me battre uniquement pour la France mais pour l'humanité tout entière, la plus grande de toutes les causes. »

Encore faut-il adapter ce discours à des auditoires bien différents. À Brooklyn, Pechkoff parle devant un « People's Forum » bourré de descendants d'immigrés allemands et polonais, souvent juifs, en majorité socialistes ou anarchistes. Il est très demandé dans les « recruiting meetings » : à Memphis, le 16 avril, devant trente-cinq mille personnes, il intervient entre deux roulements de tambour de la fanfare locale. La montée des couleurs, le salut au drapeau par les vétérans, les hymnes patriotiques, tout est fait dans ces grandes fêtes populaires pour enflammer les esprits, et Pechkoff reçoit une « *tremendous ovation* ». Mais, tout comme en Italie il fréquentait les palais romains, il excelle aussi auprès de la société la plus huppée. Des réceptions chez les Vanderbilt au 660 Fifth Avenue où la chère « Granny » de l'Ambulance américaine a réuni ses amis new-yorkais autour de son protégé, chez Mrs George M. Pullman, belle-fille du créateur des célèbres wagons-lits, ou encore à Euclid Heights, la belle résidence de l'ambassadeur Myron Herrick, rapporteront des milliers de dollars.

Comment baisser les bras quand, depuis l'automne, les rumeurs de paix se font plus insistantes ? Les neutralistes affirment que les Allemands renouvelleront ces offres de paix jusqu'à ce qu'elles soient acceptées, l'affaire sera conclue avant l'hiver. Les Français eux-mêmes pourraient être tentés si on promettait de leur rendre la Lorraine. Pour réfuter ces allégations, la Maison de la presse veut plus que jamais aller de l'avant. L'année précédente, la France a tenu dignement sa place à l'Exposition universelle de San Francisco, le pavillon français a été l'un des plus visités. À la mi-juillet 1916, Jean Guiffrey, conservateur au musée du Louvre, a lancé l'idée de créer de façon permanente à New York une galerie d'art décoratif. Pour faire concurrence au prestigieux Deutsches Theater de Max Reinhardt, on a imaginé de faire venir en Amérique la nouvelle troupe du Vieux Colombier sous la houlette de son créateur, Jacques Copeau.

Autre initiative : l'envoi aux États-Unis en janvier d'une délégation française des Cincinnati, la plus ancienne société patriotique américaine, qui regroupe les descendants de ceux qui se sont distingués pendant la guerre d'indépendance. En février, c'est le philosophe Henri Bergson que le Quai d'Orsay délègue à Washington, pour une série de contacts officieux avec de hauts responsables américains – de mère anglaise, il est parfaitement bilingue. Alors que le 6 mars, il regagne New York, Pechkoff lui rend visite à l'hôtel Vanderbilt. Comme beaucoup d'officiers, le lieutenant a lu *L'Évolution créatrice* sorti dix ans plus tôt, il adhère pleinement à l'idée que l'élan vital, le moral des troupes, est la clé de tout combat. Il sortira impressionné de cette rencontre avec le philosophe presque sexagénaire, un homme qui, malgré sa notoriété et l'étendue de ses connaissances, s'exprime avec modération et simplicité.

Miss Alissa et Lady Lucille

En Alissa, Zinovi a trouvé une assistante idéale. Non seulement elle tient l'agenda de ses tournées, gère ses contacts, son courrier de ministre, l'aide, quand il est là, dans la préparation de ses conférences et la rédaction de ses rapports détaillés à la Maison de la presse. Elle collecte toutes les coupures de presse parlant de lui – un service nouveau assuré par l'agence new-yorkaise de Henri Romeike sur le modèle précurseur de l'Argus de la presse français –, et les colle dans d'épais classeurs de toile grège. Elle a aussi dressé la liste des « personnalités probablement en sympathie avec la cause des Alliés avec lesquelles il pourrait être intéressant d'entrer en relation », suggère de rencontrer un certain comte Cippico pour son étroite amitié avec la célèbre Duse, l'égérie de D'Annunzio. Alissa divertit Zinovi avec ses jugements à l'emporte-pièce sur tel auteur populaire qui lui donne le sentiment de « quelqu'un qui aurait frappé la Vénus de Milo avec des mains sales » ou sur ce meeting « assommant » de la féministe Ida Rauh sur le contrôle des naissances. Avec ses enthousiasmes aussi : tel ouvrage sur la psychanalyse l'a passionnée, mais il n'amusera sans doute pas le lieutenant moins familier qu'elle « des intellectuels de la ville qui habitent tous plus bas que la 10e Rue et se trimbalent avec des livres de Freud, le pape de l'inconscient ».

Au fil des semaines, même si elle continue à s'adresser dans ses lettres au « dear lieutenant Pechkoff », on sent que la secrétaire abrite l'âme d'une groupie : «Je ne m'étonne pas le moins du monde de votre succès et vous ne pouvez imaginer combien je suis fière de penser que vous nous représentez, nous autres Européens. Vous êtes né avec un don rare, un sens absolu de l'intégrité et cela vous donne beaucoup de poids. » Et encore : «Je trouve du plaisir dans chacun des gestes que j'accomplis pour vous. » Bonne fille, elle entretient le réseau de toutes les femmes atteintes de Zinovimania, donne des nouvelles du voyageur, chaque fois qu'elle les croise, à «la jolie petite jeune fille de la Poste » ainsi qu'aux « gentilles bibliothécaires » qui le fournissent régulièrement en lectures, essentielles pour meubler les longues heures qu'il passe dans les trains. Alissa transmet aussi à Zinovi les demandes répétées de Grace Latimore Jones, avec qui il est toujours resté en contact, impatiente de connaître l'itinéraire exact de ses tournées afin de pouvoir le joindre tout au long de son périple.

Il n'y a pourtant guère de chances d'un retour en grâce si l'on en croit cette lettre en date du 29 janvier 1917 envoyée par Gorki à Ekaterina : « Zinovi a une affaire de cœur avec la comtesse Tchernykh, la femme du consul de Sarajevo, celui-là même qui a participé au complot autrichien contre la Serbie. Lorsque la guerre a commencé, cette comtesse a demandé le divorce et maintenant elle est avec Zinovi. » Gorki serait-il mal informé ? Il semblerait que ce soit plutôt une certaine Lucille Beckett qui attende à Rome le lieutenant voyageur. Celle-là même qui, le 9 décembre précédent, après avoir confié à Alissa combien elle s'inquiète pour la santé de Zinovi du travail à la chaîne qu'il fournit avec ses conférences, lui écrit : «Je suis si heureuse que vous l'aimiez et appréciez tout ce qu'il est, et je vous suis reconnaissante de ce que vous faites. » Flattée de se voir ainsi promue ange gardien, Alissa qualifie du coup son interlocutrice de « *perfect darling* » dans une lettre adressée au « *dear lieutenant* ». En attendant, c'est elle qui se charge de donner des nouvelles régulières à Lucille.

Pechkoff serait-il déchiré entre deux femmes, entre la « Comtesse Tchernykh » et Lucille Beckett ? Trêve de suspense : ce sont là une seule et même personne. Fille aînée d'un lord anglais, Lucille Beckett a épousé à Londres en 1903 un jeune attaché d'ambassade austro-hongrois, le comte Otto Czernin von und zu Chudenitz. Dès le début de la guerre, elle en a demandé le divorce : son cœur est auprès des Alliés quand son mari est un dévoué serviteur du camp adverse. Lorsque Zinovi la rencontre à Rome, Lucille est une femme libre. Libre dans ses engagements politiques, libre de ses liens conjugaux, libre, cette fois bien malgré elle, de toute charge familiale, son mari ayant obtenu la garde de ses trois fils dont le dernier n'avait pas cinq ans au moment de la séparation. Cette belle et grande femme d'allure décidée, amoureuse de la vie et des hommes, une originale à l'âme campagnarde, connaît bien la Russie où elle a suivi avant la guerre son époux, alors conseiller d'ambassade à Saint-Pétersbourg. Lucille est aussi une femme riche, et par sa mère américaine, et par son père, Ernest Beckett, encore que celui-ci ait déjà, par ses dépenses somptuaires, largement écorné la fortune familiale au point d'être exclu par ses frères de la banque Beckett and Co. Témoin de ces extravagances, l'extraordinaire villa Cimbrone qui domine au sud de Naples le golfe de Ravello, enchâssée dans un jardin magique et restaurée par ses soins dans un mélange de styles arabe, vénitien et néo gothique. Le 18 décembre 1916, l'impécunieux Zinovi demande étrangement à sa banque, la Banca Commerciale, la « Comit » comme on dit en Italie, de régler la somme de six cent quatre-vingts lires à l'honorable Lucille Beckett habitant à Rome, 16 Trinita dei Monti. Un écho paru peu après dans le *Chicago Tribune* donne peut-être la clé de l'affaire en évoquant les démêlés de l'héritière avec la Chambre des lords : déchue par son divorce de la nationalité autrichienne, elle n'a plus, dit-elle, à être privée des revenus de ses propriétés foncières anglaises.

Entre la secrétaire dévouée et l'amante esseulée, les échanges sont presque quotidiens. « À force de parler tout le temps de vous, écrit Alissa début avril 1917, nous en sommes venus, chaque fois qu'une question se pose, à nous demander : "Qu'en penserait-elle ?". » Et quand le *Tribune* pour lequel elle travaille aussi a émis un temps l'idée de l'envoyer en Europe, plutôt que de s'inquiéter d'un éventuel abandon, Pechkoff a regardé Alissa avec un sourire radieux : « Ce serait merveilleux, Lucille pourrait venir vous chercher à Gênes. » Une fois encore, une fois de plus, Alissa rassure Lucille sur l'état de Zinovi, un peu fatigué certes, mais largement à cause de la surexcitation qu'ont causée chez lui les « magnifiques événements de Russie » (la révolution de février 1917). Son bras, c'est vrai, le rend de temps en temps nerveux, d'autres maudiraient le sort. Mais non, lui accepte ces tracas et, dès qu'une chose plaisante arrive (« et vu la douceur de sa nature, il n'est pas difficile d'en trouver une »), il la prend comme un antidote, et son tempérament solaire reprend le dessus. « Réellement, ajoute Alissa, plus je travaille avec lui et plus je le trouve merveilleux. »

L'Amérique au pied du mur

À la fin de 1916, Gabriel Hanotaux de l'Académie française a titré son article à la une du *Figaro* : « L'Amérique au pied du mur ». « Dans le cataclysme que l'ambition allemande a déchaîné sur le monde, écrit-il, les peuples les plus exposés ne sont pas ceux qui se battent… Non, ceux qui courent le plus grand danger, quel que soit le sens dans lequel se prononcera le destin, ce sont les pays qui se croient à l'abri et qui prétendent jouir en toute tranquillité du malheur des autres : et au premier rang, les républiques américaines. » Réélu en novembre 1916, Wilson n'a toujours pas renoncé à ses idées pacifistes.

Mais, en ce début 1917, les événements se précipitent. Le 16 janvier, c'est la maladresse de trop : Arthur Zimmermann, le ministre des Affaires étrangères allemand, adresse à son ambassadeur à Mexico un télégramme dans lequel il l'engage à proposer au gouvernement mexicain une alliance contre les États-Unis, en échange d'une aide financière et d'une promesse de restitution, après la victoire, des trois provinces perdues un demi-siècle plus tôt, le Texas, le Nouveau-Mexique et l'Arizona. Intercepté par les Anglais, le «télégramme Zimmermann» met le feu aux poudres. Le 3 février, les États-Unis rompent leurs relations diplomatiques avec l'Allemagne, renvoient à Berlin son ambassadeur, le comte Bernstorff, rappellent leur ambassadeur à Berlin. Du 12 au 23 mars cinq navires marchands américains sont coulés sans préavis. Quelle humiliation devra-t-on encore infliger au président Wilson pour qu'il se décide à franchir le pas décisif ?

Le 6 avril 1917, les États-Unis déclarent enfin la guerre à l'Allemagne. Ils se battront non pas au sein mais aux côtés de la Triple-Entente. Le temps de monter un corps expéditionnaire solide, de lui trouver un chef, et le général John Pershing, parti dans le plus grand secret de New York, débarque à Saint-Nazaire le 13 juin avec ses «Sammies» aux allures de cow-boys, uniformes de drap olive, feutres à large bord et ceintures à poches multiples. Le but que soutenait la Maison de la presse est atteint, la mission de Pechkoff touche à sa fin. Le 23 avril, il a été reçu à déjeuner par William Phillips, l'«Assistant Secretary of State», le numéro deux du département d'État. Le 27 avril, il est convié à déjeuner avec l'écrivain Jean Giraudoux, en tournée de conférences lui aussi, chez l'ambassadeur Jusserand qui, oubliant la sagesse grinchue dont il est coutumier, chante désormais ses louanges. Le soir même, il est présenté au tout nouveau maréchal Joffre, de passage à Washington. Puis, laissant derrière lui une Alissa mélancolique, il repart le 5 mai pour la France. «Vu le lieutenant Pechkoff, note Paul Morand le 5 juin dans son journal, il n'a qu'un bras, il est petit, vif, parle mal le français. Il arrive d'Amérique.» La veille, Zinovi a vu défiler dans les rues de Paris les troupes de

Pershing au cri de « La Fayette, nous voici ». Le 5 juin, il est fait chevalier de la Légion d'honneur : « Engagé volontaire pour la durée de la guerre, décoré de la médaille militaire pour son admirable conduite au feu et la gravité de ses blessures, a tenu à rester au service de la France bien que réformé, et a rendu des services exceptionnels à la cause des Alliés. »

Si éloigné soit l'esprit américain de sa propre conception de l'existence, ces neuf mois passés aux États-Unis ont réconcilié Pechkoff avec l'Amérique. Là-bas, il compte désormais de nombreux amis. Parmi les plus surprenants parfois. La veille de Noël, il a été invité à dîner chez la décoratrice en vogue Elsie de Wolfe dans son lumineux appartement de la 55e Rue, étonnamment moderne avec ses murs crème, ses lambris ponctués de miroirs, ses chaises longues remplaçant les fauteuils par trop guindés. Un personnage que cette fille des beaux quartiers new-yorkais, d'une élégance raffinée, que son livre récemment publié, *The House in Good Taste*, a rendu riche et célèbre, et qui défraie la chronique par sa liaison affichée avec Elizabeth Marbury, dite « Bessie », un agent théâtral. Ce 24 décembre, c'est juste à une « family party » que Zinovi est convié avec Bessie et Anne Morgan, une amie intime de ces dames. Adopté par ce tout-Manhattan à l'originalité revendiquée, il y trouve des soutiens inconditionnels de son action. Elsie de Wolfe a passé des mois sur le front français comme infirmière, elle y a glané la croix de guerre. Quant à Anne Morgan, que Zinovi a connue par l'Ambulance américaine, elle est devenue pour lui une véritable amie. En cette fille du banquier John Pierpont Morgan, élevée dans le luxe sur Madison Avenue, il retrouve des idéaux qui l'habitent. Même si Anne n'adhère pas aux idées socialistes, elle a développé toute jeune une véritable conscience sociale, œuvré à la réhabilitation des ghettos du Lower East Side, soutenu la revendication de meilleures conditions de travail des ouvrières travaillant pour les usines de chemises new-yorkaises. Dès les premiers temps de la guerre, elle a mis au service des Alliés l'immense fortune reçue de son père, décédé en 1913.

Début 1916, avec son amie Anne Murray Dike, elle a monté le Comité américain pour les régions dévastées, dont le siège est au château de Blérancourt, un hôpital militaire au beau milieu de la ligne de front. Touchée par le sort de la population civile, elle multiplie les initiatives, crée dans la Picardie à feu et à sang des orphelinats, des maisons de retraite, des centres de rééducation pour les soldats blessés, et même un réseau de bibliothèques. Elle assiste les sans-abri qui ont entrepris de reconstruire leur maison. Pour Zinovi, cette femme d'une dizaine d'années son aînée n'est pas seulement un puissant soutien financier. Elle est le courage et l'humanité incarnés.

Dès son arrivée à Paris, Zinovi s'est présenté à l'Ambulance américaine pour lui apporter le fruit de ses efforts : soixante-dix mille dollars, auxquels viennent s'ajouter les sommes versées mois après mois par le trésorier de l'antenne new-yorkaise à son homologue financier de l'autre côté de l'Atlantique. Pechkoff habite alors le Crillon, « l'hôtel le plus aristocratique et le plus cher de Paris », note Anatoli Roubakine, un bibliographe et traducteur russe, qui décrit son compatriote installé dans une suite luxueuse payée par le gouvernement français. Roubakine livrera le récit de son rendez-vous avec ce petit homme à la poignée de main solide, doué d'un « tempérament toujours joyeux et d'une intelligence affûtée, un formidable conteur » : « Il sait, dit-il, beaucoup de choses de la politique mais ne porte aucun jugement de principe. »

Où Pechkoff guidera-t-il désormais ses pas ? Son beau succès américain lui ouvre bien des portes. Mais depuis février 1917, il y a surtout « les magnifiques événements de Russie », comme les qualifiait Alissa Franc, pour changer drastiquement la donne. Rien ni personne ne pourra faire oublier à Zinovi Pechkoff cette priorité-là.

CHAPITRE 6

Retour à la Mère Patrie

La Russie prend feu

Brandissant un télégramme, Pechkoff était entré en trombe dans la suite du Biltmore où il avait laissé le matin Alissa aux prises avec un courrier monstre. En six mois, la jeune femme a eu le temps de se faire aux fluctuations de caractère de son patron, à ses élans enthousiastes succédant à des périodes de doute existentiel, mais jamais elle ne l'avait vu aussi bouleversé. « Regardez ce que j'ai reçu ! », clame-t-il à son intention. Et Zinovi de décrypter entre rires et larmes le petit papier bleu que lui adresse en ce 19 mars 1917 Amfiteatrov, « Dynastie tombée. ministres emprisonnés. Ordre complet. Unanimité puissante. Tension de forces et ferme conviction en victoire proche indubitable sur ennemi. Frémissant de joie voyant remplir tous mes rêves politiques. T'embrasse et, si ta mission à l'étranger est remplie, t'appelle ardemment à te rapatrier, il y a tant faire pour un citoyen libre et aimant sa patrie. »

Le télégramme rédigé en français vient de Petrograd – comme a été promptement rebaptisée Saint-Pétersbourg pour effacer tout relent germanique. Amfiteatrov y est rentré après avoir appris la chute de la monarchie. Le lendemain, 20 mars, Zinovi transmet le télégramme au journal new-yorkais *The Tribune*, le besoin de faire partager sa joie, l'envie aussi de signifier qu'avec la révolution en Russie, sa vie prend un nouveau tour. Le 21 mars, dans le même journal, il applaudit à la fin de l'autocratie. Selon Zinovi, la révolution ne peut qu'aboutir à une conduite plus vigoureuse de la guerre. Son bel optimisme est justifié par la présence à la tête du nouveau gouvernement provisoire du prince Lvov, et aux Affaires étrangères du très populaire chef de l'opposition libérale, l'historien Milioukov.

« Dynastie tombée », disait le télégramme d'Amfiteatrov. Joie, joie, pleurs de joie. Tant d'années que Zinovi attendait cela. Sans doute, depuis dix ans, la Russie a-t-elle su évoluer vers un système politique où le pouvoir exécutif est équilibré par le Parlement et les forces sociales. Mais, pour couper l'herbe sous le pied à tous les extrémismes, il eût fallu hâter la mise en œuvre de la Constitution promise dans le Manifeste de 1905, et Nicolas II s'y est toujours refusé, conforté dans sa défense de l'autocratie par son épouse et l'âme damnée de celle-ci, Raspoutine. L'assassinat du starets le 17 décembre 1916 (le 30 décembre dans le calendrier grégorien) lève une hypothèque mais elle déclenche aussi une agitation générale autour du tsar, de plus en plus isolé. La situation est devenue intenable, entre un hiver plus rigoureux que jamais, le rationnement dû à la guerre et la hausse du prix des denrées alimentaires. Les manifestations et les arrêts de travail se multiplient. Le 9 janvier (22 janvier) 1917, trois cent mille personnes sont descendues dans les rues de Petrograd pour commémorer le dimanche sanglant de 1905. La garnison de la ville est sur les dents. En février, le thermomètre a encore chuté, les files s'allongent devant les boulangeries, le bois manque pour cuire le pain, on commence à redouter les pillages de bandes incontrôlées.

Le gouvernement supplie en vain Nicolas II de regagner la capitale, il est alors dans son quartier général de Moguilev, à trois cents kilomètres plus au sud. À compter du 25 février (10 mars), la grève est quasigénérale. Des multitudes affamées déboulent des quartiers pauvres sur la perspective Nevski, des drapeaux rouges flottent au-dessus des cortèges. De véritables batailles rangées se déroulent dans les rues de la ville, laissant des murs noircis, des ruines fumantes, des vitres étoilées par les balles. Il flotte partout une odeur de poudre. Le 27 février (12 mars) est la première journée révolutionnaire, des édifices publics sont détruits, le palais d'Hiver est envahi par la foule, les portes des prisons s'ouvrent, libérant les prisonniers. L'histoire s'emballe. Le 2 (15 mars), le tsar consent à abdiquer en faveur du grand-duc Michel. Or, dès le lendemain, ce dernier refuse ce cadeau empoisonné. Après trois siècles de règne, la dynastie des Romanov laisse la place à un gouvernement provisoire, tandis que Nicolas II et sa famille sont placés sous bonne garde dans leur résidence d'été, le palais Alexandre, à Tsarskoïe-Selo.

L'actualité fournit à Pechkoff un thème inédit : la défense et illustration de sa Mère Patrie. En deux semaines, avec l'aide d'Alissa, il prépare une nouvelle conférence qui exaltera cette fois, non plus le courage du poilu, du peuple français ou du légionnaire, mais les vertus de la nation russe présentée comme un peuple majeur, prêt à assumer ses responsabilités. Voilà un demi-siècle qu'elle se prépare à l'évolution actuelle en expérimentant une démocratie locale et une autonomie administrative par le biais des *zemstvos*, ces assemblées qui dirigent les affaires d'un district ou d'une province et qui ont ouvert des écoles, des hôpitaux, des dispensaires. Si pacifique soit-il (cette qualité ne saute pas forcément aux yeux), le peuple russe, assure Pechkoff, a perçu d'instinct les enjeux de cette guerre mondiale et s'est dressé comme un seul homme contre l'ennemi.

Dieu que la révolution est belle, surtout quand on la voit de loin. Dans la lettre qu'il adresse à son «cher lieutenant», juste après avoir pris connaissance du télégramme d'Amfiteatrov, l'ambassadeur Jusserand cultive une vision presque aussi idyllique : «Des changements si immenses, écrit-il, ne vont pas naturellement sans de grands dangers, nous en savons en France quelque chose. Mais la sincérité, le patriotisme, le désintéressement de vos compatriotes, la notion profonde qu'ils ont du service à rendre non seulement à leur pays mais à l'humanité même, le guideront au milieu des écueils.» Jusserand se hasarde ainsi à prophétiser que «cet événement pourrait bien constituer la victoire décisive que, depuis la Marne, les Alliés attendent. Un avenir prochain nous le dira : puisse-t-il être favorable à la cause de la justice et de la liberté!».

Partir

«T'appelle ardemment à te rapatrier. Il y a tant à faire pour un citoyen libre et aimant sa patrie.» Depuis un mois, les mots d'Amfiteatrov n'ont cessé de tourner dans la tête de Pechkoff : adieu les belles envolées, il est temps maintenant d'agir. À sa demande, Jusserand envoie le 23 avril un télégramme à son ministre, Alexandre Ribot qui vient de remplacer Aristide Briand comme président du Conseil et ministre des Affaires étrangères : «Le lieutenant Pechkoff se demande s'il ne pourrait pas être maintenant plus utile à la cause commune en Russie qu'ici. Il connaît personnellement les meneurs du parti le plus avancé, il est en bons termes avec eux. Il s'emploierait à leur faire comprendre quelle monstruosité ce serait de leur part de ne pas mettre au premier rang de leurs préoccupations la poursuite de la guerre jusqu'à la victoire. Doué d'une éloquence simple et naturelle, ayant payé de sa personne, l'action de cet officier semblerait en effet pouvoir être utilisée dans cette période obscure et dangereuse. Il lui serait facile aussi de tenir notre ambassadeur informé des dispositions des extrémistes.»

Au ministère même, Pechkoff ne manque pas d'alliés, tel le très protecteur André Verney qui, bien qu'alité depuis un mois pour surmenage, a suivi l'affaire et lui dit se réjouir d'avoir vu le «nom de votre père et de celui de vos amis associés au mouvement». Philippe Berthelot, toujours en charge de la Maison de la presse, lui apporte lui aussi un ferme soutien dans une lettre adressée le 6 mai au cabinet du ministre, rappelant «la bravoure héroïque

que Pechkoff a montrée en combattant pour la France, la propagande splendide qu'il a faite en Italie puis aux États-Unis, l'enthousiasme qu'y ont suscité ses conférences». «Son intelligence, poursuit-il, son amour de la France, la sympathie qu'il rayonne autour de lui, ses dons de tout ordre en font un propagandiste de première importance dans son pays natal où il est lié avec les révolutionnaires. Il faut absolument l'envoyer en Russie : c'est un atout de la plus grande valeur.» Ultime argument : «Il est connu et estimé au plus haut degré par Albert Thomas qui certainement le réclamerait d'urgence s'il le savait revenu des États-Unis.» Le jeune et brillant ministre socialiste aux Armements, nouvellement dépêché en mission auprès du gouvernement provisoire russe, belle carrure et voix profonde, un peu l'air d'un pope ou d'un moujik avec sa barbe broussailleuse et ses longs cheveux blond roux rejetés en arrière, a reçu à Petrograd un accueil des plus favorables, mais il connaît mal la faction extrémiste et ne parle pas un traître mot de russe.

Suivent des recommandations sur la procédure à suivre pour que Pechkoff parte là-bas dans les meilleures conditions, qu'il y soit envoyé par le ministère de la Guerre et non par les Affaires étrangères, «ce qui risquerait d'affaiblir son action»; qu'il reçoive la Légion d'honneur au titre des services rendus au Quai d'Orsay. Lequel assurerait au lieutenant le versement de cent francs par jour ainsi que ses frais d'équipement et de voyage. «Je vous assure, poursuit Berthelot, qu'il serait très malheureux que l'on n'utilise pas une pareille valeur; tous les gens qui connaissent Pechkoff, et ils sont très nombreux à Paris, pensent comme moi.» En conclusion, il suggère de présenter au plus vite Pechkoff à Jules Cambon, le secrétaire général du ministère des Affaires étrangères. Nul doute que son protégé saura mettre dans sa poche ce puissant personnage, le numéro 2 du Quai.

Efficaces soutiens, glorieux parrainages. Le 1er juin dans l'après-midi, sur instruction du cabinet du ministre de la Guerre, une automobile vient chercher Pechkoff à 13 heures devant l'hôtel de Crillon pour l'amener au château de Compiègne où le Grand Quartier général, désormais entre les mains du général Philippe Pétain, s'est installé trois mois plus tôt. À défaut de voir le grand patron, il sera reçu par son chef de cabinet. « Pechkoff va partir pour la Russie », annonce le 5 juin Paul Morand en conclusion de son petit écho sur le lieutenant manchot. Pechkoff a bien servi la France. Maintenant, c'est la Russie qui a besoin de lui. D'urgence. Pas même le temps de régler sa situation administrative, il est toujours en congé de longue durée à l'issue de sa mission aux États-Unis. Son envoi en Russie ne sera régularisé qu'à la date du 17 juin 1917, alors qu'il a déjà gagné sa nouvelle affectation.

Il ne fera pas cette fois cavalier seul. Le voici rattaché à la mission dirigée par le général Maurice Janin, délégué six mois plus tôt à Petrograd par le ministère de la Guerre. En Janin, Pechkoff respecte le beau soldat, mais aussi l'un des meilleurs connaisseurs de la Russie au sein de l'armée française, un familier de l'entourage du tsar. Lorsque, à la fin de 1916, le haut commandement français, inquiet de l'évolution du front oriental, s'est décidé à envoyer une mission en Russie, le choix a été vite fait. Nul mieux que le général Janin ne pouvait remplir la double mission qui lui est impartie. D'une part, s'assurer que la Roumanie, comme elle en a déclaré l'intention à l'été 1916, se range aux côtés des puissances alliées et leur apporte le soutien de son armée, malgré les pressions de la puissance adverse. D'autre part, influer sur les choix tactiques de l'état-major impérial afin de renforcer le front russe dont la chute serait une catastrophe pour les Alliés. En ce printemps 1917, l'arrivée du corps américain soulage certes la pression. Mais la révolution de février a déjà empêché l'armée russe de participer à la grande offensive de printemps, une campagne désastreuse pour l'armée française. Il n'est que temps qu'elle reprenne sa part du fardeau. « Ne vous faites pas d'illusions, confie à ses interlocuteurs Maurice Paléologue, le vieil ambassadeur de France en Russie, la guerre est morte, un miracle seul peut la ressusciter. »

Pechkoff n'est pas faiseur de miracles, mais c'est un propagandiste breveté. Il saura tisonner le courage vacillant de nos alliés. Depuis plus d'un an et demi, il n'a fait que cela, Zinovi, vendre l'idée de la guerre, de l'utilité de la guerre, du danger d'une paix hâtive et mal ficelée. Pour remplir ce défi, il a mobilisé toute son énergie, franchi des océans, avalé des milliers de kilomètres, réussi à gérer tout seul le permanent casse-tête qu'est une vie manchote, refusé d'écouter ce fantôme de bras qui protestait contre le tempo imposé, accepté une existence vagabonde, riche en belles rencontres et pauvre en affections, loin d'une petite fille de six ans qui ne doit plus trop savoir qu'elle a un papa, loin même d'une femme aimée à qui il n'a guère concédé que quelques caresses furtives avant de reprendre le large et qui, fatalement, finira par se lasser de ses absences. Toutes les femmes n'ont pas la vocation d'une Pénélope. Lucille peut-être moins qu'une autre. Zinovi Pechkoff n'ignore rien de cela. Mais l'enjeu en vaut la peine. Cette fois, ce sont ses compatriotes qu'il va devoir convaincre, des hommes dont il parle la langue, connaît les modes de pensée, les enthousiasmes, les points de fragilité. C'est à des soldats, autant dire des membres de sa famille, qu'il devra s'adresser : ces dernières années, en costume civil, il se sentait déguisé…

Atout supplémentaire : il est lié avec la nouvelle équipe au pouvoir. À la suite de la révolution de Février, beaucoup d'émissaires socialistes des pays occidentaux sont allés à Petrograd. Des députés français, belges, italiens, le leader du Parti travailliste anglais. Des syndicalistes aussi. Pas de meilleurs avocats contre le cancer pacifiste que tous ces gens qui ont délaissé leur internationalisme d'avant-guerre pour se rallier à la cause de la défense nationale. Janin lui-même a réclamé cette intervention. Albert Thomas vient d'enfoncer le clou en insistant auprès de son gouvernement sur « l'intérêt qu'il y aurait à ce que quelques centaines de révolutionnaires russes bien choisis parmi ceux qui se sont engagés dans notre armée fussent dans le plus bref délai mis en mesure de rentrer en Russie. Ils y seraient employés à faire parmi les troupes du front et de l'arrière une propagande nécessaire et d'une efficacité certaine». À dire vrai, le lieutenant Pechkoff n'a plus rien de très révolutionnaire, mais il compte nombre d'anciens compagnons de lutte parmi les tenants de la Russie nouvelle. Il connaît même, assure-t-on, le chef du parti bolchevik pour l'avoir rencontré quand il était en exil à Paris, ce Lénine au crâne chauve et à la barbiche raide qui, depuis Zurich, a regagné la Russie via l'Allemagne avec la complicité des hommes de Berlin, confiants dans sa capacité à propager les thèses défaitistes. Et puis, Zinovi n'est-il pas le fils adoptif de Gorki, le plus beau des titres de noblesse par les temps qui courent?

Le voyage a été long de Paris à Petrograd. À la gare de Finlande, Alexandre Amfiteatrov est venu attendre son ami sur le quai, solide et apaisant comme toujours, trois mois passés dans la capitale n'ont pas réussi à abîmer sa ferveur. La situation qu'il résume en peu de mots au voyageur n'a pourtant rien d'encourageant. Lénine et ses bolcheviks ne cessent de défier le nouveau pouvoir et rêvent d'abolir les institutions qui ont régi l'Empire depuis tant de siècles. Partout les soviets d'ouvriers et de soldats se constituent. Dans l'armée, ils refusent toute discipline, pas une opération militaire qui soit lancée sans un vote préalable des unités. Dans leurs assemblées confuses, la paix à tout prix est l'exigence prioritaire. «Mais tu verras, lance Alexandre à Zinovi, le gouvernement nous est favorable à nous, les patriotes. Et puis, maintenant, tu es là!» Reste que le spectacle est à pleurer dans les rues de Petrograd, si belles et gaies par le passé, aujourd'hui encombrées d'étudiants et d'ouvriers braillant des slogans vengeurs, de soldats en capotes kaki qui flânent, les mains dans les poches, assiègent les tramways, ne saluent plus leurs officiers, des rues désertées par les balayeurs où d'interminables queues se forment dans l'espoir d'une improbable arrivée de denrées.

Déjà les rendez-vous se bousculent. Avec le général Janin, de passage à Petrograd – le siège de la mission française est, tout comme le Quartier général russe, à Moguilev. Avec le nouvel ambassadeur de France, Joseph Noulens, sénateur socialiste du

Gers à l'accent vigoureux et à la chaleur toute méridionale, qui vient de remplacer Paléologue, jugé trop lié à l'ancien régime : sur son bureau, l'ambassadeur a encore la lettre de recommandation signée de Jusserand que lui a transmise son prédécesseur, il y est question de « la passion continue de servir » qui est la marque du lieutenant. Au palais de Tauride, l'immense bâtiment néopalladien construit par Grigori Potemkine, le favori de Catherine II, c'est le prince Lvov en personne, le chef du gouvernement provisoire, qui reçoit Pechkoff : de haute taille, d'une classe tout aristocratique, l'homme à l'œil très clair sous la barbe grise impressionne mais, juriste éminent, fin lettré, homme d'ordre et de liberté, il semble ne pas avoir pris toute la mesure du danger que fait peser sur l'évolution démocratique du régime ce soviet de Petrograd qui siège dans une autre aile du même palais. Avant de quitter la capitale, Pechkoff a encore rencontré le général Alexeï Broussilov, nommé après la révolution de février commandant en chef de l'armée russe. Il a aussi été reçu en audience par le nouveau ministre de la Guerre, Alexandre Kerenski, un homme pour lequel son ami Vassili, chargé de mission à l'ambassade de Russie à Rome, lui a dit éprouver beaucoup de sympathie : « C'est quelqu'un de volontaire, au regard clair », écrivait-il dans sa dernière lettre. « Il te ressemble. Vous êtes tous deux des lutteurs, des gens actifs, les héros d'aujourd'hui quand moi je ne suis qu'un doux rêveur. » Beaucoup de beau monde, donc, dans le Tout-Petrograd de l'ère post-impériale, pour accueillir le lieutenant de la Légion étrangère.

Retrouvailles

Autant le séjour de Zinovi aux États-Unis était semé de petits cailloux blancs permettant de le suivre à la trace, autant des zones d'ombre recouvrent ce retour vers la Mère Patrie. Pechkoff n'évoquait jamais ces années terribles où il vit son pays plonger dans la guerre civile. A-t-il tenté au milieu de cette pagaille de retrouver sa famille ? Pas question en tout cas de retourner à Nijni-Novgorod, à un millier de kilomètres de Petrograd. A-t-il eu connaissance du second mariage de son père biologique avec Maria Alexandrovna Kormiltseva – une « Russe », c'est-à-dire, dans le langage de l'époque, une non-Juive ? Sait-il que de cette union sont nés deux autres fils, Herman et Alexandre ? On peut seulement augurer que son père a appris la réalisation de la malédiction – celle du psaume 137 – prononcée contre son fils, privé de son bras droit par la colère divine. Pour ce qui est de Iakov, son presque jumeau, le compagnon de ses révoltes adolescentes, Zinovi a sans nul doute eu vent de son parcours chahuté lors d'échanges avec des socialistes émigrés. Depuis sa première arrestation en 1902 à un âge tendre, Iakov n'a cessé d'être poursuivi par la police du tsar, emprisonné, déporté. En 1910, il s'est échappé, a été repris. Condamné cette fois à quatre ans de prison, il s'est évadé de nouveau, est revenu vers Saint-Pétersbourg. Au printemps 1915, on l'a vu solliciter Gorki pour qu'il l'aide à trouver du travail dans le secteur littéraire. Dénoncé, c'est cette fois à trois mille kilomètres de là, à Touroukhansk, au milieu de la Sibérie, qu'il a été envoyé, en compagnie d'un certain Joseph Staline, avant de regagner Petrograd dès la fin février 1917. Il faudrait à Zinovi être sourd et aveugle pour ignorer que son frère, membre du bureau du comité central, est l'une des étoiles montantes du parti bolchevik et, avec Lénine, l'un des plus chauds partisans de l'insurrection armée. Pechkoff ne s'interdit pas de rencontrer des bolcheviks, c'est même l'un des éléments de sa mission, il en connaît bien quelques-uns, tel Anatoli Lounatcharski, son intervieweur de l'Ambulance américaine. Mais, avec Iakov, la brouille est depuis longtemps consommée. Si rencontre il y a eu, elle a été en tout cas sans lendemain. Trop de dissensions entre eux, trop de méchants mots échangés, la perte d'un langage commun, deux lignes de vie qui s'éloignent. Et maintenant, ces positions irréconciliables sur la conduite de la guerre.

Des autres membres de la fratrie Sverdlov, Zinovi ne s'enquerra pas plus. Ni de Sofia, épouse Averbach – sa tendre complice, celle qui après la mort d'Elizaveta avait été pour tous comme une seconde mère –, pédiatre à Saratov. Ni de Veniamin qui, parti tenter sa chance dans la banque en Amérique, vient d'en revenir à la demande de Iakov – après octobre, il sera nommé au commissariat aux transports, un poste-clé dans ce pays démesuré qui n'a d'autre système sanguin que son réseau de voies ferrées. Ni de Sara, médecin comme sa sœur, qui, marchant à son habitude dans l'ombre de Iakov, l'a suivi lors de son premier exil vers l'Oural avant de travailler à ses côtés au secrétariat du comité central du parti. Quant à Lev, il serait mort – Lev, ce tardillon très chéri pour qui son frère aîné était un dieu incarné. De cette fratrie par ailleurs soudée dans une même ferveur militante, Zinovi Pechkoff ne veut plus entendre parler. Il y a quinze ans déjà qu'il a fait son choix, troqué son nom pour un autre, sa religion pour une autre. Il n'y a que sa mère qui, le vide sur son passeport l'atteste, n'a jamais pu être remplacée.

Mais il est une tendresse que, malgré les divergences de vues, parfois les incompréhensions, il n'extirpera jamais de son cœur, celle qui le lie à son père adoptif. Dès qu'il a pu s'échapper du programme chargé qu'on lui avait concocté, Zinovi a rendu visite à son cher Alexeï Maximovitch, les bras chargés de cadeaux, surtout du parfum pour les dames. Il s'inquiétait des répercussions des conditions de vie difficiles régnant désormais à Petrograd sur un homme de santé fragile. C'est avec surprise qu'il l'a retrouvé dans un immense appartement tout neuf, très bourgeois, au numéro 23 de la Kronverkski Prospekt. Maria Andreïeva est à ses côtés, toujours aussi rousse et somptueuse, sa tendre sollicitude est précieuse pour écarter les fâcheux qui bourdonnent autour de l'écrivain. Quant à savoir si le couple en est toujours un… On dit Maria très liée avec Piotr Petrovitch Krioutchkov, dit Pépékriou (l'assemblage de ses initiales), son nouveau secrétaire, de vingt ans plus jeune qu'elle, qui occupe la chambre voisine de la sienne. Habitent en outre dans l'appartement une dizaine de personnes venues peut-être prendre une tasse de thé et désormais installées là à demeure, plus les amis de celles-ci, qui colonisent canapés et sofas. Les collaborateurs de *Novaïa Jizn* ont eux aussi pris possession des lieux. À la table du maître, on sert boulettes de viande, gelée d'airelles et concombres frais, toutes merveilles qui ont disparu des étals des commerçants.

Zinovi trouve son père changé. Trois ans et demi déjà que l'écrivain est revenu en Russie, des éternités qu'ils ne se sont vus. La bouche est amère, les trois rides qui ornaient son large front se sont creusées. Sous ses sourcils broussailleux, les yeux d'un bleu délavé sont plus battus que jamais. « Zinovi est apparu en lieutenant de l'armée française, couvert de médailles et de bonne humeur, écrit Gorki le 14 juin à Ekaterina Pavlovna. Ce qu'il raconte de l'Amérique, de l'Angleterre et de la France soulève en moi un sentiment d'envie et de tristesse. Quels peuples ! Quelle force ! Et comme ils organisent tout de manière légère et rapide, la vie comme la mort, alors que chez nous, ce n'est même pas la peine d'en parler. » Étrange amertume d'un homme qui, trois mois plus tôt, a applaudi au changement de régime, lui qui avait mis tant d'espoirs dans la révolution. Mais comment cautionner les méthodes brutales prônées par Lénine, comment ne pas craindre comme la peste la gabegie actuelle ? Tout au long de l'année, Gorki n'a cessé de dénoncer les excès commis. Il proteste contre « l'imbécillité et la cruauté » des violences perpétrées, stigmatise « les gens qui essaient de prouver quelque chose par des balles, des baïonnettes ou des coups de poing dans la figure ». Exprime son inquiétude au sujet des pogroms de Samara, de Minsk et de Youriev, et de la conduite sauvage des soldats. Il parle de « la bestialisation générale » entraînée par la lutte politique, qui empêche la culture de remplir sa mission, condamne en juillet la première tentative insurrectionnelle des bolcheviks, « un drame ignominieux ». S'indigne des attaques de certains journalistes contre la tsarine : « Se moquer, écrit-il, d'une personne malade et malheureuse est une goujaterie et une lâcheté. »

Zinovi se rend plus d'une fois chez son père adoptif. Des retrouvailles où les apostrophes fusent parfois. Dans une lettre datée du 30 juillet – il est alors loin de Petrograd pour les besoins de sa mission –, il ne craint pas de critiquer vivement les positions prises sur la guerre par Alexeï Maximovitch. Quelques jours plus tard, de retour dans la capitale, il retourne le voir, flanqué cette fois de Charles de Chambrun, premier secrétaire de l'ambassade de France. Il s'entend bien avec ce petit-fils de La Fayette, bon connaisseur comme lui des États-Unis où il a vécu jusqu'à l'âge de quinze ans avant d'y retourner comme attaché d'ambassade à Washington. À l'origine de ce rendez-vous, l'indignation de l'ambassadeur Noulens devant un article de *Novaïa Jizn* où l'on pouvait lire : « La France est une tuberculeuse épuisée, je crache dessus » – à croire que ce grand humaniste est contaminé lui aussi par la pénible logorrhée du temps. Ces derniers mois, à Petrograd, les journaux d'extrême gauche n'ont cessé de vilipender les capitalistes français comme les impérialistes anglais, présentés comme les véritables auteurs de la guerre. Chambrun a reçu mission de se rendre auprès de Gorki pour obtenir des explications. Il ne se l'est pas fait dire deux fois, heureux de rencontrer l'un des seuls auteurs qui, avec Dostoïevski et Gogol, lui aient permis de pénétrer la réalité russe, sans se limiter à la caste privilégiée gravitant autour du tsar.

Chambrun est allé droit au but, demandant instamment « au grand écrivain de la Russie de mettre une sourdine à cette démence ». La réaction de Gorki ne se fait pas attendre. Il n'a jamais écrit cet article, le traducteur de l'ambassade a dû se tromper. Convoqué, le rédacteur en chef de *Novaïa Jizn* est formel, l'article en question n'a jamais paru. Comme par un surprenant tour de passe-passe, le problème se dissout de lui-même. « Comment avez-vous pu croire, murmure Gorki sur un ton larmoyant, que je crache sur la France puisque la France est ma mère ! » « Pechkoff jubile », note Chambrun. L'écrivain ne se range pas pour autant derrière la bannière française. La guerre, il la juge toujours abjecte, une infamante tuerie. « J'ai pitié du peuple, confie-t-il, à un point que je ne saurais dire. Depuis qu'elle a éclaté parmi les hommes, je suis si malheureux, si déprimé, que je ne puis même plus manger. » Chambrun aura beau rétorquer que si la France a pris les armes, c'est « à cause de vous, pour soutenir les Slaves, vos frères, nos amis, nos alliés », Gorki n'en démordra pas. Une seule chose importe : cesser de se battre. Quitte à ce que son pays prélève sur son propre territoire une province à donner aux Allemands en échange de cette Alsace-Lorraine dont rêve la France ; la Russie est bien assez grande pour cela. « Qu'importent les territoires ? Seul compte le bonheur des hommes. »

Cette profession de foi ainsi affichée, Gorki semble plus détendu. Il a fait passer son message de paix. Pour démontrer à ses visiteurs la réalité de son amour de la France, terre de culture s'il en est, il les entraîne dans le cabinet de travail contigu à sa chambre, une pièce confortable, aux murs couverts de tapisseries, où sont alignés, dans des drôles de reliures aux teintes vives, vert pomme, rose, jaune citron, les grandes œuvres de la littérature française dans leur traduction russe. Devant eux, il évoque tous ces personnages qui ont enchanté son enfance de petit mangeur de livres, que l'on frappait avec des orties parce qu'il usait des chandelles à lire en cachette : le père Grandet et tous les héros de *La Comédie humaine* de Balzac, décrits avec une telle précision qu'on dirait des signalements de police ; ceux d'Alexandre Dumas dont l'impitoyable Annibal de Coconnas qui le terrifiait dans *La Reine Margot*. Et ces *Frères Zemganno* sur le sort desquels il sanglotait en lisant le roman des Goncourt, presque aussi ému qu'en retrouvant à travers le *David Copperfield* de Charles Dickens le reflet de son histoire douloureuse. Chambrun écoute, fasciné. Zinovi assiste, muet, à ces récits qu'il connaît par cœur. C'est Maria Andreïeva qui rompra le charme en proposant de prendre le thé, accompagné de gâteaux et de miel. « Lorsque je pris congé, raconte Chambrun, Gorki tendit son dernier livre* au lieutenant Pechkoff, après avoir griffonné une dédicace, et m'accompagnant jusqu'à la porte, me dit sur le seuil : "Oublions nos petits dissentiments, ils sont sans importance, mais souvenez-vous, cher Monsieur, que la France est ma mère." Dans la rue, Pechkoff,

* En l'occurence *Enfance*, N.D.A.

ravi de notre visite qui avait amadoué le grand homme, me lut la dédicace : "À mon fils spirituel, chauviniste émérite, Zinovi Alexeïevitch Pechkoff, Maxime Gorki, père infortuné".»

Entre Alexeï et Zinovi, les liens sont renoués, la divergence de chemins acceptée. On sent même percer une certaine fierté du père devant ce fils enfin émancipé, dont ses amis lui font l'éloge. Témoin la réponse qu'adresse fin août à l'écrivain le camarade Vassiliev, qui porte en post-scriptum : «Salut à votre fils. Mieux vaut être un officier sans main que sans tête.» Dans une lettre à son père, le 17 septembre, Zinovi le remercie pour son accueil ainsi que pour son intervention auprès de Lucille Beckett. Le père aurait-il reçu mission d'amadouer la belle qui se languit à Rome en justifiant l'absence de son fringant officier ? Images d'une harmonie familiale retrouvée. Évoquant dans ses souvenirs l'étrange entre-deux révolutionnaire que fut l'été 1917, Iouri, le fils de Maria Andreïeva qui n'a pas vu Zinovi depuis Capri, trace ainsi son portrait : «Jeune et beau, bien qu'il soit complètement chauve, une petite moustache noire courte et coquette et de grands yeux marron intelligents, il faisait fureur quand, en réponse aux questions qui lui étaient faites dans un mauvais français, il répondait en russe avec sa voix rocailleuse et son fort accent de Nijni-Novgorod.» Au 23 Kronverkski Prospekt, Zinovi a été reçu comme un proche parmi les proches. Mais Iouri a bien conscience qu'il n'y a pas que l'uniforme qui soit changé en lui : «Ma mère et moi, ajoute-t-il, avons rapidement compris que nous avions déjà face à nous un autre homme. Ce n'était plus ce bon vieux Zina mais "le capitaine Bejikoff". Après cela, nous avons rompu nos relations avec lui.»

Au Grand Quartier général de Moguilev

Ce n'est pas dans le souci d'un regroupement familial que la France a délégué Pechkoff en Russie. On compte sur lui pour aider à combattre le défaitisme qui pourrit l'armée russe, pour ranimer la flamme patriotique comme il a si bien su le faire dans ses précédentes missions. Quelques jours après son arrivée, il est envoyé à Moguilev où est basée la Stavka, le Grand Quartier général russe, d'autant qu'on annonce pour le début juillet une nouvelle offensive en Galicie. L'occasion de constater à nouveau l'incroyable chienlit qui règne dans le pays, les trains pris d'assaut par la troupe, des grappes humaines s'étalant sur le toit des wagons, s'agrippant aux tambours, dégringolant sur les marchepieds, les jambes ballantes. Accueilli à la mission Janin, Pechkoff est nommé capitaine à titre temporaire, histoire de lui conférer l'autorité nécessaire pour remplir la mission délicate qui l'attend en tant qu'attaché militaire auprès du général Anton Denikine, qui commande l'armée de l'Ouest.

Il partira pour Minsk en sa compagnie rendre visite aux régiments qui se préparent à l'offensive. L'arrivée de ce capitaine venu de France, qui a perdu un bras au combat, fait sensation, d'autant qu'il se mêle à la troupe, s'adresse à elle dans sa langue, avec des mots simples et une conviction inébranlable : il faut continuer le combat ! Mais force est de constater que, même en première ligne, on ne ressent guère la proximité d'une grande offensive. On ordonne bien des manœuvres d'entraînement, des exercices de grenades, de tirs, de travaux de sape. Mais les soldats refusent d'obéir, les comités jugeant ces fatigues inutiles après trois ans de guerre. Et partout, les bolcheviks contestent la discipline, assimilent les officiers aux bourgeois honnis, exaltent les mérites de la fraternisation entre soldats russes et allemands, propagent la gangrène du défaitisme, défendent le partage des terres de sorte que les soldats n'ont qu'une hâte : rentrer chez eux pour grappiller ce qui peut l'être.

Jamais de sa vie, Zinovi n'a vu ces groupes lamentables de soldats qui, la première ardeur tombée, sans rien demander à leurs chefs, refluent pour manger et boire dans les villages de l'arrière, abandonnant les lignes qui ont coûté le sang de tant de leurs frères. Jamais il n'a vu, comme dans cette ancienne tranchée allemande occupée par les Russes à cinquante mètres de l'ennemi, les soldats quitter la position avant l'arrivée de la relève, estimant qu'ils étaient restés assez longtemps en première ligne. Jamais il n'a vu, sur un champ de bataille, les hommes déserter par milliers, laissant leurs officiers seuls face à l'ennemi et à une mort que ceux-ci affrontent vaillamment. Le soir, de retour au camp, ce sont d'autres témoignages encore que recueille Zinovi, qui illustrent la souffrance morale d'officiers privés d'autorité, de pouvoirs et de droits, molestés pour certains par leurs propres soldats, torturés, assassinés parfois, membres brisés, têtes et mains coupées, corps démembrés jetés à la rivière. Il ne s'agit pas de confondre la troupe dans un même opprobre, l'encadrement dans un même éloge. Mais force est de constater que la lutte contre l'envahisseur a tourné à l'affrontement de classes.

Le 4 juillet, à Molodetchno, au nord de Minsk, on annonce l'arrivée dans son train spécial du ministre de la Guerre, Kerenski, venu rendre visite à la 28e division. Lequel est accueilli par le général Denikine, le général Markov, son chef d'état-major, des membres du comité de l'armée du front – le soviet local – ainsi que par « des membres de la mission française dont le fils de Maxime Gorki, le lieutenant Pechkoff ». Trop heureux de quitter Petrograd et ses intrigues, Kerenski va dès qu'il le peut sur le terrain. Vêtu d'un uniforme de simple homme de troupe, avec une casquette à visière, il goûte pleinement ces moments où les soldats réservent un accueil enthousiaste à ses discours inspirés, ses appels au sacrifice, y répondent par des applaudissements, des chants, des gerbes de fleurs, le portent en triomphe. Un feu d'artifice qui laisse un goût amer lorsque, juste après le discours, Pechkoff, éberlué, entend les délégués des soldats se plaindre auprès des représentants de l'état-major de ne pas avoir été écoutés par le ministre : « Il a parlé, nous a priés de marcher à l'offensive, mais il se trouve que, hier, nous avons pris la décision de ne pas marcher, nous aurions voulu exposer nos raisonnements au ministre, discuter avec lui la question… »

Dans ce grand n'importe quoi, certaines unités résistent pourtant. Le 8 juillet, c'est auprès d'une unité qui s'est autodésignée « le Bataillon de la Mort » – tout un programme ! – que deux photos montrent Pechkoff dans son uniforme d'officier français, képi sur la tête, médailles pendantes, trônant à la place d'honneur au milieu des officiers russes, encadré par le corpulent colonel Rampont, membre de la mission Janin, et d'un très long officier italien plus tout jeune que tout le monde a spontanément baptisé « le marquis Carlotti », du nom de l'ambassadeur d'Italie à Petrograd. La scène se passe au sud de Smorgoni en Biélorussie. Le 9 juillet, l'attaque contre les positions allemandes est prévue pour 16 heures. Les trois officiers étrangers assistent à la prise d'armes qui précède. *La Marseillaise* retentit, l'hymne français a repris du service comme chant révolutionnaire aux côtés de *L'Internationale.* À sa demande, Pechkoff adresse quelques mots à ses « frères de sang et d'armes », il leur rappelle que tous, ici comme là-bas en France, combattent pour la même cause, celle de la liberté, de l'égalité, de la fraternité, afin que les peuples vivent et respirent librement. Face à un ennemi affaibli, la victoire est proche. Les hourras fusent.

L'heure est venue de monter à l'assaut. Après un court conciliabule avec ses deux compagnons, on voit Pechkoff se diriger vers le chef de corps, le colonel Iakov Lissovoï, et le saluer en déclarant d'une voix forte : « Colonel, nous sollicitons l'honneur de servir dans le bataillon et d'accompagner ces héros jusqu'à leurs positions. » Dans ses souvenirs, le colonel Lissovoï, futur officier des Armées blanches, affirme dater de ce 9 juillet un changement radical dans l'état d'esprit frondeur de ses troupes. L'effet des harangues de Kerenski ? Ou le bel exemple de bravoure donné par Pechkoff et ses deux compagnons – qui leur vaudra à tous trois la médaille de Saint-Vladimir ? Affecté au flanc droit de la première compagnie, Pechkoff n'a pas ménagé sa peine, s'élançant dans la fournaise, happé par la puissante vibration qui porte vers l'avant les troupes d'élite. Lissovoï ne cache pas son étonnement devant cet officier manchot qui « revient fatigué de ces affrontements mais sans jamais perdre son humeur guillerette». Ce 9 juillet, le «Bataillon de la Mort» s'est encore couvert de gloire en nettoyant deux tranchées allemandes. Mais à quel prix! Trois quarts des officiers et autant des soldats ont été mis hors de combat.

Après avoir remporté quelques succès, l'offensive bat de l'aile. Pechkoff a été mis par Janin à la disposition du général Broussilov. Si surpris soit-il parfois par l'attitude du généralissime, qui montre de la compréhension à l'égard des idées nouvelles, permet aux unités d'arborer le drapeau rouge, assiste volontiers aux comités de soldats et régularise leurs insolents empiétements sur la discipline, le capitaine participe loyalement à ses côtés à la réorganisation des forces. Mais ses fréquentes visites aux formations militaires en réserve ne lui laissent guère d'espoir. La protestation enfle. L'armée russe n'est plus qu'une coquille vide. À Petrograd, l'agitation redouble. Les manifestants envahissent les rues. Pechkoff, de retour un temps dans la capitale, a retrouvé Alexeï Maximovitch profondément inquiet devant la montée en puissance des soviets. Lui-même doute de plus en plus de la capacité du gouvernement provisoire à maîtriser le chaos. Le remplacement, le 20 juillet, du prince Lvov par Kerenski à la tête du gouvernement n'est pas pour le rassurer. Pour l'avoir côtoyé ces dernières semaines, il n'est guère séduit par cet avocat certes brillant, certes populaire, mais sec, coupant, grisé par sa propre éloquence, un ambitieux de première. Mieux vaut pour Zinovi retourner le plus vite possible à Moguilev, les militaires sont définitivement plus fréquentables que les politiques.

L'affaire Kornilov

«My darling, je vous écris d'une petite ville de Norvège où le destin m'a conduit pour attendre le bateau qui m'emmènera en Angleterre.» Nous sommes le 30 septembre 1917 : Zinovi écrit à Lucille Beckett depuis Bergen, l'ancienne cité viking, la jolie ville hanséatique du sud de la Norvège. Mais il ne prend pas le temps de contempler ses maisons de bois peintes en blanc ou de couleur vive, ni de marcher le long du port d'où partent les bateaux pour la chasse à la baleine, où les filets de morue sèchent sur des treillages de bois. Depuis sa chambre sans grâce et sans chauffage, il voit la pluie qui bat les carreaux ; six semaines, lui a-t-on dit, qu'elle tombe sans discontinuer, et il y a peu de chances que cela s'arrête avec ces montagnes qui cernent la ville et sur lesquelles se brisent les nuages bouffis comme du coton sale venus de l'océan. Sa main lui fait terriblement mal, pas un moment de répit, même la nuit. Les journées sont sans fin, seulement scandées par l'achat des journaux du matin et de ceux du soir pour tenter d'y déchiffrer, dictionnaire norvégien-anglais à la main, les nouvelles de Russie et du front occidental.

Pour couronner le tout, Zinovi se sent abandonné. Trois lettres seulement reçues de Lucille depuis qu'il est parti pour la Russie. Il ne sait plus rien d'elle, ni ce qu'elle fait, ni comment elle se porte, ni quel est l'état de ses pensées, ni même où elle se trouve. «Vous ne pouvez imaginer, mon amour, quelles tortures j'ai souffert en Russie, loin de vous. Quelles tortures m'ont procuré les choses qui se sont passées là-bas et qui s'y passent encore... Vous ne savez rien de ma vie en Russie ni ce que j'y ai fait. J'aurai tellement à vous raconter quand nous nous retrouverons et j'aurai à vous demander conseil sur tant de choses qui m'ont fait souffrir. Vous m'aiderez à décider ce que je dois faire et à surmonter ce que j'ai vécu là-bas. Tout ce dont j'avais rêvé et toutes les choses idéales que l'on pouvait imaginer en connexion avec la révolution russe, il faudra en parler et les étudier ensemble. Votre bon sens anglais vous y aidera et m'aidera.» Si la passion de Zinovi pour Lucille est inaltérée, son enthousiasme devant la révolution en marche n'a pas résisté aux trois mois et demi qu'il a passés en Russie. Seul dans sa chambre, il broie du noir. Quelles désillusions cruelles ont été les siennes ? «L'affaire Kornilov» est passée par là.

Une fois consacré, fin juillet 1917, le piteux échec de l'offensive en Galicie, le général Broussilov a été démis de ses fonctions et remplacé par le général Kornilov, un homme de quarante-sept ans d'origine populaire, au parler dru et à l'apparence bourrue. Cosaque originaire du Kazakhstan, réputé un homme à poigne, Lavr Kornilov ne peut manquer d'intriguer avec ses traits kalmouks, ses yeux bridés, son teint olivâtre. Pechkoff se met aux ordres du nouveau généralissime comme il l'était à ceux de l'ancien. Mais s'il n'appréciait que modérément Broussilov, un pur produit de la cour des Romanov, adepte d'un certain opportunisme, il devient vite un inconditionnel de Kornilov. En lui, Zinovi respecte le beau soldat : on raconte qu'encerclé avec sa brigade d'infanterie pendant la guerre russo-japonaise, il réussit, par une attaque à la baïonnette, à percer les lignes ennemies et à rejoindre en ordre, avec blessés et étendards, le reste de la troupe. Pris par les Autrichiens en 1914, il est resté plus d'un an prisonnier avant de réussir à leur fausser compagnie. C'est sous ses ordres que sert la célèbre « Division sauvage » qui ne comprend que des peuples issus des marches de l'Empire : outre un régiment turkmène, six régiments formés des seuls « indigènes du Caucase », Kabardes, Ossètes, Tchétchènes, Ingouches, Tatars et Daghestanais. En sus de ses qualités guerrières, l'homme est sympathique, d'une profonde honnêteté, dénué de tout égoïsme et d'ambition personnelle : Pechkoff est conquis. Kornilov de son côté s'est pris d'amitié pour ce capitaine courageux qui, par son parcours atypique, apporte, dans une Stavka souvent figée dans le conservatisme, un peu d'air du large.

Dès sa nomination, Kornilov a proposé un ensemble de réformes politiques et militaires visant à sortir le pays de la crise. Il appelle à une amélioration du sort et des conditions de vie de la troupe – mais entend que cette évolution soit étroitement contrôlée par l'état-major – et un rétablissement strict de la discipline. À la conférence d'État convoquée par Kerenski pour tenter de restaurer son autorité, qui réunit à Moscou à partir du 12 août quelque deux mille délégués, représentants des partis politiques, du patronat, des syndicats, de l'état-major et de l'Église – Pechkoff y assiste, « en tant qu'attaché de l'ambassade de France » –, le nouveau généralissime rafle la vedette au chef du gouvernement : il appelle à la dissolution de tous les comités populaires nés de la révolution que sont les soviets d'usine, de quartier ou de caserne.

Sur ce, le 20 août, les Allemands effectuent une percée dans les pays baltes et s'emparent de Riga après l'effondrement du front du Nord. À Petrograd, la presse socialiste lance une campagne hostile à Kornilov, le rendant responsable de la situation. Vient le temps du soupçon. Le général cosaque ne chercherait-il pas à renverser le gouvernement ? Le 27 août au soir, Kornilov est démis de son commandement. Convaincu que Kerenski a agi sous la contrainte des bolcheviks, il appelle le gouvernement provisoire à se réfugier sous son aile à la Stavka et à former un cabinet de défense nationale, seul capable de garantir la victoire et de conduire la Russie « vers un grand avenir digne d'un peuple puissant et libre ».

Aux Cosaques, ses « frères chéris », il lance un appel dont la patte enflammée et la langue fleurie ont dû faire vibrer le cœur de Zinovi Pechkoff : « N'est-ce pas sur les ossements de vos ancêtres que s'élargissaient et s'agrandissaient les limites du royaume russe ? N'est-ce pas votre puissante vaillance, ne sont-ce pas vos hauts faits, vos sacrifices et votre héroïsme qui rendaient forte la Grande Russie ? » Suit un réquisitoire implacable contre le gouvernement provisoire, accusé de haute trahison, en tout cas pour certains de ses membres. Contre un tel gouvernement qui conduit la patrie à sa perte, Kornilov en appelle à ces « Chevaliers de la Terre russe » que sont les Cosaques, « fils du Don tranquille, du beau Kouban, du fougueux Terek, de l'Oural, d'Orenbourg, d'Astrakhan, de Semiretchinsk et de Sibérie, des lointains Transbaïkal, de l'Amour et de l'Oussouri » : « Vous avez promis de vous lever avec moi pour le salut de la patrie quand je le jugerai utile. L'heure a sonné… Suivez-moi ! »

Kornilov est soupçonné de vouloir instaurer une dictature militaire. Sa tentative va s'effondrer sans effusion de sang. Avec les principaux soutiens du mouvement et sa fidèle garde personnelle de guerriers turkmènes, le général est envoyé en détention dans la petite ville de Bykhov, proche de Moguilev où une école de jeunes filles a été transformée pour l'occasion en prison. Tout au long de cet épisode rocambolesque et jusqu'à l'arrestation de Kornilov, Pechkoff n'a pas quitté les locaux de la Stavka. Il a soutenu de bout en bout l'action du généralissime, ancré dans la conviction que ce dernier n'a jamais imaginé une restauration monarchique. Ne l'a-t-il pas entendu dire : « Les Romanov ne pourront enjamber le trône qu'à travers mon cadavre » ? N'est-ce pas lui qui a signifié au printemps 1917 son arrestation à la tsarine ? Nul n'ignore le soutien actif que Zinovi a apporté aux mutins. À ses yeux, il y allait de l'honneur d'un capitaine.

Difficile néanmoins, pour une puissance alliée, de retenir contre son gré un envoyé du gouvernement français, tout russe soit-il. Kerenski se contente de signifier à Pechkoff que sa mission auprès du haut commandement est terminée et de l'inviter à quitter le territoire le plus rapidement possible. Le 15 septembre, le capitaine est renvoyé à Petrograd, avec ordre « de se présenter à son arrivée à l'attaché militaire de France qui lui donnera les instructions nécessaires ». Le voici, doux euphémisme, « chargé par le général Janin d'une mission de liaison et de renseignement en France ». En d'autres termes, c'est un retour à l'expéditeur.

Un rêve piétiné

Juste avant son départ de Russie, Pechkoff a rédigé à la hâte un rapport à l'intention du gouvernement français qui l'a missionné, dans lequel il tente de démêler les causes de l'échec actuel. Un si beau rêve piétiné ! Cette révolution dans laquelle il avait placé tant d'espoir foulée aux pieds ! À travers ces cinq pages, il bredouille d'indignation et dénonce tout à trac l'inexpérience politique du nouveau gouvernement de Kerenski, son absence d'autorité. Il aurait pu s'appuyer sur les éléments sains et expérimentés de la nation, les zemstvos, les coopératives, mais non, il n'en a rien fait.

« Il suffisait d'être socialiste et d'avoir un passé révolutionnaire pour obtenir une place dans le gouvernement ou être investi par lui d'un office… Des gens très braves, peut-être de nobles esprits, peut-être même des martyrs de l'ancien régime, sortis d'exil ou de prison, ont occupé ces charges sans avoir les connaissances et l'expérience nécessaires. »

Le bilan est désastreux. Dans le monde économique, c'est la pagaille généralisée, les industriels s'avouent incapables de mener leurs usines vu les revendications salariales des ouvriers. Les chemins de fer ne marchent pas, les mines produisent la moitié de ce qu'elles produisaient autrefois. Les extrémistes ont su profiter du mécontentement général, en promettant une répartition équitable des richesses du pays, en dénonçant auprès des paysans la responsabilité des propriétaires, auprès des ouvriers, celle des patrons, auprès de tous, celle du gouvernement. La propagande révolutionnaire a sévi aussi dans l'armée, déjà dénoncée sous le régime tsariste comme dévouée au seul bien de ses officiers, tous fils de propriétaires et de capitalistes. L'invite à la fraternisation entre armées ennemies, la propagande contre l'offensive ont fait des ravages. Le pays sombre dans l'anarchie. Plusieurs villes ont refusé d'accueillir les commissaires du gouvernement provisoire, quinze provinces ont déjà fait sécession. Soumis au pouvoir des partis extrémistes, Kerenski et son gouvernement voient la contre-révolution partout, alors que personne dans le pays, affirme Pechkoff, ne souhaite revenir à l'ancien régime. En conclusion il en appelle à la sympathie des Alliés qui, « au lieu de s'indigner ou d'admirer, doivent réfléchir et prévoir ». « N'espérons pas un miracle qui leur rendrait une Russie régénérée et vouée à leur cause. » À eux de faire pression sur le gouvernement pour qu'il adopte les lois nécessaires.

Amfiteatrov l'avait accueilli sur le quai de la gare. C'est à lui que Pechkoff rend sa dernière visite : « La vie de Zinovi en tant que “mercenaire de l'Entente” était en danger, raconte-t-il, et il se dépêcha de partir pour l'étranger. Je fus stupéfait de son audace lorsque, pour me dire au revoir, il vint non en civil mais dans son uniforme d'officier.» En cette fin d'été 1917, il ne fait pas bon arborer ses galons dans les rues de la capitale, difficile d'imaginer que, quelques mois plus tôt, le port du costume civil était strictement interdit aux officiers.

«J'ai tout vu et je sais tout»

En ce 30 septembre blafard, Zinovi poursuit son épître à Lucille. Mais les mots d'amour cèdent la place à l'urgence de lever toute ambiguïté sur le récent psychodrame.

«J'ai tout vu et je sais tout, écrit Pechkoff, Kornilov a été calomnié par ceux-là mêmes qui auraient tiré profit de son ascension s'il avait réussi. Je méprise et déteste Kerenski, comme je méprise tout menteur et pleutre de basse échelle. S'il touche un seul cheveu de Kornilov, il lui arrivera ce qu'il mérite depuis longtemps.» Ce qui exaspère Zinovi, c'est l'estime que les Européens, ignorants de la situation, portent au chef du gouvernement provisoire : «Ils l'imaginent comme le héros de la Révolution russe. Il est plutôt le héros du grand malheur de la Russie, le héros de ce moment qui dure depuis six mois et semble sans fin, le héros d'une révolution qui a enterré avec lui toutes les promesses que certains mettaient dans les mots de socialisme et de fraternité... Sait-il inspirer de la confiance et de la compréhension entre les différentes classes de la Russie, toutes unanimes pour jeter avec joie le vieil ordre des choses? Sait-il dire un "oui" ferme, un ferme "non"? Il ne sait pas. Ce qu'il veut, c'est rester le maître à la tête de la Russie.»

Que le capitaine Pechkoff se soit fait taper sur les doigts pour avoir, en Russie, outrepassé le rôle qui lui était assigné et ferraillé contre le gouvernement en place, est plus que probable. Mais ses états de service antérieurs plaident pour lui. On peut comprendre qu'étant russe, il se soit laissé emporter par ses sentiments. Ayant enfin réussi à regagner la France, il est reçu par le président de la République Raymond Poincaré au palais de l'Élysée pour lui faire un compte rendu minutieux de sa mission. Dans son journal daté du mardi 30 octobre, Poincaré note : « Le capitaine Pechkoff que Reinach* m'a recommandé par lettre, me dit que Kerenski est beaucoup trop dominé par les soviets, qu'il ne fait rien pour rétablir la discipline et que Kornilov a été sacrifié alors qu'il était plus capable que tout autre de ramener l'ordre dans l'armée. » Au siège de l'état-major général, le général Foch écoute le capitaine avec attention et lui demande de rédiger un « projet d'aide morale au soldat russe », susceptible de rétablir la discipline et de réveiller l'esprit d'offensive. À Camille Bloch, le directeur de la bibliothèque-musée de la Guerre, il a remis cinq précieux documents, dont des ordres du jour de Broussilov et de Kornilov, et une lettre ouverte du député Pourichkevitch, un excité d'extrême droite, adressée au soviet des ouvriers de Petrograd et intitulée « Bas les masques ».

Obnubilé par la crainte d'un putsch venu de la droite, Kerenski a entrebâillé la porte aux bolcheviks, ils vont s'y engouffrer. Ils ont désormais la majorité au soviet de Petrograd. Le 18 octobre (1er novembre), Gorki publie un article alarmiste évoquant l'imminence d'un coup de force. Dans la soirée du 24 octobre (6 novembre), soigneusement déguisé, Lénine gagne l'institut Smolny, promu quartier général de l'insurrection. Le lendemain, les points stratégiques de la capitale, les gares, les ponts, les centraux téléphoniques, sont occupés. Un ultimatum est lancé aux ministres du gouvernement, regroupés au Palais d'Hiver : ils seront tous arrêtés, sauf Kerenski qui a pris la fuite. En même temps que l'abolition de la propriété privée des terres, les bolcheviks déclarent la paix immédiate. Elle se concrétisera quelques semaines plus tard dans le traité de paix séparé signé entre les Russes et les Allemands à Brest-Litovsk. Les pires craintes du capitaine Pechkoff se sont réalisées.

---

* L'avocat et ex-député Joseph Reinach, un ami de toujours de Poincaré, N.D.A.

CHAPITRE 7

De Salonique à Vladivostok

Roumanie, mission impossible

Et dire qu'en août 1914, Zinovi craignait que la guerre ne se termine avant qu'il ait pu gagner la Russie ! Voilà plus de trois ans qu'elle dure et rien n'indique qu'elle finisse un jour. En novembre 1917, la situation n'est pas brillante. Même renforcées par les Américains, les troupes franco-britanniques sont trop faibles en hommes, en artillerie et en aviation pour reprendre rapidement une offensive générale. L'arrivée au pouvoir des bolcheviks fait peser une lourde hypothèque sur le maintien d'une pression à l'Est. L'état-major général français continue pourtant à croire à des possibilités de reconstitution d'un front en Russie du Sud, qui soulagerait le front occidental. Le 29 novembre, le général Foch convoque à nouveau Pechkoff pour le charger cette fois d'une mission de liaison auprès du chef de la mission militaire française en Roumanie, le général Henri Berthelot – un simple homonyme du secrétaire général du Quai d'Orsay.

« Le capitaine Pechkoff, écrit Foch au général Sarrail qui commande les armées d'Orient, russe d'origine, qui a loyalement servi la France depuis le début de la guerre, a offert de se rendre en Roumanie et en Russie pour recueillir des renseignements précis sur la situation et entrer éventuellement, si le général Berthelot le juge possible, en relation avec Kaledine et peut-être avec la Rada ukrainienne où il compte des amis dévoués.» La Rada, c'est l'assemblée représentative de l'Ukraine, l'une des premières provinces de l'Empire russe à avoir, dès juin 1917, déclaré son indépendance. Quant au général Kaledine, l'*ataman* des Cosaques du Don – le plus fameux des chefs Cosaques puisque, de droit, le porte-parole des onze tribus cosaques de Russie –, il est bien connu de Pechkoff pour avoir été l'un des principaux soutiens du général Kornilov ; Kaledine est engagé dans une lutte implacable contre les soviets. Il s'agit d'informer Paris sur les tentatives locales de déminage du péril bolchevik.

Fort d'une avance de mille cinq cents francs sur ses frais de voyage et d'une autre avance de mille francs sur son indemnité de mission, voici l'officier interprète de deuxième classe Pechkoff parti pour Salonique, le siège de l'armée d'Orient. De là, il gagnera le quartier général roumain par avion, puisqu'il est exclu de traverser la Bulgarie et la Turquie, territoires ennemis. À Paris, le ministre Albert Thomas, qui, au printemps, avait prolongé son inspection du front russe jusqu'en Roumanie, lui a confié la forte impression que lui avait laissée ce voyage. Son audience chez le roi Ferdinand Ier, au premier abord, à entendre le ministre, « une sorte de *minus habens* répétant automatiquement les derniers mots que vous venez de prononcer avant de se révéler au cours de la conversation plus intelligent qu'il n'en avait l'air ». Le dîner chez la reine, simple et savoureux, atmosphère bon enfant et jeux de société innocents. Une visite dont Zinovi s'amusera de recueillir le contrechamp lorsque, apprenant son départ pour la Roumanie, Hélène Berthelot lui montre la lettre reçue de son amie, la reine Marie : « Nous nous sommes admirablement entendus, écrit cette dernière, avec ce cher petit socialiste mal vêtu et débraillé qui s'installait dans notre cercle de famille comme s'il nous avait connus de tout temps ; il est hideux, intelligent et délicieux… »

Le temps de cette équipée, la situation a évolué. Les négociations d'armistice ouvertes le 3 décembre à Brest-Litovsk à la demande de Lénine et de Trotski, nouveau commissaire aux

Affaires étrangères, semblent sur le point d'aboutir. Dès le 9 du mois, pressentant la défection russe, le gouvernement roumain a capitulé. La mission de Pechkoff en Roumanie est annulée. Il lui faudra patienter trois semaines à Salonique, le temps que s'organise son retour. Plutôt que de maudire le contretemps qui lui est imposé, le capitaine se dirige vers la base aérienne de Lembet aux portes de Salonique, d'où l'escadrille 507 assure la sécurité de la ville et patrouille aussi sur le front. Là où les choses se passent. Car les aviateurs continuent à mener la vie dure à la Luftwaffe. De sa vie, Pechkoff n'a jamais volé : ce séjour va être l'occasion d'un baptême de l'air un peu particulier. Le temps est couvert quand l'adjudant-chef Dieudonné Costes, un jeune casse-cou de vingt-cinq ans affecté depuis peu à la base, l'embarque pour une balade à trois mille mètres d'altitude au-dessus des lignes ennemies, un obus de 90 sur les genoux : un trou dans les nuages, et l'avion pique sur l'objectif et lâche son pruneau avant de remonter plein gaz. Du grand art, un avant-goût des prouesses qui conduiront dix ans plus tard Dieudonné Costes à s'illustrer dans la première traversée sans escale de l'Atlantique Sud.

Dès qu'il le peut, Pechkoff explore la ville. Dans ce carrefour des nations, on croise des Athéniens, des Crétois, des Roumains, des Thraces et des Albanais, des Turcs et des Bulgares, voire des Caucasiens et des Petits-Russiens attirés jadis par l'appât de terres à cultiver, des Juifs aussi en pagaille, tout ce petit monde s'interpellant dans toutes les langues et se disputant avec de grands éclats de voix. Des marchands d'olives ou d'amandes vous tirent par la manche, des crieurs insistent pour vous vendre des journaux dont on ne connaît pas la langue, des gosses transportent des hottes remplies à ras bord de poissons. Les gens sont sales, les rues pleines de détritus, des odeurs nauséabondes montent en bouffées des égouts primitifs, et pourtant, on se sent pris par cette exubérance. On y mène d'ailleurs joyeuse vie à en croire les camarades croisés par Zinovi. Pour répondre à la demande, les maisons publiques ont engagé de nouvelles pensionnaires françaises, italiennes ou grecques, et aussi de belles bohémiennes. Les quelques demi-mondaines et chanteuses de beuglant venues de France et d'Athènes qui se produisent au music-hall de la Tour blanche, se voient disputées à prix d'or le soir par les officiers alliés. Mais au centre de la ville européenne, rien ne vaut ce petit hôtel discret tenu par une noble dame italienne répondant au doux nom de Madame Joujou dont les pensionnaires font les délices des officiers supérieurs et même, à ce qu'on dit, de quelques officiers généraux. Situés derrière le port, les quartiers de l'armée d'Orient sont en comparaison étrangement calmes. Tout comme l'ancienne demeure ottomane qui abrite la cour serbe en exil. Pechkoff rend visite au prince Alexandre, nommé à tout juste trente ans Régent du royaume par son père, le roi Pierre Ier Karageorgevitch, depuis son exil de Corfou – une grande figure de la Légion que ce souverain francophile qui s'y est engagé en 1870 sous le nom de Pierre Kara pour combattre les Prussiens.

Depuis la mi-décembre, l'arrivée du général Guillaumat a fait souffler sur Salonique un vent d'optimisme – on parle même d'une nouvelle offensive. Le 20 janvier, Pechkoff repart pour Paris via Rome. L'occasion de faire ses adieux définitifs à Lucille ? De la *british lady* il ne sera plus question par la suite. Au Crillon enfin, il pose ses valises. Mais pour combien de temps ?

Cap vers l'Asie

Deux mois tout au plus. Car, à compter du mois de mars 1918, l'existence de Pechkoff va basculer dans une aventure qui le marquera à vie et qu'il n'évoquera jamais que par bribes. Une aventure remplie de zones d'ombre dont on peine à repérer les étapes, avec pour seul fil d'Ariane quelques documents officiels, quelques notes jetées par lui sur le papier, quelques lettres écrites à ses amis. Dans la Sibérie post-révolutionnaire, il va tenter désespérément de « servir la cause » comme il dit, au prix d'efforts surhumains, surtout pour un homme invalide, confronté à des étés brûlants, infestés de moustiques, à des hivers glaciaux où le thermomètre descend à quarante ou cinquante degrés en dessous de zéro, mais d'abord à la souffrance de voir son pays sombrer dans le chaos. Pendant près de trois ans, le capitaine Zinovi Pechkoff, qui n'a connu jusqu'ici que l'en deçà de l'Oural, part à la découverte de la Russie d'Asie pour y explorer les brèches d'un empire disloqué.

Le traité de Brest-Litovsk arrache entre autres à la Russie les pays baltes, la Finlande, l'Ukraine et une partie de la Biélorussie. La fronde contre les bolcheviks se durcit, les premières Armées blanches s'organisent un peu partout. Les quelque trois cents socialistes révolutionnaires qui siégeaient à l'Assemblée constituante russe, dissoute dès sa première séance en janvier 1918, mènent la cabale contre les bolcheviks et cette paix conclue unilatéralement malgré la parole donnée aux Alliés. Les socialistes français leur emboîtent le pas. Mais « aussi décourageants soient les aspects de la révolution russe, écrit Marcel Sembat, l'une des têtes de file du socialisme en France, il convient de ne pas l'abandonner à elle-même ». Si l'on veut éviter que la Russie ne devienne sous peu une colonie allemande, Sembat exhorte les Alliés à entrer en contact avec les bolcheviks : « Est-il certain que nous ne puissions pas nous entendre avec Lénine et Trotski ? Notre devoir est tout au moins de l'essayer. » L'état-major français a lui aussi le souci de ménager ces mêmes autorités bolcheviks, espérant ainsi qu'elles maintiennent un peu la pression contre les Allemands et retardent le transfert des divisions allemandes massées à l'Est vers le front de France. Une autre préoccupation voit le jour : dans l'Extrême-Orient russe, les bolcheviks remportent succès sur succès. La libération prochaine des prisonniers allemands et austro-hongrois détenus par les Russes et relégués en Sibérie pourrait leur apporter des renforts inespérés. Il est à craindre par ailleurs que les Allemands n'utilisent le Transsibérien, achevé l'année précédente, pour acheminer des sous-marins en pièces détachées depuis l'Allemagne jusqu'à Vladivostok où ils seraient remontés, transformant en base navale allemande le grand port commercial russe sur le Pacifique. On commence à évoquer l'éventualité là-bas d'une intervention alliée.

On imagine qu'après l'affaire Kornilov, Pechkoff ne soit pas *persona grata* à Petrograd. Mais, dans la Russie d'Asie, auréolé par ses engagements passés et son lien avec Gorki, il peut être un pion utile, le général Foch en est convaincu : « J'estime, écrit-il le 6 mars 1918 au ministre des Affaires étrangères Stephen Pichon, que le meilleur moyen d'utiliser l'activité et le dévouement à notre cause du capitaine Pechkoff consisterait à l'envoyer rejoindre le capitaine Pelliot près du capitaine Semenov, qui a organisé en Sibérie orientale un noyau de résistance au maximalisme. » Semenov ? Ce capitaine de Cosaques cherche à lever une armée à l'est du lac Baïkal pour faire pièce aux bolcheviks mais il manque d'armes et de subsides. Envoyé pour l'observer, l'orientaliste Paul Pelliot, un brillant professeur au Collège de France qui œuvre comme attaché militaire à Pékin, a donné un avis favorable. La France, c'est décidé, prendra à sa charge la moitié des besoins en argent de Semenov en laissant à la Grande-Bretagne le soin de lui fournir armes et munitions.

« Le capitaine Pechkoff, dit enfin Foch dans sa lettre au ministre, pourrait, en traversant l'Amérique pour se rendre en Sibérie, exercer une influence utile aux États-Unis où il possède de nombreuses relations. » Toujours cette idée d'impliquer le président Wilson dans une intervention en Sibérie. On lui a déjà forcé la main pour envoyer ses *boys* sur le front franco-anglais, il semble réticent à se faire avoir deux fois ! Pour soutenir Pechkoff, Philippe Berthelot se fend une fois encore d'une belle lettre de recommandation à l'ambassadeur Jusserand. Pas sûr que, cette fois, Zinovi ait besoin qu'on lui ouvre les portes du Nouveau Monde. À New York, ses nombreux amis lui font fête quand il débarque du *Rochambeau* sur lequel il est monté à Bordeaux. Fin mars, il est reçu avec effusion à Washington par Jusserand, encore tout heureux de s'être vu attribuer le premier prix Pulitzer d'histoire pour son recueil d'études sur les États-Unis – un sujet qu'il a eu tout loisir d'explorer, lui qui restera vingt-trois ans à son poste ! Il demande aussi à rencontrer l'ex-président Theodore Roosevelt (l'infatigable détracteur du trop timide Wilson) qui n'aura de cesse de réclamer dans les prochains mois l'envoi vers l'Oural des cinquante mille cavaliers du général Leonard Wood qu'on cantonne inactifs au Far West. William Phillips, l'Assistant Secretary of State est toujours en place ; le capitaine Pechkoff fait son siège, lève une à une les réticences exprimées : non, les Japonais ne sont pas seuls habilités à intervenir de l'autre côté du Pacifique ; non, l'envoi de troupes américaines ne sera pas ressenti par le peuple russe comme un acte de guerre. C'est aussi l'occasion de parler avec le nouvel ambassadeur russe mis en place par le gouvernement provisoire.

Un mois plus tard, Pechkoff amorce en train l'interminable traversée du continent américain. Amplement le temps de rêver au fil des stations à l'incroyable libération que ce serait d'enfourcher les nuages pour faire la même route comme il en a pris le goût dans le ciel macédonien. Mais, en 1918, l'avion reste d'abord une arme de guerre, tout juste si l'on commence à l'utiliser pour le service postal. La seule ligne aérienne régulière inaugurée en 1914 entre les villes de Tampa et Saint-Petersburg en Floride n'a fonctionné que quatre mois. Et sur trente kilomètres, la seconde localité étant juste de l'autre côté de la baie. Sur le passeport diplomatique grand format émis à Paris, requérant « des pays alliés ou amis de la République française de laisser librement passer le capitaine Zinovi Pechkoff et de lui donner aide et protection en cas de besoin », les tampons se bousculent. On le retrouve le 25 juin à Harbin en Mandchourie. Ce demi-tour du monde, seize mille kilomètres au bas mot, aura duré trois mois. Dans les mois qui viennent, il en parcourra presque autant sans quitter la Sibérie.

Une Russie en miniature

La Sibérie orientale est alors en pleine anarchie. Mais à Harbin, l'ordre règne. Rien d'étonnant à cela : la ville est en Mandchourie, province chinoise, même si rien ne la distingue des villes de Sibérie. Tout y est russe, la langue, les écoles, les noms des rues, les fêtes religieuses. Harbin est la métropole du Transmandchourien, le « chemin de fer de l'Est chinois », ouvert à la circulation quinze ans plus tôt après qu'un traité passé entre la Chine et la Russie a autorisé cette dernière à construire une nouvelle ligne de chemin de fer sur mille sept cents kilomètres pour raccourcir de moitié les temps de parcours depuis le Baïkal jusqu'au Pacifique. En quinze ans, le village de pêcheurs endormi sur les rives du Soungari, un affluent de l'Amour, est devenu une ville de plus cent mille habitants. Dominée par sa drôle de cathédrale entièrement faite de troncs d'arbres superposés sans le recours d'aucune pièce métallique, Harbin garde certaines de ses maisons en bois mais compte de plus en plus de bâtiments en brique à deux ou trois étages de style occidental avec leurs façades dotées de frises, de balcons à colonnes et de balustrades. Maisons de commerce, grands magasins, banques, hôtels, cinémas ont poussé sur les principales artères de la ville, sillonnées par des fiacres, des autobus et quelques automobiles.

Harbin a changé. Ses habitants aussi. Au départ, on y voyait surtout des pionniers, des gens rudes, au style de vie spartiate. Plus tard s'est adjointe toute une population ouvrière chinoise, principalement originaire de la province du Shandong, plus au sud. Mais les Russes y sont, et de loin, les plus nombreux. Parmi eux les employés du chemin de fer, souvent enviés pour leurs privilèges, des commerçants, des professions libérales. Une élite intellectuelle aussi car, depuis des années déjà, la politique libérale menée à Harbin et la tolérance raciale et religieuse qui y règne du fait de la coexistence avec les Chinois ont attiré notamment une forte communauté de Juifs russes maltraités dans l'Empire, et interdits de migration en Sibérie dans les dernières années du régime tsariste. Depuis un an, on observe un afflux de réfugiés, des réfugiés politiques cette fois, opposés au nouveau régime, des civils mais surtout des militaires. Parmi eux, nombre d'officiers de l'ancienne armée du tsar.

La pension *L'Orient*, où Zinovi s'est installé à son arrivée, ne vaut pas le Crillon, mais, à vingt roubles la chambre, elle a la réputation d'être le meilleur hôtel du coin, son restaurant s'est même fait une spécialité des « kotleti », de savoureuses boulettes de viande pétries d'herbes. Pas de jour où il ne soit reçu dans les représentations étrangères, les cercles militaires ou les salons des émigrés russes. Pas de jour où il ne traîne ses guêtres au Club du chemin de fer pour y glaner des informations. Il faut aussi ménager la bonne volonté des nouveaux édiles chinois promus depuis l'avènement de la République.

L'ataman Semenov

Mais Pechkoff n'est pas à Harbin pour faire des ronds de jambe, ni le joli cœur auprès des dames de la ville. Il supporte mal le spectacle de tous ces beaux officiers qu'il croise quotidiennement, sanglés dans leurs uniformes impeccables, qui se sont lentement laissés glisser dans l'oisiveté. Il n'a qu'une obsession : entrer au plus vite en contact avec l'ataman Semenov. Il ne peut se défaire d'une intense curiosité pour cet homme né dans une stanitsa – un village cosaque – à l'est de Tchita, le point de départ du chemin de fer de l'Est chinois. Après la révolution de février, Grigori Semenov s'est distingué sur le front allemand en récupérant le drapeau de son régiment pris par un fort détachement de uhlans, une action d'éclat qui lui a valu la croix de Saint-Georges, la plus haute décoration de la Russie impériale. Renvoyé par Kerenski vers la Sibérie, pour y organiser un régiment de Mongols bouriates, il s'est retrouvé sans emploi après la révolution d'octobre et la paix de Brest-Litovsk. Il n'y a plus de front allemand. Plus d'allégeance à Kerenski, parti sur les routes de l'exil. La seule et unique menace est celle que fait régner la faction bolchevik. Ces « Rouges » que le capitaine cosaque a toujours détestés ont fait main basse sur les villes de la région, Irkoutsk sur le Baïkal, et même sa chère Tchita : il ne le supporte pas. Un soir de janvier 1918, dans la ville frontière de Mandchouria, tombée à son tour aux mains des bolcheviks, il cerne avec quelques fidèles la gare où deux cents soldats tiennent une réunion politique, et, une grenade à la main, les somme de déposer leurs armes. Il harangue les soldats terrorisés, leur fait valoir son grand cœur, lui qui pourrait les faire fusiller – il n'épargnera toutefois pas leurs chefs – et, copieusement applaudi, les enfourne dans six wagons de marchandises et les transporte loin de leurs bases. Semenov n'avait rien : il se retrouve avec des armes, des munitions et une flopée de volontaires. Le voici à la tête d'une troupe hétéroclite, composée de deux cents Russes, de six cents Mongols, de Japonais, de Chinois et de prisonniers de guerre austro-hongrois recrutés dans un camp de la région. Comment ne pas être envoûté par cette existence romanesque ?

Pechkoff a rejoint Semenov, de l'autre côté de la frontière, dans les collines de Transbaïkalie où l'ataman livre combat. De stature moyenne, solidement bâti, l'homme est économe de ses gestes, de ses paroles empreintes de bon sens et de simplicité. On sent surtout en lui une énergie brute que rien ne peut arrêter, même si l'on a coupé les cheveux de ce jeune Samson à l'exception d'une boucle qui orne son front et lui vaut d'être appelé par son entourage « le Napoléon russe », rien de moins. Saura-t-il aller à la reconquête de sa patrie déchirée ? Pechkoff veut le croire. Pour suivre Semenov, tout au long de l'été 1918, il chevauche des journées entières sur les petits chevaux minces et nerveux qu'on élève dans le pays, vit dans un wagon de chemin de fer et parfois sous une tente crasseuse, sinon à la belle étoile. « Si j'avais mes deux bras, écrit-il à Rutger Jewett, un éditeur new-yorkais de ses amis, je combattrais aux côtés des forces de Semenov comme soldat ou comme officier, peu m'importe. »

Parti à la reconquête de Tchita, l'ataman a dû s'arrêter à soixante-quinze kilomètres de la ville, puis reculer jusqu'à la frontière chinoise. Le 25 juillet, apprenant que Semenov est en position difficile, Pechkoff le rejoint après trente-six heures de voyage. L'ataman est là, perché sur une colline, entouré de son état-major et de plusieurs officiers japonais, ses meilleurs alliés. Deux semaines de combats ininterrompus ont épuisé ses troupes. Il y a urgence à mettre le détachement au repos, et l'aide réclamée n'arrive toujours pas. Sur la colline, les tirs peuvent bien pleuvoir, l'ataman ne bouge pas. Pechkoff est fasciné par ce côté bravache de Semenov, ce caractère impétueux, indomptable, résolu à mettre toutes ses forces dans la bataille. L'homme est écrasé de fatigue, il souffre d'une vieille blessure au pied. Mais, au milieu du vacarme ambiant, il reste d'un calme absolu, « aussi paisible face au danger que l'eau d'un lac de montagne », distribuant ses ordres avec une tranquille assurance, comme investi d'une confiance totale dans le fait que ce sont là des ordres justes. La marque du chef.

Pechkoff est l'homme des coups de cœur. De Semenov, il parle comme d'« une créature magnifique », « l'une des personnalités les plus fortes que j'ai jamais rencontrées ». Mais déjà, il perçoit une certaine ambivalence chez cet homme au regard tout à la fois cruel et bienveillant, inaccessible et présent, un paradoxe vivant. Si séduit soit-il par l'ataman, Zinovi admet qu'il ne lui ferait pas confiance pour une tâche d'importance, « non parce qu'il ne serait pas honnête ou parce qu'il ne serait pas à même de la mener à bien, mais parce que je redouterais son instabilité. Chaque jour, à chaque heure du jour, cet homme peut faire quelque chose d'inattendu, de totalement surprenant, quelque chose que personne ne puisse imaginer qu'il fasse. C'est une nature sauvage sans aucune contrainte et, emporté par une pensée soudaine, il peut s'emballer sans prendre en considération l'environnement, les circonstances, les intérêts des autres ». En clair, un être incontrôlable. Dangereux. Les mois qui vont suivre justifieront les craintes de Pechkoff, l'aura de Semenov se ternissant peu à peu au gré des exactions commises par ses hommes, de vrais bandits de grand chemin, mais aussi par sa propre attitude, faite de cruauté et d'une certaine duplicité. Est-ce d'avoir renoué une fois de plus avec le fracas des armes ? « Mon espoir secret, confie Zinovi à Rutger, est qu'en dépit de mon bras, on m'accordera l'honneur de mourir dans cette guerre en même temps que des millions de braves. » À tout le moins, il voudrait accomplir son devoir de soldat. Reste qu'il est des choses difficiles à comprendre. Semenov apportait tout ficelé aux ex-officiers de l'armée impériale stationnés à Harbin le cadeau d'une troupe aguerrie, et même des financements extérieurs : ils le regardent avec mépris. Un simple capitaine de cosaques, et même pas breveté ! Pourquoi vouloir à tout prix se battre quand à Harbin, les Rouges ne risquent pas d'attaquer par peur des Chinois.

Certes, la ville est en retrait du front, pourtant la folie et le chagrin de la guerre s'infiltrent partout. Convié chez le général Zourabov, qui commande les troupes affectées à la surveillance de la voie ferrée, Zinovi s'étonne de voir la douce et gentille épouse du général, Maria Nikolaïevna, chassée avec lui d'Irkoutsk par les bolcheviks, se plaindre de la vie misérable qu'elle mène à Harbin, elle pourrait bien faire une bêtise si cela devait continuer des mois, seul son probable départ pour Vladivostok la rassérène un peu. Difficile pour Zinovi de comprendre de tels tempéraments qui se contentent de subir les événements sans chercher à se battre : « Il y a tant de gens sur terre qui s'interrogent sur la place qui est la leur, se sentent inutiles et ne trouvent aucun intérêt à la vie. » À d'autres que lui ce rôle de victime expiatoire.

Sans l'aide des Alliés, la progression des Rouges est inéluctable, Pechkoff en est convaincu. Les Russes ont beau jeu de clamer qu'ils sauront bien se débrouiller tout seuls – en attendant, les volontaires ne se précipitent pas pour s'enrôler. Aux bolcheviks de nouveaux canons viennent d'être livrés en provenance de Shanghai par la voie du fleuve Amour, un émissaire de Trotski, passé commissaire à la guerre, leur a apporté cinq millions de roubles pour régler les soldes des troupes, de quoi payer leurs fidèles et attirer dans leurs rangs d'autres ex-prisonniers allemands, leur gibier de choix. À Khabarovsk, au nord de la Province maritime, ils viennent de remporter une victoire sur les Tchèques, contraints à reculer de trente verstes. Autre danger omniprésent, l'intense propagande menée par les Allemands, encore et toujours les rois pour discréditer les Alliés auprès de la population russe. L'évidence d'une collusion germano-bolchevik s'impose de jour en jour.

Des troupes alliées seraient d'autant mieux acceptées qu'elles auraient face à elles un pouvoir russe représentatif, du moins en Sibérie. Mais pour le moment, deux blocs s'affrontent. Le 8 juillet, un gouvernement autonome sibérien formé de socialistes révolutionnaires est né à Vladivostok. Dès le lendemain, un tenant de la réaction, le général Dimitri Khorvat, l'ancien directeur du Transmandchourien récemment mis à pied par les Chinois, s'est proclamé à son tour dictateur de toutes les Russies. Le *Novosti Jizni*, *Les Nouvelles de la vie*, le journal libéral de Harbin, propose bien de partager le gâteau, le premier serait en charge de la Sibérie orientale, le second de la Sibérie occidentale. Tel n'est pas, semble-t-il, le point de vue des Alliés, favorables à un interlocuteur unique. Le 1er août, Pechkoff accueille à la gare de Harbin, venant de Pékin, le capitaine Pelliot accompagné du comte de Martel, le numéro 2 de l'ambassade de France en Chine, et du conseiller de la légation britannique. Ils ont tous trois mission de se rendre à Vladivostok pour convaincre Khorvat de renoncer à ses prétentions et de laisser la place libre au gouvernement provisoire sibérien.

Quelle que soit l'issue des négociations, une certitude s'impose : seul un gouvernement fort, voire dictatorial, est en mesure de rétablir l'ordre et la discipline, de venir à bout de cette bande de gens sans foi ni loi que sont les bolcheviks. Le verdict de Pechkoff est sans appel. Qu'on ne parle plus aux Russes de socialisme, de révolution, de toutes ces belles envolées qui ont ruiné le pays ! Est-ce la pluie qui tombe sans discontinuer depuis deux jours sur Harbin ? Il a plus que jamais l'impression qu'une tragédie est en train de se nouer : « À force d'hésitations et d'interférences, écrit-il, nous sommes déjà en août. Le temps change, l'automne est proche, l'hiver s'annonce. Les soldats ont besoin d'être équipés, il faut du combustible, de solides abris. Or, rien n'est prêt. Les usines ne fonctionnent plus, les bolcheviks mettent à sac les villes qu'ils occupent. » « Réveillez-vous », clame Zinovi à ses amis, à l'Amérique, surtout, dans laquelle il a mis tant d'espoir. « N'allez pas dire : "Laissons les Russes travailler à leur propre salut". Aucun sursaut n'est à attendre d'eux. Le fait est là : les Tchèques périront dans la neige des forêts et des plaines de Sibérie. Et ce crime retombera sur la tête de tous ceux qui rêvent d'une future démocratie. » Les Tchèques ? Ceux-là mêmes qu'après l'abandon du front oriental, les Alliés ont déployés tout au long du Transsibérien, l'artère vitale de ces contrées immenses et désolées. Il serait honteux de les laisser tomber.

La mission de Pechkoff auprès de Semenov, provisoirement au repos, a moins de raisons d'être. Le 12 août, lors du passage à Harbin de Tchèques en cours de repli vers l'est, au milieu d'une foule enthousiaste venue offrir des cadeaux aux soldats et répandre des fleurs sur leur passage, son aide a été requise pour présenter aux notables locaux et aux consuls étrangers le colonel commandant ces troupes, des héros qui ont sauvé les populations civiles des griffes des bolcheviks et évité l'écrasement des troupes de l'ataman. Mais il n'a pas vocation à jouer ainsi les Messieurs Bons Offices. C'est avec soulagement qu'il reçoit ce même jour un télégramme de Pelliot lui enjoignant de le rejoindre au plus vite. Dès le lendemain, Zinovi est en route, le jour d'après, il arrive à Vladivostok. Le train a pris du retard, la petite horloge qui surmonte la tour gothique de la gare marque déjà 22 h 30, personne ne l'attend. Flanqué d'un porteur reconnaissable à son tablier blanc, Pechkoff se fraie un passage à travers les salles encombrées de moujiks et de Chinois, de cosaques assis sur leur sac, nagaïka pendant à la ceinture, leur grand sabre entre les jambes. À l'hôtel Zolotoï Rog, grand ouvert sur la Corne d'Or, la baie de Vladivostok, il n'y a plus de place. Il n'est d'autre solution que de frapper à la porte du wagon affecté au capitaine Pelliot. Faute de place, c'est là aussi que Damien de Martel a trouvé refuge.

Vladivostok, ville de garnison

Drôle de trio. Plus jeune de six ans que les deux autres, Pechkoff a pour lui l'autorité du combattant. En Paul Pelliot, fils de famille aisé, attaché militaire à Pékin, il a d'abord vu le sinologue réputé, titulaire d'une chaire au Collège de France, le polyglotte parlant couramment treize langues, bref, un pur intellectuel. Il lui faudra un peu de temps pour comprendre que Pelliot est aussi un explorateur qui a bourlingué dans le monde entier, vécu tout jeune homme les « 55 jours de Pékin » lors de la révolte des Boxers, accompli des missions à haut risque notamment dans le Turkestan chinois. Damien de Martel, il l'a rencontré pour la première fois à la légation de France lors de son passage à Pékin. Au premier abord, l'homme, issu d'une vieille famille du Loiret, ancien élève des Sciences politiques, entré tôt dans la carrière, marié et père de famille, n'avait guère séduit Zinovi avec son allure patricienne et son début d'embonpoint. Et puis Pelliot a tiré de ses malles un petit ouvrage intitulé *Ombres pékinoises*, un drôle de livre aux feuilles repliées comme un recueil d'estampes écrit à quatre mains par Martel et un baron russe de ses amis. Un roman à l'eau de rose sur les démêlés sentimentaux de la société occidentale de Pékin, sans prétention mais plein de verve et révélateur d'un tempérament original, armé d'un don d'observation affûté. Aussi abrupt d'accès soit-il parfois, c'est un amateur d'art et de littérature, un être qui sait goûter aux plaisirs de la vie. À Vladivostok, pendant près de trois mois, les deux hommes vont avoir tout le temps de se connaître. Damien de Martel : ce nom pèsera lourd dans la carrière de Zinovi Pechkoff. Et dans sa vie.

Les premiers jours, pourtant, Pechkoff peine à trouver sa place. « Ce séjour me déplaît profondément, écrit-il à un ami, je n'aime pas que d'autres fassent à ma place un travail que je pourrais faire beaucoup mieux.» Une visite au consul de France local, un vétéran des services consulaires, petit monsieur débordé par sa tâche et dépassé par la situation nouvelle, a achevé de le convaincre de l'incompétence généralisée des services en place. À leur décharge, cette constatation : plus on vit ici, moins on y comprend quelque chose ! Rien ne semble pouvoir réconcilier les deux gouvernements antagonistes russes. Les efforts des envoyés anglais et français pour inciter Khorvat à quitter Vladivostok n'ont rien donné. En attendant, les troupes étrangères ne cessent de débarquer, mille cinq cents Américains en provenance des Philippines, et aussi des Japonais, des Anglais, des Français. S'ils sont bien accueillis par les citoyens de Vladivostok, ces soldats sont de plus en plus honnis par les masses populaires qui voient là le désir de la bourgeoisie internationale de mater la révolution et de mettre fin aux libertés acquises par la classe ouvrière. Un type à casquette qui voyait défiler les Français s'est étonné de leur petite taille : «Tant mieux, a répondu un autre, ils mourront plus vite.» Et les Français sont, parmi les Alliés, de loin les mieux accueillis ! On commence à parler d'une grève générale. «Je ne vois pas de lueur», laisse tomber Pechkoff, dépité.

Construite en espalier sur des pentes raides qui dominent l'océan Pacifique, Vladivostok, comme tous les ports du monde, offre au visiteur un visage composite. Au fil des derniers mois, la capitale de la Province maritime est devenue une sorte de tour de Babel moderne qui vire souvent à la foire d'empoigne. Sur la Svetlanskaïa, l'artère principale de la ville où grands magasins et cinémas se nichent entre les anciennes maisons de bois, des Caucasiens aux cheveux noirs et au teint mat côtoient de grands Russes blonds venus des provinces baltes ; des femmes chinoises trébuchant sur leurs pieds cassés croisent des Mongols aux pommettes saillantes ou des Coréens aux vêtements clairs flottant au vent. Une patrouille internationale passe. Derrière les Tchèques, viennent des matelots anglais puis des Tommies américains, quelques marins français aussi, et puis des Japonais, des Chinois et même une dizaine de carabiniers du détachement italien. Des miliciens, la casquette ornée de la cocarde sibérienne blanche et verte, ferment la marche. Cette impression d'une ville transformée en un vaste camp militaire, Zinovi l'avait déjà ressentie pendant l'été 1914 à Nice, sauf qu'à l'époque, les cœurs étaient soulevés d'allégresse à l'idée de partir à la guerre pour sauver les libertés menacées. Le soir, Vladivostok ferait plutôt penser à Salonique avec ces essaims de soldats et de marins qui tentent d'expliquer aux femmes russes leurs désirs avec des mots échappés d'une langue inconnue mais dont elles n'ont pas grand mal à percevoir le sens.

Le premier samedi après son arrivée, jour de pluie, c'est un autre kaléidoscope qui attend Pechkoff, attablé avec Martel au café Kokine, l'incontournable rendez-vous du tout-Vladivostok, avec sa salle bondée où ronronnent des ventilateurs bruyants, son orchestre tchèque jouant du Smetana qui vient tamiser le bruit des soucoupes posées sans ménagement sur les tables de marbre, son patron grec, visage taillé à la serpe, campé derrière le comptoir, et son personnel formé de grosses paysannes au teint fleuri, de garçons moustachus et de quelques Chinois. Autour d'une table, la moitié du gouvernement autonome tient session, le ministre des Chemins de fer, un petit gros mal rasé, le ministre de la Guerre, un brun au visage dur qui de lieutenant vient de passer colonel, le maire de la ville, le président du zemstvo, tous deux socialistes révolutionnaires convaincus. Dans un coin, des soldats anglais fraternisent avec des Français et des Italiens. Quelques cosaques de Semenov, ceinturés de cuir et le revolver au côté, saluent en faisant claquer les talons et tinter les éperons. Pechkoff a reconnu plusieurs visages croisés à Moguilev dans les locaux de la Stavka. L'un d'eux, un officier de marine, va l'entraîner avec Martel jusqu'au cimetière des matelots qui domine la mer, sur la tombe de son ordonnance, un fils de paysans de la Volga, un marin d'exception, qui s'est pendu dans un hangar du port pour l'amour d'une femme. Une fois encore, Zinovi ne peut s'empêcher de penser avec nostalgie à ces relations fraternelles qui unissaient parfois les officiers et leurs subordonnés – ce lien unique qu'il a connu à la Légion – quand on n'entend parler aujourd'hui que des dernières exactions commises à Sébastopol où les marins auraient massacré deux mille officiers, si bien qu'on ne sait même plus comment les bâtiments, privés des hommes compétents, seront un jour capables de reprendre la mer.

À Vladivostok, la situation reste tendue. Grève générale. Les journaux ne paraissent plus. Des automobiles traversent la ville à toute allure en jetant des tracts bolcheviks. Pour éviter l'affrontement de factions opposées, les Alliés ont décidé de désarmer les Russes, y compris les non-socialistes. Une mesure ressentie comme une intrusion insupportable dans les affaires intérieures russes. Les ex-officiers de l'armée impériale y voient même une terrible humiliation. Vladivostok ressemble de plus en plus à une ville assiégée. Cependant, dans ce chaudron du diable qu'est la Sibérie de 1918, la fête bat son plein. Les généraux russes donnent dîner sur dîner, les discours enflammés, les chants, les danses se succèdent jusqu'à une heure avancée de la nuit. Les restaurants regorgent de Russes qui ne songent nullement à aller se battre sur l'Oural puisque, grâce aux Alliés, un semblant d'ordre est maintenu sur le Pacifique. Chez Potchin, un chalet de bois presque au bord de l'eau renommé pour sa bonne ambiance et son bortsch fameux, les officiers blancs voisinent avec des Tchèques reconnaissables à leur tunique grise, des membres de la Croix-Rouge ou des agents de la YMCA* en tenue kaki, des ouvriers vêtus de la blouse traditionnelle, serrée à la taille par une cordelette, col fermé sur le côté. En l'absence d'alcool**, on n'y sert que de la bière, du kvas et du thé, mais on peut toujours apporter en douce une bouteille de vin. Le tandem Martel-Pechkoff fonctionne à merveille. Pas une démarche administrative qu'ils n'accomplissent de concert. Pas une relation qu'ils n'aient à cœur de faire connaître à l'autre. Pas une réception où ils ne se rendent ensemble. Mais

* Young Men's Christian Association, N.D.A.

** La prohibition a été décrétée en Russie en 1914, N.D.A.

attention aux retours nocturnes, car il arrive que les wagons serrés les uns contre les autres à proximité de la mer, tels de longs serpents noirs, aient été déplacés dans la journée, et qu'on peine à retrouver sa tanière pour peu qu'on ait l'esprit embué.

Pechkoff et Martel auront-ils partagé d'autres émotions plus intimes ? Après avoir écrit à quatre mains ses *Ombres pékinoises*, le diplomate – toujours abrité sous le nom de Charles Damien – s'est attelé seul à la rédaction d'un autre récit, *L'Orage dans la steppe*, sous-titré « roman de mœurs sibériennes ». Encore une histoire d'amour impossible mais la dame de cœur est cette fois non pas la sulfureuse épouse d'un consul anglais, mais une jeune Russe aux mœurs libres, décidée à ne jamais abdiquer sa liberté. Un modèle assez différent de celui auquel Martel fait allusion dans une lettre qu'il adresse à Zinovi, peu après que ce dernier eut quitté Vladivostok : « Mon cher Pechkoff, on vous pleure ici, le Japon n'a pu faire oublier l'impression que vous avez faite sur un cœur tendre qui ne demande qu'à vous revoir et soupire après le temps heureux où vous foulerez de nouveau le sol de la Svetlanskaïa. Du moins que cette boucle près de votre cœur vous rappelle celle qui ne pense qu'à vous, vous adore et ne parle que de vous. Elle-même m'a dicté cette missive tout imprégnée de la passion ardente qui la dévore. De grâce, revenez éteindre le feu que vous avez allumé. » Comment interpréter ces phrases sibyllines ? Allusion directe à quelque conquête de l'incandescent Pechkoff, penseront les âmes simples. Ou bien langage crypté, invitant le capitaine à retourner au plus vite sur ses pas pour des motifs politiques (injonction qui restera lettre morte). On peut en tout cas déduire de cette missive enflammée qu'une belle complicité lie désormais deux hommes qui, trois mois plus tôt, s'ignoraient.

Faux bruits et vraies nouvelles

Le 17 septembre 1918, Zinovi reçoit, en provenance d'Amérique, la terrible nouvelle de la mort de Gorki, « ce père adoptif, écrit-il encore sous le choc à un ami, qui a été pour moi un ami très aimant, pour qui j'ai une véritable vénération et que j'aime au-delà des mots et de l'imagination... » Par bonheur, trois jours plus tard, en réponse au télégramme envoyé à sa demande au Quai d'Orsay par l'ambassadeur français à Pékin, le ministre Pichon dément l'information : « Les radios venues de Russie indiquent que non seulement Gorki n'est pas mort mais qu'il paraît tout à fait d'accord avec les bolcheviks ; les nouvelles les plus récentes annoncent sa nomination comme directeur des musées. » Cette fois, l'information est vraie : Maxime Gorki a bien fondé à Petrograd un comité pour la protection des musées, des objets d'art et des monuments historiques. Le fait est là : si la révolution de février l'avait déjà mis mal à l'aise, celle d'octobre a trouvé en lui un adversaire résolu comme en témoignent les *Pensées intempestives* parues en 1918. Peu soucieux d'affronter ouvertement Lénine, Gorki s'est du coup aménagé une niche en retrait de la sphère politique où nul ne peut contester sa légitimité. Devant les excès des masses révolutionnaires, pour contrer une révolution qui s'est dénaturée, chacun son chemin : le fils croit au pouvoir des armes quand le père, lui, a choisi de privilégier la culture.

Rassuré sur le sort d'Alexeï Maximovitch, Zinovi ne l'est pour autant pas sur le sort de son pays. « La Russie est malade, tous les Russes sont malades, et tout ce qui m'entoure porte la marque de la maladie », écrit-il à un ami parisien. « Tout ce qui était sain et fort chez les Russes est parti... La Révolution au lieu de développer la fraternité et de nobles sentiments, a exalté seulement des sentiments de haine, de méfiance, de sauvagerie et un égotisme primitif... Quand je reviendrai – si je reviens jamais –, nous aurons une longue, longue, longue discussion. » Soudain un petit bout de ciel bleu : « Nos succès sur le front français sont merveilleux », écrit

Pechkoff. De fait, la balance des forces penche de plus en plus en faveur des Alliés, désormais bien équipés en artillerie lourde et en moyens aériens. Le rêve de Foch, qui vient de recevoir son bâton de maréchal, s'est accompli : avec la contre-attaque de l'armée Mangin sur l'Oise, le front français a repris l'offensive. Pour la première fois, l'armée allemande recule. Son moral aussi.

Depuis Brest-Litovsk, la guerre est ouverte entre la Russie soviétique et les puissances alliées dont les consuls ont quitté Moscou, promue de nouveau capitale. Si certaines régions restent solidement tenues par les bolcheviks, leur pouvoir s'effrite ailleurs. Mais l'établissement d'une autorité russe susceptible d'être un interlocuteur fiable pour les Alliés – et, partant, de mettre fin aux soupçons d'interférence dans les affaires intérieures russes qui plombent leur action – tarde à venir. À Vladivostok, la guéguerre continue entre Khorvat et le gouvernement autonome de la Sibérie. On compte dans toute la Russie dix-neuf gouvernements indépendants dont les principaux sont ceux de Samara, de l'Oural et de Omsk. Le 23 septembre, la conférence des différentes tendances antibolcheviks réunie à Oufa, se sépare en désignant un directoire investi du pouvoir suprême sur tout le territoire russe, qui sera basé à Omsk, en Sibérie orientale, dans l'attente d'une nouvelle Assemblée constituante. Ses émissaires viennent justement de débarquer à Vladivostok. C'est auprès de ce directoire que les Alliés vont accréditer leurs hauts-commissaires. Pour la France, ce sera Eugène Regnault, l'ambassadeur de France à Tokyo. À ses côtés, chargé d'un nouveau département de la Propagande, travaillera le capitaine Zinovi Pechkoff.

CHAPITRE 8

La campagne de Sibérie

De Vladivostok à Irkoutsk

En 1889, un certain lieutenant cosaque du nom de Pechkov fut réputé avoir rejoint Saint-Pétersbourg à partir de sa garnison sur le fleuve Amour, monté sur un petit cheval mongol : huit mille kilomètres en cent quatre-vingt-treize jours. Un exploit glorifié jusqu'à Paris qui lui vaudra les honneurs de *L'Illustration*. C'est la même traversée de la Sibérie que Zinovi Pechkoff va accomplir au mois d'octobre 1918, en tout cas jusqu'à Omsk, six mille kilomètres au bas mot en enfourchant cette fois le Transsibérien. Pour autant que la ligne fonctionne car les imprévus sont nombreux dans une Russie en pleine décomposition, incidents sur la voie ou blocages dus aux combats obligeant parfois à quitter les wagons pour suivre le Grand Trakt qui longe la voie ferrée, au mieux en automobile, le plus souvent en voiture à cheval.

Laissant derrière lui Martel, chargé d'assurer l'intérim du haut-commissaire à Vladivostok, Zinovi attache ses pas à ceux d'Eugène Regnault. Un tout autre style. Non plus l'aristocrate sûr de lui mais un homme doux et bienveillant originaire du Pas-de-Calais, fils de professeur, le produit type de la méritocratie républicaine. Pelliot est de la partie. De Vladivostok, le train de l'ambassadeur a gagné Harbin puis Mandchouria à travers des plaines bordées de montagnes violettes où travaillent des laboureurs mandchous, habillés de longues chemises et coiffés de chapeaux de paille en forme de cône. Les murs des *fanzas*, les maisons chinoises dotées d'une pièce unique, sont crépis de terre glaise et recouverts de chaume de sorgho. Des dragons verts ou rouges ornent les pignons et les arêtes des toits. Lors des arrêts en rase campagne, gare aux khounkouz, ces bandits chinois toujours à l'affût de voyageurs à détrousser, même si la solide garde armée qui accompagne les trains en ces temps troublés ne favorise pas leurs affaires. De grands mâts ponctuent la ligne, surmontés d'un faisceau de paille sèche, des sentinelles sont chargées d'allumer ces brandons en cas d'alerte. À Karniskaïa, on rejoint la voie principale du Transsibérien. Il faut alors, à travers des plateaux d'aspect austère, gagner Tchita où Semenov règne toujours en maître. Tels des rayons bleus indéfiniment parallèles, les rails semblent percer l'horizon. Dans les gares, où l'on peut d'ordinaire s'approvisionner en thé et en gâteaux comme en pâtés de viande et en poissons fumés sous les marchés couverts, les étals sont vides, signe de l'insécurité des temps. À Verkhneoudinsk pourtant, les Japonais sont nombreux, on parle de sept mille hommes et de deux mille chevaux. Après des jours et des jours, le lac Baïkal est enfin en vue, dominé par des montagnes si hautes que leurs cimes neigeuses se confondent dans le ciel avec les nuages. Sur sa rive occidentale, Irkoutsk accueille les voyageurs. Ils comptaient y passer deux jours, trois tout au plus. Ils resteront bloqués là plus d'une semaine. Ni avarie sur le train. Ni coup de main bolchevik. Un stupide accident de voiture.

Il est sept heures du soir, le jour de leur arrivée. Quelle bêtise ils ont faite de ne pas embarquer leur propre automobile sur le train, peste Zinovi ! Celle que leur a fournie le Conseil national tchèque roule à tombeau ouvert toutes lanternes éteintes dans la nuit qui tombe, pas trace d'éclairage public. L'ambassadeur Regnault a tout juste eu le temps de dire qu'à cette allure-là ils étaient bons pour tuer quelqu'un que le chauffeur percute violemment une voiture postale. À moitié assommé, Zinovi met un moment à réaliser qu'il n'y a plus que lui dans la voiture. L'ambassadeur gît sur le pavé, inconscient, le visage en sang. Pelliot a déjà arrêté un « izvoztchik » – un petit fiacre tiré par un cheval – pour emmener Regnault à l'hôpital militaire. Sa plaie au cuir chevelu est profonde, on craint que l'os ne soit touché, il faut l'opérer. Pour gagner la chambre qui lui a été réservée, on traverse quatre vastes salles pleines de soldats tchèques blessés. Devant le courage calme de l'ambassadeur, Zinovi n'a pas l'idée de se plaindre, malgré outre de sévères ecchymoses au visage, un bras terriblement douloureux. Et son bras, son seul bras, il y tient !

Dans la journée, entre deux visites à Regnault, toujours hospitalisé, il part à la découverte d'Irkoutsk, réputée comme « le petit Paris de la Sibérie », une ville-musée avec ses vieilles maisons de bois, ses belles églises et les palais de ses grands marchands. En ces premiers jours de novembre, le froid déjà vif coupe la figure, il n'est pas rare que le thermomètre descende à moins dix degrés la nuit. Dans la rue, les gens ont sorti leurs bonnets de fourrure et leurs lourdes pelisses. Malgré tout, quelle poisse que cette halte forcée quand le cancer bolchevik ne cesse de s'étendre. À Petrograd, la famine règne, on dit que deux mille personnes y meurent chaque jour. Le 30 août 1918, l'assassinat là-bas du responsable bolchevik Ouritski, suivi de peu par trois coups de feu tirés sur Lénine à Moscou par Fanny Kaplan, une jeune socialiste révolutionnaire, ont déclenché la « terreur rouge ». Mort aux « bourgeois » ! Arrestations et exécutions sommaires se multiplient, neuf cents otages ont été fusillés rien qu'à Petrograd. Lénine a lancé un appel aux ouvriers et aux paysans pour reformer au plus vite une armée, il compte sur un, voire deux millions d'hommes, pour aider entre autres les travailleurs allemands à accomplir à leur tour leur révolution sociale face aux impérialistes franco-britanniques. « La simple idée qu'Alexeï soit avec eux fait bouillir mon sang. » écrit Zinovi, définitivement ennemi du double jeu pratiqué par son père. « Ne sait-il pas que les bolcheviks sont un hochet entre les mains de l'état-major allemand ? Quand le reverrai-je ? Et le reverrai-je ? »

Les échos en provenance du reste du monde sont heureusement autrement réjouissants. Les Allemands continuent leur retraite. L'empereur d'Autriche, Charles Ier, a pris la fuite. En Russie même, l'armée de Denikine a établi le lien avec la flotte alliée de la mer Noire. «Toutes ces nouvelles sont si énormes, si inattendues et si merveilleuses qu'il est difficile de réagir à chacune d'entre elles. On se sent envahi par une joie sans partage.»

D'Irkoutsk à Omsk

L'ambassadeur de nouveau sur pied, il est temps de repartir. À son allure majestueuse – quarante kilomètres à l'heure, un exploit –, le train traverse des forêts très vertes de pins de Sibérie, des arbres vigoureux faits pour résister à ce dur climat, il sillonne des plaines nues de toute végétation, dominées au loin par de hautes montagnes de couleur bleue, franchit des rivières profondes à l'eau de cristal. Dans les petites stations, la plupart des gens qu'on croise ont un fort type mongol, rien d'étonnant à cela puisque, aux XVIe et XVIIe siècles, ce sont des hommes seuls, souvent des Cosaques, qui ont pris le risque de s'aventurer loin de leurs bases avant de se regrouper dans des «ostrogi», de petites colonies entourées de palissades de bois – dont certaines deviendront de grandes cités, pour autant qu'on y découvre de l'or ou de l'argent. Des populations locales, ils ont obtenu qu'elles fassent allégeance au tsar, ils ont épousé leurs filles, souvent des Yakoutes ou des Bouriates. Des prêtres de l'Église russe ont suivi, fondant des monastères, entraînant dans leur sillage nombre de paysans pour cultiver les terres. Plus tard, l'autocratie tsariste a déversé en Sibérie des tombereaux d'opposants politiques qui, assignés à résidence après avoir purgé leur peine de travaux forcés, se sont peu à peu fondus dans la population locale. Tous ces aventuriers sédentarisés ne rêvent que d'une chose : la paix.

À l'arrivée à Nijneoudinsk, la neige tombe déjà à gros flocons. À Krasnoïarsk, la plus belle ville de Sibérie à en croire Tchekhov, où la petite troupe débarque à huit heures du matin, une compagnie anglaise du régiment Middlesex l'attend au garde-à-vous. Outre un détachement russe, deux compagnies italiennes gardent le terrain : rien de trop pour tenir tête aux bolcheviks qui autrement auraient déjà repris la cité. À chaque étape ou presque, le même cérémonial se répète. Les garnisons russes locales ou des détachements étrangers présentent les armes à l'ambassadeur, il y a parfois un petit défilé. Et des réunions à la pelle, des ronds de jambe, des verres qui se lèvent pour célébrer l'amitié entre les pays, des discours conclus par quelques maigres mots prononcés par Regnault dans un russe hésitant : «*Spassibo bratia*», «Merci mes frères», auxquels les soldats répondent par la formule consacrée : «*Zdravia jelaiem gospodin posol*», «Nous vous souhaitons la santé, monsieur l'ambassadeur.» À la longue, toutes ces rencontres officielles finissent par lasser Zinovi. «J'aimerais aller comme un simple paysan ou un ouvrier ou un commerçant ou n'importe lequel des citoyens des villes que nous traversons», confie l'éternel vagabond. Alors, il les ferait parler de ce grand chambardement porté par le vent d'Ouest, qui est venu remettre en cause le fondement de leur existence, qui a modifié leur vie, leurs idées, leurs manières d'être et de penser.

Tout arrive. À l'issue de cette interminable odyssée, au matin du dimanche 10 novembre, le train entre en gare d'Omsk. Sitôt déjeuné avec le consul de France, en route pour les visites protocolaires ! C'est à pied qu'ils gagnent l'imposant Palais des gouverneurs pour contempler le magnifique coucher de soleil sur les eaux glacées de l'Irtych. Les cloches de la cathédrale de la Dormition ont choisi ce moment pour sonner à toute volée. Est-ce ce trop-plein de beauté ? Zinovi est envahi par l'émotion. Il pense à Dostoïevski qui purgea ses quatre années de bagne dans cette ancienne cité fortifiée et en rapporta ses *Souvenirs de la maison des morts*. À Michel Strogoff, l'un des héros de sa jeunesse, que Jules Verne fait naître à Omsk – Dieu sait si Alexeï Maximovitch adore ce récit… Et voici qu'oubliant la présence de l'ambassadeur à ses côtés, sa pensée s'évade vers cette scène pathétique, où, dans le relais de poste où il s'est arrêté, le capitaine au corps des courriers du tsar, en mission secrète dans sa ville natale, refuse de se laisser reconnaître par sa vieille mère, pantelante de joie devant la réapparition miraculeuse de ce fils adoré. Lui aussi, Zinovi, aimait sa mère d'un amour absolu. Lui aussi l'a effacée de sa vie.

« 1 560e jour de guerre », titre *Le Figaro* ce même 10 novembre 1918. Le lendemain, 11 novembre, la nouvelle tombe. L'armistice est proclamé. Après cinquante-deux mois, les poilus ont vaincu les puissances centrales. Il était temps : trop de souffrances, trop de morts, un million quatre cent mille, apprendra-t-on plus tard, pour la seule France, plus du quart des moins de trente ans, et quatre millions trois cent mille blessés. Paris est en liesse. Vladivostok aussi, où le croiseur français *Le Kersaint* a annoncé la nouvelle par trois coups de canon. Pour célébrer l'événement, toutes les autorités alliées y sont allées de leur petite fête. Champagne et vodka ont coulé à flots, au diable la prohibition ! Mais à Omsk, au cœur d'une Sibérie à la dérive, Zinovi a l'âme trop russe pour se réjouir tout à fait. Avec la fin de la guerre – qui entraîne *de facto* l'effacement du honteux traité de Brest-Litovsk –, toute velléité de reconstituer un front oriental est sans doute supprimée, la justification initiale de l'intervention alliée en Russie a donc disparu. Reste l'urgence de contrer la progression des forces bolcheviks. « La petite fée Espérance » qu'un soir, chez les Berthelot, Zinovi a entendu évoquer par le vieil ami du couple, Paul Claudel, a encore en Russie du plomb dans l'aile.

L'amiral dictateur

Tout comme Vladivostok, Omsk est tellement surpeuplée qu'il est impossible de s'y loger. Du coup, constatant que chaque mission arrivait dans son train particulier, les autorités russes ont créé, sur la place qui s'étend devant la Stavka locale, une série de voies de garage communiquant avec la voie ferrée du Transsibérien, reliées par câble à l'électricité urbaine. Par ce froid polaire, il est appréciable de rester dans son wagon. D'autant qu'à l'extérieur justement, il y a avis de tempête : Regnault et Pechkoff ne sont pas arrivés depuis une semaine que, dans la nuit du 17 au 18 novembre, des officiers antibolcheviks arrêtent plusieurs membres du directoire désigné moins de deux mois plus tôt à Oufa. Les quelques rescapés sont, eux, chaudement invités à se désister de leurs fonctions pour confier le pouvoir à une seule personne, le vice-amiral Alexandre Koltchak – il se voit du même coup promu amiral. Depuis des mois, les Alliés plaidaient pour l'établissement d'un gouvernement unique, d'un pouvoir fort qui soit un interlocuteur valable. Ils sont servis avec celui qui se proclame d'emblée, comme l'avait fait avant lui Khorvat, dictateur de toutes les Russies.

Koltchak, Pechkoff l'a plus d'une fois croisé à Moguilev, et éprouve pour lui une profonde admiration. Il n'est pas le seul : l'homme bénéficie en Russie d'une belle notoriété pour avoir réussi à conserver son ascendant sur la flotte de la mer Noire dont le tsar lui avait confié le commandement. Lorsque, l'agitation révolutionnaire ayant gangrené le Sud, ses marins mutinés ont ordonné le désarmement de leurs officiers, Koltchak, dédaigneux, a préféré jeter à la mer le sabre d'or qu'il avait conquis pour ses exploits dans la guerre russo-japonaise. Après Brest-Litovsk, il a rejoint la Sibérie pour y fédérer les efforts des opposants au bolchevisme et se mettre à la disposition du directoire d'Omsk. Promu ministre de la Guerre et de la Marine, il enflamme les troupes qu'il visite sur le front de l'Oural. Et moins d'un mois plus tard, sous l'amicale pression de ses amis, s'empresse de faire cavalier seul.

Pechkoff aime ces tempéraments forts qui ne se contentent pas de suivre le mouvement mais prennent tous les risques. En Koltchak, il veut voir le chef qu'il appelait de ses vœux. Descendant de Bosniaques musulmans servant dans les armées ottomanes, il a été partisan, dès le début des troubles révolutionnaires, d'un gouvernement de salut public. Comment ne pas souscrire au programme annoncé, « la création d'une armée efficace, la victoire sur le bolchevisme, et le rétablissement de l'ordre et de la légalité afin que le peuple puisse choisir librement et sans aucune entrave la forme de gouvernement répondant à ses vœux» ?

On dit, il est vrai, le personnage incommode. Pour l'avoir rencontré, Philippe Berthelot a toujours affirmé que l'amiral était trop nerveux pour être un homme d'État. Le 16 décembre, Pechkoff assiste avec Regnault à une partie de bras de fer entre lui et le général Maurice Janin, tout juste arrivé à Omsk à la tête de la mission militaire française. Est-ce la mauvaise grippe dont sort l'amiral ? Le teint et les yeux sont fiévreux, ses joues caves font ressortir un nez très fort. De Vladivostok, il a bien reçu le télégramme indiquant que Janin était investi du commandement en chef de l'ensemble des troupes alliées, et qu'il lui appartenait en outre de réorganiser l'armée russe. Mais pour Koltchak, il est bien clair que son avènement a rendu ce projet caduc. L'écume aux lèvres, il déverse sur les Français pris de court ses objections enflammées. Nul autre que lui ne peut rétablir le front de l'Oural. Chef suprême au plan politique, il l'est aussi forcément de l'armée. Mettre celle-ci aux mains des Alliés, c'est anéantir la confiance que lui fait l'armée russe : «Je n'ai besoin que de bottes, d'effets chauds, de munitions, martèle-t-il avec violence. Si on nous les refuse, qu'on nous laisse tranquilles : nous saurons nous en procurer, en prendre à l'ennemi. C'est une guerre civile et non une guerre militaire. Un étranger ne serait pas apte à la diriger.» Armé d'un papier et d'un crayon, Zinovi note les points sur lesquels pourrait porter la discussion. Janin a introduit l'idée d'une délégation de pouvoirs que le Chef suprême consentirait en sa faveur. Au sortir du Palais du Gouverneur où Koltchak a établi sa résidence, le général a quelque mal à cacher ses doutes sur la capacité de ce marin à commander sur le terrain une armée, pourquoi faut-il que ces Russes qu'il connaît bien et aime comme des frères pour leur chaleur, leur hospitalité, soient à ce point orgueilleux et xénophobes !

Vu d'un œil favorable par les Anglais, applaudi par le général Denikine et l'Armée blanche du sud de la Russie, le coup d'État de Koltchak n'a pas fait que des heureux. Les atamans de Sibérie orientale qu'il s'est bien gardé de consulter sont furieux, Semenov arrête immédiatement l'envoi d'officiers vers Omsk. Quant aux Tchèques – depuis l'Armistice, ils rêvent plus que jamais de retrouver leur pays –, il faudra tout l'art de la persuasion du général Janin, couplé au charisme du général Stefanik, le plus proche lieutenant de Masaryk, arrivé à Omsk avec Janin, pour qu'ils continuent à assumer la difficile mission qu'il leur a confiée, la sécurisation des voies du Transsibérien. Les Japonais, le plus gros contingent allié, avaient été convaincus par les Français de dépêcher trois régiments à Omsk. Apprenant l'avènement de Koltchak, ils reviendront sur leurs engagements.

Sur le front de l'Oural

Sillonner le terrain fait partie intégrante de la mission de renseignement confiée à Pechkoff. Il a besoin de connaître le lieu des affrontements, de parler aux combattants, d'éprouver leurs conditions de vie, de lutter lui aussi contre le froid inhumain de cet hiver sibérien, l'un des plus rudes que l'on ait eu à connaître depuis longtemps. Si, sur le front français, les villes de l'arrière étaient à faible distance des zones de combat, il faut depuis Omsk franchir plus de mille kilomètres pour approcher des premiers contreforts de l'Oural. Le voyage prend plusieurs jours. Encore heureux si la ligne du Transsibérien n'est pas ankylosée du fait de l'abondance du trafic, de l'insécurité, de l'usure du matériel, des tentatives de sabotage par des employés qu'on a souvent oublié de payer. Un soir de décembre, le train spécial du haut-commissaire français roule à pleine vitesse sur la voie, abrégeant la durée des arrêts aux stations ainsi que sur les voies d'évitement, quand soudain il s'immobilise au milieu de nulle part. Tout autour, rien qu'une immensité neigeuse. Pechkoff propose d'aller aux nouvelles. S'enfonçant dans la neige presque jusqu'à la taille, il se fraie avec difficulté un chemin jusqu'au mécanicien, peu troublé par cet arrêt intempestif : « Ne crains rien, Monsieur l'officier, c'est juste le bout de bois qui est tombé ! » Un bout de bois ? Pechkoff ne comprend pas. « C'est ma vieille locomotive, elle ne vaut plus rien. Mais bon, elle marche quand même, il suffit de coincer la motrice avec un bout de bois, ça tient tant qu'on va doucement. Là, on m'a demandé d'accélérer, ça n'a pas manqué, le morceau de bois est tombé. Mais t'inquiète pas, Monsieur l'officier, je le cale et on repart. »

Sollicité par Regnault ou par Janin pour les accompagner dans leurs pérégrinations, Pechkoff parcourt le front en automobile, en voiture attelée ou à cheval suivant les difficultés du terrain, ou encore en traîneau dès que la neige interdit la circulation sur les routes. L'enjeu en vaut la peine. Quel bonheur de constater les revers enregistrés par les Rouges sur le front de l'Oural. Au nord du dispositif, la ville de Perm a été à la mi-décembre arrachée aux bolcheviks, ouvrant peut-être à terme la route de Moscou. « Un magnifique succès pour les forces russes soutenues par nous » s'exclame le ministre Pichon devant les députés. « Dix-huit mille prisonniers, soixante canons, une grande quantité de fusils, de mitrailleuses et de téléphones, et onze mille wagons récupérés. » Reste le problème crucial des armées sibériennes : l'acheminement du matériel. Janin l'a compris dès le début, insistant pour donner aux unités existantes non seulement leur effectif complet, mais les effets, les armes et les équipements dont ils ont besoin. À la fin janvier 1919, le front de l'Oural est réorganisé. Aux cent vingt mille hommes de l'armée bolchevik, il peut en opposer cent mille, « sabres et baïonnettes ». Parmi eux, arrivé depuis la fin novembre de Vladivostok, le « bataillon colonial de Sibérie » qui rassemble l'ensemble des troupes françaises. « Le soutien de la grande France inspire à la troupe l'espoir d'un futur radieux et lui donne une source d'énergie pour de nouveaux sacrifices et de nouveaux efforts dans la lutte héroïque », écrit à Pechkoff le général Tolstov, ataman des cosaques de l'Oural.

Un jour que Regnault et Pechkoff regagnent Omsk par Tioumen, le voyage une fois de plus s'éternise. Mais cette fois, on est le 31 décembre. Zinovi était bien décidé à passer la soirée avec ses amis. Une semaine plus tôt, il n'a déjà pu assister à la veillée de Noël, se mêler comme il aime le faire à la foule des fidèles, un cierge à la main, aux côtés des moujiks barbus à l'air grave, des femmes du peuple en fichu, se signant et disant leurs oraisons, des enfants qui s'endorment à mesure que l'on s'enfonce dans la nuit, tandis que des diacres chevelus officient dans leurs ornements d'or et d'argent. Il n'a pu participer au dîner de Noël, un dîner de carême comme il se doit, c'est le lendemain seulement qu'apparaîtront la table joliment ornée, le caviar rouge ou noir, le sterlet fumé, les viandes froides, les énormes brioches. Alors, il reprend la plume – façon de parler – sur sa petite Underwood : « 1er janvier 1919 : c'est la cinquième année que je porte l'uniforme français. En 1915, j'étais dans les tranchées de Champagne, en 1916 à Rome, débarquant d'une conférence à l'université de Vérone, en 1917 à New York après une tournée au Canada, en 1918 dans le train de Salonique à Athènes. Et voici que cette année, je me retrouve encore dans un train, mais au milieu de la Sibérie, roulant vers Omsk par 40 ou 35 °C en dessous de zéro, entre autres joyeusetés à supporter. [...] Est-ce le signe que je vais devoir courir après le temps toute l'année ? Non, je ne le ferai pas. J'éprouve un grand désir de quitter tous ces gens et de connaître au moins pendant un temps un peu de repos et de paix. »

Visite à la maison Ipatiev

La journée passée à Ekaterinbourg a été rude, il est vrai. Triste spectacle que cette gare surencombrée et jonchée d'un tas d'immondices. Triste spectacle aussi que celui des hôpitaux qu'il a visités avec Regnault, l'hôpital russe surtout qui accueille de tout jeunes blessés, avec ses matelas de paille, ses draps sales, ses oreillers sans taie, son absence de bandages, de pansements, d'appareils de stérilisation et même de thermomètres. On parle d'une épidémie de typhus exanthématique. Ce sont presque des gamins qu'on envoie au casse-pipe. L'un de ceux avec qui Zinovi a parlé, bras droit brisé par un boulet, a quatorze ans, et il y a deux ans qu'il est sur le front, le général Janin lui a remis hier la médaille militaire.

Motif de satisfaction, la rencontre à laquelle Pechkoff a assisté dans l'après-midi entre le haut-commissaire français et l'un des héros de la Légion tchèque, le général Gajda. Un personnage hors norme que ce chef de vingt-six ans, ancien infirmier de l'armée austro-hongroise, surnommé « le Tigre de Sibérie », qui a largement contribué à la magnifique victoire de Perm. Pour célébrer l'événement, on a sabré le champagne dans le bureau du général entouré de son état-major, l'ambiance était très gaie quand l'un des officiers a parlé des précédents occupants de la maison Ipatiev. Et Zinovi a réalisé que c'est là, à l'entresol, que le tsar et la tsarine avaient été assassinés. Il avait toujours sévèrement jugé ce tsar autocrate. Mais il prenait soudain conscience de l'ampleur du drame qui s'était joué là, cette famille abattue en bloc, parents et enfants, sans autre forme de procès, et le tsarévitch, resté vivant après la première salve, qu'il avait fallu achever, lui expliquait Gajda, d'une balle dans la tête. La révolution russe, c'était cela aussi, cette exécution sauvage.

Zinovi a quitté la maison Ipatiev, le cœur chaviré. Mais a-t-il idée à ce moment du rôle que son frère a joué dans la tragédie ? Il ne lui a pas échappé que Iakov Sverdlov occupe désormais une position éminente dans l'organigramme du nouveau pouvoir bolchevik. Membre du Comité exécutif central des soviets après la révolution d'Octobre, il en a pris, un mois plus tard, la présidence, devenant en quelque sorte le premier chef d'État de la Russie nouvelle. Il a été l'un des principaux acteurs de la liquidation de l'Assemblée constituante et de la terreur rouge. Depuis les débuts de la guerre civile, il parcourt le pays pour dresser le peuple contre les Armées blanches, c'est un habile propagandiste, lui aussi. Tout cela, Zinovi le sait bien. Mais il faudra attendre encore longtemps avant de connaître toute la vérité sur son implication dans le massacre d'Ekaterinbourg (qui sera rebaptisée Sverdlovsk en 1924 en hommage à Iakov). Est-ce Iakov qui a donné l'ordre fatal ? Ou bien s'est-il contenté de couvrir les agissements de l'équipe de la police bolchevik commandée par Iourovski, le geôlier en chef de la maison Ipatiev ? Trotski dit avoir posé clairement la question à Sverdlov : « Cette décision, nous l'avons prise ici, lui aurait-il froidement répondu. Ilitch (Lénine) avait la conviction que nous ne pouvions laisser aux Blancs un symbole auquel se rallier. » Iakov Sverdlov ne sera bientôt plus de ce monde : le 16 mars 1919, celui en qui certains voyaient déjà le successeur potentiel de Lénine, a été emporté par la grippe espagnole. Il sera enterré avec faste dans la nécropole du Kremlin. Des rumeurs courent. Il aurait été battu à mort par des ouvriers en raison de ses origines juives, l'information étant cachée pour ne pas déclencher des émeutes antisémites. D'autres assurent qu'il a été éliminé par l'appareil d'État pour avoir projeté d'assassiner Lénine. Grippe, attentat, assassinat ? Qu'importe à Zinovi. Certains assurent que les frères ennemis se seraient affrontés jusqu'au bout, Iakov fustigeant cet aîné « agent de la Triple-Entente », et que Zinovi lui aurait adressé depuis Omsk, début 1919, ce billet doux : «Yachka (diminutif de Iakov), quand nous nous emparerons de Moscou, nous pendrons en premier Lénine, puis ce sera ton tour, pour ce que vous avez fait de la Russie. » La légende de cet affrontement peut courir. La réalité est sans doute pire encore : la mort à trente-trois ans de l'étoile montante du parti bolchevik laisse Zinovi indifférent. Il y a longtemps déjà qu'il n'a plus de frère appelé Iakov.

Roman de mœurs sibériennes

Au mois de janvier 1919, heureuse nouvelle, Damien de Martel est nommé haut-commissaire auprès du gouvernement Koltchak en remplacement d'Eugène Regnault. À Omsk, même plongée dans l'hiver, les deux hommes, infatigables marcheurs, reprennent le cours de leurs promenades, sur les bords de l'Irtych pris par les glaces, ou le long des belles artères qui trouent la ville, la très commerçante Nikolski Prospekt, bordée de boutiques en bois, qui mène à la cathédrale Saint-Nicolas érigée un siècle plus tôt par les Cosaques, ou la majestueuse Lioubinski Prospekt avec ses beaux bâtiments de pierre, construits pour certains juste avant la guerre, parfois coiffés de dômes verts monumentaux surmontés de flèches.

À Omsk, Zinovi restera basé près d'une année. Si fréquents soient ses déplacements, il a largement le temps d'en goûter les charmes. « Il la voyait un peu pâle sous ses cheveux blonds encadrant un visage grave aux grands yeux bleus étonnés. Il tenait sa taille souple, cambrée sous l'étoffe légère de la robe qui tendait une gorge bien formée » : Damien de Martel aurait-il emprunté à l'une de ses bonnes fortunes ou à celles de son ami Zinovi le personnage de Vera Andreïevna, l'héroïne de *L'Orage dans la steppe* ? On peut augurer en tout cas que les deux complices, l'un célibataire, l'autre familier des aventures extraconjugales, aient mis à profit leur exil temporaire pour mener à bien une sérieuse « étude de mœurs sibériennes ». En Russie, il y a des années déjà que certaines jeunes femmes ont fait le choix d'une vie très libre, soucieuses qu'elles sont de poursuivre leurs études, de décrocher un métier. Ces derniers temps, jetées dans le grand vent de l'Histoire, nombre de jeunes filles leur ont emboîté le pas. « À Vladivostok comme à Paris, écrit Martel dans son immortel chef-d'œuvre pour bibliothèques de gare, les étoiles de caf'conc' sortent du couvent et les filles d'officiers supérieurs versent dans la galanterie. » Les villes de Sibérie ne font pas exception à la règle si l'on en croit ces fragments d'une lettre de Martel à Pechkoff, échappés à quelque autodafé, évoquant « les beautés d'Irkoutsk, les étudiantes de Tomsk et les hétaïres d'Omsk qui ne vous retiennent plus ». Le tout suivi, une fois encore, du même appel pressant : « Un cœur vous attend ici, ne le faites pas languir. Revenez vite ou Emma Petrovna va mourir… ou se consoler. » Il est donc une

Emma Petrovna qui attend Zinovi à Vladivostok. Et une tendre Xenia Tyrchova qui lui écrit le 29 avril 1919 de Tcheliabinsk. Une Elizaveta Zourabova dont la lettre passionnée du 8 mai est datée d'Irkoutsk.

On imagine le bataillon des amoureuses sibériennes de Zinovi. Moins des Maroussia rustiques aux nattes blondes et aux joues rosies par le froid que de longues et belles femmes – on sait qu'il ne les craint pas plus grandes que lui –, coiffées selon la mode locale d'une *papakha*, un haut bonnet de fourrure comme en portent les Cosaques, emmitouflées dans une *dokha* en peau de renne, une sorte de paletot-sac en vogue à l'époque, orné d'une grecque blanche que l'on enfile par la tête, et chaussées de bottes lacées très haut. Bien qu'elles ne soient jamais allées à Paris, ces élégantes n'ignorent rien de ses parfumeurs, de ses couturiers, de ses modistes. Coty, Houbigant, Doucet, Redfern, autant de mots doux à leurs oreilles. Certains soirs, il en est qui arborent des bijoux de famille sauvés de la débâcle : on les retrouvera dans les vitrines des joailliers à mesure que le temps passe. Même dans les familles d'officiers, on n'est jamais trop sûr que les soldes soient versées. Entre deux équipées souvent harassantes, le haut-commissaire et son adjoint s'accordent des pauses bienvenues. Ainsi de cette balade en troïka organisée par Zinovi avec Martel et deux amies un soir de janvier. Par un beau clair de lune, ils pousseront, emmitouflés dans des manteaux de fourrure, jusqu'à une stanitsa cosaque. Beauté de ces espaces infinis, images d'un monde avant la création du monde… C'est aussi cette sensation d'une liberté presque irréelle que Zinovi gardera de la Sibérie.

Heureuse compensation à la vie spartiate qui est le lot quotidien des résidents d'Omsk. Dans les premiers jours de février, le haut-commissariat tout comme la mission militaire française ont enfin quitté leur train pour s'installer dans une maison à la lisière est de la ville. Comme dans tout le voisinage, la rue est en hiver encombrée de neige, et par temps de pluie transformée en un véritable bourbier : des porcs s'y promènent tranquillement et se baignent dans les caniveaux, aux beaux jours, des Kirghizes dépenaillés y mèneront leurs troupeaux. Côté sécurité, le tableau n'est pas plus gai. Chaque officier dort avec son arme à portée de main. Pas une nuit qui ne soit troublée par des coups de feu et des cris. L'explication avancée par les autorités d'une gaieté exubérante des soldats serbes n'a valu qu'un temps : la vérité tient plutôt dans la multiplication des perquisitions et arrestations musclées, comme dans les règlements de comptes entre factions adverses, Omsk pullulant d'espions et d'agents en tout genre.

L'année 1919 s'annonce décisive pour l'issue de la lutte entre Blancs et Rouges. Exaspéré par les sautes d'humeur de Koltchak, Janin ne craint pas de lui tenir tête. Il constate d'un mauvais œil, à mesure que l'année avance, que de son côté le haut-commissariat infléchit quelque peu le contenu des messages adressés par l'amiral aux autorités françaises, qu'il en corrige le style brutal, bref qu'il tente de rendre le dictateur politiquement acceptable. Du coup, la presse mondiale encourage cette méprise d'autant que, dès les premières victoires acquises autour d'Oufa, on en attribue le seul mérite à Koltchack. Le comble, c'est que cette illusion sera entretenue jusqu'au bout. À la mi-mai, la grande presse parisienne annonce la marche triomphale de Koltchak et de l'armée d'Oufa sur Samara alors même que ladite Oufa est en train d'être investie par les Rouges : si les Blancs font rapidement mouvement, c'est dans le mauvais sens, la marche victorieuse ressemblant étrangement à une retraite précipitée ! Il n'est pas exclu que Pechkoff, plume attitrée du haut-commissaire, ait contribué à cet enfumage. Amfiteatrov qui suit l'affaire, ne met pas en doute sa responsabilité : Zinovi, « agent de liaison entre le gouvernement français et le commandant des Armées blanches », a selon lui tout fait pour assoir la légitimité de Koltchak. Se profile la reconnaissance diplomatique de l'amiral par les Alliés.

Tout cela reste du travail d'amateur au regard de la désinformation massive pratiquée par les bolcheviks. La Tcheka, la redoutable police politique créée un an plus tôt par Félix Dzerjinski, a-t-elle voulu donner un coup d'arrêt à la rumeur selon laquelle le fils de Gorki servirait la cause des Blancs ? Le 2 juillet 1919, la radio de Tsarkoïe-Selo annonce que « Zenobie Pichkov (*sic*), fils adoptif de Maxime Gorki, a été fusillé à Bordeaux pour propagande antimilitariste ». Zinovi transfiguré en martyr de la cause bolchevik ! Le communiqué précise qu'à la demande de sa famille, le commissaire du peuple aux Affaires étrangères a télégraphié depuis Moscou à son homologue français afin d'être renseigné sur l'authenticité de cette nouvelle. Le Quai d'Orsay démentira cette information par voie de presse : « Le capitaine Pechkoff est toujours en bonne santé et l'information donnée par Moscou est purement imaginaire. » De toute cette fable, Zinovi, lui, n'a retenu qu'un brin de phrase : c'est « à la demande de sa famille » que Moscou s'est inquiétée de son sort. « Sa famille », la seule qui compte pour lui : Alexeï Maximovitch ne l'a pas oublié.

Depuis décembre 1918, Pechkoff a été autorisé « à porter les insignes et le titre du grade de chef de bataillon à titre mission ». Le voici commandant. On parle de le faire officier de la Légion d'honneur. Début mai, il s'est porté volontaire pour prolonger de trois mois son service en Sibérie au cas où le décret de cessation des hostilités surviendrait – on est encore sous le régime de l'Armistice, les engagements pour la durée de la guerre valent toujours. Lorsque le 28 juin 1919, à Versailles, dans la galerie des Glaces qui avait vu la naissance de l'Empire allemand, les Alliés et les plénipotentiaires allemands signent enfin le traité de paix, le commandant Pechkoff monte toujours la garde sur le front de l'Est. Le repos qu'à son arrivée à Omsk, il appelait de ses vœux, ce sera pour plus tard.

L'ennemi est dans la place

En turc, la langue de ses ancêtres, le nom de « Koltchak » signifierait « Gant d'acier ». Dès l'abord, sa dictature ne s'est pas illustrée par sa tolérance. À peine plus d'un mois après son installation, une insurrection a jeté le trouble à Omsk. Elle a été matée dans la journée : trois cents fusillés, des militants socialistes révolutionnaires, des ouvriers bolcheviks, la routine ou presque. Mais des membres du directoire d'Oufa, détenus à Omsk pour leurs opinions avancées, ont, eux aussi, été « envoyés dans la république de l'Irtych », autrement dit noyés dans le fleuve par des trous pratiqués dans la glace. Koltchak a fini par désavouer les coupables de ce dernier massacre mais le mal est fait : plus que la mort de trois cents anonymes, celle d'une douzaine de personnalités a terni dès le départ l'image du gouvernement d'Omsk.

Le Sibérien est amoureux de sa liberté. Mais son goût de l'indépendance est tempéré par un caractère pratique, nullement rêveur. Las de la corruption et de l'incapacité du précédent directoire, les gens du coin ont plutôt vu d'un bon œil l'arrivée au pouvoir de l'amiral. Le Premier ministre Vologodski tente de mettre en place des institutions légales. Le gouvernement d'Omsk en a les apparences, des ministres qui travaillent, de lourdes administrations, un budget conséquent principalement alimenté par l'Angleterre et la France. Et cette réserve d'or qui nourrira tous les fantasmes. Mais les dérives se font vite sentir. Désordre et marché noir recommencent à sévir. Moyennant de bons et solides billets, un commerçant se procure facilement des papiers militaires lui permettant de prendre livraison à Harbin de précieuses marchandises qui seront déchargées à Omsk, tout au bout des quais. Un seul wagon habilement rempli peut rapporter à lui seul plus d'un million de roubles. Plusieurs ministres seront pris la main dans le sac, et pas forcément débarqués pour autant. Nombre des ravitaillements attendus sur le front s'évaporent en cours de route, les soldats manquent parfois de bottes, de vêtements chauds, de munitions. Ces richesses ne sont pas perdues pour tout le monde.

Les scandales ne sont pas que d'ordre financier. Meurtres et exactions se multiplient. Dans cette ville où s'agglutinent des groupes composites, des déracinés frappés par le destin que tenaille une nouvelle fureur de vivre, la morale connaît des trous d'air. Tel fait divers rappelle l'histoire du roi David qui, épris de Batchéba, la femme d'Uriah le Hittite, se débarrassa du mari en l'envoyant assiéger Rabba « à l'endroit qu'il savait gardé par de valeureux soldats ennemis ». Tel autre, les manœuvres de Maurice de Saxe pour faire incarcérer sur simple lettre de cachet, un époux peu complaisant. Ce mauvais climat est aggravé par le tempérament personnel de Koltchak, Zinovi en a conscience, même s'il persiste à avoir de l'estime pour son courage, son enthousiasme. Refusant toute tutelle qu'elle soit anglaise ou française, protestant contre la politique japonaise, mal entouré par des incapables dénués pour certains de scrupules, répondant à la terreur par la terreur, l'amiral se brouille avec tous ceux qui auraient pu l'aider. C'est en son sein que le gouvernement d'Omsk cultive les pires ennemis.

La retraite de Russie

Les premiers revers militaires n'arrangent rien. Sur le front sud, comme sur le front nord, les armées blanches continuent certes leur poussée victorieuse. Mais la situation est moins brillante dans l'armée de l'Est. Gonflé d'orgueil, le gouvernement d'Omsk persiste à vouloir se tirer d'affaire tout seul et ne cesse de décourager l'aide alliée. À partir de juillet, les Rouges réinvestissent peu à peu tout l'Oural. C'est le grand sauve-qui-peut. Plus de vingt mille wagons répartis en trains se suivant à vue roulent sur chacune des deux voies convergeant vers Omsk. À la gare, c'est la foire d'empoigne entre les aspirants au départ. Pechkoff qui persiste à faire des incursions vers l'ouest pour remplir sa mission de renseignement, se heurte régulièrement à des trains surchargés de réfugiés et de soldats, tous sales, harassés. Nombreux sont les militaires blessés à la main gauche, ils ont tout tenté pour être évacués du front sans être accusés de désertion. Et partout, abandonnés sur les voies, des locomotives délabrées, des wagons hors d'usage remplis de munitions en vrac, de morceaux de fonte, les pauvres débris d'une armée en décomposition. Dans les hôpitaux, le spectacle est navrant – manque d'instruments, de médicaments –, les blessés ont pour draps de lit une toile de jute tout juste bonne pour des sacs de pommes de terre, les malades du typhus sont souvent couchés sur le sol nu. Dans les trains sanitaires, lorsqu'un homme meurt, on se contente de le déposer sur le bord du talus. Partout des insurrections éclatent, nombre d'officiers ont été massacrés, les hommes passent à l'ennemi par grandes bandes. Peut-on seulement encore parler d'armée face à ces groupes d'arrière-garde qui s'effritent chaque jour et qui, privés de tout, ne survivent que grâce au pillage. À Omsk, on fusille des gens toutes les nuits. Le long des voies ferrées, c'est « la ballade des pendus » aux poteaux télégraphiques.

Parmi les militaires français présents en Sibérie occidentale, il en est qui, stationnés à Ekaterinbourg, ont dû quitter dès juillet la ville sous une fusillade nourrie. À l'automne, ils gagnent Irkoutsk en « teplouchki », des wagons à bestiaux, obligés chaque matin de secouer la neige qui a pénétré par les interstices du plancher et recouvert les sacs de couchage. Mais à partir de là, ils n'auront d'autre choix que de fuir vers le nord, franchissant en traîneau des milliers de verstes, hébergés au fil des étapes par les Yacoutes ou les Lamoutes, tribus semi-polaires, avant de regagner Vladivostok à partir du fleuve Amour. Le voyage de retour de Pechkoff sera moins aventureux. Le 19 septembre lui est remis par le ministre des Affaires étrangères de Koltchak un passeport étrangement libellé indiquant que « Monsieur Zinovi Pechkoff se rend en France et retourne en Russie ». En cadeau de départ, il reçoit la croix de Saint-Georges de quatrième classe, et la « Saint-Vladimir » de troisième classe, avant de monter à l'assaut du Transsibérien, au milieu d'une incroyable cohue.

L'armée rouge s'empare d'Omsk dans la nuit du 13 au 14 novembre 1919. Le général Janin en est parti cinq jours plus tôt, l'amiral Koltchak, seulement la veille, accompagné de sept wagons et des centaines de tonnes d'or qu'il avait farouchement refusé d'évacuer plus tôt. Le destin est en marche. Les Alliés laissent les socialistes révolutionnaires qui occupent Irkoutsk prendre le contrôle de son train. Remis aux bolcheviks, l'amiral est exécuté le 7 février dans les fossés d'Irkoutsk, « compte tenu de la menace ennemie » – la même formule avait servi en juillet 1918 pour justifier l'assassinat de la famille impériale.

En Russie d'Europe, l'ataman Kaledine s'est tiré une balle dans la tête en février 1918 après avoir pris soin d'ôter son uniforme. Au mois d'avril suivant, le général Kornilov a été tué par un éclat d'obus en essayant de reprendre Ekaterinodar à l'est de la mer Noire. Seul rescapé parmi ces figures de chef dans lesquelles Zinovi avait placé sa confiance pour sauver sa patrie, Grigori Semenov, vivant mais déconsidéré par ses exactions : en lui, le bandit de grand chemin a définitivement pris le pas sur le beau soldat. Les sombres prédictions du commandant Pechkoff, persuadé qu'en Sibérie les Russes blancs ne pouvaient s'en sortir sans l'aide des Alliés, se sont réalisées.

Pour atteindre Vladivostok, il lui faudra six bonnes semaines, et encore autant pour regagner la France. La France ! Paris ! Autant dire le paradis. « Si tu savais comme j'aime, comme j'adore Paris, confiait-il un an plus tôt à un ami français. Je ne peux y penser sans avoir les larmes aux yeux. C'est une ville merveilleuse, pleine de charme, de richesses, de grandeur. Ce n'est même pas une ville, plutôt un monde en soi, c'est un être humain auquel chacun peut parler et sur lequel on peut poser sa tête fatiguée et se faire consoler. » Des consolations, il en a encore besoin, même extrait de l'enfer sibérien. Il était parti capitaine, il en revient commandant, mais « à titre mission », le bémol a son importance. Impossible par ailleurs d'obtenir de la Direction de l'infanterie au ministère de la Guerre son intégration dans le corps des officiers de l'armée française. D'une part, lui est-il répondu, « il n'a jamais servi qu'en qualité d'homme de troupe », de l'autre, « son amputation est un obstacle » à une telle décision. En lot de consolation, la Direction de l'infanterie propose d'examiner son maintien « dans le corps des officiers interprètes au titre duquel il sert actuellement ». Plus de cinq ans à consacrer toute son énergie à sa nouvelle patrie, son sang versé pour elle... Tout ça pour ça !

CHAPITRE 9

Les charmes de Tiflis

À l'ombre du Caucase

Après sa soirée brinquebalante du Nouvel An 1919 à travers les steppes de l'Asie centrale, Zinovi aurait mérité de fêter l'arrivée de l'année 1920 avec ses amis à Paris, la ville selon son cœur. Mais l'heure n'est pas encore au repos. Ce mot a-t-il seulement un sens pour cet éternel vibrion qui, depuis l'adolescence, court comme un fou, incapable de jamais se poser ? Quel aiguillon le taraude, quel péril fuit-il, pour qu'il ne cherche jamais à s'enraciner dans un lieu, à s'investir dans une mission unique, à reprendre souffle près d'une femme ? Une angoisse métaphysique, le besoin, après avoir frôlé la mort, de se sentir pleinement vivant ou une simple volonté d'indépendance, une curiosité sans bornes ? Zinovi, c'est l'homme aux semelles de vent. Il a déjà largement deux tours du monde à son actif et il lui en reste plusieurs à vivre. En attendant, si la guerre mondiale est bien finie, la guerre civile russe, elle, bat toujours son plein.

Lorsque, le 12 février, le général Henri Alby, chef d'état-major de l'armée, le convoque au ministère de la Guerre, Pechkoff connaît déjà la destination qui lui est promise. Le Conseil suprême de l'Entente qui gère les suites du traité de Versailles vient de reconnaître « de facto » les trois républiques désormais indépendantes qui forment le Caucase du Sud : la Géorgie, l'Azerbaïdjan et l'Arménie. La France ne possède dans ces pays qu'une modeste mission militaire : l'envoi d'un diplomate confirmé s'impose. À peine revenu de Sibérie, Damien de Martel a été nommé commissaire au Caucase, et le commandant Pechkoff pressenti pour l'accompagner. Il leur est demandé de partir d'urgence.

Ils auront la charge de surveiller là-bas « des problèmes de premier ordre pour nos intérêts ». L'Angleterre, depuis la fin de la guerre, occupe le Caucase. S'intéressant de près au pétrole, elle a établi à Batoum un régime moitié militaire, moitié civil, afin de contrôler les canalisations et les réservoirs que renferme ce port de la mer Noire, à la fureur des Géorgiens pour qui cette province est partie intégrante de leur territoire. Autre point sensible : le Caucase détient pratiquement le monopole de la production de manganèse qui manque actuellement à l'industrie française. Nombre de missions économiques françaises se sont en outre rendues récemment dans cette zone dans l'espoir d'y développer certains intérêts communs, notamment en matière séricicole. Quant à savoir si Pechkoff, tout brûlant du désir d'en découdre avec les bolcheviks, sera aussi motivé par la défense de la culture des vers à soie…

Le voilà malgré tout parti à l'assaut du Caucase. Le Quai d'Orsay veut aussi être éclairé sur la situation politique de ces républiques et sur « l'assistance matérielle qui peut leur être prêtée dans leur lutte contre le bolchevisme ». Pour Pechkoff, du travail sur mesure. Le 25 mars, le feu follet est déjà arrivé à Tiflis, capitale de la Géorgie. Drôle de ville que Tiflis, une cité vieille de quinze siècles devenue une métropole de près d'un million d'habitants au carrefour de l'Orient et de l'Occident, avec ses maisons aux balcons de bois cramponnées aux rebords de la Mtkvari qui bouillonne tout en bas du ravin. Drôle de peuple que ces Géorgiens qui ne ressemblent à aucun autre, avec ses femmes à la peau fine et blanche, tant appréciées des sultans qu'ils se battaient pour en avoir dans leur harem, et ses hommes au visage d'aigle, longs et minces dans leur « tchokha », la tunique commune à tous les Caucasiens, ornée d'armes au fourreau d'argent niellé. Drôle de pays que cette Géorgie qui, accueillant dès 1801 le grand frère du Nord en allié militaire censé la protéger contre les Turcs et les Persans, s'est vu brutalement imposer les lois russes, la langue russe, une Église russe. Les paysans russes ont colonisé ses terres, l'armée russe a enrôlé ses soldats, tandis que l'influence politique et culturelle de l'Europe s'effaçait peu à peu. C'est tout cela que le pays avait rejeté en refusant la révolution russe : elle était bien décidée à sauvegarder son indépendance nouvelle. Une indépendance qu'il lui faut défendre bec et ongles contre tous les fronts. Contre les Turcs au sud. Contre les bolcheviks au nord. Contre « l'Armée des volontaires » du général Denikine qui s'est mis à dos les Géorgiens en proclamant sa volonté de restaurer l'Empire russe dans ses frontières d'avant-guerre. En Géorgie, la fierté nationale vient brider l'activisme contre les Rouges. Le gouvernement menchevik en place bénéficie d'un fort soutien populaire.

En Sibérie, Pechkoff se disait lassé des cérémonies officielles : le voilà reparti pour un tour, entre les visites protocolaires rendues aux membres du gouvernement, les visites de courtoisie aux autres chefs des missions étrangères et les discours prononcés à tout bout de champ. Convivialité, hospitalité… À Tiflis, on va de banquet en banquet, et ces libations durent des heures. Quand, après les zakouskis froids puis les zakouskis chauds, on passe enfin à table, c'est pour voir s'y succéder encore une dizaine de plats tous délicieux, caviar de la Caspienne, saumon frais ou fumé, « satsivi » (la dinde aux noix), « lobio » (la salade de haricots rouges et aux noix), « khatchapouri » (les galettes au fromage), le tout arrosé de vodka, de champagne ou de l'un de ces vins locaux qui font la gloire de la Géorgie. Zinovi n'a jamais eu peur de lever le coude. Mais il se reconnaît dépassé par ces hommes qui, debouts, vident d'un trait des cornes d'abondance – les hanaps chers aux Caucasiens – contenant cinq ou six quarts de vin. Un rite qui se répète chaque fois que le « tamada », le maître de cérémonie qui préside le repas, invite l'un des convives à porter un toast, conclu par un bruyant « Alaverdi », signe qu'un autre convive va prendre le relais. « Pour les Géorgiens, dit un vieux dicton, seul trop est assez. »

En six mois de séjour, Martel et Pechkoff vont sillonner en tous sens le Caucase du Sud. La première visite des émissaires français sera pour Batoum, dont la France plaide le rattachement à la Géorgie, soucieuse de ne pas voir les Anglais y régner en seuls maîtres. Autant l'hiver n'a pas encore quitté Tiflis, autant il règne une douce température à Batoum, blottie au pied d'un demi-cercle de montagnes. Rien de commun entre les deux villes. Tiflis, avec ses maisons « pareilles à des volées d'oiseaux » dont parlait Alexandre Dumas dans son *Voyage au Caucase*, Batoum, plus moderne, garnie de villas cossues, l'un des lieux de villégiature hivernale adoubés par la bonne société russe. La première, avant tout chrétienne, la seconde, peuplée majoritairement d'Adjars, des Géorgiens musulmans. Après Batoum, c'est Bakou, sur la mer Caspienne, qui attend la fine équipe, accueillie par les autorités de la ville dans l'impressionnante gare-terminus aux allures de palais mauresque devant laquelle stationnent des files de wagons-citernes qui témoignent de l'essor de l'industrie du naphte. Mais, dans la capitale de l'Azerbaïdjan, les beaux édifices publics, les habitations au luxe voyant, souvent érigées par des millionnaires tatars, les luxueuses boutiques des fourreurs et des marchands de tapis voisinent avec des quartiers déshérités. Rien de commun cependant avec le spectacle qu'offre Erevan, la capitale de l'Arménie. Un détachement de l'armée locale y rend les honneurs, soldats aux uniformes râpés accompagnés d'un petit orchestre loqueteux écorchant *La Marseillaise*. Mixture entre la vieille Perse et le modernisme russe, Erevan porte toujours les stigmates d'affrontements récents, rues défoncées, bazars dévastés, maisons de basalte gris à moitié en ruines. Elle peine à absorber le flot des rescapés du génocide, arrivés en 1916 de Turquie. « La ville la plus triste que j'ai jamais vue », laisse tomber Zinovi, lui qui, au petit matin, était émerveillé de découvrir depuis le train le mont Ararat où s'échoua l'Arche de Noé.

Autre spectacle inoubliable, le mont Kazbek, sur les pentes duquel Abraham planta, dit-on, sa tente. Le Kazbek, Zinovi l'avait découvert un jour que, parti de Tiflis, il avait décidé de remonter la « route militaire de Géorgie » jusqu'à la passe de Darial, unique percée à travers le Grand Caucase, la barrière montagneuse qui marque la frontière avec la Russie. Il avait roulé longtemps à travers des gorges étroites, longé d'impressionnants précipices quand ce pic qui fait la gloire de la Géorgie, haut de plus de cinq mille mètres – seulement quelques centaines de moins que le géant Elbrouz –, lui était apparu dans toute sa majesté, coiffé de neige et enturbanné de nuages. En ces lieux inouïs de beauté, Zinovi n'avait pu s'empêcher de penser à ce passage de *Une Confession* qu'Alexeï lui avait fait relire, inquiet d'avoir quelque peu forcé sur le lyrisme : « Le Caucase, écrivait-il, met les forces de l'homme à l'épreuve, une âme faible y est écrasée et tremble de peur devant les puissances de la terre, tandis qu'une âme forte y puise encore plus de vigueur. » Face à la montagne magique, Zinovi s'est demandé dans quel camp son père le classerait aujourd'hui. Il l'avait si longtemps vu comme un être charmant mais passablement inconsistant. En avait-il assez fait pour qu'Alexeï Maximovitch soit fier de lui, quelque jugement qu'il porte sur son action ?

Le cliquetis des armes

Le haut-commissariat français n'est pas établi en Géorgie depuis deux semaines que, le 27 avril au matin, Sir Harry Luke, le nouveau haut-commissaire anglais, entré en fonction la veille, reçoit du gouvernement menchevik de Bakou un coup de fil affolé : les Rouges ont franchi avec leurs trains blindés la frontière nord de l'Azerbaïdjan. Le 28 avril, Bakou tombe aux mains des bolcheviks sans qu'aucun coup de feu n'ait été tiré. S'ensuivront des jours de tensions intenses entre les républiques caucasiennes restées indépendantes, la province de Batoum sous contrôle allié, l'Azerbaïdjan bolchevisé et le gouvernement soviétique de Moscou. Craignant d'être avalé à son tour après son voisin, le gouvernement de Géorgie, « fermement résolu, dit son président, Noé Jordania, à écarter le laborieux peuple géorgien de ce calice amer, à le sauver de la ruine », a monté précipitamment un « Conseil de défense de la République », formé des principaux ministres et chefs militaires, instauré l'état de guerre dans Tiflis et une large partie de la Géorgie, et décrété la mobilisation. Mais c'est en fin de compte la voie diplomatique qui est privilégiée. Le 9 juin, un traité de paix est signé avec la Russie qui « reconnaît sans réserve l'indépendance de la Géorgie et renonce spontanément à tous ses droits souverains sur le peuple géorgien et la terre géorgienne ». Par la même occasion, la province de Batoum fait enfin retour à la Géorgie. La presse locale salue cet accord comme une victoire de la démocratie d'autant plus remarquable qu'elle a été remportée sans verser une goutte de sang.

Danser au-dessus du volcan

Zinovi n'est pas dupe : il a une confiance des plus limitées dans la bonne foi des bolcheviks. Mais après tant d'années passées à se battre, il a besoin de se laisser porter par la douceur de vivre géorgienne. La paix est signée. Le printemps est là. La vie est douce à Tiflis. La mission française s'est installée dans la belle demeure d'un riche Arménien nantie d'un personnel nombreux et stylé, on est très loin des wagons d'Omsk sommairement aménagés. Lorsque le travail lui en laisse le temps, Zinovi grimpe jusqu'à la forteresse de Narikala d'où l'on a une vue magnifique sur la ville, hérissée des dômes coniques de ses églises et des minarets couverts de tuiles vertes des mosquées. Il aime flâner dans le vieux quartier Avlabar surplombant la rivière ou, juste en face, sur la rive droite, dans les quartiers tatar, arménien ou perse. Leurs boutiques aux enseignes souvent trilingues – géorgien, arménien et russe – offrent mille merveilles, des fourrures et des tapis comme à Bakou, mais aussi des bijoux d'or et d'argent, des soieries, des armes, des instruments de musique. Autre loisir bienvenu, les séances de cinéma, les Géorgiens en sont fous, littéralement fous : un seigneur local ayant entraîné sa garde rapprochée à la projection d'un film sur l'imam Chamil, le héros caucasien qui mena à la mi-temps du siècle précédent la rébellion contre la Russie, a vu soudain ses hommes dégainer et tirer au revolver sur l'écran. Zinovi fréquente aussi les célèbres bains turcs de Tiflis, nichés au bord de la Mtkvari, dont on dit les eaux sulfureuses dotées de toutes les vertus – elles redonneraient force et vigueur à un eunuque...

Depuis le traité de paix, les armes sont au râtelier. Les têtes tournent à virevolter ainsi au-dessus du volcan. La société de Tiflis était déjà brillante avant-guerre, l'apport des réfugiés russes a fourni un sang nouveau à la vie culturelle et intellectuelle. Les écrivains, les musiciens, les peintres ont retrouvé en Géorgie la liberté de créer. Sorine, délaissant Paris et la Ruche, a déjà fait plusieurs portraits de dames de la haute société. Nombre d'artistes venus tout droit du Bolchoï ou du Mariinski ont renforcé la troupe de l'Opéra de Tiflis. Les membres des missions étrangères sont reçus partout. Le séduisant Pechkoff fait l'unanimité dans les salons de la capitale. Il aime les plaisirs de la conversation, est épris de poésie – encore une passion géorgienne –, goûte la compagnie des jolies femmes, elles sont ici légion.

Il n'est jamais aussi heureux que chez les Dadiani dont le père est l'un des gros hommes d'affaires de Bakou et qui mène grand train à Tiflis. C'est en compagnie de son épouse et de leurs six filles, qui toutes promettent d'être des beautés, qu'il part en fin de semaine dans leur datcha de Kojori, une charmante station d'altitude à une vingtaine de kilomètres au sud-ouest de Tiflis. La vie y est un enchantement. Elo et Elisso, les aînées, se mettent au piano. Les plus jeunes, Salomé et Rusudan, six et quatre ans, l'une brune, l'autre blonde, leurs longs cheveux retenus par un gros nœud en ruban, exécutent quelques pas de lesghinka, la plus ravissante des danses géorgiennes. Est-ce le souvenir d'une petite Liza égarée quelque part en Italie ? Zinovi fond devant elles. Les petites se partagent deux gouvernantes, une Anglaise et une Française : à table, elles prennent garde de se tenir selon les usages de chacune, la main sur la table du côté de la Française, et sous la table du côté de l'Anglaise. Ce sont elles qui racontent à Zinovi les improvisations du groom Gramiton, auquel est confié à Tiflis le soin de promener le petit chien de la maison, un loulou de Poméranie, leur mascotte : comme on s'étonnait qu'à peine l'entrée franchie, la bête fasse ses besoins sur le tapis, on a découvert que Gramiton le promenait solennellement dans la rue en le tenant dans ses bras « pour que le chien princier ne se salisse pas les pattes ». Devant Zinovi défilent les tableaux du monde d'hier. Les vacances passées dans la propriété de Mardakiani surplombant la Caspienne. Le tremblement de terre qui les avait surprises dans leur lit. Le troupeau de moutons nouvellement acheté dévoré par les loups et leurs carcasses sanguinolentes jonchant la bergerie. L'apparition dans les montagnes d'un tigre de Sibérie. Elles n'ont pas oublié non plus, à Bakou cette fois, les flagellants chiites qui défilaient en procession sous leurs fenêtres, couverts de sang, pour célébrer l'anniversaire de la mort de l'imam Hussein, le petit-fils du Prophète. Mais, planant au-dessus de tous ces souvenirs marquants de leur tendre enfance, il y a celui, mille fois raconté et à la puissance dramatique toujours intacte, de « l'Incendie » qui faillit coûter la vie à toute la famille. L'Incendie ! Celui qui avait suivi la « reznia » – littéralement l'égorgement – qui, trois ans après le génocide arménien, ravagea en septembre 1918 la capitale de l'Azerbaïdjan, les Tatars musulmans de la ville pourchassant les Arméniens et, en représailles à l'incendie de leur mosquée, mettant le feu à tout un quartier au sein duquel les Dadiani habitaient.

La princesse ni-ni

D'aucuns affirmeront que la rencontre eut lieu plus tôt. À Paris, avant-guerre, ils se seraient croisés dans l'atelier de Sorine. À chacun sa version. Les belles histoires d'amour enflamment l'imagination. Qu'importe après tout le moment où a surgi l'étincelle. Le 25 mai de cette année 1920, Zinovi a été convié au grand dîner donné à sa résidence par Sir Harry Luke, le haut-commissaire britannique. Dans la somptueuse salle à manger de la maison Khochtaria, il n'y a qu'une douzaine de convives mais hauts en couleur. Le prince Vladimir Tcherkessov, révolutionnaire doctrinaire, ami de Kropotkine, aujourd'hui un charmant vieux monsieur imprégné de patriotisme géorgien, accompagné de sa digne épouse. Les hauts-commissaires italien et américain. Le prince Napoléon Murat – « Napo » pour ses proches – à la gaieté tonitruante, un cousin des Dadiani. Et puis la princesse Mary Eristoff, vingt-cinq ans, celle dont le tsar Nicolas, en visite à Tiflis avant la guerre, disait que « c'était un péché d'être aussi belle ». La pommette haute, les sourcils bien dessinés, un certain air d'impassibilité inscrit sur son visage, la jeune femme, au premier contact, ne manque pas d'impressionner. Mais, voisine à table de Zinovi, elle se livre volontiers, lui racontant ses jeunes années à Saint-Pétersbourg où son père, le prince Chervachidzé, était membre de la Douma, sa fonction de dame d'atours de l'impératrice Alexandra inaugurée l'année de ses seize ans, l'amitié qui la liait aux grandes-duchesses, à Olga surtout, sa contemporaine, les bals fastueux de la cour où, invitée avec sa sœur Tamara, elle ne manquait pas une danse ! Zinovi l'a écoutée, fasciné, dérouler le fil de cette vie si éloignée de la sienne, à son tour il a parlé de lui, de Gorki, de la guerre, de sa blessure, de sa plongée dans la Sibérie embrasée. À Petrograd aussi, Mary avait connu des moments durs, son père y était mort en pleine révolution, c'est alors qu'elle était repartie vers le Caucase et y avait épousé le général-prince Gigusha Eristoff, de loin son aîné. Lorsque, le dernier toast porté, le dîner a pris fin, Mary a fait promettre à Zinovi qu'ils se reverraient, il fallait à tout prix qu'il rencontre son mari qui avait servi sous Denikine. Et puis, mais oui, il le faut, il le faut absolument, elle le présentera à l'une de ses grandes amies, née comme elle à Batoum, elle aussi transfuge de Petrograd. Une certaine Salomé Andronikoff.

L'été a passé. Pechkoff a eu du pain sur la planche. Avec Martel, il a dû faire un aller-retour à Paris pour expliquer au gouvernement français la situation chaotique qui régnait en Transcaucasie. Ils ont tous deux bataillé ferme pour exfiltrer le dernier carré des Français de Bakou. L'Arménie est un souci permanent, on se bat toujours au Haut-Karabakh. Et puis, un jour, Mary Eristoff a rappelé Zinovi. Et si on le faisait, ce déjeuner ? Le commandant a dit tout de suite oui, amusé. À en croire le Tout-Tiflis, Salomé est un personnage. À l'adolescence, inscrite dans un institut pour jeunes filles bien nées, cette jolie brune pleine de vie et de charme, la repartie facile, détonnait déjà. Elle ne tardera pas à professer des idées de gauche, se revendique agnostique quand toute sa famille est attachée à une orthodoxie sans excès. Tout en respectant la personne du tsar, elle soutient le combat des intellectuels libéraux, prend la défense des Juifs – si la Géorgie n'a pas connu la vague de pogroms comme ailleurs dans l'Empire, un certain antisémitisme s'est développé dans les classes supérieures russifiées. Ce qui n'empêche pas cette anticonformiste de rester très proche de ses parents, de ses frère et sœur plus jeunes. C'est bien simple, Salomé, tout le monde l'adore.

Mais elle n'a pas l'âme d'une provinciale. Elle aussi veut être là où les choses se passent. Elle n'a pas dix-huit ans qu'elle gagne « Piter », partageant un petit appartement avec sa cousine Tina, la fille de la princesse Djordjadzé, sœur de son père. La capitale russe vit alors son « âge d'argent », on y trouve une extraordinaire efflorescence artistique, en littérature, en peinture, en musique. Salomé devient vite l'une des égéries les plus courtisées de ces cercles. Les prétendants se bousculent. La cousine épouse le fils d'un chambellan à la cour, Salomé jette son dévolu sur Pavel Andreïev, un riche négociant en thés dont elle aura une fille, Irène, en 1911. Andreïev a déjà été marié, c'est un coureur patenté, au moins Salomé a-t-elle désormais le loisir de mener sa vie de bohème dans un magnifique appartement grand ouvert sur les rives de la Neva et d'y entretenir un salon où se croisent toutes les gloires de l'époque. Des musiciens tel le compositeur Arthur Lourié. Des peintres, et pas des moindres, Zinaïda Serebriakova, Petrov-Vodkine, Sorine, Grigoriev, Choukaïev, tous veulent tous faire son portrait. Ses amis poètes, Anna Akhmatova ou Ossip Mandelstam, lui dédient leurs vers, et parfois même un recueil entier. En 1913, dans son billet hebdomadaire, la poétesse et chroniqueuse mondaine qui signe Nadjeda Teffi cite Salomé Andronikoff comme «le plus bel ornement» des soirées pétersbourgeoises : «Ce n'est, écrit-elle, ni une femme de lettres, ni une poétesse, ni une actrice, ni une danseuse de ballet, ni une chanteuse – seulement une "ni". Mais reconnue comme la femme la plus intéressante de notre société.» Plus encore que son intelligence et sa beauté, c'est son extraordinaire liberté qui impressionne. Avec elle, on peut s'attendre à tout. Un jour, elle réussit à persuader un pilote de ses amis de la prendre à bord de son aéroplane, devenant sans doute la première femme à survoler Saint-Pétersbourg en avion. La légende assure qu'à l'occasion d'un anniversaire, elle a été servie toute nue sur un plateau. Il n'est en tout cas un mystère pour personne que, depuis son divorce, elle entretient une liaison avec le poète juif Sergueï Rafalovitch. Elle est en vacances en Crimée avec son amant et sa fille Irène lorsque la tourmente révolutionnaire s'empare de Petrograd. On enjoint Salomé de ne pas y retourner, elle se résout à revenir vers son cher Caucase. À Bakou d'abord où son père a regroupé la famille. Puis en Géorgie après le coup de force d'avril. Avec Rafalovitch et le poète symboliste Sergueï Gorodetski, elle a fondé à Tiflis *Orion*, un mensuel littéraire en langue russe dédié à la poésie. C'est à cette époque qu'est organisé par Mary Eristoff le déjeuner avec Pechkoff.

Salomé est une longue tige elle aussi, à l'abondante chevelure brune et à l'élégance très moderne. Des traits réguliers, une bouche fine, un nez un peu long peut-être, un de ces visages à la pureté géorgienne dont Alexandre Dumas, exaltant la beauté des filles de Tiflis, disait qu'elle était «la pureté grecque plus la vie». Ce qui frappe d'abord chez cette femme de trente-deux ans, c'est l'extraordinaire confiance en elle qui semble la caractériser, sans ostentation cependant, rien qu'une femme dans le plein épanouissement de sa personnalité. Vive et d'un naturel désarmant, avec quelque chose de mélancolique dans le visage que vient contredire son rire d'une gaieté entêtante. Courageuse et volontaire. Dotée de cette classe folle, de cette allure souveraine, qui sont la marque de toutes ces filles de grandes familles plus ou moins désargentées. Avec Zinovi, la conversation a marché bon train, une connivence s'est établie, même souci de créer un monde meilleur dans lequel les inégalités s'estomperaient, même désillusion à l'égard d'une révolution qui n'a pas tenu ses promesses, même dédain à l'égard des défaitistes de tous poils. De cette femme, il a très vite eu envie de se faire une amie.

Le reste n'a pas traîné. Salomé n'a jamais eu peur de rien, y compris de montrer à un homme qu'elle le désirait, et cet officier au parcours étrange, que sa blessure rend plus étrange encore, la séduit. Les corps se rapprochent, s'embrasent. Les cœurs suivront. Il y a un moment déjà que le couple que Salomé forme avec Rafalovitch bat de l'aile, elle lui donnera vite son congé. Depuis Lucille Beckett, Zinovi n'a connu que des aventures éphémères. À force de vivre sous pression, on ne se laisse plus visiter par l'inattendu. Mais là, cette aurore qui se lève dans son âme… Cette fois, il en est sûr : il a rencontré la femme dont il rêvait, l'amour de sa vie. L'une de ces femmes qui, même si les hasards de l'existence font qu'on s'en écarte un temps, habitent à demeure le fond secret de votre âme. Celles dont on murmure encore le nom, le dernier jour arrivé. Dès qu'ils le peuvent, les amants fuient vers Batoum, la ville chérie de Salomé, y passent des moments enchanteurs.

Les voleurs de souveraineté

La fin de sa mission approche pour Zinovi. Le 10 septembre, il reçoit ordre d'accompagner le haut-commissaire à Paris où celui-ci doit faire son rapport. Dès le lendemain, avec Martel, il quitte Batoum pour Constantinople via Trébizonde. Ils ne sont pas seuls. Quand Salomé a appris le départ de Zinovi, elle lui a aussitôt dit sa décision de le suivre. La petite Irène, elle la laissera un moment à la garde de sa mère et de sa sœur Marie. Elle n'a pas de passeport ? Il se trouvera bien à Constantinople quelqu'un pour lui en fournir un. Quant aux malles imposantes qui l'ont accompagnée à son arrivée en Géorgie, elle n'en a que faire. Elle achètera ce qu'il faut à Paris. Ce que femme veut… C'est triomphant que, quelques jours plus tard, Zinovi descendra de l'Orient-Express à la gare de l'Est, Salomé à son bras.

L'amour seul a motivé le départ de Salomé. Comme elle l'a dit en riant à Zinovi, elle ne prend pas pour autant le chemin de l'exil ! Elle reviendra quand elle veut en Géorgie qui, en ce mois de septembre 1920, vit encore dans le bonheur retrouvé de son indépendance. Mais l'amour a parfois des intuitions secrètes. « La paix conclue avec le gouvernement moscovite ne doit pas endormir notre vigilance, notait Pechkoff en avril, juste après la signature du traité, il ne faut pas en attendre la solution à tous les problèmes du peuple géorgien. Chaque jour, chaque heure peuvent apporter des surprises. » De fait, la situation reste tendue au Caucase. Le 25 février 1921, au mépris des accords passés et sans aucun préliminaire diplomatique, surgissant des quatre coins de l'horizon, du Nord-Caucase comme de l'Arménie, de l'Azerbaïdjan comme de la mer Noire, l'Armée rouge va déferler sur la Géorgie, dont l'indépendance vient d'être reconnue « de jure » par le Conseil suprême de l'Entente. Le droit des peuples à disposer d'eux-mêmes ne vaut semble-t-il pas pour tout le monde. La Géorgie indépendante a vécu. Comme beaucoup d'autres familles, les Dadiani prendront la route de l'exil, choisissant sans l'ombre d'une hésitation la France pour terre d'accueil. Seule Elo, la fille aînée, qui s'est entre-temps fiancée sans l'assentiment de ses parents, a décidé de rester à Tiflis : elle devra attendre quarante ans pour revoir ses sœurs, enfin celles qui sont encore vivantes.

Sur le trajet de Batoum à Constantinople, Zinovi, passant près de Kerasun, sur la côte nord de l'Asie Mineure, devant une impressionnante chute d'eau, n'avait pu s'empêcher d'y voir un symbole de la submersion imminente des républiques transcaucasiennes par les bolcheviks. Le sort de l'Azerbaïdjan était déjà réglé. Dans les jours qui viennent, à la suite d'une attaque des Turcs kémalistes, l'Arménie se verra contrainte à son tour d'autoriser le passage des troupes rouges sur son territoire et de mettre fin à ses relations avec les Puissances alliées, un préalable à sa soviétisation définitive en juillet 1921. La Géorgie est tombée entre-temps. Trois ans plus tard, à la fin du mois d'août 1924, un soulèvement national y sera écrasé dans le sang. Les trois pays que la France s'était juré de protéger attendront plus de soixante-dix ans pour retrouver la souveraineté qui leur a été dérobée.

CHAPITRE 10

La traversée de la mer Noire

La Crimée n'est plus ce qu'elle était

À trente-six ans, Zinovi a enfin trouvé la femme de ses rêves. L'amorce d'une heureuse vie de couple ? Pas encore. Salomé a quitté la Géorgie sur un coup de tête. Il lui faut maintenant régler le sort de sa fille Irène. De son côté, Pechkoff se voit confier une nouvelle mission. Le 2 octobre 1920, Martel a appris sa nomination comme haut-commissaire en Crimée. Partir sans Pechkoff, il n'en est tout simplement pas question. Avec ce chef respecté dont il apprécie l'esprit positif, la belle intelligence et le franc-parler, Zinovi forme désormais une solide équipe de pompiers, il ne le laissera pas remonter tout seul à l'échelle.

Cette fois, c'est le général Wrangel, chef du gouvernement de la Russie méridionale, qui appelle les Français au secours. En six mois, par son énergie, sa volonté, son charisme naturel, il a pourtant réussi à rétablir la discipline dans les Armées blanches, à renforcer leurs effectifs. Mais, mal nourries, mal vêtues, mal équipées, elles n'ont qu'un degré de résistance relatif. Si certaines divisions sont solides, les unités cosaques qui combattent à leurs côtés sont expertes en coups de main mais peu fiables, tout comme les ex-prisonniers rouges venus en gonfler artificiellement les rangs. Inutile de compter sur les Anglais, adeptes du compromis. Les Américains ont bien envoyé un représentant à Sébastopol mais c'est une simple mission d'observation. Reste la France, l'alliée de toujours. Alexandre Millerand a été élu président de la République, Georges Leygues nommé président du Conseil. Tous deux sont des adversaires résolus du bolchevisme qu'ils soupçonnent de mèche avec le militarisme allemand. Et voilà Martel et Pechkoff repartis en sens inverse. Le 19 octobre, ils arrivent sur le cuirassé *Provence* en vue de la Crimée. La Crimée ! Autant dire la terre promise, du temps que Zinovi marchait sur les pas de Gorki, le lieu où Alexeï Maximovitch soignerait ses poumons malades, recouvrerait la santé. Le lieu aussi où il aurait le bonheur de côtoyer presque quotidiennement et Tchekhov et Tolstoï, en cure eux aussi sur ces rives enchantées.

À l'automne 1920, on est loin de ces rencontres au sommet entre Grands de la littérature mondiale. Loin aussi du chaud soleil de la mer Noire, les températures sont pour la saison anormalement fraîches. Pour atteindre Sébastopol, il a fallu longer une côte plate et aride, histoire d'éviter les champs de mines. Sur le débarcadère, une compagnie de cosaques rend les honneurs, de solides gaillards aux uniformes disparates. Partout des bruits de bottes. Les Rouges progressent toujours. Le traité de paix signé avec la Finlande, l'armistice conclu avec la Pologne, les négociations amorcées avec la Roumanie leur donnent des ailes. « L'armée russe », comme il convient désormais d'appeler l'armée Wrangel, peine à contrer cette avance.

Fin de règne à Sébastopol

Au lendemain de son arrivée, le nouveau haut-commissaire de la République française remet ses lettres de créance au général Wrangel. C'est au « Petit-Palais » que le gouvernement de la Russie méridionale a établi ses quartiers, en haut de la colline sur laquelle s'étage la ville. Du grand salon où a lieu la rencontre, la vue s'étend au loin sur la baie. Aux côtés de Martel, l'amiral de Bon, commandant de l'escadre française en Méditerranée dont la *Provence* est le bateau-pavillon, et le général Broussaud, chef de la mission militaire française. Dans son discours, Martel n'est pas avare d'éloges sur le « gouvernement démocratique » de Wrangel, « appuyé sur une armée en union étroite avec le peuple » (mais dont nombre d'officiers arborent sur leur uniforme la médaille du tricentenaire des Romanov), « respectueux des droits des minorités nationales » (quid des Juifs qui, pour fuir de nouveaux pogroms, émigrent en masse en Palestine ?).

Au tour de Wrangel de dire, dans un français fluide et sans une pointe d'accent, sa reconnaissance et son affection à la France, et d'affirmer sa résolution de mener jusqu'au bout la lutte menée depuis trois ans. À quarante-deux ans, le général-baron, issu d'une vieille famille de la noblesse balte d'origine allemande, a fière allure. Très grand, carré d'épaules, vêtu d'une longue *tcherkeska* noire qui met en valeur l'extrême finesse de sa taille – on prétend que sa femme en fait le tour avec ses deux mains –, cheveux ras et visage glabre, il multiplie les amabilités, fait volontairement profil bas en promettant au haut-commissaire de le « seconder » dans l'exécution de la haute tâche qui lui est confiée. « Quand nous nous retirons après une heure d'entretien, confie Martel à son journal, mes compagnons et moi avons la même impression : c'est vraiment un chef, il a évidemment les qualités qui font les entraîneurs d'hommes. Sera-t-il celui qui portera le premier coup sérieux au colosse aux pieds d'argile qu'est le bolchevisme ? » Un enthousiasme que ne partage guère Wrangel si l'on en croit ses mémoires : « Le haut-commissaire français, écrit-il, produisit sur moi, une impression plutôt désagréable. [...] Mon impression négative, poursuit Wrangel, fut encore renforcée par le fait qu'au sein de la mission se trouvait le major Pechkoff, un ancien officier russe qui avait combattu pendant la Grande Guerre dans les rangs de l'armée française, fils adoptif du valet des bolcheviks, Maxime Gorki. » Le soir même, au mess, Pechkoff est pris à partie par des officiers de l'état-major de Wrangel qui reprochent à la France de s'être portée au secours des Polonais – c'est l'époque où, à Varsovie, le général

Weygand, a permis de briser l'offensive désordonnée des troupes soviétiques sur la Vistule. Pechkoff est interloqué : « Mais les Polonais luttent comme vous contre les bolcheviks ! » L'argument ne convainc personne : il n'est jamais mauvais que des Polonais soient écrasés. Qu'ils le soient par des Russes rouges ou blancs...

On est loin à Sébastopol de la vie facile de Tiflis. Le haut-commissariat français a pu s'installer dans l'ancienne résidence de l'amiral en chef commandant la ville, superbement située en bordure de la baie. Mais l'ameublement est sommaire, quelques lits, quelques tables et deux douzaines de chaises, et il n'y a toujours pas de rideaux aux fenêtres. Qu'importe ce campement spartiate, le travail n'attend pas. Il faut transmettre à Paris les besoins urgents de l'armée russe en argent, en munitions d'artillerie, en linge de corps, en vêtements chauds car la vague de froid se confirme, plusieurs cas de membres gelés ont été signalés. Pour éclairer sa lanterne, Pechkoff intercepte rapports confidentiels et émissions de radios émanant du camp bolchevik. Au Service des œuvres françaises à l'étranger, il réclame des livres d'histoire et de littérature comme des abonnements à une bonne quinzaine de journaux. Charge à lui aussi d'étoffer l'équipe du haut-commissaire. L'agent consulaire français à Sébastopol a établi une liste de vingt-deux prétendants, où tout est noté, l'âge, les qualités, les langues parlées et même les éléments de caractère. On y trouve un ancien correspondant de presse envoyé sur le front français pendant la guerre, des femmes de généraux – l'une a longtemps gagné sa vie à Petrograd comme caissière au théâtre Michel –, la fille d'un sénateur qui parle quatre langues « mais semble nonchalante », la princesse Olga Nimchieff qui demande un emploi de dactylographe... Les noms les plus chaudement recommandés sont dûment soulignés, comme celui de cette sœur d'un avocat de Petrograd devenu marchand de bois en Crimée, « israélite, très intelligente, connaît très bien la machine* russe, moins bien la machine française ».

* Sous-entendu : la machine administrative, N.D.A.

De jour en jour les nouvelles s'aggravent. L'armée russe peine à contenir les assauts des Rouges. Elle ne peut aligner que vingt mille combattants quand l'ennemi est quatre à cinq fois plus nombreux. Et qu'il est prêt à tout. On parle d'attaques au gaz, il faut d'urgence commander des masques. On dit aussi que les Rouges auraient mis la main sur un train sanitaire de la Croix-Rouge américaine, fusillé le médecin et emmené en captivité deux infirmières dont l'une est française. Leurs espions sont partout. Un froid intense, inouï en cette saison, a envahi la péninsule, la température avoisine les moins quinze ou moins vingt degrés. Un vent glacé balaie les positions, les soldats grelottent dans leurs tenues de toile. Pour résister à la déferlante rouge, la seule solution eût été de faire l'union sacrée en regroupant tous les éléments antibolcheviks qui combattent aux marches de l'ancien Empire. Mais il n'est plus temps. Le 27 octobre, Pechkoff accompagne Wrangel, Martel et Broussaud à Eupatoria, la capitale provisoire des Cosaques du Don, où ceux-ci doivent tenir un « kroug », une assemblée extraordinaire. Sensibles aux manœuvres de séduction allemandes, ils ont été jusque-là hostiles à Denikine qui refusait d'avaliser la perpétuation des avantages particuliers dont ils jouissaient depuis des siècles. Pour regagner leur confiance, Wrangel a signé avec eux l'été précédent une convention temporaire leur reconnaissant des droits particuliers en matière d'administration intérieure, de possession des terres et de service militaire. À l'hôtel Beyler, où la délégation a été invitée à dîner, les discours fleuris se succèdent. Le haut-commissaire vante « la sagesse naturelle et les qualités morales qui ont toujours orienté les Cosaques » comme la volonté du général Wrangel, qualifié de « chevalier sans peur et sans reproche » (on reconnaît la patte de Pechkoff admirateur du chevalier Bayard), de construire une Russie nouvelle : « Encore quelques efforts, promet Martel, et vous arriverez au but, vous verrez vos villages et le Don tranquilles. »

Le malheur russe

L'heure n'est plus aux agacements ni aux envolées lyriques, ni aux finasseries diplomatiques. Les bolcheviks sont résolus à écraser le « baron balte », ils vont jeter toutes leurs forces dans la bataille, mobiliser des divisions fraîches venues du front polonais, envoyer en première ligne des contingents lettons assistés d'une puissante artillerie. En quelques jours, ils reprennent le territoire que Wrangel avait enlevé au cours de l'été. Le 30 octobre 1920, ils franchissent le Dniepr. L'armée russe se replie vers la péninsule. Pechkoff note que, sitôt la nouvelle connue, la panique s'est emparée de Sébastopol : « La Bourse et les magasins de commission sont les endroits les plus agités, car le public tâche de réaliser l'argent russe en monnaies étrangères ou en objets de luxe. » La monnaie décroche. On peine à trouver du pain. On s'attend à une forte hausse des produits de première nécessité. Le clergé russe de Jérusalem, prêt à déclarer la guerre sainte contre le bolchevisme, aurait envoyé aux troupes de Wrangel des fragments de la vraie Croix pour les protéger.

Le froid précoce, en gelant les golfes, a allongé la ligne de front à défendre. Le 9 novembre, vingt-cinq mille cavaliers bolcheviks réussissent à passer sur la glace, Sébastopol est à cent cinquante kilomètres, il est illusoire de vouloir encore regrouper des unités désorganisées, démoralisées. Il n'est d'autre solution que de prendre le large. Dès le 31 octobre, Martel avait demandé à Paris de pouvoir disposer en rade de Sébastopol d'un navire de guerre, capable de prendre à son bord le personnel officiel français, la colonie française et un certain nombre de personnalités russes. Le 11 novembre, un croiseur français est arrivé à la mi-journée de Constantinople avec à son bord le contre-amiral Dumesnil. « Situation Armée blanche désespérée », télégraphie l'amiral à Paris. « Crimée va être entièrement évacuée. Sébastopol sera peut-être occupée par troupes rouges dans 48 heures. » Tout comme le *Sénégalais*, qui stationne devant le port depuis déjà plusieurs semaines, le *Waldeck-Rousseau* est prêt à faire feu pour protéger la ville contre une éventuelle attaque de l'Armée rouge. L'après-midi même, Dumesnil, Martel et Broussaud retrouvent Wrangel au « Petit-Palais ». Cette fois, le général ne cherche plus à donner le change. Tous les tonnages russes et français disponibles – vingt-six bâtiments en tout – sont réquisitionnés, mouilleurs de mines d'escadre, canonnières, sous-marins, brise-glaces, docks flottants, transporteurs, remorqueurs et jusqu'aux simples barcasses.

L'agitation est à son comble dans Sébastopol, envahie par une foule de gens qui, traînant valises et baluchons, s'acheminent vers le port. Des files de voitures progressent lentement, débordant de chargements hétéroclites. Sur la perspective Ekaterinski stationnent des chars et des véhicules blindés. Le long du quai des Comtes règne l'animation des grands jours, mais la foule reste calme, peu de cris, rien que les sifflets stridents des navires, les sifflements de vapeur, le mugissement des sirènes. L'une après l'autre, les embarcations accostent pour amener les passagers jusqu'aux puissants navires déjà noirs de monde, qui sont à l'ancre dans la baie. Le ciel est couvert de gros nuages, il souffle un vent froid d'automne. Avec l'aide des Français, l'état-major de Wrangel désormais posté à l'hôtel Kist, à deux pas de l'embarcadère, a réparti les moyens navals et les transports entre cinq ports, Sébastopol, Théodosie, Eupatoria, Kertch et Yalta, et confié aux deux écoles militaires de la ville le soin de veiller à l'embarquement. Les cinq mille blessés sont chargés en premier. Martel et Pechkoff assistent, impuissants, à cette agonie. Le premier n'a pas caché au second qu'au moment où ils quittaient son bureau, Wrangel, d'habitude impassible, avait les larmes aux yeux.

Dans les bureaux du haut-commissariat, Pechkoff et Buchenschutz, l'adjoint de Broussaud, sont à la manœuvre. Les nuits sont courtes. Dès l'aube, c'est la cohue pour recevoir le précieux passe qui permettra d'être admis sur l'un des bâtiments de guerre français. Il est prévu que le *Waldeck-Rousseau* accueille le général Wrangel et son épouse. Le 13 novembre dans la matinée, l'embarquement est presque terminé. Lorsque le général-baron fait en canot automobile la tournée des bâtiments prêts à prendre le large, des hourras jaillissent à son passage. Sur la plage arrière du *Waldeck*, avant le dîner, Martel et Pechkoff regardent le somptueux coucher de soleil qui conclut la journée. L'eau de la baie a pris des reflets nacrés, quand la rive est déjà plongée dans l'obscurité. Dans le calme du soir, les églises se sont mises à sonner les notes graves de l'angélus. Le mouvement du port s'est ralenti, on entend seulement quelques coups de feu sporadiques, ce ne sont pas les Rouges, pas encore, quelques pillards peut-être.

Au dernier moment, Wrangel a fait le choix d'embarquer sur un bâtiment russe. Le 14 novembre, en début d'après-midi, après avoir ôté sa casquette, s'être signé et incliné devant sa terre natale, il regagne le *Général Kornilov*. Sur les berges, la foule pleure et bénit les partants, mais reste étrangement calme, comme inconsciente des dangers qui la guettent. Le *Waldeck-Rousseau* est le dernier à appareiller, surchargé. Deux brèves escales sont encore prévues pour recueillir d'ultimes rescapés. Yalta apparaît bientôt, avec ses villas accrochées à flanc de colline, piquées dans les bois de sapins, l'imposante masse blanche du palais de Livadia, la résidence chère à Nicolas II, et les vignobles qui descendent jusqu'à la rive : devant toutes ces richesses baignant dans un air pur et un soleil resplendissant, on retrouve cette Riviera russe tant vantée, ce pays où les anciens avaient situé la légende de la Toison d'Or. À Yalta, le croiseur français a encore pris à son bord une centaine de passagers. On ne sait trop où les mettre, les gens sont serrés comme des sardines, on a déjà établi des dortoirs partout, dans les batteries, les faux-ponts, et jusque dans les casemates qui abritent les canons. À Théodosie, la seconde escale, l'atmosphère est plus tendue, une avant-garde rouge a déjà investi la ville. Le *Waldeck-Rousseau* restera mouillé à une quinzaine de kilomètres de la côte. Au moment de gagner le large, le bâtiment français tire vingt et un coups de canon en guise de salve d'adieu auxquels répond le *Kornilov*. La côte s'éloigne, drapée dans une brume rose. La mer lisse comme un miroir reflète un ciel très bleu, tandis que les mouettes tournoient autour des bateaux. Dans le jour qui tombe, au côté de ses compatriotes massés sur le pont, Pechkoff voit s'estomper peu à peu les rives de sa terre natale. La reverra-t-il jamais ?

Ce même jour, il peaufine avec le haut-commissaire le rapport que celui-ci doit envoyer à Paris : « Nous avons assuré pratiquement toute la charge de l'évacuation qui, grâce aux dispositions prises, a pu être effectuée dans le plus grand ordre et sans incidents », note Martel à l'attention de Georges Leygues, président du Conseil et ministre des Affaires étrangères. « Je ne me dissimule pas, reprend-il, les difficultés auxquelles nous expose un pareil afflux de population ni l'embarras que nous causera la présence à bord des soldats russes de l'armée Wrangel, mais je ne vois pas qu'il y eût d'autre solution à une situation désespérée qui a évolué trop rapidement pour permettre d'établir d'avance un plan concerté… » Dans son rapport, Damien de Martel estimait à cent vingt mille le nombre des partants. Le général Wrangel parle, lui, de cent cinquante mille personnes. Parmi les évacués, des militaires bien sûr, qui battent en retraite sans le sentiment d'avoir démérité, avec leurs états-majors de combat, leurs armes, leurs drapeaux. Et leurs familles, des femmes, des enfants, des vieillards, toute une vague humaine chassée de chez elle, la terrible cohorte qui accompagne toute guerre civile – et plus que toute autre, la guerre civile russe où les bolcheviks ne laissent aucune chance à ceux qui se sont dressés contre eux. « Nous partons pour l'inconnu », avait déclaré Wrangel. « Ce qui nous attend, je n'en sais rien. Soyez prêts à beaucoup souffrir et à être dépouillés. » D'autres ont voulu rester, ils se pensaient à l'abri. Mieux vaut ne pas être de tempérament optimiste dans la Crimée de 1920, tombée aux mains des Soviets. Entre novembre 1920 et les premières semaines de 1921, cinquante mille à quatre-vingt-dix mille personnes selon les estimations seront exécutées dans l'ensemble de la Crimée, quand elles ne présentaient aucune menace pour le pouvoir soviétique, dont l'armée, forte de plusieurs millions d'hommes, avait définitivement eu raison des Blancs. Un massacre qui rappelle celui, en 1793, des Vendéens par les colonnes infernales, bras armé d'une Révolution qui avait déjà triomphé.

Un monstre d'ingratitude

Les pessimistes, eux, ont quitté la Crimée sans trop savoir où ils allaient. Trois jours plus tard, la flottille s'engage dans le port de Constantinople et jette l'ancre sur la rive asiatique de la ville, à portée de vue du palais de Topkapi. Les réfugiés russes offrent un spectacle pitoyable, entassés pour beaucoup sur le pont des navires sans rien pour s'abriter du vent et de la pluie, affamés car les vivres commencent à manquer, attaqués par les poux et la vermine. Après les journées éprouvantes à Sébastopol, c'est un travail sans trêve qui attend l'équipe de Damien de Martel. Pechkoff a reçu mission de visiter un à un tous les navires ayant participé à l'évacuation. À lui de dresser les listes de ceux qui, nantis de la garantie du haut-commissaire, sont autorisés à descendre à terre.

Les réfugiés Wrangel viennent s'ajouter aux réfugiés Denikine – évacués de Novorossisk dans une pagaille noire au mois de mars précédent – et à ceux qui ont fui le Caucase. Constantinople, déjà surbondée, ne pourra loger et ravitailler au-delà d'une semaine les nouveaux arrivants. La France sonne le rappel de tous les pays liés à la Russie «par des rapports anciens d'amitié, de parenté et de race». Elle sollicite l'aide des gouvernements grec, roumain, serbe et même bulgare, pour qu'ils ouvrent leurs portes aux malheureux, même si elle s'engage à financer cette opération-survie. À chaque époque, ses *boat people*. Et les critiques portées par le gouvernement contre les équipes d'humanitaires. Voici que, sur un ton peu amène, Georges Leygues demande le pourquoi du désastre survenu en Crimée «après les impressions si confiantes de M. de Martel, du général Broussaud et du général Wrangel». Dans son rapport rédigé sur le *Waldeck-Rousseau*, le haut-commissaire avait pourtant bien insisté sur le fait que «ces événements n'ont fait que précipiter un dénouement hâté par la fatigue d'une longue guerre civile, un dénuement et un manque de ressources totaux». Le 25 novembre, dans une lettre à Philippe Berthelot, Damien de Martel réagit à ces attaques. Il rappelle la campagne de presse orchestrée par les Russes de Paris pour monter en épingle les brillants succès du gouvernement de la Russie méridionale, l'agence *Union* (sans doute à leur solde) le citant à tort et à travers, dénaturant ses paroles et ses gestes. Que les journaux dont l'appréciation de la situation était erronée crient à la désinformation ne l'étonne pas. Mais « que le département lui-même reprenne l'accusation à son compte, ce n'est ni juste ni loyal », tempête Martel, trouvant un peu fort de se retrouver en position d'accusé, lui qui, sitôt arrivé le 20 octobre, a sonné l'alarme, prévu l'écroulement de Wrangel dès le 23, jour où la paix a été signée entre la Pologne et les Soviets, télégraphié le 29 que la lutte était à peu près impossible, parlé le 31 de l'évacuation et demandé des bateaux, alors même que le front ne serait crevé que douze jours plus tard.

L'homme est blessé, on le sent bien. Et Pechkoff avec lui. Dès le lendemain, 26 novembre, une nouvelle lettre est préparée, à l'intention cette fois de Georges Leygues. Si les termes sont plus mesurés, s'adressant au président du Conseil, la démonstration, implacable, vise à faire comprendre combien la débâcle du gouvernement de la Russie du Sud était inéluctable. Et pas comme une longue descente aux enfers. Comme une déflagration. Car le désastre a été essentiellement militaire. Les Rouges voulaient la peau du général-baron, ils l'ont eue. Ce dernier a beau affirmer haut et fort sa volonté de continuer la lutte ailleurs, nul n'y croit. La page est tournée. Le gouvernement de la Russie méridionale n'existe plus.

La valse des adieux

Amfiteatrov avait si souvent chanté à Pechkoff les louanges de l'antique Byzance, c'était elle, insistait-il, et non le seul monde arabo-musulman comme on le dit souvent, qui avait généralisé la copie des textes antiques, permettant à l'Occident de se réapproprier Platon, Aristote, Hérodote, Thucydide, Sophocle ou Euripide. Mais, de Constantinople, cette cité mythique, Zinovi n'aura guère le temps d'explorer les trésors.

Le tandem Martel-Pechkoff doit se séparer, sa mission terminée. En guise de cadeau de départ, le haut-commissaire aurait bien aimé accrocher la rosette d'officier de la Légion d'honneur au revers de son adjoint. « En quatorze mois de collaboration, écrit-il (en réalité près de deux ans), j'ai pu apprécier cet officier qui, par son activité, sa connaissance des milieux russes, ses qualités morales, son dévouement de tous les instants, m'a puissamment servi dans l'accomplissement de ma tâche. » On ne peut manquer de s'interroger sur ce qui a fait le succès de cet attelage improbable entre le Français et le Russe, le diplomate et l'officier, l'aristocrate conscient de son rang et de ses privilèges et le gamin de la Volga impatient de s'élever dans l'échelle sociale, le conservateur-né et l'ex-apprenti-révolutionnaire pénétré des idées de progrès. Il y a bien sûr leur précieuse complémentarité, Pechkoff donnant à Martel les clés pour comprendre le monde russe comme la mentalité militaire, Martel ouvrant à Pechkoff les raffinements de la carrière. Une solide culture littéraire les unit aussi, le goût des arts, une extrême sensibilité. Et surtout, surtout, le goût de la vie. Une vie riche, foisonnante, pleine d'imprévus. De rencontres aussi. À l'été 1921 – il est alors en poste comme ministre plénipotentiaire à Riga en Lettonie –, Damien de Martel envoie à Zinovi une longue lettre où il explique son silence prolongé par les aventures sentimentales dans lesquelles il se débat depuis son arrivée : « Cela prend beaucoup de temps. J'avais d'abord songé seulement à la matérielle, le plat du jour, ce stade-là est passé, je n'y ai pas trouvé toutes les satisfactions que j'en attendais. Alors j'ai, si je puis dire, changé mon fusil d'épaule, et j'ai flirté dans le monde de Riga, si l'on désigne ainsi la douzaine de femmes qui composent notre petit cercle, je suis pour l'instant tout étourdi d'une aventure dans laquelle je m'installe et qui relève de la grande passion. » Ciel ! Que de petits secrets ainsi déversés ! Les lignes qui suivent éclairent cette complicité : « Je vous regrette tous les jours naturellement, ajoute Martel, mais surtout maintenant que j'aurais besoin de mon vieux confident du temps aventureux de la Sibérie, du Caucase ou de la Crimée. » On imaginait bien que le duo avait connu quelques haltes bienvenues au milieu de ses rudes missions, on ne peut plus en douter.

Pour Pechkoff, une autre vie commence. Depuis trois ans et demi, hanté par l'idée d'écraser ces bolcheviks devenus à ses yeux l'ennemi mortel de son pays, il n'a cessé de crapahuter aux quatre coins de la Russie. Mais la défaite est là. Les Rouges ont gagné. Avant même la fin de 1920, réalisme politique oblige, Georges Leygues autorise la reprise des opérations commerciales entre la France et la Russie soviétique. Reste à gérer les miettes de cette tragédie. Dès son arrivée à Paris, Pechkoff a rendu visite au Comité de secours aux réfugiés de Crimée en cours de formation sous la présidence d'honneur de l'épouse du président de la République, Madame Alexandre Millerand. Un appel est lancé à la générosité. Les souscriptions – publiées par *Le Gaulois* et l'*Excelsior* – seront immédiatement employées en achat de vêtements, de médicaments et de vivres, et les dons acheminés par les soins de la Croix-Rouge jusqu'à Constantinople. « Les officiers français qui ont assisté à la catastrophe de Wrangel, dit le communiqué du Comité de secours, n'ont point de mots pour nous peindre l'atroce misère où ses derniers compagnons sont tombés. Sans abri, sans nourriture, ces hommes, qui ont combattu jusqu'au dernier jour pour la civilisation, errent misérablement dans Constantinople, ou tremblent de fièvre dans des camps improvisés autour de la ville et dans les îles de l'Archipel. Leurs femmes, leurs enfants sont dépourvu de tout. Les malades meurent faute de médicaments, les nourrissons faute de laitage. » La vie est certes plus dure en France depuis la guerre, mais « songez, reprend le texte, qu'elle est paradisiaque si on la compare à celle que doivent supporter ces milliers d'êtres humains qui n'ont plus de pays, plus de famille, plus de toit pour s'abriter, plus de pain pour manger ». Qui d'autre que Pechkoff aurait pu rédiger ce texte qui ne devrait laisser aucune âme insensible ?

CHAPITRE 11

Splendeurs et misère des années folles

Amérique, acte II

Cet homme-là s'arrêtera-t-il jamais ? Sitôt revenu de Crimée, Pechkoff fait à la mi-décembre un aller-retour en Lettonie pour y accompagner Martel lors de sa prise de fonctions. Le 31 décembre 1920, il repart pour l'Italie. Qu'est-il allé faire là-bas ? Retrouver Liza, pour autant que sa mère, surmontant ses préventions, accepte de la confier un moment à ce père courant d'air ? Rendre visite à ses amis Amfiteatrov et consorts ? Début janvier il est à Naples et à Capri, probablement avec Salomé pour un pèlerinage au royaume de sa jeunesse insouciante, avant que la terre ne se mette à trembler sur ses bases.

Il leur faudra patienter avant de vivre pleinement leur passion. On vient de signifier au commandant qu'il repartait pour une nouvelle mission américaine. À coup sûr, une idée de Philippe Berthelot, maintenant secrétaire général du Quai d'Orsay. « Ici Berthelot ! » a-t-il annoncé de sa voix métallique à Pechkoff pour le convoquer sur-le-champ. Lequel s'est exécuté, bien décidé à faire valoir ses droits à un congé, il en avait déjà été question à son retour du Caucase, avant le départ précipité vers la Crimée. Et puis, face à ce quinquagénaire au regard impérieux et bienveillant à la fois – « Vous seul pouvez mener cette mission à bien… » –, le commandant s'est entendu, médusé, donner son accord. La mission relève du seul ministère des Affaires étrangères, celui de la Guerre a bien précisé qu'aucune solde ne resterait à sa charge. L'officier s'efface devant le diplomate conférencier. Mais cette fois, il ne s'agit plus d'entraîner les Américains dans la guerre, mais de les inciter à soutenir leurs alliés dans la paix. La France meurtrie a besoin de leur aide. Pour toucher les gens au cœur et au portefeuille, Berthelot sait que Pechkoff est un atout maître.

Il ne s'est pas écoulé dix jours depuis son retour d'Italie qu'il embarque à Cherbourg sur l'*Aquitania*. «The Ship Beautiful» comme on le surnomme ne file que vingt-trois nœuds, un peu plus lentement que ses semblables, mais c'est le fleuron de la Cunard, avec sa coque impressionnante de deux cent soixante-quinze mètres de long, ses quatre cheminées rouges cerclées de noir et ses luxueux aménagements intérieurs, conçus par le même décorateur que celui du Ritz londonien. Après les folles semaines passées en Crimée, c'est au moins la promesse de jours paisibles, à déguster la fine cuisine servie dans la salle à manger de style Louis XVI, à lire dans le jardin d'hiver, à fréquenter la piscine et le gymnase. Et cette fois, plus de risques d'attaque de sous-marins ennemis comme lors des précédentes traversées.

Sur le port de New York, Anne Morgan est là pour accueillir Pechkoff et lui faire franchir sans encombres les multiples postes de contrôle. La chère Anne égale à elle-même, non plus en uniforme de son invention comme lors de leurs rencontres à l'Ambulance américaine, mais dans une saharienne d'aspect un peu masculin, une longue cape jetée sur les épaules et, enfoncé sur le crâne, le chapeau mou qu'elle affectionne. Près de quatre ans qu'ils ne se sont vus ! Mais l'éloignement ne peut rien contre l'amitié entre ces deux êtres, la fille de milliardaire et celui qui ne sera de toute sa vie propriétaire que de lui-même, une amitié nourrie par une foi commune dans la fraternité entre les hommes. «Aucun mot ne saurait vous dire combien je me réjouis de votre arrivée ici», a-t-elle télégraphié à Zinovi quand il était encore en mer. Ce second séjour américain se fera sous la bannière du Comité américain pour les régions dévastées qu'elle a créé. Dès 1917, avec l'accord des autorités militaires françaises, elle s'est installée en Picardie au château de Blérancourt à proximité immédiate du front. Le CARD fonctionne désormais à plein régime et emploie plusieurs centaines de personnes dans tous les domaines, la santé, le logement, les loisirs, l'éducation. Pour financer le tout, il y a bien sûr l'immense fortune personnelle de Miss Morgan, mais aussi nombre de généreux donateurs dont il est urgent d'agrandir le cercle.

Cette fois, Pechkoff connaît la musique, le poids des lettres de recommandation, l'utilité d'un QG de campagne à New York, d'une secrétaire dévouée. Pour faire prendre conscience aux Américains de l'état douloureux dans lequel barbote la France, Zinovi ne se contente pas de parler, il appuie le verbe sur l'image, fait feu de tout bois, des films produits par la Croix-Rouge, des diapositives fournies par le CARD ou par le service images du consulat de France à New York. On y voit le retour du poilu, pleurant devant sa maison en ruines, une vieille paysanne qui fouille parmi les décombres à la recherche des maigres trésors de sa vie passée, des femmes et des enfants accomplissant les gestes de la survie dans des baraquements de fortune. Sur l'écran déployé en toile de fond, on aperçoit des villes en ruines, Lille, Lens, Albert dans la Somme – tellement rasée que l'on peine à repérer l'emplacement de la basilique qui y avait été vingt ans plus tôt édifiée –, mais aussi des images de la reconstruction à l'œuvre, les ponts qui retrouvent leurs jambes, les aqueducs leurs arceaux, les nouveaux villages qui sortent de terre à proximité des anciens, pulvérisés.

Zinovi prononce cent vingt-neuf conférences, presque une par jour, concentrant ses visites sur la côte Est, là où campent les plus fortunés. Il sillonne l'État de New York, la région des Grands Lacs, fait des incursions rapides dans l'Ohio et l'Illinois, pousse jusqu'à Kansas City dans le Missouri. Les gens se pressent. Anne Morgan n'a pas de mots trop forts pour lui dire sa gratitude : « Le retour de ce que vous faites ne pourra jamais être évalué en termes de dollars et centimes.» Point d'orgue de cette nouvelle tournée américaine, la réception de Pechkoff par le nouveau président républicain, William Harding, bien que celui-ci, adepte d'un retour à l'isolationnisme, se soit toujours opposé à l'engagement de l'Amérique aux côtés des Alliés. Le 19 mai 1921, le commandant Pechkoff quitte New York pour la France.

La dame de cœur

L'Ecclésiaste donne le tempo : «Il y a un temps pour tout, un temps pour aimer et un temps pour haïr, un temps pour gémir et un temps pour danser, un temps pour pleurer et un temps pour rire... Un temps pour la guerre et un temps pour la paix.» Le temps est venu d'aimer, et de danser, et de rire. Pendant sept longues années, Zinovi Pechkoff a été en service commandé. Il s'accorde enfin le droit de souffler. À Paris, il a retrouvé Salomé. L'occupation de la Géorgie par les bolcheviks en février 1921 a eu raison de ses dernières réticences, elle est désormais résolue à demeurer à Paris, où elle a accueilli la petite Irène. Le Quai d'Orsay, en soulignant la réussite de la dernière mission de Zinovi, a insisté auprès du ministère de la Guerre pour qu'un congé prolongé lui soit accordé. Ce congé de quatre-vingt trois jours prendra fin le 19 août 1921. Trois mois en marge du monde, rien de trop pour inaugurer une nouvelle vie.

De Salomé, Zinovi ne guérira jamais. Il est devenu un vieux monsieur qu'il lui écrit encore et, à travers les mots soigneusement choisis, vibre toujours la même émotion : «Ma chère Salomé, je t'écris cette lettre pour partager des nouvelles. J'espère que tu vas bien. Peut-être vis-tu chez Tamara*. Mon Dieu que j'aimerais être avec vous et entendre vos délicieux bavardages. Je me souviens du bon vieux temps qui est si lointain à présent mais qui vit

* Deïkarkhanova, l'une de ses grandes amies, N.D.A.

toujours dans mon cœur et ma conscience. Je voudrais te dire tant de choses car tout ne peut pas être écrit. Je me demande tout le temps quand nous nous verrons à nouveau. Je te dis au revoir et t'embrasse de tout mon cœur, de toute ma vieille âme aimante. Ton Zina.» Trente, quarante ans ont passé. Zinovi Pechkoff est général, ambassadeur de France, il a accumulé les honneurs, les amours aussi. Mais sa «vieille âme aimante» vibre toujours pour Salomé Andronikova.

On cherche à comprendre cette fascination. On scrute les portraits qui ont été faits d'elle, tous signés de peintres de renom. Celui de Vassili Choukhaïev – son profil se détachant sur fond de mer Noire et de falaises escarpées –, où l'on est frappé par la pureté des traits, le nez parfaitement rectiligne, l'œil sombre surmonté de sourcils finement dessinés, une bouche petite mais aux lèvres bien ourlées. Celui de Saveli Sorine sur lequel elle apparaît pensive, mains jointes, cheveux sombres lissés en bandeaux encadrant un visage à l'ovale très pur. Cet autre portrait signé Alexandre Iakovlev où l'on voit Salomé, buste rejeté vers l'arrière, chignon bas sur la nuque, impériale dans sa large robe de taffetas comme si elle se préparait à partir pour le bal. Celui de Boris Grigoriev, en robe rouge et chaussures à brides. Et la galerie continue : Zinaïda Serebriakova l'a peinte aussi, et Konstantin Somov, et Sergueï Tchekhonine. Des poètes la chantent, et parmi les plus grands. Dans *Tristia*, Ossip Mandelstam dédie *Salominka* à ce fragile «brin de paille» : Quand le sommeil te fuit dans le boudoir immense,/ Où, frêle Salomé, tu attends le repos, / Et (tristesse infinie!) que sur tes yeux descende /La calme pesanteur du plafond grave et haut... Pour Anna Akhmatova, autre étoile de la poésie russe qui se refusera, elle, toujours à l'exil, Salomé est l'amie et la muse : «Toi, toujours la plus belle, la plus rose, la plus grande... es-tu ange ou oiseau?» Pour la célébrer, les images se bousculent : «La lumière tendre du Darial* coulait indifférente entre tes cils noirs. Ombre, pardonne-moi, mais le ciel

* La passe qui troue le Grand Caucase, N.D.A.

clair, Flaubert, les nuits blanches et les derniers lilas, m'ont fait penser à toi, beauté de 1913, à ton regard sans nuages.» Ultime incarnation chez Akhmatova des jours heureux à l'approche de la fin du monde, Salomé, élue «Beauté de 1913», apparaît comme la voie d'accès au mystère de la création artistique.

Et voici que cette femme élue est devenue la sienne ! À trente-trois ans, Salomé est plus séduisante que jamais, son élégance innée, son aisance souveraine, son allure sportive, sa minceur extrême sont dans l'air du temps. Pour Zinovi, elle est parée de toutes les qualités, un trésor de grâce, d'intelligence, de fantaisie, de sensualité aussi. Il a loué un petit appartement au 11 de la rue Jasmin, dans le 16e arrondissement de Paris, pour y abriter leurs amours. Tous deux ont connu des épreuves, des blessures, ils ont aimé, pleuré, se sont relevés. Tous deux parlent la même langue, partagent une même ferveur pour les idées libérales, une même détestation de ces bolcheviks qui ont trahi la révolution. Tous deux portent en eux l'inguérissable blessure de l'exil et les peurs qui l'accompagnent.

Un couple en vue

Mais ce qui lie avant tout ces deux êtres, c'est leur formidable goût du bonheur. Une énergie qui les force à aller de l'avant. Il faut voir comment Salomé a choisi le chemin de l'exil, presque sur un coup de tête, en aristocrate ennemie des contingences, comme si elle partait pour une escapade touristique, son balluchon au bout du bras. Elle raconte que Zinovi avait promis de lui acheter un chapeau à Paris et que cet ambitieux projet a achevé de la décider. Elle est comme cela, Salomé, imprévisible, complexe, indifférente au changement de vie que l'exil entraînera pour elle, l'enfant gâtée de Batoum, la petite reine de la Neva, mais vigilante à ne jamais se laisser aller. Dès son arrivée à Paris, elle a recherché un travail, elle avait son journal littéraire à Tiflis, un journal de mode l'a embauchée comme rédactrice. Par chance, la mode justement s'est mise à l'heure russe : Gabrielle Chanel ne jure que par ses nouveaux amis, Serge de Diaghilev et le compositeur Igor Stravinski, qu'elle a aidés l'année précédente à monter *Le Sacre du printemps* et fournis en somptueux costumes. Le Tout-Paris se rue dans les cabarets et les restaurants russes.

À Paris, Zinovi et Salomé forment un couple en vue dont on colporte volontiers l'histoire peu banale. Plusieurs cercles se les arrachent, du faubourg Saint-Germain au groupe d'intimes qui gravite autour de Philippe et d'Hélène Berthelot, Claudel, Giraudoux, Morand, Misia Sert… en passant par les Américains de Paris, depuis l'ambassadeur Myron Herrick jusqu'à Anne Morgan et à ses amis qui franchissent l'Atlantique comme d'autres la Seine. De son côté, Salomé a entraîné Zinovi dans son monde à elle. Depuis l'invasion de la Géorgie, les émigrés affluent en rangs serrés de Tiflis ou de Batoum. La princesse Andronikova navigue, vive et légère, entre deux univers. Celui des anciens mencheviks qui tirent le diable par la queue et parlent de se regrouper en phalanstère dans une grande bâtisse à Leuville-sur-Orge, au sud-est de Paris. Celui des émigrés de la haute société, qui gravitent à Chatou autour du général Kvinitadzé. Chez les uns comme chez les autres, les grandes tablées, les chants et les danses restent encore la meilleure assurance anti-nostalgie.

Paris est une fête. Zinovi et Salomé font corps avec ces Années folles qui transsudent, après le carnage et les privations de la Grande Guerre, le plaisir inouï d'être vivant, la frénésie de mouvement, le désir de se libérer des vieilles conventions. Ils aiment sortir. Un soir, à la Closerie des Lilas, Zinovi a retrouvé avec bonheur Blaise Cendrars, avec son visage écrasé de boxeur et une manche droite aussi vide que la sienne, retenue par une épingle – lui, Zinovi, la glisse plus volontiers dans une poche. Cendrars venait de publier un nouveau recueil de poésie, il s'était lancé aussi dans un premier roman qui paraissait en feuilleton dans la revue *Les Feuilles libres*. Pendant trois heures, les deux frères d'armes ont refait le monde, parlant peu de leur infirmité et beaucoup du bonheur d'écrire. Plus tard dans la soirée, c'est ensemble qu'ils sont partis pour le Gaya, rue Duphot, écouter du jazz.

Ils sont deux, le monde leur appartient. Mais d'autres ont besoin d'eux et cela aussi donne des couleurs à la vie. Aux cercles mondains, Salomé préfère la compagnie de ses amis artistes. Certains ont dû fuir la Russie soviétique, maltraités par le régime, Salomé se met en quatre pour les aider. Tamara Deïkarkhanova, une comédienne que Zinovi connaît depuis Moscou et ses débuts dans *Les Bas-fonds*, Marina Tsvetaïeva, autre grande figure de la poésie russe que toute sa vie elle aimera comme une sœur et dont elle contribuera à la survie. Autre poulain : le jeune Ilia Zdanevitch, poète lui aussi, désargenté tout autant, qui vient de débarquer de Constantinople où il est resté bloqué toute une année.

Les affamés de Russie

Bientôt les protégés de Salomé ne seront plus les seuls à bénéficier de sa vigilance. La rumeur courait depuis quelques mois déjà. À la fin de l'été 1921, les informations en provenance de Russie sont plus alarmantes que jamais. « À Aktyubinsk dans le Kazakhstan, j'ai vu un vieillard ramasser de la terre, un morceau de fange, et le manger. [...] La campagne est devenue un foyer de choléra, les rues des villes, un immense hôpital. Les gens tombent d'inanition. "Du pain !" : le même gémissement vous poursuit sans trêve depuis Moscou jusqu'au sud du pays. » Des témoignages de cet ordre, *L'Europe nouvelle*, le journal de la militante pacifiste Louise Weiss, en aligne encore bien d'autres sous le titre « La Famine en Russie » : « Tel est, commente l'auteur de l'article, le tableau monstrueux de la Russie soviétique, dépeint par la presse bolcheviste et par les lettres privées arrivant de Russie. » Prolongeant sept années de troubles et de violence – l'affrontement meurtrier contre les Empires centraux puis trois ans de guerre civile –, le poids de la haine entre factions opposées, une idéologie révolutionnaire la plus intolérante qui soit, les exactions et les massacres ont laissé la Russie exsangue. Les Rouges comme les Blancs avaient érigé en dogme le fait de vivre sur le pays, ils ont arraché aux paysans le produit de leurs terres pour le donner à leurs armées et aux cohortes de civils qui leur emboîtaient le pas. La distribution des semences est monopolisée par le pouvoir soviétique. En 1920, Lénine a encore accru les réquisitions dans les campagnes. Et voilà qu'une terrible sécheresse s'est abattue sur le pays : les récoltes sont misérables, à peine le tiers de celles enregistrées lors de précédentes disettes. La famine et les épidémies qui fondent sur une population moralement et physiquement exténuée, vont achever de broyer des centaines de milliers de vies.

Le pouvoir russe semble avoir enfin pris la mesure de la catastrophe. Le 23 juillet 1921, on annonce la création à Moscou d'un Comité panrusse d'aide aux affamés qui réunit une soixantaine d'intellectuels pour la plupart non bolcheviks, des écrivains, des agronomes, des ingénieurs. Un appel est lancé aux Russes de l'étranger. Mais seuls les gouvernements sont à même d'atténuer le fléau. L'Amérique la première a décidé qu'après la Belgique, après l'Europe centrale, la Russie bolchevik bénéficierait à son tour de l'aide massive de l'American Relief Association (ARA) fondée par le secrétaire d'état au Commerce et futur président des États-Unis Herbert Hoover, laquelle dispose d'un budget de cent soixante-dix millions de roubles-or. En août, une Commission internationale de secours à la Russie, regroupant cinq pays – la France, l'Angleterre, l'Italie, la Belgique et le Japon –, tient sa première séance dans les salons du Quai d'Orsay. « Notre accord n'implique aucune abdication du passé », lance Joseph Noulens, sénateur du Gers et ancien ambassadeur de France en Russie, qui préside la délégation française. « Il suffit que des millions d'individus souffrent et meurent pour que les divergences d'appréciations et d'attitudes politiques affirmées vis-à-vis des Soviets n'empêchent pas de nous unir pour sauver un peuple auquel nous accordons tous notre attention. »

Noulens n'a pas hésité un instant quand il s'est agi de se choisir un collaborateur. Zinovi Pechkoff, qu'il a connu en 1917 à Petrograd, est fait pour ce poste. Il connaît personnellement les défenseurs de cette même cause, de l'autre côté de la frontière. Après s'être consacré à la sauvegarde du patrimoine artistique, Maxime Gorki s'est lancé dans une nouvelle croisade, au profit cette fois des êtres humains. Depuis un moment déjà, oubliant son animosité instinctive d'autodidacte contre l'intelligentsia, il s'est soucié du sort des intellectuels et des artistes harcelés par la Tcheka, il cherche à améliorer leurs conditions d'existence, leur fait accorder une aide alimentaire, plaide la cause des détenus politiques. La famine devenue une priorité nationale, membre fondateur du Comité panrusse d'aide aux affamés, il a été l'un des tout premiers à en appeler à ses amis écrivains d'Europe et d'Amérique, depuis Anatole France jusqu'à Blasco Ibanez. Lorsque, en décembre 1921, il suggère à Lénine de désigner des agents spécialisés qui indiqueraient aux pays étrangers où envoyer l'argent et quoi acheter, il lui recommande sa compagne Maria Fiodorovna Andreïeva ainsi que Maria Ignatievna von Benckendorff, alias la baronne Budberg, alias Moura, qu'il présente comme sa secrétaire, « une femme très énergique, bien éduquée et qui parle cinq langues ». Il semble qu'à l'époque, celle que Gorki surnomme « la dame de fer », veuve d'un aristocrate estonien massacré par ses paysans en 1919, soit en fait depuis plus d'un an sa maîtresse, ce qui ne l'a pas empêchée d'épouser récemment un baron balte qui ne tardera pas à filer vers le Brésil. Quant à Ekaterina Pechkova, la première épouse, elle vient de prendre à Moscou la tête de la Croix-Rouge politique, désormais aux mains du pouvoir bolchevik. Presque une affaire de famille.

Finies les vacances.Pechkoff, secrétaire de la délégation française, s'active. Il faut dénicher les oiseaux rares, des experts incontestés chacun dans leur domaine, la santé, les transports, l'agriculture, l'administration, les finances, et parlant couramment l'anglais, l'allemand et le russe. Il faut des interprètes aussi. Et fixer les rémunérations des uns et des autres. En quelques semaines, le mouvement prend de l'ampleur. À la mi-octobre 1921, la commission réunie à Bruxelles compte vingt-trois délégations nationales. Le secrétariat général sera basé à Paris, Pechkoff est promu à sa tête. Ainsi élargie, la commission a désormais tous les moyens en mains pour organiser la mise en place de mesures économiques destinées à combattre les causes structurelles des calamités actuelles. Côté action philanthropique, il importe donc de soutenir par des dons généreux les organismes privés, les Croix-Rouge nationales notamment, dont les finances sont exsangues au lendemain de la guerre. Faillir à ce devoir de solidarité, souligne la commission, vaudrait un mauvais renom à ces associations qu'on pourrait suspecter d'avoir agi par animosité ou indifférence, avec le risque d'hypothéquer de bons rapports ultérieurs avec une Russie régénérée. L'exigence morale fait bon ménage avec le sens des réalités. La Grande-Bretagne a prélevé sur ses anciens approvisionnements de guerre l'équivalent de deux cent cinquante mille livres sterling en médicaments et conserves alimentaires. L'Allemagne a fait partir un train et un bateau remplis à ras bord d'aides diverses, la Suède conduit jusqu'à Saratov un train de vivres. Un crédit de quatre millions de couronnes a été ouvert par le Danemark. En France, le 28 octobre, on vote à la Chambre un crédit de six millions de francs pour « les victimes de la famine en Russie » (une belle somme, l'équivalent de six cent soixante millions d'euros), dont un million en espèces immédiatement versé à la Croix-Rouge.

La tâche est immense. Zinovi n'arrête pas. Avec sa petite équipe, il est basé au 3 rue François-Ier, dans l'immeuble de la Maison de la presse. En professionnel de la communication, il fait paraître des publicités pleine page dans les journaux, utilise les photos, les films tournés dans les zones touchées par la famine, il sait le pouvoir de l'image. En matière de collecte de fonds, c'est un vrai magicien. Les dons en nature affluent aussi, on veille à la confection de colis de ravitaillement. Encore faut-il, une fois l'aide réunie, l'acheminer à l'intérieur de la Russie par convois ou par chemin de fer, ce qui suppose de rétablir un système de transports complètement délabré.

Quatre ans après

La Tcheka a tout de suite eu l'œil sur ce foyer d'exaltation charitable qu'était à Moscou le Comité panrusse d'aide aux affamés. Des agents secrets enregistrent les moindres propos des participants. Peu après sa création, le comité va être dissous et ses membres emprisonnés, déportés ou expulsés de Russie pour avoir osé contester la répartition de l'aide décidée par le comité central. Sauf, bien sûr, Lev Kamenev, son président, un proche de Lénine, et l'intouchable Gorki qui se désespère d'avoir entraîné dans l'aventure nombre d'hommes de bonne volonté : «Vous avez fait de moi un agent provocateur», lance-t-il, furieux, à Kamenev, lors d'une rencontre au Kremlin. Sa faute a surtout été de croire à la bonne foi dans son désir du gouvernement bolchevik de tendre la main à ces «ennemis intérieurs» que sont les intellectuels non-bolcheviks du régime. Lénine qui persiste à soutenir l'écrivain indocile et encombrant, encore qu'utile à la cause, voudrait lui éviter des ennuis. Et s'il partait prendre l'air à l'étranger ? Sa santé chancelante est un prétexte tout trouvé. Gorki tergiverse. Finit par se décider. Capri serait la destination rêvée. Mais les autorités italiennes sont peu soucieuses d'accueillir un écrivain révolutionnaire ayant fait allégeance au pouvoir soviétique. C'est finalement en Allemagne que l'écrivain choisit de s'installer : il y restera deux ans jusqu'à ce que l'Italie s'ouvre de nouveau à lui au printemps de 1924.

La dernière rencontre entre Gorki et Pechkoff date de l'été 1917. En quatre ans, tant de choses se sont passées. Zinovi a versé dans le camp de la contre-révolution, bataillé aux côtés de Semenov, de Koltchak, de Wrangel, les bêtes noires du nouveau pouvoir. Gorki, lui, a réussi à ne pas se brouiller avec Lénine et sa clique, tout en montrant clairement sa réprobation face à la dérive autoritaire du régime. Il le prouve par des actes. Lorsque Isjoïev, un homme politique de second plan, est arrêté en novembre 1918 et se retrouve à grelotter près d'Arkhangelsk quand ce gratte-papier n'a jamais quitté son bureau douillet, il réussit à le faire libérer. Mais il aura beau tempêter, son ami Goumilev sera en août 1921 fusillé par la Tcheka. Ces prises de position courageuses n'en font pas, et de loin, un opposant systématique. Lorsque, en novembre 1920, l'écrivain anglais H. G. Wells est accueilli fastueusement à la Maison des Arts de Petrograd, dans une ville soumise depuis des années à de lourdes privations, il se retrouve assis lors du banquet face à Gorki, grave et affable. Présent lui aussi, Alexandre Amfiteatrov, qui ne cache pas maintenant son hostilité aux Soviets, refuse cette mascarade : « Vous voyez ici, monsieur Wells, des gens bien habillés, dans un lieu agréable. C'est une tromperie... » Et Amfiteatrov de dégrafer sa chemise pour montrer son torse hâve et la pauvreté de son linge, quand Gorki l'interrompt, furieux : « Il me semble, lance-t-il, que ces lamentations ne sont pas de mise ici ! » Avant de murmurer dans sa moustache : « La révolution est invincible. Elle transformera le monde et les hommes. » Entre le père qui peine à accepter la faillite de ses illusions et le fils qui les a définitivement enterrées, il n'est pas sûr que la reprise du dialogue soit aisée.

La cause commune qui les mobilise devrait y aider. Alexeï Maximovitch y est allé prudemment. Il a demandé à son ami et médecin Ivan Manoukhine de sonder Zinovi : « Il m'a écrit que tu ne serais pas contre l'idée de me rencontrer », écrit Gorki fin novembre 1921. Zinovi n'attendait que cela. Le 14 décembre, on lui a établi un nouveau passeport d'une durée d'un an (il y est décrit, comme sur les passeports précédents, avec les cheveux noirs, le front découvert, le menton rond, mais, surprise, il mesure désormais un mètre soixante-douze – dix centimètres de gagnés !) : dès le 17, il franchit la frontière à Bâle et gagne le sanatorium de Sankt-Blasien dans le Bade-Wurtemberg. Un établissement de grand luxe où Gorki a été admis deux semaines plus tôt dans le service du professeur Wachmeister, un praticien de renommée internationale dans le traitement de la tuberculose.

Face au drame qui se joue – l'hypothétique survie d'une partie de l'humanité –, les aigreurs passées s'apaisent, les cœurs se ressoudent. Escorté par son fils Maxime et par la future épouse de ce dernier, Nadejda dite «Timocha», Gorki était arrivé crachant le sang, dans un état d'extrême faiblesse. Zinovi le trouve vieilli, sa voix est enrouée, il a le souffle court, la poitrine plus creusée que jamais, même si son regard bleu est toujours perçant. Mais la présence de «Zina» semble le plus efficace des remontants. Les voilà partis tous deux à la découverte des trésors locaux, ils visitent l'abbaye Saint-Blaise, une ancienne fondation bénédictine, et sa majestueuse église baroque, admirent la splendide bibliothèque rococo du cloître Sankt-Peter tout voisin, se promènent sur les bords du Titisee, sillonnent en automobile la région, la plus belle partie de la Forêt-Noire.

Après ce séjour éclair, le lien se retisse, Zinovi est de retour à Sankt-Blasien dès la fin janvier. Et en février. Et en mars. Maria Andreïeva, celle que dans le temps il appelait «maman», se plaint d'avoir ce 19 mars 1922 manqué de peu son «petit tourtereau». Quand ils ne se voient pas, le père et le fils s'écrivent. Zinovi donne à Alexeï des nouvelles de Henriette Roggers, une actrice française en vogue à Petrograd pendant la guerre, avec qui il a déjeuné à Paris, elle est désormais l'épouse de l'écrivain Claude Farrère, prix Goncourt 1905 pour *Les Civilisés*. Gorki relance Zinovi pour l'obtention du visa de Mikhaïl Savostine, un antiquaire et marchand d'art de ses amis qui veut exposer sur les bords de Seine. Ils s'échangent des livres. Zinovi a tenu à envoyer à Alexeï celui du général Denikine. À la mi-avril, c'est Alexeï qui lui réclame «le livre du Noir primé au Goncourt» (*Batouala*, de l'écrivain martiniquais René Maran, le premier homme de couleur à recevoir ce prix) et *L'Atlantide* de Pierre Benoit. Il lui demande encore de l'abonner au *Petit Parisien*, un journal conservateur. Dans ces lettres, l'un et l'autre livrent sans crainte le fond de leur pensée : «Tu sais, avoue Gorki, que je n'aime pas la campagne et que j'ai des sentiments quasiment hostiles envers le moujik qui en quatre ans de révolution a bouffé toutes les forces intellectuelles de la Russie.» Parfois, au milieu de ce grand fourre-tout d'idées, d'informations et de services, des fulgurances trahissent l'essentiel.

Gorki, 27 décembre 1921 : «J'ai été très content de te voir et de savoir, plus exactement de sentir, que tu es solidement amarré à la terre. C'est le cas, n'est-ce pas ?» Traduction libre : toi l'officier français, quelle place gardes-tu dans ton cœur à la Russie ?

L'ère du soupçon

Le père et le fils se parlent de nouveau, militent coude à coude, mais ils ne se disent pas forcément tout. L'enjeu de leurs rencontres les dépasse, ils doivent rendre des comptes aux premiers rôles appelés à gérer la tragédie qui se joue en Russie, en clair aux premiers personnages de l'État. «J'ai bien reçu votre lettre, mon cher Vladimir Ilitch, écrit Gorki à Lénine le 25 décembre, j'ai appelé à nous rejoindre ici depuis Paris Zinovi Pechkoff, celui qu'on appelle mon fils adoptif, et le frère biologique de Sverdlov. Il a été élu secrétaire de la Commission internationale d'aide et est assez influent dans ce domaine. Les informations qu'il m'a transmises concernant la collecte des fonds sont très intéressantes. Les villes et villages de France donnent volontiers et généreusement de l'argent… Les écoles donnent significativement et les ouvriers des ports du Havre et de Marseille chargent un bateau entier. Le sud opulent de la France participe largement. J'ai convaincu Zinovi d'envoyer de l'argent le plus rapidement possible à Krassine*. Je fais tout ce qui est en mon pouvoir mais ce travail n'est organisé par personne et on ne sait pas où envoyer l'argent.»

«Celui qu'on appelle mon fils adoptif»… Alexis Maximovitch était plus tendre dans le temps. La vérité, c'est qu'il sait bien que Zinovi est brûlé auprès de Lénine, que mieux vaut pour lui ne pas monter en épingle leur proximité retrouvée. Un officier français proche hier encore des Armées blanches risquerait d'écorner son image. Des photographes ayant immortalisé leurs retrouvailles,

* Le commissaire du peuple au commerce extérieur, N.D.A.

l'écrivain aurait, dit-on, demandé à la police de récupérer auprès d'eux les négatifs. Dans l'entourage de Gorki pourtant, on veut croire que Zinovi a évolué, qu'il est moins critique à l'égard de « la Sovdepie », comme l'appellent ses adversaires. Il aurait même, aux dires de certains, aidé Alexeï à publier dans des journaux étrangers « des articles favorables à Lénine et à la révolution » – dans les faits, surtout des appels à sauver de la famine « la patrie de Tolstoï, de Dostoïevski, de Pavlov, de Moussorgski, de Glinka ». Une chose est certaine : Zinovi a retrouvé la pleine confiance de Gorki, il traite désormais avec Ivan Ladyjnikov (son ancien pourvoyeur de fonds du temps où il criait misère), chargé en Allemagne de collecter les droits étrangers, et contacte l'éditeur américain de *La Mère*, intéressé par de nouveaux écrits sur la Russie contemporaine.

N'en déplaise à ses détracteurs, tout cela ne fait pas de lui, sous couvert de cause humanitaire, un agent des Soviétiques, comme le soupçonne le Conseil supérieur monarchique russe, basé à Berlin, qui prône le retour à un régime autocratique. Dans un article vengeur publié en octobre 1921, il a cherché à prévenir la nomination de Pechkoff comme secrétaire général de la Commission de secours : « Les liens étroits du sang qui unissent le commandant Pechkoff-Sverdloff avec les principaux acteurs du bolchevisme en Russie ne peuvent pas ne pas avoir de retentissement sur ses actes. Son apparition dans toutes les entreprises internationales en Russie n'est pas l'effet d'un simple hasard et ne saurait être ignorée des puissances qui constituent le comité d'aide à la Russie. » Incompétent, sournois, et juif par-dessus le marché : il faudrait être inconscient pour utiliser les services d'un tel personnage.

Tout cela finit par exciter d'autres curiosités. Un rapport du Service des renseignements généraux en date du 26 mai 1922 note que « l'ancien commandant de la Légion étrangère Pechkoff, le fils naturel du bolchevik Sverdlov qui est un des assassins de la famille impériale, et fils adoptif de Maxime Gorki, a été en relations avec des bolcheviks qui l'auraient, selon ses dires, condamné à mort. Les gens qui le connaissent ne nient pas ces relations avec les Soviets mais affirment qu'il aurait eu ces relations pour les besoins du 2e Bureau, en relation avec sa situation influente au ministère des Affaires étrangères et la relation de protection de M. Ullens, ambassadeur de France en Russie. Considérant la proximité de Pechkoff et de certains individus douteux, il serait intéressant d'élucider le véritable rôle qu'il joue à la Maison de la presse, 3 rue François-Ier, ainsi que la nature de ses connexions». Au-delà du flou artistique entretenu par ce rapport (Zinovi fils de Iakov...), on sent bien le trouble que suscite un homme inclassable, plus tout à fait russe, mais pas encore français, antibolchevik déclaré mais rejeté par nombre de Russes blancs, et gardant des liens avec certains acteurs de la Russie soviétique, dont bien sûr Gorki.

Pendant des années encore, Pechkoff va payer très cher ces ambiguïtés supposées. Le désarroi dans lequel de telles accusations le plongent plaide pour lui. Reste que son métier implique parfois de livrer certaines confidences... Le 6 janvier 1922, au retour de sa première visite à Sankt-Blasien, il rend compte à Emmanuel de Peretti, le directeur des affaires politiques et commerciales du Quai d'Orsay, des propos tenus par son père adoptif, de sa vision très pessimiste des événements de Russie, «une situation qui s'aggrave chaque jour malgré les efforts des bolcheviks pour convaincre les gens du contraire». À entendre Gorki, Lénine, en homme qui a passé toute sa vie à l'étranger, ne connaît pas son pays et ne s'y intéresse pas, le guide du communisme avouerait même volontiers que la Russie n'est entre ses mains qu'un brandon pour mettre le feu au monde bourgeois, «un brandon fait de bois mouillé, lui aurait rétorqué l'écrivain, qui ne sera capable que d'enfumer et étouffer ceux qui essayent de s'en servir». Sur Gorki lui-même, Pechkoff n'est pas tendre, affirmant qu'il se lamente mais ne propose aucun plan d'action, se contentant d'attendre la chute du bolchevisme et la renaissance du pays par sa force naturelle. Il aurait quitté définitivement la Russie après avoir vendu son patrimoine.

Hautes fidélités

Il est en tout cas un homme avec lequel il entretient une relation sans ambivalence : Alexandre Amfiteatrov. Ses provocations antibolcheviks rendaient à Petrograd sa situation intenable. Il a rejoint en famille la Tchécoslovaquie. Le 21 novembre 1921, depuis l'hôtel Métropole de Prague, il répond à Zinovi dont il s'inquiétait du silence. « Je vois, écrit-il, que tu as fait et fais encore une grande carrière, j'en suis très heureux pour toi et en ressens un contentement tout personnel car c'est tout de même moi qui t'ai ouvert ce chemin qui t'a mené de la condition de simple soldat à celle de commandant – bref, comme on dit, "Que Dieu te donne la santé et te nomme général", ce dont je ne doute pas un seul instant. Vova* dit que tu es paré de décorations, telle une iconostase de ses icônes. »

De longues missives gorgées d'affection vont chercher à rattraper le temps perdu. Indifféremment Alexandre ou Ilaria sa femme prennent la plume pour dire à leur ami le pourquoi de leur exil, la faim, le froid, la peur, les moqueries, les humiliations, les séjours en prison de l'un comme de l'autre. Ils disent comment, déjouant une surveillance « enragée », ils ont embarqué sur deux barques de pêcheurs et traversé dans la nuit, au péril de leur vie, le golfe de Finlande, sous le nez des projecteurs de Kronstadt. Ils disent aussi le quotidien de leur vie d'émigrés. « Ici, on nous a réservé un très bon accueil mais je ne sais pas si de telles effusions et amitiés feront pousser des monnaies sonnantes et trébuchantes », écrit Alexandre. « Nous sommes réellement des chiens errants. Il est impossible de se souvenir de la Russie sans ressentir terreur et répulsion », avoue Ilaria. « Si nous ne parvenons pas, reprend-elle, à amener nos enfants à l'autonomie, que deviendront-ils ? Tu peux

---

*Le surnom de son fils Vladimir qui voue une reconnaissance éperdue à Pechkoff pour lui avoir permis de fuir Yalta, N.D.A.

imaginer quelle animosité règne autour de nous de la part des Russes*, s'ils pouvaient, ils nous mangeraient vivants.»

Pour ce qui est des relations avec Gorki, Alexandre Amfiteatrov ne fait pas mystère de leur détérioration : «Nos chemins se sont séparés il y a déjà un certain temps. Après son article sur Lénine et la venue de Wells, son comportement m'a fortement déplu et nous avons cessé tout rapport. [...] Par pitié, insiste-t-il, ne disparais plus sans nouvelles et fais savoir de temps en temps où tu es et ce que tu deviens. Sache que tu es aimé ici très fort, tous t'embrassent, t'étreignent.»

Mais la grande nouvelle, c'est le post-scriptum de cette lettre qui nous l'apprend : «Si tu viens chez nous, prends, s'il te plaît, les photos de Lizonka, j'aimerais bien voir ce à quoi elle ressemble maintenant.» La preuve est là : Zinovi a enfin retrouvé sa fille. Il n'était que temps, elle vient de fêter ses dix ans. Par Ettore Cozzani, Zinovi a appris que Lidia s'était remariée en juillet précédent avec un certain Vico Fiaschi. Cet homme de quinze ans son aîné est un ardent socialiste qui a abandonné sa carrière d'avocat pour se tourner vers l'enseignement et la politique. C'est aussi un esprit ouvert qui aime fréquenter les cercles de poètes et d'écrivains. À ses côtés, Lidia semble avoir perdu de son agressivité. Le temps a fait son œuvre : elle ne s'oppose plus aux visites de son ex-mari.

Quittant Gênes, Lidia et Vico sont revenus en mai 1921 vers Carrare. C'est le cœur battant que, le 8 juillet suivant, Zinovi se présente devant le 30 via Roma. Liza a ouvert la porte. Elle est jolie comme un cœur avec ses boucles blondes, un vrai visage d'ange. Elle regarde un peu craintive ce drôle de papa dont elle avait presque oublié qu'il n'avait qu'un bras. Pendant les trois jours où il reste à Carrare, Zinovi mène à bien sa tentative de reconquête. Tôt le matin, avant que la chaleur ne soit trop forte, il emmène Liza à la plage, il joue avec elle, il a dix ans lui aussi.

---

*Toujours cette même opprobre à l'encontre des compatriotes ayant porté au départ la pensée révolutionnaire, N.D.A.

Dans le soir qui tombe, ils font ensemble de longues promenades main dans la main sur les sentiers qui dominent la mer, Zinovi dit à Liza le pourquoi de sa longue absence, l'urgence qu'il y avait à se battre pour la Russie, cet immense pays où elle n'a jamais mis les pieds mais qui est malgré tout le sien et dont il lui ouvrira un jour les portes quand les bandits qui l'occupent auront déguerpi. Il lui dit les canaux glacés de Saint-Pétersbourg, les palais qui bordent la Neva, l'arrivée du printemps sur les bords de la Volga. Il décrit les étranges pays qu'il a traversés, l'arrivée royale dans le port de New York, les somptueux jardins californiens, les plaines sans fin de la Sibérie, le mont Kazbek au-dessus des nuages. Et Liza, fascinée, se découvre un père qui est à lui seul un peu le monde entier.

Mauvaise passe

Huit mois se sont écoulés depuis les débuts de la Commission de secours. Zinovi traverse une mauvaise passe. Très vite, il a eu le sentiment désagréable de ne pas recevoir la reconnaissance qui lui était due, alors qu'il ne ménageait ni son temps ni sa peine. S'ajoutent bien sûr les soupçons portés contre lui, comme les manœuvres fétides du camp bolchevik. Tout cela hypothèque la bonne avancée du travail et, pendant ce temps-là, les gens meurent par milliers. « Cannibalisme et folie sur une terre en grève », titre le 1er mars 1922 l'*Écho de Paris*. « Les hommes ont tout dévoré, rapportent les *Izvestia*, l'écorce des arbres, les pommes de pin, les chiens, les chats, les rats, les courroies, les charognes, les excréments des bêtes. Les parents n'enterrent plus les cadavres de leurs enfants : ils les mangent. Il arrive aussi qu'on tue pour dévorer sa victime. Les gouvernements alliés viennent de décider d'inclure dans leurs prérogatives "l'étude du relèvement économique de l'Orient de l'Europe". » Privée de ses missions, la Commission internationale de secours à la Russie est condamnée à n'être plus qu'une coquille vide. En mai 1922, le secrétaire général adresse sa démission au président de la commission, le ministre d'État belge Léon Delacroix. Si son cœur est en berne, c'est sans doute à l'idée que, cette fois, il ne peut plus être d'aucun secours pour ses compatriotes. Il est allé jusqu'au bout de ce qu'il pouvait faire, il les a accompagnés sur le front en Galicie, il a participé à l'effort de reconquête depuis la Sibérie, il a sorti de la nasse en Crimée ceux qui y auraient été à coup sûr massacrés, depuis des mois, il sue sang et eau pour éviter que la faim et la maladie ne viennent définitivement à bout du peuple russe. On estime que, malgré l'aide alimentaire occidentale – principalement, celle de l'American Relief Association –, la famine russe fera cinq millions de morts entre le printemps 1921 et la fin de l'année 1922, principalement dans les régions traversées par la Volga et le fleuve Oural.

Toute l'aventure laisse Zinovi meurtri. Une autre épreuve l'attend. Au fil des mois, la relation avec Salomé s'est tendue. Les grandes vacances prises au retour d'Amérique avaient été un moment de magie pour les sens comme pour le cœur. La vie quotidienne a mis cet éblouissement à mal, l'inféodation de Zinovi à sa tâche a fait le reste, tout comme la nature de Salomé, petit animal indomptable, animée d'une folle générosité mais avant tout soucieuse d'elle-même. L'amour vrai éprouvé pour Zinovi n'a pas tari son besoin compulsif de plaire aux hommes. Les amants ont bataillé, se sont séparés, sont revenus l'un vers l'autre, cette fois, la rupture semble acquise. « J'ai entendu que tu étais de nouveau en état de célibat, lui écrit Amfiteatrov en novembre 1921. Je n'y crois pas. Comment cela peut-il être possible que tu te retrouves ainsi sans compagne ? Et pour toute la vie !! C'est-à-dire pour un an environ. » Alexandre galèje. Il connaît la réputation de son ami Zina, infatigable séducteur. Lui dont la famille unie représente pour Zinovi une sorte de modèle inatteignable n'a peut-être pas compris que, cette fois-ci, il en allait différemment. Que ce naufrage de la plus belle histoire d'amour qu'il ait jamais vécue laissait Zinovi anéanti. En janvier 1922, il a abandonné à Salomé la rue Jasmin pour s'installer 5 rue des Belles-Feuilles, près du Trocadéro. Un simple pied-à-terre, à deux cent cinquante francs de loyer mensuel. Ces derniers temps, Zinovi a rendu souvent visite à Philippe Berthelot dans le bel appartement où il s'est installé boulevard des Invalides. Fragilisé par le scandale financier dans lequel se débat son frère André comme par le départ de Briand et l'arrivée de Poincaré, lui aussi traverse une mauvaise passe. Il lui a montré les messages de réconfort qu'il vient de recevoir, celui de Maurice Barrès – « La vie chemine en montagnes russes et bientôt vous rendra justice » –, celui de Jean Cocteau : « Vous voilà comme nous les poètes ; recevoir des pierres est encore la meilleure façon d'avoir son buste. Ce qu'ils cherchent à travers vous, ce qui les blesse en vous, c'est ce mystérieux principe, cette élégance profonde qui fait que vous êtes notre ami, que vous êtes des nôtres. » De tels mots seraient pour Pechkoff un baume utile.

Il connaîtra d'autres moments difficiles, mais celui-ci est sans doute le plus pénible de sa vie. Il pourrait tirer la sonnette de ses relations américaines. Mais il ressent l'appel d'un service, non l'appât d'un gain. C'est aussi peut-être le moment – mais qui connaît le secret des âmes ? – où sa conversion tactique à l'orthodoxie se mue en un attachement solide aux valeurs chrétiennes, nourri par la lecture des textes bibliques et des Pères de l'Église. Il avait, avec sa blessure, éprouvé la fragilité de son corps. En se laissant happer par l'effroyable misère du monde au moment même où il acceptait de déposer les armes devant une femme, il a fait l'expérience de ses intimes faiblesses. Gagné en humanité peut-être.

Plus rien ne le retient à Paris. Dès sa démission acceptée, Pechkoff a signifié au ministère de la Guerre son désir de reprendre du service dans les rangs de son arme, le 1er régiment étranger, stationné en Algérie. Cependant, le sénateur Noulens a écrit au maréchal Lyautey, résident général de France à Rabat : « Amputé d'un bras, le commandant Pechkoff pourrait peut-être, suggère-t-il, trouver à mieux s'employer au Maroc où l'on compte plusieurs milliers de Russes sur lesquels il serait intéressant d'exercer une action de propagande favorable à la France. Ses origines, sa belle conduite au feu, son attachement à la France : autant d'éléments qui le qualifient pour remplir cette tâche. Qu'il soit polyglotte en ferait aussi un précieux élément dans les bureaux de la résidence générale. » Le Maroc ? Dans une zone de combats ? Et pourquoi pas ? Après ces années vraiment folles, il fera bon de toute manière revenir vers un monde borné de façon claire, un monde en noir et blanc, où l'on sait où est le bon et où est le méchant – ou, du moins, où est l'ami, où est l'ennemi –, un monde où le code d'honneur est fermement établi. Le monde de la famille Légion.

CHAPITRE 12

Maroc, Paris, Moscou ?

Rencontre princière

Arrière-petit-fils de Louis-Philippe qui créa la Légion en 1831, petit-fils du duc de Chartres qui s'engagea dans cette institution en 1870 sous le nom de Robert le Fort, Aage de Danemark a toujours rêvé d'imiter son grand-père. Après avoir participé aux combats de 1914 dans le régiment des gardes danois, il saisit l'occasion de la faillite de la banque dans laquelle il avait placé ses avoirs pour signer son engagement comme lieutenant à la Légion, il a alors trente-cinq ans. Au mois de mai 1922, le long jeune homme habillé avec une élégance recherchée en knicker-bocker et veste de tweed embarque à Marseille sur un vapeur à destination du Maroc. « Le hasard des voyages, écrit-il, crée une providence entre les voyageurs. Dans la salle à manger, tandis qu'une houle puissante berçait au fond de leurs couchettes les imprécations marines de cent cinquante passagers se bourrant de pilules contre le mal de mer, je me mis à table. En face de moi vint s'asseoir… »

Un officier de Légion ! Donc, aux yeux du prince, élevé depuis l'enfance dans la mystique de ce corps d'élite, un homme pas tout à fait comme les autres. Il rêve d'engager la conversation avec ce capitaine (Zinovi a dû reprendre son grade antérieur, n'étant chef de bataillon qu'« à titre fictif »), mais celui-ci, peu soucieux d'être dérangé, plonge le nez dans son assiette. Une arête de rouget dans le gosier va jouer les entremetteurs. «Je le vis tout à coup se plier en deux et, devenu écarlate, pousser un rugissement. En deux secondes, je fus derrière lui. À tour de bras, je lui tapai vigoureusement dans le dos. La crise se calma. Mais, lancé dans ma thérapeutique musculaire quelque peu brutale, je continuai à lui prodiguer, du plat de la main, des tapes si formidables qu'il se retourna avec trente-six flammes dans les yeux : "Assez, nom d'un chien, vous me faites mal !".»

Le contact est établi. Après le café, le capitaine entraîne son sauveteur sur le pont, lui tend une gauloise bleue exhumée d'un porte-cigarettes au cuir culotté. Le royal chroniqueur décrit un Pechkoff qui parle d'abondance, l'interroge sur ses charges de famille – le prince a déjà femme et enfant, un bagage que son interlocuteur trouve «très emberlificotant», lui qui se sent déjà lourdement lesté par ses rêves. Le soir, réfugiés au bar, les deux compères enchaînent cocktail sur cocktail. Le vent est tombé, la mer s'est calmée, un roulis très doux et très lent rythme leurs confidences. «À la Légion, confie le capitaine au lieutenant, il faut deux choses pour être heureux.» D'abord, l'amour du bled – en clair une forme de solitude assumée. Le second élément, il se contentera de le lui murmurer dans le creux de l'oreille, nul doute qu'il concerne cette femme qui se cache derrière chaque légionnaire à en croire les *Souvenirs de la Légion* que le prince laissera plus tard. Mais ce n'est qu'après une nuit passée au bar que Pechkoff consentira à dévoiler son identité, de fils du «plus grand de tous les écrivains contemporains russes». «Sur l'échelle de coupée où il me précédait, conclut le prince de Danemark, il se retourna, me sourit et dit : "Et pas de foutus rêves, hein ? N'oubliez pas, c'est emberlificotant à la Légion !".» Bref, un récit haut en couleur qui en dit sans doute plus long sur le narrateur, grisé par la vie qui l'attend, que sur Pechkoff lui-même, être courtois et de vaste culture, caricaturé en spadassin bourru, un peu soudard sur les bords.

Maréchal, me voilà !

L'ordre est tombé quelques jours plus tôt, émanant du gouvernement militaire de Paris. Le capitaine Zinovi Pechkoff, du 1er régiment étranger, est mis à la disposition du maréchal Lyautey, commandant en chef des troupes d'occupation du Maroc. Lui qui a parcouru le monde entier, sillonné l'Europe, l'Amérique, l'Asie et même l'Océanie, n'a jamais mis les pieds en Afrique, un nouveau continent à explorer.

Lyautey, Pechkoff ne l'a jamais rencontré. Depuis l'instauration du protectorat dix ans plus tôt, le résident général, tout entier investi dans sa politique de pacification, n'a guère quitté son poste, sinon pour une éphémère et peu gratifiante expérience comme ministre de la Guerre à l'hiver 1917. Mais il est fasciné depuis longtemps par cette personnalité qui vient d'offrir à la France sa plus exaltante expérience outre-mer depuis l'expédition d'Égypte. La conquête du Maroc s'est faite dans le respect de ses habitants et de ses traditions millénaires, et au nom du sultan, le jeune Moulay-Youssef, caché dans l'ombre de ses palais avec ses femmes, ses eunuques et ses courtisans, sans pouvoir temporel réel mais vénéré en tant que commandeur des croyants. Nombre des proches de Pechkoff lui ont chanté les louanges de Lyautey, Philippe Berthelot ou la romancière Edith Wharton qui a œuvré comme Zinovi pour les blessés du front : ces dernières années, elle a élu domicile au Maroc, devenant l'un des agents de propagande les plus efficaces du résident général à qui elle a dédié deux ans plus tôt son très populaire *Voyage au Maroc*.

En ce printemps 1922, Louis-Hubert Lyautey est au sommet de sa gloire. Deux ans plus tôt, il a été reçu en grande pompe à l'Académie française, l'année passée, il s'est vu élevé à la dignité de maréchal de France. À soixante-sept ans, le cheveu dru coiffé en brosse, droit comme un I, la silhouette élancée dans un uniforme de bonne coupe, il a fière allure et une autorité naturelle que sert une voix au timbre impérieux. On le dit parfois cassant et d'une ironie mordante. Mais c'est avec une bonhomie souriante qu'il accueille Pechkoff, prévenu sans doute en sa faveur par son parcours atypique et sa filiation avec Gorki. L'entretien devait durer une quinzaine de minutes. Une heure plus tard, le capitaine est toujours dans le bureau du maréchal. Il en sortira séduit par ce dignitaire qui n'a jamais cessé d'être un aventurier, tient en horreur le conformisme, porte en étendard de belles valeurs humanistes et dont le goût pour l'action se traduit par une certaine effervescence de tout l'être masquant une lourde tendance à la mélancolie. Malgré l'écart d'âge, de milieu d'origine, malgré le fossé hiérarchique, Pechkoff a les clés pour comprendre un tel homme, confronté quotidiennement à la souffrance après avoir été, tout enfant, immobilisé des années dans un corset à la suite d'une terrible chute. Un homme qui, comme lui, est soldat plutôt que militaire, amoureux du métier des armes, plein d'ardeur au combat et de souci des hommes, mais constamment irrité par les contraintes et les rigidités hiérarchiques. Tous deux partagent un même goût pour les livres, la culture, une vie raffinée, les belles choses et les belles personnes, un esthétisme que certains ne manqueront pas de taxer de préciosité – ce sera en tout cas vrai pour Lyautey – quand elle est d'abord la marque d'une sensibilité à vif.

À l'inverse de Fès, la précédente capitale, admirable et minérale, enkystée entre des massifs montagneux, Rabat est une ville d'air et de lumière largement ouverte sur l'Atlantique. Dès que le travail le lui permet – et avec le maréchal, pas question de chômer, on dit qu'il est toujours à la manœuvre, même sur la route où il a aménagé sa voiture en cabinet de travail, même au milieu de la nuit où il ne craint pas d'appeler un collaborateur pour se faire préciser un point dans un dossier –, Zinovi aime marcher dans les quartiers arabes que Lyautey a conservés tout en déployant la ville européenne, elle-même parsemée de constructions modernes respectueuses du style local. Le fringant capitaine fréquente aussi les salons du Tout-Rabat. Si l'on en croit les lettres que lui adressent ses amis après son départ pour le bled, il semblerait qu'il y ait multiplié les conquêtes : « Suis heureux de vous savoir arrivé à bon port, en bonne santé, et occupé à digérer le souvenir de vos conquêtes à Rabat… En passant dans les rues, on entend souvent une jolie femme soupirer profondément et murmurer : “Ah ! Quand reviendra Pechkoff ?”. »

Polytraumatisé, Zinovi avait quitté la France presque comme un voleur. Le Maroc va-t-il réussir à l'apaiser ? En attendant, il a vite épuisé les charmes de la vie de bureau. « La joie de l'âme est dans l'action » : telle est la philosophie de Lyautey comme il la formulera plus tard dans sa retraite vosgienne, telle est la ligne de vie de Zinovi. Début juillet, quittant Rabat, il part faire « la colonne d'été » dans la Haute Moulouya, le fleuve qui prend naissance à la jonction des massifs du Moyen et du Haut Atlas. La pacification est un travail à toujours recommencer. Il faut rester en lien avec les tribus qu'on a convaincues de prêter allégeance au sultan, prendre les armes pour obtenir de nouveaux ralliements. Mais la méthode Lyautey est claire : le succès militaire n'est rien si on ne le double d'un travail simultané d'organisation. Développer les routes, les chemins de fer, les ports, le télégraphe, les cultures, améliorer la situation médicale, favoriser l'éducation, l'éclosion d'élites locales, bref faire en sorte qu'avance, comme une tache d'huile, une grande bande de civilisation, est encore la meilleure façon de s'assurer la fidélité des populations indigènes.

« Cette terre noire me parle »

« Je t'écris, assis sur mon lit de camp, les deux battants de la tente ouverts, je vois l'énorme plaine que la chaîne de montagnes ferme sur l'horizon. » Le 18 juillet 1922, Zinovi écrit à Alexeï Maximovitch, jamais la correspondance entre le père et son fils adoptif ne sera aussi fournie que pendant ces heures marocaines. Pour l'heure, il est stationné avec sa compagnie au camp l'Aoural, au bord de l'oued Oulghès. « Deux rivières se rencontrent le long de cette plaine dont la terre est épaisse comme du sang fumé. On peut voir des espaces labourés mais ces carrés de verdure ne sont pas bien grands. À côté des lopins de terre travaillés par les mains humaines sont élevés de hauts murs crénelés.» Il décrit la beauté de la terre d'Afrique. Le mode de vie de ces Berbères qui, divisés en de multiples tribus et sous-tribus, équipés d'armes blanches et d'armes à feu, sont toujours prêts à se faire la guerre. «Chaque famille qui possède un petit fortin, écrit-il, prend sous sa protection un ou plusieurs douars ou camps composés d'une vingtaine de tentes dans lesquelles vivent des hommes déguenillés élevant quelques têtes de bétail ou travaillant pour le maître du fortin.»

Il donne de ses nouvelles aussi, comme un enfant se doit d'en donner à des parents inquiets. L'autre jour, ayant pris en chasse un chacal, il a fait une chute de cheval : «Au moment de tirer avec mon revolver, je suis tombé, oubliant que je n'avais qu'un bras. Je m'étais trop penché sur la droite. Je me suis bien aplati mais je me suis remis en selle et depuis, je vais très bien.» Pas une allusion au numéro d'équilibriste que représente pour lui le fait d'enfourcher un cheval. Un exercice qu'il maîtrise à la perfection, prenant les rênes entre ses dents, mettant le pied gauche à l'étrier et, après avoir saisi de sa main valide le pommeau de la selle, se hissant sur sa monture, quitte, en l'absence de son ordonnance, à prendre de l'élan en sautillant sur sa jambe droite. On imagine les mille difficultés auxquelles l'expose la vie du bled : s'habiller recroquevillé dans une tente-abri, de celles qu'on monte pour la nuit, suppose déjà quelques contorsions pour un homme disposant de tous ses membres, l'exercice devient impossible pour un manchot. Malgré cela, Pechkoff est l'un des officiers les plus élégants du régiment.

Après avoir «nagé deux mois dans le soleil et le sable», toujours au contact de ses légionnaires, Zinovi s'avoue pour une fois fatigué : «Je vis seul, écrit-il le 15 août à Gorki, je lis beaucoup et je réfléchis beaucoup.» À Rabat flottait encore comme un parfum d'Europe. C'est à Meknès, l'antique ville impériale, riche des traces de civilisations successives – arches des temples romains, murailles datant de la cité militaire almoravide du XIe siècle, palais et mosquées de Moulay Ismaël, le tout-puissant maître du Maroc au début du XVIIIe siècle, réputé avoir eu plus de mille enfants –, c'est à Meknès donc que vont s'ouvrir au capitaine Pechkoff les portes du royaume chérifien. « Une étrange sensation vous enveloppe, confie-t-il à son journal, il y a quelque chose de particulier dans le soleil et dans la terre d'Afrique. La chaleur est ici infiniment pénétrante. Elle vous ravit, vous étreint le cœur. Le soleil semble brûler à travers vos os. Cela donne la joie profonde, intime, de vivre intensément. » L'enfant de Nijni qui voyait la neige recouvrir son pays cinq mois par an, retrouve avec bonheur au Maroc cet été presque éternel qui faisait le charme de Capri. D'autant qu'à Meknès, campée à cinq cent mètres d'altitude à l'extrémité du Moyen Atlas, le soleil ardent fait place à des nuits fraîches. « Un sentiment de paix enveloppe toute chose. On échappe à la terre, on appartient au rythme puissant des mondes, transporté dans une autre sphère. Je ne puis dormir la nuit : je vais sur la terrasse et je m'abandonne au vent qui vient de la plaine. Je frôle des choses d'un autre âge, reçois les échos d'une autre vie. Je me demande si, dans une vie antérieure, je n'ai pas vécu en Afrique. Je ne sais… Cette terre noire me parle. »

Une sagesse nouvelle semble habiter Zinovi. Il y puise de quoi réconforter son père adoptif qui, le 28 août, depuis Heringsdorf, sur les bords de la Baltique, lui a livré son désarroi et son intention de fuir une Europe qu'il ne comprend plus. « En Russie, écrit Gorki, tout le monde est fâché contre moi et dans les meetings, on dit qu'il faudrait rapidement me rapatrier à Moscou. » On s'irriterait dans les sphères bolcheviks de le voir poursuivre son séjour dans cette Europe qui ne peut que le pervertir. De Meknès, Zinovi lui répond par une longue et belle lettre au vocabulaire châtié.

« Je ne peux partager ton pessimisme. Non que je sois en désaccord avec ta vision de la vie contemporaine. Tout, bien sûr, est question d'appréciation. Mais je ressens une grande joie et un grand bonheur de vivre, et de participer à ce qui se fait dans le monde, ainsi que d'observer les mutations et les changements de forme prises sur terre par l'existence humaine... Puisque le monde est rentré dans une sorte de confusion, il faut dans cette confusion et cette sauvagerie tenter d'introduire du calme et de l'équilibre. Le mal ne peut être vaincu que par le bien, la tristesse par la joie et le chaos par le calme. Je connais un peu les gens. Je sais tout ce qu'ils peuvent produire avec un grand amour et une grande joie dans leur cœur. Tu dis : "En Europe, tout et tous deviennent fous, l'humeur est à la bagarre générale." Mais si les anciens hommes politiques de droite et de gauche sont incapables d'assimiler les nouveaux éléments apparus après la guerre et si leurs actes sont insensés, cela ne veut pas dire pour autant que "tout et tous sont devenus fous". Les uns – les caciques de droite – pensent que les masses populaires n'ont rien appris ces dernières décennies, que toute la politique et les intérêts du monde sont concentrés sur l'Europe. Ils ne peuvent comprendre le monde nouveau et voir le chemin vers l'avenir. Les autres – ceux de gauche – essaient de montrer que le salut et le bonheur des hommes résident dans l'international, mettant ainsi la classe ouvrière à l'origine du développement humain. Mais ils enfoncent des portes ouvertes. Pour penser qu'une forme de gouvernement est plus accomplie et plus progressiste qu'une autre, ou même qu'il existe une notion de progrès, il faut porter des œillères ou être né aveugle.»

«Moi, conclut-il, je crois de tout mon être qu'il existe des gens pour porter la lumière et l'apaisement dans le monde. Il faut sortir sur le grand chemin, aller voir les hommes de toutes nationalités, couleurs et races, et parler de l'amour de l'homme pour l'homme, et de tous les hommes pour Dieu.»

La Russie porte close

Au Maroc, l'atmosphère s'est alourdie. L'état de santé du maréchal y est pour beaucoup. Depuis des années déjà, il souffre du foie. De retour en France à l'été 1922, il n'a pu, alité, assister à la revue du 14 Juillet à l'issue de laquelle il devait recevoir son bâton de maréchal des mains du président Millerand, la remise s'est déroulée à son domicile. Son œuvre marocaine est elle aussi menacée. Il avait tout fait pour donner aux indigènes non un pouvoir de façade mais une part effective dans l'administration, opposé qu'il était à une colonisation de peuplement, dans le but d'éviter les dérives observées en Algérie. Ces principes sont contestés. Malgré la célèbre note dite du « coup de barre » dans laquelle, en novembre 1920, Lyautey – l'un des tout premiers – évoquait le droit des peuples à disposer d'eux-mêmes, l'administration française a étendu son emprise au fil des années ; on n'a pu par ailleurs empêcher un véritable déferlement de Français dans l'espoir d'une distribution des terres que le maréchal voulait à tout prix éviter. Autant les dix premières années du protectorat avaient été l'occasion d'un parcours presque triomphal, autant les dernières années du maréchal au Maroc seront pour lui un véritable chemin de croix.

Le découragement de Lyautey aurait-il un effet contagieux ? Il y a la douceur du climat. Et la beauté des couchers de soleil sur l'Atlas. Il y a la joie d'avoir retrouvé ses légionnaires. Il y a les petites femmes de Rabat et d'ailleurs. Mais le cœur n'y est pas. Parfois, le capitaine est las de cette vie vagabonde. Depuis ses retrouvailles avec Liza, devenue « une jeune fille intelligente et magnifique », dont les lettres, dit-il à Gorki, lui procurent un plaisir et un bonheur authentiques, il s'en veut d'avoir été un père absent, il a tant de choses à rattraper avec elle. Il pourrait bien donner au printemps prochain sa démission de l'armée. Un congé sans limite de durée lui est accordé en vue de la liquidation de sa pension pour blessures de guerre, mais il lui faudra clarifier sa situation au regard des autorités françaises. À peine rentré en France, il file retrouver Alexeï qui a pris pension cette fois dans la station thermale de Bad-Saarow, à Fürstenwald, paisible lieu de villégiature au bord d'un grand lac, à soixante-dix kilomètres au sud-est de Berlin. Plus que jamais, « Zina » a besoin de son affection – « Ta bonté m'a rendu meilleur et plus accompli, lui écrit-il le 15 septembre à l'issue de son hymne enflammé à la vie, je vois dans notre rencontre et tout ce qui s'est ensuivi, le doigt de la Providence... »

Devenir français

Il est une confidence que Zinovi Pechkoff s'est bien gardé de faire à son père. Il est maintenant décidé à demander la nationalité française. « Français par le sang versé » : depuis 1999, une loi existe qui permet de conférer par une procédure exceptionnelle la nationalité française à tout légionnaire blessé en opérations qui en exprime le souhait. Rien de tel en 1922 mais, au vu de son beau parcours, Pechkoff va se voir dérouler le tapis rouge. Le 1er décembre 1922, il écrit une première lettre au garde des Sceaux pour solliciter de sa bienveillance « le grand honneur d'être naturalisé français, et le prie de le dispenser des formalités ordinairement exigées des étrangers qui n'ont pas eu encore l'honneur de servir leur pays d'adoption ». Capitaine à la solde de neuf-cent soixante francs par mois, il n'a aucune fortune personnelle : l'exonération totale des droits à payer pour la naturalisation, soit mille soixante-seize francs, lui est accordée. À la question : « Paraît-il avoir perdu tout esprit de retour dans son pays ?, il n'est répondu que par un mot : Oui. »

La mention « Urgent » barre le haut de la déclaration. Le 16 décembre, elle est signée par le commissaire de police en charge du Bureau des nationalisations. Lui est adjointe une enquête détaillée sur les états de service de Pechkoff et ses décorations, qui recense aussi ses moindres faits et gestes. On y apprend que, depuis un mois et demi – depuis son retour du Maroc –, il loge seul dans une chambre meublée au 5 rue des Belles-Feuilles qu'il avait déjà occupée plus tôt dans l'année, de janvier à juin. Rien n'est omis de ses déplacements ou de ses séjours récents, les deux voyages à Riga pour y voir Martel, l'installation rue Jasmin l'année précédente, les étapes à l'hôtel Plaza. On y rappelle qu'il « s'est toujours tenu en dehors de la politique militante et n'est jamais apparu comme suspect au point de vue national ». On note enfin qu'il reçoit également plusieurs femmes considérées comme ses maîtresses, mais dont on ignore les noms. « Aucune ne reste cependant pour la nuit. » Pas de mention défavorable. Un casier judiciaire vierge. « Les renseignements recueillis sur M. Pechkoff étant satisfaisants à tous les points de vue, écrit le préfet de police le 3 janvier 1923, j'estime qu'il y a lieu d'accueillir sa demande favorablement. »

Le ministère de la Guerre s'est, de son côté, porté garant de « la bonne conduite, de la moralité et du loyalisme » de Pechkoff, qui « a toujours obtenu d'excellentes notes dans tous les emplois qu'il a occupés ». Reste à joindre au dossier un acte de notoriété, faute de pouvoir produire un extrait d'acte de naissance « en raison des événements politiques qui se sont déroulés et se déroulent encore en Russie ». Le 11 janvier 1923, le juge de paix du 16e arrondissement reçoit Zinovi et les témoins qui attesteront de son identité, dont son ami Jacques de Broglie. Le 24 janvier, moins de deux mois après l'envoi de la lettre au garde des Sceaux, Alexandre Millerand, président de la République française, signe le décret de naturalisation de Zinovi Pechkoff.

CHAPITRE 13

Le manchot magnifique

Retour au Maroc

«Le camp de la Légion domine de haut la vieille ville. Il n'y avait aucune végétation quand la Légion y est arrivée. Selon leur habitude, les hommes ont établi eux-mêmes leur campement. Par leurs soins, des jardins ont entouré les bâtiments. Ils ont tracé des chemins et planté des arbres le long des allées du camp et sur les côtés de la route qui mène à la ville. La vie jaillit de terre sous les pas du légionnaire.» Ainsi s'ouvre *La Légion au Maroc*, le seul livre qu'ait jamais publié Pechkoff. Ce qu'il va confier dans ces pages, ce sont des choses qui brouillent un peu le bel accord des âmes qui l'unit à Alexeï : le récit des combats, l'exaltation de la mission confiée à la Légion étrangère. «Les soldats qui sont ici ne sont pas des conquérants. On ne les voit pas. Leur nombre n'est pas grand. Ils ne se chiffrent pas par centaines de mille. C'est une poignée d'hommes; mais on peut compter sur eux, ils sont braves, ils sont audacieux. La conscience de servir le Bien les aide à supporter les privations et l'exil.»

Zinovi était parti de Meknès la mine sombre. Comme revigoré par sa nouvelle qualité de Français, il a retrouvé l'Afrique dès janvier 1923 mais en précisant bien qu'il ne voulait être affecté ni à Rabat, ni à Casablanca, ni dans quelque état-major que ce soit. Il demande à être chargé d'un commandement. Il n'a qu'un bras. Et alors ? D'autres grands mutilés de guerre ont bien repris du service. Parmi eux, des figures historiques comme Miguel de Cervantès, le père de *Don Quichotte*, dit « le Manchot de Lépante » pour avoir, en 1571, lors de cette bataille contre les Turcs, été sévèrement blessé à la main gauche avant de repartir pour de nouvelles et périlleuses expéditions navales. Pechkoff a gagné le sud sous une chaleur torride, à travers des monts et des ravins dénudés, battus et brûlés par le vent. Des kasbahs sont plantées sur les hauteurs. Dans les villages, les places grouillent d'une foule composite. Il y a là des Arabes, des Berbères, des Noirs aussi, amenés du Soudan par les sultans. C'est à quelques kilomètres de Marrakech que l'unité de Pechkoff, le 4e régiment étranger, tient garnison.

Comment ne pas tomber sous le charme de la « Perle du Sud », cernée par les merveilleux jardins de sa palmeraie et bordée par les murailles neigeuses du Haut Atlas ? Dès le premier matin, Zinovi, abandonnant son cheval à son ordonnance, s'est promené avec un camarade dans le quartier arabe, au hasard des bazars, des ruelles bordées de boutiques d'artisans. Vanniers, selliers, forgerons, charpentiers… tous des artistes, a-t-il pensé, devant leurs visages ennoblis par la passion de leur travail. Le soir, une voiture est venue le chercher au camp pour l'emmener au cœur de la ville, place Djemaa-el-Fna, immense et noire de monde, rien que des hommes drapés dans des burnous blancs, gris ou noirs, et coiffés de turbans que chacun noue à sa façon. Un théâtre permanent où chanteurs et danseurs, charmeurs de serpents et jongleurs acrobates se mélangent aux marchands qui vantent d'une voix aiguë la qualité de leurs articles tandis que tambourins, musettes et violons complètent cet invraisemblable brouhaha.

Mais, à côté de cette vie intense en comparaison de laquelle l'Occident est une morne plaine, il existe une autre vie. Calme, presque contemplative. C'est ce contraste-là que Zinovi goûte plus que tout au Maroc. Chaque matin, il se laisse porter au pas cadencé de son cheval, à travers les champs labourés, jusqu'à la

Menara, l'ancien parc du sultan, plantée d'oliviers et d'orangers. Sous un ciel immuablement bleu, baignant dans un soleil délicieux qui fait couler sa chaleur dans ses veines, il rend grâce à la nature, se sent devenir païen. Dans ce jardin d'Éden, il est presque toujours seul. Il saute à terre, confie la bride de son cheval à un petit Arabe, le fils du gardien du parc, s'assied au bord du long bassin encadré de pierres grises. « Le temps a une autre mesure ici », laisse échapper, soulagé, celui qui, lorsqu'il sillonnait la Russie déchirée, supportait mal d'être soumis à un rythme infernal empêchant tout retour sur soi-même.

La famille Légion

Et maintenant, prime à l'action ! Un peu partout, depuis les contreforts du massif montagneux du Rif jusqu'au Moyen Atlas et dans les terres du Sud, des tribus sont de nouveau entrées en rébellion. À la mi-mars 1923, une nouvelle campagne est lancée pour réduire la « tache de Taza » qui bloque le passage vers l'Algérie – cette petite cité des environs de Fès a toujours été une épine dans le pied du maréchal. C'est donc vers le nord-ouest que Pechkoff prend la route avec sa 12e compagnie. Chaque jour, la troupe progresse d'une quarantaine de kilomètres. Chaque matin, au sortir du bivouac, un nouveau soleil se lève qui vient combattre la fraîcheur de la nuit et empourprer les montagnes. Chaque soir, le caïd du coin invite les officiers du détachement à se rendre chez lui, dans l'une de ces forteresses moyenâgeuses qui peuplent les hauteurs. Entouré de ses parents, de ses gens et de ses esclaves, il leur offre un repas et un spectacle de danse. Au retour au camp, le clairon sonne l'extinction des feux, seules les sentinelles troublent le silence de la nuit.

Il a fallu dix jours pour parvenir à Kasbah Tadla, l'ancienne cité des Almoravides, l'une des plus redoutables places fortifiées des sultans du Maroc. Quasi abandonnée pendant des siècles, cernée par des plaines autrefois riches et fertiles devenues un vaste désert, la ville a renoué ces dix dernières années avec la prospérité. Sous la protection des postes français, une vie paisible est maintenant possible. Les indigènes ont recommencé à cultiver les champs, une nouvelle ville a été bâtie autour de la kasbah, une route permet désormais de se rendre en six heures à Casablanca à trois cents kilomètres de Tadla, quand il fallait dans le temps un jour entier pour gagner à dos d'âne un marché à quarante kilomètres de là. Or, depuis quelque temps, la région est de nouveau victime d'incursions de brigands qui, à la faveur de la nuit, descendent des montagnes et pillent les maisons. D'où l'envoi des hommes du 4e Étranger pour tenter de mettre bon ordre à ces exactions. Pechkoff connaît la règle édictée par Lyautey : parlementer d'abord, n'engager le fer que si nécessaire. Parfois, dit-il, les rebelles demandent un « combat d'honneur » : « Un jour sera fixé. Il y aura fusillade de part et d'autre, de l'aube au coucher du soleil. Il y aura des tués et des blessés sur la plaine. Après cela, les différentes tribus se réuniront et célébreront leur réconciliation par une fête qui durera plusieurs jours. Puis les hommes nous aideront à construire nos postes. »

En attendant, le départ en opération dans les montagnes tourne vite à l'épreuve. Deux hommes sont morts, frappés d'insolation, la dysenterie fait des ravages, sauf à la compagnie Pechkoff, le capitaine ayant interdit de quitter les rangs pour boire l'eau des ruisseaux. Mais en regardant ses hommes marcher, plombés par leur chargement, Zinovi a honte d'être juché sur son cheval. Surtout quand une pluie torrentielle s'abat sur la troupe, contrainte à patauger, tout comme les mules et les chevaux, dans un véritable marécage, tandis que la batterie de 75 risque de s'enliser définitivement. Qu'il pleuve, qu'il vente, qu'un froid glacial ait relayé le chaud soleil de la plaine à mesure qu'on s'élevait en altitude, Pechkoff et ses hommes construisent un poste qui commande le défilé et ferme aux tribus hostiles la route de la vallée. Aux légionnaires, on distribue des haches pour couper les arbres, des pics et des pioches pour briser les rochers, les sapeurs posent leurs mines, une route est tracée pour acheminer les canons. Pechkoff reste debout toute la nuit, malgré la neige qui commence à tomber, vérifiant l'installation de ses hommes, les postes de guet, la place des mitrailleuses.

Les problèmes ne manquent pas. Un homme ivre a insulté un sergent. Un autre a menacé la sentinelle avec une pioche. Un troisième a déserté son travail sans autorisation. Il y a des accidents. Deux hommes ont eu le crâne fracassé par un gros quartier de roc qui s'est détaché de la falaise, Pechkoff a failli connaître le même sort. Et pourtant, quand il voit s'élever chaque jour un peu plus les murs de la forteresse, quand, au bout de deux semaines, elle lui apparaît fin prête, ses murs blanchis à la chaux dominant la montagne, il est envahi par une immense fierté intérieure. Il se sent bien, à sa place au milieu de ces travailleurs primitifs aux gestes rudes, de ces pionniers qui ouvrent une nouvelle contrée, de ces rêveurs qui dégagent les voies de l'avenir. « Après la Légion, écrit-il, d'autres hommes viendront. Ces hommes seront honorés. Leur nom sera connu. Mais ce sont nos légionnaires qui auront pavé le chemin. »

L'esprit de la Légion veille qui ne se contente pas de faire cohabiter dans une même unité toutes les nationalités – c'est la technique de l'amalgame –, mais en fait vraiment un corps, cristallisé autour d'une même fière devise, « Honneur et Fidélité ». Dans la compagnie Pechkoff, on trouve des Italiens, des Espagnols, des Marocains, des Français bien sûr – on parle des « Gaulois » –, même si, bénéficiant de l'anonymat au titre de « l'identité déclarée », ils se sont présentés au bureau de recrutement comme belges, suisses, ou monégasques. Il y a des Allemands, plus nombreux que jamais. Avant la guerre, il s'agissait surtout d'Alsaciens-Lorrains peu pressés de servir le Kaiser, désormais ils accourent de tous les coins du Reich, aussi bien des marxistes révolutionnaires issus de la Ligue spartakiste que des monarchistes prussiens hostiles à la nouvelle république allemande. La nouveauté, ce sont les Russes, fidèles de Denikine et de Wrangel, arrivés en masse après la défaite des Armées blanches. Véritable baromètre des convulsions du monde, la Légion accueillera en 1939 les Républicains espagnols.

Ses légionnaires, Zinovi les a retrouvés avec joie. «Je les aime», ne craint-il pas de déclarer tout net. Et il le prouve. Chaque jour, il se rend aux cuisines du camp pour vérifier que ses hommes sont bien nourris et qu'on leur alloue certains extras de temps à autre, confiture, fromage, chocolat ou légumes frais, et, toujours très prisée, une ration de vin supplémentaire. Il aime aussi faire sa ronde nocturne, il engage la conversation avec les sentinelles ou avec Jean, l'aide-cuisinier insomniaque qui préfère attiser déjà le feu pour le café du matin plutôt que d'être, sa hantise, subrepticement cueilli par la mort une fois endormi – dans le combat, au moins, on voit la mort en face. Dans le silence de la nuit, Zinovi entend la respiration des hommes endormis sous leurs tentes, le sabot des bêtes grattant le sol dans leur sommeil, le murmure des forêts qui garnissent les cimes. Pour les Russes – ces taiseux qui supportent vaillamment la vie rude qu'impose la Légion –, il éprouve une tendresse toute particulière. Ils n'étaient qu'une vingtaine quand il a pris sa compagnie, ils sont désormais plus de quarante. Russes, quatre de ses sergents et deux de ses caporaux. Russe, son ordonnance, un Cosaque du Kouban, qu'il ne manque jamais d'emmener dès qu'il part en campagne, même s'il dispose d'une garde de vingt cavaliers indigènes. Le bonheur de parler russe. De retrouver sous le ciel africain un peu de sa terre perdue. De se laisser surprendre par l'étonnante capacité de ses frères de sang à comprendre les Arabes, quand bien même ils ne connaissent de leur langue qu'une dizaine de mots.

Pechkoff aime ses soldats. Et ils le lui rendent bien. Est-ce son caractère ? Sa connaissance du cœur des hommes ? Le respect qu'inspire sa chair meurtrie ? Son histoire personnelle, tissée d'abandons successifs, de solitude du cœur, de la douleur de l'exil ? Pechkoff, d'une certaine façon, leur ressemble, avec son énorme appétit de vie, et ses accès de nostalgie. Il possède non seulement une science innée du commandement, mais aussi le style d'autorité qui s'impose. Il manie à merveille ce mélange de distance et de proximité qui fait le bon officier de Légion, lequel ne doit jamais oublier qu'il commande parfois à des hommes peut-être aussi intelligents et éduqués que lui, souvent plus vieux et plus expérimentés. Dans ce corps, les ordres sont les ordres, le tutoiement des soldats est la règle, l'exigence de discipline extrême, les «punis de prison» l'apprennent à leurs dépens. Tout cela compensé par une familiarité qui n'existe nulle part ailleurs et qui fait du chef, dans les moments de cafard, ce cafard sournois qui guette les hommes au repos, tout à la fois le père, la mère et le meilleur ami du légionnaire. «*Legio Patria nostra*» : pour ceux qui ont lâché les amarres, dérivé parfois un moment, plus ou moins gravement, la Légion est le nouveau port d'attache, une famille de substitution soudée par des valeurs communes – le code d'honneur du légionnaire. Par des traditions – le pas lent au son du *Boudin*, l'hymne de la Légion, les banquets ponctués des chants régimentaires, les uniformes aux plis impeccablement repassés. Par le culte des anciens aussi, une sorte de galerie des ancêtres qui montre la voie. Par ces deux temps forts de l'année que sont, le 30 avril, la fête de Camerone qui commémore le sacrifice héroïque consenti pendant la guerre du Mexique par une poignée de légionnaires face un ennemi trente fois supérieur en nombre, et la nuit de Noël, que les officiers, laissant là femme et enfants, passent près de leurs hommes pour prévenir d'immanquables coups de bourdon.

Le manchot magnifique

Il faut les voir, ces légionnaires, au retour de la première campagne, frissonnant dans leurs vêtements d'été en descendant de la montagne, malades pour certains, contraints pour d'autres à marcher pieds nus, ayant épuisé dans l'affaire leurs souliers, mais défilant malgré tout en ordre impeccable au moment de rentrer à Kasbah Tadla, acclamés par la population. « Depuis longtemps, avoue Zinovi, je ne me suis senti aussi heureux et amoureux de la vie que maintenant. » Lors d'une seconde campagne, en mai 1923, appelée dans la région d'Anoufi à réduire un caïd qui cherchait à soulever les gens des vallées alentour, la compagnie Pechkoff a réussi un joli tour de force en se ruant baïonnette au canon à la conquête des positions hautes où les dissidents avaient trouvé refuge dans des grottes larges et profondes, investissant le terrain avant même qu'ils aient le temps de comprendre leur malheur. Pour ce fait d'armes, Pechkoff recevra une nouvelle citation. Et un nouveau nom de baptême. Dans tout le bataillon, on ne parle plus de lui que comme du « Manchot magnifique ».

Un autre défi l'attend. On lui a confié le commandement d'un poste isolé du reste du monde, à Ouaouizeght, au sud de Marrakech. Pendant cinq longs mois, Pechkoff tiendra faction aux portes du désert, seul avec son bureau et soixante hommes –, soit la moitié de ses effectifs – le reste de la compagnie occupant plus haut dans la montagne d'autres petits postes, privés pour la plupart de puits et de source, de sorte qu'il faut apporter l'eau à dos de mule tous les huit jours. Le Maroc, c'est aussi la vie obscure des postes. À Ouaouizeght, les journées ont du mal à suffire à la tâche. Car, outre le commandement des hommes et le maintien de la discipline, il incombe à Pechkoff de gérer tous les approvisionnements de son unité, si éclatée soit-elle. À lui de fournir les armes, la poudre, les munitions dont les postes annexes ont besoin, les matériaux de construction, les tuiles, le bois, la chaux, nécessaires à leur entretien. À lui d'assurer la subsistance des hommes. Le capitaine passe des contrats, achète des vivres. Le voici boulanger (au camp, deux fours à pain fonctionnent en permanence), boucher, épicier chargé de délivrer le sucre, la farine, le lard, le vin, l'orge, le foin. Bien qu'on ne l'ait planté qu'en juin, le potager est superbe, couvé par un légionnaire suisse dont c'était le métier dans le civil, assisté d'un camarade qui a imaginé un ingénieux système d'irrigation. En mélangeant le sol argileux à de l'eau et de la paille, on a fabriqué des briques pour édifier de nouveaux bâtiments. Près d'un des postes avancés, on a trouvé du gypse dont on fera du plâtre pour blanchir les murs des chambres. Et même du marbre blanc veiné de rose dans une carrière du voisinage, dans lequel un sergent italien a taillé des croix qu'il dressera sur les tombes des hommes tombés en opération.

À Ouaouizeght, la vie est scandée par des rites immuables. Chaque matin, la garde de jour relaie la garde de nuit. « Garde à vous ! », commande le sergent. Les hommes présentent les armes. « Au drapeau ! » Et le pavillon s'élève lentement au-dessus des murs blancs tandis que le clairon sonne et que le poste tout entier reste figé dans un silence parfait. Le soir, la même cérémonie se déroule à l'envers. Les distractions sont rares. Heureusement, il y a les livres, Zinovi passe ses commandes à la librairie Tatiana, 35 rue de Richelieu, dans le quartier du Louvre ; il en reçoit de ses amis, depuis la France, l'Italie, l'Amérique. On lui envoie des journaux aussi, forcément un peu rassis. Parfois, l'événement vient du dehors, ainsi cette visite au mitan de l'été du général commandant la région, et de douze officiers, l'occasion de dresser une longue table garnie de fleurs placées dans des douilles vides. Par malheur, la visite est tombée un jour de solde. Au moment où le général passe la troupe en revue, Pechkoff craint le pire, sachant bien que certains de ses hommes sont solidement imbibés. Miracle ! Ils garderont bon air jusqu'au bout, droits et solennels.

Même dans les postes, la vie n'est pas sans risques. Malheur à la sentinelle qui s'assoupit après une heure de garde. Le rôdeur qui l'épie lance alors son lasso pour la tirer hors de son bastion et récupérer son fusil. La même mésaventure peut arriver au curieux qui, attiré par un bruit – la chute d'une pierre –, se penche au-dessus de la muraille : c'est ainsi que Pechkoff a perdu un adjudant, l'un des meilleurs sous-officiers du bataillon. Rien qu'en allant chercher de l'eau au ruisseau le plus proche, deux hommes ont reçu un coup de poignard, leurs armes et leurs mules ont été dérobées, l'un des blessés n'a pas survécu ; faute de prêtre, c'est le capitaine qui a prononcé sur sa tombe le dernier adieu. Il arrive aussi que le légionnaire soit pour lui-même son pire ennemi. L'un d'eux, un « Gaulois » (un Français d'origine), douze ans de service, un ancien marin ayant déjà purgé une longue peine pour indiscipline dans une prison militaire, a été surpris par le capitaine en train de tendre son bidon de vin à une sentinelle en faction. Il l'a retrouvé qui rôdait, le fusil chargé, aux portes de son bureau, dans l'idée de lui régler son compte : amplement de quoi passer devant le conseil de guerre, si le capitaine avait fait un rapport. Au lieu de quoi, il s'est contenté de l'envoyer prendre la relève d'un des postes les plus éloignés, se faisant un allié à vie. Un autre, un Belge cette fois, condamné plusieurs fois pour désertion pendant la Grande Guerre, a pénétré, menaçant, dans le mess des officiers, armé d'un couteau de cuisine, avant d'être désarmé. Dans le bureau du capitaine, il s'est effondré en larmes, conscient de ne pouvoir maîtriser cette haine contre lui-même qu'il porte comme un boulet.

Il n'y a pas que cette violence inscrite en eux. L'honnêteté n'est pas toujours leur fort, même si, à en croire Pechkoff, le légionnaire ne vole pas pour lui-même et ne vole en tout cas jamais ses officiers : pour la Légion, c'est différent ! Le légionnaire partant à l'approvisionnement obtiendra toujours quelques sacs d'avoine, quelques kilos de sucre, deux ou trois têtes de bétail en plus de ce à quoi il a droit. Passant auprès d'un troupeau de moutons, il glissera volontiers quelque agnelet sous sa capote ou dans sa besace, d'où les « Bêê… Bêê… » qui trouent parfois le silence de la route. Quand le capitaine s'approche pour dénicher l'intrus, personne ne sait jamais d'où la bête est venue. De toute façon, « c'est pour le bien de la Légion ». Et puis, il y a le penchant pour la boisson. Dès que tombe la paie, le premier et le quinze du mois, le légionnaire n'est souvent plus contrôlable.

À la découverte d'un nouveau monde

Dans l'attachement qu'éprouve Zinovi pour le Maroc, il y a l'action qu'il y mène, la ferveur du combat, l'amour de ses hommes. Il y a aussi la splendeur du pays dont il ne se lasse pas. La beauté des matins baignés du soleil qui nimbe de reflets roses les pointes neigeuses de l'Atlas, le voile bleu qui les recouvre quand la journée avance. Le spectacle des vallées vêtues de velours vert et de fleurs aux mille couleurs, de la plaine fertile qui entoure Tadla avec ses « jardins célestes » aux arbres fruitiers soigneusement taillés ployant sous les citrons, les abricots, les figues ou les grenades. Et même les mystères que recèle cette terre où, depuis Levanto, Amfiteatrov presse Pechkoff d'entreprendre des fouilles dès que son service lui en laissera le temps, fasciné de savoir son ami au cœur de la Numidie antique. Plus que jamais, Zinovi se sent connecté aux forces mystérieuses de la nature. « Quelle ivresse de vivre !, murmure-t-il, on a envie de danser et de chanter. »

Justement, il y a fête chez le caïd de la province. Après avoir déposé leurs chevaux et leurs armes, le capitaine et sa garde rapprochée ont été priés par le maître de maison portant caftan rose et burnous de soie blanche de rejoindre, dans le bosquet d'orangers, les autres invités de marque, assis sur un grand tapis semé de coussins. Autant les notables ont un imposant tour de taille, signe de prospérité, autant les esclaves noirs qui assurent le service sont tous longs et minces. Sur des tables basses, ils présentent des moutons entiers encore sur leur broche, des poulets, du gibier, dont le caïd lui-même a surveillé la cuisson et tient à détacher les meilleurs morceaux pour les présenter du bout des doigts aux invités. Mais plus que ce cérémonial intangible, c'est la tranquille assurance des convives qui frappe Zinovi, tous ces gens parlent peu et sans hâte, dans une impressionnante économie de gestes. Comme s'ils étaient assurés que le temps ne leur serait jamais compté. Sur cette terre d'Afrique, c'est un nouveau monde que découvre Pechkoff. « On aurait beaucoup à apprendre des Arabes ou des Berbères, écrit-il. Je suis touché au plus profond de mon âme par la magnifique attention et le respect qu'ils portent à leur prochain. Leur sérénité et leur élévation au-dessus des petites choses de la vie m'émerveillent ainsi que leur sainte compréhension et leur calme admiration de la beauté et de la grandeur de la nature.» La gloire, deuil éclatant du bonheur, la chanson est connue. À son retour au Maroc, début 1923, Zinovi espérait encore, cherchait fébrilement une lettre de l'aimée dans le courrier réexpédié de Rabat. En décembre, il est parti trois semaines en permission à Paris. Il aurait mieux fait de ne pas rentrer. Car, évidemment, il a couru chez Salomé. Et, lorsqu'il a protesté qu'il l'aimait toujours, lorsqu'il a même – une folie – laissé éclater sa jalousie en lui reprochant la cour d'admirateurs qui l'entourait et l'omniprésence de cet Alexandre Halpern qu'on disait à sa dévotion, elle lui a asséné le coup de grâce en lui déclarant que, justement, elle était décidée à l'épouser. Lui au moins n'était pas homme à déserter périodiquement comme le faisait Zinovi, il ne risquait pas sa vie dans des entreprises folles, il n'avait pas l'ambition de sauver la planète, seulement celle de la rendre heureuse, de lui assurer protection et assistance, ce dont, loin de son pays, elle ressentait plus que jamais le besoin. Peut-être fallait-il à Zinovi cet électrochoc. C'en était donc fini avec Salomé. À Paris, il s'est beaucoup étourdi, a fréquenté plus que de raison les lieux à la mode, on l'a souvent vu au Bœuf sur le toit qui venait d'ouvrir. Il a renoué aussi avec d'anciennes connaissances comme Christiane, une jeune femme écrivain rencontrée pour la première fois en Amérique. Il s'est même demandé s'il n'éprouvait pas quelque tendre sentiment à son égard. Il a retrouvé les amis chers, les Berthelot, les Jacques de Broglie, Henriette Roggers, l'épouse de Claude Farrère, la plus fidèle de ses correspondantes : «Je vois, lui écrivait-elle au mois de mai 1923, que si les Berbères ont passé un mauvais quart d'heure, tout va bien pour vous dans ce mirifique Maroc. Allez-vous faire part à Alexeï de votre triomphant renouveau et lui en dire les causes ? Quel paradoxe ! Vous, le guerrier, fils spirituel du plus pacifique des hommes...»

«Viens, mon doux capitaine»

«Je te croyais mort. Pendant presque un an, je n'ai reçu aucune lettre de toi. Ceux que j'interrogeais ignoraient ton sort. Je ne pouvais imaginer que tu reprendrais la vie militaire et retournerais en Afrique. C'était pour moi un crime contre les intentions que tu m'avais manifestées lors de notre dernière rencontre.» Dans cette lettre de Gorki en date du 15 décembre 1923, on sent toute l'inquiétude d'un père. L'écrivain est installé pour l'hiver à Marienbad, dans l'ouest de la Bohême. En ce lieu qu'il qualifie d'«endroit le plus ennuyeux et le plus vulgaire de la terre», il s'est remis au travail, entouré de ses seuls proches. Mais il supporte mal l'incertitude sur le sort de Zinovi : «Ce n'est pas là, plaide-t-il, la curiosité d'un homme oisif. Tu sais que je ne suis pas un oisif et qu'il y a longtemps que je ne suis plus curieux. Et tu dois savoir qu'un morceau de mon cœur est fortement entrelacé avec le tien.»

Il est grand temps pour Zinovi de se faire pardonner son silence. «Bien que je demeure un incorrigible enthousiaste, explique-t-il dans sa réponse, mon cœur est encore lourd. Voilà le drame, Alexeï. J'étais très amoureux d'une femme ces trois dernières années. À présent, c'est terminé. Elle s'est mariée… Ma vie présente, tu sais, n'est pas vraiment un exil volontaire ni une préparation à une vie plus solitaire. Je ne me considère pas malheureux et ressens parfois une sauvage joie de vivre.» Voilà Alexeï rassuré : «J'étais sûr que seule une intempérance du cœur pouvait expliquer ton retour en Afrique», lui répond-il par retour du courrier.

Précieuse béquille que ce lien renoué même si, entre ces deux incorrigibles sentimentaux, c'est de toute façon le règne du «Je t'aime, moi non plus». Zinovi à Gorki : «Écris-moi. Tu es la seule personne qui me soit proche et familière.» Gorki à Zinovi : «Tu me connais depuis un quart de siècle, tu dois savoir que j'éprouve à ton égard un grand amour. Un amour d'autant plus estimable qu'il ne m'a pas apporté de malheur bien que je sois en désaccord avec nombre de tes actes. » Zinovi à Gorki : « Je me sens très seul, oublié, rejeté. Les événements en Europe et en Russie m'inquiètent grandement. Écris-moi. » Gorki à Zinovi : « J'ai reçu ta lettre du 6 avril dans laquelle tu te plains que je n'écris pas et où tu dis : "Il est évident que mes lettres ne te plaisent pas." Ce n'est pas vrai. J'ai reçu seulement deux de tes cinq lettres. » De fait, les lettres entre le père et le fils semblent parfois disparaître en chemin : « Visiblement, nos lettres intéressent quelqu'un. Écris-moi en recommandé », suggère Zinovi. Rien ne vaut en tout cas de se voir, et à la fin du mois de juillet 1924, quand une lettre de Chaliapine, enchanté de l'accueil triomphal qu'il vient de recevoir en France, annonce par le même courrier à Gorki la prochaine visite de Zinovi, il règne un air de fête sur Marienbad.

Si avec Alexeï, Zinovi marche sur des œufs, avec sa fille, c'est la lune de miel. À treize ans, Liza se blottit contre ce père miraculeusement retrouvé, elle lui dit sa joie de vivre envolée. Il n'y a pas à chercher loin : Lidia remariée, une petite sœur qui mobilise l'attention familiale, le blues de l'adolescence… « Quand cette tristesse s'abat sur moi, reprend-elle, je me retire dans ma chambre et j'ouvre la malle dans laquelle je conserve toutes tes lettres. Je choisis celles que j'aime le plus et les lis jusqu'à ce que je sois apaisée. Grâce à toi, je me sens devenir meilleure. » « Il est si bon d'être utile à quelqu'un, surtout à un enfant, confie Zinovi à Alexeï, elle me manque terriblement. »

À l'été 1924, Gorki a invité Zinovi à lui rendre visite avec Liza. L'écrivain a enfin reçu de Mussolini l'autorisation de reprendre pied en Italie. À Sorrente, sur la côte amalfitaine, où les services du Duce auront facilement l'œil sur lui. Liza trouvera même à la villa Massa une amie de son âge, une nièce de Moura Budberg, revenue avec ses enfants de Lettonie. Cela fera de la jeunesse dans la maison. Zinovi est heureux comme un roi à l'idée de présenter sa « Lizonka » à Alexeï. Un peu inquiet malgré tout : « Comment lui parler de toi ?, écrit-il à Alexeï depuis Kasbah-Tadla. Je ne lui ai jamais expliqué quelle était la nature de nos relations. Je lui ai juste dit que nous allions voir un homme très bon que j'aime et respecte beaucoup. Un homme que, bien qu'il ne soit pas mon père naturel, je considère comme mon père et dont je porte le nom.» «S'il aime mon papa, ça me suffit», a répondu l'enfant.

«Viens, mon doux capitaine», a insisté Alexeï. Début août, Zinovi a rejoint l'Italie. À la villa Massa, vaste mais sans grand confort, entourée d'un beau jardin planté de palmiers, d'agaves, d'orangers et de citronniers, Zinovi et Liza passent près de trois semaines. Autour de Gorki, c'est la foule habituelle, Maxime et Timocha qui sont là à demeure, Moura Budberg, qui a définitivement évincé Maria Andreïeva dans le cœur du maître, d'autres familiers encore, comme le poète Vladislav Khodassevitch et sa compagne Nina Berberova, et même Vera Kohlberg qui, à Arzamas, servit de marraine à Zinovi. Sans compter les amis de passage, comme l'écrivain Ivan Volnov. Au milieu de ce bruyant défilé, Pechkoff apparaît discret, pensif. Il impressionne Volnov par l'incroyable agilité avec laquelle, malgré son bras manquant, il noue ses lacets de la seule main gauche. Dans la journée, penché sur son bureau comme un ouvrier sur son établi, fumant cigarette sur cigarette, Alexeï travaille à son nouveau livre, *La vie de Klim Samguine*, fresque monumentale où il dépeint la vie d'un jeune intellectuel traversant les orages de 1917. Pendant ce temps, Zinovi emmène Liza se baigner dans les rochers, ou bien l'entraîne à la découverte de Pompéi, de Capri, d'Ischia, de Procida. Parfois, Maxime les embarque dans le side-car qu'il vient d'acheter pour faire un tour dans les collines du côté de Ravello et d'Amalfi, Liza blottie contre son père, Timocha en selle derrière son mari.

Le soir venu, tout le monde se retrouve après dîner sur la terrasse qui domine la mer. Dans le cours de la conversation, on a évoqué les quelques jours que Lénine avait passés à Capri en avril 1908 et Alexeï a avoué qu'il se remettait avec peine de la mort, au mois de janvier précédent, du maître de la Russie. Si forts fussent leurs désaccords, il se sentait malgré tout protégé par lui. Depuis ce départ, il éprouve plus que jamais le poids de l'exil. Au centre de toutes les discussions, il y a bien sûr la situation de la Russie. Gorki reconnaît qu'elle n'est pas brillante mais qui d'autre que les bolcheviks pour diriger le pays ? Aucune force politique n'est capable de prendre le relais. L'émigration est un milieu pourri. Son espoir, il le met dans la culture, on compte beaucoup de jeunes écrivains talentueux à Moscou, c'est peut-être par eux que renaîtra la Russie. La culture ! L'éternel dada de Gorki, son plus bel étendard. La culture européenne s'entend, énergiquement attaquée selon lui par des hommes d'autres races qui n'ont assimilé que sa technique mais restent étrangers à son esprit. « Il est possible, lance-t-il à Zinovi, que nous soyons à la veille d'une nouvelle civilisation noire ou jaune, et que la race blanche, ayant terminé sa mission, se désintègre, comme Athènes ou Rome, dans la masse de ces hommes nouveaux. Après tout, eux aussi ont le droit de vivre comme bon leur semble et ils sont des centaines de millions. »

Décidément, Alexeï n'a pas changé, il est toujours aussi pessimiste sur la marche du monde, pour lui il convient de se préparer à une époque de « tragédie stupéfiante à côté de laquelle toutes les tragédies du passé apparaîtront comme des bagatelles, un jeu d'enfant ». Zinovi a souri. Il est plongé ces temps-ci dans la lecture d'*Ulysse*, le livre d'un certain James Joyce, que vient de publier l'Américaine Sylvia Beach dont il a souvent fréquenté la librairie de la rue de l'Odéon. Le matin même, il est tombé sur cette phrase : « L'histoire est un cauchemar dont j'essaie de me réveiller. » Il la sert à Alexeï qui opine du chef, même s'il affirme que, plutôt que de se réveiller, il aimerait mieux cultiver l'inconscience. Quelle chance a Zinovi de pouvoir s'isoler de ce contexte terrible dans ses thébaïdes chérifiennes ! « Moi aussi, j'aimerais bien passer une petite année dans un endroit tranquille où je ne recevrais pas de lettres de Russie et où la poste ne les lirait pas avant moi. » « Santé à toi, l'Arabe ! », sert-il en conclusion, levant son verre de vodka à l'adresse de Zinovi.

La guerre du Rif

Pechkoff a la bougeotte. Faute de quitter l'armée comme l'idée le traverse encore de temps à autre, il voudrait au moins ne pas y piétiner. Dès la fin 1923 à Paris, il a sollicité l'aide de Philippe Berthelot qui fait intervenir auprès du ministre de la Guerre le colonel Jean Fabry, député de la Seine. Bien qu'amputé d'une jambe, à la tête de son régiment de chasseurs alpins, Fabry a refusé sa mise à la retraite anticipée et demandé à reprendre du service actif. Adoubé par ce héros de la Grande Guerre, Pechkoff rêve qu'on lui confie malgré son handicap la charge d'un bataillon.

Dans l'attente de cette promotion, le voilà muté à l'automne 1924 au 1er régiment étranger, basé en Algérie à Sidi Bel Abbès, la maison mère de la Légion qui marque de son empreinte cette petite ville, emprisonnée dans son carré de fortifications. Dans le « quartier Viénot », du nom d'un chef de corps du 1er RE tué au siècle dernier en Crimée, deux grands corps de bâtiments délimitent une vaste place d'armes coupée en son milieu par « l'allée du Colonel ». On annonce l'arrivée à la tête du régiment du colonel Paul-Frédéric Rollet, une manière de Père Bugeaud à la barbe vénérable bien qu'il n'ait encore que cinquante ans, qui s'est déjà couvert de gloire en perçant en 1918 la ligne Hindenburg à la tête du régiment de marche de la Légion étrangère, le célèbre RMLE. Pechkoff est stationné avec sa 22e compagnie au Kreider, au sud de Bel Abbès. « Je m'occupe de tous les détails de la vie de mes hommes, écrit-il à la mi-avril 1925 à Alexeï, soucieux une fois encore d'exalter devant lui ce rôle social de l'officier que Lyautey a mis en avant dans ses écrits, je vérifie que les bottes soient à leur taille, que leurs uniformes tombent bien, que l'on change tout ce qui est déchiré. J'ai deux cent quarante-sept hommes, je les connais tous de visage et j'ai une opinion sur chacun d'entre eux. Parmi eux, il y a de bons gars, beaucoup d'Allemands, moins de Russes et de moins bonne qualité que ceux que j'avais dans mon bataillon marocain. » La vie au Kreider n'a rien d'une aimable sinécure, on y enchaîne exercices et marches forcées. Malgré tout, cette sédentarité pèse aux légionnaires qui n'aiment rien tant que partir à la découverte de l'inconnu, de s'affronter aux éléments, seule garantie d'une bienfaisante amnésie qui effacera les frustrations et les douleurs de leur vie passée. Pechkoff n'est pas différent de ses hommes : « Les jours passent et je n'ai rien fait. Parfois, je crois que toutes mes forces vives sont mortes, ces forces que je voudrais tant donner aux autres. » Son seul réconfort est dans le sentiment du devoir accompli. À moins qu'il n'ait compris, comme Rainer Maria Rilke, qu'il convient d'accueillir avec plus de confiance encore nos tristesses que nos joies, ces « aubes nouvelles où l'inconnu nous visite ».

Après un long hiver dans le désert, ordre est donné de préparer le bataillon pour une campagne au Maroc. Le moral remonte en flèche : on inspecte le bon état des armes, on les remplace au besoin, les hommes reçoivent des souliers et un uniforme neufs. Des légionnaires fatigués au physique ou au moral se sont fait porter pâles. Au jour du départ, devant leurs camarades d'allure martiale, ils supplient – en vain –, larmes aux yeux, d'être du voyage. La guerre du Rif a commencé. Dans ce massif montagneux situé au nord du pays, une barre rocheuse longue de trois cents kilomètres, les vallées compartimentées et surpeuplées sont depuis des siècles le théâtre de conflits meurtriers entre des chefs de tribu ambitieux, jaloux d'imposer leur autorité à leurs voisins. La France et l'Espagne se disputent ce territoire. Trois ans plus tôt, un agitateur du nom d'Abdelkrim a levé l'étendard de la révolte contre la domination du sultan. Cette fois, il ne s'agit plus d'un chef rebelle mais bien d'un leader nationaliste, formé à l'école de l'Occident, un homme intelligent et cultivé, très politisé, qui nourrit une solide haine contre le système colonial et a fait plusieurs séjours en prison. Depuis le début de l'année 1924, disposant d'une véritable armée, bien dotée en fusils, en mitrailleuses et en canons, c'est l'intégralité du royaume chérifien qu'Abdelkrim rêve de conquérir. Il menace les frontières, a établi une série de postes fortifiés face à ceux des Français.

S'annonce une des guerres coloniales les plus terribles qu'ait jamais connues la France. Lyautey obtient difficilement l'envoi de onze bataillons en renfort. À Paris, on s'intéresse avant tout à l'occupation de la Ruhr. Quant à Abdelkrim, soutenu par les députés socialistes et communistes, il fait figure de héros de la résistance à l'oppression coloniale. Le 12 avril 1925, après avoir obtenu le ralliement de plusieurs tribus, il lance trois *harkas* dans la région de l'oued Ouergha, au sud du Rif, qui submergent les postes installés à la frontière, et proclame qu'il sera en juillet à Fès, la capitale historique des sultans, le lieu du tombeau de Moulay Idriss, figure majeure de l'islam marocain. Une façon d'apparaître comme le Mahdi, le Messie, celui qui porte la bénédiction d'Allah. Lyautey, pourtant, garde tout son ascendant sur ses troupes. La majeure partie des tribus est restée fidèle au sultan. Les caïds du Moyen Atlas et leurs cavaliers accourent pour aider les troupes françaises à résister à ce premier choc. Treize années de protectorat intelligent ont payé.

Ordre est donné au 1er Étranger de venir au secours des postes avancés cernés par les Rifains. Il faut faire vite. La compagnie Pechkoff rejoint en train Bel Abbès et le sixième bataillon auquel elle appartient, à travers des plaines fertiles où les arbres fruitiers sont en fleurs, accueillie à l'arrivée par la musique de la Légion. À coups de marches forcées, trente kilomètres par jour au bas mot, via Tlemcen, Oudjda et Taza, le bataillon gagne Fès le 30 avril par une chaleur exténuante, avec transfert en camions pour le seul dernier tronçon. C'est une troupe chaque heure plus nombreuse qui se dirige vers l'Ouergha. On y voit des tirailleurs, des spahis, des partisans marocains aussi, sous la conduite de leurs chefs de tribu. Toutes les troupes blanches portent des casques de liège pour se protéger du soleil, toutes… sauf les légionnaires qui, par coquetterie, ont laissé leurs casques dans leurs magasins en Algérie.

D'avril à juin, les combats vont se succéder. Des combats âpres, sans pitié. La France dispose d'un atout maître : l'aviation utilisée tant pour la reconnaissance du terrain et les attaques aériennes que pour le ravitaillement des positions assiégées. La 22e compagnie se distingue : le 4 mai, à Taounat, grimpant à l'assaut des positions adverses, elle est accueillie par une véritable grêle de balles. Lorsque l'ordre est donné au 6e bataillon de prendre l'objectif à n'importe quel prix, le clairon sonne la charge. « Baïonnette au canon, les légionnaires partent lentement d'un pas ferme et régulier comme à l'exercice, raconte Pechkoff, leur ligne avance dans un ordre parfait, gravit les rochers, descend des collines abruptes, en remonte d'autres, sans jamais s'arrêter jusqu'à ce qu'elle atteigne le groupe de trois postes que la Légion a mission de délivrer. » Tanouat sera le premier à être tiré des griffes d'Abdelkrim qui voulait en faire le pivot de son offensive sur Fès. Les légionnaires sont accueillis en héros par les troupes marocaines qui en avaient la garde. Encerclées depuis deux semaines, elles ont manqué de nourriture et surtout d'eau. La mission est accomplie mais elle a coûté cher. Le 6e bataillon a perdu une centaine d'hommes, il y a sept morts et treize blessés rien qu'à la 22e compagnie. Et plus de soixante-dix postes restent à dégager.

Cette campagne du Rif marque profondément Pechkoff. Il fait corps avec sa troupe, partage non seulement les risques, mais la vie de ses hommes. Dort comme eux dans des tranchées sommairement aménagées quand on n'a pu dresser le campement. Au soir des combats, il fait le compte des blessés de la compagnie ; plus d'une fois il lui est arrivé de les porter sur sa selle, le sang de ses hommes coule sur le poil de son cheval blanc, pas de semaine sans qu'il reçoive la missive de l'un d'entre eux qui, raccommodé tant bien que mal, le supplie d'user de son influence pour le rappeler à l'unité. Il y a des tués aussi. « La Légion ne pleure pas ses morts, elle les honore », telle est la règle. Ami, ennemi… « Au combat, tu agis sans passion et sans haine », dit aujourd'hui l'article 7 du code d'honneur du légionnaire. Cette exigence crépite déjà dans la tête de Pechkoff. « Mon Dieu ! La vie et la mort, qu'est-ce que cela signifie ?, écrit-il à la lueur de sa lampe-tempête, je ne sais plus. J'ai tant de pitié et d'amour dans le cœur que je ne puis haïr… Et pourtant je fais la guerre. Je la fais parce que je crois que c'est au nom du Bien. Cependant, le Bien ou le Mal ne sont-ils pas les enfants d'une même mère qui est la Vie ? » Quelques jours plus tard, il s'avoue « triste et las ». « Vingt-sept cadavres, enveloppés dans leur suaire de toile, sont alignés sur le sol, devant l'ambulance de campagne chargée de blessés. Quand on ne se bat plus, c'est le tragique d'un tel spectacle qui vous assaille. »

Fin mai, il y a encore de durs combats dans une région très accidentée. Tout comme en Sibérie, il est difficile d'apprécier les distances à cause de la grande transparence de l'air : on croit une cime toute proche alors qu'avant de l'atteindre, il faut franchir plusieurs crêtes escarpées séparées par des ravins profonds. Il n'y a pas de sentiers. Les légionnaires partent sans sac, sans linge de rechange, sans couverture, avec seulement deux musettes sur les épaules, contenant l'une, la nourriture de la journée, l'autre, des grenades. Enfin, le poste à délivrer est en vue. Le 10 juin, la Légion arrive au poste de Médiouna. La situation y est désespérée, il est à craindre que ses occupants, cernés de toutes parts, ne choisissent de se saborder. Un corps franc est constitué, quarante hommes, des volontaires, conduit par quatre lieutenants. Le soir venu, ils s'enfoncent dans la nuit noire. Le reste du bataillon s'est déployé dans la plaine dans un silence parfait pour protéger la future retraite des assiégés et de leurs sauveteurs. À l'issue d'une nuit terrible ponctuée de cris, de coups de fusil, de grenades qui éclatent dans le lointain, six hommes seulement reviennent vers leur base, glacés pour avoir traversé plusieurs oueds avec de l'eau jusqu'aux épaules, désespérés de n'avoir pu prêter main-forte à leurs camarades. Égarés, ils racontent la tentative réussie de pénétrer dans le poste avec obligation de le quitter très vite, celui-ci ayant été miné, et juste après, l'attaque du corps franc par les Rifains, à la grenade ou armés de poignards. Averti de cette tragédie, le maréchal Lyautey rend dès le lendemain visite au bataillon, accompagné de Paul Painlevé, président du Conseil et ministre de la Guerre. Il convient de saluer les héros. Le bataillon rend les honneurs, il sera cité à l'ordre de l'armée et son drapeau décoré par Painlevé.

En trois mois de campagne, le 6e bataillon a réussi à débloquer tous les postes de la région, permettant le retour dans leurs foyers de milliers de personnes et provoquant le revirement de certains chefs de tribu qui avaient cédé aux sirènes d'Abdelkrim. Un beau succès. Il en est un cependant qui se soucie fort peu des lauriers récoltés par Zinovi, si impressionné soit-il par sa force de caractère : «Je reçois chaque mois entre cent cinquante et deux cents lettres de Russie et des quatre coins du monde, écrit Gorki depuis Sorrente à son ami Bogdanovitch. Ce ne sont que cris, plaintes et geignements. Le seul qui ne se plaigne pas : Zinovi Sverdlov *(sic)* qui combat d'une main les Rifains d'Abdelkrim. Ce genre d'activité ne m'enchante pas.» Début juin, c'est à Zinovi qu'il s'adresse : «Tu fais encore la guerre ? Je m'inquiète pour toi quand je pense à cette guerre et je m'inquiète aussi pour l'avenir de la France. Saigné à blanc comme il l'a été, ce pays ne pourrait-il se reposer enfin et ne pas épuiser dans une nouvelle guerre ses forces déjà éprouvées ?» Et Alexeï de clore sa missive par la prière instante à son fils adoptif de lui écrire plus souvent et surtout de l'aviser aussitôt en cas de maladie ou de blessure.

Le manchot boiteux

«On m'a amené ici hier, je suis assis dans un fauteuil avec ma jambe blessée allongée. Par la fenêtre, je vois l'océan, j'entends son bruit en t'écrivant. On m'a donné sur ordre du maréchal une chambre individuelle magnifique : dès mon arrivée, on a de nouveau regardé ma jambe. Il n'y a pas de complication. L'os cicatrisera et dans un mois, je pourrai sans doute retourner au bataillon.» La tendresse paternelle a souvent des antennes. La lettre de Gorki datait du 3 juin. Trois semaines plus tard, Pechkoff est blessé par balle au pied gauche.

En sus de son bras, voilà Zinovi privé d'une jambe, temporairement en tout cas, «par esprit de symétrie», se plaît-il à dire. Au lendemain de son arrivée à l'hôpital militaire de Rabat, raconte Pechkoff, « le Vieux* entrait dans ma chambre, aimable, exceptionnellement gentil ». Une sollicitude d'autant plus touchante que Lyautey, malgré son foie malade, a été sur le pont durant toute la dernière offensive, ne dormant que quatre heures par nuit. « Comme il a souffert ! », pense Zinovi en le voyant flottant dans sa tunique, jaune et maigre sous le bonnet de police qu'il porte ce jour-là plutôt que son képi à feuilles de chêne. Il lui est encore difficile de s'appuyer sur sa jambe malade, qui reste douloureuse. Mais d'ici quelques jours, il remarchera, il se l'est promis. « À ma sortie de l'hôpital, écrit-il à Alexeï, je devrai sans doute repasser devant la commission. Que se passera-t-il s'ils me disent : "Ça suffit ! Cessez de faire la guerre !" S'ils me renvoient en Europe, je voudrais passer quelque temps pour me reposer et mettre de l'ordre dans mon âme. Peut-être pourrais-je te rejoindre ? » La réponse fuse : « J'étais si inquiet à ton propos. Je suis content à présent de savoir que tu t'en es sorti à relativement peu de frais et que c'était peut-être ta dernière bataille de cette guerre inutile. »

Déjà avant sa blessure, le grand quartier général basé à Fès saluait Pechkoff en ces termes : « Courage, énergie, sang-froid exceptionnels. » « Brillant capitaine, véritable entraîneur d'hommes », enchaîne le colonel Rollet, patron du 1er régiment étranger, en lui attribuant la croix de guerre des théâtres d'opérations extérieures avec palme. Sur proposition du maréchal Lyautey, Pechkoff est fait officier de la Légion d'honneur. Il n'a pas fallu longtemps pour que Paris bruisse de ses nouvelles actions d'éclat. Le général Janin évoque « la belle et noble impression reçue de Zinovi, celle d'un homme mûr et stable, discipliné jusque dans les élans de sa nature spirituelle, vraiment maître de lui »... « Il y a bien des genres d'éloquence, lui écrit un jeune diplomate en poste à la toute nouvelle ambassade de France à Moscou**, votre muette

* Ainsi nomme-t-on les grands chefs à la Légion, N.D.A.

** À la suite de la reconnaissance de l'Union soviétique en octobre 1924, N.D.A.

méthode en est une bien forte. Et les cœurs russes au fond d'eux-mêmes ont vibré en apprenant la nouvelle. » Dans les *Annales*, la prestigieuse revue politique et littéraire de Pierre Brisson, on fait état de la récente invitation à inaugurer une exposition lancée à Maxime Gorki par le gouvernement des Soviets, pour qui il est grand temps qu'il revienne au pays : « Qui sait, suggère le journaliste, si, à Moscou, on ne lui reprocherait pas la belle conduite de son fils au Maroc ? » *L'Univers israélite*, le « journal des principes conservateurs du judaïsme », tient, lui, à préciser que « le capitaine Pechkoff, très connu à Paris, fils adoptif du grand écrivain russe Maxime Gorki, n'est pas orthodoxe, mais juif ».

Début août, Pechkoff embarque pour la France. Il n'y restera pas longtemps. Depuis des mois, le ministère des Affaires étrangères lui propose de repartir en mission aux États-Unis : en novembre 1925, Zinovi quitte Le Havre sur le *De Grasse* en direction de New York. Peu de temps auparavant, Alexeï écrivait à la jeune peintre Valentina Khodassevitch à propos de Zinovi : « Je lui ai conseillé d'abandonner cette affaire (la guerre du Rif) et d'épouser une riche Américaine »…

TROISIÈME PARTIE

DIPLOMATIE EN CLAIR-OBSCUR

CHAPITRE 1

Hollywood : Zinovi fait son cinéma

D'une Légion à l'autre

La mission est claire et elle a trait à la Légion. Mais cette fois, il ne s'agit pas de la Légion étrangère française, mais de the American Legion, la puissante association des anciens combattants américains, forte de huit cent mille membres, des hommes jeunes encore – la guerre n'est pas si loin –, qui représentent une force politique considérable. Leur dernier Commander in chief, le colonel Hanford MacNider, héros couvert de médailles, ne vient-il pas d'être nommé sous-secrétaire adjoint à la Guerre, une éclatante promotion ? À l'occasion du dixième anniversaire de l'engagement des États-Unis, il a été prévu d'organiser à Paris, à l'automne 1927, l'assemblée générale annuelle de l'American Legion, une façon pour l'Amérique de resserrer ses liens avec la France et d'affirmer sa foi dans l'établissement d'une paix mondiale. Ce sera aussi, outre l'excitation pour beaucoup d'une première visite à la Ville Lumière, l'occasion d'un pèlerinage vers les champs de bataille, vers Saint-Mihiel et Saint-Quentin, vers Château-Thierry, Reims, Soissons ou Verdun, et jusqu'aux cimetières où reposent les *boys* et leurs officiers, tombés en terre française.

Qui mieux que le « major Pechkoff » serait susceptible d'organiser l'événement du côté du pays d'accueil ? Dès son arrivée à New York en novembre 1925, « chargé des valises du gouvernement », précise le passeport diplomatique qui lui a été établi, Pechkoff file à Indianapolis, où se trouve le quartier général de l'American Legion, rencontrer son nouveau commandeur, le colonel John R. McQuigg, blessé en 1918 en Argonne à la tête de son régiment du génie. Décision est prise d'organiser la convention de Paris à la mi-septembre, histoire qu'il fasse encore beau et que le flux touristique soit un peu tari. On prévoit jusqu'à trente mille participants, dont cinq mille veuves de guerre ou « Gold Star Mothers » (l'association des mères ayant un fils tué à l'ennemi). Une armada de vingt et un bateaux partant de six villes américaines différentes est mobilisée pour les transporter.

Jour de gloire que ce 20 janvier 1926 où Pechkoff est reçu à la Maison-Blanche avec les membres de l'American Legion qui travaillent avec lui sur la réunion de Paris. La veille, il a déjà fait salle comble pour une conférence au Metropolitan Club de Washington, du jamais vu à cette période de l'année et au beau milieu de l'après-midi. Le matin même, il a présenté les neuf membres de la commission à Paul Claudel, l'ambassadeur de France. Et le voilà qui taille une bavette avec le président des États-Unis ! Une photo le montre au côté de Calvin Coolidge. Sanglé dans un élégant uniforme à col officier aux boutons dorés, il arbore sous sa moustache un sourire réjoui qui contraste avec l'apparence austère du président en stricte redingote grise. Le soir même, dans une longue lettre à Berthelot, Pechkoff fait le récit de sa journée. Il avoue avoir été conquis par cet homme « timide, calme et sincère », à la parole rare mais d'autant plus écoutée. « Cet homme que tout le monde croit faible et indécis, écrit Zinovi, est un homme d'un puissant caractère. J'ai vu le président Wilson deux fois, la seconde en mai 1918 où j'ai eu une longue conversation avec lui sur la Russie. En 1921, le sénateur Wadsworth m'a présenté au président Harding qui ne m'a pas impressionné du tout. La voix et les yeux étaient froids et ne disaient rien. Sa voix et seulement sa voix faisait du bruit, tandis que chez le président Coolidge, c'est son cœur et sa nature, exceptionnellement fine, intuitive et généreuse, qui parlent. »

Après deux années d'efforts pour régler d'immenses problèmes matériels, ménager les susceptibilités, montrer à chacun le prix que la France attache à cet événement, impliquer les plus hautes autorités de l'État, Pechkoff va enfin recueillir le fruit de son travail. Le samedi 17 septembre 1927, accueillis par une belle brochette d'officiels, les responsables de l'American Legion, le général Pershing en tête, débarquent à la gare Saint-Lazare, pavoisée aux couleurs françaises et américaines, au son des orchestres militaires. Le point de départ d'une folle semaine, après la célébration des offices religieux intégrés au programme à la demande des Américains. Le lundi 19, c'est le président de la République Gaston Doumergue qui ouvre la séance inaugurale. Le lendemain, la parole est aux deux présidents d'honneur de l'American Legion, le maréchal Foch et le général Pershing, respectivement commandant en chef des armées alliées et chef du corps expéditionnaire américain en 1917. Salués par des applaudissements frénétiques, ils célèbrent l'entente entre frères d'armes et les promesses qu'elle ouvre aujourd'hui pour « le maintien de la paix mondiale et l'amélioration du sort de l'humanité par le travail ». Les mondanités se succèdent : dîner de six cents couverts offert par le président du Conseil, Raymond Poincaré, sous les ors du Palais d'Orsay ; banquet de quatre mille personnes aux Invalides, à l'invitation des anciens combattants français ; dîner officiel à l'Élysée ; garden-party du maréchal Foch au Cercle Interallié ; bal à l'Opéra ; réception à l'Hôtel de ville ; ultime soirée organisée par la Legion à l'Ambassade américaine.

Mais pour associer vraiment les Parisiens à cette belle fête de l'amitié, rien ne vaudra la parade grandiose qui se déploie pendant des heures de l'Étoile à Notre-Dame en passant par la Madeleine et l'Opéra. On y voit défiler les vétérans des deux nations, suivis par une noria de chars représentant divers épisodes de l'histoire américaine, avec des cow-boys, des Peaux-Rouges – « et même des Nègres », notent les journaux du jour –, une New-Yorkaise aux proportions majestueuses représentant la statue de la Liberté et nombre de taxis de la Marne quand, lors du précédent congrès à Philadelphie, il avait suffi d'en montrer un seul, importé des usines Renault, pour déclencher l'enthousiasme des foules. Le tout sera suivi, la nuit venue, par un feu d'artifice monstre, l'illumination des principaux monuments de Paris et des bals sur la voie publique à se croire un 14 juillet. Toute l'affaire a coûté au gouvernement français un million trois cent cinquante mille francs au bas mot. Une lourde charge pour une nation qui peine à se reconstruire. Mais le moyen de démontrer aux Américains, après le « La Fayette, nous voici ! » de Pershing en 1917, que les Français sont un peuple qui sait dire merci.

The Bugle Sounds

Retour à la Légion étrangère. Serait-ce la stupéfaction devant les questions témoignant d'une profonde ignorance qu'on lui pose en Amérique sur son compte ? Serait-ce son exaspération devant les diffamations dont elle est l'objet, ainsi cet outrageant *Sang français*, un film de la Paramount diffusé en Allemagne, qui présente la Légion comme un repaire de gredins et de meurtriers. La publication récente à Londres puis à New York des mémoires d'un certain Maurice Magnus, engagé en 1916,– un véritable règlement de comptes porté par une préface élogieuse de D.H. Lawrence – a porté l'exaspération de Zinovi à son comble. Il est plus que temps de sortir son livre sur la Légion.

On n'est plus à l'époque où le maréchal de Mac Mahon menaçait de rayer du tableau d'avancement tout officier dont il « verrait le nom sur une couverture ». Malgré tout, le devoir de réserve s'impose à un officier. C'est une fois encore à Philippe Berthelot, porte-parole de son ministre, qu'il incombe de défendre auprès du ministre de la Guerre le projet de livre de Pechkoff, en spécifiant qu'il en a déjà trouvé l'éditeur. « Le caractère de l'auteur, le courage qu'il a montré et les blessures qu'il a reçues au service de notre pays, le tact et l'intelligence dont il a fait preuve au cours des différentes missions dont il a été chargé par mon département, garantissent à la fois la valeur et l'intérêt de cet ouvrage dont il est prêt à vous communiquer le texte. »

Pendant sa convalescence, Zinovi a repris les notes jetées sur le papier au cours de ses aventures marocaines et écrit un texte en anglais qu'il montrera à Rutger Jewett une fois à New York. C'est chez Appelton, la maison d'édition de ce dernier, que le livre sort à la mi-novembre 1926 sous le titre *The Bugle Sounds*, « L'Appel du clairon ». Un hommage au cuivre qui rythme la vie quotidienne du légionnaire, qui annonce l'identité d'une compagnie à l'approche d'un poste, sonne la montée au combat et salue les morts au champ d'honneur. Rien dans ces deux cent quatre-vingt-six pages d'un plaidoyer compassé au profit de l'institution Légion et de sa glorieuse histoire, mais un récit au plus près de la réalité des soldats, du vécu des combats, des émotions aussi éprouvées par Pechkoff devant la force d'âme de ses hommes ou l'embrasement d'un ciel au soleil couchant. L'auteur a dédié son œuvre à la princesse Jacques de Broglie. Il doit bien cela à cette fidèle amie – et selon certains, bien plus que cela – qui l'héberge volontiers, lors de ses passages à Paris dans son appartement de l'avenue du Bois*. C'est à André Maurois qu'il a demandé de préfacer l'ouvrage. L'écrivain connaît – un peu – le Maroc pour l'avoir visité en mars 1925. Il professe une grande admiration pour Lyautey. L'auteur des *Dialogues sur le commandement* a la cote chez les militaires. Et la sortie en 1918 des *Silences du colonel Bramble* lui a assuré une belle notoriété auprès du grand public, français comme anglo-saxon. Zinovi n'est pas dupe : « Maurois a écrit une préface habile dont l'éditeur est très content, glisse-t-il à Alexeï, mais moi, il me semble qu'il n'a pas lu mon livre, se contentant d'écrire la préface après un long entretien avec moi. C'est un peu vexant. »

* L'actuelle avenue Foch, N.D.A.

Sa vanité d'auteur pourra heureusement se repaître des éloges qu'on lui envoie par brassées. Il faut dire qu'il a bien préparé le terrain. Aux États-Unis, de novembre 1925 à avril 1926, il a enchaîné les conférences – plus de trente en moins de six mois – sur la Légion étrangère et le Maroc, le Maroc et la Légion étrangère. Il présente la Légion comme une préfiguration de ce que devrait être l'armée de la Société des Nations née du Traité de Versailles. Exalte ce « *military cloister* » où certains s'engagent comme d'autres entrent au couvent, assimilant la Légion à une vaste congrégation dont les moines conserveraient le droit de boire, de temps à autre, jusqu'à l'ivresse (et de lutiner les filles). À l'heure où certains se plaisent à voir en Abdelkrim le George Washington marocain, il veille à présenter les Rifains comme des rebelles, non comme les glorieux acteurs d'une guerre d'indépendance à l'instar des patriotes de 1776. Les gens se pressent pour entendre « *the french heroe* », dans son strict uniforme kaki constellé de décorations, dont la plus discrète, rayée de jaune et de vert, est peut-être la plus prestigieuse : la médaille militaire.

La sortie du livre élargit encore le cercle de ses afficionados. Parmi un déluge de nouvelles coupures de presse, le *New York Herald Tribune* publie une critique enthousiaste sur ce récit « où s'expriment la sensibilité d'un artiste comme la camaraderie virile du soldat ». Mais s'il est une réaction que Pechkoff attend entre toutes, c'est celle d'Alexeï. La lettre arrive enfin de Sorrente le 3 décembre 1926. Gorki y remercie Zinovi… pour le petit tapis marocain qu'il a acheté pour lui dans les montagnes de l'Atlas. « J'ai reçu ton livre sur la Légion de la part de l'éditeur, dit-il enfin, Maria Ignatievna* le lit et elle dit que certains personnages sont très bien décrits et que la langue est belle. Je lui fais confiance. C'est une femme de lettres qui connaît beaucoup de choses et l'anglais mieux que le russe. On peut donc te féliciter. Ce que je fais. La préface de Maurois est bonne. » Ayant assuré ce service minimum (Gorki ne parle ni le français ni l'anglais), Alexeï ne peut

* *Moura*, N.D.A.

s'empêcher de s'interroger sur les choix de vie de son fils adoptif : « Pourquoi es-tu en Amérique ? Elle ne te lasse donc pas ? »

« Mon travail, lui répond Zinovi, est très intéressant. » L'ambassadeur est content de lui au point d'avoir demandé au gouvernement de le garder deux mois de plus. À Washington, Pechkoff a l'oreille de Paul Claudel, et Jules Henry, le premier conseiller de l'ambassade, ne tarit pas d'éloges à son sujet. Dans une lettre à la direction de l'Amérique du Quai d'Orsay, il insiste sur le bénéfice que la France a à tirer de l'action de Pechkoff, qui ne s'occupe pas seulement de l'organisation du congrès de l'American Legion, mais, est « reçu dans tous les milieux aussi bien sociaux que politiques, universitaires et militaires » et « sollicité » de tous côtés – il insiste sur ce terme : « Étant donné le tact admirable dont il est doué, le commandant Pechkoff ne s'impose à personne mais tout le monde vient à lui. » Dans la communauté russe de New York, il compte de nombreux amis, dont Boris Bakhmeteff, l'ancien ambassadeur du gouvernement provisoire aux États-Unis, recyclé en professeur de génie civil à Columbia. Un autre de ses intimes, le sénateur de New York, James Wadsworth, l'un des leaders de l'Administration républicaine, l'accueille chaque fois qu'il est à Washington. Pour lui, il va réunir dans son bureau au Capitole une série de sénateurs influents qui, après l'avoir écouté, développent une tout autre opinion de la politique française menée au Maroc. Qualité précieuse, toujours selon Henry, sa discrétion : « Il a parcouru l'Est et le Middle West* sans se faire remarquer, ce qui est un grand avantage pour nous, à qui on ne peut reprocher d'envoyer ici des propagandistes. [...] De tous côtés, conclut le premier conseiller, on lui demande de revenir. À mon sens, nous commettrions une faute de ne pas le renvoyer aux États-Unis. Nous n'avons jamais eu et nous n'aurons jamais de meilleur atout car il est rare de trouver une personnalité plaisant autant aux Américains. » Cerise sur le gâteau : c'est un informateur précieux, tant sur la politique générale que sur l'état de l'opinion vis-à-vis de la

* Et même la Californie, N.D.A.

France, Jules Henry le verrait bien s'installer à demeure en Amérique.

En France aussi, où le livre est paru à l'été 1927 aux éditions Marcelle Lesage sous un titre plus passe-partout, *La Légion au Maroc*, Zinovi ne s'épargne pas. Il s'est installé 14 rue de la Tour, sur la colline de Passy, un appartement pas bien grand mais « curieux et sympathique » : « Il règne dans son cabinet de travail, note un journaliste venu l'interviewer, comme une atmosphère d'étude et de fraîcheur mêlées. » Dans les journaux, les critiques sont élogieuses. « Un récit d'une simplicité tragique », dit l'un. « Une science profonde du cœur des hommes », dit l'autre. Maurice Muret, le critique littéraire du *Journal des débats*, une pointure, cherche à établir le lien entre le livre de Zinovi et l'œuvre de Gorki : « Il y a quelque chose de la "philosophie" du grand romancier russe dans celle qui se dégage du journal de route de son enfant adoptif. » Muret assure qu'« il y a du nietzschéisme et du meilleur » dans les pages du commandant Pechkoff. « Quelle sereine allégresse il met à vivre dangereusement ! »

Les lumières de Hollywood

Dès la sortie de *The Bugle Sounds* aux États-Unis, on a soufflé à Pechkoff l'idée d'en faire une adaptation cinématographique. Non pas simplement une fiction romantique comme *Beau Geste*, de Herbert Brenon, sorti en 1926, dans lequel la Légion ne sert que de cadre. Mais un film qui montrerait la réalité de la Légion, parlerait des raisons qu'ont les hommes de s'y engager, de cette vie austère fertilisée par l'esprit de corps, du double rôle de guerrier et de bâtisseur qui est celui du légionnaire. Avec le Maroc en toile de fond, cette terre de montagnes et de déserts, de fulgurante beauté et d'épais mystère. Il ne faut pas traîner : en 1931, on fêtera le centenaire de la Légion. C'est finalement la Metro-Goldwin-Mayer, contactée par un certain Valentin Mandelstamm, agent de liaison entre la France et l'industrie cinématographique américaine, qui emporte l'affaire. Dès juillet 1927, Pechkoff fournit un premier synopsis.

Cinéma oblige, cette rude histoire d'hommes devient une belle histoire d'amour et de mort, où la passion est toujours présente. Clarence Jenkins, un jeune ingénieur agronome américain, vend pour la firme McCormick des tracteurs à Belleau, une petite ville de l'Aisne. En 1914, le déferlement de l'armée allemande a contraint la population à rejoindre la triste cohorte des réfugiés qui fuient la zone de combats, parmi eux, la jolie Simone dont Clarence est tombé amoureux. Sur le port de Bordeaux, en attente d'être rapatrié vers son pays, Jenkins croise le chemin des premiers volontaires américains accourus défendre la France, et décide de les suivre. Engagé à la Légion étrangère, il participe aux plus terribles combats de la Grande Guerre, en Artois, dans la Somme, à Verdun, dans les rangs du mythique RMLE, le régiment de marche de la Légion étrangère, sous les ordres du lieutenant-colonel Rollet, son non moins mythique chef de corps, puis gagne l'Algérie et le Maroc où il s'illustre dans la lutte contre Abdelkrim. Avant de retrouver, bien sûr, servi par une chance inouïe, Simone et ses parents devenus colons au Maroc, et de finir, bien sûr, par l'épouser, malgré les tentatives de séduction d'Aïcha, la fille du caïd local, prête à tout (et jusqu'à mourir) pour gagner le cœur du bel Américain. Bref, un pot-pourri des expériences vécues par Zinovi ou par ses camarades, habilement retouchées quand nécessaire pour gagner l'adhésion des Américains.

Les supputations vont bon train sur le nom du réalisateur. Ce sera George Hill, un francophile déclaré, ancien combattant lui-même, à qui l'on doit déjà quelques beaux succès. Fin 1927, Pechkoff gagne Los Angeles pour y discuter de son contrat avec Irving Thalberg, le tout jeune directeur de la MGM, et travailler avec les scénaristes. La maison de production l'héberge au très select Hollywood Plaza Hotel, dont les tourelles de style roman se dressent à proximité des studios. Ouvert quelques années plus tôt, il est vite devenu le point de rassemblement des célébrités du monde du cinéma, il n'est que de voir la faune qui se croise au Russian Eagle, son night-club. Aujourd'hui, c'est à Los Angeles ou plutôt à Hollywood, la grande usine cinématographique où se tournent presque tous les films américains, que garçons et filles affluent, la cervelle enflammée à l'idée de devenir la nouvelle Mary Pickford ou le nouveau Rudolf Valentino. Aux yeux de Zinovi, Hollywood apparaît comme un immense parc artificiel semé de villas, enserré dans un lacis d'avenues que bordent des palmiers aux longs fûts et où circulent plus d'automobiles que n'en compte la France entière. Sous ses ombrages toujours verts, s'abritent quelque soixante mille personnes, acteurs et actrices, producteurs et réalisateurs, mais aussi tous ceux qui participent à la fabrication des films. Situés à Culver City, à une dizaine de kilomètres à l'ouest de Hollywood, les studios de la MGM offrent un étonnant paysage. Sur des hectares et des hectares, ce ne sont qu'édifices en trompe-l'œil, palais, châteaux historiques, quais de gare, docks, usines, reproductions de steamers et de caravelles, pagodes chinoises, patios mexicains, parcs japonais, rues de villages et de villes, une place de Rome, un coin de Regent Street, l'avenue de l'Opéra, Broadway à New York. Des garde-meubles monumentaux regorgent d'accessoires. On voit des ateliers de menuiserie, d'ébénisterie, de ferronnerie, de mécanique, de peinture, des machines à faire de la fumée, de la pluie, du vent, et même des tremblements de terre. Le soir venu, le cinéma est toujours roi. Dans une allée, des groupes électrogènes ronflent, alimentant des projecteurs d'un million de bougies, afin d'éclairer un « extérieur ». Et sur la voûte étoilée circulent soudain des pinceaux lumineux, symptômes annonciateurs d'une « *preview* » qui permettra sans tambour ni trompette de tester un nouveau film devant le public.

Le scénario de *The Bugle Sounds* a évolué, il est maintenant surtout question de l'amitié virile entre deux hommes, l'un sergent – il sera incarné par Lon Chaney –, l'autre simple soldat – le rôle échoit à Ernest Torrence. À la fin de la guerre, Chaney retourne à la vie civile et monte un petit commerce à Marseille. Mais l'appel des armes est trop fort, et le voici reparti pour Sidi Bel Abbès où il retrouve Torrence à qui il doit désormais obéir : c'est dans l'action que renaîtra leur amitié avant que la mort, dans les combats contre les Rifains, les réunisse à jamais. À la mi-février 1928, Zinovi, de retour en Californie, peut se réjouir d'avoir fait triompher ses idées dans une lettre adressée à un colonel de ses amis, membre du cabinet du ministre de la Guerre : « Ça a été dur de persuader les Américains de faire une histoire de la Légion au cinéma. Ils voulaient une histoire d'amour, une tragédie, des meurtres, des choses lugubres, des héros et des vilains – enfin, la vieille machine du cinéma. Maintenant, ils se sont ralliés à mon point de vue. » L'ambassadeur Claudel confirme qu'il a lu le scénario et lui donne son entière approbation. La presse américaine annonce *The Bugle Sounds* comme l'une des productions majeures de l'année cinématographique.

La convention passée avec la Metro-Goldwyn-Mayer a fixé les modalités du concours apporté par l'armée lors des trois semaines de tournage prévues au Maroc, la rémunération du personnel militaire employé, y compris la prise en charge d'éventuels blessés, l'indemnité d'emploi du matériel, le remboursement de toutes les dépenses consenties par l'État français. Engagement est pris de faire viser le film avant sa diffusion par le ministère des Affaires étrangères et de ne pas utiliser les plans de *The Bugle Sounds* pour l'exécution d'autres films. Depuis sa blessure, Pechkoff n'a guère fait qu'une courte visite au Maroc. Près de deux ans se sont écoulés. Le calme est revenu, même si subsistent des éléments de résistance armée. Le 30 mars 1928, toute l'équipe de tournage quitte Marseille pour Alger, en même temps que Pechkoff et Mandelstamm. Berthelot joue une fois de plus les parrains attentifs et recommande « d'une manière tout à fait exceptionnelle » (la mention est soulignée) son ami Zinovi au nouveau résident général, Théodore Steeg. Lequel détache auprès de lui le jeune capitaine Grivet et fait tout pour assurer le succès de cette mission. Zinovi est sur un petit nuage. Aimable géant, George Hill fait régner une bonne ambiance dans l'équipe. Avec Mandelstamm, franco-russe lui aussi, lui-même romancier et poète, les sujets de conversation ne manquent pas. Percival, le chef caméraman, est un grand professionnel qui manie avec dextérité la toute nouvelle caméra 35 mm Akeley. Quant à Lon Chaney, tout reconnu soit-il comme l'un des grands artistes du cinéma muet et le spécialiste incontesté des rôles de composition requérant force maquillage (témoin son extraordinaire prestation en Quasimodo, dans *Notre-Dame de Paris*), il est la simplicité même.

Le travail progresse. On a déjà mis en boîte à Rabat la sortie du sultan se rendant à la mosquée, à Marrakech, la revue des troupes par le maréchal Franchet d'Esperey ainsi que nombre de scènes évoquant la vie au camp. Plus tard, on tournera la relève de la garde devant les puissantes murailles de Fès et, à Sidi Bel Abbès les rites intangibles de la Légion. Le tournage n'est cependant pas sans risques. Lorsque l'équipe s'est retrouvée dans la vallée du Ziz, au sud-est du pays, en bordure de la zone insoumise, il a fallu la faire escorter par trois voitures blindées, plusieurs personnes ayant récemment trouvé la mort sur la route empruntée. D'où la décision de tourner plutôt près de Marrakech, infiniment plus tranquille, avec l'assurance en prime d'être hébergé dans le cadre enchanteur de La Mamounia, ouverte depuis deux ans au cœur de la vieille ville. Mais le danger n'est pas toujours là où on l'attend. En avril, une note émanant du 2e Bureau est arrivée chez le ministre de la Guerre pour demander le rappel de Pechkoff et de Mandelstamm : leur présence aux côtés de l'équipe de tournage risquerait de provoquer des incidents graves, à voir l'émotion suscitée à l'annonce de leur venue parmi les officiers et les légionnaires d'origine russe. Mandelstamm, est-il indiqué dans la note, aurait amassé une certaine fortune en 1920 et 1921 en faisant des affaires à Odessa et en Crimée avec les Armées Denikine et Wrangel ; à la même époque, il aurait été en relation avec un bureau de renseignement opérant à Constantinople pour le compte des Américains. Quant au commandant Pechkoff, il aurait joué, lui, en 1917, lors de son affectation à la mission militaire française en

Russie, « un rôle assez mal défini à l'égard de ses compatriotes ». Tout juste reconnaît-on que son « loyalisme envers la France ne semble pas devoir être mis en doute ». Suit une note carrément infamante émanant du général Naulin, qui commande en Algérie le 19e corps d'armée : « Il semble que l'association Pechkoff-Mandelstamm n'ait d'autre but que d'essayer de gagner de l'argent en faisant une affaire commerciale et que la question de la propagande en faveur de la Légion ne soit pour elle que secondaire. »

Autant d'insinuations que le commandement supérieur des troupes du Maroc rejette en bloc, assurant le 18 mai que le tournage s'est déroulé sans incident grâce au concours bienveillant de tous les échelons de commandement et à la bonne volonté des exécutants, en particulier des unités de Légion. « La glorieuse réputation du commandant Pechkoff et son ascendant sur les vieux légionnaires, est-il précisé, ont été un des facteurs du succès de l'entreprise. » De retour à l'état-major de Rabat, dans son bureau encombré de paperasses, le capitaine Grivet n'a pas de mots trop forts pour dire à Pechkoff quel enchantement a été « ce prodigieux et trépidant voyage à travers les plaines et les monts marocains ».

Le mal du pays

Octobre 1928, trois mois déjà que Pechkoff piétine à Los Angeles. On devait mettre en boîte les scènes d'intérieur dans la foulée, terminer le film avant la fin de l'année. Mais les acteurs sont pris sur d'autres tournages et c'est le calme plat en ce qui concerne *The Bugle Sounds*. Une réunion avec les huiles de la Metro-Goldwyn-Mayer a fixé pour nouvelle échéance mars 1929 : « C'est trop long, écrit à la mi-novembre Pechkoff au Quai d'Orsay. Dois-je m'accuser d'impatience ? Peut-être. Toute cette vie m'est étrange, ce milieu, ces gens, tout cela n'est pas sympathique, et étranger à mon caractère. Je ne suis pas heureux ici, pas moi-même dans ce milieu et cette vie trop factices. Si je n'écoutais que mon cœur et mes impulsions, j'aurais pris le train demain pour rentrer en France. »

Loin de lui cette métropole consacrée au dieu Film, où il n'y a pas que les décors pour être postiches, ce royaume des amours imaginaires et des fausses larmes, des faux chagrins et des vrais suicides. Où l'alcool est interdit et où les hommes cachent volontiers dans leur poche-revolver une flasque plate pleine de whisky. Où, sous la pression de nombreuses ligues – surtout féminines –, on introduit dans les engagements des artistes une « clause de moralité » avec résiliation automatique du contrat si l'on est jugé « objet de scandale » alors même que les stars intouchables empilent joyeusement les mariages. Sans parler des paradis artificiels dont l'opium n'est que l'un des moyens d'accès. Loin de Zinovi aussi cette capitale de l'argent où l'on brasse des millions et où règne sur les terrains une spéculation effrénée avec des maisons qui poussent en une nuit comme des champignons. Une ville où l'insécurité est reine.

Quoi qu'il dise, Pechkoff aura malgré tout passé des moments réjouissants dans ce pays de cocagne où, sous un ciel à l'azur implacable, les massifs de rhododendrons fleurissent en janvier. Il a pris pension cette fois au Beverly Hills Hotel sur Sunset Boulevard, « le Palais rose », comme on l'appelle, un repaire de vedettes. Des créatures de rêve, il en côtoie tous les jours et, surprise, ce sont souvent des femmes à l'intelligence vive, au caractère affirmé, et dotées d'une incroyable capacité de travail. Ainsi de la Canadienne Norma Shearer qui vient d'épouser Irving Thalberg, une fille qui s'est élevée à la force du poignet. Elle n'était pas faite pour le cinéma, n'avait-on cessé de lui répéter, on lui trouvait les jambes trop courtes, une coquetterie dans l'œil, des yeux trop clairs qui ne rendraient rien à l'écran, et voici que, depuis son succès dans *Le prince étudiant de Heidelberg*, elle est en passe de devenir la reine de Hollywood, et pas seulement parce qu'elle en a épousé le roi. Sur l'un des plateaux de la MGM, le réalisateur Harry Beaumont tourne *Our Dancing Daughters*, drôlement traduit en français par *Les nouvelles vierges*. Dès qu'il le peut, Zinovi assiste aux prises de vues. Il ne peut s'empêcher d'être fasciné par la capacité des acteurs à afficher sur leur visage toutes les émotions du monde, faute de s'exprimer par la parole. Le jour où, dans une scène, la blonde Ann – une Anita Page de tout juste dix-sept ans – devait apparaître ivre morte par dépit amoureux, il s'est précipité à la fin de la prise pour l'empêcher de tituber. Mais celle qui enflamme la scène, c'est Diana, la tête d'affiche du film, jouée par « cette petite diablesse de Joan Crawford », commente Pechkoff, encore subjugué de l'avoir vue dans sa prestation de danseuse de night-club. « Elle est, prophétise-t-il, sur le chemin de devenir l'enfant chérie de l'Amérique : à chacun de ses films, ses dons exceptionnels s'affirment et je ne serais pas étonné qu'elle eût d'ici deux ans renversé toutes les idoles du cinéma... »

À l'heure des repas, ce beau monde se retrouve au restaurant du studio, enfin, si l'on peut qualifier de restaurant cet endroit où il appartient à chacun de se débrouiller avec son propre plateau – ils parlent là-bas de « cafeteria » –, pas vraiment commode avec un seul bras. On voit passer Dorothy Sebastian qui s'apprête à tourner *Le Figurant* avec Buster Keaton ; Charlie Chaplin avec sa moustache mais débarrassé hors plateau de son melon cabossé et de ses chaussures à clous. Il tourne dans le studio voisin *The Circus*, on assure qu'il a une « *love affair* » avec Merna Kenney, son actrice principale, qu'il avait choisie sur le conseil de sa seconde épouse Lita Grey ; laquelle, ayant découvert le pot aux roses, a engagé une procédure de divorce et demandé l'interruption du tournage. Mais le tsar absolu de Culver City, c'est Cecil B. de Mille qui y a aussi ses studios. Depuis l'extraordinaire succès des *Dix commandements*, il mène grand train, possède à Hollywood une villa aux allures de *palazzo* romain, une vaste propriété dans la montagne et un yacht princier ancré à San Diego.

Il est temps pour Zinovi de quitter ces terres paradisiaques muées pour lui en prison dorée : Lon Chaney, l'acteur principal, est atteint d'une pneumonie, il faut attendre qu'il se rétablisse. Le printemps de 1929 a déjà largement montré le bout de son nez lorsqu'il arrive à Paris. Une mauvaise surprise l'y attend : la cabale lancée par des officiers qui remettaient en cause l'emploi des troupes sur les tournages, a pris de l'ampleur. Le maréchal Franchet d'Esperey, membre du Conseil supérieur de la Guerre, ajoute son grain de sel, parle d'heures volées à l'instruction, de risques de manquements à la discipline. *The Bugle Sounds*, conclut-il, subit actuellement une mise au point en Amérique loin de tout contrôle réellement français, ce qui est assez dangereux pour un film consacré au sujet entre tous délicat de la Légion étrangère ».

L'état de Lon Chaney a empiré, le réalisateur George Hill est parti sur d'autres projets. Des décisions s'imposent. Pechkoff propose au patron de la MGM de regagner Hollywood. La réponse tarde à venir. Au lendemain de Noël enfin, il reçoit une lettre ampoulée expliquant son silence par le grand chamboulement qui touche l'industrie cinématographique. Bien sûr, le projet Légion se fera, encore faut-il, maintenant que le cinéma parlant a définitivement supplanté le muet, le remanier profondément en resserrant l'intrigue et en allégeant les commentaires. Par ailleurs, connaissant « l'impatience naturelle » du commandant et « le nombre de sollicitations qui l'appellent au loin », le directeur de la MGM lui affirme que « ce serait là une grande erreur de venir avant que le coup d'envoi ne soit donné au tournage ». Quand ce sera le cas, promis juré, on le préviendra : s'il peut venir, tant mieux ; sinon, qu'il ne s'en fasse pas, il a « laissé derrière lui une image si forte de la Légion que la production ne pourra faire mauvaise route ». Les dernières illusions s'envolent. Jamais le son du clairon ne retentira dans les salles obscures.

Jours heureux à Sorrente

Son père adoptif avait conseillé à Zinovi de trouver aux Amériques une riche héritière. Manifestement, c'est raté. Si nombreuses aient été ses conquêtes hollywoodiennes – on peut lui faire confiance sur ce point –, il revient vers la France à bientôt quarante-cinq ans plus célibataire que jamais. Sa seule famille, c'est Liza, bien sûr, et encore et toujours Alexeï Maximovitch. L'été 1925 est passé sans que Zinovi aille le voir à « Il Sorito », une vaste demeure de style baroque où Gorki vient d'emménager avec sa tribu. Dès mars 1926, Alexeï réitère l'invitation : « Tu viens en mai, n'est-ce pas ? » Nouvel appel à la mi-juin, accompagné d'une utile mise au point : « Les rumeurs disent que 1/ je vais aller en Russie, 2/ j'ai acheté encore un autre palais, 3/ le gouvernement italien a décidé de me déporter au pôle Nord car ma demeure est un nid de communistes. Toutes ces rumeurs me semblent infondées. Particulièrement la deuxième, sachant que si j'avais de l'argent, j'achèterais non pas un palais mais un chapeau et des chaussettes d'été. Je n'ai pas l'intention de me rendre en Russie. Quant aux communistes, je m'interroge. Et toi, tu viens me voir en juillet ? Je t'attends. » Cet été-là, Zinovi coulera une fois encore des jours heureux à Sorrente. Liza, à quinze ans, a presque atteint la taille de son père, celui-ci regarde avec fierté cette jolie fille à ses côtés. Depuis Il Sorito, on a une vue merveilleuse sur tout le golfe de Naples. D'un côté, sur le promontoire, l'alignement des grands cyprès noirs qui conduit aux croix blanches d'un cimetière. De l'autre, dans la brume, la masse rocheuse de Capri. Dès que l'on sort de la maison, il est aisé de constater la popularité dont jouit ici *l'illustrissimo professore* Massimo Gorki, les gens entourent sa voiture, cherchent à lui baiser la main. Quand il arrive à Naples, l'attroupement tourne presque à l'émeute. De Capri, des pêcheurs viennent en barque le saluer et l'assurer que, dans l'île, il n'a pas été remplacé.

De la fin juillet à la mi-août 1927, Zinovi est de nouveau là avec Liza. Dans ses bagages, une douzaine de rasoirs Gilette, Alexeï assurant qu'il ne cesse de se blesser avec les contrefaçons allemandes, mais surtout une belle édition de son livre sur la Légion. Heureuse surprise : Ekaterina Pavlovna annonce son arrivée, c'est la première fois qu'elle retrouve Zinovi depuis son amputation, elle ne cache pas être impressionnée par son absence de prothèse comme par les récits qu'il lui fait de sa vie en Afrique. Sur une photo prise cet été-là, il est, une fois de plus, le seul en costume-cravate quand Gorki et son invité, le poète et philosophe Boris Zoubakine, sont en bras de chemise. Dans la nuit du 31 juillet au 1er août, le Vésuve se réveille, Gorki, Maxime et Zinovi décident de filer vers Castellamare près de Pompeïï sur le coup de deux heures du matin. De là, même si on ne voit pas la lave qui s'écoule de l'autre côté du golfe, on est aux premières loges pour contempler le spectacle magnifique et terrifiant de cette énorme masse de feu au milieu du ciel noir. Le lendemain, un nuage grandiose de vapeurs pourpres s'élevant au-dessus du cratère est encore visible depuis la terrasse de la villa.

Cette éruption aura-t-elle été le bouquet final du feu d'artifice que fut pendant près de trente ans la relation entre Maxime Gorki et Zinovi Pechkoff, une relation tendre, passionnée, parfois chaotique entre deux êtres qui n'étaient rien par le sang et tout par le cœur ? L'été 1927 semble bien avoir été celui de leurs dernières vacances communes. Entre eux, il y aura encore des lettres, encore des échanges de cadeaux. À partir de 1928, Gorki prend l'habitude de passer l'été en Union soviétique. Mais à l'automne, il regagne encore Sorrente. Plus d'une fois, une gentille lettre de Timocha incitera Zinovi à venir les y retrouver. Mais cela ne se fera pas. Ou alors en coup de vent. Le 9 mai 1933, Maxime Gorki quittera l'Italie pour toujours. Le dernier échange de lettres avec Zinovi date de 1930. Pourquoi cette fracture entre deux êtres « aux cœurs entrelacés » ?

L'honneur d'un capitaine

La réponse est avant tout politique. Il y a un moment déjà que Gorki n'est pas en odeur de sainteté en URSS pour avoir habité trop longtemps l'Italie. L'image du « grand écrivain prolétarien » se prélassant dans de somptueuses villas fait tache. Depuis la révolution et encore plus avec l'avènement de Staline, il a des relations ambiguës avec le régime. L'intimité entretenue avec un officier français engagé dans une guerre coloniale n'est pas de nature à les arranger. Au fil des mois, on sent Gorki plus circonspect. Le 1er mai 1926, il précise au critique littéraire Dalmat Loutokhine : « V. F. Boulgakov (qui se pique d'écrire sa biographie) se trompe : mon fils Maxime est mon fils, la chair de ma chair et un homme très singulier. Il est marié, et sa femme, dont Grigoriev a fait le portrait, s'appelle Nadejda Alexeïevna, dite Timocha. Boulgakov parle de mon filleul Zinovi Mikhaïlovitch Sverdlov, le frère de Iakov Sverdlov, un capitaine de l'armée française. » Même réaction face à ce lecteur qui s'émeut d'avoir appris par les mémoires du prince Obolensky que ce dernier avait pu fuir la Crimée grâce à « un capitaine, fils adoptif de Gorki » : « Qui est ce fils ? » s'interroge le correspondant. « Zinovi Mikhaïlovitch Sverdlov est le frère biologique de Iakov et Veniamin Sverdlov, il s'est converti à l'orthodoxie pour entrer à l'Institut impérial philharmonique », répond Gorki en précisant qu'il n'en est que le parrain. En août 1927, racontant à Khodassevitch l'éruption du « camarade Vésuve », il précise qu'il est entré en action « au moment où Maxime, moi et une autre personne rentrions de Naples en voiture à deux heures du matin ». L'« autre personne » ayant néanmoins vécu tout un été sous le même toit que Khodassevitch et sa compagne Nina Berberova…

Autrement plus violent, le jeu de fléchettes qui se livre autour de Pechkoff. En juillet 1919, les bolcheviks l'avaient annoncé fusillé à Bordeaux « pour propagande antimilitariste », sacrifié sur l'autel du capitalisme. En juin 1927, la rumeur de sa disparition circule de nouveau dans les journaux européens et américains, ce serait cette fois un coup des Soviétiques. « J'ai pu faire nier la nouvelle par une grande agence d'information, écrit à Zinovi Paul Rockwell (le frère de Kiffin), devenu secrétaire général de l'escadrille La Fayette, tout cela va faire vendre encore des exemplaires de ton livre ! » La personnalité et le parcours atypiques de Pechkoff alimentent tous les fantasmes.

En France aussi, il doit être sur ses gardes. Les Russes blancs l'ont toujours tenu en marge, et la reconnaissance de l'Union soviétique par la France en 1924, douloureusement ressentie par les émigrés, a encore alourdi l'ambiance. La très conservatrice Union générale des combattants russes surtout – la ROVS –, présidée par le général Wrangel jusqu'en 1928, lui est très hostile. Difficile d'oublier que Pechkoff a pris dans le temps sa part de l'agitation prérévolutionnaire et qu'il reste au moins sentimentalement proche de son père adoptif, gloire revendiquée par le régime soviétique. Mais cet ostracisme le poursuit au sein de l'armée française, la double lecture du tournage du film au Maroc était symptomatique : d'un côté, autour de Lyautey, des amis chaleureux, des partisans inconditionnels ; de l'autre, et parfois jusqu'au cœur de la Légion, une hiérarchie militaire qui le tient à distance. Que lui repproche-t-on ? Sa jeunesse tumultueuse ? Le fait qu'il soit sorti du rang ? Qu'il soit français par raccroc ? Mais ce sont des classiques dans la famille Légion ! Il y a encore ces missions diplomatiques qu'on ne cesse de lui confier. Ce statut de célibataire menant à coup sûr joyeuse vie face à ces pères de famille nombreuse. Les braves gens n'aiment pas que l'on suive une autre route qu'eux. Il y a enfin, pour ceux – nombreux à coup sûr – qui ont éventé son secret, cette origine juive que Pechkoff, blotti derrière le patronyme de son parrain, s'ingénie à cacher. En ces années vingt ou trente où l'antisémitisme est souvent virulent, et dans l'armée et dans la société française, nul doute que ce soit là le facteur-clé de l'hostilité que certains lui manifestent. La réhabilitation du capitaine Dreyfus, c'était il y a vingt ans seulement.

En 1929, Maurice Laporte, fondateur des Jeunesses communistes, ancien membre du comité directeur du Parti dont il a claqué la porte quelque temps plus tôt, tente de lui porter l'estocade. Dans son livre *Espions rouges*, sous-titré « Les dessous de l'espionnage soviétique en France », on trouve ce passage : « Il existe quelque part un officier supérieur français de haut grade qui est une créature de Moscou. Je n'ai pas à publier son nom. Il suffit de savoir que, d'après certains documents que l'on m'a communiqués, l'affaire ne laisse place à aucune hésitation. Cet homme, né en Russie, apparenté à des bolcheviks notoires, est parti de très bas. Quittant son pays en 1906*, il vient à Paris, se prodiguant dans les milieux de la bohème montmartroise. C'est là que la guerre le trouve. Engagé, il conquiert au feu décorations, grades et considération des milieux militaires. Puis, c'est le retour à Paris. Les ministères se disputent ce Russe naturalisé français, héros authentique. Il n'est pas de mission qu'on ne lui confie à l'étranger, même en Russie, et vous pensez si cette dernière obtient son acquiescement. Bref ! Il occupe les postes les plus importants qui lui permettent de pénétrer et de fouiner dans les services les plus secrets. » Suit une allusion – sans toujours le nommer – à « l'un de ses parents qui se taille un rôle dans les rangs révolutionnaires [et qui] participera à l'exécution de la famille impériale ». Or, juste avant ces événements, « il hébergeait l'officier français ». Pour un peu, Pechkoff aurait aidé son frère à préparer son forfait. À l'issue de cette condamnation sans appel, Maurice Laporte parle de l'inévitable suspicion dans laquelle les officiers français tiennent leur collègue, « ce qui n'empêche pas ce dernier de gravir de nouveaux échelons dans l'armée. [...] Vous dirais-je encore que son activité fut consacrée au service de la Russie et qu'en maintes circonstances, particulièrement lors d'affaires coloniales retentissantes, il n'oublia pas ses parents et amis bolchevistes. »

Qu'importent les divagations d'un communiste renégat et obsédé par l'urgence d'une désintoxication des cerveaux. Mais

* En réalité en 1904, N.D.A.

l'affaire se corse lorsque, le 29 octobre de cette année 1929, paraît en première page de *La Dépêche coloniale* un article de Jacques Ladreit de Lacharrière intitulé : « La diffamation contre la Légion étrangère ». On s'attend à ce que ce conseiller d'État, membre de l'Académie des sciences d'outre-mer, bon spécialiste du Maroc auquel il a consacré plusieurs livres, démonte cette accusation. Deux ans plus tôt, ayant sympathisé à Rabat avec Pechkoff, il a parlé en termes élogieux de son livre dans *La Revue de l'Afrique française*. Or, rien de tout cela. Ayant largement exposé les accusations lancées, il se contente, moderne Ponce Pilate, de déclarer que, soit elles sont fausses, et dans ce cas, il faut en faire justice, soit elles sont exactes, « c'est-à-dire qu'un département ministériel français* a confié le soin de défendre la Légion étrangère contre ses calomniateurs à un officier légionnaire soupçonné – accusé – de collusion avec l'ennemi, mission confiée malgré qu'un autre département ministériel** possédât tous les renseignements utiles sur cet officier. [...] Dans ce cas, conclut Lacharrière, qu'attend-on pour prendre les sanctions propres à faire cesser le scandale, pour rechercher les responsabilités, si haut qu'il faille remonter ? Il ne s'agit pas en l'espèce d'une querelle individuelle. Il s'agit de l'avenir moral des régiments français. »

Pechkoff est sonné. Il a toujours sous le coude la dernière lettre de Lacharrière assurant : « Je serai très heureux de vous retrouver et de causer avec vous des mille questions qui nous intéressent tous les deux. » Une telle duplicité l'écœure. Être suspecté de mener double jeu quand il n'a jamais fait mystère de sa détestation des bolcheviks, quand il a le sentiment d'avoir tout donné à la France, pas seulement un bras, mais sa vie tout entière. Cette fois, le découragement le guette. Zinovi est un homme qui pleure, même si ses larmes coulent à l'intérieur. Ses amis, heureusement, vont prendre le relais, Georges Duvernoy, un ancien préfet qui dirigea le service des affaires algériennes au ministère de l'Intérieur, familier de la

* Le Quai d'Orsay, N.D.A.
** La Guerre, N.D.A.

haute administration, fait de la défense de Pechkoff son affaire personnelle. Il l'a convaincu d'écrire, pour préparer la contre-offensive, un mémoire retraçant sa carrière. Il joint ce document à une longue lettre manuscrite qu'il adresse confidentiellement au général Alphonse Georges, le directeur de cabinet du ministre de la Guerre. Depuis douze ans qu'il connaît Pechkoff, écrit-il, « il est témoin de son action persévérante, énergique et désintéressée pour servir notre pays sur tous les terrains, celui de la guerre et de la propagande extérieure ». Duvernoy évoque « ces heures qui compteront pour Pechkoff parmi les plus douloureuses de sa vie », cette atteinte au « seul patrimoine qui lui tienne à cœur : son honneur ». Mais il rappelle aussi habilement que cet officier de l'armée française est placé sous la sauvegarde de ses chefs. Pour rétablir sa réputation, il ne suffit pas de déclarer que le capitaine Pechkoff n'a rien à se reprocher et l'autoriser à poursuivre ses diffamateurs. Car ceux-ci, en l'accusant publiquement d'espionnage et de trahison, ont précisé que le ministère de la Guerre détenait les preuves des faits dénoncés. Comment imaginer dans ce cas que le ministre n'ait pas saisi la justice, qu'il ait permis à un agent de l'étranger de continuer à le servir sous le couvert de l'uniforme français ? « Il est indispensable, affirme Duvernoy, que cette atroce machination soit minutieusement désarticulée pour qu'apparaissent et l'infamie des dénonciateurs, et l'indiscutable dignité de leur victime. » Une semaine plus tard, c'est avec le maréchal Pétain, vice-président du Conseil supérieur de la guerre, que Duvernoy prend rendez-vous pour muscler son comité de soutien : « L'homme qui expose ainsi sa vie et réclame aussi ardemment la lumière n'a rien à se reprocher. »

Il faudra malgré tout attendre janvier 1930 avant que le ministre de la Guerre, André Maginot, réponde enfin à Pechkoff. Du grand art en matière d'esquive. Il avance que l'enquête sollicitée serait « inopérante et par suite inutile » parce que l'article incriminé ne contient que de simples allégations. Ultime dérobade : « Des poursuites devant la cour d'assises – la seule juridiction répressive compétente – n'ont jamais été jugées opportunes par mon département dans les cas de même nature qui m'ont été soumis. » En lot de consolation, le ministre rappelle à Pechkoff qu'il est inscrit au tableau d'avancement pour le grade de chef de bataillon, une inscription qui, en récompensant ses mérites, « constitue bien une réponse ayant un caractère public aux imputations dont vous avez été l'objet ».

En 1919, le secrétaire – repenti – de Staline, Boris Bajanov, évoquant dans ses souvenirs la famille Sverdlov, parle clairement de Zinovi comme celui qui a « rompu à la fois avec les milieux révolutionnaires, avec sa famille et avec le judaïsme. [...] Lorsque, à ma venue en France, écrit Bajanov, je voulus lui donner des nouvelles de ses deux frères et de sa sœur qui vivaient en Russie, il me répondit qu'ils n'étaient rien pour lui et qu'il ne voulait pas en entendre parler. » Que Pechkoff ait toujours gardé dans un coin de son cœur sinon sa famille, du moins sa patrie d'origine, est une évidence. Qu'il ait éprouvé une véritable répulsion pour les idées communistes et leur ait attribué les malheurs dans lesquels a plongé la Russie est non moins certain. S'il en avait été autrement, s'il avait joué double jeu, on peut faire confiance aux services de police français pour percer à jour l'homme qu'ils avaient forcément à l'œil. Or le dossier concernant Pechkoff aux archives de la préfecture de Police de Paris non seulement est étonnamment mince, mais atteste aussi régulièrement de sa parfaite loyauté à l'égard de son pays d'adoption. Du côté soviétique par contre, il est bien évident que les choix de Pechkoff font de lui un social traître. Il n'est que de voir le sort réservé par les services de la propagande soviétique au célèbre cliché datant de 1908 de la partie d'échecs entre Lénine et Bogdanov sur la terrasse de la maison de Capri. Le premier à avoir été évincé de la photo à l'aérographe est Vladimir Bazarov, poursuivi pour activités contre-révolutionnaires en 1930, quand s'ouvrent les premiers procès staliniens. Lors de la parution en 1939 à Moscou d'un grand album sur Lénine, c'est au tour de Zinovi, qui se tenait derrière Gorki, de disparaître. Mais il fait étrangement sa réapparition – alors que Bazarov est toujours absent – quand l'Institut du marxisme-léninisme republie la photo en 1960. Le général de corps d'armée Pechkoff, ambassadeur de France, est alors un proche du général de Gaulle qui convie cette même année à Paris Nikita Khrouchtchev, premier chef d'État russe depuis 1917 à venir en visite en France : plus besoin de falsifier la vérité. Qu'importe à Zinovi. Il a depuis longtemps fait sienne cette phrase de Cyrano de Bergerac : « On n'abdique pas l'honneur d'être une cible. »

CHAPITRE 2

L'appel du Levant

Vers l'Orient compliqué

À l'automne 1926, à peine était-il revenu d'une petite tournée nostalgique au Maroc que Zinovi Pechkoff a été requis par le Quai d'Orsay pour une nouvelle mission d'information. Direction le Levant où la situation est un vrai casse-tête. Dès mai 1916, en pleine bataille de Verdun, des accords secrets dits « Sykes-Picot », du nom des diplomates anglais et français qui les ont négociés, ont prévu de partager à la fin de la guerre les dépouilles de l'Empire ottoman en deux zones d'influence, l'une française, l'autre anglaise. Malgré l'opposition des Américains, l'accord quelque peu modifié est avalisé en 1920 par la Société des Nations. Un royaume arabe – ou à tout le moins une fédération – est appelé à voir le jour. L'Angleterre reçoit mandat sur l'Irak et la Palestine. La France, elle, est en charge de la Syrie et du « Grand Liban » qui lui est associé. Il est bien clair que cette tutelle n'est pas une forme de colonialisme déguisé, mais ouvrira sur l'indépendance dès que ces pays auront atteint un niveau suffisant de maturité politique et de développement économique.

Arrivé en octobre 1918, le général Henri Gouraud, chef du corps expéditionnaire français, a dû malgré tout engager le fer contre l'émir Fayçal ibn Hussein qui s'est proclamé roi du « royaume arabe de Syrie ». Il lui a fallu mener trois ans de combats ininterrompus pour vaincre les dernières résistances. Un calme fragile : à partir de l'été 1925, de nouvelles révoltes éclatent dans le djebel druze, tout au sud, pour gagner peu à peu l'ensemble du pays. À Damas, il a fallu donner du canon pour mater l'insurrection. À l'étranger, la position de la France est de plus en plus critiquée, on la soupçonne de trahir le mandat qui lui a été délivré par la Société des Nations, de coloniser le pays contre la volonté de la population. En France même, on s'interroge sur la nécessité pour un pays déjà vidé de son sang par la Grande Guerre de sacrifier encore des vies humaines et de l'argent. C'est pour apaiser le climat que Paris décide d'envoyer Henri Ponsot, un pur diplomate, après une succession de généraux. Le hasard fait bien les choses. Le 5 octobre 1926, Ponsot et Pechkoff embarquent tous deux à Marseille à destination de Beyrouth. Sur le *Mariette Pacha*, c'est la foule des grands jours, entre les cheiks et autres chefs religieux faisant route vers La Mecque, les officiers britanniques en poste à Bagdad, des comtes italiens, des princes égyptiens et même le roi Fayçal qui, faute d'avoir réussi à s'imposer en Syrie, a été installé par les Anglais sur le trône d'Irak. Réfugié dans sa suite, l'irascible Ponsot apprécie la compagnie de Pechkoff, un proche tout comme lui des Berthelot, tout comme lui un amoureux du Maroc – Ponsot a été l'un des négociateurs de la reddition d'Abdelkrim.

Il fait bon voguer sur la Méditerranée, plate comme un lac en cette saison. Une escale est prévue en Égypte. Zinovi est une agence de voyages à lui tout seul. Première étape : Alexandrie avec ses éblouissantes maisons blanches et ses centaines de minarets, d'où il gagne en train Le Caire. Le voilà hébergé au Mena House, luxueux palace situé au pied du site de Gizeh. Sitôt le dîner fini, il s'en va saluer les pyramides dont les sommets semblent s'enfoncer dans le ciel étoilé. « Mal dormi, écrit-il, j'avais un peu peur de la proximité de ces masses pierreuses. » Il poursuit avec la visite du Caire, une promenade en canot automobile sur le Nil jusqu'au barrage en aval, une virée à Héliopolis. Deux jours de navigation encore et Beyrouth apparaît. Flanqué de ses adjoints, le haut-commissaire a débarqué en grand uniforme et reçu les honneurs des deux navires de guerre français présents dans le port, avant d'être accueilli par les chefs militaires et les autorités locales.

Pechkoff n'a pas suivi, préférant jouer les pèlerins anonymes. Il se sent animé d'une gourmandise d'entomologiste à l'heure de partir à la découverte de ces pays de très ancienne civilisation, de cette mosaïque de peuples et de confessions. Le travail l'attend. Quelques jours à Beyrouth, le temps d'y découvrir une société de juristes, de médecins, de riches marchands, vivant à l'européenne et parlant un français parfait, avant de filer vers le nord, escorté d'un aide de camp, dans une Delage 11 chevaux, jusqu'à Lattaquié, la capitale de l'État des alaouites. Là vit sur des hauts plateaux cernés par des précipices abrupts tout un peuple de bergers, des gens frustes pratiquant un islam réservé aux initiés. Dans les jours qui suivent, Pechkoff ira ainsi de surprise en surprise, passant des rues pavées de la prospère Alep à d'humbles villages qui lui font fête, avec leurs femmes toutes habillées de noir et leurs troupeaux de moutons, noirs eux aussi, sous le soleil éclatant, un spectacle étonnant pour qui vient du Maroc, peuplé de silhouettes blanches. La Delage a cédé la place à une modeste Chevrolet, une marque qui inonde tout le pays. Puis à des chevaux arabes qui, sans effort apparent, à travers des montagnes rocailleuses et sous une chaleur intense, vont conduire en trois heures Pechkoff et son aide de camp jusqu'au monastère de Saint-Siméon-le-Stylite, un impressionnant ensemble architectural construit au ve siècle de notre ère : pendant trente-sept ans, dit-on, le saint y vécut campé sur sa colonne.

Tant de merveilles… De Palmyre, la belle du désert dont on vient de dégager le grand temple, jusque-là colonisé par les villageois et leurs bestiaux, jusqu'à Homs, fleuron de l'ancien empire des Séleucides, Pechkoff a fait la route avec un Français qui venait de Bagdad. Advienne que pourra, même si la voie est réputée infestée de brigands et ne se parcourt d'ordinaire qu'en convoi. Autre étape mémorable, la visite d'Antioche sous la houlette du père Augustin, un moine capucin, incollable sur l'histoire de l'ancienne cité séleucide, le point de départ de la route de la soie. Assis au bord du fleuve, Zinovi n'a pu s'empêcher de citer le tout début du *Jardin sur l'Oronte,* ce précieux petit bijou offert sur le tard par Maurice Barrès à ses admirateurs : « Les roues ruisselantes qui tournent, jour et nuit, au fil du fleuve pour en élever l'eau bienfaisante, remplissaient le ciel de leur gémissement... » Le capucin a souri : c'est justement dans son couvent que l'académicien avait coutume de descendre. Dans le village endormi d'Amchit, Zinovi a visité la maison de notables maronites dans laquelle Ernest Renan, jeune archéologue, écrivit sa *Vie de Jésus*. La tombe de sa sœur Henriette se trouve toujours dans le petit cimetière du village. Alexeï aurait aimé ces lieux hantés par tant de beaux esprits.

Zinovi, le soir venu, consigne soigneusement ses découvertes du jour sur un petit carnet aux feuilles quadrillées que le temps a jaunies. Presque illisible juste après l'amputation, son écriture s'est affermie. Mais ces notes de voyage sont autre chose qu'une boîte à souvenirs, il ne perd jamais de vue la mission à remplir. À peine plus d'un mois pour la mener à bien. Une gageure. Après avoir exploré le Nord, il a gagné l'Est et le Sud, Damas puis le djebel druze d'où partit la rébellion l'an passé, jusqu'aux frontières de la Transjordanie et de la Palestine. Partout, il prend le pouls du pays, découvre les tensions qui régnent jusqu'au sein d'une même communauté, il s'émeut de l'inféodation des paysans à quelques puissantes familles – des serfs au XXᵉ siècle, il n'imaginait plus cela possible –, du manque d'hygiène dans les campagnes, des maladies qui prolifèrent, les anémies, la malaria, les conjonctivites purulentes qui, mal soignées, entraînent la cécité – on s'explique mieux le nombre des aveugles. Il voit le travail remarquable fait par les ordres religieux, l'excellence de leurs écoles ouvertes à tous, aux chrétiens comme aux musulmans – pour un peu il serait tombé amoureux de la merveilleuse mère supérieure de Notre-Dame du Sacré-Cœur à Alep, une femme jeune, distinguée, aux yeux pénétrants et à la voix charmante, émaillée d'un léger accent du Sud. Dans les champs, on commence à voir des tracteurs. Le coton, le tabac, les oliviers, tout pousse sur ce sol fertile. Terre bénie que ce pays de Canaan, baigné par la mer, parsemé d'admirables sites antiques et d'impressionnantes forteresses médiévales.

Après s'être immergé dans les couleurs, les odeurs, les bruits du pays, Pechkoff part à la rencontre des gens qui le mènent. Le patriarche des maronites, monseigneur Elias Hoyek, l'invite à déjeuner dans sa belle résidence de Bkerké, nichée dans une forêt de cèdres. L'échange dure longtemps avec ce vieillard à la longue robe rouge, aux yeux presque éteints, qui souffre de ne pas être respecté comme il se doit par les hauts-commissaires éphémères envoyés par Paris, et supporte mal les vexations et les injustices dont, dit-il, les fonctionnaires français accablent son peuple : un discours d'amoureux déçu que l'émissaire du Quai entendra bien des fois. Accoutumés à être de tout temps les protégés de la France – Saint Louis ne se plaisait-il pas déjà à reconnaître dans les maronites « une partie de la nation française » ? –, les chrétiens du Liban taxent volontiers d'abandon ce qui n'est qu'impartialité nécessaire de la part de la puissance mandataire, chargée de veiller tout autant sur les intérêts des musulmans. À Beyrouth même, Pechkoff prolonge l'enquête, sonde de prospères hommes d'affaires sur leurs projets d'investissement, confesse certains hauts fonctionnaires, tel le très intègre président de la Cour de cassation, sur la vénalité qui gangrène le pays jusque dans les tribunaux où l'on achète facilement la mansuétude des juges, jusque dans les prisons où seuls travaillent les détenus qui n'ont pas de quoi payer les surveillants. À Damas, il retrouve avec plaisir le lieutenant-colonel Georges Catroux qui dirige le service de renseignement tout en travaillant à l'élaboration d'une Constitution : pour lui, c'est une faute capitale d'avoir, par souci de protection des chrétiens, voulu faire des États séparés – la Syrie d'un côté, le Liban de l'autre –, de sorte que « l'unité syrienne » est devenue le mot d'ordre des rebelles nationalistes.

Le temps presse. Avant son départ, Pechkoff est reçu par Charles Debbas, le premier président de la République libanaise qui a vu le jour en mai 1926, et par Henri Ponsot, décidément bien disposé à son égard. Le haut-commissaire a déjà pris la mesure de ses nouvelles fonctions. Une fois encore, comme au Maroc, pense-t-il, seule la voie du développement peut ouvrir sur une pacification réussie, les armes n'étant qu'un recours ultime. C'est fort de cette conviction que Pechkoff rend son rapport à Paris, assorti du leitmotiv qu'on n'a cessé de lui répéter là-bas : non, les mouvements récents ne sont pas un soulèvement populaire, rien qu'une révolte de quelques familles féodales qui tenaient le pays presque en esclavage. Oui, la France multiplie les efforts pour faire émerger le meilleur de cette terre meurtrie, divisée, ruinée par les Allemands et les Turcs. Partir du Levant serait désastreux, une perte de prestige terrible pour la France, et pas seulement dans ses colonies : dans le monde entier.

Bienvenue au Djebel Amel

Après un bref passage au 1er Étranger stationné à Homs, élue capitale de la nouvelle Fédération syrienne, voilà le capitaine muté début 1931 à Beyrouth, où le haut-commissaire Henri Ponsot, toujours en poste, l'accueille avec chaleur. Pechkoff avait demandé son affectation aux services spéciaux en charge du renseignement militaire. Impossible pour un officier servant à titre étranger, a répondu le ministère. On a contourné l'obstacle en le nommant chargé de mission. N'empêche que son rôle est bien celui d'un officier de renseignement. Des agents qui doivent éviter à tout prix de donner l'impression qu'ils sont inféodés à un plan politique local et se montrer à ce point de vue très réservés dans leurs relations personnelles… Ils ne doivent sous aucun prétexte se substituer aux fonctionnaires locaux et faire de l'administration directe… Leur rôle est de faire comprendre dans des entretiens, et en aucun cas par des instructions écrites, le but des mesures édictées par la puissance mandataire, et de suivre l'application de ces mesures. En clair, les agents se doivent d'être d'efficaces courroies de transmission vers le haut-commissariat, ou vers l'état-major si les renseignements recueillis sont de nature militaire, mais sont privés de tout pouvoir de décision.

Le haut-commissaire lui propose le Djebel Amel, le Liban-Sud, qui s'étend des portes de Beyrouth jusqu'aux frontières de la Palestine. La région supporte mal d'avoir été intégrée dans un Liban où les chrétiens sont majoritaires quand elle est surtout peuplée de musulmans. Sacré Zinovi ! Il y a peu, il se sentait encore anxieux, assailli par des forces hostiles. Aussitôt, la vie le reprend. Il lit tout ce qui lui tombe sous la main concernant Tyr et Saïda, l'ancienne Sidon, les deux villes principales du Liban-Sud. « Parmi ces vestiges du passé, mon âme va se renouveler. » Tant de choses se sont passées là depuis cinq mille ans. Après la vie paisible – trop paisible – qu'il menait à Homs, Beyrouth qu'il gagne à la fin février 1931 lui semble animée d'une activité frénétique. Dès son arrivée, Pechkoff est reçu chez le haut-commissaire, le général, le colonel. Il est présenté au président du Conseil libanais, Auguste Adib Pacha – « plus pro-Anglais que pro-Français » –, au ministre de l'Intérieur – un grand gaillard qu'il juge « cruel, sensuel », Dieu sait pourquoi –, au président de la République Charles Debbas, déjà rencontré en 1926, qui, vieilli, ne sort plus guère de chez lui – il lui trouve « l'air d'un avocat ou d'un médecin juif de province ».

Il est temps de partir à la découverte de son nouveau royaume. En une heure, on gagne Saïda par une route qui longe la côte, partout des fleurs, des oliviers et de beaux villages en surplomb. Saïda, c'est la porte d'entrée du Liban-Sud, sa ville principale, elle compte une majorité sunnite mais on y sent encore un certain brassage avec Damas et Beyrouth. C'est aussi, construit sur un promontoire s'avançant dans la mer, l'un des sites les plus prestigieux de la côte libanaise, joyau de l'ancienne Phénicie, que l'on dit avoir été fondée par le petit-fils de Noé. L'imagination de Zinovi s'emballe, il voudrait rester là à rêver devant les ruines battues par les flots du château de la mer, fief des Templiers. Mais l'accueil du caïmacan, l'administrateur local, est plutôt froid, il aurait préféré un civil à un militaire. Soixante kilomètres au sud, Tyr est une ville plus petite que Saïda, encore rurale, presque uniquement peuplée de chiites. Des colonnes antiques baignent dans la mer. Devant le sérail local, les gendarmes présentent les armes. Le caïmacan, l'émir Toufik Arslan, un gros monsieur coiffé d'un tarbouche, est, lui, pro-Français. L'évêque maronite, un homme jeune, souriant, aux traits fins, en longue robe noire et croix pectorale, vient à la rencontre de Pechkoff, le convie dans sa demeure. Et voici que, par la porte entrouverte, on voit arriver une troupe d'enfants qui défile, accompagnée par un petit orchestre aux sons de *La Marseillaise*. Dans le salon de l'évêque, tout le monde s'est levé, pris par l'émotion.

L'hospitalité orientale n'est pas un vain mot. Les talents de diplomate de Pechkoff font le reste. Le 14 juillet de la même année, le mugtahid de Tyr, Abd al-Husayn Sharaf al-Din, l'un des chefs religieux les plus respectés du Djebel Amel – les Français l'ont dénommé « le Grand Sayyed » –, fait hisser le drapeau tricolore sur la mosquée chiite. Le lendemain, Pechkoff, qui occupe une magnifique villa toute blanche ouvrant sur la mer, y donne une grande réception à laquelle se rend le mugtahid. Huit jours plus tard, c'est ce dernier qui fait un nouveau pas en direction de la France en organisant à son tour un grand banquet sur les bords du Litani, auquel il convie non seulement Pechkoff mais les responsables chrétiens locaux. Une grande première qui ne manque pas d'exciter la verve des intégristes : « Entre les barbus* et les enturbannés (les musulmans), Iblis (le démon) a bien dû rigoler », écrit, dans son recueil *Moisson d'épines*, un poète local, scandalisé qu'on ait servi de l'alcool au mépris de l'interdit coranique.

La vie est douce à Tyr. Depuis sa maison, Zinovi contemple les grands voiliers qui cinglent vers le large. Des enfants jouent sur les rochers. La mer est rose le matin, le soir, couleur de jade. Le jardin est un miracle permanent, rempli de fleurs en toutes

* Les chrétiens, N.D.A.

saisons. Chaque matin ou presque, dès 5 h 30 ou 6 heures, il monte à cheval, parcourt les dunes. La chienne Nénette lui fait la fête dès qu'il franchit la porte. Plus tard dans la matinée, on peut voir la sœur Marc et la sœur Laurent promener leurs écolières, les petites marchent par paire, la plupart sont voilées. La vie est douce à Tyr, mais la situation locale reste un vrai casse-tête. Il faut aller à la pêche aux informations dans les villes, les villages, mener d'interminables palabres avec les élites locales, les évêques, leurs vicaires, les saïds, les cadis et autres muftis : « Un milieu vicié, écrit Zinovi, pourri d'intrigues, de népotisme. Tant leur vie personnelle que publique semble bien peu inspirée de la haute philosophie religieuse. » Choquante aussi, la domination des grands propriétaires sur des paysans taillables et corvéables à merci. Et le foisonnement de fonctionnaires véreux et de politiciens malhonnêtes. Et le traitement réservé aux femmes. Assistant, dans un village de montagne, à un mariage musulman, l'officier français observe la fiancée de quatorze ans juchée sur son trône comme une reine : « Elle travaillera après comme une bête de somme. » Mais la première inquiétude est pour cette propagande subversive qui se développe. Tout en affirmant haut et fort la loyauté de sa famille à la France, le fils du Grand Sayyed est descendu de la montagne pour évoquer devant Pechkoff une éventuelle séparation du Djebel Amel d'avec le Liban, une façon de tester sa réaction. Se pourrait-il que les chiites, majoritaires dans la région, soient de connivence avec les panarabes sunnites ? Le moral revient quand le Grand Sayyed lui-même assure Pechkoff de l'affection qu'on lui porte dans la région. Un autre notable chiite lui confirme que ni l'Angleterre (qui fiche en ce moment la pagaille du côté des Kurdes), ni l'Amérique, ni l'Italie, ni la Turquie ne jouissent ici du même capital que la France parmi les autochtones. « Je voudrais réussir... », écrit Pechkoff, sitôt la porte refermée.

Mais il sait bien qu'il dérange les habitudes acquises, il sent parfois une sourde hostilité contre lui. Nour, son ordonnance, lui a parlé d'une rumeur qui court : on prétend à Beyrouth qu'il serait juif, c'est le jeune fils du saïd de Deir-el-Qamar qui a entendu cela dans son école. Cette impression qui le poursuit d'être la cible de certaines mesquineries... La crainte toujours présente de n'être pas celui qu'il faut, quand il faut, où il faut. D'avoir froissé tel ou tel en parlant trop de lui-même, en ne disant pas assez merci. Par contre, il est tout revigoré en découvrant que le commandant Guyot – qui, depuis Homs, reste son supérieur hiérarchique – a mis sur lui de bonnes appréciations. « Officier d'une culture générale étendue, d'éducation parfaite, d'excellente tenue, a su gagner la confiance des populations de la circonscription dont il est chargé et qu'il administre avec beaucoup de zèle et de tact. »

Si le travail est la meilleure des thérapies, il fait bon aussi goûter aux charmes de l'Orient et de ses mille et une nuits. À Beyrouth, Zinovi renoue avec les mondanités, quitte à rentrer chez lui au creux de la nuit. Certains saluent en la capitale du Liban la Nice du Levant, d'autres y voient une version modèle réduit de Paris, campée au bout de la Méditerranée. Dans les rues, on croise des femmes élégantes, la décoration intérieure des maisons est à l'avenant. Le Grand Théâtre accueille des troupes de passage, s'y sont produits récemment Marie Bell, Charles Boyer... Le dimanche, le Tout-Beyrouth est aux courses. Il y a du beau monde qui passe, la baronne de Neufville, belle-sœur de l'ambassadeur Charles-Roux, la duchesse d'Uzès, la princesse Aline de Teck, cousine de la reine d'Angleterre. Le consul d'Italie, un Napolitain, le prince Serra di Cassino, invite Pechkoff à dîner, on exhume les souvenirs de Sorrente et de Capri. Et puis, il y a les bals donnés par Ponsot à la Résidence des Pins, le majestueux palais arabe construit pour être un casino dont Gouraud avait fait sa demeure sur le modèle de la Résidence de Lyautey à Rabat. Les soirées travesties font fureur : lors de l'une d'elles, l'apparition en préteur romain, drapé dans sa toge, de Béchara el-Khoury, le président du Conseil des ministres (et futur héros de la lutte pour l'indépendance), a fait la une des pages « Société » de la presse libanaise, qui d'ordinaire donne plutôt la primeur à ses relations mouvementées avec le haut-commissaire. D'autres soirées sont moins glorieuses quand, pour tromper sa solitude, Zinovi fait la tournée des boîtes de nuit locales.

Mais, au-delà des mondanités, des frivolités, Beyrouth restera d'abord pour Zinovi une histoire d'amitié. Autour du haut-commissariat gravitent nombre de couples qu'il a plaisir à voir. Jean Helleu, le secrétaire général adjoint, et sa femme Jeanne, qui reviennent de Moscou, beaux et charmants. Henri et Hélène Hoppenot, elle, pianiste douée et bonne cavalière, tous deux fins et cultivés, intimes de tout ce qui compte à Paris parmi les écrivains et les artistes, quand ils ne bourlinguent pas à l'autre bout du monde, en Perse ou au Brésil – à Rio, ils vivaient pour ainsi dire avec les Paul Claudel. Et puis il y a Jean et Diane Chauvel qui habitent une maison peinte en jaune, rue Tadmor, non loin du Grand Sérail où le haut-commissariat a établi son siège. Les dîners y sont très gais, après quoi on bridge, on joue au trictrac, on danse le fox-trot. Jean Chauvel, un des proches collaborateurs de Ponsot, Zinovi le connaît de longue date par le Service des œuvres françaises à l'étranger, né de la réorganisation de la propagande française à l'issue de la guerre. Il a toujours goûté le courage de celui qui a devancé l'appel pour s'engager à dix-huit ans comme simple soldat, son indépendance d'esprit, son humeur voyageuse. Mais cette fois, avec Chauvel, son cadet de treize ans, s'amorce une amitié qui ne fera que grandir au fil des années.

Juste en face des Chauvel, de l'autre côté de la vaste cour carrée où s'installe, deux ou trois fois par semaine à la fureur du propriétaire, un marchand de volailles attachées en paquets par les pattes, habitent Charles et Yvonne de Gaulle. C'est au Grand Sérail que Pechkoff a croisé pour la première fois le commandant de Gaulle, chef des 2e et 3e Bureaux à l'état-major du général du Granrut qui commande les troupes du Levant. Avec ce colosse déjà remarquable par sa taille, flanqué de surcroît d'un ordonnance sénégalais arborant une chéchia rouge au-dessus d'un uniforme kaki à ceinture écarlate, il a souvent engagé la conversation. Les états de service, la stature intellectuelle du commandant, sa liberté de parole aussi l'impressionnent, de Gaulle ne craint pas de fustiger l'état de démoralisation de l'armée française ou d'avouer sa frustration d'avoir été nommé au Levant quand, professeur à l'École de guerre, il était plutôt spécialiste de la Rhénanie. En poste à Beyrouth depuis novembre 1929, il a largement rattrapé son retard, nourri par ses conversations avec Georges Catroux, son ancien camarade de captivité, et par ses lectures sur l'histoire de la région et les royaumes latins d'Orient. Pechkoff l'a entendu un jour disserter brillamment sur Barrès et son *Enquête aux pays du Levant*; c'est de Gaulle qui lui a fait découvrir *L'itinéraire de Paris à Jérusalem* de Chateaubriand. Mais entre les deux officiers, les relations n'iront pas plus loin. Difficile de frayer avec ce quadragénaire discret, facilement distant, qui vit en marge de l'animation beyrouthine et retourne déjeuner chez lui, avec sa femme et ses enfants, dont une petite fille handicapée. Le plus souvent, c'est le dimanche, à la sortie de la messe de 11 heures, que Pechkoff croise les de Gaulle à l'église Saint-Louis des Capucins. Début juillet 1931, présent par hasard à la distribution des prix du collège Saint-Joseph, il a retrouvé Charles de Gaulle qui représentait le haut-commissaire. Dans son discours, le commandant a pris tout le monde de court en évoquant un passage à l'indépendance qui serait encadré par un traité bilatéral, et en invitant la jeunesse libanaise à être « cette élite qui sera le ferment d'un peuple chargé dorénavant des lourds devoirs de la liberté ». De ce jour-là, Pechkoff gardera le sentiment d'un être à part, un homme qui voyait plus loin que les autres, et pas seulement à cause de sa haute taille.

En avril 1931, peu de temps après avoir assisté au débarquement sur les quais de Beyrouth des autochenilles de la croisière jaune de Citroën, qui s'apprêtent à traverser tout le continent asiatique en franchissant l'Himalaya – l'occasion d'une rapide rencontre avec Alexandre Iakovlev, peintre officiel de l'expédition –, Pechkoff va délaisser un temps le Djebel Amel, missionné par le haut-commissaire avec deux collègues en Palestine. Il visite Jérusalem sous la houlette du supérieur des assomptionnistes, parcourt avec gravité les lieux saints, le mont des Oliviers, se recueille dans la chapelle édifiée là où commença la Passion du Christ. Il est ébloui par la mosquée d'Omar qu'il préfère à la mosquée Al Aqsa, construite à l'emplacement du Temple de Salomon. Mais dans les petits carnets où il note ses impressions, rien ne transparaît d'une quelconque émotion à l'idée de fouler la terre d'origine de ses frères juifs. L'année 1931 tire à sa fin. Le 1er janvier de l'année nouvelle, Pechkoff reçoit dans sa maison du bord de l'eau plus de deux cents personnes. Les invités partis, l'officier soliloque. Il est au moins un problème que Zinovi a résolu en cette année 1931, aussi fructueuse qu'éprouvante. Il en a fini une fois pour toutes avec ses velléités de défroquer. Militaire il était, militaire il restera. Il n'a pas oublié que ce séjour au Levant n'était au départ pour lui qu'une solution d'attente dans l'espoir d'une promotion. Philippe Berthelot a plaidé auprès du ministre Maginot la cause de son ami : «Voilà plus d'un an qu'il est au Levant, donnant toutes satisfactions. Mais une sourde hostilité arrête toujours sa nomination. Il y a un dossier extravagant et naturellement anonyme contre Pechkoff : ce sont les Russes blancs qui le détestent, comme ils se détestent et se calomnient entre eux. Mon témoignage pendant tant d'années où j'étais à même de voir les choses de près vaut bien le leur... » Tout arrive à qui sait attendre. Le 25 septembre 1932, Pechkoff est enfin nommé commandant. À titre définitif. Le Maroc l'attend. Mais cette fois, il ne s'y rendra pas tout seul.

Jacqueline

L'année précédente, à Homs, Zinovi s'interrogeait sur un ton accablé, avant de poursuivre : «Je sens en moi une telle énergie. Au fond, il me manque quelqu'un avec moi, une femme, un être qui m'aime. Je suis las de vivre seul. » Quelques jours plus tard, même après avoir avalé deux verres d'arak, l'eau-de-vie locale, le constat n'a pas changé : « La vie me semble dure, sans affection, sans tendresse, sans amour. » Il est heureusement de meilleurs contrepoisons que l'alcool à la tristesse. La reconnaissance de ses mérites – pour le nouveau commandant Pechkoff, c'est désormais chose faite. L'éblouissement d'un nouvel amour : en cette fin de l'année

1932, il se prépare à convoler avec Jacqueline Delaunay-Belleville, de vingt-trois ans sa cadette.

La première fois qu'il l'a croisée, c'était en octobre 1931 dans la maison de campagne des Chauvel, à Dohr Shenir. Jacqueline de Caumon, la cousine germaine de Jean Chauvel, est une jolie femme brune aux yeux couleur d'océan, pas très grande mais à la silhouette élégante, et dotée d'un charme fou. Zinovi était son voisin de table. Lors de la balade qui a suivi, elle l'a fait rire en chantant d'une jolie voix bien posée cet air de Cole Porter, extrait d'un « musical » qui fait en ce moment un malheur sur Broadway : *What is this thing called love ?* Quelques mois plus tard, c'était en avril 1932, Jean Chauvel a appris la mort d'Henry de Caumon, le mari de Jacqueline, emporté en quelques jours par une péritonite à vingt-six ans. Zinovi connaissait à peine Jacqueline, il lui a adressé un petit mot sortant du cœur, ému par cette tragédie venue frapper un jeune couple dont l'enfant, un petit Xavier, avait tout juste un an. Et puis, à la fin de l'été, il a croisé Jacqueline de Caumon au Café des Glaces, rue Gouraud, dans le quartier de Gemmayzé. Elle portait un tailleur sombre mais joliment cintré avec une jupe juste en dessous du genou, une discrétion de bon aloi mais pas de grand deuil affiché. Ils ont pris le thé ensemble, parlé jusqu'à l'heure du dîner. Une belle lumière filtrait à travers les vitres ornées d'enluminures du café décoré dans le style colonial.

De retour à Tyr, Zinovi s'est surpris à penser à la jeune femme, il lui avait promis de lui prêter des livres, il l'a invitée à dîner. Jacqueline est arrivée, plus éclatante que jamais, portant le deuil en blanc comme une reine de France. Il l'a prise sous son aile. Rien de compromettant. Elle a vingt-cinq ans, il en a quarante-huit, presque le double de son âge. Ses affaires, c'est étrange, l'amènent à Beyrouth de plus en plus souvent. On connaît les points faibles de Zinovi. Sa passion des jolies femmes. Jacqueline est jeune, charmante, et comtesse avec ça. Le voilà amoureux. Il craint de la blesser, la mort d'Henry est si fraîche encore. Et stupeur, voilà que

Jacqueline, au lieu de s'offusquer de ses sous-entendus, trouve bon d'en sourire, elle accepte une invitation après l'autre. Se pourrait-il que le coup de foudre soit partagé ? Il l'est. Jacqueline de Caumon adorait son mari. La voilà folle amoureuse de Zinovi Pechkoff.

D'un homme, on aurait pu accepter qu'il renaisse à l'amour si peu de temps après avoir perdu son épouse, il n'est pas bon que l'homme soit seul. Mais d'une femme ! Quelques mois seulement après la mort du charmant Henry. Et pour s'enticher d'un homme qui pourrait être son père, manchot, même pas riche, même pas tout à fait français. On fait confiance aux commères de Beyrouth et à leurs émules masculins pour avoir vibré d'une vertueuse indignation. Zinovi sourit intérieurement : encore heureux qu'aucune de ces bonnes âmes n'ait confié à Jacqueline la réplique de Kvachnia, la marchande de beignets des *Bas-fonds* : « Pour une femme, se marier, c'est comme sauter dans la rivière en plein hiver : une chose qu'on ne fait pas deux fois. » Mieux vaut en tout cas prendre le large. Sitôt sa demande acceptée, Pechkoff obtient un congé de trois mois et ramène sa belle à Paris. À la mi-octobre 1932, le couple s'installe au 31 de la rue Greuze dans le 16e arrondissement, en prenant soin d'occuper dans l'attente du grand jour – difficile à l'époque de faire fi du qu'en-dira-t-on – deux appartements meublés situés sur le même palier. Leur mariage est célébré le 28 janvier 1933 à la mairie du 16e puis, le même jour, dans la très bourgeoise paroisse de Saint-Honoré d'Eylau – après obtention d'une autorisation spéciale « ad cautelam » (par précaution) de l'archevêque de Paris, l'époux étant de confession orthodoxe. Zinovi a demandé à Philippe Berthelot et à Georges Duvernoy d'être ses témoins, un ambassadeur de France et un ancien préfet ; Jacqueline, elle, a choisi un cousin et sa sœur, Yvonne d'Honincthun. À la sortie, en haut des marches de l'église, une photo montre les mariés radieux, lui en uniforme, képi, gants blancs et manteau kaki portant sur la manche gauche, bien visibles, ses quatre galons, elle dans un joli manteau clair à col de fourrure, bibi chic vissé de guingois sur la tête.

Dans sa rubrique «Les grands mariages», le magazine *Les Modes* annonce la nouvelle. On retrouve l'information dans les journaux de nombre de pays où a vécu Zinovi, jusqu'en Nouvelle-Zélande où l'*Evening Post* du 28 mars annonce sous le titre «Countess Marriage» les noces de l'héritière des Delaunay-Belleville, célèbre dynastie industrielle ayant fait fortune dans la construction automobile, avec le glorieux commandant Pechkoff. Les services de police français, eux, n'ont eu besoin que de quelques jours pour sortir une note circonstanciée de deux pages, spécifiant les ascendants des nouveaux époux – d'un côté, Gorki empereur des lettres, de l'autre, les rois de l'automobile –, les témoins qu'ils se sont choisis, leurs domiciles siamois à Paris, les insinuations aussi lancées contre Pechkoff en 1929. Le tout conclu par cette phrase dédouanant une bonne fois pour toutes celui dont «le loyalisme à l'égard de la France est bien connu au ministère des Affaires étrangères».

Les tourtereaux viennent de deux mondes que tout oppose. Jacqueline est née avec une cuillère d'argent dans la bouche. Au début du siècle, les Delaunay-Belleville, les Rolls de l'époque, sont la marque de voiture préférée du tsar Nicolas II. Ce sont elles aussi qu'utilise Jules Bonnot, un ancien chauffeur de maître, pour perpétrer ses braquages. Fondateur de l'entreprise, le grand-père, Louis Delaunay, est grand officier de la Légion d'honneur, ancien gouverneur de la Banque de France, président de la chambre de commerce de Paris. Pourtant, bien des sujets rapprochent Jacqueline et Zinovi, leur amour des choses de l'amour, leur gourmandise de la vie, leur curiosité toujours en alerte. Leurs blessures aussi. Jacqueline, petite fille riche, n'a pas vécu une enfance très gaie, entre une mère fantasque et un père happé par ses affaires. Avant la disparition brutale de son mari, elle a déjà fait face à la mort de son frère aîné dans des circonstances tragiques jamais élucidées. Les nouveaux mariés ne pensent pas retourner au Liban, pas tout de suite, mieux vaut laisser aux esprits chagrins le temps de se calmer. L'heure est venue pour Zinovi de recevoir le commandement tant attendu.

Une nouvelle vie s'annonce. En février 1933, c'est l'arrivée à Casablanca sur le *Nicolas Paquet*, avec Xavier et « Fraülein », sa nounou allemande. Puis l'installation à Marrakech où le nouveau commandant a été affecté, dans l'attente du bataillon promis, à l'état-major du 4e régiment étranger. C'est le général Catroux qui commande la place. Autour de lui fonctionne une solide équipe avec laquelle Zinovi s'entend bien, avec le capitaine Pierre-Marie Koenig surtout, un Alsacien jovial, comme avec le lieutenant Dimitri Amilakvari, prince géorgien servant à titre étranger comme lui, amoureux fou de la France comme lui, et plus ou moins cousin de toutes les familles dont Zinovi était proche à Tiflis, les Andronikov compris. Un bel album de photos relié en cuir marron titré en lettres d'or « France-Maroc-Liban » rappelle ces années heureuses. Apparaît Xavier, craquant petit bonhomme en costume marin, en compagnie du légionnaire Palka, l'ordonnance du commandant. Il y a des photos d'excursions dans la Peugeot 301, vers Ouarzazate ou Agadir, « notre seconde maison », écrit Jacqueline en légende. Dans le désert, elle se révèle une conductrice hors pair. Les images défilent, des pêcheurs avec leurs barques, Zinovi et Xavier tous deux en maillot de bain sur la plage – sans crainte pour le premier d'exposer son moignon. Un homme nouveau. Fier de sa très jeune femme, de ce petit garçon qu'il s'est pris à aimer. À son tour de goûter aux charmes d'une vraie vie de famille.

À la mi-mai, on lui confie dans la région de Ouarzazate le secteur du Djebel Sagho. À la tête du 2e bataillon du 4e Étranger, il a mission de surveiller ce massif montagneux récemment pacifié. À l'automne, changement de programme : Damien de Martel a été nommé haut-commissaire à Beyrouth. Il appelle aussitôt Pechkoff à la rescousse. Ce dernier hésite. Faute d'engagements au feu, il n'a pas eu le temps de faire ses preuves comme chef de bataillon. Et puis, même s'il sait la belle entente qui le lie à son vieux complice, n'est-il pas un peu tôt pour revenir dans la ville où son mariage précipité a été sévèrement jugé ?

CHAPITRE 3

Le maître de Tyr et de Sidon

Retour au Pays du Cèdre

Pechkoff a dit oui à Martel. À Casablanca, Xavier a regardé, fasciné, la voiture qui, grutée sur le bateau, s'élevait dans les airs, emprisonnée dans un filet. À Beyrouth, le nouveau haut-commissaire, paré du titre d'ambassadeur de France, arbore bicorne et bel uniforme au plastron brodé d'or. Le Quai est confiant en sa capacité à gérer la complexité proverbiale de cette partie du monde. Ces dernières années, Martel et Pechkoff n'ont fait que se croiser. Une fois ou deux, Zinovi a été reçu par le couple Martel dans leur petit château XVIIIe du Loiret, ou dans leur villa du cap d'Antibes. Au Liban, les deux hommes ont tôt fait de reformer le tandem, mué en quatuor aux heures de détente. Tous ont en commun la passion des chevaux. Née Margot Bardac, dans une famille de banquiers juifs, convertie au christianisme pour épouser son soupirant titré, l'épouse de Damien de Martel est une cavalière émérite, elle est férue de courses hippiques. Tout comme Jacqueline, elle adore les bêtes, est constamment entourée de chiens, de préférence des barzoï, des lévriers russes à poils longs. Sous une apparence peu gracieuse, pas très grande, un peu ronde, c'est une forte personnalité, une femme originale à l'intelligence vive, éprise d'art et de littérature, une femme à la vie très libre aussi qui, dit-on, ne s'est pas privée de rendre à son époux la monnaie de ses infidélités. Dans la maison du cap d'Antibes, c'était un défilé permanent d'artistes. On y croisait souvent Orson Welles et autres stars de Hollywood. Ou bien Charles Trenet qui, dans *Je chante,* met en scène l'insaisissable Margot : «Je sonne chez la comtesse aujourd'hui / Personne, elle est partie / Elle n'a laissé qu'un peu d'riz pour moi/ me dit un laquais chinois...» Ce même Tou Pe Tchiang Mathieu que les Martel ont ramené de Pékin avec sa femme et que tout le monde leur envie.

Damien de Martel avance ses pions. Ponsot avait suspendu la Constitution libanaise. Dès novembre 1933, afin de permettre l'organisation de nouvelles élections, le haut-commissaire signe un accord avec les nationalistes, s'engageant, une fois mis fin au mandat français, à une alliance en matière de politique étrangère et de défense. De son côté, Pechkoff, conseiller administratif au Liban-Sud, a pris à bras-le-corps ses nouvelles fonctions. En tant que militaire, il eût été logique de l'envoyer vers le Djebel druze, ou bien vers Damas en plein chaos. *L'Action française* du 10 novembre 1934, persifle : «Il est assez étrange que pour nos relations avec la Palestine anglaise – mitoyenne du Djebel Amel –, nous nous soyons adressés à un officier étranger et non à l'un de nos compatriotes, Français de France.» Naturalisé, Zinovi l'est depuis plus de dix ans... Et sur place, sa légitimité n'est pas contestable. Du Liban-Sud, il connaît tous les recoins, en a rencontré tous les responsables, il a fait des recherches dans les archives consulaires pour rédiger l'année passée son rapport sur «Les chiites», un solide pavé dans lequel il aborde aussi bien l'histoire du Djebel Amel que la religion chiite, ses pratiques initiatiques, ses superstitions, les différents groupes sociaux et politiques qui le composent.

Son premier rôle est de veiller au rétablissement de la vie démocratique voulu par Martel, de surveiller le bon déroulement des élections au nouveau Parlement. Il est aussi de contrecarrer les plans des nationalistes qui cherchent à tisser des liens avec les dignitaires religieux des minorités musulmanes, druzes et chiites, comme avec les jeunes générations. Le terrain est propice : nombre des habitants du Djebel Amel auraient voulu le voir annexé à la

Syrie plutôt qu'au Liban. Ils s'exaspèrent d'être sous-représentés dans l'administration libanaise pour la simple raison qu'ils n'ont pas d'élite techniquement formée à de telles fonctions. Ils revendiquent une plus juste répartition des impôts, eux qui versent un lourd tribut au Trésor libanais quand le Mont-Liban, plus riche, dispose d'un statut fiscal privilégié. Tout cela doit évoluer. « Nous garderons pour longtemps la sympathie de ce bloc chiite de cent mille âmes si nous apportons les améliorations indispensables à la vie matérielle de la région » : de la conclusion que Pechkoff donnait à son rapport sur « Les chiites », il n'y a pas un mot à changer.

La Suisse du Moyen-Orient

En ce début des années trente, la situation semble stabilisée, en tout cas sur le plan militaire. La vie est douce au Liban, souvent présenté comme la Suisse du Moyen-Orient. Dans l'album de famille, les années libanaises s'ouvrent sur la vue aérienne d'une magnifique maison blanche au milieu des oliviers : c'est la demeure des Pechkoff, à Saïda. Dans la cour, assis sur la margelle d'un bassin de pierre surmonté d'une treille, Zinovi tient Xavier serré contre lui. Des chameaux assurent la corvée de bois. Sur un autre cliché, assorti d'une légende moqueuse – « Airs intelligents autour d'un verre d'arak » –, le commandant, en uniforme blanc, et Jacqueline, en blanc elle aussi, se font face, souriants. Un autre encore les montre à cheval, destrier noir pour Jacqueline, blanc pour Zinovi. Le week-end, pas de jour ou presque qu'ils ne démarrent par une chevauchée ; on est à la plage le matin, l'après-midi, on part skier avec les cousins Chauvel sur les pentes du mont Liban en entraînant Francis et Delphine Seyrig, les enfants du directeur du service des Antiquités. Parfois, laissant Xavier à la garde de Fraülein, le couple pousse l'exploration plus au nord. Sur le mont Liban, ils crapahutent trois heures durant, avec de la neige jusqu'aux genoux, jusqu'aux « cèdres de Dieu », des arbres dont certains auraient, dit-on, près de trois mille ans, l'ultime vestige de l'immense forêt où le roi Salomon se serait fourni pour édifier le Temple de Jérusalem. On les voit encore à Maaloula, un village troglodytique au nord-est de Damas, dont la population chrétienne parle l'araméen, la langue du Christ. Ils retournent ensemble à Palmyre ; à Pâques 1935, ils sont à Jérusalem. À deux, c'est fou comme la vie est plus gaie.

Tant de chemin pour en arriver là. Tant de pays visités. Tant de regards croisés. Tant de femmes aimées, parfois vraiment, parfois moins. Tant de corps caressés. Tant de soirées passées à rêver de la fin de cette vie solitaire. Avec Jacqueline, Zinovi est heureux. Sans doute n'est-ce pas la passion qui l'avait guidé vers Salomé, mais c'est un vrai, un bel amour. C'est l'émerveillement de retrouver une vie de couple et même une famille toute faite avec ce petit bonhomme qu'il aime comme un fils. C'est le plaisir d'avoir à ses côtés une femme jeune et jolie, élégante, amusante, une maîtresse de maison qui reçoit admirablement. Le soir, dans la belle maison de Saïda, il y a souvent des invités, certains n'hésitant pas à venir de Beyrouth pour la soirée. Un jeune domestique hindou, coiffé d'un turban blanc comme on en voit dans les turqueries de Molière assure le service. À Beyrouth cette fois, l'ère Martel est prodigue en belles fêtes. Comme elle avait aménagé avec goût la nouvelle ambassade de France construite à Tokyo dans le style Arts déco, Margot de Martel a contribué à faire un lieu magique de la Résidence des Pins, ce palais d'Aladin aux tons ocre, cerné d'une galerie soutenue par des colonnes. La comtesse adore recevoir, tout prétexte est bon, le 14 Juillet, les vœux de nouvelle année, mais tout aussi bien le passage de l'escadre anglaise, d'un ministre parisien, l'inauguration d'un bâtiment officiel. Les bals costumés sont toujours en vogue ; un soir, Jacqueline et l'une de ses amies y font une entrée remarquée en Bédouines, leur voile retenu par un cercle. Lors de son premier séjour, Pechkoff ne faisait qu'une rapide apparition à ces festivités où il s'ennuyait souvent mortellement. Là, il est ravi de s'y rendre avec Jacqueline.

Suprême félicité. Là voilà enceinte. Le 5 avril 1934, elle accouche d'un petit garçon, un solide gaillard de trois kilos et neuf cents grammes, arrivé neuf jours après le terme annoncé. Sur une photo à demi effacée par le temps, on les aperçoit tous trois, Jacqueline encore à l'hôpital, tenant son bébé dans les bras, un merveilleux sourire illuminant son visage, Zinovi à son chevet, plus réservé, comme doutant encore de la réalité d'un bonheur trop grand. C'est un père moderne, il a tenu à assister à l'accouchement, il n'arrête pas de faire des allers-retours à la maison pour que Xavier ne se sente pas abandonné. Les télégrammes de félicitations affluent, plus de quarante dès le premier jour. Le nom a été vite choisi, Jacques-Alexis, en double hommage à la mère de l'enfant et à Gorki. Mais ce dernier l'apprendra-t-il seulement ? Zinovi lui avait écrit pour lui annoncer son mariage, il n'a jamais eu de réponse à sa lettre. Trêve de nostalgie. Un héritier mâle pour le commandant ! Il faut imaginer l'enthousiasme avec lequel une telle nouvelle aurait été accueillie à la Légion s'il avait déjà pris la tête de son bataillon, le champagne débouché dans chaque compagnie, le tailleur du régiment confectionnant au bébé un uniforme miniature, les caporaux-chefs lui remettant un képi blanc. Qui sait si le colonel n'aurait pas décidé de nommer Jacques-Alexis légionnaire d'honneur de première classe ! Mais il n'y aura jamais de légionnaire miniature. Le 14 avril, le bébé est emporté par une septicémie. « C'était un enfant merveilleux, bien formé, bien gras, bien en tout. Il ressemblait à nous deux. Et voilà, il n'est plus » : la lettre adressée le lendemain par Zinovi à la mère de Jacqueline, marraine de l'enfant, est poignante : « Jaco et moi parlons tout le temps de lui, c'était notre rêve à tous deux. Dans son berceau, cette nuit, je le regardais, il était si beau, si profondément enfant dans toute son innocence. Les yeux fermés, il semblait dormir et en dormant penser. » Mais Zinovi chasse toute idée de révolte : « Nous puisons des forces dans notre amour et dans la confiante amitié qui nous lie », écrit-il aussi à sa belle-mère. Nous partageons tout. Ainsi nous vivrons. Signé Zino, votre fils bien terriblement malheureux ».

Pechkoff Pacha

Une fois encore, le travail est salvateur. Pechkoff est dorénavant basé à Tyr où il occupe avec Jacqueline une maison aussi grande que celle de Saïda, presque aussi belle et dotée d'une vue sur la mer. Dans ce fief chiite, il fait du bon travail, épaulé par de solides collaborateurs et d'excellents informateurs sur le terrain. Assuré de la bienveillance du haut-commissaire, il est mieux qu'un autre à même d'alerter l'administration sur l'état d'abandon de la région et la légitimité des revendications de sa population. Mieux qu'un autre, il est armé pour aimer cette terre et comprendre ces Sudistes, leur fierté trop longtemps bafouée, leur langage fleuri, leur dévotion exaltée et parfois mortifère. Il avait des projets ambitieux pour sortir la région de sa torpeur économique. Nombre d'entre eux sont en bonne voie de réalisation. Le conseiller administratif s'est aussi acquis la reconnaissance des amilites en soutenant leurs revendications dans le domaine des affaires religieuses. Il obtient en 1934 la création d'un poste de mufti chiite à Saïda, une ville à majorité sunnite, et fait en sorte qu'il soit octroyé à l'un des trois fils du « Grand Sayyed » Abd al-Husayn Sharaf al-Din, le mugtahid de Tyr.

Depuis des années déjà, les deux hommes ont noué des relations de confiance. En mai 1932, peu après son arrivée au Liban-Sud, Pechkoff a été invité par Sharaf al-Din aux fêtes de l'Achoura, la commémoration du martyre de Husayn, petit-fils du prophète. Une soirée qu'il n'est pas près d'oublier. Quatre cents hommes de toutes conditions assistent à l'événement. Le « Grand Sayyed » préside la cérémonie, assisté d'autres oulémas, gardiens de la loi coranique. Il se lève pour accueillir l'officier et le présenter – « en termes affectueux », note Pechkoff – à l'assistance. Après avoir loué l'œuvre de la puissance mandataire au Liban et engagé les fidèles à prier pour le haut-commissaire et pour la France, il invite l'assemblée à « inclure dans leurs pleurs le nom du martyr Doumer », le président français récemment assassiné.

Sur le coup de onze heures du soir, des cris, des lamentations se font entendre. Arrivent une trentaine d'hommes « nus jusqu'à la ceinture, se frappant avec force sur la poitrine toute rouge de sang », au rythme d'un chant exprimant « la douleur d'une âme torturée », avant de s'asseoir, l'air épuisés, au pied de l'estrade officielle. Au tour d'Abd al-Husayn Sharaf al-Din de décrire « le massacre des chiites par les sunnites », déclenchant les pleurs et les cris de l'assistance, puis de calmer le jeu par un simple geste, avant de conclure la séance par un tonitruant «Vive la France ! ». Ces déclarations d'allégeance à la puissance mandataire, de la part d'un homme en qui tout le monde admire une figure de proue de l'identité nationale ne plairont pas à tout le monde. Pechkoff, lui, a compris d'emblée que le calcul n'était pas absent de l'attitude du mugtahid de Tyr, à la fois soucieux de démontrer à l'officier français l'ascendant qu'il exerce sur sa communauté, et conscient que, dans cette nouvelle ère où la jeunesse n'a plus à son endroit la même dévotion que la génération précédente, la France peut être une alliée de poids.

Il est une autre personnalité fascinante avec qui Pechkoff va nouer des liens étroits : Sitt Nazira Joumblatt, la grande dame du Chouf, la région montagneuse qui s'étend au sud-est de Beyrouth. Après l'assassinat en 1931 de son mari Fouad, cette grande et belle femme a repris, à quarante ans, les rênes de toute la communauté druze du Liban dont elle va s'employer à améliorer le sort. Non seulement elle préside les assemblées de notables, installant la domination du clan Joumblatt sur l'autre dynastie de la région, celle des Yasbakis, mais elle exerce également son influence sur la politique nationale. Dans une société conservatrice, masculine, dont la religion étrange – mélange de mysticisme musulman et de croyances perse et indienne –, est réservée aux seuls initiés, elle est aussi une pionnière du féminisme islamique. Pratiquant très librement l'*ijtihad*, l'interprétation du texte coranique, elle s'insurge contre les privations de liberté imposées aux femmes. Zinovi lui rend plusieurs fois visite dans son splendide palais italo-oriental de Mouktara, entretenant avec elle des échanges passionnés sur la métempsycose, l'un des éléments-clés de la doctrine druze. Avec l'officier français, que Jacqueline accompagne parfois, Sitt Nazira ne craint pas de parler à visage découvert, écartant la mousseline blanche qui ne laisse d'ordinaire visibles que ses yeux. Lorsqu'elle mourra à la mi-temps du siècle, son fils Kamal Joumblatt – il avait quatorze ans à la mort de son père – s'est déjà imposé comme l'un des grands hommes du Liban indépendant, avant de mourir à son tour assassiné, son fils Walid reprenant alors le flambeau.

Au Liban-Sud, le commandant Pechkoff (« Bichkouff », dit-on en langue arabe, qui ignore le « p ») est devenu une pièce maîtresse dans le jeu politique. On le salue volontiers du nom de « caïmacan », d'ordinaire réservé aux élites locales. Les critiques ne l'épargnent pas non plus, il excite la verve des poètes satiriques. On fustige son train de vie dispendieux. Zinovi avait déjà des goûts de luxe, l'influence de Jacqueline, éternelle enfant gâtée, n'a fait que les renforcer. Certains l'accusent de se conduire à Tyr en véritable roitelet. Ne les a-t-on pas vus, lui et son épouse, en visite dans la caza (district) de Nabatieh, portés à bout de bras sur des fauteuils, de l'entrée du village au siège de la municipalité, au son des flûtes et des tambours ?

Zinovi a toujours aimé la mise en scène, l'exubérance orientale fait le reste. En mars 1935, alors qu'une vague de mécontentement prend de l'ampleur à la suite de la création de la Régie des tabacs qui limite les surfaces cultivées, Pechkoff fait monter la tension. Après le décès d'un député ayant laissé son siège vacant, il prend fait et cause pour la candidature du fils de ce dernier à l'élection législative partielle contre celle de l'héritier des Assad, l'une des plus puissantes familles de Tyr, soutenu par la jeunesse intellectuelle locale. De quoi s'attirer cette vigoureuse apostrophe placardée en arabe sur les murs de la ville : « Bichkouff, va dire à ton gouvernement que nous avons Abdelatif pour sultan, que Paris est le relais de nos chevaux et que nos balles vont au-delà de Genève. » Traduction libre : si tu persistes à défendre ton candidat contre le fils Assad, prends garde à ce que nous ne gagnions Paris avec nos puissants coursiers et menacions la Société des Nations. Une menace hypothétique mais dont le ton n'a rien d'amène et qui prendra bientôt valeur de proverbe dans la société libanaise, symbole du rejet de toute ingérence extérieure.

Les esprits s'échauffent. Le 27 janvier 1936, une grève générale décrétée à Damas par le Bloc national – le parti nationaliste – s'étend aux autres villes syriennes. Les violences se multiplient jusque dans les campagnes. À Saïda, le 11 juillet, des manifestations réclamant le rattachement à la Syrie font plusieurs morts et de nombreux blessés. Le haut-commissaire va être contraint de jeter du lest, d'autant qu'au mois de mai, l'arrivée du Front populaire en France a remis à l'ordre du jour la question de l'indépendance des pays sous mandat. Martel est chargé de relancer le projet d'un traité franco-libanais qui reconnaîtra la pleine souveraineté du Liban et son intégrité territoriale, une décision approuvée à l'unanimité par une Chambre libanaise euphorique. L'indépendance de la Syrie est, elle, promise dans un délai de cinq ans. C'est seulement fin 1941 que l'indépendance de la Syrie et celle du Liban seront proclamées par la France Libre. Et il faudra attendre le 22 novembre 1943 pour que le Liban acquière une indépendance complète.

Qu'Allah protège le commandant Pechkoff !

Même s'il s'est heurté parfois à des oppositions, le commandant a bien travaillé pour le Djebel Amel. Le nouveau président de la République, Émile Eddé, lui remet la médaille de vermeil du mérite libanais, la plus haute décoration du pays. À l'annonce de son départ, les témoignages de reconnaissance se multiplient. On dresse la liste de tous les projets que, depuis trois ans, il a menés à bien : le réaménagement des ports de Tyr et de Saïda, la création d'adductions d'eau, de nouvelles voies de communication, comme celle allant de Tyr à Merdjayoun, l'amélioration de l'hygiène, l'ouverture d'écoles, l'évolution des techniques agricoles. « Mais il est un point essentiel que je ne saurais passer sous silence, dit le "zaïm", le chef politique traditionnel qui a reçu mission de dresser ce beau bilan : par votre œuvre, par votre contact personnel avec les chefs et les populations du Liban-Sud, par votre influence, vous avez contribué grandement à unir les divers membres de la grande famille libanaise… Fervent disciple du grand Lyautey, vous avez été parmi nous un fidèle agent du Mandat. » Et le zaïm de conclure : « Qu'Allah protège le commandant Pechkoff car il nous fut bon et secourable. »

Les réceptions se succèdent. Ahmed Bey El-Assad, l'un des grands chefs sudistes, organise autour du commandant un somptueux banquet dans son fief montagnard de Taybeh. Première étape à Merdjayoun où cinq mille personnes, massées devant le sérail avec leurs drapeaux et leur fanfare, accueillent le conseiller administratif. Zinovi se retrouve juché sur les épaules des manifestants, tout comme le gouverneur du coin, sous une marée de chants et de vivats. Puis c'est un long cortège de soixante voitures qui s'ébranle pour rejoindre Taybeh où l'attendent des centaines de cavaliers venus de tout le Djebel Amel et du Djebel Loubnan voisin. À Beyrouth, Negib Bey, le vice-président de la Chambre des députés offre en son honneur un grand déjeuner à l'hôtel Saint-Georges en présence du haut-commissaire, du président de la République et de toutes les huiles du pays.

Quand les poètes s'y mettent, on atteint des sommets élégiaques : « Votre présence a fait chanter les oiseaux du ciel, soulagé les cœurs tristes et affligés, fait du Djebel Amel un jardin délicieux où coulent les eaux limpides et fleurissent les champs et les vergers », dit l'un d'eux. Sous les affèteries, il y a le constat d'une réussite non seulement matérielle mais aussi humaine. Dans sa lettre de recommandation au général Noguès, le nouveau résident général de France au Maroc, Martel insiste sur « l'habileté, le savoir-faire et l'intelligente autorité » dont Pechkoff a fait preuve. Le colonel Baron, chef de cabinet du haut-commissaire, transmet dès 1934 ses appréciations à sa hiérarchie : « Officier d'une intelligence très vive, d'une culture générale étendue, d'une tenue et d'une correction parfaites, d'un caractère parfaitement équilibré et d'une haute valeur morale. » Zinovi lui-même qualifiera souvent d'« inoubliables » les trois ans et demi qu'il a passés au Levant.

L'adieu à Alexeï

Recevant Pechkoff début mars 1931 à Beyrouth, le président Charles Debbas l'avait, après les salutations d'usage, longuement interrogé sur la Russie, sur Staline, sur Trotski, sur la réussite du plan quinquennal. À son grand agacement : « On dirait qu'il voit en moi non pas un officier français mais un Russe qui provisoirement sert la France. » Lorsque, peu de temps après, le caïmacan de Saïda l'a accueilli et n'a pu s'empêcher de lui demander si la couverture de fourrure entrevue dans sa voiture venait de Russie, Pechkoff a préféré ne pas relever l'allusion à ses origines. La terre de ses ancêtres, il la tient à distance, bien conscient qu'une part de l'hostilité qu'il suscite parfois au Liban tient à son statut d'étranger « puissance deux ». N'empêche. Malgré l'amour inconditionnel qu'il porte à la France, malgré les coups de cœur successifs ressentis pour l'Italie, les États-Unis, le Maroc et maintenant le Liban, la Russie reste pour Zinovi la Terre-Mère, celle dont il suit de loin en loin les remous, celle dont il n'arrivera jamais à se défaire.

L'été 1935, à Guéthary où les Pechkoff sont – en famille cette fois–, les hôtes de Marguerite de Wagram (elle a repris son nom de jeune fille après son divorce d'avec Jacques de Broglie), Zinovi a retrouvé avec bonheur Fiodor Chaliapine qui possède lui-même à Saint-Jean-de-Luz une villa donnant sur la mer. Jamais la vie de fou qu'il mène n'a empêché le célèbre chanteur de se soucier du sort de Zinovi avec qui s'est tissé un lien de caractère presque familial, puisque Dassia, l'une des deux filles des Chaliapine, est elle aussi filleule de Gorki. Témoin de cette sollicitude, cette lettre adressée le 19 juillet 1932 à Pechkoff, alors au Liban : « Mon cher et gentil Zina, très souvent avec Maria et des amis communs nous parlons de toi. Je ne sais pourquoi, ces derniers temps, je t'avais également dans ma tête et mon cœur. Il me semble que le moment idoine est maintenant arrivé pour que tu puisses revenir ici, et peut-être même te réinstaller pour de bon à Paris. Gentil Zinotchka, réfléchis un peu et commence à agir, tes amis donneront jusqu'à leur dernier souffle pour faire tout ce qui est nécessaire pour toi. » « Même la jeune Marina se prosterne jusqu'au sol devant toi », précise Chaliapine, usant d'une expression très ancien régime, avant de prendre congé de son ami : « J'espère te voir bientôt, je t'embrasse et t'aime beaucoup. » L'été 1933, une mémorable soirée a déjà été l'occasion de retrouvailles dans la vaste demeure normande où, fatigué d'errer d'une capitale à l'autre, Chaliapine a établi ses pénates. Il chantera ce jour-là pour la vingtaine d'amis réunis sous son toit, au rang desquels Zinovi et l'ambassadeur Charles-Roux entouré de ses deux filles, accompagné dans un premier temps par Misia Sert, pianiste virtuose tout autant qu'égérie des peintres et des poètes, puis par Serge Prokoviev en personne !

Une photo les montre tous deux, marchant sur le port de Saint-Jean-de-Luz, Pechkoff, frêle silhouette, auprès de Chaliapine à la stature massive. Leurs rencontres suivent toujours le même rythme : après des effusions marquées d'une joie presque sauvage, un dialogue improvisé se noue sur le ton de la blague, les deux compères usent volontairement de formules de politesse désuètes, du style « Pour vous servir, très honoré Fiodor Ivanovitch » ou bien « Tout à vos ordres, très illustre Zinovi Alexeïevitch » alors seulement, ils en viennent à parler d'eux-mêmes, de leurs drôles de vies qui n'ont rien de commun sinon leur humeur vagabonde, de leur terre natale, abandonnée à son tour par Chaliapine en 1922, de leurs amis éparpillés çà et là, mais d'abord et avant tout, d'Alexeï Maximovitch, de son regard dont le chanteur vante la limpidité singulière. Il y a tant d'années que Zinovi ne l'a revu, il a si peu de nouvelles de lui. Quand il en a, c'est presque pire. Récemment, il est tombé sur une citation empruntée à un article paru en août 1926 dans *L'Humanité*, dans lequel Gorki rendait, lors de sa disparition, un émouvant hommage à Djerzinski, « dont la tâche fut des plus douloureuses et ingrates à la tête de la Tcheka ». Cette capacité d'aveuglement sur les crimes commis par des gens qu'il connaissait bien pourtant !

Et voilà que, en mai 1928, Alexeï avait cédé aux sirènes de Staline et repris pied à Moscou, accueilli par une foule immense. C'est le cœur brisé de bonheur, la voix entrecoupée de sanglots, qu'il avait répondu dans son discours d'arrivée à cette liesse populaire. Pour l'appâter, le pouvoir soviétique avait organisé une série de fêtes et de manifestations. On ne s'est pas borné à l'accueillir comme un roi. On l'a comblé d'honneurs, décoré de l'ordre de Lénine, la plus haute distinction que puisse recevoir un civil, on l'a élu membre honoraire de l'Académie de Leningrad dont il avait été exclu sur l'ordre du tsar. On lui a octroyé, au 6 de la rue Malaïa Nikitskaïa, un luxueux hôtel particulier construit au début du siècle pour un richissime industriel, et deux superbes datchas aux environs de Moscou et en Crimée. Nijni-Novgorod, malgré son histoire s'enfonçant dans la nuit des temps, a été rebaptisée Gorki, comme la Tverskaïa, les Champs-Élysées moscovites. Et le Théâtre d'art de Moscou. Et le Grand Théâtre d'art dramatique de Leningrad, le nouveau nom de Saint-Pétersbourg. Et des écoles, des bibliothèques, des usines, et même un Tupolev géant... On a repeint la Russie aux couleurs de l'écrivain.

Les premières années, Gorki a continué à se réfugier dès les premiers froids à Sorrente, visitant de temps à autre une capitale européenne. Début septembre 1932, on a annoncé sa venue à un meeting du parti communiste français à Paris, salle Bullier, mais on l'a attendu en vain, on a soupçonné le Komintern d'avoir fait obstacle à ce déplacement, craignant que l'écrivain ne manifeste une certaine indépendance vis-à-vis de la doctrine marxiste. En juillet 1935, nouvelle annonce d'une arrivée de Gorki à Paris pour y participer, à la Mutualité, aux travaux du Congrès international des écrivains révolutionnaires. Et nouvelle défection. La vérité, c'est qu'à cette date, il y a deux ans déjà que Gorki, promu président de l'Union des écrivains soviétiques et grand maître du réalisme socialiste, ne sort plus d'URSS, de plus en plus isolé dans la niche de luxe qu'on lui a aménagée sous la haute protection de Guenrikh Iagoda, le tout-puissant patron du NKVD (qui a remplacé la Guépéou, laquelle a succédé à la Tcheka), époux d'une fille de Sofia Sverdlov, la propre nièce de Zinovi.

De cette momification de l'être le plus vivant qui soit, la curiosité, l'altruisme même, Pechkoff préfère ne pas entendre parler. Il l'avait quitté à Sorrente hanté par l'idée de venir à bout de sa *Vie de Klim Samguine*, et l'on dit qu'il travaille de moins en moins, happé par les obligations officielles. Se pourrait-il qu'il ait renoncé à la littérature pour devenir le chantre du régime ? Après tout, il n'avait peut-être pas le choix. En Europe, ses œuvres peinaient à se vendre ces derniers temps. Craignait-il de ne plus pouvoir assumer ses charges ? Tant de gens comptaient sur lui, une société de bienfaisance à lui tout seul. Peut-être, tout en présentant au bon peuple cette façade de prophète national, gardait-il sa croyance profonde en l'homme ? Reste qu'il était désormais l'otage du régime soviétique, un régime qui connaît ses dérives les plus graves avec le règne de la terreur instaurée par Staline après décembre 1934, et l'assassinat de Sergueï Kirov, le secrétaire national du Parti. Des excuses à ce grand esprit qui s'égare, Zinovi pourra toujours en trouver. Mais ce qui le hante, c'est la crainte qu'Alexeï ne soit malheureux. Et comment ne pas l'être quand il a dû affronter l'épreuve ultime : la mort d'un enfant ?

On ne sait pas trop ce qui s'est passé, on parle d'un coup de froid attrapé à la fin d'une soirée un peu trop arrosée. Maxime avait trente-six ans, une femme belle comme le jour, deux filles encore petites, c'était un grand sportif, fou de voitures et d'aviation, un peintre doué « dans le style de Jérôme Bosch », disait son père qui avait à cœur de valoriser ce grand type sympathique mais un peu indolent qui vivait à ses crochets en Italie. À Moscou encore, Maxime et Timocha habitaient le premier étage de la maison de la Malaïa Nikitskaïa, juste au-dessus de chez Alexeï. Celui-ci entendait le rire clair des filles revenant de l'école, les bavardages de Timocha avec ses amies. Maxime, Zinovi l'aimait bien. Il le connaissait depuis toujours, n'avait jamais cessé de le voir après la séparation de ses parents, l'enfant n'avait alors que six ans. L'été, Maxime regagnait Capri, il était pour Zinovi une sorte de petit frère. C'est par Vera Fiodorovna Choukhaïeva, l'épouse de l'un des portraitistes de Salomé, qu'il a appris la nouvelle.

C'est par elle qu'il fait parvenir une lettre à Alexeï, peut-être a-t-il ainsi une chance qu'elle lui parvienne. Une lettre empreinte de toute la tendresse du monde. Saïda, 29 mai 1934 : « Mon cher et tendre Alexeï, Vera te transmettra cette lettre. Elle m'a fait parvenir l'entrefilet de la presse relatant la mort de Maxime. Je ne voulais pas le croire. C'est si terrible. Maxime, mon petit Maksik de la rue Martinovskaïa à Nijni-Novgorod. Veuille, Alexeï, accepter mes sentiments les plus profonds d'affection, je ressens dans mon âme une telle tristesse, un tel désespoir sans issue qu'il est difficile de l'exprimer. Je viens moi-même de perdre un fils né le 5 avril et décédé le 14... Je parle souvent de toi à ma femme et elle t'aime aussi, elle te connaît par tes livres. J'aimerais terriblement te voir. Il m'arrive de tomber sur une photo de toi dans les journaux... et je pleure en pensant à toi, à ma jeunesse et aux années que nous avons passées ensemble. Crois-moi, Aliocha, je suis resté celui que tu as connu. » Quelques lignes encore dans lesquelles Zinovi dit à Gorki son bonheur de voir les relations entre la Russie et la France s'améliorer. L'an prochain en avril, il devrait regagner l'Europe et espère le rencontrer à cette occasion. Signé « t'aimant infiniment et profondément. Ton Zina ».

De ce coup terrible, Alexeï ne se relèvera jamais. Depuis la mort de Katioucha, il n'a cessé de craindre pour la vie de Maxime. Une crainte obsessionnelle, ridicule, face au solide gaillard qu'il était devenu. Et voilà que c'est arrivé. Quelque temps plus tard, dans une lettre à Romain Rolland, avec qui il entretient une correspondance suivie, Gorki évoque une blessure indélébile, « j'ai sans cesse devant les yeux, écrit-il, le spectacle de son agonie ». Mais point de trace dans les archives d'une réponse à Zinovi. Au soir de sa vie, on trouve une seule allusion à son fils adoptif. « Écoutez un peu cette histoire drôle publiée dans le livre *Gorki à Arzamas*, écrit-il à l'un de ses biographes. Le saint-synode, sur ordre du tsar Nicolas, a rendu Zinovi Sverdlov à son état originel alors qu'il avait été baptisé dans la foi orthodoxe par le protopope d'Arzamas, Vladimirski ! Vous imaginez un peu, le tsar à Saint-Pétersbourg s'inquiète : "N'aurait-on pas baptisé un petit Juif au fin fond d'un trou perdu ? Il ne fallait pas, il faut qu'il vive comme il est né. Ça, c'est un patron !" » Mais, cette ironie mordante mise à part, on sent en Gorki un homme brisé. Et de plus en plus seul.

Il continue dans sa parole publique à glorifier Staline mais il n'y a plus d'intimité entre les deux hommes. Quand Gorki a parlé de se rendre en Italie, on le lui a interdit. Le voici désormais en cage, si dorée soit-elle. Sans doute sa popularité est-elle toujours immense. Dans l'adaptation tournée pour le cinéma par Jean Renoir, Jouvet et Gabin ont donné une nouvelle vie aux personnages des *Bas-fonds*. À Villejuif, on vient encore d'inaugurer un boulevard au nom de Gorki. Des écrivains français célèbres partent en URSS pour s'enquérir de sa santé. Après Romain Rolland, c'est André Malraux qui, en mars 1936, le rejoint en Crimée – ils se sont connus en août 1934 lors du premier Congrès des écrivains soviétiques à Moscou. De retour fin mai dans la capitale, Gorki souffre d'une pneumonie striduleuse, peine à respirer, s'affaiblit de jour en jour. Ses proches ne quittent plus son chevet, Timocha, Ekaterina Pechkova, Maria Budberg. Staline lui rend visite, flanqué de Molotov et de Vorochilov, le chef du gouvernement soviétique et le ministre de la Défense. Iagoda est là, bien sûr, ainsi que Piotr Krioutchkov, son secrétaire particulier, le « Pepekriou » de la Kronverkski Prospekt. L'écrivain demande à voir ses petites-filles, Marfa et Daria. Mourant, il parle encore de tout – sauf de lui –, de la nouvelle Constitution soviétique, de la situation des paysans français, de la littérature. Et s'éteint le 18 juin 1936 au matin.

« Comment allons-nous vivre désormais ? Et que nous apportera toute cette horreur ? De la haine envers les gens comment préserver mon âme ? » Zinovi repense à ces lignes douloureuses écrites par Gorki en 1914, alors que la guerre venait d'éclater et bien que la révolution soit encore loin. À sa mort, Staline a versé des larmes de crocodile, il a fait veiller le cercueil jour et nuit par une garde d'honneur où se relayaient les plus hauts dignitaires du Parti et de l'État, il a organisé pour lui des funérailles nationales. Des années plus tard, par Aragon, Zinovi se verra décrire l'exposition du cercueil dans la salle des Colonnes du Kremlin, puis le cortège des officiels progressant dans la large avenue sous une pâle lumière, Staline et Molotov parmi les porteurs du brancard sur lequel a été posée l'urne funéraire, la foule massée de part et d'autre, maintenue par le cordon des gardes à cheval : « Le deuil du ciel avait un air de commande, racontait Aragon, présent dans le cortège, et pourtant la tristesse des gens n'était pas feinte. » Et celle de Staline ? Aimait-il seulement Alexeï Maximovitch ? Certains assurent qu'il lui en voulait d'avoir tenté d'intervenir en faveur de Kamenev, le vieux dirigeant du Parti tombé en disgrâce. Qu'il s'irritait qu'il n'ait jamais publié d'œuvre à sa gloire.

La réponse viendra quelque temps plus tard. Des bruits bizarres avaient déjà circulé sur la mort de Gorki. Et soudain, on annonce dans la presse soviétique que plusieurs personnalités éminentes vont être jugées pour, entre autres crimes, les assassinats de Gorki et de son fils Maxime. Parmi les accusés, Iagoda qui, jusqu'au bout, a monté la garde auprès de l'écrivain – tout en faisant une cour assidue à Timocha –, et Krioutchkov, son fidèle secrétaire. Premier acte, ils auraient fait boire Maxime – au penchant connu pour la boisson – plus que de raison, l'abandonnant ensuite sur un banc par grand froid. Ils n'auraient pas ménagé non plus un Gorki déjà fragilisé, le pressurant de travail, l'invitant à prolonger la soirée dehors pour achever de détruire ses poumons malades, le ramenant de Crimée vers Moscou malgré l'avertissement de Timocha dont les deux filles avaient la grippe. Les médecins qui se sont succédé au chevet de l'écrivain sont eux aussi mis en cause. Difficile de démêler le vrai du faux dans ces scabreux « mea culpa » qui déboucheront, le 13 mars 1938, sur la condamnation à mort et l'exécution de tous les accusés. Une autre version voudrait que Staline lui-même ait demandé la liquidation de Gorki, l'apôtre de la non-violence faisant obstacle aux grandes purges dont il a le projet – elles feront près de sept cent mille victimes entre juillet 1937 et novembre 1938. Ultime pied de nez de l'Histoire, le mariage, quelques années plus tard, de Marfa avec le fils de Beria, alors patron du NKVD.

Une histoire triste

Zinovi est bouleversé par la disparition de son père adoptif. L'éloignement de Liza, la chère Lizonka, c'est une tout autre histoire. Une histoire triste. Car cette petite fille, il l'a passionnément aimée. En 1927, c'est encore en sa compagnie que Pechkoff s'était rendu à Sorrente. À l'été 1930 – Liza vient de fêter ses dix-neuf ans –, on la retrouve avec son père en France. La même année, elle intègre le département des langues romanes à l'université de Rome. Et rencontre Ivan Markov, un Russe employé par Petrolea, un consortium soviéto-italien, qu'elle épouse en 1932. Est-ce le souci de ne pas nuire à son gendre qui pourrait bien œuvrer en parallèle pour les services soviétiques ? Il semble qu'à partir de là, Pechkoff ait cessé toute relation avec Liza. À la fin de 1937, elle retourne avec son mari en URSS. Peu importe les états de service de Markov : comme tous les gens restés trop longtemps hors du pays, il est forcément suspect. En avril 1938, la Tcheka débarque en pleine nuit, enfonce à coups de pied la porte du studio où vit le jeune couple, Ivan est arrêté, bientôt fusillé. Liza est interrogée par les commissaires politiques qui la rudoient, exaspérés qu'elle parle si mal le russe. À son retour de déportation, elle est embauchée comme professeur de français et d'italien à l'Institut militaire des langues étrangères de Moscou. Puis à l'agence Tass. Mais la police politique l'a toujours à l'œil, Beria voit en elle le moyen de percer enfin à jour ce Pechkoff qui ne laisse pas de l'intriguer. Voudrait-elle l'espionner, répond-elle, elle n'aurait aucune chance, le connaissant, qu'il lui livre le moindre élément de sa vie professionnelle. Elle paie cher son refus de coopérer. La voilà de nouveau arrêtée, et déportée pendant de longs mois.

Elle confiera plus tard avoir vu une dernière fois son père en février 1937 dans un cabaret romain. Ils se seraient volontairement ignorés. Il serait ensuite passé chez elle en son absence, y aurait trouvé Sacha, son fils aîné, lui aurait tendrement caressé la tête. L'histoire de cette rencontre manquée que raconte Mikhaïl Parkhomovski, le biographe russe de Pechkoff, est tragique : est-elle vraie ou fantasmée ? S'il est une chose dont on est sûr, c'est qu'après la mort de Pechkoff on retrouvera, rangées dans une enveloppe beige, une série de photos d'une toute petite fille jouant sur la plage sous le regard attendri de ses parents, dont un Zinovi dûment cravaté, à son habitude, et encore doté de ses deux bras. Voici encore Liza plus grande déjà, sept ou huit ans peut-être, en courte robe blanche et couronne de feuilles autour de la tête, dansant au milieu d'une forêt de bouleaux. Et Liza à quatorze ans, adolescente à l'air grave et aux cheveux courts retenus par une barrette, photographiée dans la marina de Carrare serrant une petite chienne dans ses bras avec au dos la mention en italien : « Est-ce que tu aimes mon petit chien ? Elle s'appelle Técla. » Plus rien après. En 1930, la fille chérie de Zinovi tombe à la trappe. Jamais Xavier de Caumon n'entendra son beau-père parler de Liza, il ignorait toujours dans son grand âge que celui-ci avait eu une fille. Une fille qui, après la mort du petit Jacques-Alexis, restera à jamais son unique enfant.

Dernier assaut contre les rebelles

« Ici, j'ai fait un travail passionnant, mais maintenant il me faut parfaire mon temps de commandement, et j'ai pensé que je serais plus heureux au Maroc » : Zinovi est encore à Saïda en septembre 1936 quand il écrit à son ami Gérard Clausener. En décembre, il prend le commandement du 3e bataillon du 2e Étranger, basé à Kasbah Tadla. Pour ses hommes, il est plus que jamais « le manchot magnifique ». Un ancien légionnaire passé officier supérieur, ce n'est pas si courant. Pechkoff est tout à la fois l'un des leurs, et un chef dont nul n'aurait l'idée de contester les ordres, tant est grande l'autorité naturelle de ce petit homme. Et puis quelle fierté d'avoir un chef dont la légende est en marche ! Avec son passé héroïque, sa science des armes, sa connaissance des hommes. Dans son histoire, on ne sait plus trop ce qui est vrai et ce qui est faux, certains affirment qu'il est un ancien officier de l'armée tsariste, d'autres qu'il était un proche de Lénine. On rappelle l'histoire de ce subordonné qui voulait l'assassiner et que Pechkoff s'est refusé à dénoncer, lui évitant le conseil de guerre et s'attirant sa fidélité à vie. On assure que, au cours des combats du Rif, il offrait aux tribus qu'il venait de soumettre des « festins d'honneur » qui duraient toute la nuit, le chef vaincu trônant à côté de son vainqueur sur un divan. On dit qu'au Liban-Sud il se comportait en vieux sage, réconciliant les chefs rivaux de la montagne et gagnant leur amitié. Que, familier de Louis Massignon, l'orientaliste, revenu par l'islam à la foi chrétienne, ou du bouillonnant Joseph Kessel, il aimait débattre de l'aventure humaine à la lueur des étoiles. On souligne les bonnes fortunes de ce séducteur impénitent qui collectionne les princesses, les comtesses, tout comme les filles de joie.

Le légionnaire de base en frémit d'aise. Pechkoff est celui qui a accompli ses rêves. Monté sur sa jument alezane, le commandant précède ses hommes sur les chemins hasardeux qui serpentent dans la montagne, décide des lieux où bivouaquer, s'enquiert des besoins des uns et des autres, veille à leur assurer une ration supplémentaire lorsque la marche a été rude. Il a gardé son habitude de rendre visite aux sentinelles jusqu'au creux de la nuit. Sa connaissance des langues lui fait comprendre bien des choses qui resteraient obscures à un officier français. Au camp, séparé de ses hommes le soir par une simple toile de tente, il entend les légionnaires discuter de la question essentielle qui les agite : que feraient-ils si leur patrie d'origine était en guerre avec la France ? On leur offrirait sans doute, comme aux légionnaires allemands aux débuts de la Grande Guerre, de continuer à servir au Maroc, ou bien de rejoindre un camp de rétention administrative. Et puis, à la Légion, on a le goût du panache, et le commandant règle volontiers sur sa solde l'achat de tambours et de clairons pour doter dignement la clique du bataillon. Il est le roi des prises d'armes, des remises de décorations. Il est inflexible aussi, et sur la tenue, et sur la discipline. Lorsque deux légionnaires allemands condamnés pour avoir volé et tué leur capitaine, seront exécutés, il fera défiler le bataillon devant leurs cadavres. Lui-même est présent, impassible dans le brouillard du matin : « Ils ont payé, c'est bien. »

Qu'importe après tout si certains officiers lui battent froid parce qu'il ne sort pas du même moule qu'eux, qu'il n'est pas passé par les mêmes brillantes académies militaires. S'il est sorti du rang, ce n'est pas pour y entrer ! Il faut en prendre son parti : ce petit bonhomme sera toujours une tête qui dépasse. Zinovi peut bien être un grand soldat : il ne sera jamais tout à fait un militaire. Il ne fait rien comme tout le monde, Pechkoff. Ce n'est d'ailleurs pas ce qu'on lui demande, ce n'est pas par hasard qu'on lui confie régulièrement des missions impossibles, dans des contrées improbables. Pas par hasard qu'il est constamment à cheval entre « la Guerre » et « le Quai », comme on dénomme ses deux ministères de rattachement. Il défie toute tentative de classification. Homme de devoir et sybarite. Homme de fidélités et curieux compulsif. Perfectionniste et évanescent. Un paradoxe vivant.

« Un officier marié perd la moitié de sa valeur » : le commandant Pechkoff a fait mentir le vieil adage militaire. N'en déplaise à ses détracteurs, il aura été, dixit son colonel, « un très bon chef de bataillon de Légion ». A-t-il, ce faisant, été un bon mari ? Toute flattée soit-elle par l'aura qui entoure « Zico », Jacqueline se plaint de ses absences continuelles. Les opérations se succèdent, les montagnards sont parfois difficilement contrôlables, la pacification, un éternel recommencement. La plupart du temps, Zinovi ne revient à Kasbah Tadla que les fins de semaine à l'issue de journées épuisantes – lever à l'aube et manœuvres du matin au soir, et souvent du soir au matin. Il n'a pas attendu si longtemps ce commandement pour faire les choses à moitié. Les nuits de Noël, il les passe près de ses hommes comme le veut la tradition, Jacqueline le supporte de plus en plus difficilement. La vie fastueuse de Tyr est bien loin. La villa du commandant est agréable, croulant sous les bougainvilliers, mais aux yeux de Jacqueline, Tadla, c'est le bled. Une fois parcourue en long et en large l'énorme kasbah édifiée par Moulay Ismail au XVIIe siècle dont les enceintes crénelées enserrent deux mosquées, une fois admiré le vieux pont de pierre aux dix arches inégales qui enjambe l'Oum Er Rbia, une fois rendue une visite de courtoisie aux épouses des notables locaux – et parfois une visite tout court aux femmes de sous-officiers qui viennent d'accoucher ou qui ont le mal du pays –, il n'y a pas grand-chose à faire. Sa seule distraction est de monter son cheval, le chaouch l'a déjà préparé quand elle descend en bottes et jodhpur dès son café avalé. Le commandant l'accompagne quand il n'est pas occupé à ferrailler au loin.

Mais les heurts sont de plus en plus fréquents, un jour, Xavier a assisté à l'échange, pétrifié. Zinovi s'est souvenu d'autres mots durs échangés avec Lidia, avec Salomé. Pourquoi faut-il qu'il tombe chaque fois sur des femmes exigeantes, au caractère entier ? Lui-même, il faut l'avouer, n'est pas un être de tout repos, ses subordonnés en savent quelque chose. Entre deux déclarations enflammées, il leur fait parfois la vie dure. C'est le cas aussi avec Jacqueline. Cette fois pourtant, il y croyait, il aime sa femme, il aime Xavier, il aurait tant voulu former avec elle une vraie famille. Serait-ce la mort du petit Jacques-Alexis qui a tout gâché ? Cette fois, ce ne sont pas les voyages lointains de Zinovi qui auront raison de son union avec Jacqueline, mais la lassitude de celle-ci dont la jeunesse et le goût de la fête s'accommodent mal d'une austère garnison marocaine. Au fil des années, elle prolonge la saison estivale en Bretagne. Zico aurait-il profité de ces absences pour renouer avec ses habitudes de célibataire ? Difficile de pénétrer l'intimité d'un couple.

En mars 1939, c'est Jacqueline en tout cas qui décide de mettre les voiles ; la fortune familiale lui donnant les moyens de sa liberté. Sans demander son reste, elle embarque avec Xavier à Casablanca en direction de Marseille. Lorsque le bateau franchit le détroit de Gibraltar, on entend des coups de canon, des bombes éclatent en touchant la mer, Xavier s'est blotti apeuré contre sa mère, ce sont les derniers feux de la guerre d'Espagne, l'ultime assaut des nationalistes contre les républicains. À sa femme retranchée en France, « Zico » adresse lettre sur lettre, lui demandant de revenir. Mais Jacqueline ne veut rien savoir. Le divorce est prononcé le 8 mai 1940. Jacqueline n'a jamais été très maternelle. Dès son arrivée en France, elle s'est empressée de confier Xavier aux dominicains de Sorrèze, une abbaye millénaire où, depuis six générations, tous les héritiers mâles des Caumon ont fait leurs études. Il y restera dix ans. Jacqueline est jeune et jolie, elle n'a pas froid aux yeux : elle mènera la belle vie à Marseille, en zone libre. Là-bas, sa meilleure amie est une jeune femme, elle aussi fortunée, Marie-Antoinette Swaters, dite « Paly » – après la guerre, elle deviendra la deuxième épouse de Gaston Deferre.

Redevenu célibataire, Pechkoff est provisoirement cantonné avec son bataillon près de Khénifra, la ville rouge, quand débarque au camp un jeune sous-lieutenant porteur d'un pli urgent. Plutôt joli garçon, fin, cultivé, agréable causeur, neveu d'un général d'armée qui était, il y a peu de temps encore, commandant en chef au Maroc, Francis Huré, qui effectue son service militaire, devait passer deux nuits au bataillon Pechkoff. Il y restera une semaine, séduit par la personnalité du commandant en qui s'incarnent pour lui toutes les vertus d'un centurion de la légion romaine. Le soir ouvre la porte aux confidences, prélude à la relation de confiance qui unira désormais les deux hommes. En attente d'être démobilisé, Huré croisera encore Pechkoff à Meknès, le siège du 2e Étranger : le commandant y entretient une petite maîtresse. Mais à Tadla aussi, il a les faveurs de « Bout-de-Sein », une jolie barmaid que tout le monde courtise. Quand le commandant arrive, les autres prétendants s'effacent. Quand il la quitte, on retrouve « Bout-de-Sein » épuisée et extasiée, laissant entendre à ses amies qu'un tel amant ne se rencontre pas souvent.

Aux yeux de Francis Huré, Pechkoff semble détenir « une part de ce que nous cherchions tous, l'harmonie entre les petitesses de l'existence et la transcendance de son mystère, entre son ordinaire et son élévation ». « Je ne pense pas qu'il y ait au monde beaucoup de chefs de bataillon possédant une aussi vaste connaissance de la nature humaine », confirme George Ward Price, journaliste au *Daily Mail.* En janvier 1939 à Meknès, le général Noguès, résident général du Maroc, commandant en chef des théâtres d'opération d'Afrique du Nord, lui remet la cravate de commandeur de la Légion d'honneur.

Le 14 juillet 1939, Pechkoff assiste à Paris au défilé qui célèbre une fête nationale un peu à part : le cent cinquantième anniversaire de la prise de la Bastille. Sept cents légionnaires du 1er Étranger y prennent part aux côtés de l'armée anglaise et des soldats français de métropole et des colonies, spahis, tirailleurs algériens et chasseurs d'Afrique. Ce défilé sera aussi celui du triomphe du képi blanc, devenu depuis l'emblème de la Légion. « Après avoir follement acclamé les soldats anglais, ceux de l'Empire et les nôtres, raconte le magazine *Vu*, le *Paris Match* de l'époque, il semblait que la foule immense n'aurait plus de voix lorsque soudain, après un grand trou de silence, on entendit des éclats de cuivre qui la firent frissonner. "Les voilà ! Ce sont eux !" Puis on se tut. Alors on vit s'avancer une troupe massive, sombre, vêtue de kaki délavé, coiffée de képis blancs cabossés mais recouverts du bout de toile blanche que chaque légionnaire trouve le moyen de laver et de repasser où qu'il soit. Ils marchaient lentement, lourdement, prenant possession du sol chaque fois qu'ils y posaient le pied comme des hoplites pesamment armés, entraînés par le rythme large et puissant des tambours et des clairons. Un moment interdite par la beauté âpre et par l'impression de force qui se dégageaient de ces hommes ne paraissant faire qu'une seule masse, qu'un seul bloc, la foule se mit à hurler soudain : "Vive la Légion !" Cependant, sous cet ouragan de bravos et de vivats, ils passèrent impassibles, fiers et crispés, le menton en avant, sans daigner regarder ni les drapeaux, ni les femmes qui les couvaient des yeux. »

Ce jour-là, le commandant Pechkoff se dit qu'il a bien fait de rester à la Légion étrangère, la seule famille qui ne l'ait jamais abandonné. Au mois d'octobre, il aura cinquante-cinq ans. En février suivant, il sera mis à la retraite, atteint par la limite d'âge de son grade. Mais l'essentiel est là. Depuis vingt-cinq ans, il a servi le pays qui l'a accueilli, dans « l'Honneur et la Fidélité », comme le veut la devise de la Légion. Zinovi se souvient en souriant de cette lettre – il était encore capitaine – dans laquelle son vieil ami Amfiteatrov déclarait refuser de mourir avant de le savoir général. Et voilà qu'Alexandre était mort l'an dernier, alors que Pechkoff était tout juste commandant. Il aurait bien voulu lui faire plaisir, mais bon...

CHAPITRE 4

Un Français Libre

L'écroulement d'un monde

« Zinovi Pechkoff, un légionnaire français venu de Russie » : l'article – un de plus, il en court beaucoup sur Pechkoff – est apparu récemment sur la Toile russe. On y raconte entre autres l'engagement de Pechkoff dans la France Libre : « En 1940, Zinovi ne reconnaît pas le pouvoir des occupants nazis et refuse de continuer à servir sous le commandement des Allemands. Il est arrêté et le tribunal militaire le condamne à être exécuté. C'est son talent de diplomate et son expérience militaire qui lui sauvent la vie. Il persuade son gardien d'échanger la montre en or de Maxime Gorki contre une grenade, réussit à prendre en otage le commandant et à s'emparer d'un avion pour rejoindre Charles de Gaulle. » Fertile terreau pour l'imagination que la personnalité hors-norme du commandant Pechkoff.

Pour démêler le vrai du faux, mieux vaut plonger le nez dans les archives. « J'apprends de source sûre, dit le 1er août 1941 un télégramme chiffré adressé de Londres au général de Gaulle par son chef d'état-major, le général Ernest Petit, que le colonel (?) Pechkoff, antérieurement au Levant, actuellement aux États-Unis, est désireux de rallier, mais voudrait y être invité, puis-je le faire pressentir ? Dans le cas de ralliement, quel poste prévoyez-vous ? » Alors à Beyrouth pour y conclure la querelle fratricide qui a opposé au mois de juin les Français Libres à ceux de Vichy, de Gaulle répond le 5 : « Pour Pechkoff, je préfère que nous nous passions de lui. Je le connais maintenant. Il est remis en état, mais intransigeant et tyrannique. » Une fin de non-recevoir. Au Levant, dix ans plus tôt, leurs premiers contacts n'avaient pas été mauvais pourtant.

Quant à savoir ce que Zinovi a bien pu faire depuis que la guerre a éclaté le 3 septembre 1939... Une chose est sûre : Pechkoff n'appartient pas au bataillon des tout premiers ralliés de la France Libre. Une autre chose est sûre : l'armistice du 22 juin 1940, il l'a vécu comme l'écroulement d'un monde. Comme l'effondrement de tout ce sur quoi il avait rebâti sa vie, cette vie au service de la France. Alexeï Maximovitch n'est même plus là pour entendre sa souffrance. En quelques semaines, après huit mois d'une drôle de guerre où l'on se contentait de s'observer de part et d'autre du front, les bataillons, les blindés, les avions allemands ont écrasé une France qu'on disait dotée de la meilleure armée du monde. Les rêves de gloire ont viré au cauchemar. Le 11 juin, le gouvernement de Paul Reynaud quitte Paris menacée pour se replier sur Bordeaux. Le 16 juin, Reynaud, partisan d'un départ vers l'Afrique du Nord, mis en minorité, cède la place au maréchal Pétain. Le 17 juin, il est un peu plus de midi quand le vieux soldat de Verdun annonce d'une voix mal assurée faire à la France le don de sa personne pour atténuer ses malheurs et demande, « le cœur serré », à ses concitoyens de cesser le combat. Le 22 juin au soir, Zinovi est au Maroc, à Khenifra, la ville rouge, quand il reçoit la nouvelle de l'armistice. « Le moment le plus tragique de ma vie », avouera-t-il plus tard. Il en pleurerait de rage.

Malgré cela, il lui a fallu rassembler dans son bureau ses adjoints et ses capitaines commandants de compagnie pour considérer la situation. Plus tard, il serait temps de chercher des explications à cet effondrement. De disserter sur l'absence de réaction du gouvernement à toutes ces agressions successives perpétrées par l'Allemagne, la remilitarisation de la rive gauche du Rhin, l'annexion de l'Autriche, le démantèlement de la Tchécoslovaquie, la conclusion du pacte germano-soviétique à la fin du dernier été à la barbe des Français, toutes ces couleuvres avalées, ces démissions en chaîne. Il serait temps de dénoncer les fautes dans la conduite des opérations militaires, l'imagination bridée d'une armée qui, depuis vingt ans, s'occupait à ressasser les méthodes qui lui avaient procuré la victoire, sans se soucier d'affûter son armement, son aviation, ses chars, la concentration des forces sur l'édification d'une ligne Maginot qui n'avait servi au bout du compte à rien, l'absence de cerveaux rompus à la manœuvre offensive. Il serait temps surtout de déplorer l'engourdissement moral et spirituel de tout un pays, de ce peuple de somnambules, traînant encore l'échec du Front populaire, qu'aucune inquiétude ne semblait pouvoir atteindre, qu'aucune impatience ne motivait sinon celle d'accroître son bien-être. Mais dans un premier temps, devant ses subordonnés, la seule question était : que devait-il faire, lui, Pechkoff ? Comme élément de jugement, il n'avait que le message qui lui était parvenu. Il n'était pas plus patriote que Pétain, que Weygand, qui tous deux en tenaient pour l'armistice. Les grands chefs n'étaient pas fous, ils savaient ce qu'ils faisaient, on n'avait pas d'autre choix que d'arrêter les combats.

Quatre mois et demi plus tôt, le 9 février, Pechkoff aurait dû être mis à la retraite. Mais la métropole n'était pas en mesure d'envoyer une relève. Et le commandant était resté à la tête de son troisième bataillon. Il était en charge de ses hommes, il n'imaginait pas les laisser livrés à leur sort à l'heure où le débat politique s'invitait dans l'armée, entre légionnaires allemands, partisans ou adversaires de Hitler, entre républicains espagnols et ex-miliciens nationalistes favorables à Franco, les Tchèques s'en prenant aux Sudètes, les Polonais mettant dans le même sac Hitler et Staline, les nazis et les Rouges, l'unanimité se faisant sur le dos de deux ou trois Italiens qui ne savaient trop de quel côté se tourner. Depuis le début de la guerre, les militaires français stationnés en Afrique du Nord avaient de toute façon appris à ronger leur frein. Ce qu'on leur demandait était clair : développer l'instruction, accélérer les manœuvres, afin d'être prêts si les combats venaient à se porter de l'autre côté de la Méditerranée. Pour Pechkoff comme pour ses camarades officiers, le devoir était tout tracé.

Militaire, il n'a pas vécu la progression implacable des armées allemandes, le spectacle d'un commandement complètement débordé sur les champs de bataille. Diplomate, il n'a pas assisté à cette folle journée du 16 mai où la panique s'était emparée du Quai d'Orsay, ordre ayant été donné de détruire les archives, où de dignes fonctionnaires jetaient du haut des fenêtres dans la cour et le jardin du ministère de précieux dossiers, aussitôt engloutis dans d'immenses brasiers. Citoyen français, il n'a pas vu non plus la sombre cohue sur les routes de France, le chapelet des réfugiés fuyant l'avance ennemie, il n'a pas entendu les bottes allemandes marteler les Champs-Élysées, les uniformes *feldgrau* deviser à la terrasse des cafés. Il n'a pas vécu la défaite sur le sol français. Et cela change la donne. Le Russe qui perdure sous l'uniforme français a depuis longtemps intégré l'idée que la vie était tragique, mais qu'au bout de tous les malheurs il y avait un coin de ciel bleu. Il croit aussi que les chefs sont là pour vous montrer la voie. Nul n'est plus légitimiste que cet ex-révolutionnaire. Il a apprécié que, dès l'armistice connu, le général Noguès signifie depuis Rabat à Pétain sa volonté de continuer le combat. Mais Noguès n'a pas tardé à baisser les bras. Plus tard, lorsque Weygand sera nommé à la tête des troupes stationnées en Afrique du Nord, Pechkoff reportera son espoir sur lui.

Il y a bien eu l'appel à la résistance lancé le 18 juin depuis Londres par Charles de Gaulle. De Gaulle, Pechkoff ne l'a pas oublié depuis le Liban. Il a, depuis, entendu de temps à autre parler de lui, de l'irritation que, désormais colonel, il suscitait dans les états-majors à dénoncer périodiquement l'impréparation de la glorieuse armée française, il avait eu vent de la tardive reconnaissance de ses mérites, de sa promotion comme général de brigade à titre temporaire le 1er juin 1940, de sa nomination comme sous-secrétaire d'État à la guerre dans le gouvernement Reynaud. Certains s'exaspéraient des prétentions qu'il avait à représenter la France, mais lui, Zinovi, savait bien qu'il avait d'abord tenté de transmettre le flambeau à Noguès puis à Weygand, c'est faute de leur acceptation qu'il avait gardé la tête du mouvement. Depuis le Maroc et l'Algérie, des pilotes commençaient à rejoindre Londres en passant par Malte ou par Gibraltar. Des gens partaient aussi de métropole, il en avait eu vent, des militaires démobilisés, et puis des étudiants, des ouvriers et même des marins-pêcheurs de l'île de Sein. Au fin fond du bled marocain, on voyait fleurir des inscriptions «Vive de Gaulle» sur les maisons de torchis. Pechkoff enviait ceux qui avaient fait le choix de l'aventure. Lui, à cause de ses légionnaires, ne se sentait pas le droit d'agir ainsi.

Pechkoff voudrait-il protéger ses hommes encore et encore qu'il ne le pourrait pas. Le calendrier a décidé pour lui. Le 20 août 1940, il doit quitter le service actif. Ses légionnaires pleurent son départ. À l'occasion de son adieu aux armes, le commandant livre une petite allocution en forme de profession de foi devant les officiers du régiment et son chef de corps. Il évoque le privilège que ce fut, pour un étranger de naissance, de servir la France, regrettant seulement de n'avoir pu donner sa vie pour elle. Le quinqagénaire a une sveltesse de jeune homme. Une âme ardente. Personne pour l'attendre. Aucun bien à défendre, sinon peut-être une cantine au dépôt de son régiment et quelques affaires laissées çà ou là chez des amis perdus dans la débâcle. Son pays est foudroyé. Et l'on voudrait qu'il se glisse dans la peau d'un honnête retraité ?

À Vichy, tel le colonel Chabert

Le 30 octobre, on le retrouve à Vichy. Dans une lettre adressée à un dignitaire du Quai d'Orsay croisé le matin à l'hôtel du Parc où Pétain et ses proches collaborateurs ont élu domicile, il disserte sur les bouleversements récents et les dernières fonctions qu'il a occupées, avant d'en venir au fait : contraint de quitter son régiment, « l'un des plus beaux de la Légion », il a gagné Vichy « pour essayer de trouver une activité utile ». Mais, avoue-t-il, « je n'ai rien trouvé. Je suis bouleversé par mon inactivité mais quoi faire ? Comme le colonel Chabert de Balzac, je puis dire : "Je suis un soldat qui pour patrimoine avait son courage, pour famille tout le monde, pour patrie la France, pour tout protecteur le Bon Dieu"... » Qui sait ? Le destinataire de la lettre – « Monsieur l'ambassadeur et grand ami » – aurait-il une idée pour lui ?

Mais aucune des personnes de connaissance croisées par Zinovi à Vichy, ni ses camarades officiers ni les diplomates du Quai, n'ont eu de suggestions à lui faire. Pas même Jean Chauvel qui, affecté à la Direction d'Asie, semble de plus en plus dubitatif sur la capacité de Pétain à imposer sa loi sous la botte allemande. Courant octobre 1940, un premier « statut des Juifs » a été promulgué, les empêchant de devenir officiers, magistrats, leur interdisant l'accès à la police, à l'enseignement, à la presse, au monde du spectacle, les obligeant à confier à un administrateur les rênes de leur entreprise. Il est peut-être plus de gens qu'on ne croit à connaître la vraie filiation de Zinovi Pechkoff.

À Vichy, capitale d'opérette, une foule dense se presse, des réfugiés élégants peuplent les grands hôtels à côté des membres du gouvernement, on n'a jamais vu autant de képis étoilés rassemblés en un même lieu. Pechkoff y navigue quelques jours, serre des mains, salue nombre de jolies femmes, écluse quelques cocktails au bar du Majestic, l'hôtel mitoyen du Parc devenu la popote des Affaires étrangères. Cette cure express lui a suffi. Arrivé courant septembre ou début octobre, il quitte Vichy le 2 ou le 3 novembre. Direction Marseille, elle aussi prise d'assaut.

En Amérique, avec Pleven

Aurait-il le projet d'y revoir Jacqueline même s'ils sont divorcés depuis six mois ? Est-ce là une simple étape avant de regagner le Maroc dans l'espoir de trouver à Rabat un emploi civil ? Sans doute, puisqu'il dira lui-même être reparti de Casablanca à la fin mai 1941 « après avoir cherché par tous les moyens à regagner le Quartier général du général de Gaulle ». « Grâce à mes relations personnelles, ajoute-t-il, j'ai pu obtenir du gouvernement des États-Unis l'aide et l'autorisation d'entrer en Amérique. »

À Washington, le député James Wadsworth lui a réservé une chambre à compter du 14 juin au Army and Navy Club. Il y a des années maintenant que « Jim » est un intime pour Zinovi, qui goûte l'esprit indépendant de cet ancien élève de Harvard, membre de la Skull and Bones, l'une des plus prestigieuses sociétés secrètes étudiantes américaines, le club de l'élite par excellence. Infatigable défenseur des libertés individuelles, l'un des rares élus républicains du Congrès à s'être élevé en son temps contre la prohibition, Wadsworth est depuis les débuts de la guerre un farouche opposant à l'isolationnisme que prônent nombre de ses collègues conservateurs. Pour Zinovi, qui s'apprête à rendosser son rôle d'éveilleur des consciences, il sera un puissant appui. D'autant que, du côté démocrate, le président Franklin Roosevelt ne semble pas prêt à mettre son troisième mandat sous le signe de nouvelles aventures militaires en terre étrangère. Pour Pechkoff l'américanophile, à la douleur de savoir son pays piétiné s'ajoute celle de ressentir contre la France une sourde hostilité. Ses soldats ne se seraient pas suffisamment défendus, de Gaulle n'est qu'un aventurier à la solde des Anglais, Charles Lindbergh, promu héros national après sa traversée de l'Atlantique, ne cache pas sa sympathie pour le régime hitlérien et déclare à qui veut l'entendre que l'Allemagne gagnera la guerre. C'est ce chemin semé d'embûches et de calomnies qu'il faut remonter.

Heureusement, une équipe solide s'attaque justement à ce défi. À sa tête, René Pleven à qui de Gaulle vient de confier la mission délicate de plaider la cause de la France Libre outre-Atlantique. De juin à octobre 1941, celui qui assurait jusque-là la direction des affaires extérieures et économiques à Londres va mener une offensive tous azimuts. Politique, en vue d'établir des relations avec le département d'État qui a toujours une mission diplomatique à Vichy et vient de voir arriver comme ambassadeur de France à Washington un proche du maréchal. Militaire, pour acheter en Amérique des avions et des fournitures de guerre. Il s'agit aussi de développer une propagande favorable aux milieux gaullistes et d'obtenir « le concours des bonnes volontés privées américaines » – en clair, récolter des fonds. Pleven connaît l'Amérique où il a déjà rempli plusieurs missions. Il est un des piliers de la France Libre. Ce Breton de belle stature, docteur en droit, est aussi un homme de contact facile, qui parle doucement, son regard de myope se perdant derrière ses verres grossissants. « Je vous donne tout pouvoir et toute qualité pour agir et parler en mon nom et au nom du Conseil de défense de l'Empire, lui a précisé le général, en ajoutant : Vous pouvez naturellement emmener qui vous voulez. » À la mi-juin, alors qu'il arrive de Londres, Pleven, croisant Pechkoff, l'embauche aussitôt dans son équipe.

À New York, la communauté française s'est étoffée depuis le début de la guerre. Beaucoup de beau linge. Des hommes politiques comme l'ex-président du Conseil Camille Chautemps. Des écrivains célèbres comme André Maurois ou Jules Romains. De grands universitaires parmi lesquels le Prix Nobel Jean Perrin ou le philosophe Jacques Maritain. Des journalistes anti munichois, Pierre Lazareff, Geneviève Tabouis et la très belle Ève Curie, fille cadette de Marie, promue correspondante de guerre. Des artistes Chagall, Fernand Léger –, des cinéastes et des acteurs – Charles Boyer, Michèle Morgan, Jean Gabin. De puissants industriels, des banquiers d'affaires, tels André Meyer, le patron de Lazard, et plusieurs Rothschild. Parmi ces privilégiés de naissance, de fortune et d'esprit, la plupart, s'ils condamnent la Révolution nationale prônée par Vichy et la collaboration, ne sont pas prêts pour autant à se ranger derrière la bannière de l'homme du 18 Juin qu'ils accusent de visées dictatoriales. À dire vrai, beaucoup d'entre eux, à l'instar du public américain, ne savent à peu près rien du mouvement de la France Libre.

Dès l'été 1940, une association de Français partisans de continuer la lutte aux côtés des Anglais, France for ever, s'est constituée à New York. C'est là que s'agrégeront les premiers Français Libres : Jacques de Siéyès, ancien secrétaire d'ambassade et «p'tit co» de De Gaulle à Saint-Cyr, Maurice Garreau-Dombasle, ex-conseiller commercial de Vichy, Étienne Boegner, chef d'entreprise fils du célèbre pasteur, Adrien Tixier, un syndicaliste socialiste, grand mutilé de 14-18, qui dirige le Bureau international du travail à Washington, autant d'ambitions concurrentes qui se verraient bien prendre la tête de file du mouvement. Avec Pleven, Pechkoff essaie d'élargir le cercle. Pas toujours évident. Pierre Cot, l'ancien ministre de l'Air du Front populaire, est partant, mais de Gaulle tient à distance celui à qui la propagande vichyssoise impute la faiblesse de l'aviation française, élément-clé de la défaite. Alexis Léger, alias le poète Saint-John Perse, l'un des rares Français – avec Jean Monnet, en charge des achats d'armement – à avoir ses entrées auprès du président Roosevelt, serait, lui, bienvenu, mais il résiste, soupçonnant de Gaulle d'avoir poussé Paul Reynaud à l'écarter du secrétariat général du Quai.

Parmi les derniers ralliés, Hervé Alphand, un jeune inspecteur des finances qui, envoyé par Vichy comme attaché financier à l'ambassade de France à Washington, mais stationné à New York, a démissionné en juin 1941 de ses fonctions après avoir entendu le discours de l'amiral Darlan souhaitant la victoire de l'Allemagne, et s'apprête à gagner Londres. Avec cet être charmeur, hypersensible, ce grand amateur de livres qui calme ses angoisses par la lecture des classiques, Pechkoff a trouvé un homme qui a peiné comme lui à trouver sa voie dans ce monde en feu. Ils partagent le même malaise à être là à manger du pain blanc et du beurre quand les

Français sont astreints à mille privations, quand les prisonniers dans les camps manquent de nourriture et de médicaments. Un soir qu'ils prolongeaient tous deux la soirée au bar du Arms and Navy Club, Alphand lui a dit : « De toutes les actions d'Hitler, la plus géniale, ce n'est ni sa prise de pouvoirs, ni l'une quelconque de ses conquêtes, c'est la création, en juin 1940, d'un gouvernement français et la fiction d'une zone libre en France. » Pechkoff a acquiescé. Comme Alphand, il n'avait pas compris que le gouvernement français ne passe pas de l'autre côté de la Méditerranée tant qu'il en était encore temps. Comme lui, il pense profondément que tout en aurait été changé, qu'ainsi aurait été évitée cette terrible fragmentation d'une nation qui depuis quinze siècles avait fait son unité.

Les premiers couteaux ne se pressent pas pour recevoir Pleven. Il faudra insister des semaines avant de décrocher un rendez-vous avec les proches collaborateurs de Roosevelt. Lorsque l'entretien s'annonce délicat, Pleven demande à Pechkoff de l'accompagner, c'est ensemble qu'ils rendront visite à William Donovan, le chef des services secrets américains, un rouage essentiel à l'heure où les États-Unis, pays neutre, ne peuvent qu'œuvrer en sous-main. Un contact des plus positifs : Donovan, un avocat vétéran de la dernière guerre, esprit clair, grand ami de Roosevelt, a conscience que la guerre ne peut être gagnée sans le concours des Français eux-mêmes, ceux de l'intérieur comme de l'extérieur, qu'il faut leur fournir contacts et moyens. Concernant l'Afrique du Nord, il est sceptique sur la capacité de Weygand à faire obstacle à la propagande et à l'infiltration allemands. La bonne résistance de l'URSS aux attaques allemandes menées depuis la rupture par Hitler du pacte germano-soviétique, le 22 juin précédent, est pourtant pour les Alliés un don de la Providence.

Au final, la mission Pleven a réussi au-delà de toute espérance. Le 1er octobre, le département d'État accepte l'accréditation à Washington d'une délégation permanente de la France Libre que dirigera Adrien Texier qui, sous une allure d'ours mal léché, cache une grande bonté et une remarquable puissance de travail. De plus en plus de Français quittent les cercles vichystes pour rallier de Gaulle, comme François Charles-Roux qui, écœuré par Montoire, a démissionné dès octobre 1940 du secrétariat général du Quai d'Orsay, comme Jean Baube, le correspondant local de Havas qui vient de rejoindre le service de presse à Londres. En novembre, le président Roosevelt ouvre aux Français Libres un crédit illimité pour la livraison de matériel de guerre. Le commandant Pechkoff a largement payé de sa personne, fait des sauts de puce ici ou là pour créer de nouveaux cercles favorables à la France Libre – selon toute probabilité, c'est à cette occasion que le petit avion qui le transportait capote à l'atterrissage comme il le laissera entendre plus tard, d'où l'allusion faite par de Gaulle à sa « remise en état ». Et puis sa qualité de « senior adviser » face à Pleven, récent quadragénaire, son aura de soldat, sa profonde connaissance de l'Amérique, son aisance en anglais lui ont conféré un poids certain dans la délégation. Il a mis en marche tous ses réseaux, ses amis fortunés, Anne Morgan en tête, le personnel politique avec le soutien efficace de James Wadsworth, ses camarades officiers aussi. En matière de propagande, Zinovi n'a rien à apprendre de personne. Il s'arrange pour que les journaux américains puisent leurs informations aux meilleures sources. Et début août fleurissent dans le *New York Herald Tribune* toute une série d'articles contre Pétain et le régime de Vichy. L'opinion américaine a évolué : aux États-Unis, les *Free-French* ne sont plus d'illustres inconnus désormais.

Surprenant Pechkoff! Sa susceptibilité ombrageuse a dû en prendre un coup en apprenant début août la réponse de De Gaulle au télégramme du général Petit, alors qu'il a si bien œuvré au succès de la mission Pleven. N'y avait-il pas quelque logique à proposer ses services au moment où le général, arrivé à Beyrouth fin juillet, organisait la représentation française dans une Syrie et un Liban nouvellement indépendants, en tout cas sur le papier, et s'apprêtait à laisser un délégué dans chaque ville dont à Saïda forcément ? Le général ne veut pas de lui là-bas ? Soit, il n'ira pas au Liban mais il peut être utile ailleurs, dans une unité combattante peut-être puisqu'il est toujours officier de réserve, ou bien comme négociateur dans une Afrique qu'il connaît bien et que de Gaulle essaie de convertir à sa cause. Malgré ce « Niet ! » peu engageant, il est bien décidé à forcer le destin. Il rejoindra les rangs de la France Libre. Qu'on l'en prie ou non. Et le plus vite possible. Rien ni personne ne pourra l'arrêter. Le réalisme de Pechkoff, son intelligence de la situation, sa capacité à affronter l'adversité vont lui permettre de dépasser la frustration présente. Une fois à Londres, il trouvera bien un moyen.

Enfin Français Libre !

Le 8 octobre, Zinovi débarque en Irlande à bord d'un de ces grands « clippers aquatiques » américains – des hydravions – qui permettent aux voyageurs de franchir l'Atlantique-Nord en une trentaine d'heures après une escale à Terre-Neuve. De là, il gagne Dublin à travers une verte campagne semée de petits murets de pierres sèches, puis, le lendemain, Bristol par avion, où l'attendent les services de l'immigration. Sitôt passée la visite médicale, il reçoit son blanc-seing : « Service armé. Apte pour les T.O.E. » (Théâtres d'opérations extérieures). Et, dès le 10 octobre au soir, stupéfiant retournement de situation, il est convié à dîner par de Gaulle, de retour de Syrie, à son QG de Carlton Gardens avec quelques autres ralliés de fraîche date, dont Hervé Alphand. L'audace paie. Il semble même que ce soir-là, le général, à la mine réputée sévère quand il reçoit les candidats à l'engagement dans son bureau aux boiseries vernissées, soit d'humeur plutôt affable. Détendu, il raconte avec simplicité – et même « une forme de gouaille », s'étonne Alphand – l'échec devant Dakar qu'il a pourtant vécu douloureusement, on le sait. La conversation s'étant portée sur l'avance allemande en Russie, on s'interroge sur l'impact qu'aurait un effondrement soviétique sur la position de Roosevelt. Pechkoff défend l'idée que cela provoquerait à coup sûr l'entrée en guerre des États-Unis. Moins optimiste, Alphand se tait, le nez dans son assiette. À l'heure de prendre congé du

Général, Zinovi a le sentiment que son examen de passage a été plutôt réussi.

Le 16 octobre, il signe son engagement dans les Forces françaises libres « pour la durée de la guerre », sous le matricule 2076 D. À la rubrique « personne à prévenir en cas d'accident », il inscrit le nom de l'« Honorable James W. Wadsworth », inutile de mettre en position délicate ses amis restés en France. Il proclame aussi son appartenance à une surprenante « religion catholique orthodoxe » – comme le feraient les uniates, tout à la fois respectueux du rite orthodoxe et de l'autorité de l'évêque de Rome – et s'attribue, une habitude, quelques centimètres supplémentaires – un mètre soixante-cinq. En 1914, en rejoignant les rangs de la Légion, Pechkoff avait signé pour une nouvelle vie. C'est une autre porte qu'il ouvre aujourd'hui. Jamais il ne regrettera ce choix. Loin de limiter sa liberté, ces engagements successifs bornent le chemin, fixent l'horizon. C'est grâce à eux qu'il n'arrête pas de se réinventer, se dépouillant du vieil homme. En France, un second statut des Juifs a aggravé, depuis juin 1941, les mesures d'exclusion prises à leur encontre. L'air est plus frais à Londres.

Tout n'y est pas rose, bien sûr. Entre de Gaulle et Churchill, le torchon brûle souvent. Les intérêts de la France ne coïncident pas forcément avec ceux des Alliés, et les manières brusques du chef de la France Libre, aussi éloignées que possible des usages diplomatiques classiques, irritent fortement les Anglais. Des Français qui ont quitté le territoire national pour gagner l'Angleterre hésitent à s'engager – la frilosité, le poids du légalisme, la crainte de tout embrigadement, l'aversion pour la personnalité du Général. Jusque chez les Français Libres, il y a des jalousies, des querelles de personnes, des intrigues politiques, comme c'était le cas de l'autre côté de l'Atlantique. De Gaulle porte en lui sa légitimité. Il veille toutefois à tempérer l'exercice solitaire du pouvoir. Depuis septembre, il est assisté d'un Comité national français (CNF) de sept membres, chargé de disputer à Vichy la représentation de la France auprès des puissances étrangères. Dans les cercles français libres, le commandant Pechkoff a rapidement fait son trou. Une photo le montre déjeunant à la cantine de Carlton Gardens avec le colonel Dassonville et le capitaine Coulet, le premier venu du Chili, le second de Finlande : jeune diplomate en poste à Helsinki, il a démissionné au matin du 19 juin 1940 pour gagner l'Égypte à l'issue d'un incroyable périple entrepris avec sa femme et deux amis, à travers l'Estonie, la Russie, la Bulgarie et la Turquie. De temps à autre, Zinovi est aussi invité à dîner dans quelque cercle londonien huppé. Dans cette ville qui est sortie en mai du *Blitz* – neuf mois de bombardements intensifs –, rien, absolument rien, ne semble y avoir changé, ni les longues salles à manger aux murs couverts de sévères portraits, ni les énormes fauteuils de cuir sombre, ni le calme des bibliothèques, ni le sherry avant le repas.

Le 8 novembre 1941, par un décret signé conjointement du général de Gaulle, président du Comité national français, et du général Legentilhomme, commissaire national à la Guerre, Pechkoff est fait lieutenant-colonel « à titre temporaire ». L'histoire se répète : de même que le « major Pechkoff » avait plus belle figure qu'un simple capitaine pour porter la bonne parole aux États-Unis, de même, il faut au moins un colonel pour représenter dignement la France Libre à l'étranger. Moins de trois semaines plus tard, le 26 novembre, un ordre de mission annonce que le lieutenant-colonel Pechkoff « est chargé de représenter le chef de la France Libre auprès du gouvernement de l'Afrique du Sud et des autorités britanniques de la Rhodésie du Nord et du Sud, du Bechuanaland, du Nyassaland et de l'île Maurice ». Il aura là-bas tout pouvoir pour régler avec les autorités en place les questions de nature politique ou autres intéressant la France Libre. Exercera son autorité sur toute personne missionnée par elle, aura charge de régler éventuellement les conflits. Rendra compte directement à Londres des affaires qu'il aura à traiter. Bref, ses attributions sont celles d'un ambassadeur plénipotentiaire.

Non seulement, le colonel Chabert n'est pas mort dans la nouvelle tourmente qui balaie le monde, mais il a été rappelé au service actif.

CHAPITRE 5

La vigie du Cap

Le continent porteur d'espoir

Dans le passeport brun affichant en couverture « République Française » qui lui est délivré pour un an, Pechkoff a indiqué à la rubrique profession, « officier des Forces françaises libres » et s'est donné pour domicile le « 4 Carlton Gardens, Londres SW 1 ». Le 28 novembre 1941, il embarque à Liverpool avec d'autres volontaires pour l'Afrique. Moment émouvant que celui où, tandis que le navire descend lentement le fleuve Mersey vers la mer, les ouvriers anglais, émergeant des bassins de carénage, collés aux traverses des ponts, agitent leurs bérets et chantent pour saluer les partants. Peu importe à de Gaulle que Pechkoff soit « intransigeant et tyrannique », si cette inflexibilité est mise au service de la libération du pays. Le nouveau cinq galons peut être un pion intéressant dans sa politique africaine. Or l'Afrique noire française porte tous les espoirs de la France Libre, c'est un réservoir d'hommes, un tremplin pour la reconquête de l'Europe. En trois jours – « les Trois Glorieuses » –, fin août 1940, le Tchad, le Cameroun et le Congo sont tombés dans son escarcelle sans qu'aucun coup de feu n'ait été tiré. Un mois plus tard, par contre, l'échec devant Dakar, tenue par un commissaire fidèle à Vichy, et ses deux cents morts du seul côté français, a marqué un douloureux point d'arrêt. En octobre, heureuse nouvelle, le Gabon se rallie à son tour. Le général de Larminat est nommé haut-commissaire des territoires africains de la France Libre. Félix Éboué, gouverneur du Tchad depuis 1938, a rejoint de Gaulle dès le 18 juin : il devient gouverneur général de l'Afrique-Équatoriale et s'installe à Brazzaville.

La grande aventure est en marche. À la fin juillet 1940, les Français Libres – définis comme « les engagés volontaires sous les ordres du général de Gaulle entre le 18 juin 1940 et le 31 juillet 1943 » – étaient sept mille, ils sont trente-cinq mille en décembre de la même année, on en dénombrera au bout du compte près de soixante mille. À ces combattants, les fragments de l'Empire colonial français gagnés à la cause gaulliste fournissent désormais une solide base territoriale. « Le plus extraordinaire, c'est que ça marche », aurait dit Lénine en octobre 1917, se retrouvant propulsé au pouvoir à l'issue d'une révolution improbable échafaudée avec des bouts de ficelle. De Gaulle pourrait dire la même chose. Des hommes d'exception cependant l'ont rejoint, comme le capitaine Leclerc de Hauteclocque, âgé de trente-sept ans et père de six enfants, réputé l'un des plus brillants officiers de sa génération – fait deux fois prisonnier, il s'est chaque fois évadé. Ses beaux succès africains lui ont valu d'être en un temps record propulsé général. Autre rallié de choix : le général d'armée Georges Catroux, chef militaire doté d'un prestige international, qui, moins d'un mois après l'affaire de Dakar, est venu à Fort-Lamy faire allégeance à de Gaulle, un simple deux étoiles de quatorze ans son cadet.

Avec les colonies anglaises d'Afrique dont font partie les territoires alloués à Zinovi, l'urgence est d'établir de bonnes relations en espérant y faire accréditer des consuls représentant la France Libre. Les tiraillements sont constants. De Gaulle cherche à court-circuiter les Anglais, ceux-ci font tout pour le tenir en lisière. Depuis juillet 1941, il a déjà à Johannesburg un représentant, Jean Vacher-Corbière. Pour lui faire passer la pilule, de Gaulle précise que la mission de Pechkoff est « en principe provisoire ». Au nouveau venu d'imposer son autorité. Moins d'un mois plus tard, le 7 janvier 1942, un télégramme du Général à l'intention de Pechkoff, rédigé en anglais (toute communication en Afrique passe forcément par le filtre britannique), lève toute ambiguïté : «Je vous confirme l'importance que j'attache à votre mission. Vous devez prendre la direction de toutes nos activités dans votre zone dans tous les domaines.» Suit un petit couplet de louanges sur l'action menée jusque-là par son prédécesseur. Alors qu'il longeait les côtes africaines, Pechkoff a été rejoint par le jeune Roger Pignol, un étudiant en droit, natif de la Seine-Saint-Denis, engagé à Londres à dix-huit ans et demi en juillet 1940. Ce jeune homme courtois, cultivé un brin précieux, qui parle anglais et allemand, sera désormais l'indispensable secrétaire de Pechkoff et le suivra dans la plupart de ses aventures dans les rangs de la France Libre.

L'autre maréchal

Le premier défi de Pechkoff est d'abord d'être agréé par le maréchal Smuts, le Premier ministre du gouvernement sud-africain. Une personnalité hors norme. Fils d'un gros fermier afrikaner de la région du Cap, descendant de huguenots français par sa mère, brillant élève de l'université Victoria de Stellenbosch puis de Christ's College à Cambridge, homme timide et solitaire, d'une stricte moralité et d'une vaste culture, Jan Christiaan Smuts aurait pu faire en Angleterre une belle carrière d'avocat. Il a choisi de revenir dans son pays pour œuvrer à la naissance, en 1910, dans le giron du Commonwealth, de l'Union sud-africaine à partir des quatre colonies britanniques du Cap, du Transvaal, du Natal et de l'État libre d'Orange. Quand, en 1939, la guerre éclate, il redevient, à près de soixante-dix ans, Premier ministre, en même temps que ministre de la Défense et commandant supérieur de l'armée de l'Union. C'est de cette figure incontournable, un proche de Churchill qui l'a nommé «Field marshal», que l'habile Pechkoff réussit à s'attirer les bonnes grâces. Un passé de contestataire les lie, libéral pour Smuts, révolutionnaire pour Pechkoff. Une vie aventureuse aussi, l'expérience de la guerre, la mort frôlée de près. Mais ce qui rapproche avant tous les deux hommes, c'est une familiarité avec les choses de l'esprit qui élève leurs discussions au-delà du quotidien. Pechkoff l'humaniste n'ignore pas pour autant la réputation de dureté de Smuts qui, vingt ans plus tôt, noya dans le sang la révolte des grévistes du Witwatersrand. Et il ne manque pas d'être étonné par l'attitude paternaliste du maréchal vis-à-vis d'autochtones jugés immatures, et par son soutien inconditionnel à la « colour bar » qui prône un développement séparé des Noirs et des Blancs. Mais la responsabilité majeure qui incombe à Smuts est de sécuriser la route maritime autour du Cap puisque, le canal de Suez étant fermé, il n'est d'autre moyen de gagner l'Orient.

Le pays est attachant, ses habitants plutôt bien disposés à l'égard des Français Libres. Dès l'arrivée du colonel, les journalistes locaux sont à ses basques. « L'un des fils les plus braves et les plus intrépides de la France Libre est au Cap », proclame sur une pleine page l'article du *Cape Time*, grand quotidien libéral, illustré par une superbe photo de Pechkoff conduisant une colonne de la Légion au Maroc. Sophie de Roisin, encore une probable huguenote, y narre par le menu la vie aventureuse du colonel qui, pour avoir échappé plusieurs fois à la mort, peut confier : « Ma vie est un miracle ! »

Par la route du Cap, les convois maritimes progressent en file indienne. À tous ceux qui font escale, on portera la bonne parole. « Il importe de faire comprendre aux militaires français de passage où est leur devoir », disait déjà de Gaulle à Vacher-Corbière. Le devoir en question n'est pas pour tous évident. Alors que Pechkoff se présente un jour à la coupée d'un navire de Vichy et salue le drapeau, il se voit refuser l'accès par les officiers du bord qui le traitent de métèque et de déserteur, conspuent « le manchot », « le boiteux ». Les marins crachent sur le sol, lui montrent le poing. Cette scène atroce hantera longtemps la mémoire de

Zinovi. Heureuse compensation : le bel accueil que lui réserve le contre-torpilleur *Léopard* qu'il inspecte en novembre 1942, manifestement déjà gagné à la croix de Lorraine.

Lieutenant-colonel en novembre, Zinovi passe colonel au mois de mars. Il était « représentant » du général de Gaulle, le voici son « délégué ». Les mots sont chargés de sens. Six mois à peine après son arrivée, le haut-commissaire britannique Waterson lui signifie sa reconnaissance officielle par le gouvernement de l'Union sud-africaine, ce qui entraîne automatiquement la reconnaissance du Comité national français (CNF)... et la fin des relations avec Vichy. À mesure que les mois passent – ce sera encore plus vrai après le débarquement allié en Afrique du Nord –, les diplomates français en poste à l'étranger rejoignent la croix de Lorraine. Tout le monde s'accorde à dire que de Gaulle a eu la main heureuse en Afrique du Sud. À Londres, les rapports de Pechkoff sont jugés « parfaitement informés et pénétrants ». Un sans-faute.

La Grande Île interdite

C'est une crise majeure qui s'annonce. Depuis le 7 décembre 1941 et l'attaque par le Japon de la base américaine de Pearl Harbor, provoquant l'entrée des États-Unis dans une guerre désormais mondiale, les Alliés craignent que les Japonais ne débarquent à Madagascar et ne prennent le port militaire de Diego-Suarez, le seul de l'océan Indien qui soit bien équipé et protégé. Or le régime de Vichy tient solidement ce territoire. De Gaulle a tenté en vain de convaincre le gouvernement britannique de lui prêter assistance pour récupérer ce fleuron de l'Empire. La menace planant sur Madagascar a joué dans sa décision de placer une vigie efficace au cap de Bonne-Espérance : « La personnalité de Pechkoff, écrit-il dans ses *Mémoires de guerre* à propos de l'affaire malgache, avait séduit le général Smuts et je comptais que, si l'Union devait entrer en ligne, son Premier ministre ne le cacherait pas à mon habile et loyal représentant. »

Or, le 5 mai 1942, à quatre heures trente du matin, les Britanniques débarquent en force à Diego-Suarez. C'est une véritable armada qui, partie de Durban, a foncé sur Madagascar. Pechkoff tombe des nues, il a appris l'opération au milieu de la nuit, tout comme de Gaulle réveillé par le coup de fil d'une agence de presse. Le général est furieux : voilà que nos alliés occupent par la force une possession française sans même avoir consulté la France ! Son « habile et loyal représentant » est, lui, profondément humilié, la veille encore, Smuts et lui s'étaient parlé à cœur ouvert – c'est là un épisode qu'il n'évoquera pratiquement jamais.

La résistance vichyste durera trois jours, on déplore soixante-sept morts du seul côté français. Massacre inutile, juge de Gaulle. Le communiqué publié par Washington le jour même de la prise de Diego-Suarez, affirmant que les États-Unis et la Grande-Bretagne sont d'accord « pour que Madagascar soit restituée à la France dès que l'occupation de cette île ne serait plus essentielle pour la cause commune des Nations Unies », porte l'irritation de De Gaulle à son comble : à la France de Vichy et à la France Libre s'ajouterait donc une troisième France administrée par les Anglais ! Il faut à tout prix contrer l'impérialisme anglo-saxon. Le 11 mai, dans une lettre à Anthony Eden, le général revendique l'association à terme du Comité national français (CNF) à l'administration de la Grande Île sitôt qu'elle sera tout entière libérée.

Le 13 mai, le Foreign Office promet au chef des Français Libres que ses vœux seront exaucés, que l'Angleterre lui laissera le champ libre à Madagascar. Mais peut-on faire encore confiance à la « Perfide Albion » ? Au même moment, de Gaulle a le sentiment d'être assigné à résidence en Angleterre. Il met en garde ses plus fidèles lieutenants en Afrique ou au Moyen-Orient contre les menées des Anglo-Saxons ; qu'ils ne craignent pas de rompre toute relation avec eux si leur duplicité est avérée. Il brandit même l'idée d'un changement d'alliance, reçoit Bogomolov, l'ambassadeur soviétique délégué à Londres auprès du CNF, pour lui demander si, dans le cas où il romprait avec les Américains et les Anglais, le gouvernement soviétique serait prêt à l'accueillir sur son territoire, lui et ses troupes ! Dans la foulée, le général va accélérer son projet d'envoi de combattants français sur le front Est : d'abord regroupé sur l'aéroport militaire de Rayak au Liban, le groupe « Normandie », formé de quatorze pilotes, gagnera dès le mois de novembre 1942 l'URSS. Il s'y illustrera sous le nom de « Normandie-Niémen ». Churchill a eu beau recevoir de Gaulle pour calmer ses soupçons, le général n'est qu'à moitié rassuré. « Un indice fâcheux nous fut fourni tout de suite, écrit-il dans *L'Appel*, Pechkoff que je voulais envoyer à Diego-Suarez pour m'informer de ce qui s'y passait, se voyait empêché de partir. » Il faudra attendre la prise de la capitale, Tananarive, pour que les Anglais annoncent leur volonté d'installer à la tête de l'île « une administration amie, la France combattante » – ainsi convient-il d'appeler la France Libre depuis le 14 juillet précédent.

Le 22 septembre, depuis Brazzaville, de Gaulle envoie une longue lettre à l'intention du maréchal Smuts. Après un petit coup de chapeau inaugural – « L'avis d'un homme tel que vous, qui dirige si magnifiquement son pays au milieu de tant d'obstacles, m'est naturellement des plus précieux » –, le chef de la France Libre y réaffirme sa volonté de maintenir l'alliance franco-britannique, une alliance qui est « une condition indispensable de la victoire des nations libres et ensuite de la paix du monde ». Mais le propos de sa lettre est surtout de chercher auprès de Smuts un appui dans le différend qui l'a opposé ces derniers mois aux Anglais sur le problème de Madagascar. Il tient à lui faire comprendre que la seule ambition du Comité national français est d'exercer dans l'île la souveraineté française. Cette lettre est enfin l'occasion de tirer son képi au colonel Pechkoff, « dont je suis heureux de constater qu'il a eu le bonheur d'obtenir votre confiance ». Zinovi remettra la lettre en mains propres.

Le 29 octobre, un nouveau télégramme « très secret » lui parvient depuis Londres : « J'ai des raisons de penser, écrit le Général, que l'affaire de Madagascar peut aboutir à un règlement assez satisfaisant. S'il en est ainsi, l'importance de votre mission actuelle en Afrique du Sud en sera sensiblement réduite. D'autre part, il est à supposer que, dans un avenir peut-être très proche, une action alliée pourrait être déclenchée sur l'AOF* ou l'Afrique du Nord française, ou sur les deux simultanément. Mon intention est d'utiliser au maximum vos aptitudes en vue de cette éventualité. Vous savez que nous avons au Nigeria, Gold Coast, Sierra Leone et Gambie, des missions militaires qui font à la fois du renseignement militaire et politique, de la propagande et du recrutement sur l'AOF... Je me propose de vous désigner pour le commandement de ces missions avec les suites que cela peut comporter éventuellement. Vous dépendrez directement de moi avec qui vous communiquerez par chiffre spécial. Veuillez me faire connaître d'extrême urgence votre avis à ce sujet tout en gardant le secret le plus absolu. Dès que j'aurai reçu votre avis, ma décision vous sera notifiée. »

British West Africa

À situation tendue, recrutement exceptionnel. Comment résister à l'invite du général de Gaulle ? Le colonel ne se tient plus de joie. Bien sûr qu'il est partant pour cette nouvelle mission, et plutôt trois fois qu'une ! Depuis sa décision de rejoindre la France Libre, il a plus que jamais le sentiment d'être « là où les choses se passent ». En ce début novembre 1942, où il a tenu à saluer son équipe du Cap avant de partir boucler ses valises à Pretoria, il a pris le temps d'une courte pause, et s'est fait conduire tout en haut de la montagne de la Table qui domine la ville. Il est tôt encore, l'air est frais, le ciel dégagé de tout nuage. C'est le début de l'été austral. La ville s'étend au pied de la montagne. À l'Ouest, l'océan Atlantique, à l'Est, les eaux plus chaudes de l'océan Indien. Face à ce site admirable, Zinovi ne peut, une fois encore, s'empêcher

* Afrique-Occidentale française, N.D.A.

de penser à tous ceux qui vivent sous la botte allemande, à ses camarades officiers qui, prisonniers, croupissent quelque part en Prusse-Orientale, à ces Français et ces Françaises qui, dans les villes et les campagnes, commencent à se lever contre l'occupant au péril de leur vie. Il pense aux Juifs de France, astreints depuis juin au port de l'étoile jaune, à tous ceux – des Juifs apatrides ceux-là, surtout des femmes et des enfants, venus d'Allemagne, de Pologne ou de Russie – qui se sont retrouvés à la mi-juillet parqués dans des conditions indignes au Vélodrome d'Hiver, avant d'être envoyés on ne sait trop où, vers des camps en grande banlieue, dans le Loiret, et même plus loin encore, aux dires de certains. Il n'aurait pas hésité à signer la lettre de l'ambassadeur Claudel qui, à la veille des dernières fêtes de Noël, écrivait depuis sa retraite du Bugey au grand rabbin de France pour lui dire « le dégoût, l'horreur, l'indignation éprouvés par tous les bons Français et les catholiques en particulier, à l'égard des mauvais traitements de toutes sortes dont sont victimes leurs compatriotes israélites ».

Dans ces heures sombres, comment ne pas vivre comme un accomplissement la confiance dont l'honore le général de Gaulle ? Le chef de la France combattante qui, il y a à peine plus d'un an, rejetait ses offres de service a besoin de lui, il veut « utiliser au maximum (ses) aptitudes ». Que serait-ce s'il savait que, devant l'Histoire, il serait un jour qualifié par lui d'« habile et loyal représentant » ? Zinovi pourrait vivre cet adoubement tardif comme une jolie revanche. Mais pour lui, c'est beaucoup plus que cela. Le sentiment d'être reconnu dans ce qui est le cœur de sa vie : se battre pour une cause à laquelle il croit. La première fois, il était pour ce faire dans la nuit des tranchées. Là, sous le soleil qui est en train de poindre, il se sent pénétré par une joie ineffable. Il a cinquante-sept ans pourtant, une carcasse qui peine parfois. Il n'a jamais été si seul au monde, plus de père, plus d'épouse, plus d'enfant. Autour de lui, les rangs s'éclaircissent. Disparus, nombre de ses compagnons d'armes. Mort brusquement, en février 1940, ce joyeux colosse qu'était le prince Aage, d'un méchant virus contracté à Taza. Mort au combat trois mois plus tard, Gérard Clausener lors de la poussée des Allemands en Belgique. Morts, ces prestigieux aînés qui lui ont montré la voie, le maréchal Lyautey en juillet 1934 dans son château lorrain, et Philippe Berthelot, dont le cœur épuisé a fini par lâcher en novembre de la même année, un an seulement après avoir quitté sa charge de secrétaire général du Quai. Morts, Alexandre Amfiteatrov en 1938, vaincu par l'âge et sa vie misérable d'exilé, tout comme le glorieux Chaliapine après des années de succès. Mort en janvier 1940, Damien de Martel, terrassé par une attaque deux ans seulement après son retour du Liban.

« Choisis donc la vie ! » : Zinovi n'a pas oublié la leçon soufflée par la Bible à l'Ambulance américaine. Il n'a pas craint d'affronter de nouveau la mort, il en a plus d'une fois senti le souffle brûlant. Qui apercevrait ce matin sur la montagne de la Table cette frêle silhouette, un peu perdue au milieu du *fynbos*, le bush sud-africain, parsemé en cette saison de buissons fleuris aux belles couleurs vives, aurait du mal à imaginer le sentiment d'invincibilité qui habite en cet instant le colonel Pechkoff. Des passereaux au plumage vert vif et au plastron rouge volettent autour de lui. Un peu plus haut dans la montagne file un troupeau d'antilopes. Toute la beauté du monde semble s'être concentrée en ce lieu. Droit devant, à quelques dizaines de kilomètres seulement, Zinovi imagine ce cap de Bonne-Espérance que les premières troupes de la France Libre ont dû doubler pour gagner le Levant et y remporter leurs premières victoires. À la fin de 1942, il y aura encore des échanges de vœux chaleureux entre Pechkoff, depuis l'AOF, le maréchal Smuts et son épouse. Entre le maréchal et le général de Gaulle, les relations, elles, ne cesseront de se détériorer. Au printemps 1945, raconte l'amiral Philippe de Gaulle dans ses *Mémoires accessoires*, on assiste à cet échange glacial entre les deux hommes : « Général, dit Smuts, je crains de ne plus jamais revoir la France comme puissance mondiale. » Et le Général de répondre : « Je suis désolé, Monsieur le maréchal, d'apprendre votre santé si compromise... »

Le 14 novembre 1942, de Gaulle presse Pechkoff de rejoindre sans attendre Accra, la capitale de la Gold Coast. La raison de ce branle-bas de combat ? Le 8 novembre 1942, les troupes anglo-américaines ont débarqué en Algérie et au Maroc. L'affaire de Madagascar avait déjà démontré la volonté des Anglais de tenir la France combattante à distance, avec le risque, brandi par de Gaulle, de les voir annexer à leur profit des parcelles de l'Empire français. L'opération «Torch» confirme ces craintes : elle est un soufflet magistral pour les Français Libres, alors que la situation militaire semblait tourner à leur avantage. Tout soudain leur échappe. Au Maroc, les autorités militaires restées fidèles à Vichy ont accueilli les Alliés à coups de canon. À Alger comme à Oran, ce sont les groupes de résistance locale, pas forcément gaullistes, qui ont obtenu l'arrêt des combats. Dès le lendemain, la Tunisie est investie par les Allemands. Le 11 novembre, ils pénètrent en zone libre, l'ensemble du territoire métropolitain français est entre leurs mains. Les 26 et 27 novembre, la flotte française se saborde à Toulon pour éviter d'être livrée à l'ennemi, près de quatre-vingt-dix bâtiments sont envoyés par le fond. À Alger, les Américains viennent d'introniser comme haut-commissaire l'amiral Darlan, le chef des forces armées de Vichy, qui, se trouvant là par hasard au moment du débarquement, a fini par s'y rallier. Et cette intronisation s'est faite «au nom du maréchal», ce qui provoque la fureur de De Gaulle.

Allumer le feu

L'heure est venue d'allumer le feu. Le 1er décembre 1942, de Gaulle envoie de Londres un nouveau télégramme «très secret» à Pechkoff. Estimant que la situation générale est favorable à une action audacieuse décisive, il le prie d'envoyer sans délai les officiers des missions dont il a la charge dans les principaux postes militaires de l'Afrique-Occidentale française «pour y prendre le contact des éléments militaires et civils, y regrouper les patriotes et y faire une propagande ouverte en faveur du ralliement à la France combattante». Il lui faudra aussi rechercher sur place des personnalités favorables à la cause, susceptibles de prendre la maîtrise des opérations. «D'autre part, poursuit le Général, vous multiplierez à la radio les attaques contre les hommes de Vichy en Afrique du Nord en montrant que les chefs de Vichy sont responsables des trahisons et des erreurs passées, et qu'ils ne désavouent aucunement ces erreurs et ces trahisons.» Après la disparition de la flotte de Toulon, la tournure favorable des opérations menées en Tunisie va encore affaiblir, selon lui, l'autorité déjà précaire de l'amiral Darlan, tout comme celle du haut-commissaire en Afrique-Occidentale française, le vichyste Pierre Boisson. «Il s'agit en somme de préparer partout l'action directe et d'y passer en n'importe quel point où l'occasion vous paraîtra favorable.» Utile précision : «Bien que l'on puisse espérer que les autorités britanniques ne s'opposeront pas à votre action, vous devrez agir toutefois dans le plus grand secret possible à leur égard et au besoin passer outre à leurs tergiversations.»

Pechkoff a rejoint l'action qu'il préfère, celle qui se prépare dans le secret et opère dans la surprise. Pour le moment, il fait bonne figure à Accra où se retrouvent les autorités politiques et militaires britanniques, et une importante base logistique américaine. Comme en Afrique du Sud, il a très vite trouvé ses marques. Georges-Louis Ponton, le jeune administrateur colonial qui tenait jusqu'ici le poste, habillé à l'anglaise de shorts longs, d'une chemisette et de hautes chaussettes blanches, lui sert de cicérone. Le colonel a la réputation d'être un homme à poigne, il est investi de la pleine confiance du général de Gaulle, ce beau soldat est aussi un fin diplomate qui n'a pas son pareil pour faire cohabiter des opinions tranchées. Autant de précieux atouts pour être accueilli dans cette ville où voisinent de fortes personnalités tels lord Swinton, le représentant de Churchill en Afrique, ou le général Giffard, commandant en chef des troupes anglaises d'Afrique de l'Ouest, qui fait tout pour balayer l'influence française dans la région.

Cependant les choses bougent à Alger. Le 24 décembre, l'amiral Darlan est assassiné par un jeune cagoulard, Fernand Bonnier de la Chapelle. Le général Henri Giraud est nommé par les Américains commandant en chef civil et militaire en Afrique du Nord. Meurtri d'avoir été mis le 8 novembre devant le fait accompli, le général de Gaulle doit bien reconnaître les progrès enregistrés depuis. À part la Tunisie qu'il faut reprendre aux Allemands, et l'Indochine qui, isolée, reste inféodée à Vichy, l'Empire français a désormais basculé dans le camp des Alliés. L'opération Torch a marqué un tournant décisif dans la Seconde Guerre mondiale. Désormais, une victoire des Alliés entre dans le domaine des possibles. Encore faut-il préalablement régler le conflit avec le général Henri Giraud. Hostile à la collaboration mais adepte de la Révolution nationale, ce général d'armée, grand-croix de la Légion d'honneur, dont le prestige a été accru par son évasion rocambolesque de la forteresse de Königstein en avril 1942, maintient en Afrique du Nord l'essentiel de la législation et des pratiques vichystes. Une position médiane difficilement compatible avec le jusqu'au-boutisme gaulliste. Puisqu'il leur faut désormais œuvrer ensemble à la reconquête du territoire national, il est essentiel que de Gaulle et Giraud se rencontrent et fusionnent leur action.

À la mi-janvier 1943, la « conférence d'Anfa », qui a réuni les deux hommes à Casablanca en présence de Roosevelt et de Churchill, a débouché sur une morne poignée de mains, loin de la réconciliation espérée. Le 10 février, annonçant depuis Londres la nomination du général Catroux comme son représentant personnel à Alger, de Gaulle souligne que ce dernier est chargé de négocier avec « l'état de choses existant » – sous-entendu « qui ne saurait durer ». Bref, il est essentiel de « ne pas accepter, même en apparence, la confusion et l'impuissance qui règnent en Afrique du Nord ». Catroux est invité à rejoindre rapidement Alger. « Pechkoff et Charbonnières, poursuit le Général, y partiront incessamment pour préparer l'installation de votre mission. »

Début mars 1943, la « mission de liaison en Afrique du Nord » du Comité national français se met au travail sans attendre l'arrivée de son chef. Pechkoff dirige la section militaire. Léon Marchal, esprit fin et cultivé, prend en charge la section civile, tandis qu'un autre diplomate, Guy de Charbonnières, est désigné comme chef de cabinet de Catroux. Alger, élue nouvelle capitale provisoire, semble saisie d'une agitation fébrile. Dans le port s'alignent navires de guerre et embarcations de débarquement. Tout près de là, au Comité d'accueil aux nouveaux arrivés (dont le local est surmonté, à la surprise de Pechkoff venu le visiter, d'un gigantesque portrait de Pétain et d'un autre de Darlan) règne une incroyable cohue. En ville, il y a pléthore de troupes, de civils réfugiés. Si les nouveaux missionnaires ont trouvé – difficilement – à se loger au Saint-Georges ou à l'Aletti, c'est à deux par chambre. Son âge, son infirmité et quelques généreux pourboires au personnel de l'Aletti épargneront à Zinovi une telle promiscuité. Il a même droit, lui, à deux draps et non à un seul, pénurie de textile oblige.

Il règne une ambiance peu plaisante à Alger, bruissant de soupçons, de partis pris, d'exclusives, traversée de tensions entre gaullistes et giraudistes et, à l'intérieur même du clan gaulliste, entre ouvriers de la première heure, ralliés facilement adoubés, nouveaux catéchumènes, tous unis dans la condamnation sans appel de certains réprouvés. Catroux, patron de la mission, a recommandé la plus grande prudence à son équipe, ce qui n'est pas du goût de tous. De toute façon, Giraud voit d'un mauvais œil cette bande d'agitateurs qui, il en est persuadé, travaille à son éviction. À la différence des jeunots de l'équipe, Pechkoff connaît Giraud depuis le Maroc et la guerre du Rif, son affabilité naturelle aiguisée par plus de vingt ans de services diplomatiques rend le contact facile avec le Général, qui le reçoit volontiers de temps à autre dans son bureau mauresque du Palais d'été, surmonté non d'un portrait du maréchal mais d'un drapeau à croix gammée capturé sur le front de Tunisie. Pechkoff a de l'estime pour ce soldat au parcours exemplaire, pour cet homme de traditions, à l'élégance morale tout autant que physique, respectable par son souci d'éviter à la France une forme de guerre civile, mais manquant de clairvoyance face aux grands problèmes du moment. Rien à voir avec cette force déchaînée, cette figure de rupture absolue avec le passé que représente Charles de Gaulle, fulminant contre les erreurs, les fautes, les trahisons, refusant toutes les demi-mesures, toutes les concessions, tous les atermoiements. Un homme de haute liberté. Difficile d'imaginer que deux êtres aussi différents puissent s'atteler comme de bons chevaux, tirant la même voiture, avec une force égale et dans la même direction. À la fin mars, l'arrivée de Catroux va heureusement calmer un peu le jeu. Trouvant l'opinion encore hostile, surtout au Maroc, il préconise de temporiser quelques semaines. Il y a certes quelques indésirables à éliminer, mais le chef de la France Libre a bien spécifié qu'ils se comptaient « sur les doigts des deux mains ».

Décidément, la vie de Zinovi Pechkoff est faite de retournements incroyables. Il rêvait de se retrouver à Alger, le lieu où, en ce printemps 1943, se fait l'histoire. Il y a trouvé sa place, se réjouit de travailler avec Catroux qu'il estime. Or, le 15 avril, son monde tremble de nouveau sur ses bases. Capitaine, il avait eu l'impression de faire du surplace. Et voilà que promu colonel depuis à peine plus d'un an, on lui annonce qu'il est sur la liste d'aptitude comme général de brigade « pour la durée de sa mission ». Sa mission ? Quelle mission ? Pechkoff avait tant rêvé d'être appelé à Alger. Et il lui faudrait déjà repartir ? Catroux l'en a avisé le matin même, il est nommé à la tête de la mission militaire de Chongqing, le siège de la Chine nationaliste, « où sa présence est jugée nécessaire ». « Bien que je regrette, ajoute Catroux, d'avoir à me séparer de vous, j'ai dû m'incliner devant les raisons d'intérêt supérieur qui m'ont été exposées. » Une fois encore, de Gaulle a tranché. Zinovi ne vivra pas, le 30 mai, l'arrivée du chef de la France Libre à Alger, ni l'accueil enthousiaste qui lui est réservé à Casablanca. Il est déjà loin lorsque, le 3 juin, de Gaulle et Giraud, devenus coprésidents du CFLN, le Comité français de libération nationale nouvellement créé, la lutte acquiert une autre dimension. En métropole, l'unification des mouvements de la Résistance intérieure par Jean Moulin fixe des objectifs communs. Les hauts faits d'armes des généraux Leclerc ou Koenig forcent le respect. Cinq mois plus tard, le 9 novembre 1943, l'habileté manœuvrière de Charles de Gaulle lui permettra d'évincer définitivement Giraud du CFLN.

D'autres victoires l'attendent, d'autres désillusions aussi. Mais en Zinovi Pechkoff, le Général sait qu'il peut avoir pleine confiance. Chaotique en son tout début, leur relation ne connaîtra plus d'à-coups. Tant de choses pourtant séparent ces deux êtres, et pas seulement trente centimètres de taille : le caractère, la culture d'origine, le comportement privé, deux mondes difficilement superposables. Malgré tout, une histoire se tisse, il est curieux d'en observer les prémices. D'analyser le ton relativement libre de leurs premiers échanges, cette façon qu'a de Gaulle de tenir ses collaborateurs la bride serrée mais en les laissant malgré tout s'exprimer, cette rigueur apparente qui n'exclut pas une certaine affectivité – ces « Amitiés » venues adoucir en quelque sorte d'impérieux télégrammes. En l'ataman Charles de Gaulle – à ne pas confondre avec la statue du Commandeur qu'il deviendra un jour –, Zinovi a enfin découvert le chef auquel accrocher ses rêves. Charles de Gaulle a trouvé en Zinovi Pechkoff un de ces hommes dont il a besoin pour mener à bien la libération de la France. Non pas un glorieux chef de guerre, ni une haute figure de l'Administration, ni un précieux spécialiste du droit, ni un talentueux homme de presse – encore qu'il possède certains de ces talents. Mais un être à part avec sa légende et ses mystères, ses origines brumeuses et sa folle envie d'être aimé. Un personnage hors norme qui a toute sa place en ces années intenses de la France Libre. Le genre d'homme à qui l'on peut tout demander.

CHAPITRE 6

L'ambassadeur de Chongqing

La capitale des brouillards

« Tu seras un héros, tu seras général, Gabriele D'Annunzio, ambassadeur de France. » Zinovi n'a pas eu comme Romain Gary, autre figure de la France Libre, à supporter devant témoins, pour sa plus grande confusion, la proclamation publique des rêves que formait pour lui sa mère. De mère, il n'en avait plus depuis longtemps. Et il n'est pas sûr que son père adoptif aurait montré pareil enthousiasme devant les glorieux titres qu'allait valoir à Pechkoff la confiance du général de Gaulle. Mais le fait est là : s'il ne deviendra jamais un écrivain célèbre, le légionnaire Zinovi Pechkoff, matricule 20881, est bien devenu général, trente ans plus tard. D'ici peu, il recevra le titre et la dignité d'ambassadeur de France.

En attendant, c'est plus modestement labellisé « chef de la mission militaire » qu'il part fin mai 1943 pour la Chine, par Le Caire, Karachi et Calcutta, le seul couloir aérien autorisé. Non pas en direction de Pékin, que l'ambassadeur nommé par Vichy a dû quitter pour Shanghai, mais, deux mille kilomètres plus au sud, à Chongqing, où s'est retranché en décembre 1938 Chiang Kaï-Shek, le chef du gouvernement de la Chine nationaliste, après que les Japonais ont dix-huit mois plus tôt, pris pied sur le continent et investi la plus grande partie du territoire chinois. Moderne

Marco Polo, Pechkoff a sillonné le monde entier, il a caracolé à travers les plaines sibériennes, abordé l'inaccessible Caucase, labouré une dizaine de fois l'Atlantique, crapahuté dans les montagnes de l'Atlas, joué au cap de Bonne-Espérance les gardiens de phare. Mais la Chine, il la connaît à peine. Tant de gens lui en ont parlé pourtant, pour y avoir laissé un morceau de leur cœur. Paul Claudel qui y passa quatorze ans. Et Alexis Léger. Philippe Berthelot, pour qui il ne pouvait y avoir de formation professionnelle et humaine complète sans un séjour en Extrême-Orient. Jean Chauvel encore, marqué par son premier poste diplomatique. Et bien sûr, Damien de Martel, le premier à lui avoir fait comprendre ce que pouvait être une vraie passion de l'Asie.

Mais à Chongqing, les fastes impériaux sont loin. Loin aussi la Chine d'avant la Grande Guerre, aux premiers temps de la République de Sun Yat-sen telle que l'a connue Martel, avec sa société internationale communiquant à Pékin dans la langue de Molière, et ses Occidentaux en chapeau melon. Capitale du Sichuan, une province enclavée de la Chine de l'Ouest, Chongqing est une ville austère, une cité verticale bâtie en espaliers sur le haut Yang Tsé Kiang, le fleuve Bleu, au confluent du Jialing. Les envahisseurs japonais se sont usés devant elle sans jamais réussir à l'atteindre. Mais elle n'a pas été épargnée. Quand Pechkoff y arrive, en cette sixième année de guerre, Chongqing semble sortir d'un long siège. Les imposantes murailles qui la protégeaient sont désormais à terre, ses ruelles ont été éventrées, des quartiers entiers ne sont plus que ruines à la suite de bombardements japonais d'une violence inouïe qui ont fait, à partir de mai 1939, quelque vingt mille morts et douze mille blessés. La vie y semble comprimée à l'extrême entre la horde de réfugiés qui ont suivi la migration forcée vers le sud, multipliant en quelques mois sa population par quatre, les troupes stationnées dans la ville, l'administration de la Chine nationaliste, les nombreuses représentations étrangères, l'armée, enfin, des correspondants de presse hébergés au Press Hostel que le ministère de l'Information a fait construire à sa porte. On se perd facilement dans le magma de ses quartiers, dans ses ruelles sordides et malodorantes, striées par d'impressionnants escaliers de pierre. Le choléra est une menace permanente, les rats sont si gros et si nombreux que les propriétaires de chats les attachent, craignant pour leur vie. Quant à l'approvisionnement, il est plus que problématique. Les Japonais occupant le nord du pays et la zone côtière, le seul transit possible ne peut se faire que par l'ouest et par le sud.

Mais la route vers la Birmanie est coupée, le chemin de fer reliant le Yunnan au Tonkin hors d'usage. Privée de toute voie d'accès, isolée du reste du monde, Chongqing ne peut plus être atteinte que par avion. Encore faut-il des appareils spéciaux capables de survoler le massif himalayen. Il est à craindre que, très vite, la population n'ait plus grand-chose à se mettre sous la dent. Pour parfaire ce tableau enchanteur, on notera que Zinovi, arrivant à Chongqing à la fin du printemps, a pu être accueilli par un mince rayon de soleil. Qu'il en profite, ce sera peut-être l'un des seuls de l'année, la ville est réputée pour connaître le plus bas taux d'ensoleillement du pays. L'été, c'est un four, son climat subtropical humide lui vaut des températures de trente-trois ou trente-quatre degrés. L'hiver, on y gèle. Mais surtout, en toutes saisons, blottie dans le bassin du Sichuan, Chongqing est plongée dans des brumes opaques. Ce n'est pas pour rien qu'on l'appelle «la capitale des brouillards».

Une situation impossible

Dans la guerre qui ébranle le monde, la Chine, par sa position géographique et l'étendue de son territoire, a offert un appoint militaire et stratégique essentiel aux Alliés. Sa défaite serait signe de la libération pour d'autres théâtres d'opérations de plus d'un million de soldats japonais, elle aurait sans doute conduit à l'attaque de l'Australie, des Indes, de la Sibérie. Le maréchal Chiang Kaï-Shek, chef du Kuomintang, le parti nationaliste, a monnayé habilement cette situation, obtenu une aide financière massive des États-Unis, le retrait des Russes du Sinkiang, la renonciation dès 1942 par les Anglais et les Américains aux «traités inégaux», vieux pour certains d'un siècle, qui leur concédaient des enclaves où établir leurs comptoirs. Mais la France est absente de ce jeu-là. Ce sera le rôle du général Pechkoff de convaincre les Chinois que la France peut, elle aussi, les aider à bouter les Japonais hors du continent asiatique, une contribution logique vu les intérêts matériels et moraux qu'elle possède en Extrême-Orient – il s'agit en clair de sauvegarder à la fin de la guerre sa présence en Indochine, où l'amiral Decoux, le gouverneur général nommé par Vichy, cohabite tant bien que mal avec l'occupant japonais sous le regard de trente mille Européens, colons, fonctionnaires et militaires, et de vingt-quatre millions d'Indochinois.

La tâche est rude d'autant que les nationalistes n'ont jusqu'à maintenant qu'un seul et unique interlocuteur français : la délégation vichyste. Mais le crédit de cette dernière va bientôt être réduit à zéro avec la rétrocession des concessions françaises… au gouvernement «fantoche» de Nankin soutenu par les Japonais. Dès lors, Chongqing rompt ses relations diplomatiques avec le gouvernement du maréchal Pétain. À la mission militaire, Pechkoff ne dispose cependant que d'une équipe restreinte d'une douzaine de membres. Il doit en outre coexister avec Jacques Coiffard, le délégué en titre de la France Libre, en charge des affaires politiques. À la mi-août, Pechkoff s'ouvre directement à de Gaulle de ses problèmes financiers, ses SOS à répétition étant restés sans effet. Il évoque la situation matérielle tout à fait exceptionnelle d'une Chine privée de communications terrestres avec le monde extérieur, le coût exorbitant de la vie, la disproportion entre le change officiel et le pouvoir d'achat du dollar chinois qui est déprécié de jour en jour. En un mois, les prix ont doublé. La mission a fait des dettes, il faut payer les arrérages.

Il n'a tout de même pas fait ce métier pour jouer au grand argentier. Heureusement pour Zinovi, ses talents de grand communicant sont aussi requis. Le 14 Juillet, devant la colonie française de la ville, les représentants du gouvernement chinois et les missions diplomatiques étrangères, il célèbre dignement la fête nationale par un discours inspiré, rappelant les heures sombres de juin 1940 et son armistice honteux, l'espoir suscité par l'appel du 18 Juin, les combats glorieux des Forces françaises libres, à Koufra, à Bir Hakeim, avant de conclure sur des accents gaulliens : « Hommes d'autrefois, Français qui avez osé, Français de toujours, votre flamme n'est point morte... Nous crions à la sainte croisade, à la conspiration des hommes, à la levée en masse pour sauver l'héritage sacré de tout ce qui peut rester humain en ce siècle. »

Nombre de gens avaient vu débarquer avec un œil circonspect ce drôle d'oiseau qu'est le général Pechkoff, avec son passé mystérieux et sa stupéfiante accélération de carrière. « On ne sait trop, confie le capitaine Jacques Guillermaz, qui, rescapé de l'équipe vichyste, deviendra pour Pechkoff un précieux collaborateur, si c'est là un homme exceptionnel ou s'il a très habilement utilisé sa filiation juridique avec Maxime Gorki. » Une chose est sûre : Petrov, l'ambassadeur soviétique, tient le fils de Gorki, le frère de Sverdlov, pour un traître. Les Américains et les Anglais lui témoignent par contre une certaine considération. Du général anglais d'origine belge Carton de Wiart, représentant personnel de Churchill auprès de Chiang Kaï-Shek, Zinovi va même se faire un compagnon de promenade et un ami. Il faut dire que l'homme est un personnage. Lui aussi grand mutilé – huit fois blessé dans les combats de la Première Guerre mondiale, il y a laissé un œil et la main gauche –, c'est un trompe-la-mort patenté qui a survécu au crash de son avion et réussi à s'évader d'un camp de prisonniers en creusant un tunnel malgré son infirmité. C'est en s'inspirant de lui que l'écrivain Evelyn Waugh campera, dans *Hommes en armes* le portrait du général Ben Ritchie Hook, un va-t-en-guerre aussi compétent et efficace qu'excentrique et turbulent, qui se déplace à moto malgré un bras amputé.

Du côté chinois, le risque eût été que, compte tenu de la faiblesse de notre situation diplomatique, le chef de la mission militaire française soit traité avec désinvolture. Les principaux personnages du régime ne se laissent pas approcher si facilement. Mais courtois, respectueux des usages, ce mandarin venu de l'Ouest trace son chemin. Il n'est pas là depuis un mois que Paul Wou, le chargé de protocole au bureau des Affaires étrangères de Kunming, la capitale du Yunnan, le bastion annexe des Nationalistes, lui adresse une missive : « Dans un pays, écrit-il, doté d'une civilisation archi millénaire, nous avons particulièrement apprécié les manières raffinées d'un être social, surtout quand émanant d'un militaire dont le métier n'est pas sans rudesse. L'histoire de la Chine nous a donné beaucoup de "généraux lettrés". C'est un réel plaisir de voir un "général lettré" en vous qui venez représenter chez nous la belle tradition militaire française. » Quant au maréchal Chang Fa-Koe, « commandant suprême de la IVe zone de guerre », il dit son « enchantement » d'avoir reçu Pechkoff dans son fief de Liu Tcheou. Même s'il n'a toujours pas entrevu le « generalissimo », comme on appelle là-bas Chiang Kaï-Shek, Zinovi Pechkoff est bien parti pour faire la conquête de son entourage.

L'irrésistible ascension du « général lettré »

Il est temps de faire le point à Alger. 30 septembre 1943 : le DC 3 de la CNAC, la compagnie de la Chine nationaliste, s'arrache à la piste, emportant le général Pechkoff et Guillermaz qui a demandé à rejoindre une unité combattante. À travers les montagnes enchevêtrées du Sechuan et du Guizhou, on gagne Kunming avant de prendre plein ouest en direction de l'Himalaya : à cinq mille ou six mille mètres, les deux courriers diplomatiques anglais, habitués du trajet, mettent leur masque. Le DC 3 vole au-dessus des confins nord de la Birmanie pour éviter les chasseurs japonais. À Calcutta, « ville grouillante, noire et triste », note Guillermaz – ce n'est pas pour rien que Kipling parle de « la cité de l'épouvantable nuit» –, un déjeuner frugal attend les voyageurs au QG du général anglais Giffard, que Pechkoff a connu à Accra. Un avion miniature a fini par les déposer à New Dehli. Les y attend une invitation du vice-roi des Indes, le field marshal sir Archibald Wavell. Le déjeuner sous les ors et les stucs du Rashtrapati Bhavan, le palais du gouvernement, est d'une fastueuse solennité. Une façon d'affirmer l'immutabilité du Raj dont Pechkoff aura une autre illustration à Karachi, lors de sa rencontre avec le général Hind, le commandant militaire de la région, avec ses jodhpurs impeccablement taillés, son délicieux accent d'Oxford et sa passion pour le cricket. Instructive aussi cette longue visite au gouverneur indien de la ville venu apporter un utile contrepoint au tableau idéal brossé par les Britanniques – il est rafraîchissant de l'entendre évoquer librement ses problèmes, après l'immuable façade souriante des dignitaires chinois, quelque avanie qu'ils aient à subir.

L'Occident se rapproche, on vole assez bas pour distinguer le Chatt-el-Arab où se mêlent les eaux du Tigre et de l'Euphrate, la Mésopotamie, le désert de Syrie. L'Ancien Testament se déroule à livre ouvert. Le front collé au hublot, Zinovi essaie de repérer sur la côte Beyrouth, Saïda, Tyr. Les rues du Caire sont pleines de soldats venus de tous les coins de l'Empire britannique. Au QG anglais, le chef d'état-major, le général Beaumont Nesby, semble presque désœuvré depuis que l'armée allemande a quitté l'Afrique du Nord. Sécurité oblige, des batteries antiaériennes veillent tout de même sur les Pyramides, et le Sphinx est toujours protégé jusqu'au menton par des sacs de sable. Bientôt, ce sera Tunis et juste après, Alger. Mais Zinovi a demandé une ultime faveur au pilote. Il aurait tant voulu s'incliner sur la tombe de Dimitri Amilakvari, l'époux d'une des jolies sœurs Dadiani, chef de corps de la glorieuse 13e demi-brigade de Légion étrangère – l'un des fers de lance de la France Libre –, tué à El-Alamein à trente-cinq ans d'une balle en plein front. Il n'y avait pas de piste à proximité. Ils ont fait malgré tout escale en plein désert libyen : tout comme les chairs gardent la mémoire des blessures, la terre des braves arbore longtemps ses cicatrices, on y lit les stigmates des combats qui s'y sont déroulés. Le silence de ces espaces infinis a ouvert pour Zinovi les portes du rêve, c'est en ces lieux que s'était joué le sort de la guerre, à Bir Hakeim, à El-Alamein, dans ces batailles mythiques où sa chère Légion s'était illustrée, où ses soldats avaient été, comme l'a dit de Gaulle, « l'orgueil de la France ». Il aurait tant voulu livrer ces combats-là.

Alger fourmille de troupes en transit vers l'Italie. Pechkoff passe, lui, le plus clair de son temps sur les hauteurs de la ville, dans les locaux du lycée Fromentin, réquisitionnés par le Comité français de libération nationale. Il éclaire ses collègues diplomates et René Massigli, le nouveau commissaire aux Affaires étrangères, sur la situation politique et militaire de la Chine. Il propose aussi la création d'un « haut-commissariat de l'Indochine » qui rassemblerait dès maintenant toutes les données du problème indochinois tant sur le plan diplomatique que militaire, économique, administratif. Lors d'un tête-à-tête avec de Gaulle, il lui soumet le projet : échaudé par l'échec d'une tentative du même ordre dans le Pacifique avec l'amiral Thierry d'Argenlieu, le général ne donnera pas suite.

Mais, le 4 novembre 1943, il fait de Pechkoff l'unique délégué du CFLN à Chongqing « avec rang d'ambassadeur extraordinaire et plénipotentiaire ». Une marque de confiance car, sur les quarante-deux délégués d'Alger à l'étranger, seuls trois ne sont pas diplomates de carrière. René Massigli lui précise ses attributions, elles ne sont pas minces : « Vous dirigerez les relations franco-chinoises proprement dites, vous défendrez les intérêts culturels, économiques, financiers de notre pays avec la Chine en leur donnant l'assiette morale nouvelle qu'exige le développement du nationalisme chinois. » Autre responsabilité essentielle : veiller à la restauration de l'autorité de la France en Indochine car celle-ci « dépend largement de la dextérité avec laquelle ces relations seront conduites dans la période qui aboutit à l'évacuation du territoire de la fédération par les troupes japonaises ». « Votre activité, insiste Massigli, débordera sur ce point le domaine des affaires proprement chinoises. »

Reparti d'Alger le 7 février, Zinovi prend son temps, boucle un nouveau tour du monde avec escales en Amérique avant de retrouver son poste. Sur la rive gauche du fleuve Bleu, il occupe désormais une villa plaisante, entourée de verdure, tout à côté de celle de son ami Carton de Wiart. Pour y accéder depuis la caserne Odent, siège de la mission militaire, ou depuis le consulat général de France, devenu ambassade, on emprunte un sampan couvert d'un dais coloré. Le nouveau délégué n'est pas maltraité mais les problèmes financiers ne sont pas réglés, d'autant que l'inflation est toujours galopante. Alger a eu beau envoyer des subsides, tout cela ne suffit pas. Il faut édifier de nouveaux bâtiments pour abriter le personnel, meubler l'ambassade avec autre chose que les éléments épars trouvés à la caserne Odent, remplacer d'urgence la voiture du délégué prête à rendre l'âme.

Il serait temps que Chiang Kaï-Shek fasse un geste en faveur de Pechkoff, lui qui jusqu'ici a refusé avec hauteur de recevoir « ce Russe blanc des terres noires ». À cet effet, de Gaulle a adressé fin janvier une belle lettre au generalissimo : « Les qualités qui distinguent M. le général Pechkoff me sont garantes du soin qu'il mettra à s'acquitter de la haute mission dont il est chargé, de façon à obtenir la confiance et mériter l'approbation de votre Excellence. » Le 1er mai, le nouveau délégué est enfin appelé à présenter ses lettres de créance. Un rituel dont toute fantaisie est absente. 15 h 40 : M. Wang Kiding, chargé du protocole aux Affaires étrangères, vient chercher le délégué à sa résidence, prend place à sa gauche dans la voiture du ministère. Les membres de la délégation – premier conseiller, deuxième secrétaire, attaché militaire, tous des nouveaux venus – suivent dans la voiture de la délégation (la vieille guimbarde aurait-elle été remplacée ?). 15 h 55, arrivée devant le bâtiment du gouvernement national. Accueil du délégué par M. Liu Nai-fan, le chef du bureau des cérémonies qui le guide dans les escaliers – M. Liu à droite, M. Wang à gauche.

La garde présidentielle présente les armes, le clairon sonne. Au tour de l'amiral Tien Shih-chieh, le grand maître des cérémonies du gouvernement, et de M. Wu Nan-Ju, le directeur du protocole du ministère des Affaires étrangères, de prendre le relais dans un premier salon pour escorter le délégué jusqu'au grand salon d'honneur où l'attendent Chiang Kaï-Shek, flanqué à sa droite du Dr Tzu-Wen Soong, le ministre des Affaires étrangères (par ailleurs, son beau-frère), à sa gauche, du général Lu Chao, l'aide de camp en chef.

« Le délégué, est-il précisé, s'arrêtera à six pas du président, s'inclinera devant lui. Le président lui rendra la pareille. Le délégué s'avancera pour présenter sa lettre de créance. Le président recevra la lettre de créance avant de la tendre à son ministre des Affaires étrangères et serrera la main au délégué. Après une brève conversation, le délégué demandera la permission de présenter les membres de son équipe. Le président leur serrera à tous la main. Le président serrera de nouveau la main du délégué. Faisant quelques pas en arrière, le délégué, son équipe derrière lui, se retirera alors vers le premier salon où le thé sera servi. » On fera grâce au lecteur de l'acte II de cette entrevue, un exact copié-collé de l'acte I mais en sens inverse, les mêmes dignitaires accompagnant dans le même ordre le délégué jusqu'au retour dans ses foyers. Le code vestimentaire n'a pas été oublié : « *Morning coat or black jacket and blue gown* » pour les civils, uniforme de service pour les militaires.

Chiang Kaï-Shek, un nouvel ami pour la France

Le 6 juin 1944, le débarquement allié sur les plages de Normandie, suivi le 15 août par celui des troupes françaises en Provence, ont sonné la libération du territoire français. Dès le 3 juin, le CFLN s'est effacé devant le Gouvernement provisoire de la République française. Paris est libéré le 25 août. C'est dans la moiteur de la nuit asiatique que Pechkoff et son équipe suivent, heure par heure, l'évolution de la situation. Il est près de trois heures du matin à Chongqing quand le général de Gaulle prononce son discours à l'Hôtel de ville : « Paris outragé, Paris martyrisé, mais Paris libéré... » Émotion intense. Embrassades. De Paris, les télégrammes arrivent par salves sur le bureau du délégué. « Lorsque j'ai pu enfin sortir de l'ambassade avec mon fanion tricolore sur ma voiture, raconte Pechkoff encore ému à ce souvenir, j'ai entendu à travers les rues un murmure de voix respectueuses et touchantes qui m'accompagnait. Et ce mot – « Paris ! Paris ! » – qui revenait sans cesse. » Très vite, on observe un changement dans l'attitude du gouvernement chinois. Le 28 août, Chiang Kaï-Shek félicite de Gaulle en des termes chaleureux : « Pendant quatre ans, nous avons suivi avec une sympathie et une admiration profondes la bataille dans laquelle les Français se sont engagés sous votre brillante direction. La délivrance de votre vénérable capitale de l'occupation nazie, prélude à la libération complète de votre patrie, est la récompense bien méritée de vos nobles efforts. »

Il est l'heure de restaurer des relations bilatérales normales, après les dommages causés par le régime de Vichy. Le 12 septembre 1944, Pechkoff câble au Quai d'Orsay pour relancer les négociations avec la Chine. Il importe, dit-il, de préciser au gouvernement chinois que « le gouvernement français provisoire vient d'annuler comme illégales toutes les mesures prises en France par Vichy », et que « rien de ce qui a pu être fait par l'administration du maréchal Pétain n'engage notre pays ni sur le plan national ni sur le plan international ». Soucieux de faire pression sur les Américains, Chiang Kaï-Shek se cherche un autre allié de poids. Sa volonté de jouer la carte française est d'ailleurs mal perçue par nombre de Chinois, y compris au sein de son équipe. C'est en toute confidentialité que, le 10 octobre suivant, à l'occasion de la fête du « Double Dix », la fête nationale chinoise, il va accorder un entretien en tête-à-tête au délégué français dans sa résidence de Huangshan, juchée sur une colline de la rive gauche du fleuve.

Pour la première fois, Pechkoff peut examiner à loisir le maître de Chongqing, celui qui, à la mort en 1925 de Sun Yat-sen – le pourfendeur de la dynastie Qing, le père de la Chine moderne –, a réussi à s'imposer à la tête du Kuomintang. L'ambassadeur est frappé par l'intelligence et la douceur qui émanent de cet homme de cinquante-six ans, mince et sans âge, on sent en lui un amoureux de la Chine éternelle même s'il reste fasciné par un Japon où il a passé une partie de sa jeunesse et où il fut, dit-on, grand amateur de geishas. Il se répand en amabilités sur une France qu'il avait jusque-là ignorée, insiste sur le fait que « l'esprit français est plus proche de la mentalité chinoise que l'esprit anglo-saxon », affirme que la France n'a jamais cessé d'être à ses yeux une grande puissance même si, tout comme la Chine, elle sort appauvrie de la guerre. Il appelle en tout cas de ses vœux l'établissement d'une politique commune. Pechkoff de son côté avance ses pions. Pas question de remettre en cause la rétrocession des concessions françaises ni la réquisition par les Chinois du chemin de fer du Yunnan. C'est l'occasion aussi de se faire confirmer le tracé de la frontière entre la Chine et l'Indochine. L'Indochine ! Là est le nœud des relations franco-chinoises. « La Chine n'a aucune visée sur l'Indochine », assure Chiang Kaï-Shek, qui se propose même d'aider la France à y restaurer son autorité. Une heure a passé. L'entretien tire à sa fin. Le generalissimo déclare regretter ne pas connaître personnellement un général de Gaulle dont il loue la sagesse et l'énergie. Il charge Pechkoff de lui transmettre sa photo dédicacée, comme il est d'usage dans ces contrées.

« Le Russe blanc des terres noires » a eu l'heur de plaire à Chiang Kaï-Shek. Le 23 octobre, Pechkoff apprendra que le gouvernement chinois s'apprête à reconnaître officiellement le Gouvernement provisoire de la République française et qu'il va envoyer un ambassadeur à Paris. Tablant sur cette familiarité nouvelle, le délégué français est désormais « persona grata » dans la puissante tribu très occidentalisée qui gravite autour du maréchal. Régulièrement, Zinovi rend visite à Mayling, l'épouse de ce dernier, au Pavillon des pins qu'elle s'est fait construire à Huangshan.

Il n'ignore rien de la légende entourant cette femme, l'une des trois filles de Charles Soong, un magnat chinois installé aux États-Unis, les deux autres ayant épousé, l'une, Sun Yat-sen, l'autre, un richissime banquier. On lui a raconté la bataille qu'a dû mener Chiang pour l'épouser alors qu'il était déjà marié et en puissance de deux concubines, sa conversion à la religion méthodiste pour les beaux yeux de sa belle, le rôle éminent qu'elle occupe désormais à ses côtés, tout à la fois interprète et précieuse conseillère. Mais à la voir, fine, élégante dans sa longue robe chinoise verte à haut col, assortie à ses bracelets de jade, s'exprimer dans un anglais parfait, il comprend mieux l'enthousiasme que « Dragon Lady » a déclenché, l'année passée, lors de sa tournée américaine où le couple a été pendant une dizaine de jours l'hôte des Roosevelt à la Maison-Blanche – « elle manie l'épée comme Jeanne d'Arc, a la sagacité de la reine Elizabeth, la diplomatie de la grande Catherine et le charme de Cléopâtre », entonnait alors un magazine new-yorkais. On sent Madame Chiang heureuse de tester les progrès qu'elle a faits en français avec un bénédictin liégeois. Récemment encore, elle a lu *Le Lotus bleu* de Hergé, et confie à Pechkoff que l'histoire a bien amusé son mari. Plus sérieusement, elle lui parle avec émotion de la Chine qui, depuis le début de la guerre, a peut-être reculé mais n'a jamais capitulé. De l'espoir que son pays met dans ses relations rétablies avec la France.

Après son départ de Chine, Pechkoff continuera d'entretenir des liens avec cette femme peu ordinaire, facilement impérieuse, portant haut sa féminité. Le 21 mai 1946, Mme Chiang Kaï-Shek remercie le général pour le parfum qu'il lui a offert, une attention sensible à celle qui, dit-on, se fait envoyer depuis les États-Unis des produits de maquillage et des crèmes de beauté : « Il est surtout plaisant, écrit-elle, que les amis se rappellent de vous, particulièrement lorsqu'il s'agit, et c'est le cas avec vous, d'amis que l'on regrette beaucoup. » La guerre finie, le gouvernement chinois est alors de retour à Nankin, elle en vante à Zinovi les charmes printaniers, rien à voir avec le paysage austère que tant de gens reprochent à Chongqing : « Quel dommage que vous ayez dû quitter la Chine avant que nous revenions ici ! » La première dame sait entretenir la cour de ses admirateurs. Roosevelt disait peiner à se rappeler le visage du maréchal, fasciné qu'il était par celui de sa femme. Quant à Lord Mountbatten, venu lui aussi rendre visite aux Chiang Kaï-Shek, il avouait avoir été fasciné par l'extrême beauté de Mayling, en particulier de ses jambes et de ses pieds, « les plus jolis qu'on puisse imaginer ».

Monsieur l'ambassadeur

Le 11 novembre 1944, Zinovi Pechkoff assiste à Paris au « défilé de la victoire » qui célèbre l'alliance franco-britannique, Dieu sait pourtant si elle ne fut pas de tout repos. De Gaulle et Churchill descendent côte à côte les Champs-Élysées, plongés dans une brume déjà hivernale, suivis de leurs ministres des Affaires étrangères, Georges Bidault et Anthony Eden. De Gaulle, képi sur la tête, est toujours un peu raide, tandis que Churchill, tout sourire, salue la foule, chapeau à la main. Le cortège s'est ébranlé à 14 heures sous l'Arc de triomphe, il se prolonge encore à la tombée de la nuit, tous les groupes politiques ayant voulu défiler dans l'émotion de l'unité nationale retrouvée. Même si la guerre n'est pas encore terminée. Même si toutes les régions de l'est de la France ne sont pas encore libérées. Même si les combats font encore rage dans le Pacifique, le général Pechkoff est payé pour le savoir.

La veille de cette belle fête, il a été élevé à la dignité d'ambassadeur de France. À Paris, à Londres, Pechkoff multiplie les rencontres avec les Chinois qui comptent, il est longuement reçu par de Gaulle, très conscient que la récupération de l'Indochine – la « Belle Colonie », le joyau de l'Empire français – passe par le bon développement des relations avec Chongqing. Pour le manchot plus que jamais magnifique, l'heure de gloire est arrivée. La presse multiplie les articles sur le deuxième classe passé général, et maintenant ambassadeur. Zinovi, à son habitude, répond aux questions du bout des lèvres, chaleureux et impénétrable. Dans le tout nouveau *France Soir*, le malheureux journaliste frustré d'informations se réfugie dans le dithyrambe : « Il y a des hommes, écrit-il, auxquels le destin a donné la merveilleuse faculté de réaliser pour le monde, dans l'action, ce qu'ils sont dans le secret de leur âme. » À Chongqing où il retourne le 17 décembre, il faut encore à Zinovi répondre à la curiosité qu'il suscite. Deux jours avant Noël, il réunit la presse locale « pour un thé » dans les salons de l'ambassade. «Vêtu d'un uniforme kaki et d'un sourire aimable, note le *Kuo Min Kung Pao*, le général serre la main à tous les journalistes présents, il semble à tous plus robuste qu'auparavant. » Une énergie bienvenue pour répondre aux questions dont on le mitraille, sur la signature d'un nouveau traité sino-français, sur une éventuelle participation de la France à la guerre en Extrême-Orient, sur l'Indochine, bien sûr, et encore sur l'état pitoyable de la France, la nécessaire poursuite des combats contre les Allemands…

Quinze jours plus tard, la nouvelle présentation des lettres de créance au maréchal est tout autant que la première réglée comme du papier à musique mais selon un cérémonial plus imposant encore, avec quatre « policiers motocyclistes » accompagnant le cortège, un détachement fourni de l'armée chinoise, une fanfare jouant les hymnes nationaux. Et ce sont non pas deux phrases convenues que s'échangent le président et l'ambassadeur, mais des discours fleuris. Pechkoff n'a, dit-il, « cessé de penser à votre grande et malheureuse nation, encore souillée par l'ennemi après huit ans de luttes et d'héroïques combats ». Chiang Kaï-Shek, saluant « le premier ambassadeur en Chine depuis la libération de votre pays », affirme n'avoir jamais douté que « la France éternelle reprendrait bientôt la place qui lui est due dans le monde ». « Il est, insiste-t-il, dans l'intérêt de la paix future que la France même meurtrie et dévastée occupe cette place à laquelle elle a droit, de par son passé, sa civilisation et les contributions qu'elle ne manquera pas d'apporter aux progrès de l'humanité. » On ne s'en tiendra pas là. Après que Pechkoff a remis au maréchal les insignes de grand-croix de la Légion d'honneur, les deux hommes resteront encore de longues minutes à converser avant de prendre la pose, entourés de leurs collaborateurs sur les marches du Palais.

Il faut sauver l'Indochine.

L'anticolonialisme demeure le fil conducteur de la politique américaine. Au printemps 1945, Patrick Hurley, le nouvel ambassadeur américain auprès de Chiang Kaï-Shek, déclare « avec brutalité » à son collègue français qu'il est « adversaire de l'impérialisme et que la présence française en Indochine est contraire à l'esprit de la Charte de l'Atlantique ». Recevant de Gaulle à la Maison-Blanche le 24 août 1945, le président Harry Truman lui donne pourtant l'assurance qu'il ne s'opposera pas au retour de l'autorité française et de ses troupes en Indochine. Mais, sur place, les généraux américains font tout pour entraver le mouvement.

En 1943, Pechkoff avait déjà été chargé « d'organiser le réseau de renseignements et d'action politique de résistance en Indochine ». Les Japonais y ont en effet envoyé vingt mille hommes, stationnés majoritairement au Tonkin, et occupent la plupart des bases aériennes, y compris en Annam et en Cochinchine. En janvier 1944, Massigli lui précise : « Il faut que vous apparaissiez devant les autorités chinoises comme le représentant autorisé de la résistance indochinoise. » Le 9 janvier 1945, à l'issue de la remise de ses lettres de créance, l'ambassadeur avait câblé au Quai d'Orsay pour signaler l'inquiétude de Chiang Kaï-Shek à propos de l'Indochine et son souhait d'y voir débarquer au plus vite des troupes françaises pour combattre les Japonais. Mais la situation est délicate tant qu'un gouvernement général vichyste de l'Indochine administre encore cette terre avec la présence complice des dits Japonais. Et puis la France, qui n'en a pas fini avec les dernières poches de résistance allemande, n'a guère d'unités à dépêcher là-bas.

Le 9 mars 1945, les forces japonaises attaquent les troupes françaises dans toute l'Indochine. Malgré l'appel désespéré de ces troupes pour demander du ravitaillement et une couverture aérienne au Tonkin, l'état-major français assiste, de loin et impuissant, à ce combat inégal. Mal préparées à cet assaut, privées de moyens, les garnisons françaises sont désarmées, toute résistance est réprimée dans le sang, plusieurs officiers et hauts fonctionnaires sont sauvagement exécutés. À Hanoï, la garnison tient une vingtaine d'heures à un contre dix, avant de déposer les armes. La citadelle de Caobang, elle, capitule sans combat. Seuls six mille soldats, certains accompagnés de leurs familles, réussiront sous la houlette du général Alessandri à se replier de l'autre côté de la frontière chinoise, à l'issue d'une marche épuisante de plus de mille cinq cents kilomètres à travers la jungle et les massifs calcaires. « Mon cœur de vieux légionnaire a battu très fort en lisant vos lignes, écrit Pechkoff le 1er juin au chef de bataillon Lagarrigue du 5e Étranger, qui lui rend compte de cette équipée. Combien j'aurais voulu être avec vous, partager vos peines, vos souffrances, être des vôtres ! » Si le général Alessandri et son état-major ont gagné Kunming, le gros des troupes est resté stationné dans le gros bourg de Tsao-Pa, les soldats sont épuisés, souvent malades, privés de linge et de souliers. On ne sait où les loger. Le bataillon Lagarrigue occupe les bâtiments en brique d'une ancienne magnanerie, ses cadres ont le privilège de coucher sur les claies servant à l'élevage des vers à soie. À la mi-juin, l'ambassadeur envoie au colonel qui commande le 1er régiment étranger à Bel Abbès copie du courrier de Lagarrigue, ainsi que de plusieurs autres lettres d'officiers qui ont traversé cette épreuve : « J'ai pensé que vous serez heureux de constater que ces troupes, par leur lutte acharnée dans des conditions extrêmement pénibles, ont été fidèles à la glorieuse tradition de la Légion. »

Mao Tsé-toung entre en scène

Avec l'armistice du 8 Mai 1945, c'est la fin de la guerre en Europe. Mais la bataille du Pacifique fait toujours rage. Les bombes atomiques qui, les 6 et 9 août, rayent de la carte les villes japonaises de Hiroshima et de Nagasaki vont sonner le glas de l'impérialisme japonais. Le tempo s'accélère. Le 8 août, l'URSS déclare la guerre au Japon et dès le lendemain, entre en Chine pour faire refluer les troupes japonaises. Le 15 août, la capitulation du Japon est acquise. La nouvelle provoque à Chongqing et dans toute la Chine une explosion de joie et de fierté. Une fois encore, le salut est venu de troupes américaines ramenées de Chine du Nord-Ouest, de l'efficacité de leurs raids aériens en même temps que des revers japonais dans le Pacifique.

N'empêche. Le gouvernement chinois cherche à prendre quelque distance d'avec son puissant allié américain, qui lui a monnayé cher son soutien financier, économique et militaire. En Chine, les Américains sont partout. Trop, c'est trop. Le retour en grâce de la France s'explique largement par ce désamour, que vient aggraver une crise sérieuse entre Chiang Kaï-Shek et son chef d'état-major, le général américain Stilwell, lequel consacre tous ses efforts à l'organisation d'une armée chinoise capable de refouler l'armée japonaise, quand le maréchal destine ses forces à la lutte contre un autre adversaire de poids : le Parti communiste chinois.

Nationalistes et communistes n'ont eu d'autre choix que de s'allier contre l'envahisseur japonais, les seconds ont reconnu l'autorité de Chiang Kaï-Shek tout en veillant à ce que leurs soldats soient regroupés dans des unités à part. À Chongqing même, le parti communiste entretient une représentation dirigée par l'habile Chou En-lai. Mais la guerre civile qui a opposé plus de vingt ans les deux factions a laissé des traces. Nul n'a oublié que d'octobre 1934 à octobre 1935, l'armée du Kuomintang a forcé l'Armée rouge à un repli stratégique de douze mille kilomètres vers le nord jusqu'au Shaanxi – cette « Longue Marche », d'octobre 1934 à octobre 1935, aurait coûté la vie aux trois quarts des cent trente mille hommes enrôlés sous la bannière de Mao Tsé-toung. Dix ans plus tard, le parti communiste reste une force qui inquiète, il n'a cessé pendant toute la guerre – qu'il a laissé faire aux autres – de consolider son empire sur ses terres du nord. En 1945, on estime qu'il contrôle près du sixième du pays.

Avant tout soucieux de venir à bout des Japonais, les Américains avaient envoyé à plusieurs reprises au début de 1945 leur ambassadeur Patrick Hurley vers le fief troglodyte de Mao Tsé-toung à Yenan, au sud-ouest de Pékin. Après la capitulation japonaise, l'espoir d'une paix civile renaît. C'est l'heure de convoquer une réunion au sommet. Le 28 août, Hurley amène dans son avion le chef du parti communiste à Chongqing. Mao Tsé-toung y restera jusqu'au 11 octobre. Les communistes tiennent à prouver qu'ils sont gens fréquentables : à Chongqing, Mao fait la tournée des ministères et aussi des ambassades. Chou En-lai, qui l'accompagne dans toutes ses visites, l'a assuré apprécier Pechkoff. La réciproque est vraie. Zinovi goûte la vivacité d'esprit et l'urbanité de ce communiste doté, le fait est rare, d'une culture internationale, ayant vécu au Japon, mais aussi en Europe. Il respecte le style de vie très simple de cet homme pourtant à la tête de plusieurs entreprises prospères. Et puis, Chou n'est-il pas d'une certaine façon son frère en handicap avec son bras droit replié sur la poitrine à la suite d'une fracture du coude mal soignée ? La découverte, c'est ce Mao Tsé-toung, « solide, large d'épaules, bien planté sur ses pieds, un visage rond, bien chinois, une grande bonté dans son sourire et dans ses yeux », note Zinovi après que celui-ci a pris congé, avant d'ajouter, ostensiblement impressionné : « un homme marchant avec assurance, regardant les difficultés en face, un homme illuminé par sa foi, la foi dans l'avenir, un avenir conçu par son parti, par lui, par son œuvre ». Si la visite est de courtoisie, elle est aussi pour Mao l'occasion d'exprimer son admiration pour la France qui lutte, qui elle aussi forge son avenir, « une France guidée par le grand résistant qu'est le général de Gaulle». De l'ambassadeur de France, Mao connait les liens anciens avec la révolution, l'ambassadeur soviétique lui a dit pis que pendre de ce renégat. Mais comme Chou En-lai, Mao Tsé-toung est intrigué par Pechkoff.

Quelle est cette étrange attraction qui vient unir les âmes fortes au-delà des langues parlées, des cultures acquises, des goûts avoués, des idéologies défendues, au-delà des préjugés ? Zinovi, en quittant la boutique de la rue Pokrova, a su conquérir à sa manière le monde. Il a fait naître des sourires sur le visage de Gorki l'Amer. Il a vibré à la voix de Chaliapine et partagé avec lui de solides fous rires. Il a sillonné Paris à vélo avec Lénine et, acharné à le dépasser dans les montées, en a oublié de l'entretenir de l'avenir du prolétariat. Il a disserté avec Lyautey sur les mérites d'une colonisation généreuse et respectueuse des populations locales. Il a apporté à de Gaulle une connaissance intime de mondes lointains auxquels le Général, solidement ancré dans la terre de France, n'avait pas forcément accès. Il a partagé avec de grands chefs militaires, avec de Lattre, avec Leclerc, sur la grandeur de l'engagement au feu, sur le choix d'un métier qui a la mort pour hypothèse de travail. Plus tard, au Japon, il deviendra l'ami du général MacArthur, sacré «Imperator» du Pacifique. Au rang des acteurs majeurs du XXe siècle dont Zinovi Pechkoff aura croisé le chemin, marchant parfois un temps à leur côté, on peut ajouter, à compter de cette fin d'été 1945, la figure du Grand Timonier.

Mis à part cet ajout enviable au carnet de bal de l'ambassadeur, la rencontre entre Chiang Kaï-Shek et Mao Tsé-toung se solde par un échec, aucun accord n'a été trouvé quant à l'administration des territoires sous la coupe du parti communiste, ni sur le devenir de ses troupes. Le 9 octobre 1945, Pechkoff envoie à Bidault un long télégramme au ton désabusé. On aurait pu imaginer avec la venue de Mao Tsé-toung que Chiang Kaï-Shek, seul bénéficiaire de la victoire, allait pouvoir temporairement réduire les communistes au rôle de satellites plus ou moins dociles. C'était une illusion. Peut-être, en déférant à l'invitation du maréchal, Mao voulait-il ne pas porter la responsabilité d'un refus prolongé devant l'opinion publique ? Peut-être souhaitait-il procurer une satisfaction de prestige à l'ambassadeur des États-Unis ? « Toujours est-il que les leaders communistes, assurés d'un appui actif russe, certains de rester maîtres de la Mandchourie et de consolider leur situation en Chine du Nord, se montrent âpres et exigeants négociateurs puisqu'ils ont réclamé le contrôle de cinq provinces, la direction de deux Yuan et plusieurs ministères dont celui de l'Économie nationale. »

Indochine : après les Japonais, les Chinois

À chacun ses problèmes. Dès la capitulation japonaise, le gouvernement français s'est empressé de préciser que la France retrouvait de ce fait le plein exercice de sa souveraineté en Indochine. Dans un premier temps, elle doit malgré tout demander aide et assistance aux Chinois que la conférence de Potsdam vient de charger de recevoir la capitulation japonaise au nord du 16e parallèle. Des troupes chinoises ont pris les devants et occupent déjà le terrain, au Tonkin, en Annam et au Laos. Pechkoff s'agite comme un beau diable, envoie rien moins que treize demandes d'éclaircissements au gouvernement chinois, qui restent sans réponse. Dans la négociation, la France n'est pas sans biscuits. Plusieurs problèmes sont en suspens la question toujours pas réglée des concessions françaises en Chine et des privilèges d'extraterritorialité, le statut du port de Haiphong, le chemin de fer du Yunnan, le traitement des ressortissants chinois en Indochine. Autre atout de poids : l'entretien des troupes chinoises au Tonkin dépend du « bon vouloir » de la France. En bons commerçants, les fonctionnaires du ministère de la Guerre chinois ont aussitôt annoncé des chiffres faramineux, quelque deux cent dix millions de piastres par mois pour l'entretien de leurs hommes. Le nouveau conseiller financier de l'ambassade, Jean

François-Poncet, avale sa salive. T.V. Soong, nouveau président de l'exécutif chinois, promet à l'ambassadeur de mettre un terme aux exigences abusives de Lu Han, le commandant en chef des armées chinoises.

Dans cette négociation souvent tendue, Pechkoff et François-Poncet vont recevoir le renfort bienvenu de l'amiral Thierry d'Argenlieu, le nouveau haut-commissaire en Indochine. Ayant quitté l'armée pour la prêtrise, l'amiral était devenu supérieur de l'ordre des Carmes déchaussés. Il a fallu toute l'insistance de Charles de Gaulle, un ami de longue date, pour le convaincre de reprendre du service dans la France Libre. Début octobre 1945, d'Argenlieu vient depuis Saigon rendre visite aux autorités chinoises. Chiang Kaï-Shek qui le reçoit en compagnie de l'ambassadeur garde ses visiteurs plus d'une heure. Il réaffirme l'absence de prétention de la Chine sur l'Indochine, donne l'assurance que l'occupation du Tonkin par l'armée chinoise n'est que temporaire, dans l'attente du retour des troupes françaises du Yunnan et de l'arrivée de nouveaux contingents. Il insiste, par contre, sur son souci de garder une stricte neutralité entre Français et Annamites, il n'imposera pas à ces derniers l'administration française par la force. Que la Chine soit par ailleurs décidée à marchander sa collaboration est tout aussi clair. Des deux cent vingt millions de piastres réclamées, on a déjà réussi à rabaisser la facture à quatre-vingt dix, puis à soixante-dix millions. Arrivé à Saigon le 5 octobre en tant que commandant en chef des Forces françaises en Indochine, le général Leclerc est impatient de débarquer au Tonkin, il redoute le renforcement des mouvements nationalistes vietnamiens autour de leur leader historique Hô Chi Minh. Il est essentiel de conclure rapidement les négociations.

Voici trois ans que Pechkoff s'est frotté à la mentalité chinoise. Il livre le fond de sa pensée dans un télégramme envoyé à Paris le 7 décembre. Pour lui, puisqu'on ne peut faire autrement que d'accepter l'envoi de troupes chinoises en Indochine – « une calamité » – il faut se résigner à régler la facture. Et qu'on n'aille pas se fier aux sourires et aux courbettes qu'on prodigue aux Français :

« Nous ne saurions nous faire illusion sur la mentalité permanente d'un peuple sensible seulement à la force. [...] Il est superflu, ajoute-t-il, de rappeler le commandement d'une armée aux convenances du droit des gens, quand ses officiers instructeurs ont couramment l'habitude, pour les recrues désobéissantes, de les faire enterrer vivantes. » On peut espérer, pour la poursuite des relations franco-chinoises, que le rapport soit resté secret.

« J'aspire aux horizons qui ne se ferment pas... »

Dès le printemps 1945, Pechkoff s'est ouvert au directeur du personnel au ministère des Affaires étrangères, de son désir de quitter son poste, invoquant en premier lieu, « en dehors des inévitables défaillances physiques », une fatigue extrême : « On n'accumule pas impunément, sans bouger pendant des mois, des journées de travail de dix à quatorze heures. D'ici trois ou quatre mois, à ce rythme, je ne vaudrai plus rien. [...] Je ne souhaite, précise-t-il, que quelque chose à ma mesure, mais je le souhaite ardemment. Si l'Extrême-Orient me convient et m'intéresse, je n'aime pas cette Chine inorganique de collines et de rizières où, du reste, comme tout le monde, je me porte mal. J'aspire au Nord, à la plaine, aux horizons qui ne se ferment pas. » En annexe à sa lettre, il demande à être rappelé à Paris pour quelques semaines au début de l'été. La requête ayant été acceptée, il en profitera pour rendre visite au général de Gaulle qui lui a proposé, en réponse au courrier que Pechkoff ne manque jamais de lui adresser chaque 18 juin, d'examiner avec lui « la meilleure manière de (le) maintenir au service du pays ». Revenant en août par Calcutta, il y retrouve le général Leclerc : « Cette entrevue représentant le choc de deux tempéraments fut brève mais succulente ! », écrit Joseph Roos, alias « Nestor » dans la Résistance, nommé patron des services spéciaux français en Asie.

Le 20 septembre, un télégramme de Paris apprend à Zinovi qu'il va être nommé à « un gouvernement général colonial ». Chiang Kaï-Shek ne cache pas à l'ambassadeur qu'il regrette son départ. Faute de pouvoir se rendre au dîner d'adieu donné à l'ambassade à la fin novembre, Chang Chun, le gouverneur du Sichuan, envoie au général sa photo dédicacée en lui demandant de lui rendre la pareille : « Votre Excellence, écrit-il, est arrivée en Chine au milieu de nos heures les plus sombres et à un moment où l'établissement de bons rapports entre nous était loin d'être évident. Cependant vous avez fait beaucoup pour le rapprochement des bonnes volontés entre nos deux pays. Bon voyage ! » Autre son de cloche : Roland de Margerie, l'ancien consul général de Shanghai exilé à Pékin après l'arrivée des Japonais, dit à Pechkoff sa reconnaissance pour l'attitude qui a été la sienne face aux diplomates restés comme lui en place sous Vichy, contraints de patienter cinq rudes années coupés de leur patrie. Pour avoir connu lui-même « l'honneur d'être une cible », Pechkoff, tout Français Libre soit-il face à ceux du camp adverse, n'est pas homme à délivrer des ostracismes. Sans doute aussi, pour avoir connu la morsure de l'exil, peut-il mieux qu'un autre comprendre l'impatience de Margerie qui n'a qu'un désir, « gagner au plus vite Shanghai pour y trouver un vapeur qui me ramènera, moi et ma famille, à travers l'Amérique, vers l'Europe aux anciens parapets » ? Et en plus, il cite Rimbaud ! De quoi gagner le cœur de l'ambassadeur…

L'ambassadeur de France, ministre plénipotentiaire et extraordinaire, semble avoir pleinement rempli sa mission. Les Américains, qu'il a pourtant cherché à concurrencer dans le cœur du generalissimo, vont le faire commandeur de la « Legion of Merit », créée pour récompenser une conduite exceptionnelle en période de guerre. Le gouvernement nationaliste chinois lui remettra les insignes de l'ordre de l'Étoile brillante. Le 19 décembre 1945, Zinovi a quitté définitivement Chongqing. Dans sa lettre à Jean Daridan qui était son premier conseiller, François-Poncet notait que l'ambassadeur était attendu à Calcutta « par madame de Vos ». Une belle amie ? Ou tout simplement l'épouse du consul de

France local ? Le 27 décembre en tout cas, le voilà qui débarque à Paris. Il a fait réserver un appartement à l'hôtel Bristol. Il peut y dormir tranquille. Qu'on lui confie le « gouvernement général colonial » annoncé ou d'autres hautes responsabilités, le chômage n'est pas pour demain.

CHAPITRE 7

Au Japon avec MacArthur

Un pieux mensonge ?

Le document porte la date du 9 décembre 1948. À la demande de la direction de l'Infanterie, Zinovi Pechkoff récapitule ses états de service et fait remonter au mois d'août son engagement d'octobre 1941 dans les rangs de la France Libre, on ne lui en voudra pas pour si peu. Plus troublant : à la rubrique « Décorations », déjà magnifiquement étoffée, il ajoute une ligne intitulée : « Croix de la Libération ». Qu'il n'a pas reçue.

La grande aventure de la France Libre a valu à Pechkoff une accélération de carrière foudroyante. Il était commandant : le voici général. Simple délégué du gouvernement provisoire en Chine, il se retrouve ministre plénipotentiaire et ambassadeur de France. Tout le monde s'accorde à dire qu'il a brillamment rempli des fonctions particulièrement ardues, caracolant comme à son habitude, tel un général cosaque, aux marches de l'Empire. Une belle histoire qui n'a pas fini de s'écrire. Pourquoi faut-il qu'il ait glissé ce pieux mensonge dans un document de sa main ? Se serait-il mépris sur les termes du diplôme remis lors de l'attribution de la « Médaille commémorative des services volontaires dans la France Libre », ainsi libellé : « Vous avez été de l'équipe volontaire des bons Compagnons qui ont maintenu notre pays dans la guerre et dans l'honneur » ? Ou a-t-il vraiment cru un temps intégrer la prestigieuse cohorte des mille trente-huit Compagnons de la Libération, ces braves entre les braves distingués par de Gaulle pour avoir spontanément accepté de prendre tous les risques, y compris celui d'assumer un choix jugé par certains contraire à l'honneur et les condamnant à la peine de mort, à la dégradation militaire et à la confiscation de leurs biens ? Nul doute en tout cas que, après deux ans de galère à Chongqing, il eût rêvé d'en être. Comme Kœnig et Amilakvari. Comme Catroux, Leclerc ou d'Argenlieu. Comme Pleven ou Bidault. Comme ceux qui ont travaillé à ses côtés, Astier de Vilatte au Cap, Charbonnières à Alger. Comme François d'Astier de La Vigerie qui leur avait préparé le terrain en Afrique du nord, nommé Compagnon en même temps que ses deux frères, fait unique dans l'Ordre de la Libération. Comme le séduisant Jean Sainteny récemment nommé à la tête de la mission militaire de Kunming, le premier officier français à avoir rejoint Hanoï après la capitulation japonaise. Pourquoi eux et pas lui ? Parce que, à côté des états de service, la date d'entrée dans la France Libre est aux yeux de De Gaulle un critère essentiel pour l'adoubement dans cette nouvelle chevalerie.

Bienvenue au pays du Soleil-Levant

Le 15 août 1945, le Japon a déposé les armes. Sa reddition sans conditions a été signée le 2 septembre dans la baie de Tokyo, à bord du cuirassé *Missouri*. Face aux onze plénipotentiaires japonais conduits par leur ministre des Affaires étrangères se tient le général d'armée américain Douglas MacArthur, nommé quelques jours plus tôt « Supreme Commander for the Allied Powers » (SCAP), en simple uniforme beige, sans décorations, coiffé de son éternelle casquette aux dorures délavées.

Dès la guerre du Pacifique achevée, de Gaulle a affirmé la volonté de la France d'être traitée sur un pied d'égalité avec les quatre autres grandes puissances, l'Amérique, l'Angleterre, la Russie et la Chine. Une Commission d'Extrême-Orient (CEO) a été installée à Washington pour superviser les autorités d'occupation. Le délégué français, Paul-Émile Naggiar, a vite compris que, face au charismatique MacArthur, le Quai d'Orsay se devait d'envoyer au Japon un homme d'envergure, un militaire plutôt qu'un diplomate, mais ayant l'expérience de la diplomatie. Un homme qui connaît et aime l'Asie. Le nom de Pechkoff sort vite du chapeau. Il se trouve que Naggiar l'a croisé à Pékin en 1918 lorsque Zinovi était sur la route de la Mandchourie et a gardé un bon souvenir de cette rencontre. Zinovi n'hésite pas. Le 25 février 1946, de Gaulle s'étant retiré sur ses terres, le nouveau président du gouvernement provisoire (et ministre de la Défense nationale), Félix Gouin, le nomme au Japon, « chef de la mission française de liaison auprès du Commandement suprême interallié ». Il est dans la foulée promu, une fois encore « à titre fictif », général de corps d'armée, à l'instar des autres représentants des missions alliées anglaise, russe, chinoise ou australienne, qui l'ont précédé à Tokyo. « Tenir son rang », une obsession pour une France fragilisée au sortir de la guerre, l'exact contrepoint de la hantise de perdre la face, tout aussi forte au Japon et en Chine.

« Sans sortir de chez soi, on peut connaître le monde tout entier, il n'est point nécessaire de se mettre à la fenêtre pour voir le chemin du ciel, plus l'on voyage et moins l'on peut apprendre » : ses années chinoises ne semblent pas avoir fait de Zinovi un adepte de Lao-Tseu. Lui suivrait plutôt les pas de cet autre initié aux mystères de l'Orient extrême qu'est Victor Segalen, lui aussi aperçu en 1918 à Pékin, un être habité par un infatigable appétit du monde dont le *René Leys* est un de ses livres de chevet. Deux mois à peine de congé depuis son retour de Chongqing et le voilà reparti par l'Amérique cette fois. Le temps de prendre ses instructions à Washington auprès de la Commission d'Extrême-Orient, et il gagne les Philippines sur un avion militaire américain, avant d'embarquer avec une partie de sa future équipe (dont l'incontournable Pignol) sur l'*Émile*

Bertin qui doit l'amener au pays du Soleil-Levant. Le 15 mai 1946, il accoste à Yokohama.

L'ambassade de France inaugurée en 1933 sous le règne de Damien de Martel n'a pas résisté aux bombes incendiaires américaines. De ce beau bâtiment Art déco construit par un ami de Mies van der Rohe, il ne reste rien que des murs noircis. Les prévenants Américains ont logé le nouveau chef de mission français non loin de là, à Oda House, dans l'ancien palais d'une famille de samouraïs, une maison moitié européenne, moitié japonaise, la mission occupant, elle, Shimazu House, autre belle demeure empruntée à un riche Japonais. Le lendemain, Pechkoff et tous ses collaborateurs sont reçus par MacArthur et son épouse pour un déjeuner intime. Peu de délégations étrangères peuvent se targuer d'avoir été aussi bien traitées. Quelques jours plus tard, à la veille de l'appareillage de l'*Émile Bertin* pour Saigon, on voit se presser sur le bateau, outre la colonie française, la plupart des hautes personnalités américaines et alliées résidant à Tokyo, heureuses de fêter, à l'invitation du général Pechkoff, la réapparition de la France, absente depuis la fin des hostilités de l'archipel nippon.

Avant-guerre, la France avait une sorte de cote d'amour au Japon. Dans les milieux éduqués, on parlait volontiers le français, les artistes venaient se former à Paris, le fils du très respecté général Tsuguakira Foujita, médecin de l'armée impériale, est devenu un peintre renommé, une des célébrités de Montparnasse, disait-on. Mais l'étoile de la France a pâli. « L'emprise américaine est totale, écrit le 10 août Zinovi à Jean Chauvel, elle se manifeste partout et en tout. Les Américains voudraient modeler ce peuple à leur image. La "rééducation" japonaise est entreprise à grande échelle. On peut même observer une sorte de nervosité, de précipitation, comme si quelqu'un d'autre pouvait venir enlever aux Américains leur primauté et contrecarrer leurs desseins. » La France se doit en tout cas d'avoir une conception claire de sa politique extrême-orientale. Avant son départ, Pechkoff s'est vu fixer un cap par Georges Bidault, ministre des Affaires étrangères, et, depuis le mois de juin, successeur de Félix Gouin à la tête du gouvernement provisoire : « Dans la tâche de rééducation imposée par les Alliés, la France peut apparaître au Japon comme le guide politiquement le moins dangereux vers de nouvelles conceptions humaines et esthétiques. » Suivent des instructions détaillées sur vingt-deux pages ! Il lui est entre autres demandé de « réunir toute documentation possible sur la conduite de la guerre du côté japonais comme sur les bombardements américains », atomiques en particulier – « même les informations les plus minimes », est-il spécifié. Bref, le nouvel ambassadeur est invité par son ministre à déployer toutes ses antennes telle une mouche myriope, l'envoi là-bas d'un officier de renseignement serait, elle, mal compris.

Une tâche frustrante puisqu'elle n'est assortie d'aucune autonomie, les Américains tenant seuls les rênes. Mais bien adaptée à ce curieux impénitent qu'est Zinovi. Sa sociabilité fera le reste. Dès le 10 août 1946, dans un télégramme au Quai, il ne semble pas mécontent : « Les Japonais sont bien au courant du prestige dont je commence à jouir de la part des Américains comme de la part de tout le monde. Je reçois toutes les marques de la plus parfaite attention. » Et le 17 octobre encore : « Je reprends peu à peu le contact avec quelques personnalités autochtones. Je vais prudemment. Nous sommes sollicités, on considère que notre apport culturel et autre est à l'avantage du développement de ce pays. »

David et Goliath

Tout a été fait pour limiter les risques de ce rendez-vous en terre inconnue. À côté des vingt-deux pages émanant du Quai d'Orsay, Pechkoff a sous le coude un autre document d'une dizaine de pages. Il s'agit cette fois de le préparer à sa rencontre avec Douglas MacArthur. Né en Arkansas au hasard des garnisons de son père, officier de carrière, dans une famille patricienne d'origine écossaise, MacArthur, sorti premier de West Point, s'est vite acquis sur le front français, en 1917 et 1918, la réputation d'un officier exceptionnellement brillant et d'un entraîneur d'hommes hors pair. Vingt ans plus tard, il est alors commandant en chef du théâtre pacifique, son intelligence du terrain, son côté trompe-la-mort, sa foi dans le succès final jusque dans les moments désespérés, vont parfaire sa légende. Une légende qui doit beaucoup aussi à son caractère incommode, à son autorité hautaine et ombrageuse qui inspire tant de craintes et d'irritation jusque dans l'Administration américaine. Tout le temps de la guerre, il n'a cessé de fulminer contre le manque de moyens qui lui étaient octroyés, accusant le grand état-major de privilégier le théâtre européen quand il lui était demandé, prodigieux effort, d'enrayer les progrès foudroyants de la conquête japonaise et d'amener le Japon à capituler. Propulsé aux responsabilités de commandant suprême des Forces alliées, il exerce la plénitude des pouvoirs. Des pouvoirs démesurés pour cet homme de soixante-six ans, qui, tout en supervisant le désarmement de l'armée nippone et le démantèlement de son arsenal militaire, doit assurer la réforme des institutions du pays et la survie de quatre-vingts millions de Japonais.

C'est ce géant par ses responsabilités comme par son statut d'icône nationale, son caractère volcanique et sa présence physique, que Pechkoff va affronter. Même si les deux hommes servent dans le même camp, il y a du David et Goliath dans ce face-à-face. D'un côté, le frêle Pechkoff, émissaire d'une France amoindrie par la guerre, menacée dans son avenir colonial, privée au Japon de tout pouvoir de décision. De l'autre, l'athlétique MacArthur, imperator désigné par la première puissance mondiale érigée en défenseur du monde libre. Dès le premier déjeuner à l'ambassade américaine, il réserve à Pechkoff un accueil simple et cordial. MacArthur est réputé difficile d'accès, rares sont ceux qu'il honore de son amitié. Or il suffit désormais que l'ambassadeur en fasse la demande pour que le général Willoughby, l'aide de camp du SCAP, lui trouve aussitôt un créneau, résigné à l'avance à devoir faire patienter les visiteurs dans l'antichambre tandis que la rencontre entre l'Américain et le Français se prolonge. La clé de ce passe-droit ? MacArthur aime la France, il ne le cache pas, il est de ces Américains influents qui, pendant la guerre, ont très vite pris position pour de Gaulle, et noué plus d'une amitié avec les chefs militaires français. Mais il y a surtout comme un lien mystérieux qui s'est noué entre ces hommes appartenant à la même génération, tous deux vétérans de la Grande Guerre. MacArthur a combattu en Champagne, dans l'Aisne, en Argonne, il y a été blessé, gazé, il a reçu la Légion d'honneur et la croix de guerre, a été cité trois fois à l'ordre de l'armée. « Avec l'hommage et l'admiration d'un vieux camarade d'armes », porte cette photo dédicacée de l'Américain que Zinovi gardera toujours dans son salon.

Au départ, Zinovi a fait habilement profil bas, affirmant la modicité des ambitions françaises, cantonnées à la vie économique et culturelle, mais insistant avec énergie pour que son pays soit rayé de la liste des puissances alliées du Japon pendant la guerre (ce qu'elle était du fait de Vichy) et inscrit au rang de ses victimes. Le premier sujet de conversation, c'est bien sûr le quotidien de l'occupation, le risque de disette et la réforme agraire. Les deux hommes évoquent aussi le futur traité de paix que le *Supreme Commander* aimerait voir signer très vite, avant même celui avec l'Allemagne, pour permettre au Japon de travailler à son propre avenir plutôt que de dépendre de la générosité des Alliés.

En mai 1947 à Washington, au cours d'une conférence de presse mémorable, MacArthur lance l'idée de ce traité « à la manière sensationnelle qu'il affectionne », écrit à Bidault l'ambassadeur de France aux États-Unis. Signe de confiance, deux mois plus tôt, il a testé sur Pechkoff son argumentaire. Le but de l'occupation était la démilitarisation pleine et entière du pays ? Elle est acquise. Le rétablissement de l'ordre, la mise en place d'institutions démocratiques ? Tout cela est en cours. Ultime élément de la plaidoirie : les risques qu'entraîne au bout d'un moment tout stationnement prolongé en territoire étranger, la fraternisation de la troupe avec l'ex-ennemi, son inexorable baisse de moral. Tirant comme à l'ordinaire sur sa pipe, MacArthur a pris un air songeur. Il pourrait bien, se dit Zinovi, penser à lui-même qui, depuis dix ans, n'a pas pris le temps de retourner aux États-Unis, un pays où son fils de neuf ans n'a jamais mis les pieds.

Il est une antienne qui revient dans leurs conversations : le péril communiste. Pour MacArthur, l'Asie reste le lieu de tous les dangers, c'est d'abord sur les peuples asiatiques que les Russes veulent étendre leur domination. Même si le Japon semble a priori prémuni contre la contagion, il faut veiller au grain, affaiblir la position des députés communistes à l'Assemblée nouvellement élue, tous jeunes, enthousiastes, passionnés, les seuls à ne pouvoir être taxés de corruption. Il faut apaiser les revendications du prolétariat, ravir à la séduisante emprise des doctrines marxistes les unions ouvrières, calmer les premières grèves, avoir toujours l'œil sur la presse. Au Conseil allié, l'organisme consultatif censé épauler dans sa tâche le commandant suprême, Russes et Américains défendent chacun leur vision du monde. Pechkoff, qui a rejoint le Conseil à la demande de MacArthur, assiste aux premières loges à des échanges musclés entre George Atcheson, son homme lige, et le représentant soviétique, « le resplendissant et incorrigible » général Kusma Derevyanko (ainsi le décrit le magazine *Life*), aux allures de demi de mêlée et aux épaulettes cramoisies aussi grosses que des bardeaux, fumeur impénitent, qui éclate parfois d'un rire sardonique lorsque son humeur s'y prête. Même si, en toute logique, Pechkoff le repenti incarne à ses yeux la figure du social-traître, il leur arrive de partager quelques confidences. Au cours d'un repas intime auquel Derevyanko l'a convié, le général russe confie à l'ambassadeur l'irritation que lui causent les brimades américaines et le refus constamment opposé aux plus insignifiantes demandes de la (pléthorique) mission soviétique. « Quiconque assiste régulièrement aux réunions de ce conseil, écrit Pechkoff, ne peut qu'être impressionné par la nervosité croissante des débats. D'aucuns prévoient même l'éclat qui rendra pratiquement inopérant cet organisme dont aujourd'hui déjà l'activité ne satisfait personne.» «Boulevard de la Paix», le Japon ? Ou bien fosse aux lions ?

C'est à l'ambassade américaine, dans le bureau de MacArthur, que Pechkoff le retrouve d'ordinaire. Les deux hommes s'asseyent toujours à la même place, MacArthur dans son fauteuil de cuir, Pechkoff à sa droite sur un canapé confortable. L'ambassadeur en profite parfois pour pousser ses pions, au début de 1949, il se plaint au SCAP de ce que le gouvernement japonais n'intime pas l'ordre de rentrer aux rebelles luttant en Indochine dans les rangs du Vietminh, il s'indigne que les réparations du *Leconte de Lisle* harponné par la flotte nippone ne soient pas prises en charge par le Japon pourtant solvable, il attend toujours le déblocage des avoirs français au Japon. La conversation dérive souvent vers la politique française, la vie présente du général de Gaulle, la courageuse dévaluation faite par Robert Schuman lors de son passage à la tête du gouvernement. Une véritable intimité s'est nouée entre l'Américain et le Français. Lors de leurs tours d'horizon, ils quittent les réalités quotidiennes pour gagner le grand large, ils regardent le monde, évoquent les bénéfices de la démocratie, s'interrogent sur la différence entre les totalitarismes hitlérien et soviétique, le second ayant au moins pour lui de ne pas chercher à protéger une classe possédante. Ils parlent de Dieu, du destin, des fins dernières. Charge aux collaborateurs de Pechkoff de transcrire ces hautes spéculations en langage diplomatique audible par le Quai d'Orsay.

Lorsque Pechkoff part pour Washington discuter avec la Commission d'Extrême-Orient, c'est souvent dans l'avion particulier du commandant suprême, lequel le presse de revenir au plus vite et le fait asseoir à ses côtés lors du déjeuner officiel donné en l'honneur du nouveau représentant de Chiang Kaï-Shek. «MacArthur est un chef d'État. Dédaigneux des mesquineries de détail, il prend des décisions avec la tranquille assurance que lui donne une renommée soigneusement entretenue et qui touche presque à la gloire.» Pechkoff applaudit des deux mains lorsque, en mars 1948, le *Supreme Commander* se dit prêt à être candidat à la prochaine élection présidentielle. MacArthur, de son côté, ne se départit pas d'une certaine fascination pour cette personnalité énigmatique. Il verrait bien son ami Pechkoff être nommé haut-commissaire en Indochine. Ah, si seulement de Gaulle revenait aux affaires, ce serait dans la poche !

Fine mouche, comme il l'avait fait chez les Chiang Kaï-Shek, l'ambassadeur de France s'est vite attiré les bonnes grâces de Mrs MacArthur, une célibataire endurcie au caractère bien trempé et au charme indéniable que le général a épousée sur le tard après deux mariages ratés. Vingt ans et trente centimètres les séparent, mais Jean MacArthur, qui en 1938 lui a donné un fils, est une pièce maîtresse dans la vie du commandant suprême, « mon meilleur soldat », dit-il souvent. En mars 1942, elle l'a bien prouvé lors de leur départ en catastrophe des Philippines investies par les Japonais, embarquant avec lui et leur petit garçon de quatre ans dans une chaloupe prise dans une terrible tempête. Pechkoff lui rend des petites visites. Expert en attentions, chaque 26 janvier, à l'occasion de l'anniversaire du général, il adresse à son épouse un somptueux bouquet de roses, lui rapporte de France des fruits savoureux introuvables à Tokyo.

Jour de gloire à Oda House

Un télégramme de Georges Bidault a appris à Pechkoff qu'il était élevé à la dignité de grand officier de la Légion d'honneur. Une promotion d'autant plus savoureuse qu'elle intervient en même temps que celle de l'ambassadeur à Londres, René Massigli, grande figure du Quai, son supérieur direct dans ses premiers temps à Chongqing. Zinovi a demandé au général de Lattre, de procéder à cette remise. Entre les deux hommes, l'échange d'amabilités n'a pas désarmé depuis leur première rencontre, une lettre en témoigne : « Vous pensez combien je regrette que les circonstances aient rendu nécessaire votre éloignement de nos champs de bataille, vous devinez ma joie si j'avais pu vous avoir avec moi», écrit le chef de la 1re armée, en avril 1945, en s'inclinant «devant l'intérêt collectif du Pays qui a réclamé pour la Chine le plus qualifié de nos ambassadeurs». L'éloignement aidant, il faudra attendre presque un an pour organiser la cérémonie. Le 17 juillet 1947, dans la cour d'honneur des Invalides, Zinovi Pechkoff, taille mince, droit comme un I, se verra remettre des mains de De Lattre la plaque de Grand Officier. La photo paraît à la une de plusieurs journaux.

«Avez-vous reçu le carton ?» À Tokyo, on ne parle plus que de ça : «Le général Z. Pechkoff, ambassadeur de France, grand officier de la Légion d'honneur, vous prie de lui faire l'honneur d'assister à la cérémonie de remise des insignes de grand-croix de la Légion d'honneur au général d'armée Douglas MacArthur, commandant suprême pour les puissances alliées au Japon. La cérémonie aura lieu à Oda House le samedi 14 décembre 1946 à 10 heures.» Grand-croix de la Légion d'honneur ! Comme les généraux Pershing et Eisenhower. Comme Lord Mountbatten, commandant en chef des forces alliées en Asie du Sud-Est. «Autant que la *Medal of honor* (la plus haute distinction militaire américaine), c'était là l'objet de ma plus grande ambition», confie le SCAP à Pechkoff.

Dans le jardin de Oda House, la résidence de l'ambassadeur, la fanfare de la 1re division de cavalerie américaine a pris place sous un beau soleil d'hiver. À dix heures trente précises, elle salue l'arrivée du général MacArthur par la sonnerie *Aux Champs*, avant que n'éclate *La Marseillaise*. Un peloton de vingt-quatre marins rend les honneurs. Sur la gauche du perron où doit se dérouler la cérémonie, quatre soldats américains portent le drapeau étoilé et le fanion du *Supreme Commander*. À droite du perron, un légionnaire en képi blanc. «Presque tous les généraux commandant les troupes d'occupation venant de tous points du Japon étaient présents à ma résidence. Il y en avait quarante-six, je crois», écrit

Pechkoff à Pierre-Eugène Gilbert, le directeur du personnel du Quai. À côté des généraux se presse encore du beau monde, les membres du Conseil Allié, la fine fleur de la diplomatie en poste à Tokyo, la colonie et les missions religieuses françaises, et, bien sûr, le personnel de la mission de liaison. Au total, quelque deux cents personnes.

Jour de gloire pour Zinovi Pechkoff. Il faut l'imaginer, notre ex-légionnaire officiant devant MacArthur, figure légendaire non seulement en Amérique et au Japon mais aussi dans tout le Pacifique et le continent asiatique où l'on parle du « Shogun aux yeux clairs », devant ces cadors de l'armée, sortis de West Point, de Sandhurst, de Saint-Cyr et autres brillantes académies militaires. Il faut l'imaginer déclamant la citation qui justifie ce couronnement : « Chef prestigieux qui durant l'implacable guerre du Pacifique s'est illustré dans les fonctions de commandant en chef du théâtre d'opérations. Qui, par sa victoire éclatante sur le Japon, a été l'un des principaux artisans du succès des Forces alliées. » Il faut l'imaginer prononcer les paroles rituelles : « Général MacArthur, au nom du peuple français et en vertu des pouvoirs qui nous sont conférés, nous vous élevons à la dignité de grand-croix de la Légion d'honneur. » L'émotion est là au moment où MacArthur, s'exprimant publiquement en français pour la première fois de sa vie, remercie l'ambassadeur et présente l'événement du jour comme « un nouvel anneau à la longue chaîne d'amitié qui unit nos deux pays ». Tandis que les hymnes nationaux retentissent, les deux hommes saluent face à l'assistance chacun à sa façon, main droite à la tempe et paume cachée à l'américaine pour MacArthur, main gauche par nécessité et paume visible à la française pour Pechkoff. « Oui, ce fut une belle journée », concède, le soir venu, Pechkoff à Roger Pignol.

Il n'y a pas que *France Illustration* pour consacrer un grand reportage à cet événement. Tous les journaux japonais s'y mettent, quand, d'ordinaire, ils parlent peu des activités des missions étrangères. Excellent pour le prestige de la France. En février 1948, Pechkoff réédite l'opération et décore sept officiers de l'entourage de MacArthur. Le commandant suprême lui a glissé, sourire en coin : « Les militaires, vous savez, sont comme des enfants face aux décorations. » Et d'évoquer cette scène entre Napoléon et le futur maréchal Lannes à qui l'empereur présentait le tout nouvel insigne de la Légion d'honneur : « Sire, répond Lannes, connu pour son franc-parler, *these are trinkets and bubbles* » – littéralement, des babioles et des bulles, bref de vulgaires hochets. Ce à quoi l'Empereur rétorque avec un air de défi : « Lannes, savez-vous qu'avec ces hochets, j'ai constitué un Empire. »

Les bras droits de l'ambassadeur

Les bonnes ondes qui relient Pechkoff à MacArthur profitent à toute la mission française. Lorsque l'un de ses adjoints demande audience au grand commandement, les portes s'ouvrent comme par miracle. Cela ne signifie pas que le travail avec l'ambassadeur soit pour autant facile. Le mystère qui l'entoure crée comme un halo autour de sa personne, il décourage toute allusion à son histoire ancienne. Un soupçon d'accent traîne toujours dans son français incertain, il s'exprime dans un idiome qui lui est personnel, émaillé de lapsus, de locutions anglaises, italiennes, mais jamais russes – mis à part le fameux « Boje Moï » qu'il prononce en se signant, invoquant le ciel à tout bout de champ comme d'autres lanceraient « My God ! » ou « Inch Allah ! ». Il s'embrouille parfois dans ses phrases. De plus en plus souvent, il se contente de vagues indications avant de laisser à d'autres, mandarins diplômés, le soin de rendre compte au Quai d'entretiens auxquels ils n'ont même pas assisté ! Peu importe que sa parole soit rectifiée si ses idées sont respectées. Francis Huré, le charmant sous-lieutenant croisé au Maroc, l'a rejoint début 1947 comme premier secrétaire, délégué par Jean Chauvel, « avec mission de beaucoup le servir et de beaucoup l'aimer ». L'équipe de Pechkoff s'étoffe, « j'ai trouvé le bras droit qui me manque», dit-il volontiers, parlant de ses précieux seconds.

Les bras droits ne chôment pas, «tout mon personnel est à la tâche de longues heures par jour», écrit Pechkoff au ministre. Sur sa table de travail, à Shimazu House, nul dossier ne traîne, l'ambassadeur n'aime pas les bureaux encombrés. En fin de journée, l'équipe se resserre autour de lui, on débriefe sur les problèmes rencontrés. L'ambassadeur sexagénaire règne sur sa petite troupe, de la voix sans doute, mais aussi du geste. Da sa main unique, il appuie sa démonstration, caresse pour mieux réfléchir son crâne lisse ou bien affûte sa moustache. Des mimiques animent son visage de vieux bonze, il roule des yeux, fronce le menton, part d'un grand rire, on se souvient qu'il a été comédien. Qu'importe son expression parfois cahoteuse, rocailleuse. Il procède par intuitions plus que par raisonnements, sa pensée vagabonde est parfois sujette à des fulgurances. C'est à croire qu'il pénètre l'esprit des gens, entend battre les cœurs. «Il voit dans la nuit!», résume Jacqueline, l'épouse de Francis Huré : jolie femme, résistante, déportée à Ravensbrück, elle-même fille d'un glorieux militaire corse, elle est l'incarnation de la grâce pour l'ambassadeur qui la tutoie et la traite comme sa fille, une solide amitié le liera désormais à ce couple séduisant.

L'esprit de famille qui anime la mission française est d'autant plus fort que les autres attaches se font légères pour ces exilés du bout du monde. Un mois de traversée sépare toujours Marseille de Yokohama et il faut un motif impérieux pour que l'administration française consente à faire voyager par avion ceux dont elle a la charge. Le courrier reste le lien privilégié avec la métropole. Une lettre qui se fait attendre et les têtes s'allongent. Au sein du grand sérail, une forte affectivité règne, charge au chef de poste de calmer les esprits lorsque souffle un vent mauvais. En bon officier de Légion, Pechkoff connaît la musique. Il sait le cafard qui rôde dans les guitounes lorsque le soir tombe, ou bien les jours de fête, il sait que faire la nuit le tour des postes de guet est la porte ouverte aux confidences. Comme il le faisait à l'armée, il ne manque jamais de défendre les intérêts de ses collaborateurs, bataille pour obtenir l'intégration de Pignol dans les cadres de la fonction publique, plaide pour l'obtention d'une décoration, multiplie les recommandations pour un subordonné promis à une nouvelle affectation. À sa paternité sourcilleuse répond l'affection de sa petite troupe. En fin de soirée, l'ambassadeur retient volontiers « sa maison » pour un dernier verre, charmeur et gai plus que jamais. Parfois il l'entraîne pour le week-end dans la résidence aménagée par Paul Claudel du temps qu'il était en poste au Japon, sur les bords du lac Chu Chen Ji, à deux cents kilomètres au nord de Tokyo, un lieu magique de beauté et de paix. Mais la limite est claire : pas de familiarité. À l'épouse d'un collaborateur qui lui a apporté de France un agenda pour son bureau, il se contente de répondre : « Je n'accepte pas de cadeaux », et laisse échoué sur une table le paquet toujours ficelé.

À chaque âme, son mystère

Doyen du corps diplomatique, l'ambassadeur jouit à Tokyo d'une notoriété certaine. Au Japon, son âge est un gage de sagesse. Sa qualité de Français le sert aussi. La France n'a pas de sang japonais sur les mains. On peut poser à ses ressortissants la seule question qui taraude alors les Japonais et qu'ils ne peuvent poser ni aux Américains, ni aux Russes, ni aux Chinois : « Comment nous, forts d'une armée réputée invincible, animés d'une foi fanatique dans la supériorité de notre civilisation millénaire, comment nous qui, franchissant la mer, avions depuis des années imposé notre domination sur le continent asiatique, comment avons-nous pu être battus ? » Pechkoff et ses premiers couteaux fréquentent volontiers les diplomates du Gaïmucho, le ministère des Affaires étrangères, dirigé par Hitoshi Ashida, un vieil ami de la France où il a été ambassadeur et dont il maîtrise la langue. Ils rencontrent des intellectuels, des médecins, des juristes, des militaires, tous francophones, tous épris du pays des Lumières. À Tokyo renaissant de ses cendres, la vie culturelle est foisonnante.

L'ambassade de France participe à ce renouveau, les Japonais savent gré au général Pechkoff de la profonde compréhension qu'il a de leur culture. Il a plus d'une fois organisé à Oda House, à côté de concerts de musique française, y compris du XXe siècle (Debussy, Ravel, Berlioz ont la cote), des représentations du théâtre kabuki, le théâtre traditionnel japonais, avec son jeu d'acteur étroitement codifié. Il a noué des liens étroits avec Tetsuro Furukaki, un éminent poète et homme de presse, titulaire d'un doctorat en droit passé à l'université de Lyon et futur ambassadeur à Paris, qui forme avec sa jolie femme, la musicienne Masuko Kikuta, un couple-phare de la bonne société. Il est intime avec des valeurs montantes du monde de l'art, un jeune historien qui collabore avec les conservateurs du musée Guimet, un archéologue, conservateur au Musée national de Tokyo. Il connaît bien le peintre Oguiss, un figuratif dans la veine d'Utrillo, ou Foujita, croisé à Paris dans les années vingt, des artistes reconnus mais qui paient parfois chèrement le fait d'avoir, pendant la guerre, été promus peintres officiels des armées. L'une de ses rares distractions est de déambuler à Ueno dans le vieux Tokyo, à la recherche d'une pièce rare chez les antiquaires.

L'ambassadeur est des plus discrets sur sa vie privée, nul ne lui connaît au Japon de relation attitrée, certains avancent qu'il pourrait avoir des penchants homosexuels, c'est une rumeur qui a déjà couru du temps où il faisait équipe avec Damien de Martel, que certains disaient d'être « à voile et à vapeur ». La présence auprès de Zinovi du jeune Roger Pignol, qui ne cache pas son homosexualité, entretient le doute. Son équipe à l'ambassade le voit surtout virer au moine zen. De fait, il médite beaucoup, lit les Évangiles tous les jours, garde à son chevet, reliée en rouge, *L'Imitation de Jésus-Christ*, qui exhorte à l'humilité et à la sagesse : « C'est en résistant aux passions et non en leur cédant qu'on trouve la véritable paix du cœur. » L'ambassadeur voit souvent monseigneur

Breton, évêque titulaire d'Arabissus, un vieux prêtre des Missions étrangères qui a consacré sa vie au Japon, il le fera peu avant sa mort chevalier de la Légion d'honneur : « Qui mieux que vous, lui écrit-il, a mérité cette récompense, vous qui, en exil volontaire de votre cher pays, âme pure enflammée par la foi et par le sacrifice, portez dans ces régions du monde la parole du Christ ? »

Un soir que Francis Huré apporte à Oda House un pli urgent, il trouve l'ambassadeur allongé sur le lit qu'il a placé au milieu de sa chambre, « comme un catafalque », surmonté d'une lumière à peine suffisante pour lire. Sur le guéridon, à côté d'un verre d'eau, le portrait de Gorki. À chacun son « beau coin » peuplé d'icônes. Jadis, il y a longtemps de cela, Zinovi a cru en la Révolution. Il croit en Dieu maintenant, fait ses prières matin et soir, fort de sa religion « orthodoxe-catholique », familier d'un Invisible qui se marie bien avec la poésie ou avec cette nature qu'il retrouve dès qu'il le peut, arpentant la campagne au petit matin, rendant visite aux arbres, saluant les prairies, fêtant début avril le « sakura », la miraculeuse apparition des cerisiers en fleur. Chaque âme a son mystère. Huré s'est retiré sur la pointe des pieds, laissant l'ambassadeur à sa rêverie.

Moine ? Peut-être, mais à temps partiel. Car l'ambassadeur, épris de ses fonctions, a à cœur de tenir son rang. Ce militaire a toujours aimé le cérémonial. Au Japon, il est servi, la profondeur des courbettes y est millimétrée en fonction de la notabilité des gens auxquels on s'adresse. Tout au long du séjour de Pechkoff au Japon, dîners officiels et vastes réceptions se succéderont à Oda House où six marins assurent en permanence une garde d'honneur. On y voit parfois le général MacArthur avec son épouse, alors que celui-ci n'accepte que très rarement les invitations. En février 1949, c'est Kenneth Royall, le secrétaire à l'Armée du président Truman qui est l'hôte d'honneur de l'ambassade de France. Les Japonais ne sont pas exclus de cette convivialité. Les enfants de l'empereur, insigne privilège, ont accepté l'invitation du général Pechkoff. Les services du protocole veillent, y compris sur le cérémonial du départ. À l'heure dite, le personnel de l'ambassade au grand complet s'aligne sur le perron pour voir les illustres convives s'engouffrer dans un cabriolet de marque française choisi avec tact dans le garage impérial, par sécurité une berline américaine vide lui emboîte le pas. L'aîné des princes s'est mis au volant. En entendant gémir le démarreur, Pechkoff et sa fine équipe courbent le dos dans un bel ensemble. Après un soubresaut, la voiture s'arrête. Nouvel essai, nouvel échec. Et nouveau plongeon coordonné sur le perron. À la troisième tentative, les jeunes collègues de l'ambassadeur sont toujours déférents mais hilares. Au moment où le cortège automobile franchit enfin les portes, Pechkoff les fusille du regard avant de grogner dans sa moustache : « Quelle honte pour une marque française ! »

Autre réception, cette fois chez le frère de l'empereur, le prince Takamatsu. Le dîner, offert sur des tables basses, provoque à coup sûr des crampes chez les convives occidentaux. L'atmosphère est sinistre. Dans le désir louable de détendre l'atmosphère, Jacqueline Huré, placée à la droite du prince, l'invite à partager une pomme en digne fille d'Ève, une proposition dont la subtilité échappe totalement au fils d'Amaterasu, la déesse-mère. L'ambassadeur lève les yeux au ciel, exaspéré par cet impair. Il y a des jours où l'on délaisserait volontiers son flegme diplomatique pour s'autoriser un coup de sang. Comme à la Légion.

De Manille à Saigon

« Voilà le drapeau américain descendu, mais c'est dans la gloire de donner l'indépendance et la liberté au peuple philippin » : présent en juillet 1946 à Manille pendant les cérémonies d'indépendance des Philippines, Pechkoff n'oubliera pas le commentaire du haut-commissaire américain. En Inde aussi, la marche vers la décolonisation est amorcée. Rien de tel en Indochine où les Français semblent sourds aux changements qui se produisent dans le monde. En septembre 1946, pressé par l'amiral Thierry d'Argenlieu, Pechkoff décide de se rendre à Saigon et à Hanoï. La situation y est tendue. Les accords signés le 6 mars précédent entre Jean Sainteny et Hô Chi Minh, qui posaient les principes d'une collaboration franco-vietnamienne, se sont déjà effrités. En avril, désavoué par Paris, le général Leclerc, partisan d'une négociation qui aurait permis d'ouvrir une voie médiane entre l'indépendance de l'Indochine et la préservation des intérêts français, a demandé à être relevé de ses fonctions. Les va-t-en-guerre ont repris la main.

À Saigon, Thierry d'Argenlieu a prévu pour son hôte un programme chargé : visite au président de la Cochinchine Nguyen Van Thinh, au commissaire du gouvernement, Jean Cédile, au vice-amiral Auboyneau, commandant les forces navales d'Extrême-Orient, dîners privés, causeries diverses… Mais Pechkoff a appris que la 13e demi-brigade de Légion étrangère, le fer de lance de la France Libre, était stationnée à Gia Dinh, dans les faubourgs de Saigon. Qu'on se débrouille pour faire place à une visite là-bas ! Le lundi 9 septembre à 9 h 30 du matin, l'ambassadeur en bel uniforme blanc retrouve au PC du régiment son chef de corps, le lieutenant-colonel Gabriel de Sairigné, à trente-trois ans le plus jeune de la Légion. En short et chemisette, une section de la compagnie lourde et deux sections de fusiliers voltigeurs rendent les honneurs tandis que la musique exécute les sonneries réglementaires. *Boudin*, *Marseillaise*, revue des troupes, salut au drapeau… Le général de corps d'armée Pechkoff vibre à chacun de ces instants. Aux officiers qu'on lui présente un à un, il dit son bonheur de retrouver un corps qu'il sert depuis trente-trois ans. Sur l'action de la « 13 » en Cochinchine, il veut tout savoir, le régiment y tient une partie difficile, son secteur, qui va de Saigon à la frontière cambodgienne, est truffé de combattants vietminh, moins nombreux peut-être qu'au Tonkin mais très actifs. Une guérilla aux contours impalpables, aux dangers tapis dans les ruelles de Saigon, dans les digues des rizières, au fond des maisons de torchis, loin, très loin de cette guerre du désert qui, à Bir Hakeim et ailleurs, fit la gloire du régiment et celle de Sairigné, alors simple capitaine. Mais ses quatre mille légionnaires, pour beaucoup des Allemands, ne se posent pas de questions, ils suivraient jusqu'au bout du monde ce chef charismatique, encore un Compagnon de la Libération*. Bien qu'il soit arrivé en Indochine depuis peu, son analyse de la situation est toute proche de celle de Pechkoff pour qui la partie est à repenser en termes infiniment plus larges, pas seulement militaires mais politiques, ce que d'Argenlieu a du mal à entendre. Le soir même, lors d'un dîner sur le croiseur *Suffren* à l'ancre dans le port, Zinovi prolongera la discussion avec le colonel, accompagné cette fois d'une charmante petite femme blonde, épousée juste avant son départ de France. Et reprendra la conversation le lendemain soir encore, lors du dîner officiel donné par le haut-commissaire dans l'immense Palais Norodom, haut lieu des fastes coloniaux avec ses escaliers monumentaux, ses statues allégoriques et sa cascade de perrons. Le dernier dessert avalé, tout le monde s'est mis à danser et, sur le colonel valsant amoureusement avec sa femme, Zinovi n'a pu s'empêcher de poser un regard mêlé d'émotion et d'envie, plus trop certain tout à coup d'avoir réussi sa vie.

Dieu sait pourtant qu'elle est riche en découvertes, sa vie : comment ne pas être ébloui devant le site d'Angkor qu'il a visité dans la journée. Soixante-dix minutes de vol dans l'avion du haut-commissaire jusqu'à Siem Reap où l'attendait encore une compagnie de la 13, celle qui, un mois plus tôt, avait livré une dure bataille au milieu des temples pour en déloger des rebelles issarak, l'équivalent cambodgien du Vietminh. Plus placidement, c'est sous la houlette du conservateur du site que l'ambassadeur a visité l'ancienne cité khmère enkystée dans la forêt tropicale, les somptueux bas-reliefs d'Angkor-Vat, Angkor Thom et son Bayon aux mille visages. Une promenade hors du temps. Le 19 décembre 1946, l'attaque de la garnison française de Hanoï qui fera près de cinquante morts et blessés, scellera le début de la guerre d'Indochine. Le 1er mars 1948, moins de deux ans après sa rencontre avec le

* *Mon illustre inconnu*, Fayard, 1998, N.D.A.

général Pechkoff, Gabriel de Sairigné tombera sous les coups du Vietminh lors de l'attaque d'un convoi sur la route de Saigon à Dalat, laissant derrière lui sa jolie femme, une petite fille de neuf mois prénommée Guillemette et un enfant à naître.

L'horreur atomique

Il peut bien y avoir plus de quatre mille kilomètres à vol d'oiseau entre Saigon et Tokyo, l'Indochine restera pour Pechkoff un souci constant. Mais sa terre de mission, c'est le Japon. Régulièrement, il sillonne le pays comme il le faisait en Géorgie, parfois en voiture, parfois dans un avion emprunté au SCAP, le plus souvent en wagon militaire à partir de la gare de Tokyo Central Il rend visite aux troupes d'occupation américaines ou anglaises, rencontre les consuls de France, s'imprègne de paysages aux délicatesses d'estampes, bienvenus après les reliefs chahutés de Chongqing. Mais rien ne le marque plus que la tournée qu'il accomplit à la mi-novembre 1946 tout au sud du Japon. Guidé par le chef d'état-major adjoint de MacArthur, le major Peter Converse, qui pratique un bon français, il va d'étonnement en étonnement. Dans les ports, les unités navales ont été mises en pièces sur ordre des Américains par les ouvriers japonais eux-mêmes. Dans les bases militaires alliées, la plupart des entrepôts d'armes sont gardés par des autochtones. Dans ce pays hier encore exsangue, les usines se remettent à travailler au ralenti pour sortir les produits de première nécessité. Les maisons de bois surgissent au milieu des décombres. C'est au cours de ce voyage que l'ambassadeur visite pour la première fois les anciennes villes impériales. À Nara, la cité de l'impératrice Cheng-Mei, le temple vieux de douze siècles est surmonté d'un bouddha de bronze haut de quinze mètres. Dans le parc, les cerfs sacrés flânent, moins nombreux qu'autrefois, des Japonais au ventre creux ont dû leur faire un sort pendant la guerre. Kyoto, la capitale en titre pendant plus d'un millénaire, est un lieu magique fourmillant de temples et de palais. Les Américains lui avaient volontairement épargné les bombes incendiaires, la promettant au feu nucléaire. C'est Hiroshima, à l'extrême-sud de Honshu, la grande île, qui, le 6 août 1945, a été frappée. Et Nagasaki, sur la petite île de Kyushu, trois jours après.

Pechkoff a insisté pour se rendre dans ces deux villes. Pas seulement à cause de l'injonction du Quai – «Vous vous attacherez à recueillir toutes les informations même les plus minimes sur le bombardement atomique.» Mais parce qu'il veut comprendre. La propagande américaine assure volontiers qu'autrement, la guerre dans le Pacifique aurait duré encore de longs mois et tué un demi-million de soldats américains supplémentaires. MacArthur ne défend même pas cette position-là : « Savez-vous, lui a-t-il confié un jour, quelle a été la véritable utilité de la bombe atomique ? Ça n'a pas été d'achever, par la menace d'une arme irrésistible, une défaite déjà consommée ; car jamais une nation n'a été plus complètement battue sur terre, sur mer et dans les airs. Le Japon n'avait plus de bateaux, plus de pétrole pour faire voler ses avions, plus de munitions. Pourtant le peuple était encore si loin de réaliser sa situation et si prêt, malgré la destruction des villes, à poursuivre la résistance, que même l'empereur n'aurait sans doute pas pu lui faire comprendre et accepter cette défaite sans l'argument décisif que lui a apporté Hiroshima.» Mais pourquoi avoir frappé Nagasaki ? Besoin d'impressionner une Union soviétique encore neutre à ce moment du conflit, de s'assurer que, dans une panoplie nucléaire à venir, le plutonium était aussi efficace que l'uranium, de se servir tout simplement d'une bombe qu'on avait sous la main ? Et cet écho sinistre selon lequel le pilote ne savait trop où se débarrasser de cet engin de mort et que là, il y avait une trouée dans les nuages…

Quinze mois se sont écoulés depuis ces jours d'août où un soleil aveuglant a annoncé là-bas la fin d'un monde. C'est par la mer que, le 18 novembre, Zinovi gagne Hiroshima. Le terrible sillage laissé par la guerre, il connaît, et les villages dévastés de

Champagne, et les villes sibériennes payant à l'autre camp leur soumission aux Rouges ou aux Blancs, et les kasbahs éventrées de l'Atlas ou du Rif. Mais jamais il n'avait vu cela, un centre-ville comme scalpé sur trois kilomètres de rayon, pas même de traces laissées par les artères principales, pas même de maisons en ruines, de collines de pierrailles pour pouvoir rebâtir en pensée le paysage disparu, c'est à croire que les constructions elles-mêmes ont été comme aspirées par les entrailles de la terre. Et pourtant, au milieu de ce *no man's land*, où seuls quelques ustensiles de cuisine tordus par le feu, quelques bicyclettes convulsées attestent qu'un jour il y eut là une présence humaine, voici qu'un peu de fumée s'échappe d'une cabane en planches, qu'on aperçoit du linge séchant sur une corde, et des gamins loqueteux jouant dans les cendres. À Nagasaki déjà, deux jours plus tôt, guidé par le père Prudent, un jeune franciscain des Missions canadiennes, très actif dans cette ville à forte minorité catholique, Zinovi a assisté à ce miracle improbable : le surgissement de la vie dans ces tombeaux à ciel ouvert. Le « Soleil de la Mort » a eu beau faire cent soixante mille morts à Hiroshima, soixante mille à Nagasaki, les édiles locaux épargnés par le drame, maire, préfet de la province, chef de la police, sont là pour saluer les visiteurs, l'air compassé de circonstance cédant vite la place à l'évocation animée des mille projets qu'ils dressent pour relancer leurs villes. Il y a de l'héroïsme dans cette volonté-là.

Ce voyage au bout de l'enfer hantera longtemps Zinovi. La route qui file vers Kobé peut bien offrir une vue grandiose sur les montagnes qui entourent le port, le théâtre kabuki d'Osaka présenter un surprenant « Puppet show » avec ses drôles de marionnettes géantes, le général Mullins qui commande dans le secteur la 25e division américaine peut bien réserver un accueil cordial à l'ambassadeur, ces fantômes le poursuivent. Quelques jours après son retour à Tokyo, Zinovi livre à Jean Chauvel l'écho paru dans un journal local selon lequel les États-Unis auraient offert de confier à la Commission à l'énergie atomique des Nations Unies le soin de décider d'une éventuelle destruction des bombes atomiques, et d'en fixer le calendrier. À entendre le commandant suprême, ajoute Pechkoff, l'Administration Truman est désormais perplexe à l'idée d'employer une fois encore ce terrible engin de guerre. Quant aux scientifiques américains, ils se refuseraient à poursuivre leurs recherches sur des armes pouvant déboucher sur l'anéantissement de toute existence civilisée. « Lorsqu'il évoquait devant nous les villes martyres, se souvient Francis Huré, Pechkoff baissait la voix comme s'il conjurait une malédiction. Pour lui, on ne pouvait pas être en paix avec cette guerre-là. L'autre, celle qu'il avait faite et dont il avouait les outrages, consacrait au moins le courage. »

Pas de Japon aplati

À l'aube de 1948, on ressent au Japon comme un changement d'atmosphère. Pour le Nouvel An 1947, on autorise la foule à pénétrer dans le palais impérial, les femmes endossent leurs kimonos multicolores, se coiffent à l'ancienne mode. Les visiteurs défilent sans interruption pendant trois jours : « J'ai vu, raconte Pechkoff, le spectacle impressionnant de la foule en extase devant l'image de l'empereur. Je suis allé à Neno Park, on y vendait des drapeaux japonais et tout le monde, hommes, femmes, enfants, en achetaient. J'ai l'impression que le Japon émerge de la défaite aussi chauvin qu'avant, peut-être d'ici quelques années sera-t-il aussi arrogant qu'à l'époque de sa grandeur. »

Deux ans plus tôt, à Washington, dans son premier discours devant la Commission d'Extrême-Orient, le général MacArthur avait insisté sur l'attitude soumise, résignée, qu'il avait trouvée dans l'archipel. Sonnés, à l'issue de leur désastreuse aventure coloniale sur le continent asiatique, par une défaite inimaginable pour ce peuple de guerriers qui considérait ses chefs militaires comme des demi-dieux, les Japonais courbaient la tête. Pechkoff parle, lui, à son ami Chauvel d'« une sorte de candeur apparente » dans la façon dont le pays subit l'occupation étrangère. Dès le départ, le commandant suprême a dit sa volonté de ne pas brutaliser les Japonais, d'en faire des hommes libres, de procéder à une sorte de conversion spirituelle. « Il y a de la part des Américains, poursuit Pechkoff, un souci de présenter au monde une grande réussite : d'un pays féodal, le Japon devient une terre démocratique, d'un pays ennemi, un pays ami, un pays moderne tout à fait comme l'Amérique… Le Japon momentanément aplati prendra peu à peu conscience de son importance dans cette partie du monde. »

La politique américaine à l'égard du Japon a déjà changé, parce que le Japon a changé. De lui-même, l'empereur a renoncé début 1946 à son essence divine. Une Constitution d'inspiration libérale a été votée qui, dans son article 9, affirme, fait inouï, que le pays « renonce à jamais à la guerre » et s'interdit de posséder une armée. Elle a débouché sur des élections libres où, pour la première fois, quatorze millions de femmes ont voté. Au prince héritier Akihito, on a donné une gouvernante américaine, une demoiselle quaker qui l'initie à la langue anglaise et à la culture occidentale. Il n'est plus temps de pressurer le pays mais de l'aider à se reconstruire. La stratégie actuelle est claire : s'appuyer sur une nouvelle classe dirigeante sincèrement démocratique et ruiner l'aristocratie belliciste en dénonçant par exemple son recours au marché noir pour tourner les restrictions imposées. Tout n'est pas idyllique, Pechkoff l'a bien senti lors de ce dîner auquel il est convié en octobre 1947 par le ministre des Affaires étrangères à sa résidence officielle, avec une partie de son équipe et deux ou trois autres diplomates étrangers, plus « un Américain et sa femme très vulgaire ». Après le café, le ministre s'est rapproché de Pechkoff. Sans l'Amérique, reconnaît-il, le Japon, bien sûr, ne pouvait s'en tirer, il lui fallait impérativement accroître sa production et établir un niveau de vie qui permette à son peuple de ne pas crever de faim. Mais, même douce et bienveillante, l'occupation de MacArthur est lourde à supporter. « Ils ont terré leur orgueil dans les profondeurs de leur cœur, écrit Zinovi à Chauvel, ils obéissent aux ordres de l'occupant avec un sourire gracieux qui est dans leur coutume, car, quand le Japonais est en colère, il rit... Mais depuis quelque temps, même ce sourire a disparu. »

Pour le faire renaître, tout le monde a la recette : le traité de paix. Les Japonais en rêvent, le Premier ministre Hitoshi Ashida plus que n'importe qui. MacArthur lui-même aurait voulu qu'il soit signé avant le 1er mars 1948. Seul un traité signerait l'accession du Japon au rang de nation libre, lui seul permettrait au pays d'inaugurer une nouvelle période de son histoire. Mais au printemps 1949, rien n'est encore fait. Les États-Unis peuvent-ils prendre le risque de laisser derrière eux un Japon démilitarisé quand toute la Chine du Nord est balayée par les armées de Mao Tsé-toung, quand la Mandchourie est déjà aux mains des communistes et, qui sait, bientôt la Corée ? Devant Pechkoff, Dixon Edwards, l'un des proches de MacArthur, conclut par l'affirmative : « Nous n'avons plus besoin de nous méfier des Japonais. Il n'y a qu'un danger en Extrême-Orient, c'est le danger soviétique et l'Amérique n'entend pas éparpiller ses efforts en voyant des menaces là où il n'y en a plus. »

Sept hommes à abattre

En attendant le fantomatique traité de paix, il est un sujet qui mobilise l'attention de tous : le jugement des criminels de guerre japonais. La délégation française a rejoint à Tokyo le Tribunal international d'Extrême-Orient. Pechkoff n'est pas à l'aise avec cette inculpation, il ne l'a pas caché à MacArthur, qui aurait pour sa part préféré un jugement rapide des inculpés par un tribunal militaire juste après la reddition. C'est le commandant suprême en tout cas qui a pris sur lui d'épargner à l'empereur les affres d'un procès et, sur ce point, Pechkoff le rejoint : un tel séisme aurait à coup sûr rendu toute reddition impossible et augmenté les difficultés de l'occupation. Devant lui, MacArthur a toujours parlé de Hiro-Hito avec estime, impressionné par sa noblesse naturelle, ses manières simples et aisées. Il lui a narré en long et en large la visite que celui-ci lui avait rendue le 27 septembre 1945, débarquant à l'ambassade peu de temps après la capitulation, un événement inouï qui s'était déroulé sans autre témoin que l'interprète – et Jean MacArthur ainsi que son fils, cachés derrière un rideau ! La photo les représentant côte à côte, l'empereur, chétif dans sa jaquette à la coupe surannée, le général en chemise d'uniforme, col ouvert, avait fait sensation aux États-Unis et scandale au Japon. Mais, pour avoir épargné celui qui, à l'époque, était encore pour eux un dieu vivant, le général MacArthur s'était acquis la reconnaissance de ses sujets.

Il en va différemment des vingt-cinq hauts responsables, généraux ou ministres qui, eux, ont été inculpés. Lorsque, après une interminable instruction, l'ex-Premier ministre, Tojo Hideki, comparait enfin devant ses juges aux premiers jours de 1948, Pechkoff assiste au procès : «Tojo se moque de tout le monde», écrit-il à Chauvel. «À la dialectique confuse, à l'agitation du procureur Keenan, nerveux, aux questions pas toujours pertinentes, le leader de la Grande Asie orientale oppose son prestige, son intelligence supérieure, son air de grandeur qu'il n'a pas abandonné», précise-t-il à l'intention de Georges Bidault. Et de nouveau à Chauvel : «Il y a dans l'atmosphère de ce procès et de ce tribunal un malaise, une gêne assez pénible. Je suis allé à une séance. Tojo est assis dans le fauteuil de l'accusé comme s'il présidait un conseil des ministres… Les séances du procès attirent un monde élégant, beaucoup de curieux. On offre des billets d'entrée comme si c'était une représentation théâtrale.» Lorsque, le 12 novembre 1948, le tribunal prononce à la majorité simple la condamnation à mort de sept des accusés, dont Tojo, et de lourdes peines d'emprisonnement pour les autres, le juge français est de ceux qui votent contre. Pechkoff pense comme lui.

Ce dimanche 14 novembre, après avoir assisté à la messe dans une chapelle annexe de la cathédrale Sainte-Marie dont il ne subsistent que des ruines, Zinovi est resté toute la journée cloîtré à

Oda House. Le soir tombé, il a demandé qu'on lui prépare un plateau pour son dîner et renvoyé son personnel. Il a besoin de rester seul. Dans sa chambre, il s'est allongé un long moment dans la pénombre sur son lit catafalque, veillé par la photo de Gorki. Ces condamnations le bouleversent. Un courant d'air mauvais traverse la chambre, le fait frissonner, la température est tombée d'un coup. Impossible de trouver le sommeil entre cette boule qui le poigne au ventre et ce bras qui, trente ans après, se rappelle toujours à lui. Zinovi s'est relevé pour s'asseoir devant le secrétaire de laque noire où il aime faire son courrier. Et sur sa petite Underwood, il rédige à la va-vite un texte malhabile, on le sent balbutier d'indignation. «Tout comme les juges dissidents, écrit-il, je pense que les accusés n'ont fait autre chose que de vouloir l'agrandissement et l'expansion de leur pays enserré dans les quatre îles du Japon proprement dit et de constituer une armée dans ce but.» Or les voilà inculpés pour les atrocités commises par des subordonnés, dont la plupart ont déjà été jugés et condamnés par des conseils de guerre. Et puis, pourquoi eux et pas les autres ? Les bavures ne sont pas du seul fait des puissances de l'Axe. Le temps n'est plus où l'on se battait contre des armées, où l'on n'attaquait que des places fortes. Dans les guerres modernes, sans même parler des persécutions nazies contre les Juifs, on n'hésite plus à mitrailler de malheureux civils fuyant l'envahisseur, comme le firent les Allemands sur les routes de France, on écrase des villes entières sous des bombes, tuant des femmes et des enfants, en une seule explosion, le feu atomique anéantit une centaine de milliers de vies. Et puis, n'est-ce pas au vu et au su de tout le monde que le Japon s'est lancé dans sa guerre d'agression ? Il avait déjà investi la Corée et la Mandchourie que les grandes puissances continuaient à le fournir en matières premières servant à la fabrication de son matériel militaire. Quand en 1940, les Japonais, profitant de la faiblesse des forces françaises en Indochine, ont investi le pays, ni les Américains ni les Anglais n'ont répondu à l'appel du général Catroux qui demandait de l'aide, au prétexte qu'ils n'étaient ni les uns ni les autres en guerre avec le Japon… Bref, même s'il était admis que ces accusés aient commis des fautes graves contre les lois de la guerre et contre la paix, Zinovi Pechkoff en appelle à la générosité du vainqueur : « C'est en établissant des relations plus humaines entre les nations, c'est en recherchant les moyens d'accords internationaux et en introduisant dans la politique internationale plus de moralité et d'éthique qu'on peut espérer arriver à concilier les intérêts des uns et des autres. » En session en ce moment à Paris, le Conseil des Nations unies a évoqué l'idée d'un gouvernement mondial. Pechkoff jette un regard vers le portrait d'Alexeï Maximovitch. En voilà un à qui cette idée n'aurait pas déplu.

Soucieux d'apporter une caution internationale à cette condamnation, MacArthur a décidé de convoquer le 22 novembre le Conseil allié. « J'estime, écrit Pechkoff à son ministre, qu'il est de mon devoir de prier le Département de m'autoriser, lors de la réunion des chefs de mission alliés, à proposer au général MacArthur, au besoin en mon nom personnel, la commutation des peines capitales. » Mais, soucieux de ne pas fragiliser sa position au Japon, le gouvernement lui demande de ne pas faire de vagues. En bon soldat, Zinovi va donc avaliser, le jour dit, la décision du commandant suprême. Mais, à l'issue de la séance, il remet à MacArthur une longue note rédigée en anglais dans laquelle il exprime les raisons de son opposition aux décisions du tribunal. « Il y a la guerre, dit-il, et rien d'autre », refusant de distinguer entre guerre d'agression et toute autre forme de guerre. Il ne cache ni son malaise à voir punir le haut commandement pour des faits qu'ils n'ont pas commis eux-mêmes, ni surtout son haut-le-cœur devant la sentence prononcée, lui qui « souhaite que la peine capitale soit abolie des codes de justice ». Sa missive restera sans effet. Le 24 novembre, le commandant suprême ordonne l'exécution des sentences.

Avec le Quai d'Orsay, Pechkoff a joué franc jeu, il n'a rien caché ni de sa loyauté officielle ni de ses réserves privées. La décision de MacArthur rendue publique, il envoie le jour même à Robert Schuman, qui vient de remplacer Bidault aux Affaires étrangères, une note confidentielle : « Étant donné que je ne suis pas d'accord avec les instructions que votre Excellence a bien voulu me donner et que, cependant, je les ai exécutées par discipline et devoir, il est aussi de mon devoir moral envers moi-même de prier Votre Excellence de me décharger de la mission qu'elle a bien voulu me confier au Japon... J'apprécierai beaucoup que votre Excellence m'accorde la faveur de m'autoriser à quitter le Japon le plus tôt possible. » Trois jours plus tard, Schuman lui expose la nécessité dans laquelle est le gouvernement français de laisser les autorités d'occupation du Japon seules juges des recours en grâce éventuels et lui demande de reconsidérer sa demande de départ, tout en se déclarant prêt à lui rendre sa liberté, conscient de ses scrupules, si l'ambassadeur réitère sa « volonté irrévocable » de démissionner. Pechkoff va donc accepter de rester quelque temps encore, sous réserve de pouvoir prendre un long congé à partir du mois d'avril ou de mai : « J'aurais alors accompli trois ans de séjour au Japon, je trouve que c'est assez », écrit-il à Chauvel en l'incitant à lui trouver un remplaçant avant la fin de l'année 1949.

Le jeudi 23 décembre 1948 à deux heures du matin, les sept condamnés à mort sont pendus à la prison de Sugamo sans que cela provoque de désordre public. La veille, une parade militaire de la division de la cavalerie, s'est déroulée devant le palais impérial. Il n'y avait pas un badaud pour y assister, personne pour contempler la puissance militaire de l'occupant. Le jour d'avant, note Pechkoff, les Hollandais ont déclenché l'offensive contre la jeune république indonésienne, leurs parachutistes ont investi toute la région pétrolière avec le soutien des Américains. Sans doute la menace communiste sur cette partie du monde justifie-t-elle d'être vigilant. On sent malgré tout, à parcourir ses notes, de quel côté penche le cœur de l'ambassadeur. Morceaux choisis : « Tout est permis à ceux qui possèdent assez d'argent pour avoir une force armée. [...] Encore une fois, les peuples asiatiques ont vu le peu de sincérité et la duplicité des nations blanches. [...] Nous sommes dans un engrenage duquel il faut sortir (il est question cette fois de l'Indochine où la lutte contre le Vietminh ne cesse de s'intensifier). Il faut se décider soit à ne plus prononcer le mot d'indépendance et écraser toutes les velléités des peuples à se libérer, soit adopter une politique – à mes yeux, la seule sage et profitable – visant à donner à terme une complète liberté aux peuples sous notre tutelle.»

On aurait volontiers classé le rebelle assagi, familier des ronds de jambe diplomatiques et des salons chics, dans le clan conservateur. On le découvre abolitionniste, anticolonialiste. Il n'est même pas un anticommuniste primaire si l'on en juge par cet extrait d'une lettre à Chauvel d'avril 1948 : «Le slogan "anticommunisme" couvre tout, sert de signe de ralliement autour de l'Amérique. Sous ce signe, tout est bon, tout est excusable, toute la subordination des peuples libres à l'Amérique. Les pays ennemis encore hier deviennent des amis, on les flatte, on les soigne, on les aide plus et mieux que les pays alliés et amis...» Une fois de plus, Zinovi Pechkoff déjoue toutes les étiquettes qu'on voudrait lui accoler.

Quand sonne l'heure de la retraite

Durablement meurtri par l'exécution de Tojo et de ses coaccusés, Pechkoff est résolu à quitter son poste. Il a pris un long congé d'été, puis regagné temporairement Tokyo puisque aucune autre affectation ne lui a été signifiée. Le 7 octobre 1949, il annonce en avant-première à MacArthur son prochain départ : «J'espère que nous nous retrouverons un jour quelque part dans ce monde qui manque tant d'unité et de spiritualité, mais qui malgré tout bataille de toutes ses forces pour les faire progresser.» Suit un message pour Mrs MacArthur qui l'a si souvent reçu. Pour lui, l'heure de la retraite a cette fois vraiment sonné. Dieu sait qu'il a tenté de reculer l'échéance! Déjà, dans l'ordre de mission qui l'envoyait à Tokyo en avril 1946, il disait être né en 1893, se rajeunissant de neuf ans. En avril 1947, il grignote encore un an et indique le 16 octobre 1894 comme date de naissance sur sa notice biographique destinée à l'Annuaire diplomatique et consulaire. Mauvais coucheurs, les syndicalistes du Quai d'Orsay envoient une note au ministre : « L'indication inexacte relevée à l'Annuaire paraît devoir être attribuée non à une erreur typographique mais à un renseignement erroné dont il est permis d'être surpris étant donné son importance. En effet, le général Pechkoff aurait, s'il est bien né en 1884, depuis longtemps atteint la limite d'âge normale telle qu'elle est prévue par les textes en vigueur et qui, à notre avis, s'applique aussi bien aux ambassadeurs qu'aux autres fonctionnaires. Nous vous serions, dans ces conditions, reconnaissants, Monsieur le ministre, de vouloir bien admettre l'intéressé à faire valoir ses droits à une pension de retraite et nous faire connaître votre décision. »

On s'interroge : pourquoi un homme de la trempe de Pechkoff fait-il ainsi de temps à autre des petits écarts de côté, trichant sur sa taille, ce qui n'est pas bien grave, sur ses médailles, ce qui l'est beaucoup plus, et maintenant sur son âge, non par coquetterie, mais dans l'idée d'échapper à la tyrannie de l'administration ? Une seule réponse possible : Zinovi a décidé une fois pour toutes d'inventer sa vie. Dans une histoire en proie à des vents violents, il s'est détaché de son socle de départ, s'est choisi une nouvelle famille, un nouveau nom, une nouvelle religion, un nouveau pays. Il revendique le droit, en bon légionnaire, de s'abriter sous identité déclarée. Et de maquiller son âge, si bon lui chante. À soixante-cinq ans tout juste sonnés, l'âge où nombre de ses contemporains ont déjà l'air de vieillards, malgré son bras en moins, sa légère boiterie en plus, Zinovi se sent en forme, toujours svelte, vigoureux, un maintien très droit de lieutenant de cavalerie. La retraite, il la voyait bien, mais pour d'autres que lui…

CHAPITRE 8

L'Intranquille

107 rue Lauriston

« L'homme entre dans le soir de sa vie comme dans un pays étranger. Les gares sont plus petites et plus rares. Les voyageurs deviennent moins nombreux. Ils ont changé de costume… » Nul doute que Zinovi pourrait faire sien ce texte d'Alexandre Vialatte. La retraite n'est pas un mot fait pour lui, la sédentarité non plus, quand il a passé sa vie à arpenter le monde, quand il est libre de tout lien familial. Sa France bien-aimée n'a jamais été que le tremplin de ses départs, la ligne d'arrivée de ses exils successifs. Jamais Zinovi Pechkoff n'a été un homme « installé ». L'heure est venue pourtant. Au 107 rue Lauriston, non loin du Trocadéro, il s'achète un drôle d'appartement, dans le style atelier d'artiste, un salon très haut de plafond d'où monte un escalier en spirale jusqu'à la chambre en mezzanine. Cette cabine avec vue sur cour, il l'habitera tout au long de l'ultime voyage des quinze années qui lui restent à vivre.

Lors de ses missions lointaines, il n'a jamais perdu le contact avec Jacqueline Delaunay-Belleville, son ex-femme, et avec son beau-fils, leur transmettant par la valise diplomatique ses « pensées les plus affectueuses et tendres », contribuant à régler les études de Xavier à Sorrèze. L'heure des retrouvailles a sonné. Entre « Zino » et « Jaco », plus de tendres effusions, mais le souvenir des jours heureux comme de la blessure de l'enfant perdu. Et une affection toute paternelle portée par Zinovi à Xavier, grand gaillard sympathique qui le domine d'une tête. À Paris, Pechkoff a aussi quelques rares vrais amis. Il fait accueil à ses anciens collaborateurs dont il reçoit les doléances et applaudit les promotions, il retrouve avec joie ses amis diplomates, mais ceux-ci ne font que passer. Après ses ambassades chinoise et japonaise aux journées bourrées à craquer, il faut à Zinovi réapprendre un autre rythme. La lecture a toujours été le bruit de fond de sa vie, les livres s'entassent sur son grand bureau de noyer clair, des livres d'opinion, des mémoires, peu de romans. Il va volontiers au concert, au théâtre, aux vernissages, c'est un convive recherché dans les dîners même s'il ne se livre jamais au petit jeu des rumeurs et des phrases assassines qui en font parfois le sel. Un soir, il s'est rendu avec une amie à la générale de la pièce d'Alfred Fabre-Luce *Mort pour rien*. Un vrai guet-apens ! Non seulement il a fallu assister à une pièce à thèse : du résistant et du collabo emprisonnés par les Allemands, c'est le second qui est un chic type. Mais encore le « tout-Vichy » s'était donné rendez-vous dans la salle, entraîné par Josée de Chambrun, la fille de Pierre Laval.

Aux beaux jours, il prend la tangente. Pas une page vierge sur son dernier passeport. Le rayon d'action du globe-trotter s'est rétréci. Les tampons attestent maintenant de sa présence en Suisse, en Belgique, en Angleterre, en Italie bien sûr. À Rome, il descend au « Grand Hôtel », on le retrouve à Venise, à Sorrente, on soupçonne qu'il n'est pas tout seul lors de ces escapades. Il se rend aussi en Espagne, en Grèce, en Égypte, aucun secret ne résiste aux tampons, ces petits rapporteurs. Dès son premier printemps de retraité, il file en Amérique, descend à New York au San Regis selon son habitude, part en croisière avec des amis. Le général William Chase, qu'il a connu au Japon, désormais chef d'état-major de la 3e armée au Fort McPherson, l'accueille pour un long week-end à Atlanta. L'an d'après, il est de retour et retrouve le truculent général Carton de Wiart, son vieux complice de Chongqing. Quelques années plus tard, il sera accueilli par les

Huré en Turquie où Francis est chargé d'affaires. Le couple habite à Thérapia, l'un des quartiers huppés d'Istanbul, un ancien palais dont les vastes pièces, les boiseries aux couleurs détrempées et les majestueux escaliers de pierre évoquent les fastes de l'Empire ottoman.

À chaque âge, ses combats.

Zinovi est un homme de luxe. Mais il n'est pas un homme d'argent. Il n'a d'autres ressources que celles que lui accorde l'État français : « Hier, écrit-il en octobre 1952 à Jacqueline Huré, je suis allé au Ministère pour mes affaires de pension qui est réglée en dépit de toute justice, mais au fond, cela m'est égal. Je rouspète par principe et par une aversion pour l'injustice. » Ses amis, eux, sont bien décidés à se battre pour lui.

Malgré ses trente-cinq ans au service de la France, malgré les missions écrasantes dont il a été chargé, malgré ses blessures et ses cent pour cent d'invalidité, le vieux soldat ne s'est vu octroyer pour des raisons administratives qu'une maigre retraite de commandant. Il faudra que Robert Schumann, ministre des Affaires étrangères, s'en mêle pour que ses années supplémentaires soient prises en compte dans le calcul de la retraite : « Les très grands services rendus à la France par l'ambassadeur en Chine et au Japon, écrit-il à son collègue des Finances, lui constituent des titres à la particulière bienveillance du gouvernement. » Le 23 avril 1952 enfin, un décret régularise sa situation.

Il est un autre ultime combat auquel Zinovi participera plus activement. Le propos n'est plus de gagner quelques sous mais d'accéder à une autre forme de reconnaissance : l'attribution de la grand-croix de la Légion d'honneur. Là encore, il bénéficie du soutien de Robert Schuman qui, dans une lettre au Grand chancelier de l'Ordre, estime « opportun au moment où vient de prendre fin l'activité diplomatique du général Pechkoff, de lui accorder un dernier témoignage de reconnaissance». La promotion du 14 juillet 1952 apporte enfin à Zinovi la consécration espérée. Le 14 octobre suivant, c'est dans les salons de l'Élysée que, devant un cercle étroit d'invités, dont le général Kœnig et Christian Fouchet, il est fait grand-croix par le président Vincent Auriol «sans traitement, au titre des grands mutilés». Un document du secrétariat d'État à la Guerre précise que cette nomination n'a pas été précédée d'une enquête de moralité. C'en est bien fini cette fois des soupçons qui ont pesé longtemps sur ce transfuge atypique. En réponse au chef de l'État qui a exalté la double vocation de l'officier diplomate, Pechkoff, patriote incandescent, dit sa confusion de recevoir pareille distinction : «D'autres disent : "récompense". Mais la France n'a pas à me récompenser. C'est moi qui ne sais comment m'acquitter de toute sa bonté, de toute son indulgence pour mes très modestes services.» Derrière ces mots convenus, une intense émotion. Et une conviction : «Celui qui sert la France sert en même temps tout ce qu'il y a de juste, tout ce qu'il y a de grand.» Il aurait pu citer Romain Gary : «Je n'ai pas une goutte de sang français, mais la France coule dans mes veines.» Être français, c'est en avoir envie. Et, pour Zinovi Pechkoff, savoir s'entourer : au bar du Ritz où il finira cette journée mémorable, il a convié les quelques amis présents lors de son sacre. Parmi eux, une jeune femme fascinante, une certaine Edmonde Charles-Roux, qui comptera plus tard dans sa vie.

Les journaux embouchent les trompettes de la renommée. Du monde entier, les félicitations affluent pour saluer cette apothéose, en français, en anglais, en italien, en russe. Mais rien n'égale, aux yeux de Pechkoff, ce magnifique brevet de bonne conduite qui lui est délivré dès le 17 juillet, depuis la Boisserie, de la main du général de Gaulle : «Mon cher ami, la lettre par laquelle vous m'annoncez votre élévation à la dignité de grand-croix de la Légion d'honneur, et la façon dont vous l'avez écrite, m'ont vivement touché. Je n'approuve pas, vous le savez, beaucoup des mesures prises par le temps qui court. Mais celle-là a mon entière approbation. C'est une belle et noble carrière que la vôtre, mon cher Général.

Pour moi, je puis témoigner que vous avez été, au moment où il le fallait, l'homme qu'il fallait, là où il fallait. J'ajoute que vous y avez mis le style. Et tout cela se passait au moment le plus rude de l'histoire. Veuillez croire, mon cher Ambassadeur, à mes sentiments d'amitié bien sincère et dévouée. »

L'intranquille

Dans les mois qui ont suivi son retour du Japon, Pechkoff a surtout vécu intensément la tragédie indochinoise, le désastre de Cao Bang et de la RC4*. À Jean Chauvel, nommé ambassadeur auprès de l'ONU à New York, il livre son analyse sur « le désastre pourtant prévisible depuis longtemps » de ce qui se passe en Indochine : « Ah, si seulement les Français avaient compris que, faute d'une aide massive américaine, ils ne pouvaient garder leur belle colonie ! Si seulement, tout en gardant sur place des bases militaires solides pour protéger ce territoire ami d'incursions d'où qu'elles viennent – il ne s'agit pas de partir honteusement comme nous l'avons fait au Liban et en Syrie –, ils relevaient leurs troupes par celles du Vietnam en promettant de leur apporter l'instruction nécessaire, s'ils consentaient à Bao Daï la liberté demandée charge à lui de prendre ses responsabilités, de traiter avec Hô Chi Minh s'il le désire ! » On est en octobre 1950. Quatre ans plus tard, Pechkoff, rivé à sa radio, a le cœur serré tandis que tombent une à une les collines de Dien Bien Phu. La guerre du Vietnam, version américaine, prendra bientôt le relais pour ne finir qu'en 1975. Trente ans de malheurs pour un résultat nul. « C'est une faute que l'Histoire ne pardonnera jamais aux gouvernements quels qu'ils soient, de ne pas avoir assez de courage pour agir indépendamment des exigences de la politique et des partis », assenait

* En octobre 1950, au nord du Tonkin, l'ordre d'évacuation de la ville de Cao Bang par la périlleuse route coloniale 4 se soldera par une victoire écrasante du Vietminh, le corps expéditionnaire français y perdra quelque 5000 hommes, tués, blessés ou prisonniers, dont une bonne part de légionnaires, N.D.A.

déjà Pechkoff avec une cruelle lucidité dans sa lettre à Chauvel, appelant à savoir « percer l'avenir ».

Zinovi Pechkoff n'a pas oublié que, dans une vie antérieure, il était nomade. Neuf ans après son départ du Japon, il a décidé d'y retourner, par la mer cette fois. Une équipée qui devrait prendre trois mois. En mars 1958, il embarque à Marseille sur le *Vietnam*, l'aîné d'un élégant trio de longs paquebots blancs lancés par les Messageries maritimes. Au départ de la gare de Lyon, une délégation du Quai d'Orsay est venue de la part du ministre lui souhaiter un bon voyage. Sitôt à bord, il a reçu la visite du préfet et celle du directeur des Messageries maritimes qui l'a présenté au commandant du bateau, encore un Français Libre. Dans sa cabine de première l'attendent ses huit bagages, une lettre de Roger Pignol et de magnifiques roses rouges. À la salle à manger, il a demandé à être seul à sa table. Il n'a pas entrepris ce voyage par hasard, il a besoin de silence, de solitude pour retrouver cette joie de vivre qu'il a perdue depuis quelque temps. Zinovi n'est pas devenu ermite pour autant, et c'est avec bonheur qu'à Port-Saïd, il voit ses amis Jean et Hélène van den Bosch – lui est l'ambassadeur de Belgique au Caire – monter sur le bateau, la promesse d'un dîner au champagne très gai et d'une bonne soirée. Il est plaisant d'être accueilli à chaque escale par le représentant local de la France, consul ou ambassadeur.

Ces lieux, il y est déjà souvent passé, avec Damien de Martel au retour de son équipée sibérienne, ou plus récemment sur la route de Chongqing, ou encore lors de sa visite à Saigon depuis le Japon. On lui réserve la tournée des grands ducs, Zinovi ne boude pas son plaisir. À Aden, plongée en plein ramadan, on repère, au milieu des hommes enturbannés de rouge et de vert, les « hadjs », retour de La Mecque, tout habillés de blanc. À Bombay, plutôt que de suivre les curieux en goguette dans ces « quartiers réservés » peuplés de filles faméliques et d'hommes fardés, habillés en femmes, il assiste – l'étrange pays ! – à la cérémonie d'enterrement d'un yogi censé ressurgir de sa tombe quarante heures plus tard.

À Colombo, un ministre de France sexagénaire qui a fait toute sa carrière en Asie l'attend sur le quai, panama sur la tête, et lui fournit un canot qui le transbordera du bateau au rivage dès qu'il le souhaitera. À Singapour, il retrouve son ancien consul à Kunming, la ville est toujours aussi verte, son jardin botanique plus beau que jamais, mais les avenues autrefois désertes sont envahies par les automobiles et par les Chinois ; ils seraient en Malaisie près d'un million. À Saigon, les pancartes des rues sont désormais en vietnamien et en français, et le palais du gouverneur est devenu la résidence du président Diêm. À Manille, après douze ans d'indépendance, le pays vit toujours sous la coupe américaine. À Hong Kong, que Zinovi avait découverte en décembre 1919 débordant de verdure, presque une jungle sauvage, puis écrasée sous les bombes au lendemain de l'occupation japonaise, d'énormes bâtiments de quinze ou vingt étages ont poussé sur les collines, on se croirait à New York ou à Shanghai : le consul de France, Gérard Raoul-Duval, était en 1941 à Alger, l'un des membres de son équipe à Chongqing en 1943, un autre encore à Tokyo. Pour un vieux diplomate, un tour du monde est toujours plus ou moins une réunion de famille.

Cela tombe bien : « Dans le fond de moi-même, écrit Zinovi le soir venu, je n'ai aucune envie de voir de nouveaux pays en touriste. C'est ce qui se passe dans les terres que je traverse qui m'intéresse, surtout dans ces pays d'Asie que j'ai découverts pour la première fois il y a quarante ans. » Tel un Albert Londres qui réserverait ses impressions à son seul petit carnet, Pechkoff évoque en Égypte avec son ami belge la triste issue de l'affaire de Suez qui met le pays entre les mains des Russes. S'étonne à Aden de l'attitude des Anglais qui vivent en circuit fermé et excluent de leurs clubs toute personne de couleur, tandis que la colère des gens du pays est soigneusement attisée par la radio du Caire. En Inde, le beau-frère du Pandit Nehru lui confie l'effrayante pauvreté du pays, la corruption généralisée, la succession problématique de Nehru qui vient de réserver un accueil triomphal à Khrouchtchev et Boulganine dans l'espoir d'attirer leurs bonnes grâces. Le gouvernement de Ceylan nationalise à tour de bras les grandes compagnies productrices de thé comme celles des chemins de fer, une réforme agraire est en cours. « Partout, constate Pechkoff, on tente de mettre un terme à toute forme de domination européenne. » Dans ce contexte, il est clair que l'agitation qui secoue ces dernières années l'Algérie nuit gravement au prestige de la France. En Inde, sur une terre soucieuse de limiter l'influence anglaise où nombre d'étudiants étaient inscrits dans les Alliances françaises, on comprend mal qu'« un pays imprégné de valeurs humanistes persécute des gens qui luttent pour leur liberté », lui a dit le beau-frère de Nehru. Les manifestations contre la politique algérienne de la France se multipliant, Zinovi s'est trouvé empêtré dans l'une d'elles à Bombay. À Aden, le 30 mars, a été proclamé « The Algerian Day ». À Ceylan aussi, la presse locale publie des articles venimeux contre la France.

Cette tournée asiatique lui confirme que, depuis la fin de la guerre, rien n'a été vraiment réglé, il y a deux Chine, deux Corée, deux Indochine, des rebelles dans les montagnes aux Philippines, une rébellion en Indonésie. À Manille comme à Saigon, il ressent la même impression : « Ces pays libérés d'un colonialisme politique se sont mis dans un colonialisme beaucoup plus insidieux, le colonialisme économique. Ils sont pieds et mains liés, et cette nouvelle emprise sur ces pays est encore plus lourde de conséquences, surtout en cas d'un conflit russo-américain. » Il confie sa crainte « que ces pays de l'Est asiatique, qui ont tant souffert ces dernières années, se révoltent, la propagande de la Chine toute proche aidant, et dirigent leur mécontentement vers les Blancs, les anciens colonisateurs ». Le séjour au Japon dure cinq semaines. L'ambassadeur Armand Bérard a bien insisté pour qu'il loge à l'ambassade. C'eût été un ami « comme Chauvel, Couve ou même Alphand », Zinovi aurait accepté mais, conscient de la charge que représentent pour un chef de poste tous ces gens de passage, il a trouvé plus discret d'accepter l'hospitalité de vieux amis américains, des gens « d'une prévenance parfaite et d'une générosité exquise ». Avec eux, il est allé d'invitation en invitation, ils n'ont eu de cesse d'organiser des réceptions à son intention. « Rarement, on ne m'a montré une amitié aussi désintéressée en me laissant mon entière liberté de disposer de mon temps comme cela me convenait. »

Pour le retour, il a embarqué sur le *Cambodge*, le petit frère du *Vietnam*. L'ambassadeur et sa femme ont tenu à l'emmener jusqu'au port, une centaine d'élèves japonais d'un père lazariste qui montait sur le même bateau ont entonné *La Marseillaise* au moment du départ. Zinovi en a eu les larmes aux yeux. Et puis quelle joie intense de se retrouver parmi des Français, sur un navire battant pavillon français ! Le lendemain, au saut du lit, il s'est senti de nouveau chez lui, sans crainte de déranger ses amis avec le cliquetis de sa petite machine : « Toute cette jeune matinée, je chantonnais. Car cette fois je ne m'éloigne pas mais je me rapproche de la France et des êtres que j'aime… » Partir pour goûter la joie de revenir.

Dans le sillage du Général

Seules les nouvelles en provenance de France vont réussir à ébranler cette béatitude. Le 17 avril, par la radio du bord, on a appris la chute du gouvernement de Félix Gaillard : « Une crise s'ouvre en France. Comment va-t-elle être résolue ? » Le président Coty multiplie les consultations. Le 13 mai, un Comité de salut public a lancé un appel à de Gaulle pour sauver le pays du bourbier algérien. Le 15 mai, il est follement acclamé à Alger. Ce retour aux affaires, il y a plus de dix ans que Pechkoff en caressait l'idée.

Rien n'a jamais pu entamer la confiance que Pechkoff porte à la figure tutélaire du Général, à ce protecteur de la nation auquel il a une fois pour toutes accroché son destin. À partir de 1947, il lui a rendu bien des fois visite rue de Solferino, au quartier général du RPF, dans son bureau à la décoration austère, table de chêne massif encadrée d'un côté par un globe terrestre, de l'autre par d'immenses cartes suspendues à des tringles en fer, qui se trouvaient déjà à Carlton Gardens. Une fois amorcée en 1955, avec la mise en sommeil définitive du RPF, la « Traversée du désert », il va le voir régulièrement à Colombey. Pas un Noël, pas un 18 juin, pas une fête de Pâques, où il ne lui ait envoyé ses vœux. Pas une épreuve personnelle qu'il n'ait accompagnée de mots de consolation sortis du cœur : en novembre 1947, l'accident d'avion qui coûta la vie au général Leclerc dont de Gaulle était très proche, la mort, trois mois plus tard, d'Anne de Gaulle, sa fille handicapée. Dans la bonne quinzaine de lettres ou de cartes, pour certaines manuscrites, reçues en réponse du Général et conservées par Zinovi, on sent parfois l'expression d'une vraie confiance. « Quant à la France, écrit le Général en réponse aux vœux de Pechkoff, le 2 janvier 1956, jour d'élections législatives, je sais que nos souhaits se confondent. Aujourd'hui se déroule dans le vide, la tristesse, la désillusion, ce qu'on appelle la "consultation électorale". Inutile de vous redire que je n'en attends absolument rien. Le pays est confronté avec des problèmes d'une telle dimension que le système parlementaire, ses rites, ses lacunes, ses prétentions – élections comprises – paraissent et sont dérisoires en proportion. »

Le 29 mai 1958, le président René Coty s'efface devant « le plus illustre des Français » qui est investi comme chef du gouvernement. Pechkoff a toujours cultivé le cuisant regret de ne pas avoir bondi immédiatement à l'appel de Charles de Gaulle en 1940 : on ne l'y reprendra pas. De Saigon, il prend un vol pour Paris. Mais ici, personne n'attend le général Pechkoff. Dans le nouveau gouvernement formé par de Gaulle, il compte pourtant plus d'un ami, Couve de Murville aux Affaires étrangères, Pierre Guillaumat aux Armées, Louis Jacquinot, ministre d'État. Sans doute n'est-il plus tout jeune mais « tant d'hommes politiques, écrit-il, ont démontré leur vigueur et leur capacité à cet âge ». En tout cas, le fait est là. Le général de Gaulle n'a pas besoin de lui.

L'étonnant voyageur

Est-ce de nouveau le besoin de combler un vide ? Le 15 juin 1960, Zinovi repart sur le *Tahitien* dans l'idée de rallier l'Australie et la Nouvelle-Calédonie en passant cette fois par le canal de Panama. Trois mois et demi d'absence pour prendre une fois de plus le pouls de la planète. Tout le nourrit. Les livres d'abord, qui plombent ses bagages. Dans *L'Avenir de l'homme*, le dernier Teilhard de Chardin, il souligne les « passages sublimes », se passionne pour *The individual and the universe* du physicien Bernard Lovell, prolonge sa découverte du bouddhisme avec les écrits de Alan Watts. Au fil des années, certaines de ses idées évoluent. Est-ce la part si large et si lourde que l'URSS a prise dans la dernière guerre ? Sur la Russie nouvelle, il est de plus en plus optimiste, recense les progrès réalisés, l'apparition d'industries modernes, la mise en valeur et le peuplement de la Sibérie, la réunion par des canaux immenses de la mer Noire à la Baltique. « Elle se présente désormais devant le monde, écrit-il pas peu fier, en grande puissance dotée d'une armée des plus modernes, d'une Aviation et d'une Marine qui concurrencent presque celles des États-Unis. » Sur l'Amérique, il est de plus en plus réservé. On sent chez lui – placé aux premières loges tant qu'il était en Asie – une certaine irritation devant le rôle de gendarme du monde qu'elle s'attribue. D'une façon générale, Pechkoff porte un œil critique sur les Européens, les comparant aux Romains qui, eux, ont su conquérir le monde : « Ils trouvaient dans les entrailles de leurs poulets plus d'idées justes et conséquentes que toutes nos sciences politiques n'en contiennent. »

Les derniers gouvernements de la IVe République avaient ponctuellement sollicité l'aide du général Pechkoff. Il aurait été pressenti pour une mission de conciliation auprès du sultan du Maroc, Mohammed V, déposé à l'été 1953, exilé en Corse puis à Madagascar. Ne sachant encore s'il va ou non accepter cette mission, Zinovi pose au Quai d'Orsay toute une série de questions sur «les reproches qui ont été faits au sultan, la capacité de la France à détrôner ainsi le souverain hachémite, le Sultan qu'elle imaginerait mettre à sa place», etc. On ignore s'il a vraiment tenu un rôle dans le dénouement de ce psychodrame. On sait seulement que Mohammed V reviendra au Maroc moins d'un an plus tard et que l'indépendance du pays sera proclamée le 2 mars 1956. En février de cette même année 1956, Pechkoff part, à la demande de Christian Pineau, ministre des Affaires étrangères, pour Saint-Domingue. À l'occasion de la vingtième année de «l'ère Trujillo», celui qui règne en dictateur sur cette île des Caraïbes a monté une exposition internationale, dite «Foire de la Paix et de la Confraternité du monde libre». Depuis des années, la France n'entretient plus d'ambassade sur l'île : la venue du général Pechkoff annonce un changement de politique, il est reçu «avec les plus grands égards» en audience privée par le généralissime et par le président de la République (qui n'est autre que son frère Hector). À son retour, après une rapide étape en Haïti, il restera, toujours à la demande du gouvernement de Guy Mollet, une dizaine de jours à Washington pour informer ses amis du Congrès de la situation en Algérie.

Combien plus gratifiant serait pour lui d'œuvrer pour son grand homme ! Faute d'avoir repris du service, l'ambassadeur reste bien traité par le nouvel hôte de l'Élysée. Le 15 mars 1960, il est invité à la réception à l'Élysée offerte au bouillant Nikita Khrouchtchev et à son épouse et, deux jours plus tard, à la soirée de gala donnée en leur honneur à l'Opéra de Paris. Il est régulièrement reçu en audience privée. Les lettres que lui adresse de Gaulle sont toutes marquées du signe de la cordialité. En janvier 1960, par un courrier cerné de noir, le président de la République remercie Pechkoff de son soutien à l'occasion du décès de son frère Pierre. Le 28 avril 1961, juste après le putsch des généraux à Alger et la mise en œuvre de l'article 16 lui conférant les pleins pouvoirs, il se dit touché par la confiance et le dévouement manifestés par l'ambassadeur «au moment, dit-il, où cela m'était le plus nécessaire». Le 26 novembre 1964, à l'intention de celui qui l'a félicité pour le vingtième anniversaire de la libération de Strasbourg, de Gaulle ajoute quelques lignes de sa main : « Et sachez que ma pensée est allée vers vous à l'occasion de votre 80e anniversaire. »

Discrétion et efficacité. En 1960, en Calédonie et aux Nouvelles-Hébrides, Pechkoff avait glané de précieuses informations sur le problème du rapatriement au Tonkin des travailleurs vietnamiens. Début 1961, à l'occasion d'une ultime navigation vers Madagascar, il livre à de Gaulle, soucieux de s'assurer de l'état d'esprit des troupes, un compte rendu fidèle de sa visite aux unités de Légion stationnées à Djibouti et à Diego-Suarez. Au printemps de cette même année, il va, à la demande du Général, repartir pour l'Australie, en avion cette fois et assisté d'un capitaine de l'infanterie de marine lui servant d'aide de camp, avec mission de représenter le chef de l'État à l'inauguration, le 28 juillet, d'un mémorial érigé par le gouvernement français à Canberra, la capitale fédérale, à la mémoire des combattants australiens de la Grande Guerre. Devant la colonne de pierre surmontée d'une figure ailée en bronze doré, symbole de la victoire, qui se dresse dans les jardins de la toute nouvelle ambassade de France, il prononce en anglais un émouvant discours saluant la mémoire des soixante mille Australiens tombés d'avril 1916 à novembre 1918 dans les Flandres et dans la Somme (le pourcentage de pertes le plus haut de tout l'Empire britannique) et inhumés en terre française. En une semaine, Zinovi Pechkoff est reçu par le Premier ministre Robert Menzies à qui il avait mission de remettre une lettre et une photo dédicacée du général de Gaulle, il rencontre les plus hautes personnalités du pays et les chefs d'état-major des trois armées, il visite le collège militaire et l'université, il échange longuement avec le général commandant les Forces supérieures françaises du Pacifique, il s'efforce de désamorcer les craintes de la communauté française sur les projets d'expérimentation nucléaire dans le Pacifique. Un programme chargé pris en sandwich entre deux vols de dix-sept mille kilomètres, allègrement assumé par ce jeune homme de bientôt soixante-dix-sept ans, grand invalide de guerre.

Consoler Chiang Kaï-Shek

C'est une mission autrement délicate qui lui est confiée trois ans plus tard. Le général de Gaulle a secrètement décidé de reconnaître la République populaire de Chine proclamée en octobre 1949. Il tient par courtoisie à en informer préalablement l'opposant historique de Mao Tsé-toung, le maréchal Chiang Kaï-Shek, replié sur l'île de Formose. Dans une longue lettre manuscrite en date du 15 janvier 1964, il donne personnellement mission à Pechkoff de rendre visite de sa part à l'ancien maître de Chongqing, invoquant tout à la fois la confiance qu'il porte à celui qui fut là-bas son ambassadeur, les relations que ce dernier a nouées avec le maréchal et, enfin, « pour cette raison que vous êtes bien au fait des motifs et des conditions de ce que mon gouvernement va accomplir au sujet de la Chine ». « Nul n'est plus qualifié que vous, conclut le Général, pour en faire l'exposé au maréchal Chiang Kaï-Shek et pour lui dire que rien n'est changé à la très haute considération et admiration que je lui porte. »

Il y a des années que Pechkoff appelle de ses vœux une révision des rapports de l'Europe avec la Chine continentale. Déjà en mars 1958, sur le bateau voguant vers le Japon, dialoguant à l'escale de Manille avec un ancien ambassadeur français à Formose, il se voit confirmer que, même soutenu par les Américains, un débarquement de l'armée de Chiang Kaï-Shek aurait sur le continent peu de chances de succès. « Qui sait, note Zinovi dans ses carnets, si laissé à lui-même, sans soutien américain, le chef nationaliste ne se serait pas entendu avec Mao Tsé-toung, si les deux Chine ne seraient pas depuis longtemps réunies ? » En juillet 1960, en route cette fois vers l'Australie, il écrit à Jean Chauvel : « Ne croyez-vous pas qu'il est temps que j'aille faire une visite à Pékin à mon amie madame Sun Yat-sen, vice-présidente de la République, j'y pense de temps en temps ? » Depuis son départ de Chongqing, il n'a pas manqué de lui envoyer ses vœux et de s'enquérir régulièrement de sa santé, comme il le fait pour sa sœur Mayling avec laquelle

elle est désormais brouillée. En 1961, Zinovi est encore plus clair lorsque, dénonçant l'obsession communiste des dirigeants américains, il écrit : « Est-ce trop espérer que le général de Gaulle prenne l'initiative ? Qu'il reconnaisse la Chine, demande son admission à l'ONU et soit le premier homme d'État d'Europe occidentale à inviter Mao Tsé-toung ? » L'admission à l'ONU aura bien lieu, mais seulement en octobre 1971. Et Mao Tsé-toung qui s'apprête à lancer sa « révolution culturelle » ne sera jamais reçu à Paris. Mais, trois ans plus tard, la reconnaissance de la Chine par la France sera chose acquise.

Dans la mission sensible qui lui est demandée, Pechkoff, à l'écart des affaires chinoises depuis vingt ans, souhaite être accompagné d'un expert, son ancien attaché militaire en Chine, le colonel Jacques Guillermaz. Le 17 janvier 1964, les deux hommes embarquent sur un avion de la Japan Airlines à destination de la Chine, via Copenhague, Anchorage et Tokyo, où l'ambassadeur les loge à sa résidence pour garder le secret de leur présence. Le 19 janvier, tout juste arrivés à Taipei, ils sont reçus par Chiang-Kaï-Shek dans sa propriété de Yangmingshan. Les visiteurs sont introduits jusqu'au seuil de la villa par deux ou trois personnages vêtus de noir, serviteurs ou gorilles, difficile à dire. L'audience aura pour cadre un petit salon aux fauteuils et canapés lilas. Du côté chinois, il y a, outre le maréchal, le ministre des Affaires étrangères, un ambassadeur et le chargé d'affaires de la Chine nationaliste à Paris qui sert d'interprète. Du côté français, Pechkoff, Guillermaz et le chargé d'affaires français à Taipei qui porte le tendre nom de M. Salade.

En vingt ans, le maréchal n'a guère changé. Il frappe « par sa vitalité, son regard habile et brillant dans un visage un peu alourdi mais lisse et plein, au teint de vieil ivoire vaguement rosé », raconte Guillermaz dans ses mémoires. Les gestes sont rares mais précis ; malgré l'âge et les revers, l'homme se contrôle aussi totalement qu'autrefois. Tout au long des entretiens du 19 et du 20 janvier, il parlera presque seul et sans notes, développant ses arguments avec clarté et rigueur, même dans les moments où il se fait le plus pressant, presque passionné. Il s'exprime naturellement en mandarin mais avec un fort accent du Zhejiang, sa province natale au sud de Shanghai, dont il n'a jamais réussi à se débarrasser. Au généralissime, Pechkoff remet une lettre du chef de l'État français dont on lui livre oralement la traduction : « Après mûre réflexion, il m'a donc paru, dit le Général, qu'il n'était plus possible de différer la décision dont je tiens à vous faire part. Celle-ci ne préjuge naturellement pas de l'avenir de la Chine dont on peut garder l'espoir qu'il sera différent de ce qu'est le présent. »

Il en faut plus pour convaincre le vieux lutteur. Lors d'un premier entretien de près de deux heures, il tente son va-tout pour persuader ses interlocuteurs : certes, il a été défait dans un premier temps par les communistes, mais l'état des forces de Taïwan permet de garder confiance dans la victoire – la sienne et celle du monde libre –, le retour sur le continent est encore possible, le Général n'était-il pas à Londres dans la même situation ? Voyez la Grande-Bretagne ! Elle n'a retiré aucun bénéfice de sa reconnaissance, les propriétés anglaises en Chine ont toutes été confisquées. Quant aux missions françaises envoyées à Pékin (dont celle d'Edgard Faure à l'automne précédent), elles n'ont jamais pris le temps d'une enquête sérieuse, et ne se sont jamais rendues à Taïwan. « Le général de Gaulle, insiste Chiang Kaï-Shek, ne comprend pas l'immense mal qu'il pourrait nous faire. » Voilà quatorze ans que la France le soutient et elle l'abandonnerait au moment où l'espoir renaît, où le communisme chinois montre des signes de faiblesse ? Que cette reconnaissance soit au moins différée de cinq ans, de trois ans, ne serait-ce que de six mois... Quand, à bout d'arguments, le généralissime cherche le pourquoi et le comment de ce rapprochement de la France avec l'ennemi honni, il ne s'attire qu'une réponse toute diplomatique de Pechkoff, assurant que le Général ne l'a pas tenu au courant de ces éléments.

Le lendemain 20 janvier, lors d'un nouvel entretien, le maréchal reprendra son discours sur les affinités entre les peuples français et chinois, bien loin de cette duplicité communiste qu'il a eu largement l'occasion de tester depuis quarante ans et que les pays auxquels Pékin fait aujourd'hui les yeux doux ne tarderont pas à subir eux aussi. Les communistes ne connaissent que la force, insiste-t-il, « les échecs des pays occidentaux proviennent de leur peur de la guerre ». Un exquis déjeuner suspendra un moment ce monologue, relayé par un échange d'amabilités et de toasts portés à la santé du général de Gaulle, son contemporain, avec qui Chiang Kaï-Shek a toujours eu les meilleures relations sans l'avoir jamais rencontré. Avant que Pechkoff ne reparte, le généralissime lui confie une lettre scellée à l'intention du président français. Sachant la décision de ce dernier irrévocable, Zinovi s'est astreint à des réponses vides de tout contenu politique, se contentant d'apporter au maréchal le dernier salut d'un autre soldat dont l'intérêt d'État va le séparer. Mais il est touché par la détresse de cet homme blessé. Combien pénible et ingrate est la démarche qui lui a été demandée.

Le secret a été bien gardé. À Taipei, nul n'a rien su de cette visite. À Hong Kong, de crainte d'être reconnu, Pechkoff reste claustré à l'hôtel Peninsula de Kowloon et y rédige son rapport. Un arrêt encore à Bangkok et, le 24 janvier, de retour à Paris, il est reçu par de Gaulle à l'Élysée. Le 27 janvier 1964, comme prévu, un bref communiqué annonçant l'établissement de relations diplomatiques entre la France et le gouvernement de la Chine populaire, et l'envoi d'ambassadeurs avant trois mois, est publié simultanément à Paris et à Pékin. Le 10 février, ainsi que de Gaulle le craignait, Chiang Kaï-Shek, malgré la pression américaine, rompt ses liens avec la France : pour lui, il ne saurait y avoir deux Chine. Il est des Français pour s'interroger : l'intérêt national justifiait-il cette atteinte portée à la solidarité occidentale et les avantages accordés à une nation en partie responsable de nos revers en Indochine, à une nation qui a apporté au FLN algérien jusqu'en 1962 un soutien sans réserve et encouragé l'émancipation de nos colonies d'Afrique, à une nation communiste appelant à la destruction de notre système politique et de nos valeurs morales ? Hervé Alphand, alors ambassadeur à Washington, s'est fait recevoir « comme un chien dans un jeu de quilles» en annonçant officiellement la nouvelle au gouvernement américain : «Amérique désemparée, écrit-il dans son journal, le coup de De Gaulle reconnaissant la Chine fait chanceler ce géant... Je suis moi-même éberlué et inquiet de tant d'audace... Beaucoup ici sont touchés. Un grand froid à nouveau nous entoure.» Mais tous les amis américains de Zinovi ne semblent pas partager cet avis, à en croire cette lettre de félicitations que lui adresse Clovis Byers, vice-président de la General Telephone and Electronics Corporation : «Notre joie vient de cette reconnaissance qui vous est donnée. Quand votre pays a une mission difficile à remplir, c'est vous qu'on sort de votre retraite.» Il forme en conclusion le souhait de tout son groupe d'amis que sa route de retour passe par les États-Unis.

L'adieu à MacArthur

Les amis attendront mais pas bien longtemps. Le 12 avril suivant, voilà Pechkoff accueilli à Washington par son ami Alphand. De Gaulle lui a demandé cette fois de le représenter aux obsèques de Douglas MacArthur. Sans doute Zinovi y serait-il allé de toute façon : il a toujours cultivé, comme il sait le faire mieux que quiconque, ses relations avec l'ancien homme fort du Japon qui, relevé en avril 1951 de ses fonctions par le président Truman, a reçu un accueil délirant d'enthousiasme de ses compatriotes à son retour aux États-Unis. Il envoie ses vœux aux MacArthur, reçoit leur fils Arthur à Paris lorsqu'il y débarque à seize ans accompagné de «Gibbie», sa précieuse nanny.

Lorsque, en 1962, déjà très affaibli à quatre-vingt deux ans, MacArthur s'est vu décerner par l'académie de West Point, dont il était sorti major et dont il fut le patron quand il n'avait pas quarante ans, le prestigieux Sylvanus Thayer Award pour son «engagement extraordinaire au service de la nation», Pechkoff lui a adressé des félicitations dont l'émotion n'était pas feinte. Quel magnifique discours l'ancien homme fort du Japon a-t-il prononcé devant les cadets de West Point ! Un discours poétique en diable que Zinovi aurait bien pu signer : « Les ombres s'allongent pour moi. Le crépuscule est arrivé. Mes vieux jours ont disparu avec leurs teintes et leurs ors. Ils s'en sont allés miroiter à travers les rêves des choses qui furent. Leur souvenir est celui d'une beauté merveilleuse arrosée par les larmes, cajolée et caressée par les sourires d'hier. J'écoute en vain, mais d'une oreille assoiffée, la mélodie ensorceleuse des faibles clairons sonnant le réveil, des tambours lointains battant leur long roulement. Dans mes rêves j'entends encore la clameur lointaine des canons et le fracas de la fusillade, étrange et lugubre murmure du champ de bataille. Mais au soir de mon souvenir je reviens à West Point. Toujours sonnent et résonnent : devoir, honneur, pays. » Depuis la suite du Waldorf Astoria où il réside à New York, MacArthur a répondu à Pechkoff à la fin août par une lettre marquée au sceau de l'amitié : « Votre soutien reste pour moi l'un de mes souvenirs les plus lumineux de l'occupation. »

Le 5 avril 1964, Douglas MacArthur meurt d'une cirrhose biliaire à l'hôpital militaire Walter Reed de Washington. Le sachant gravement malade, John Kennedy avait au préalable donné son accord pour que lui soient faites des funérailles nationales. Cinq mois après la tragédie de Dallas, le président Johnson respectera cette volonté : le général MacArthur sera inhumé « avec tous les honneurs qu'une nation reconnaissante puisse conférer à un héros défunt ». Le 7 avril, son cercueil posé sur une prolonge d'artillerie et escorté par des cadets de West Point, est tiré par quatre chevaux blancs jusqu'au Capitole. Sous la vaste rotonde, plus de soixante-quinze mille personnes défilent. Ce sera le tour des officiels une fois les portes fermées au public. Hervé Alphand est au côté de Pechkoff lorsque celui-ci, après avoir déposé une gerbe de chrysanthèmes blancs devant le catafalque et s'être longuement recueilli, redescend les marches du Capitole et monte avec lui dans sa voiture. Blême, il ferme les yeux, s'éponge le front, près de défaillir. Alphand est décontenancé : « C'est seulement l'émotion, singulière chez ce vieux soldat qui a participé à tant de batailles, couvert de gloire et de décorations », note-t-il dans son journal. Un vieux soldat qu'il qualifie d'« être discret, charmant, sensible », mais dont il n'a peut-être pas saisi avec quelle facilité il pouvait se laisser envahir par sa fabrique à souvenirs. Face à la dépouille du général, visage et buste découverts, le bas du corps enveloppé dans le drapeau étoilé, Zinovi entend encore l'exclamation joyeuse que MacArthur laissait parfois échapper lorsqu'il franchissait le seuil de son bureau, l'assurant que, s'il n'avait demandé à le rencontrer, c'est lui qui l'aurait prié de venir. Il se remémore ces moments précieux au cours desquels Douglas MacArthur, moderne Atlas qui portait sur ses épaules un bout de la planète, délaissait l'actualité pour tenter de décrypter le sens de la vie, empruntant avec lui des chemins escarpés filant vers les sommets. C'est à Norfolk en Virginie que le général doit être inhumé dans un mémorial aménagé à cet effet : Pechkoff y sera aussi. À la descente de l'avion, si tous les officiels, Alphand compris, sont dirigés vers l'église où se dérouleront les obsèques, Jean MacArthur a demandé à Zinovi de la rejoindre à son hôtel pour un moment en tête-à-tête. Il la retrouvera après la cérémonie en compagnie cette fois du cercle des fidèles, tous membres de la fine équipe qui entourait le SCAP au Japon, comme le général Tommy White, qui commandait les forces aériennes, Alexis Johnson, le consul général à Okinawa, Marshall Green, alors jeune officier passé secrétaire d'État adjoint aux Affaires asiatiques ou Emmaline Eichelberger, la veuve de l'ex-patron de la 8e armée que Zinovi avait fait grand officier de la Légion d'honneur.

Ce déplacement sera aussi l'occasion pour Pechkoff de rencontrer discrètement à Washington certains responsables du secrétariat à la Défense américain avant que ne s'ouvre la première campagne d'essais nucléaires français dans les îles du Pacifique. La base de Diego-Suarez est désormais opérationnelle, mais il faut prévoir une autre voie d'acheminement, par l'Ouest cette fois, à travers les États-Unis ou l'Amérique centrale. Moins de deux ans plus tard, le 2 juillet 1966, « Aldébaran », une première bombe de vingt-huit kilos de TNT, éclatera dans le ciel serein de Mururoa. Ce sera le premier des quarante-six essais nucléaires réalisés en Polynésie jusqu'en septembre 1974.

CHAPITRE 9

Mort d'un soldat

Des fidélités renouées

« Les vieux soldats ne meurent jamais, ils ne font que s'effacer », avait déclamé Douglas MacArthur, citant une vieille ballade populaire américaine lors de ce morceau de bravoure qu'avait été son discours, à son retour du Japon, devant le Congrès américain. Pechkoff a retenu la leçon. Depuis sa mise à la retraite, il n'endosse que rarement son uniforme mais ses liens avec l'armée restent étroits. Il a rejoint l'Association des anciens combattants naturalisés et décorés pour faits de guerre où il siège au côté du général Weygand, et l'Association des officiers anciens combattants de l'Armée française à titre étranger. Avec ses subordonnés d'autrefois, il n'a jamais perdu le contact. Depuis Sidi Bel Abbès, un caporal l'informe de la mort au combat de deux anciens du bataillon : « Où est le bon vieux temps, ajoute-t-il, où nous marchions sur les routes poussiéreuses du Grand Atlas avec le brillant fanion du 3e bataillon du 2e REI ? ». « Je songe avec mélancolie à la sincère et réconfortante camaraderie qui nous unissait tous grâce à vous, c'est une belle période qui compte dans mon existence », lui écrit, depuis l'hôpital de Vichy, ce capitaine ayant lui aussi servi au Maroc. Tel colonel qui a pris sa retraite en Gironde n'a pas oublié, lui non plus, des dizaines d'années après, « celui qui sera toujours dans notre cœur le charmant et inoubliable capitaine

Pechkoff de Kasbah Tadla en 1924». En janvier 1947, Auguste Pilisky – «servant à la 12e compagnie du 4e REI, dix-huit ans de Légion» – félicite son capitaine pour sa nomination à Tokyo et lui apporte «le témoignage de son indéfectible reconnaissance pour tout ce que vous avez fait pour nous tous». Pilisky n'a rien oublié, ni les séjours dans les postes avancés, ni les entretiens en tête-à-tête dont «nous sortions, dit-il, avec un sentiment réconfortant pour nos pauvres cœurs de légionnaires égarés». «Courtois Georges, le clairon de votre bataillon», tient à féliciter Pechkoff pour avoir été envoyé à Formose : «Excuser-moi, mon Général, si je me suis permis de vous écrire, mais sa été plus fort que mois en vous voyant à la T.V., sa ma rappeler trop de bon souvenir… Je termine ma petite lettre en vous soittan, mon Général, mais mayeurs veux de Bonne année et de Bonne santé.»

Dans les années à venir, la Légion étrangère va être mise à rude épreuve avec la guerre d'Algérie. Fin avril 1961, c'est au beau milieu de la mer Rouge que Zinovi apprend le putsch des généraux à Alger qui, «bien que presque tous à la retraite, ont émeuté plusieurs unités», note-t-il dans ses carnets. Il y a des éléments de la Légion dans le coup, elle le paiera cher. Seule la présence de Pierre Messmer auprès de De Gaulle lui évite de sombrer corps et âme, mais deux régiments sont supprimés, des officiers de valeur embastillés, nombre d'autres vont quitter l'armée, dégoûtés d'avoir fait les frais d'une politique contestable. Avec la fin de l'Algérie, les régiments rescapés sont dispersés dans le monde entier. Le 19 mars 1962, les képis blancs quittent Sidi Bel Abbès pour se replier à Aubagne dans le midi de la France, un crève-cœur pour la Légion dont l'Algérie, le lieu de sa naissance quelque cent trente ans plus tôt, a toujours été le port d'attache.

Zinovi Pechkoff, éternel électron libre, n'est inféodé à aucune chapelle. Ses fidélités sont plurielles. Après le cercle militaire, la nébuleuse russe. De loin en loin, des revenants se rappellent à son bon souvenir. Le colonel Lissovoï, qui commandait en 1917 «le Bataillon de la Mort». La veuve de Nijinski, Romola, qui reprend contact avec lui, sur un papier à en-tête du Danieli, à Venise, pour lui demander de la recevoir lors de son prochain séjour parisien. Dans son premier cercle, il y a le docteur Pierre Tchekhoff et sa femme née Tatiana Botkine (une cousine de ses proches voisins à Capri), une comtesse Tolstoï, le prince Nicolas Obolensky, « Nika » pour les intimes, filleul de l'impératrice Maria Fiodorovna – c'est à l'Association des anciens officiers servant à titre étranger qu'il a rencontré ce lieutenant des Forces françaises libres de l'intérieur, déporté à Buchenwald, dont la femme Véra, résistante elle aussi, a été torturée et décapitée par les Allemands. Il y a la famille Dadiani, qui l'avait accueilli à Tiflis en 1920. Désormais plus de demeure princière, plus de banquets festifs avec toasts à la chaîne, plus d'élégants pas de *Lesghinka*. Mais toujours une classe folle et un courage souriant pour Roussik et pour Eka, princesses sans diadème. Deux de leurs sœurs manquent à l'appel. Le 24 décembre 1944, invitée à passer Noël avec le régiment de son mari, la 13e DBLE, occupée à réduire la poche de Royan, Irène, veuve du colonel Amilakvari, a été tuée dans un terrible accident de la route en même temps qu'Elisso qu'elle avait entraînée dans l'aventure.

Même si Pechkoff compte quelques intimes parmi les transfuges de la révolution de 1917, il ne sera jamais intégré dans la communauté russe blanche de Paris. Cette mise à l'écart n'a rien d'étonnant. La Russie blanche est pétrie de traditions militaires, Pechkoff n'est passé par aucune école d'officiers, il reste un gradé sorti du rang. Il est juif, c'est là un secret de polichinelle même s'il n'en dit mot. Il est issu d'un milieu modeste quand nombre d'émigrés ont un prestigieux pedigree. Il a été dans sa jeunesse une graine de révolutionnaire. Son statut de fils adoptif d'une haute figure de la littérature révolutionnaire n'arrange rien, on ne lit pas Gorki – le chroniqueur des *Bas-fonds*, élevé au rang d'icône par le régime soviétique – chez les Russes blancs.

Des dizaines d'années durant, Zinovi a mis son identité russe au placard. Qu'au départ, il avait trouvé bénéfice à être labellisé fils de Gorki est une évidence, non seulement cette relation n'avait rien d'usurpé, mais elle lui donnait une visibilité qu'il n'aurait pas eue autrement. À dater de la disparition d'Alexeï et de sa propre ascension, il n'a plus guère évoqué ce glorieux parrainage. Sa famille biologique, elle, il y a bien longtemps qu'il avait mis une croix dessus. Mais une vie a passé. Zinovi Pechkoff a réussi le pari fou de prendre d'assaut ces deux citadelles que sont l'armée et la diplomatie, et d'y faire des étincelles. Nul ne lui conteste désormais sa qualité de Français. Il peut redevenir russe. Même s'il n'adhère pas à l'idéologie qui la mène, sa terre natale connaît auprès de lui un étonnant retour en grâce. Ses amis proches s'en font la remarque. Zinovi n'évite plus comme il le faisait toute allusion à la Russie, ne rejette plus, agacé, toute invite à s'exprimer en russe. Il parle volontiers de son père adoptif, et de Pouchkine, et de Tolstoï, et de Tchekhov. Bien qu'il ne soit pas un balletomane, il se rend parfois place de Clichy au studio Wacker, fondé un quart de siècle plus tôt par l'immense ballerine Olga Preobrajenska qui a formé là les plus grands danseurs du monde, pour y rencontrer Boris Kochno, un librettiste de talent, ancien amant et secrétaire de Diaghilev, qu'il aime bien. Lui qui adore Rachmaninov se désole de n'avoir jamais assisté à l'un de ses concerts, jamais vu ses mains gigantesques courir sur le piano.

Il passe de plus en plus souvent à la cathédrale orthodoxe de la rue Daru, fait ses prières devant les icônes avant d'aller déjeuner avec un ami dans un restaurant russe du quartier. On le voit le soir au Raspoutine, rue de Bassano, tout près de chez lui, ou bien au Novy, la taverne russe du quartier de Passy. Un jour qu'il soulevait le rideau de l'entrée, accompagné de ses amis Huré, l'orchestre a marché en procession vers lui et l'a entouré de ses violons avant de l'escorter jusqu'à sa table, la chanteuse s'est emparée de sa main pour la baiser, il s'est laissé faire, confus et ravi. Il ne perd pas une occasion d'affirmer sa foi en l'homme russe, en les vertus qu'il symbolise, c'est bien sûr la Russie éternelle qu'il recherche à travers ses incarnations nouvelles. Si délicieuse soit Natacha Rostov sous les traits de Audrey Hepburn dans la version hollywoodienne de *Guerre et Paix*, il lui préfère encore la petite danseuse qui interprète le rôle dans la version tournée dix ans plus tard par Serguei Bondartchouk dans les environs de Moscou. Un soir, suivant le conseil de Henriette Roggers, il a absolument tenu à entraîner son ami Henri Cartier-Bresson, le photographe, au cinéma Marbeuf pour y voir en version originale *Les Chevaux de feu* de Sergueï Paradjanov. Tous deux sont sortis de là enthousiasmés par cet incontournable chef-d'œuvre, envoûtés par la beauté et l'étrangeté de ces scènes tournées dans un village perdu au fond des Carpates ukrainiennes, empreintes d'un mélange de mysticisme et de sorcellerie à la Jérôme Bosch.

Un marginal très entouré

Il est une autre communauté d'appartenance que Zinovi Pechkoff n'a jamais négligée. Depuis ses premiers pas aux Affaires étrangères sous la houlette de Philippe Berthelot, il cultive volontiers ses relations avec ses collègues du Quai, avec qui il partage un certain raffinement, une curiosité planétaire, un langage d'initiés et, surtout, un réseau serré de connaissances dans le monde entier. Les portes s'ouvrent où qu'on aille, on dort dans les ambassades ; dans les cocktails parisiens, on tombe dans les bras de ceux qui transitent entre deux postes. Parmi ces oiseaux migrateurs, certains sont chers à son cœur, les Chauvel, les Alphand, les Huré, les Christian Fouchet – rencontrés pour la première fois en 1945 sur la route de la Chine alors que le futur ministre du général de Gaulle était consul général à Calcutta. La société parisienne lui fait accueil. Sa conversation, son élégance, la courtoisie de ses manières y font merveille. Zinovi appartient au premier cercle des admirateurs de Louise de Vilmorin, concentré de beauté et d'esprit, qu'il a retrouvée trente ans après l'avoir connue adolescente quand il était reçu à sa sortie de l'Ambulance américaine par sa mère, la bouillante Mélanie de Vilmorin. Dans le salon bleu de sa maison de Verrières-le-Buisson dans les Yvelines, prolongée par un admirable jardin, on croise un flot de jeunes gens brillants, appartenant souvent au corps diplomatique, et autant de personnalités, dont les derniers coups de cœur de la maîtresse des lieux, Orson Welles, Roger Nimier… Louise tient table ouverte pour ses amis, Zinovi est souvent de la partie. Entre deux rencontres, ils se griffonnent des mots doux, ainsi celui reçu par Zinovi en octobre 1961 sur papier à en-tête décoré du pavillon de Verrières : « Mon Zino chéri, quelle émotion de lire ta lettre. Que tu es bon d'avoir pris part à notre grand chagrin, tout ce que tu me dis d'Henry* me touche d'autant plus que pendant les longs mois de son agonie, il me parlait souvent de toi avec un attachement et une admiration qui t'auraient fait plaisir. Toi, je voudrais te voir parce que je t'aime depuis toujours. Appelle-moi et revoyons-nous pour que je puisse t'embrasser. Ta Louise. »

Il ne manque pas non plus de points de chute pendant les vacances. À Marseille, il est reçu par la comtesse Lily Pastré, l'une des mécènes du festival d'Aix-en-Provence, d'ascendance russe par sa mère. Ou encore par Jacqueline Lévy-Despas, ex-épouse du roi des Monoprix, qui, en souvenir de son fils unique, mort à vingt ans en opération dans le ciel de Malte, accueille chaque été dans sa maison de Saint-Tropez les jeunes boursiers qui ont, grâce à elle, intégré l'université d'Amherst, dans le Massachusetts, et leurs camarades américains. Autre intime : l'écrivaine Lesley Blanch, récemment divorcée de Romain Gary, qu'il voit souvent à Paris. Témoin, cette lettre du début 1966, décorée d'un bouquet finement tracé à la plume, par laquelle Lesley le remercie pour le merveilleux dîner auquel il l'a récemment conviée. Car l'ambassadeur aime recevoir, lui aussi, même dans l'espace restreint de la rue Lauriston : les mets y sont toujours raffinés, les invités soigneusement assortis, les conversations brillantes (Louise de Vilmorin qualifiait la rue Lauriston de « cercle des parlotes »), le service impeccable, la seule touche d'exotisme étant fournie par

---

* Son frère, Henry de Vilmorin, mort le mois précédent, N.D.A.

un ambassadeur débouchant, nécessité fait loi, le champagne avec les dents.

La vie en société a ses charmes, Pechhkoff est un surdoué en ce domaine. Mais la retraite sonnée, il va découvrir aussi les douceurs de la vie de famille. Même si elle passe de plus en plus de temps en Bretagne, entourée de ses chats, dans une métairie de l'ancienne propriété familiale échappée au naufrage, Jacqueline fait de nouveau partie du paysage. Zinovi n'a pas été pour elle le meilleur des maris, elle en fera son meilleur ami. Maintenant, c'est Xavier qui accompagne volontiers sa mère rue Lauriston, découvrant derrière le visage de bonze de son ex-beau-père, de plus en plus, celui d'un vieil Asiate avec ses pommettes hautes et ses yeux légèrement bridés, une vraie tendresse, un sourire de connivence. Autour de la table, il y a désormais Jeanne, la femme de Xavier, et leurs filles, Virginie l'aînée et les jumelles Sarah et Stéphane. Aux yeux des petites, le général alias « Papic » qui préside en bout de table fait figure de monument historique, il en impose avec son bras manquant, son côté un peu sphinx, son regard pénétrant. Il adore ces petites filles qui le lui rendent bien. Il n'en est qu'une qui manque dans ce tableau de famille, une petite fille devenue grande, qui s'est comme dissoute dans l'immensité russe.

Et puis, formant comme une excroissance à la tribu Caumon, il y a les Chauvel. Jean, brillant diplomate et poète à ses heures, est l'ami absolu, Zinovi se retrouve dans cet homme discret, secret, parlant peu, qu'il ne cessera jamais de vouvoyer. Quand, en 1955, Chauvel est nommé ambassadeur à Londres, il a dans sa résidence de Kensington le vivre et le couvert assurés. En 1957, lors du mariage de Patricia, fille de Chauvel, avec le reporter de guerre Pierre Schoendoerffer, c'est « Oncle Zino » qui est le témoin du marié. À partir de 1962, lorsque Chauvel part à son tour à la retraite, Zinovi passe souvent le voir dans son grand duplex de la rue de la Tour, les deux amis peuvent se promener des heures sans se dire un mot dans les allées du bois de Boulogne. Et lorsqu'on fêtera la médaille militaire de « Schoen » – pour Pechkoff le plus beau des titres de gloire – c'est ce dernier qui coupera le gâteau avec son sabre.

« Ceux que l'amour n'a pas abandonnés... »

« Il faut savoir vieillir ? Le difficile est d'apprendre... Le bon vieillard est rare, il en existe : ce sont ceux que l'amour n'a pas abandonnés. Un de mes amis, âgé de soixante-dix ans, fut toujours adoré des femmes et l'est resté... En revanche, combien de malheureux cachent sous une philosophie à la Sénèque le trépignement de leur âme ! Vous les croyez apaisés par l'âge ? Ce sont des adolescents, avec l'insomnie en plus. Ils meurent du manque d'amour. » Pour l'avoir croisé plus d'une fois chez les Berthelot, Zinovi connaissait Paul Morand, l'auteur de ces lignes. Nul doute qu'il appartienne au premier groupe décrit par ce dernier. Ceux que l'amour n'a pas abandonnés.

« Le bruit courait que dans chaque capitale européenne il avait une maîtresse qui l'adorait », écrit Nina Berberova, évoquant le Zinovi des années trente. On n'en est plus là un quart de siècle plus tard. N'empêche que, lors de son escale à Saigon en 1958 sur la route du Japon, le septuagénaire n'a pas ses yeux dans la poche : « Les femmes sont agréables à regarder. Elles portent des vestes de couleurs vives pour les jeunes, plus sombres pour les plus âgées, des pantalons étroits et par-dessus une longue jupe fendue sur les hanches : c'est seulement quand elles marchent d'un pas court et rapide qu'on voit le satin noir des pantalons collé sur leurs hanches minces et leurs longues jambes. » Pechkoff et les femmes, c'est une vieille histoire. Il peut bien lui manquer un bras et quelques centimètres de taille, il a un charme fou et beaucoup de succès. Ses amies sont souvent grandes, belles, si possible célèbres, princesses, c'est encore mieux. Nouveau retraité, il a retrouvé certaines de celles qui ont enchanté sa vie, au premier rang desquelles Salomé. Elle vit maintenant à Londres dans une maison avec jardin prêtée par un admirateur, mais passe souvent par Paris, inaltérable, avec sa longue silhouette, son esprit pétillant, sa générosité qui lui vaut la reconnaissance des peintres et des poètes sans le sou, ses goûts de luxe aussi, elle imaginerait mal de ne pas s'habiller le soir pour dîner. Quand elle n'est pas là, « Zina » lui écrit de toute sa « vieille âme aimante ». Salomé, la mieux aimée...

Pour Zinovi, la tendresse des femmes est le meilleur remède à l'épreuve d'une solitude qu'il a toute sa vie recherchée et redoutée. On l'avait dit du meilleur bien avec une comtesse italienne, on parle maintenant d'une femme de la haute société belge, d'une aristocrate espagnole... Serait-ce pour éviter la sujétion d'une seule dont il craindrait l'imperium ? Il arrive qu'elles soient plusieurs élues à l'occuper dans le même temps. Son culte avéré du mystère lui sert de précieux alibi. Le plus souvent, c'est vers l'Italie qu'il part avec sa maîtresse du moment, il n'aime rien tant que de débarquer dans un hôtel où il est reconnu, « Monsieur l'ambassadeur » reprend du service. Certains moquent ses emballements, ses livraisons de roses par buissons entiers, on suggère que ses conquêtes ne sont plus que platoniques. Mais Charlie Chaplin n'avait-il pas largement doublé le cap des soixante-dix ans lors de la naissance de son douzième et dernier enfant ?

Au printemps 1961 – Pechkoff en a alors soixante-seize –, il semblerait qu'une nouvelle aventure se profile. Voguant vers Madagascar sur le *Ferdinand de Lesseps*, il a trouvé sous la porte de sa cabine « deux lettres de la même personne, d'une amie qui, depuis ces trois derniers mois, m'est devenue très proche ». Quelques pages plus loin, il évoque « le roman qui est tombé sur ma route, à mon vieil âge ». « Souvent mes pensées sont loin du bateau », écrit-il au milieu de l'océan Indien, s'avouant troublé par un événement tout à fait imprévu venu l'arracher à une certaine harmonie. Il croyait être en paix avec lui-même. Et voici que cette paix l'a quitté à la suite d'une rencontre qui l'a « fortement secoué [...] Je me reproche, poursuit-il, d'être trop vulnérable quand il s'agit de femmes. En ce moment je subis une crise profonde et je cherche ma voie... À mon âge, c'est impardonnable et peut-être même ridicule. Mais, comme dit Eugène Onéguine, "Lioubvi vse vozrasty pokorny", "L'amour s'impose à tous les âges"... ».

Il ne donnera pas plus de précisions sur l'objet de sa flamme. Mais il a laissé son petit carnet Hermès du 1er trimestre 1961 traîner sur la table, on y glisse un coup d'œil indiscret. Le mercredi 15 mars, jour de son départ pour Marseille – le *Ferdinand de Lesseps* doit quitter le port le lendemain à 17 heures –, il déjeune au Train bleu, le fastueux restaurant de la gare de Lyon, avec « Mythe ». Un nom qui reviendra désormais comme un leitmotiv dans le petit carnet. Le samedi 6 mai, près de deux mois plus tard, sitôt débarqué à Marseille, Zinovi reprend le train à l'aube pour Venise. Au soir, il griffonne dans le petit cahier : « Aime Mythe ». Cette déesse descendue de l'Olympe n'est pas un nom de code. « Mythe » existe bel et bien en la personne d'une élégante femme brune, vive et enjouée : Hermine de Champeaux que nul n'appelle autrement que par son surnom, est de vingt ans sa cadette. Divorcée d'un ancien directeur de la Banque de l'Indochine pour l'Extrême-Orient, elle mène une vie très libre pour son temps et partage avec Zinovi la passion de l'Asie et l'admiration de certains beaux esprits dont Teilhard de Chardin dont elle a été très amie.

Sur le *Ferdinand de Lesseps*, Zinovi ajoutait être « d'autant plus fortement secoué par cette nouvelle aventure que cela a eu une répercussion affectant une autre personne... Je suis torturé moralement, je dors mal, j'essaye de me retrouver, de m'affranchir, il s'agit non seulement de ma propre personne mais de personnes qui sont en cause, à qui je ne voudrais pas faire du mal, et involontairement j'en fais quand même ». De qui parle-t-il ? Peut-être de cette femme, l'une des « belles infantes » évoquées par Francis Huré, avec qui l'ambassadeur entretenait « une longue habitude », comme on disait au XVIIIe siècle, brutalement privée de lettres et de coups de téléphone, et qui, postée en larmes sur le trottoir de la rue Lauriston, le voit rentrer chez lui sans un regard pour elle ?

Mythe évanouie, c'est bientôt Edmonde Charles-Roux qui entre dans la vie de Pechkoff. Il en sera jusqu'au jour de sa mort le très attentionné chevalier-servant. « Mademoiselle Charles-Roux », Zinovi l'a connue enfant quand il fréquentait ses parents. Pour elle comme pour sa sœur Cyprienne, il était alors « l'Oncle Zino ». François Charles-Roux connaît bien la Russie pour y avoir été en poste, il a été ambassadeur en Tchécoslovaquie et auprès du Saint-Siège avant de succéder, de mai à octobre 1940, à Alexis Léger comme secrétaire général du Quai. Avec Pechkoff, il a nombre de relations communes, même si, ardent défenseur après la guerre de l'idée coloniale, il n'est pas toujours sur la même longueur d'onde. Edmonde a fait son chemin. Après une enfance itinérante, entrecoupée de vacances à Marseille dont ses deux parents sont originaires, elle rejoint en 1940 comme infirmière le 11e régiment étranger d'infanterie puis le 1er régiment étranger de cavalerie, est blessée par deux fois, reçoit à vingt ans la croix de guerre avant de passer deux ans au cabinet du général de Lattre, dans la 1re armée. D'abord journaliste à *Elle*, elle prend en 1954 la direction de l'édition française du *Vogue*, elle règne en mère abbesse sur ce couvent du chic. C'est une jolie femme au captivant sourire qui multiplie les aventures si possible avec des têtes d'affiche. Ces dernières années, elle a vécu avec l'écrivain Maurice Druon une histoire d'amour passionnée. « Un peu institutrice d'aspect – lunettes, cheveux tirés, chignon, mais dans un uniforme signé Chanel ou Cardin –, elle se féminise miraculeusement lorsque Maurice vient la chercher place du Palais-Bourbon* pour quelque réception », note en septembre 1957 le jeune Matthieu Galey, l'un des nègres de Druon, attelé à l'écriture de sa saga des *Rois maudits*. « Il est superbe, solaire, elle est sombre, frémissante, séductrice : un couple de roman. »

En 1961, Druon l'abandonne. Ravagée de tristesse, elle peine à se reconstruire. À la fin du mois de juin, la mort de son père ajoutera à ce désarroi. Edmonde, Zinovi a eu l'occasion de la

* Le siège parisien de *Vogue*, N.D.A.

croiser bien des fois chez ses parents ou ailleurs, dans des dîners parisiens, l'été chez Lily Pastré, grande amie de Sabine Charles-Roux, la mère d'Edmonde – laquelle Edmonde a travaillé sur le décor du festival d'Aix-en-Provence avec le peintre André Derain, l'un de ses amants. Comme il l'avait fait auprès de Jacqueline, Zinovi, animé d'une passion pour l'intimité des êtres, pour les confidences murmurées, n'a pas son pareil pour redonner le goût de la vie aux âmes blessées. Que Zinovi ait été séduit par sa jeunesse – ils ont cette fois 36 ans d'écart ! -, son allure, son intelligence, sa position sociale, on le conçoit aisément. Du côté d'Edmonde, c'est en tout cas une amitié flatteuse que celle de ce général russe auréolé d'un mystérieux passé dont le Paris mondain de l'après-guerre est épris. Chacun gagne à cette rencontre, et d'abord l'effritement d'une certaine solitude, si peuplée soit-elle.

Jacqueline, en tout cas, est furieuse d'être marginalisée par « la tigresse » depuis que celle-ci a harponné Zinovi. Il est vrai qu'Edmonde entraîne le général partout dans son sillage parfumé. Il préside face à elle quand elle reçoit à dîner dans l'appartement raffiné qu'elle s'est aménagé sous les toits de l'hôtel familial de la rue des Saints-Pères, c'est ensemble qu'ils vont au théâtre, au concert, à l'Opéra Garnier. Leur complicité s'ancre dans leur attachement à la famille Légion – Edmonde n'est pas peu fière d'avoir été faite caporal d'honneur – comme dans leur histoire ancienne. Ainsi de cette soirée passée près de Trouville, chez les Chaliapine, parents et enfants mêlés, dont Edmonde, qui allait sur ses treize ans, avait gardé un souvenir ébloui, confiant à « Zino » qu'elle avait demandé cette année-là pour cadeau d'anniversaire le disque de Chaliapine chantant « Sur les collines de Géorgie », un sonnet de Pouchkine mis en musique par Rimski-Korsakov.

Tout devait nous séparer de lui

Un soir de mai 1964 qu'ils sont allés écouter la Callas dans *Norma*, ils croisent sous les ors du foyer Louis Aragon, l'une des grandes admirations d'Edmonde, et sa femme Elsa. Épris de poésie, Pechkoff est familier de l'œuvre d'Aragon. De son expérience des tranchées, le poète a tiré des pages magnifiques, Zinovi partage avec lui cette expérience d'une horreur dont on ne revient jamais tout à fait. Il sait aussi le passé de séducteur d'Aragon, son histoire familiale chahutée, ce nom d'emprunt qui sert de paravent protecteur à cet enfant adultérin. Et puis, il y a Elsa Triolet, son épouse, il y a les yeux d'Elsa, l'accent délicieux d'Elsa, qui porte avec elle sa Russie natale et comble en Zinovi la nostalgie de la patrie perdue. Pas la Russie du passé, mais une Russie bien vivante, celle des héros de Stalingrad, celle d'une nouvelle génération d'écrivains. Débutante à Moscou, elle a reçu les encouragements de Gorki qui avait lu sa correspondance avec l'écrivain Viktor Chklovski. De son côté, Aragon est curieux de ce vieil ambassadeur au destin inouï. Pechkoff n'est pas un inconnu pour lui. La première fois qu'il a entendu prononcer son nom, Aragon s'en souvient, c'était à Gagry en Abkhazie, sur les bords de la mer Noire. Il prenait le thé chez un vieux Persan avec Alexandre Tikonov, proche ami de Gorki, quand celui-ci lui a raconté l'étrange histoire de ce gamin de Nijni auquel l'écrivain s'était attaché au point de ne pouvoir s'en passer. Peu après, c'est Gorki cette fois qui lui avait parlé avec tendresse de son fils adoptif, et Aragon avait découvert, stupéfait, que le jeune homme était le frère de Iakov Sverdlov, le fidèle compagnon de Lénine et le premier chef du nouvel État soviétique, qui, « pour le malheur du monde », devait mourir à l'aube du printemps 1919. Pour le malheur du monde parce que, « assurément, s'il eût vécu, c'eût été Sverdlov et non Staline qui aurait succédé à Lénine ». Quant à savoir si le commanditaire présumé du massacre d'Ekaterinbourg n'aurait pas plongé son pays dans la même folie meurtrière...

Dès leur première rencontre, Aragon a aussi évoqué devant Zinovi cet appel qu'Elsa et lui avaient reçu de Gorki en juin 1936, l'histoire d'un rendez-vous manqué qu'il détaillera dans l'un de ses livres, *La mise à mort*. Alexeï, épuisé, les avait mandés à son chevet. Ils avaient forcé l'allure, fait une courte halte à Leningrad après que Aragon avait dû finir d'écrire sur ses genoux, en traversant la Baltique, le roman que son éditeur attendait. Mais ils étaient arrivés trop tard, le vieil homme était déjà mourant, et on ne les avait pas laissés entrer. « Maintenant il était mort, écrit Aragon. Je ne voulais pas aller à son enterrement, ce serait terrifiant avec la chaleur, le parcours qui n'en finit plus jusqu'au cimetière, le piétinement, la fatigue… » Mais l'ami qui les accompagnait avait insisté, « le Vieux », comme ils l'appelaient tous, n'aurait pas compris leur absence, il les aimait beaucoup, Elsa et lui : « J'ai l'impression, disait l'ami, qu'il voulait vous dire quelque chose. » « Peut-être pas pour nous, ajoute Aragon. Peut-être parce que nous vivions en France, pour quelqu'un qui y était, ce fils peut-être que nous ne connaissions pas, ce fils dont il nous avait longuement parlé, la dernière fois que nous étions venus le voir, en 1934, à l'automne. » Aragon n'oubliera jamais l'émotion de Zinovi à la lecture de ces pages qui lui révélaient ce sentiment d'abandon qu'avait dû ressentir son père devant l'absence d'amis sûrs à qui il voulait transmettre un lourd secret. Ce récit ancrera en tout cas Pechkoff dans la conviction que son père a bien été éliminé par Staline.

Certes, le poète et sa muse sont tous deux membres du Parti communiste français, Aragon en est même l'une des huiles, mais leur engagement s'enracine dans la Résistance, et puis tous deux ont pris leurs distances avec le stalinisme. « Tout, reconnaît néanmoins Aragon, devait nous séparer de lui, Elsa comme moi : et cela est vrai, sur un certain terrain. Mais il y a un au-delà à ces choses : une vue humaine sur l'inhumanité d'être gens d'un temps cruel. » À compter de cette première rencontre, ces gens d'un temps cruel se retrouveront volontiers, le plus souvent autour d'une bonne table dans le quartier de Saint-Germain-des-Prés : outre Edmonde et Pechkoff, Louis Aragon et Elsa, il y a là

François Nourissier, dont Edmonde a fait l'une des plumes de *Vogue* et qui flirte avec les hussards chez Grasset, et sa femme «Totote», auxquels se joignent parfois Henri Cartier-Bresson et Matthieu Galey, connu pour ses talents de critique littéraire, pas encore pour ceux de diariste. Dans son *Journal*, on trouve de loin en loin des échos de ces rencontres sur lesquelles règne Aragon, très grand bourgeois d'allure, traits fins, cheveux de neige, un enjôleur-né. Tout policé soit-il, ajoute Galey, il aime que l'ambiance autour de lui soit électrique : «La présence du délicieux général Pechkoff, petit, manchot, plus slave que nature, a donné le ton de la conversation», écrit-il en octobre 1964. Le sachant fin connaisseur de la Chine, voilà qu'Aragon et sa femme se lancent dans une série d'imprécations contre Mao Tsé-toung qui n'a pas su tirer profit des erreurs de Staline. Elsa n'a pas de mots trop durs contre cette dictature. «Je me suis assez trompé dans ma vie pour pouvoir le reprocher aux autres», lance Aragon, qui tient à jouer au communiste «ouvert», note Galey tandis que «le général, pacifique, écoute sans rien dire». Parfois, après le dîner, la compagnie migre vers Montmartre où se produit au fond d'une impasse, rue du Chevalier-de-la-Barre, «une grosse fille, imposante comme la Victoire de Samothrace», qui chante d'une voix rauque, presque masculine, les vers d'Aragon dont elle est l'une des interprètes favorites. Lors d'un autre repas commenté par Matthieu Galey, qu'il qualifie de «dîner de têtes proustien», il note chacun des convives selon l'intérêt qu'ils lui ont inspiré ce soir-là : avec 13/20, Aragon s'en sort bien, Pechkoff ne recueillant qu'un maigre 7/20 et Cartier-Bresson encore moins, tandis que les vins voient leur score culminer à 18/20 et le gigot à 17/20. Pechkoff n'en reste pas moins, aux yeux de Matthieu Galey, un «extraordinaire aventurier», comme il le qualifie quelques lignes plus loin, bluffé par celui dont la vaste culture et l'œil acéré sur le monde contemporain pimentent les conversations.

En 1966, pour avoir mis un mannequin noir en couverture de *Vogue*, Edmonde a été virée du magazine. Trois mois plus tard, elle sort *Oublier Palerme*, son premier roman. Le 21 novembre, le livre est couronné par le prix Goncourt à la surprise générale, tout le monde donnait José Cabanis gagnant. L'événement sera l'occasion d'un baiser historique entre Edmonde et Maurice Druon, scellant leur réconciliation. Le soir même, un souper est organisé pour fêter la lauréate dans un restaurant de la rue Jacob. Une photo montre Zinovi, crâne chauve et lunettes, très souriant à la droite d'Edmonde rayonnante en tailleur Chanel de tweed rose, perles au cou et aux oreilles. Autour de la table, on retrouve Aragon et Elsa (la première femme à avoir décroché en 1944 le Goncourt pour *Le premier accroc coûte 200 francs*), François Nourissier, Grand Prix du roman de l'Académie française cette même année 1966, et sa femme, ainsi que toute l'équipe de Grasset, Bernard Privat, son directeur, Monique Mayaud, l'attachée de presse, et Christiane Rochefort, l'un des auteurs phares de la maison depuis la sortie du sulfureux *Repos du guerrier*. Zinovi Pechkoff parlera peu ce soir-là : il a quatre-vingt-deux ans et moins de six jours à vivre.

Alexeï, encore et toujours

Trente ans déjà que Alexeï Maximovitch est parti. Mais jamais il n'a quitté les pensées de Zinovi. Durant ses longs voyages en bateau, il a eu tout loisir de regarder défiler sa vie. Une vie qui reste à jamais dominée par la haute silhouette et la moustache conquérante de son père adoptif. Traversant l'Atlantique, face à une mer d'huile, une mer d'un bleu d'azur « sur laquelle le navire glisse comme dans une étoffe de soie », il lui semble voir les eaux du golfe de Naples, au large de Sorrente. Voguant vers le Japon, il s'attarde à regarder le déclin du jour sur le pont : « Je me rappelle comme autrefois, à Capri, mon père et moi nous admirions la beauté de la nature en silence. Je ne disais rien mais je partageais son émotion et lui le savait. » Sur le *Tahitien* à destination de l'Australie, fuyant le pont où une bouche de haut-parleur assassine une valse de Chopin, il écrit dans le calme de sa cabine : « Je continuais à penser à la musique de Chopin que j'aime tant et qui me parle si intimement. Et tout à coup, une vision des soirées de musique dans notre maison de Capri s'est imposée à moi. Lorsqu'un artiste s'annonçait, Alexeï voulait que tout le monde se rende pour lui absolument disponible, lui-même suspendait son travail. On préparait la chambre de l'invité avec un soin particulier, on y plaçait un des deux pianos pour qu'il puisse travailler. Et la grande fête de la musique avait lieu. Toute la famille et quelques personnes de l'entourage s'installaient dans le salon devant le piano à queue. Par les portes et les fenêtres ouvertes, on voyait au loin la mer et le ciel pur et limpide, qui se piquait d'étoiles à la nuit tombée. Dès les premiers accords plaqués, tout le monde retenait sa respiration. Alexeï, assis près du piano, tirait sur ses longues moustaches, les yeux brillants, des larmes coulaient bientôt sur ses joues. Moi aussi, je pleurais souvent, je ne sais trop pourquoi, nous étions tous deux faciles à émouvoir. Quand la musique cessait, il y avait un silence. Alexeï redressait sa grande silhouette voûtée par de longues heures de travail et il venait vers le musicien : "Je vous en prie, continuez." Il lui suggérait telle sonate qu'il avait entendue jouer admirablement par lui. On passait tard à table, on mangeait peu, on allait après, sur la terrasse. "Vous devriez venir vous installer ici, disait Alexeï, après, on vous cherchera une villa, n'est-ce pas, Zina ?" L'autre ne savait quoi dire devant cet assaut d'hospitalité, il prétextait une famille à retrouver, des concerts à organiser, Alexeï insistait : "Mais tout cela peut s'arranger, emmenez votre famille, vous préparerez vos concerts d'ici." C'était toujours ainsi. S'il avait pu, Alexeï aurait eu des centaines de gens autour de lui, la facture étant réglée par lui, même s'il lui avait fallu travailler encore plus dur pour cela. Quand je lui disais : "Tu proposes à tel ou tel de louer une villa pour lui, mais tu sais très bien que nous sommes déjà endettés, même à l'égard de notre cuisinier." Un moment, il semblait irrité, il me disait : "Toi, tu grondes comme un vieillard, tu es vraiment un vieux bonhomme", avant d'avouer, un instant après : "C'est vrai que nous devons de l'argent, mais cela ne fait rien." Et il assurait qu'il en toucherait bientôt pour la pièce de théâtre qui se jouait dans telle ou telle ville.»

À en croire Aragon, c'est à lui, Zinovi, qu'arrivé au terme de sa vie, Gorki aurait rêvé de se confier. Bientôt, une nouvelle bouffée de tendresse lui parvient par Marfa, la fille aînée de Maxime, celle qui a épousé Sergo Beria. Le 12 décembre 1965, le critique Ilia Silberztein, collaborateur de l'Institut de la littérature mondiale Maxime Gorki» qui, à la mort de l'écrivain, a reçu ses archives, rend visite à Pechkoff rue Lauriston. Marfa a requis son aide pour convaincre le général de faire don à l'Institut des documents qu'il aurait gardés d'Alexeï. Elle invoque le souvenir de sa «grand-mère bien-aimée, Ekaterina Pavlovna Pechkova», qui tenait tellement à ce que soit sauvegardé l'héritage littéraire d'Alexeï, et transmet le salut cordial de sa mère Timocha. Sa lettre a profondément ému Zinovi, il n'a rien oublié des moments où les filles de Maxime grimpaient sur ses genoux à Sorrente, où Liza leur tenait lieu de sœur aînée. À la fin de sa lettre, l'astucieuse Marfa n'a pas manqué de préciser : «Alexeï Maximovitch gardait toutes vos lettres, lesquelles – il y en a soixante-dix – sont conservées actuellement dans nos archives.» Ainsi, Alexeï gardait lui aussi ses lettres ! Le cœur de Zinovi a battu très fort en apprenant la nouvelle.

Après le départ de Silberztein, il a extrait du placard sous la bibliothèque la précieuse liasse : une quarantaine de lettres tracées de la main d'Alexeï, plus les deux premières pages du manuscrit de *La Mère* ainsi que l'exemplaire de *Enfance*, dédicacé en août 1917 à Petrograd au «Chauvin émérite». Ces missives à lui seul adressées, il se sentait en droit de les conserver bien que Moura Budberg, la dernière compagne de Gorki, avec qui les relations ont toujours été tendues, ait déjà tenté de les récupérer. Le rendez-vous organisé à Londres par Jean Chauvel dans un salon de l'ambassade avait été orageux. Quant à savoir si les éclats de voix entendus par l'ambassadeur n'étaient pas le signe que les papiers revendiqués par Moura ne se résumaient pas à la seule correspondance privée de Zinovi avec son père...

Là se glisse une autre histoire, celle d'une précieuse valise constituée par Gorki à son départ définitif de Sorrente en 1933 et contenant une partie de ses archives potentiellement dangereuses pour ses correspondants restés en Union soviétique. Confiée dans un premier temps à Moura, la valise aurait été transmise par cette dernière à Pechkoff au printemps 1936 : elle ne pouvait prendre le risque de la garder, étant alors dans le collimateur des services secrets soviétiques. La remise aurait été faite dans le plus grand secret à l'hôtel Continental, rue de Castiglione, où la baronne Budberg avait pris soin d'occuper une chambre contiguë à celle de Zinovi alors de passage à Paris. On n'en saura pas plus. Ladite valise s'est évaporée sans laisser de trace. Dans l'histoire de Pechkoff, il n'en sera jamais fait état.

On sait par contre que, lors d'une nouvelle entrevue avec Silbertzein en mars 1966, Zinovi lui remet un courrier pour Marfa, lui assurant qu'il a bien conservé toutes les lettres de Gorki et s'engageant à les transmettre après sa mort au gouvernement soviétique pour qu'elles soient conservées à l'Institut.

« J'aime me sentir vivant »

La lettre, en date du 5 avril 1951, a été postée depuis le Grand Hôtel, à Rome. Zinovi ressent le besoin de partager ses éblouissements avec ses amis Huré : « C'est à droite en rentrant dans la cathédrale Saint-Pierre à Rome que se trouve la *Pietà* de Michelangelo. Je reste toujours très longtemps à regarder ce grand marbre si chaud, si parlant, si émouvant dans sa vérité intemporelle. Là, une mère regarde le corps mutilé de son fils avec une expression que je ne saurais définir, mais qui chaque fois me bouleverse… J'y vois l'humanité se penchant vers le Christ meurtri. Mais n'y a-t-il pas aussi, dans l'expression de Marie, comme une divination, une certitude sereine de la Résurrection ? » Près de dix ans plus tard, le voyageur s'interroge plus que jamais sur les fins dernières : « Quel immense bonheur j'éprouve de faire partie de ce monde sous la forme d'un être humain, ce monde auquel je me sens inséparablement lié, de la plus intime profondeur de la terre jusqu'à l'atmosphère qui nous entoure.» Ce sentiment, dit-il, on l'éprouve plus que jamais «quand, par la suite des années, vous approchez du terme de cette présente existence, et que vous n'êtes pas certain qu'une autre quelconque existence sous une autre quelconque forme existe». Homme de foi, homme qui doute, imprégné de panthéisme, Zinovi ne cesse d'exprimer son humilité devant le mystère.

Il aura longtemps joui d'une santé insolente, même s'il n'a cessé de souffrir de son bras manquant. Malgré tout, la machine se détraque, il s'exaspère de traîner les pieds dans la rue, est agrippé par des rhumes tenaces, une infirmière passe lui faire des piqûres. Un voile insidieux couvre ses yeux, il a du mal à lire, à rédiger son courrier. Il a appris à l'automne 1965 qu'il n'échapperait pas à une opération de la cataracte, et cette perspective le terrifie, même s'il est entre les mains du docteur Morax, un éminent ophtalmologiste conseillé par la mère d'Edmonde. En fin de compte, l'opération est remise au printemps suivant. Soulagement. Il a reçu un coup de fil de l'Élysée, par lequel le Général s'informait de sa santé et lui demandait s'il avait besoin de quelque chose ou des soucis matériels : "Je l'ai remercié profondément, ému et surpris de cette si grandement humaine démarche de notre Général."» Lequel, préparant sa réélection au mois de décembre, avait sans doute d'autres soucis en tête. Après l'opération, le Général se manifestera de nouveau : «On m'a dit, écrit-il, que vous aviez été opéré comme moi...»

Même affaibli, même solitaire, Zinovi reste d'un fatalisme rayonnant. Il a franchi la barre des quatre-vingts ans depuis un an déjà : «Il m'est difficile, écrit-il à Jacqueline, de me persuader que je suis arrivé à cet âge où, normalement, on devrait déjà être au grand repos dans l'éternité. Mais chaque matin je me dis : "Tu te réveilles encore pour un jour dans la vie!" Car j'aime la vie, la lumière du jour, la beauté de la nuit, j'aime le printemps et j'aime l'automne, et j'aime me sentir vivant, respirant avec cette grande promesse du ciel de vivre un peu encore sans pourtant craindre la mort. Je suis là, tout prêt devant cette inexorable amie. » À la veille de l'opération, on est en mars 1966, Pierre Schoendoerffer, sentant l'angoisse monter chez le vieil homme, a proposé de passer la nuit à son côté à l'hôpital. Dans le noir, ils ont parlé de la mort, Zinovi a dit qu'un vieux soldat comme lui ne pouvait en avoir peur, pas plus qu'un croyant, confiant qu'il était dans la présence à la tête de l'univers d'un grand Ordonnateur. À Matthieu Galey venu lui rendre visite après l'opération, le général, « menu dans son kimono », a fait pourtant « l'aveu d'une formidable faiblesse » en lui confiant son émotion lorsqu'il a ouvert les yeux et vu la lumière : « J'ai toujours été hanté par l'idée d'être aveugle, déjà dans les tranchées, c'est aux yeux que je pensais. » Et Zinovi de faire le signe de croix pour remercier Dieu de les lui avoir gardés : « Drôle de voir le fils de Gorki se signer – même à la russe », commente le visiteur. « Quelle joie d'avoir récupéré la vue », annonce le même jour Pechkoff d'une écriture chancelante dans une première lettre à ses chers Huré, désormais basés au Cameroun où Francis a été nommé ambassadeur.

L'inexorable amie

Ce 27 novembre était un dimanche, il n'allait pas déranger quiconque. Il s'est contenté de préparer une petite valise comme s'il partait en week-end et il a appelé un taxi pour l'emmener à l'Hôpital américain. Là, cinquante ans plus tôt, en l'amputant d'un bras, on lui avait sauvé la vie. Mais cette fois, il est arrivé au bout du chemin. La dame du bureau des entrées à qui il tend sa carte d'identité est née à Nijni-Novgorod, cela lui fait plaisir. Tout comme de découvrir que la surveillante générale est russe, elle aussi. Zinovi fait appeler à son chevet Nicolas Obolensky, ordonné prêtre de l'Église orthodoxe quelques années plus tôt. L'arrivée dans l'univers aseptisé de l'hôpital de ce long personnage ascétique, à l'abondante barbe grise et à la soutane noire lui battant les pieds, coiffé du *kamilavkion*, le couvre-chef cylindrique que portent les prêtres orthodoxes, n'a pas manqué d'étonner. La journée a été longue, à la nuit tombée, le vieux cœur dépose enfin les armes. Zinovi Pechkoff meurt tel un officier de Légion obéissant à son chef qui l'envoie dans un lieu qu'il ne connaît pas. Averti dans la nuit, Roger Pignol, désormais sous-préfet de Nontron en Dordogne, s'est chargé d'appeler les intimes. Sitôt reçue la nouvelle et prévenu son père, Patricia Schoendoerffer prend la route de l'hôpital avec son mari. Elle gardera longtemps en mémoire le spectacle de la chapelle ardente où repose Zinovi, son visage paisible, comme s'il était simplement assoupi, les deux prie-Dieu qui l'entourent, dont l'un est occupé par Edmonde Charles-Roux. Sur une petite table, une photo de Gorki et un missel au chiffre des Delaunay-Belleville dans lequel a été glissé un mémento portant la photo du petit Jacques-Alexis dans son dernier sommeil comme cela se faisait autrefois. Lorsque le capitaine de la Légion envoyé par le fort de Nogent* arrive au funérarium de l'hôpital, il trouve le général déjà revêtu de son uniforme mais en cravate noire. Or, tous à la Légion, les pionniers comme les sous-officiers ou les officiers, portent la cravate verte. Pour le général, le capitaine se défait de la sienne. Une garde d'honneur va se relayer auprès du corps jusqu'à la mise en bière. Dès le premier jour, Georges Galichon, le directeur de cabinet du président de la République, vient de l'Élysée apporter le salut du Général à son fidèle compagnon.

Pechkoff a demandé que soient glissés auprès de lui la photo d'Alexeï ainsi que son fanion de chef de bataillon, sa médaille militaire et sa grand-croix de la Légion d'honneur. Le 30 novembre, les obsèques sont célébrées rue Daru, dans la cathédrale Saint-Alexandre-Nevsky qui fut au XIIIe siècle prince de Novgorod. La caporale d'honneur Edmonde Charles-Roux, a pris la tête des opérations, dressé la liste des gens autorisés à pénétrer dans l'église. Pour être admise, Jacqueline devra produire son permis de conduire : il est au nom de Pechkoff, difficile de la refouler ! Mais

* L'antenne parisienne de la Légion étrangère, N.D.A.

l'apercevant, entourée des tribus Caumon et Chauvel au grand complet, Edmonde lui jette un regard noir. Au premier rang, au côté de sa sœur Cyprienne, princesse del Drago, elle accueille, souveraine, les officiels : Couve de Murville, le ministre des Affaires étrangères, qui représente le général de Gaulle, celui de l'Éducation nationale, Christian Fouchet, Gaston Palewski, président du Conseil constitutionnel, le général Catroux, grand chancelier de la Légion d'honneur, ainsi qu'un imposant carré de généraux et une tout aussi imposante délégation du Quai d'Orsay autour de Chauvel, d'Alphand, de Massigli, plus quelques ambassadeurs étrangers comme ceux du Japon et d'Australie. L'archevêque Georges de Syracuse, le grand patron de l'exarchat pour l'Europe occidentale (un « Noir », c'est-à-dire un moine, en opposition aux Blancs de l'Église orthodoxe qui, eux, peuvent se marier), préside la cérémonie, assisté de toute l'équipe sacerdotale de la cathédrale, le père Nicolas Obolensky, le protopresbytre Alexandre Tchekan (le grade le plus élevé des Blancs), deux autres prêtres encore. Les belles voix graves des chantres Piotr Spassky et Evgeny Evetz invitent à la prière, tout comme les vapeurs d'encens. Quand le cercueil, porté par huit légionnaires en grande tenue, képi blanc et épaulettes rouges, est entré sous la voûte décorée de fresques pour être déposé devant l'iconostase, Roger Pignol, tapi dans la foule, n'a pu retenir ses larmes. Les filles de Xavier sont tristes elles aussi, elles ont compris qu'elles ne reverraient plus Zino, ce drôle de grand-père d'adoption, elles tiennent bien droit leur petit cierge entouré d'une corolle pour éviter que la flamme ne roussisse le papier. À l'issue de la cérémonie, devant une forêt de porte-drapeaux, les honneurs militaires seront rendus au général dans le jardin de la cathédrale par une unité de Légion qu'accompagne la musique du 5e régiment d'infanterie.

Pechkoff était aimé des femmes, elles se le disputent dans l'au-delà de la mort. Marginalisé par l'implacable Edmonde, le clan de Jacqueline redoute qu'elle ne capte aussi la mémoire de Zinovi, la soupçonne d'étranges agissements. Mais au cimetière russe de Sainte-Geneviève-des-Bois, où Zinovi a demandé à reposer, aucun des proches ne manque à l'appel. Il y a du beau monde encore, plusieurs ambassadeurs, des militaires de haut rang, des princesses et des duchesses comme il les aimait, et puis d'anciens collaborateurs, Mme Boué, sa secrétaire à Chongqing, l'un de ses attachés d'ambassade à Tokyo. Zinovi doit être content. Tous progressent sous une pluie battante derrière les képis blancs et les coussins portant les décorations : la grand-croix de Zinovi étant dans le cercueil, Jean Chauvel a prêté la sienne pour l'occasion. Au bout de l'allée de bouleaux apparaît le carré Légion, où sont rassemblés les officiers servant à titre étranger. Une dalle porte l'inscription : «Véra Obolensky, 1911-1944», mais le corps supplicié de la jeune princesse n'a jamais été rendu par les Allemands. C'est ce caveau familial que Nicolas, son mari, a invité Zinovi Alexeïevitch Pechkoff à partager.

Après le président de l'Association des officiers à titre étranger, Jean Chauvel prend la parole. La voix un peu nouée, il retrace le parcours hors norme de Pechkoff, puis son retour en France pour y «reprendre une place discrète mais grande, plus grande d'être peu connue». Il parle de «la difficulté parfois déchirante de certains problèmes qu'il lui fallait résoudre», après quoi, «les grands orages passés», Zinovi s'était donné la liberté de méditer sur lui-même. «Une aventure exemplaire, conclut-il, qui évoque la devise même de cette Légion qui vous était chère : "Honneur et Fidélité".» Il y aura encore la sonnerie «Aux morts», le *Boudin*, une dernière prière. La pluie s'est arrêtée. Dans le cimetière désert, Roger Pignol est revenu sur ses pas. Il restera longtemps, seul devant la tombe de son chef. «Les vieux soldats ne meurent jamais, avait dit MacArthur, ils ne font que s'effacer.» Pechkoff a suivi la consigne. Sur la dalle de granit, nul rappel du général, de l'ambassadeur de France, du grand-croix de la Légion d'honneur. Cette seule mention : «Zinovi Pechkoff, légionnaire».

Fermer le cercle de la vie

Je m'interroge. Quelle signification donner à cette inscription, voulue par un homme qui n'était pas peu fier de l'éclatant parcours qui, de simple légionnaire, avait fait de lui un général quatre étoiles et un ambassadeur de France ? Ce laconisme poussé à l'extrême est-il signe d'orgueil ou bien d'humilité ?

La réponse est d'abord dans l'attitude même de Pechkoff. « Ce qu'on connaît de son histoire ferait attendre un personnage et un comportement spectaculaires, écrit Jean Chauvel dans un nouvel éloge post-mortem à destination, cette fois, des lecteurs du *Figaro*. Rien de plus discret cependant que l'homme qui vient de s'éteindre, nul ne fut plus secret, plus avare de confidences sur une vie dont tant de traits s'estompent ainsi dans une ombre consentie. » Tel jeune diplomate qui l'a rencontré dans les années soixante garde le souvenir « d'un très petit monsieur modeste, à la voix fluette ». Ce n'est pas lui qui proclamerait comme d'autres : « Ma vie est un roman. » Malgré son goût – très russe – pour les décorations, le soin qu'il prend de son apparence, Zinovi n'est pas un homme de postures, il a trop conscience de ses propres faiblesses. L'autre clé de compréhension, c'est l'attachement que, même diplomate chevronné, il a toujours gardé à la Légion. Ces dernières années, celle-ci a fait pression sur le vieux général pour qu'il livre enfin le récit de sa vie, il a répondu s'en sentir incapable. À défaut, il a envoyé un court poème, intitulé « Képi blanc », jeté sur le papier au retour des funérailles de l'un de ses légionnaires. Un poème aux jambages bancals et aux rimes incertaines, mais imprégné d'émotion : « Blanc était son visage/ Je le dévisage/ Calme et blanc/Comme d'usage. /Dort cet innocent/ D'une blancheur d'innocence/ Ce légionnaire/ engagé volontaire/ pour servir la France. / Dans son cercueil/, ses restes. /Le Néant/ Mais ce qu'il lui reste / C'est le képi blanc./ Et son âme. »

« Légionnaire un jour, légionnaire toujours » : cette maxime chère à la Légion donne à tout homme qui y a servi l'assurance que jamais il ne sera abandonné, quels que soient les aléas de la vie. Mais elle vaut aussi pour ceux qui ont gravi les échelons de la hiérarchie, pour les officiers sortis du rang. Faisons un bond de cinquante ans en avant pour retrouver le général Vittorio Tresti, président de l'Amicale des anciens de la Légion étrangère d'Italie (Aniel). Né à l'aube de la Seconde Guerre mondiale, cet ancien aide de camp du général Bigeard, toujours alerte à l'approche de ses quatre-vingts ans, a lui aussi commencé comme simple soldat. «Tresti a mal tourné», disent en riant ceux qui ont connu ce petit gars du Piémont sous le képi blanc. Parvenu au faîte des honneurs, Pechkoff a gardé son âme de légionnaire, c'est là un état à vie. Lors de sa visite à Djibouti en mars 1961, la dernière occasion qui lui ait été donnée de passer en revue un détachement de la Légion, il confiait à son petit carnet : « Si j'avais deux bras, je m'engagerais comme deuxième classe à la Légion. Finir mon parcours terrestre parmi ces gens-là... Fermer le cercle de la vie... » Aujourd'hui, une coutume qui n'a rien d'officiel, plutôt une tradition de popote, s'est instaurée de remettre un képi blanc à l'officier qui a bien servi son corps et qui part à la retraite : une façon comme une autre, même pour le haut gradé, de s'afficher, comme Pechkoff sur sa tombe, éternellement « légionnaire ».

Dans la presse, les échos abondent, cette fois il n'y aura personne pour les coller dans les grands albums de toile bise. *La Dernière Heure* de Bruxelles salue « certainement l'une des figures les plus extraordinaires de ce temps ». *France Soir* rend de nouveau hommage à « la figure de légende » que le quotidien avait évoquée lors de sa mission à Formose. *Le Figaro* consacre une page entière à l'article de Chauvel, «Vie et mort du légionnaire Pechkoff». Dans les *Lettres Françaises*, Aragon signe « Mort d'un soldat », retraçant l'historique de leur surprenante amitié et s'étonnant qu'on n'ait pas songé à lui rendre les honneurs militaires dans la cour des Invalides : « Un bras perdu n'est pas assez peut-être pour faire cesser même un ambassadeur de France d'avoir été un étranger », persifle-t-il, usant d'une tournure qui n'a rien d'académique. Le *New York Herald Tribune* daté du 29 novembre évoque

« une figure pittoresque, connue pour son esprit et son courage ». Autre facette de cette gloire posthume : *La Montagne*, le journal de Clermont-Ferrand, érige le général Pechkoff en auteur de « maximes et proverbes » : « Dans la vie, ce qui ne s'évanouit jamais, ce sont les mirages. » *Point de Vue, Images du monde*, lui aussi, attribue à ce moderne La Rochefoucauld nombre de citations : « La seule peur qu'on puisse avouer est la peur d'avoir peur, car elle est la plus sûre inspiratrice de l'héroïsme. » Ou encore : « On ne suit que ceux qui ne se retournent pas. » Quant à savoir si ces citations sont ou non apocryphes...

L'heure de l'apaisement est venue pour les Caumon. Lors de l'ouverture du testament chez le notaire, ils découvrent non sans surprise que Zinovi les a choisis pour légataire universel, charge à eux de décider si ce sera Jacqueline ou Xavier. Celui-ci, en plein divorce, a d'autres soucis, ce sera donc sa mère, laquelle ne roule pas sur l'or, des affaires malheureuses comme le goût de la vie facile ayant mis fin à la splendeur des Delaunay-Belleville. Après avoir commis pour *Paris Match* un article élégiaque intitulé « Ce héros français, fils de Gorki », qui court sur cinq pages, Edmonde, portée par le Goncourt, surfe pendant ce temps sur les ailes du succès, encensée par les médias, bientôt sollicitée par le cinéma pour l'adaptation de son roman. Quelques mois plus tard, en tournée de promotion à Marseille, elle en rencontre le maire, un certain Gaston Deferre, qu'elle épousera en 1973.

Jacqueline va gérer, avec l'aide de Xavier, la succession de Zinovi. Rien d'extraordinaire sur le plan matériel, à part le petit appartement de la rue Lauriston, quelques objets témoignant d'un goût très sûr, rapportés pour la plupart d'Extrême-Orient, et une montagne de papiers que Jacqueline a passé un hiver entier à trier. Dès la mort de Zinovi, craignant une incursion d'Edmonde, Jean Chauvel, animé par l'esprit de corps, avait fait main basse sur les documents susceptibles d'intéresser les archives du Quai d'Orsay. Le précieux paquet promis à Marfa – les lettres d'Alexeï, les pages manuscrites de *La Mère*....– dort, lui, toujours dans un des tiroirs du bureau de noyer : Couve de Murville veillera à ce qu'il soit envoyé par la valise diplomatique à Moscou où Olivier Wormser, l'ambassadeur de France, en fera la remise officielle, le 2 avril 1967, à la ministre de la Culture soviétique, Ekaterina Fourtseva. Outre une sanguine sur papier du portrait de Pechkoff signée de Vassili Choukhaïev qui date de 1931 – un legs d'Edmonde –, le musée de la Légion étrangère à Aubagne reçoit plusieurs effets militaires de Pechkoff, dont son gilet de drap vert aux boutons dorés. Jacqueline fait parvenir à Roger Pignol plusieurs objets choisis avec soin, « ce qui était le plus susceptible, dit-il dans sa lettre de remerciements, de m'aider à estomper le vide laissé par notre cher disparu », entre autres, de « princières » assiettes en argent, un candélabre, un tapis de Ghardaia aux couleurs vives choisi par Zinovi lors d'une étape dans le Sahara algérien. « Ainsi, écrit le sous-préfet, vous m'avez montré que votre jugement à mon endroit rejoignait celui du général. Je tenais, plus que vous ne le soupçonnez peut-être, à ce qu'aucune ombre ne subsiste entre nous. » Pignol ferait-il là allusion à ces rumeurs susurrées de temps à autre par des adversaires du général ambassadeur, lui prêtant de tendres relations avec son jeune collaborateur ?

Le retour de la princesse morte

Avait-il délibérément oublié sa fille Elizaveta ? Ou était-il convaincu qu'elle avait été victime de la répression stalinienne ? On ne le saura jamais. Mais le fait est là : tout comme il avait balayé sans retour ses parents et ses frères et sœurs biologiques, Zinovi a effacé de sa vie la seule enfant qui lui restait. De sa petite Lizonka, de sa Lizotchka, de cette fille « câline comme une chatte » dont il était si fier, il n'a jamais parlé, ni à Jacqueline, ni à Xavier, ni à ses plus proches amis. Les années ont passé, Pechkoff est parti depuis trois ans déjà lorsque, en 1971, on voit réapparaître la petite princesse morte. La scène se passe à Sotchi, sur les bords de la mer Noire, où Elizaveta Zinovievna Pechkova, après ses années de galère, a trouvé un emploi comme bibliothécaire. Elle a toujours plaisir à s'exprimer en français. Croisant une lycéenne venue de Paris en voyage scolaire, elle se confie à elle, parle de son père mort, des lettres qu'elle a tenté de lui envoyer par Odessa et qui ne sont sans doute jamais arrivées, elle finit par confier à la jeune Chantal une lettre à l'attention du gouvernement français puisque seule une invitation officielle peut lui permettre de franchir le rideau de fer. Couve de Murville fait jouer son influence. Et en juillet 1974, Liza arrive à Paris. Elle avait quitté l'Europe en 1937 à vingt-six ans. Elle en a soixante-trois maintenant, et l'allure et l'aisance d'une femme éduquée malgré la vie rude qui a été la sienne – au retour des camps, elle a travaillé un temps dans une ferme. On se dit que cette longue femme mince a dû être très belle. Reste cette peur qui est pour elle comme une seconde peau et qui la fait se retourner constamment dans la rue pour vérifier qu'elle n'est pas suivie.

Elle n'est pas pour rien la fille de Zinovi. Armée d'une volonté de fer, Liza va tout faire pour remonter la trace de son père. Elle débarque sans crier gare à Aubagne, la nouvelle base de la Légion, pour y grappiller les informations qu'on veut bien lui donner. Elle va s'incliner sur sa tombe à Sainte-Geneviève-des-Bois. Rencontre l'une des infirmières qui l'a soigné en 1915 à l'Ambulance américaine. Prévenue par la Légion, Edmonde Charles-Roux réserve à la fille de Zinovi un accueil chaleureux puis, devant partir pour le Midi, la confie à son ami Nicolas Wyrouboff, haute figure de la communauté russe blanche. Lequel, pas mécontent de pointer du doigt l'abandon de famille dont s'est rendu coupable Pechkoff qu'il n'a jamais aimé, s'émeut que Liza n'ait pas touché sa part d'héritage et contacte un jeune avocat de ses amis. Le 1er octobre 1974, ce dernier adresse une lettre au Quai d'Orsay afin de recueillir les informations nécessaires au règlement de la succession du général Pechkoff. En vain. L'enquête s'arrêtera là. Les témoignages de quelques amis fiables vont permettre malgré tout de déboucher sur une transaction avec Jacqueline. Et c'est radieuse que Liza repartira pour la Russie avec, dans son baluchon, un pécule de quelque deux cent ou trois cent mille francs auquel elle ne s'attendait pas. Le cinquième environ du patrimoine laissé par Pechkoff. Une somme coquette au regard de la vie frugale menée par la bibliothécaire de Sotchi.

Au milieu des années quatre-vingt, la trace de Liza se perd. Comme elle avait émergé un jour des brumes soviétiques, elle y est retournée. C'était avant la chute du mur de Berlin, avant les débuts de la perestroïka. Désormais, on ne peut plus parler qu'au conditionnel : Liza serait morte à la fin des années 1980, Alexeï, son fils aîné, quelques années plus tard, laissant derrière lui une fille unique prénommée Liza comme sa grand-mère. Quelque part en Russie pourrait bien vivre une jeune femme âgée d'une trentaine d'années, une certaine Liza Alexeïva Markova, l'arrière-petite-fille de Zinovi Pechkoff, son unique descendante…

CONCLUSION

« Un jour je m'en irai sans en avoir tout dit… »

« C'est une chose étrange à la fin que le monde / Un jour je m'en irai sans en avoir tout dit / Ces moments de bonheur, ces midis d'incendie… » Avec une bonne quinzaine d'années d'avance sur Louis Aragon, Zinovi Pechkoff a quitté cette terre en emportant lui aussi son lot de mystères.

Comment ne pas penser, en tentant de décrypter son parcours, à la figure du moine gyrovague qui habite la littérature russe, ce moine chrétien itinérant et solitaire vivant dans l'errance et passant de monastère en monastère sans jamais en intégrer aucun ? Sans doute la chasteté n'est-elle pas son fort, et le goût des belles choses l'habite même s'il se soucie peu de les posséder. Mais on trouve chez Zinovi Pechkoff ce même appel à une solitude assumée qui se marie mal avec une vie de famille classique, cette même urgence d'aller vers un ailleurs, vers d'autres lieux, vers d'autres gens, comme s'il était toujours en quête d'un accomplissement. Une insatisfaction perpétuelle qui se traduit par la recherche d'une certaine transcendance. Mais tout autant par le goût pour les têtes qui dépassent. Zinovi Pechkoff n'a pas eu besoin de lire Plutarque pour comprendre qu'il y avait dans le sillage des hommes illustres des courants ascendants. Face à cet inlassable et inclassable pèlerin, d'autres évoqueront plus volontiers le personnage du Juif errant, incapable de goûter le repos tant qu'il n'aura pas trouvé un sens à son destin, arpentant pour ce faire la planète et même, comme pour forcer encore le pas, jusqu'au pont des bateaux qui l'amènent d'un lieu à l'autre. Juif honteux, persifleront certains, oubliant qu'en escamotant toute sa vie la foi de ses pères, Pechkoff s'ingéniait d'abord à tenir à distance une famille trop pesante. Une sorte de Juif de cour du XXe siècle, à l'image de ces conseillers avisés qui surent aux siècles passés gagner la confiance des puissants, des califes abbassides jusqu'aux princes allemands ? Et pourquoi pas ? Il y a mille vies dans la vie de Zinovi Pechkoff. Il y a place pour plus d'un homme aussi.

De sa vie, il disait : « Je n'y comprends rien moi-même. » Il se refusait à mener l'exploration. Pas le temps, disait-il. Trop de pans surtout qu'il tenait à garder dans l'ombre. Tant de gens l'en avaient prié pourtant, Jacqueline et Xavier, bien sûr, et Jean Chauvel, et Jacqueline Huré, et ses collaborateurs, et ses jeunes officiers. Tout de suite après la mort du général Pechkoff, des demandes de renseignement parviennent à la Légion étrangère. Une madame Altovsky se présentant comme « amie d'enfance » de Zinovi, soucieuse de « perpétuer sa mémoire », dit préparer une biographie. Un commandant russophone proche de la Légion constitue sur lui une sérieuse documentation. Cependant, l'Union soviétique ignore, elle, farouchement ce fils dénaturé de son écrivain national. Pechkoff, voilà l'ennemi. Les auteurs travaillant sur le grand écrivain de la révolution russe restent quasi muets sur son fils adoptif, à l'instar de son effacement sur la photo de la partie d'échecs à Capri. En 1968 encore, un livre traitant de l'entourage de Gorki à Nijni-Novgorod évoque abondamment Iakov Sverdlov, Lidia Sokolova, et tait le nom de Zinovi. Lorsqu'on en parle, c'est pour dénigrer le social-traître. L'accession au pouvoir de Gorbatchev en 1985 contribuera à signer la fin de l'omerta. Sans trop y croire, Mikhaïl Parkhomovski, un médecin russe passionné par l'histoire des Juifs de la diaspora, propose un long article sur Pechkoff aux *Nouvelles de Moscou*. Surprise : en mai 1987, le journal publie l'article. Deux ans plus tard, à partir d'une enquête sérieuse mais menée quasi exclusivement en Russie, le médecin féru d'histoire livre sa biographie de « Pechkoff, fils de Russie, général de France », dont la traduction française, pourtant annoncée, ne verra jamais le jour. Simple « greffier de ses souvenirs » et non historien, Francis Huré attendra d'être lui-même un ambassadeur nonagénaire pour consacrer, en 2006, à son ancien mentor un petit livre délicat, *Portraits de Pechkoff*, une sorte de miroir à facettes sans souci d'exhaustivité. Edmonde Charles-Roux, enfin, emploiera les dernières années de sa vie à tenter de rassembler les éléments du puzzle autour de son vieil admirateur dans ce qu'elle imaginait devenir une somme monumentale en deux volumes, jusqu'au moment où il lui faudra baisser les bras, vaincue par l'âge et la maladie. De temps à autre, la télévision russe livre un documentaire sur Pechkoff. Sur la Toile, russe plus encore que française, de longues pages cherchent encore et toujours à cerner le personnage, répétant en boucle les mêmes erreurs et fantasmes.

La Légion étrangère m'a guidée jusqu'à Pechkoff, elle m'a dégagé la voie jusqu'à lui. « Le manchot magnifique » fait partie de ses hautes figures, aux côtés du futur Pierre Ier de Serbie, de Louis II, prince de Monaco, d'Aage de Danemark, de Blaise Cendrars, Cole Porter, Hans Hartung ou Arthur Koestler. Les proches de Zinovi m'ont ouvert d'autres portes, ils m'ont laissée pénétrer dans son monde secret, à travers sa correspondance, ses carnets intimes, cette écriture tremblée qui s'affirme un peu au fil des années. D'autres magiciens m'ont rendu intelligibles ses écrits en langue russe, ses échanges avec Gorki qui n'avaient jamais été traduits, un dialogue puissant et magnifique.

Peut-être, là-haut, Zinovi a-t-il frémi à l'idée qu'on évente certains de ses secrets. Peut-être aussi a-t-il été rasséréné de se voir, au fil d'une enquête serrée, dédouané de tous ces soupçons, ces accusations de double jeu, qui l'avaient tant blessé, comme si lui, Zinovi, n'avait pas tout donné pour servir la France avec « Honneur et Fidélité ». Et puis, n'était-ce pas justice rendue à cet éternel amoureux des femmes que l'une d'entre elles se penche une fois encore sur lui ? Toute sa vie, Zinovi Pechkoff a joué avec l'idée d'écrire un grand livre. Il s'est contenté d'écrire le livre de sa vie. Après tout, ce n'était pas une mauvaise idée…

CHRONOLOGIES

VIE DE ZINOVI PECHKOFF

1re partie : Dans l'ombre du maître

16 octobre 1884	Naissance de Zinovi Sverdlov
1900	Première rencontre avec Maxime Gorki
avril-mai 1901	En prison avec Gorki
30 octobre 1902	Conversion à l'orthodoxie
octobre 1902-juillet 1904	Élève au Théâtre d'art de Moscou
septembre 1904-mai 1907	Canada, États-Unis, Nouvelle-Zélande
mai 1907	Zinovi rejoint Gorki à Capri
mars-juin 1909	Ouvrier à Milan
30 octobre 1910	Mariage à Capri avec Lidia Bourago
23 juin 1911	Naissance de Liza à Fezzano
août 1911-février 1913	Séjour au Canada

2e partie : L'éclat des armes

31 août 1914 :	Pechkoff s'engage à la Légion étrangère
septembre 1914-avril 1915	Campagnes de Champagne et d'Artois
9 mai 1915	Blessé au bras droit
11 mai-4 septembre 1915	À l'Ambulance américaine de Neuilly
octobre 1915-avril 1916	Mission en Italie
septembre 1916-mai 1917	Première mission aux États-Unis
juin 1917-septembre 1917	Mission en Russie d'Europe
novembre 1917-janvier 1918	À Salonique
mars 1918-octobre 1918	Mission dans l'Extrême-Orient russe
novembre 1918-janvier 1920	À Omsk (Sibérie) auprès de l'amiral Koltchak

mars-septembre 1920	En Géorgie et au Caucase
octobre-novembre 1920	En Crimée, auprès du général Wrangel
janvier-mai 1921	Deuxième mission aux États-Unis
août 1921-mai 1922	À la Commission internationale de secours à la Russie
mai-décembre 1922	Au Maroc, à l'état-major du maréchal Lyautey
24 janvier 1923	Naturalisé français
janvier 1923-juin 1925	Au 4e REI puis au 1er régiment Étranger, Guerre du Rif
27 juin 1925	Blessé au pied gauche pendant la Guerre du Rif
novembre 1925-septembre 1926	Troisième mission aux États-Unis
octobre-novembre 1926	Mission d'information au Liban
mi-novembre 1926	Publication à New York de *The Bugle Sounds*
avril 1927-1929	Séjours à Hollywood
août 1927	Publication à Paris de *La Légion au Maroc*, la traduction française de *The Bugle Sounds*
septembre 1927	Congrès de l'American Legion à Paris

3e partie : diplomatie en clair-obscur

mars-mai 1928	Tournage de *The Bugle Sounds* au Maroc
septembre 1930-février 1931	à Homs en Syrie avec le 1er régiment Étranger
février 1931-octobre 1932	Chargé de mission au Liban-Sud
28 janvier 1933	Mariage à Paris avec Jacqueline Delaunay-Belleville
février-octobre 1933	Au Maroc, avec le 4e Étranger
octobre 1933-novembre 1936	Deuxième séjour au Liban
décembre 1936-août 1940	Au Maroc, avec le 2e Étranger
septembre-novembre 1940	À Vichy
novembre 1940-mai 1941	Au Maroc
mai-octobre 1941	À New York avec René Pleven
16 octobre 1941	Engagement à Londres dans la France Libre
décembre 1941-novembre 1942	Représentant du général de Gaulle en Afrique du Sud

novembre 1942-février1943	Mission à Accra, Gold Coast
mars-juillet 1943	Mission de liaison auprès du CFLN à Alger
juillet 1943-décembre 1945	Chef de la mission française à Chongqing (Chine)
10 novembre 1944	Élevé à la dignité d'ambassadeur de France
mars 1946-novembre 1949	Ambassadeur au Japon
14 octobre 1952	Fait grand-croix de la Légion d'honneur à l'Élysée
janvier 1964	Mission auprès du maréchal Chiang Kaï-Shek
27 novembre 1966	Mort à l'Hôpital américain de Neuilly
30 novembre 1966	Obsèques en la cathédrale orthodoxe de la rue Daru

FACE AU MONDE

28 mars 1868	Naissance de Maxime Gorki
3 juin 1885	Naissance de Iakov Sverdlov
20 octobre 1894	Nicolas II devient empereur de Russie
1898	Fondation du Parti ouvrier social-démocrate de Russie (POSDR)
18 décembre 1902	Première des *Bas-fonds* de Gorki au Théâtre d'art de Moscou
1903	Scission du PODSR entre bolcheviks et mencheviks
janvier 1904-août 1905	Guerre russo-japonaise
9 janvier 1905	« Dimanche rouge » à Saint-Pétersbourg
octobre 1905	Grève générale en Russie
décembre 1905	Insurrection armée à Moscou
10 avril-13 octobre 1906	Gorki aux États-Unis
avril 1908	Lénine et Bogdanov en visite à Capri
août-décembre 1909	École des propagandistes à Capri
18 juin-1er juillet 1910	Deuxième visite de Lénine à Capri
1er septembre 1911	Attentat à Kiev contre Stolypine
9 janvier 1914	Gorki quitte Capri pour la Russie

28 juin 1914	Assassinat de l'archiduc François-Ferdinand à Sarajevo
1er août 1914	L'Allemagne déclare la guerre à la Russie
3 août 1914	L'Allemagne déclare la guerre à la France
16 mai 1916	Accords Sykes-Picot sur la Syrie et le Liban
23 février-3 mars 1917	Révolution à Petrograd
2 mars 1917	Abdication de l'empereur Nicolas II et formation du gouvernement provisoire présidé par le prince Lvov
3 avril 1917	Retour de Lénine à Petrograd
6 avril 1917	les États-Unis déclarent la guerre à l'Allemagne
25-26 octobre 1917	Coup d'État bolchevik à Petrograd puis à Moscou
3 mars 1918	Paix de Brest-Litovsk
mai 1918	Début de la guerre civile russe
juin 1918	Début de l'intervention alliée en Russie
17 juillet 1918	Assassinat de la famille impériale à Ekaterinbourg
11 novembre 1918	Armistice entre la France et l'Allemagne
16 mars 1919	Mort de Iakov Sverdlov
7 février 1920	Exécution de l'amiral Koltchak à Irkoutsk
novembre 1920	Évacuation de l'armée Wrangel en Crimée
29 août 1921	Création d'une Commission internationale de secours à la Russie
Octobre 1921	Gorki en Allemagne puis en Italie à partir de 1924
21 janvier 1924	Mort de Lénine
avril 1925-mai 1926	Guerre du Rif
mai 1933	Retour définitif de Gorki en Union soviétique
18 juin 1936	Mort de Maxime Gorki
3 septembre 1939	La France et la Grande-Bretagne entrent en guerre contre l'Allemagne
17 juin 1940	Discours de Pétain demandant l'armistice
18 juin 1940	Appel du général de Gaulle
10 août 1940	Début de la bataille d'Angleterre
3 octobre 1940	Statut des Juifs édicté par le régime de Vichy

27 octobre 1940	Manifeste de Brazzaville, création par de Gaulle du Conseil de défense de l'Empire
24 septembre 1941	Naissance à Londres du Comité national français
7 décembre 1941	Attaque japonaise sur Pearl Harbor
5 mai 1942	Débarquement britannique à Madagascar
26 mai-11 juin 1942	Bataille de Bir Hakeim
8 novembre 1942	Débarquement anglo-américain en Afrique du Nord
27 novembre 1942	Sabordage de la flotte française à Toulon
14-24 janvier 1943	Conférence d'Anfa entre Roosevelt, Churchill, de Gaulle
25 mars 1943	Arrivée à Alger de Catroux, représentant le Comité national français
3 juin 1943	Création à Alger du Comité français de la libération nationale (CFLN), coprésidé par de Gaulle et Giraud
3 juin 1944	Le CFLN devient le Gouvernement provisoire de la République française
6 juin 1944	Débarquement allié en Normandie
15 août 1944	Débarquement franco-américain en Provence
25 août 1944	Libération de Paris
4-11 février 1945	Conférence de Yalta
9 mars 1945	Coup de force japonais en Indochine
8 mai 1945	Capitulation de l'Allemagne
6 et 9 août 1945	Bombes atomiques sur Hiroshima et Nagasaki
15 août 1945	Reddition du Japon
5 mars 1953	Mort de Staline
13 mai 1958	Retour au pouvoir du général de Gaulle
21 décembre 1958	de Gaulle élu président de la République française
27 janvier 1964	La France reconnaît la Chine populaire de Mao Tsé-toung
5 avril 1964	Décès du général MacArthur

Les parents de Zinovi Pechkoff,
Mikhaïl Israïlevitch Sverdlov et Elizaveta Solomonovna Rozina.

Les frères Sverdlov, Zinovi à gauche, Iakov au second plan.

1902. Zinovi avec les enfants de Gorki, Maxime et Katia.

1903. Élève du Théâtre d'art de Moscou,
Zinovi joue dans *Les Bas-fonds*.

1904. Pechkoff, ouvrier dans une pelleterie au Canada.

1906. Gorki et Maria Andreïeva retrouvent Zinovi aux États-Unis.

11 avril 1906. Dîner à New York en l'honneur de Gorki, assis entre Zinovi et Mark Twain.

Été 1906. Excursion aux chutes du Niagara.
Pechkoff et Maria Andreïeva assis devant Gorki et Nikolaï Bourenine.

Vers 1910. Jours heureux à Capri.

Capri. Gorki faisant mine d'attraper
Pechkoff avec un filet à papillons.

1908. À Capri, Lénine affronte Bogdanov aux échecs.
De gauche à droite, l'éditeur Ladyjnikov, Gorki, Pechkoff et l'épouse de Bogdanov.
Plus tard, la censure soviétique fera disparaître Pechkoff du cadre (photo du bas).

Été 1915. Pechkoff soigne ses blessures
à l'Ambulance américaine de Neuilly.

1916. Officier-interprète, il va jouer les « semeurs de courage »
en Italie puis en Amérique.

4 juillet 1917. Kerenski, ministre de la Guerre, passe les troupes en revue au nord de Minsk. À l'arrière-plan, Pechkoff est le seul à porter un uniforme français.

8 juillet 1917. À Smorgoni, Pechkoff participe à l'assaut du « Bataillon de la Mort » contre les troupes allemandes.

Juillet 1917. Pechkoff et Maria Andreïeva à Petrograd : « Zinovi est apparu, couvert de médailles et de bonne humeur » écrit Gorki.

Été 1920. À Kojori, en Géorgie, dans la datcha des princesses Dadiani.

Hiver 1919. En Sibérie avec les Armées blanches.

1920. À 10 ans, Liza réapparaît dans la vie de Zinovi.

1921. Salomé Andronikoff, le grand amour de Pechkoff.

12 juin 1925. Au Maroc, pendant la guerre du Rif. Pechkoff en discussion avec le maréchal Lyautey et le président du Conseil Paul Painlevé (casque sur la tête), au lendemain d'une attaque meurtrière. Sur la gauche, le lieutenant Clausener, un proche dc Zinovi.

1926. Le commandant Pechkoff publie son livre *La Légion au Maroc.*

Août 1927, Sorrente. Gorki avec
Zinovi, son fils adoptif et Maxime, son fils biologique.

28 janvier 1933.
Le commandant
Pechkoff épouse
Jacqueline
Delaunay-Belleville
à Paris, à l'église
Saint-Honoré d'Eylau.

1933. Au Maroc, avec Xavier de Caumon, le fils de Jacqueline.

1935. La Légion fait son show : Pechkoff et sa femme, à droite,
avec les officiers du 3ᵉ bataillon du 2ᵉ régiment étranger d'infanterie.

1934. La résidence des Pechkoff à Saïda au Liban-Sud
dont Zinovi est administrateur.

1934. Moments d'intimité.

1934, Beyrouth. Devant la Résidence des Pins, l'ambassadeur Damien de Martel encadré par Pechkoff et Jean Chauvel.

1934. Avec Jacqueline, une passion commune pour le cheval, mais pas facile d'enfourcher sa monture avec un seul bras.

9 janvier 1945, Chongqinq. Le général Pechkoff remet ses lettres de créance au maréchal Chiang Kaï-Shek, au centre de la photo.

1946, Saint-Jean-de-Luz. Pechkoff et Chaliapine.

1946, Tokyo. Pechkoff, ambassadeur au Japon dans les jardins de la résidence.

9 septembre 1946, Saigon. Pechkoff rend visite à la 13e demi-brigade de la Légion étrangère, commandée par le lieutenant-colonel Gabriel de Sairigné.

14 décembre 1946, Tokyo. Pechkoff remet les insignes de grand-croix de la Légion d'honneur au général MacArthur.

17 juillet 1947, cour d'honneur des Invalides. Pechkoff est fait grand officier de la Légion d'honneur par le général de Lattre.

1948. En sus de la Légion d'honneur, de la médaille militaire et de la Croix de guerre 14-18, Pechkoff porte la croix de Commandeur du Ouissam Alaouite (Maroc), de la Legion of Merit (USA), le cordon et la plaque de grand-croix de l'Étoile brillante de Chine.

14 octobre 1952. Remise à l'Élysée des insignes de grand-croix de la Légion d'honneur des mains du président Vincent Auriol (de dos). De gauche à droite, Alain Peyrefitte, Christian Fouchet, le général Kœnig, Roger Pignol.

Été 1958. « Zino » en grand-père attendri avec la petite Virginie de Caumon.

À l'heure de la retraite, lecture, marche
et voyages à l'autre bout du monde.

21 novembre 1966. Edmonde Charles-Roux, la dernière conquête de Zinovi, fête son prix Goncourt avec François Nourrissier (de dos), Louis Aragon et leurs épouses. Pechkoff meurt six jours plus tard.

30 novembre 1966. Obsèques de Pechkoff à la cathédrale orthodoxe de la rue Daru à Paris, les légionnaires veillent sur lui.
Dans le carré Légion du cimetière russe de Sainte-Geneviève des Bois, une simple inscription : « Zinovi Pechkoff, légionnaire ».

La Russie en 1918

CRÉDITS PHOTOGRAPHIQUES

– par ordre d'apparition –

1 et 2 page 579 © Archives Parkhomovski
3 page 579 © Droits réservés
4 page 580 © Musée Gorki
5 et 6 page 581 © Archives Parkhomovski
7 page 582 © *New York Times*
8 page 582 © *Washington Times*
9 à 15 page 582 à 585 © Musée Gorki
16 page 586 © Archives Parkhomovski
17 page 586 © Albert Moreau/ECPAD/Défense
18 et 19 page 587 © Collection privée Xavier de Caumon
20 page 588 © Archives Parkhomovski
21 page 588 © Collection Thamar Kinsky
22 et 23 pages 588 et 589 © Collection X. de Caumon
24 page 589 © Droits réservés
25 page 589 © Collection privée Christiane Clausener
26 page 590 © Droits réservés
27 page 591 © Musée Gorki
28 à 35 page 591 à 594 © Collection X. de Caumon
36 page 595 © Ministère de l'Europe et des Affaires étrangères
37 et 38 page 595 © Collection X. de Caumon
39 page 596 © Claude Brézillon/ECPAD/Défense
40 page 596 © Signal Corps U.S. Army
41 page 597 © Droits réservés
42 à 46 page 597 à 599 © Collection X. de Caumon
47 page 599 © *France-Soir*
48 page 600 © Centre de documentation historique de la Légion étrangère
49 page 600 © Droits réservés

SOURCES

« Faire la biogaphie de Pechkoff ? Une tâche aussi ardue que d'entreprendre celle de César ou de Napoléon tant son parcours est complexe », disait l'ambassadeur Francis Huré. J'ai eu pour ma part l'immense chance de travailler essentiellement à partir des archives personnelles de Zinovi Pechkoff, qu'elles aient été conservées par ses proches ou par le ministère des Affaires étrangères.

Trois autres sources m'ont été précieuses entre toutes :

– *Portraits de Pechkoff,* de Francis Huré, de Fallois, 2006.

– *Fils de Russie, général de France*, aux éditions Le travailleur moscovite, 1989, la biographie (en russe) de Mikhaïl Parkhomovski († 2015) ; et, pour la seconde édition, *De la vie étonnante de Yeshua Solomon Movchev Sverdlov devenu Zinovi Alexeïevitch Pechkoff, et des gens extraordinaires qu'il a rencontrés*, Centre de recherche Les Juifs russes de l'étranger, Jérusalem, 1999.

– La correspondance entre Maxime Gorki et Zinovi Pechkoff, conservée aux archives de l'Institut de la littérature mondiale Maxime Gorki de Moscou (IMLI RAN), soit 41 lettres de Gorki à Pechkoff et 86 lettres de Pechkoff à Gorki. Certaines de ces lettres – ou des extraits de ces lettres – ont été publiées par l'Institut Gorki et par Mikhaïl Parkhomovski.

Autre source d'inspiration essentielle, les livres de Gorki lui-même, pour les œuvres traduites en français :

– *La Mère*, dans *Œuvres,* Bibliothèque de la Pléiade, Gallimard, 2005.

– *Enfance*, Folio Classique, Gallimard, 1976.

– *Une confession*, Phœbus, 2005.

– *Les Bas-fonds*, L'Arche, 2014.

Pour suivre le parcours de Zinovi Pechkoff dans la France Libre, il convient d'abord de retrouver sa trace dans les écrits du général de Gaulle, principalement dans ses *Lettres, notes et carnets, juillet 1941-mai 1943*, Plon,

Paris, 1982 : pages 40, 41, 138, 139, 256, 257, 263, 274, 275, 290 à 293, 330, 331, 352, 353, 388 à 391, 397 à 400, 420, 421, 426 à 432, 447, 454 à 459.

M'ont été aussi d'un grand secours les ouvrages publiés autour des thèmes suivants :

Sur Gorki et son entourage :

En français : *La vie amère de Maxime Gorki*, Grégoire Alexinski, Arthaud, 1950 ; *Gorki*, Henri Troyat, Flammarion, 1986 ; *Le mystère Gorki*, Arcadi Vaksberg, Albin Michel, 1997 ; *C'est moi qui souligne* et *Histoire de la baronne Boudberg*, Nina Berberova, Actes Sud, 1969 et 1988 ; *Moura*, Alexandra Lapierre, Flammarion, 2016.

En russe : *Gorki et le journalisme russe du début du XXe siècle*, Naouka, Literatournoïe nasledstvo, Moscou 1988 ; « *Les Juifs dans la culture de l'émigration russe, 1919-1939*, Mikhaïl Parkhomovski, Jérusalem 1993 ; *Gorki et ses correspondants*, IMLI RAN, Moscou, 2005 ; *Gorki – Œuvres complètes, Correspondance en 24 volumes*, IMLI RAN, Naouka, Moscou, vol 1 à 20 (1997-2018).

Sur la Légion étrangère :

C'est nous, la Légion, Albert Erlande, Éditions de France, 1930 ; *Mes souvenirs de la Légion étrangère*, Aage de Danemark, Payot, 1936 ; *La main coupée*, Blaise Cendrars, Denoël, 1946 ; *La Légion étrangère, Histoire et dictionnaire*, sous la direction d'André-Paul Comor, Robert Laffont, 2013 ; *Nouvelle Histoire de la Légion étrangère*, Patrick de Gmeline, Perrin, 2016. Et bien sûr, le magazine de la Légion, *Képi blanc*.

Sur l'histoire russe :

La guerre civile russe 1917-1922, Alexandre Jevakhoff, Perrin, 2017 ; Hélène Carrère d'Encausse, *Nicolas II* et *Lénine*, Fayard, 1996 et 1998 ; *La parole ressuscitée, dans les archives littéraires du KGB*, Vitali Chentalinski, Robert Laffont, 1993 ; *Lettres à Marie*, Charles de Chambrun, Plon, 1941 ; *Cities and Men*, Sir Harry Luke, ed. Geoffrey Blis, Londres, 1953 ; *Juifs et Russes, Deux siècles ensemble*, Alexandre Soljienitsyne, deux tomes, Fayard, 2002 et 2003.

Sur le parcours de Pechkoff en France... :

Commentaire, 3 tomes, Jean Chauvel, Fayard 1971, 1972, 1973 ; *L'étonnement d'être, 1939-1973*, Hervé Alphand, Fayard, 1977 ; *Journal d'un attaché d'ambassade*, Paul Morand, La Table ronde, 1948 ; *1917, l'année trouble*, Raymond Poincaré, Plon, 1932 ; *Lyautey*, Arnaud Teyssier, Place des éditeurs, 2016.

...et à l'étranger :

Hollywood, Valentin Mandelstamm, Calmann-Lévy, 1925 ; *Un réformisme chiite, ulémas et lettrés du Liban-Sud*, Sabrina Mervin, Karthala, 2000 ; *Une vie pour la Chine, Mémoires 1937-1989*, général Jacques Guillermaz, Robert Laffont, 1989 ; *Chang Kaï-Shek, de Gaulle, contre Hô Chi Minh, Vietnam 1945-1946*, Lin Hua, L'Harmattan, 1994.

Sur la France Libre :

La France Libre, Jean-Louis Crémieux-Brilhac, Gallimard 1996 ; *Français en résistance*, pour la correspondance de René Pleven, sous la direction de Guillaume Piketty, Robert Laffont 2009 ; *Dictionnaire de la France Libre*, sous la direction de François Broche, Robert Laffont 2010.

Outre ces ouvrages, j'ai visionné avec profit les **documentaires suivants** :

En russe :

Zinovi Pechkoff, légionnaire, Alexandre Beliavski et Eldar Riazanov, chaîne russe REN TV, 1996.

Destin d'un légionnaire, le fils inconnu de Gorki, Larissa Krivtsova et Olga Dobrova-Koulikova, chaîne russe Rossia 1, 2009.

Zinovi Pechkoff, Iakov Sverdlov, frères de sang, Andreï Egorov, chaîne russe Vremia, 2004.

Ma boule d'argent, portrait de Zinovi Pechkoff, Vitali Wolfe et Svetlana Kokotunova, chaîne russe Kultura, 2005.

En français :

L'autre révolution, Gorki et Lénine à Capri, de Raffaele Brunetti et Piergiorgio Curzi, Italie, 2010, diffusé sur la chaîne Histoire, 23 janvier 2019.

Il m'importe enfin de citer certains des **articles** publiés en français sur Pechkoff :

«Mort d'un soldat», Louis Aragon, *les Lettres françaises*, 1er décembre 1966.

«Ce héros français, fils de Gorki», d'Edmonde Charles-Roux, *Paris Match*, 17 décembre 1966.

«Légionnaire et diplomate, le capitaine Zinovi Pechkoff», chef de bataillon J. Delmas, *Revue historique de l'Armée*, 1968.

La note sur Pechkoff du chef d'escadron Pierre Franconville, avril 2001 :

«"Commandant" Pechkoff, 1884-1966, de l'armée à la diplomatie au service des intérêts français», Alain Dubosclard, in *Guerres mondiales et conflits contemporains*, PUF, 2011.

REMERCIEMENTS

Cette biographie est le fruit d'un travail conduit sur près de quatre ans. C'eût été mission impossible sans l'aide de mes amis.

Fasciné par la personnalité de Zinovi Pechkoff, le lieutenant-colonel Benoît Guiffray a passé trois ans de sa vie à explorer et à classer ses archives au ministère des Affaires étrangères, un travail totalement bénévole. En me livrant et les souvenirs de leur vie commune et nombre des précieux documents qui lui avaient été transmis à la mort de Pechkoff, son beau-fils Xavier de Caumon († en 2018) m'a ouvert les portes de son intimité. Par sa parfaite maîtrise de la langue et de l'histoire russes, Jean-Baptiste Godon m'a permis d'aborder tout un pan de l'histoire de Pechkoff et de sa relation à Maxime Gorki qui m'aurait été autrement fermé. Sans ces trois personnes, je n'aurais sans doute jamais entrepris cette biographie ; j'aurais eu en tout cas grand mal à en venir à bout.

Nombreux ont été ceux qui m'ont apporté leur concours, répondant patiemment à mes innombrables questions, au premier rang desquels l'ambassadeur Francis Huré, Marie Dabadie et Patricia Schoendoerffer.

Merci à ces familiers de l'histoire russe que sont Alexandre Jevakhoff, Andreï Korliakov, Serge Tarassov, Sophie Massalovitch, le père Alexandre Kedrov de la cathédrale Saint-Alexandre-Nevsky, le docteur Marc Andronikov, Pauline Murat et Zhansurat Zekorey. Merci à Sabrina Mervin et à Clotilde de Fouchécour, qui m'ont éclairée sur le Moyen-Orient. À Michel Bernard, omniscient sur la guerre de 14-18. Merci à ceux qui m'ont permis de mieux appréhender la lourdeur du handicap de Zinovi Pechkoff, le professeur Gilbert Versier, chef du service de chirurgie orthopédique de l'hôpital Begin, le docteur David Rogez du service de rééducation fonctionnelle de l'hôpital Percy, Didier Azoulay de l'Institut national des Invalides, Georges et Michelle Belouneh.

Merci à mes amis de la Légion étrangère, le général Jean Maurin, le général Vittorio Tresti, le colonel Bogdan Filipowicz, le colonel Jean-Yves Baubiat, le commandant Yann Domenech de Celles, le capitaine Denis Dommange, l'adjudant Clément Ragot, ainsi qu'à Thamar Kinsky, Christiane Clausener et Jean-Philippe Rothoft.

Il me faut encore citer Pierre de Bourgoing, Chantal Ladoux-Vogel, Vincent Kersuzan, maître Jean-Luc Gaüzère, avocat à la cour d'appel de Paris, qui ont contribué à éclairer des zones d'ombre, Alain Bonnin qui a enquêté pour moi au Canada, David Greig en Nouvelle-Zélande, Maria-Laura Laffineur, Daniela Gastaldello et Emilia Gavazzi qui m'ont facilité les contacts avec l'Italie.

Nombre de documents précieux m'ont été fournis par Sarah-Frédérique, Erica et Stéphane de Caumon. Par Margot Allain-Launay et Annick de Martel. Par Isabelle Nathan et Françoise Aujogue (Archives du ministère des Affaires étrangères), Aline Angoustures (Office français de protection des réfugiés et apatrides), Anne-Sophie Crépin (Direction générale des étrangers en France), Mme Garric (Archives du musée du Service de santé des armées), Léa Ferrez-Le Guet (Bibliothèque de l'Automobile Club de France).

Ma reconnaissance est acquise à l'Institut de la littérature mondiale Maxime Gorki de Moscou (IMLI RAN), au Centre de recherche « Les Juifs de Russie à l'étranger et en Israël » et aux « Central Archives for the history of jewish people » (CAHJP) de Jérusalem, qui m'ont ouvert l'accès au fonds Parkhomovski. De ces sources vient l'essentiel des informations sur la vie russe de Zinovi Pechkoff et ses liens avec Maxime Gorki.

Je remercie enfin pour son infinie patience mon mari Gérard Fabry, pour leur exigeante relecture l'ambassadeur Pierre Morel, Michel Bon, et une fois encore, Jean-Baptiste Godon, ainsi que les éditeurs qui m'ont encouragée dans cette longue aventure, Guillaume Allary, Nicole Lattès, Laurence d'Aboville et, bien sûr, Malcy Ozannat, mon indispensable complice et amie, à qui incomba la charge ingrate de réduire à des proportions acceptables l'énorme somme qui lui avait été remise, sans jamais déformer et l'esprit et la lettre de mon travail.

Table des matières

PREMIÈRE PARTIE
DANS L'OMBRE DU MAÎTRE

DEUXIÈME PARTIE
L'ÉCLAT DES ARMES

TROISIÈME PARTIE
DIPLOMATIE EN CLAIR-OBSCUR

www.allary-editions.fr

Ouvrage composé en Plantin
par Dominique Guillaumin, Paris

Cet ouvrage a été imprimé sur du papier issu
de forêts gérées de manière responsable.

FSC www.fsc.org
MIXTE
Papier issu de sources responsables
FSC® C003309

ISBN : 978-2-37073-291-0
Achevé d'imprimer par
Normandie Roto Impression s.a.s.
61250 Lonrai

--

N° d'impression : 2004299

Dépôt légal : septembre 2019
N° d'édition : A73291/65

Imprimé en France